U0165388

艾爾文・「魔術」・強森在一九八八年NBA總冠軍賽與底特律活塞交手時，秀出他經典的不看人傳球。（史蒂文・A・羅斯伯羅提供）（Steven A. Roseboro）

派特・萊里在強森效力的「表演時刻」時期執教，並成為了形象的代表人物。（史蒂文・A・羅斯伯羅提供）

這是米西・佩恩・法克斯拍攝的照片，魔術強森在十四歲時來到她家，並在法克斯家灌籃。（出自《全場壓迫收藏》（*Full Court Press Collection*），由米西・佩恩・法克斯提供）

強森與父親老艾爾文・強森和位處圖片中最右邊的母親克莉絲汀以及懷孕的妻子「餅乾」，在一九九二年奧蘭多明星賽後共度的一個歡樂時刻。（史帝夫・里波夫斯基提供）（Steve Lipofsky）

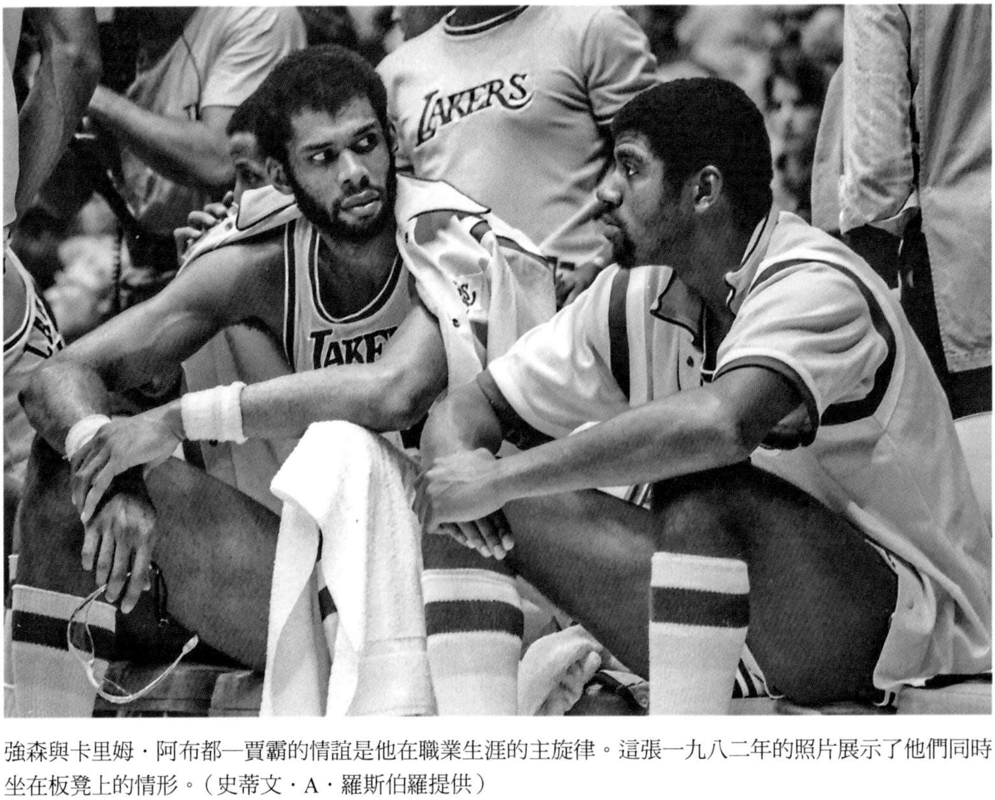

強森與卡里姆・阿布都—賈霸的情誼是他在職業生涯的主旋律。這張一九八二年的照片展示了他們同時坐在板凳上的情形。（史蒂文・A・羅斯伯羅提供）

一九七七年，高四的強森。（《全場壓迫收藏》，由喬治・法克斯提供）

一九七七年艾弗雷特高中一軍的高四球員與教練們。在前排左側跪著的是喬治・法克斯，另一位是派特・霍蘭德。站在他們後面的人，自左至右分別是汀恩・哈特利、保羅・道森、艾爾文・強森、賴瑞・杭特和傑米・霍夫曼。（《全場壓迫收藏》，由喬治・福克斯提供）

一九七七年，艾弗雷特高中的教練喬治．法克斯與強森。（《全場壓迫收藏》，由喬治．法克斯提供）

在一九七九年NCAA冠軍賽中，密西根州大在每個回合都做好了包夾賴瑞．柏德的準備。（《全場壓迫收藏》，由印第安納州大體育資訊部提供）

密西根州大的教練賈德．希斯科特以他在場邊的存在感和誇張的舉動而聞名。（《全場壓迫收藏》，由密西根州大體育資訊部提供）

在高中前兩個球季爭冠的路上苦苦掙扎後，強森終於在自己的眼中成為一位完美的勝利者。（《全場壓迫收藏》，由喬治·福克斯提供）

傑瑞·巴斯與女兒珍妮·巴斯。（《全場壓迫收藏》，由珍妮·巴斯提供）

上圖：費城七六人隊的朱利葉斯・厄文、湖人隊的傳奇播報員齊克・赫恩以及強森。厄文的七六人隊在強森的前四個球季中三度成為了他與湖人在爭奪聯盟冠軍的對手。（史蒂文・A・羅斯伯羅提供）

下圖：強森的笑容很快成為了他的另一個象徵。（史蒂文・A・羅斯伯羅提供）

能做出許多高難度進攻動作的朱利葉斯・厄文總是為強森和他的湖人隊友帶來巨大的挑戰。厄文是強森在青少年時期的偶像。（史蒂文・A・羅斯伯羅提供）

強森將每次湖人隊的快攻都變成了經典。（史蒂文・A・羅斯伯羅提供）

強森抓下籃板並發動快攻的能力為許多場比賽打下了基礎。（史蒂文・A・羅斯伯羅提供）

攝於一九八一年的這張照片中，坐在板凳上自左至右的分別是助理教練派特・萊里、湖人隊訓練師傑克・庫倫（Jack Curran）、諾姆・尼克森和總教練保羅・威斯特海。（史蒂文・A・羅斯伯羅提供）

上圖：總是滿面笑容的強森在一九八四年季後賽中笑不出來，面露痛苦的神色。（史蒂文・A・羅斯伯羅提供）

左圖：從賴瑞・柏德和強森以新秀之姿踏進聯盟後，塞爾提克與湖人之間的對決立刻成為了重要的對決。（史蒂文・A・羅斯伯羅提供）

OFFICIAL CAMERA
LAKERS
33

多年來在總冠軍賽被塞爾提克踩在腳下的湖人
在一九八〇年代學會了得以在波士頓花園球場
慶祝勝利的方法。（史帝夫．里波夫斯基提供）

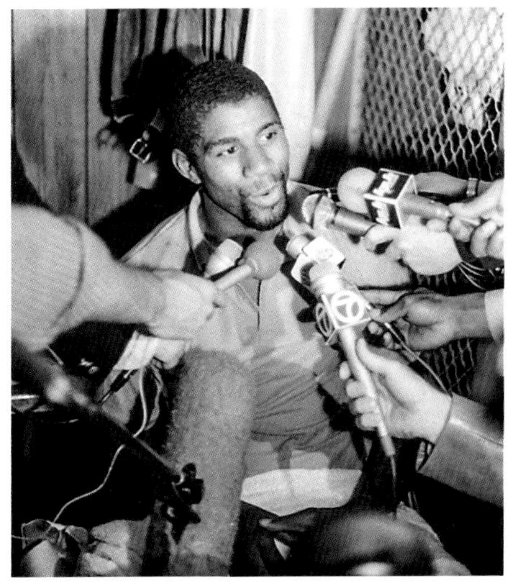

左圖：強森在與卡里姆攜手合作時時時謙讓，讓他們度過了許多爭鋒相對的時刻。（史蒂文・A・羅斯伯羅提供）

上圖：強森展現出的影響力令他成為NBA最好訪的球員之一。（史蒂文・A・羅斯伯羅提供）

在一九八六年於洛杉磯舉辦的仲夏夜魔術慈善賽中，強森與柏德坐在板凳上。（史蒂夫・里波夫斯基提供）

強森與喬丹在NBA的七個球季中交手了幾次，最終在一九九一年的總冠軍賽碰頭，圖為他們在一九八九年對決的畫面。（史蒂文・A・羅斯伯羅提供）

左上圖：艾塞亞・湯瑪斯與強森在一九九二年明星賽中親切地問候彼此。然而，不久後兩人之間疏遠了近三十年。（史帝夫・里波夫斯基提供）

右上圖：強森與傑瑞・巴斯在一九九二年奧蘭多明星賽中真情流露的時刻。（史帝夫・里波夫斯基提供）

一九八八年NBA總冠軍賽，強森在喬・杜馬斯的面前得分。（史蒂文・A・羅斯伯羅提供）

魔術和萊里注視著球場，這是他們充滿火花的合作關係中出現的眾多畫面之一。（史蒂文・A・羅斯伯羅提供）

MAGIC

THE LIFE OF EARVIN "MAGIC" JOHNSON

魔術強森傳

出神入化

ROLAND LAZENBY

羅倫·拉森比——著　李祖明——譯

目錄

PART II 好萊塢

PART III
跨越巨大的鴻溝

獻給賴瑞・強森（Larry Johnson）和為了美國公共教育的種族融合而在一九七〇年代陷入校車接送危機的數百萬人。

紀念老艾爾文・強森（Earvin Johnson Sr.）。

紀念馬修・普羅菲特（Matthew Prophet, Jr.），他在美國陸軍中從一等兵晉升至中校，曾參加韓戰和越戰，並在退伍後成為一名教育家，在這些種族融合的行動中扮演了重要的角色。

紀念喬治・法克斯（George Fox）。

紀念比利・派克（Billy Packer），一位朋友和導師。

我推進快攻的同時，整個人也會為之瘋狂。這時的我站在快感的最高峰，而我能感受到這種狂熱延伸到我的膝蓋。

——艾爾文・「魔術」・強森，一九八六年。

作者序

對，這是一本很厚的書，但魔術強森有著轟轟烈烈的人生，因此在我為這本書努力耕耘了五年後，仍得在為最後一頁校稿時匆忙地加上強森是購買NFL華盛頓司令隊（Washington Commanders）的團隊一員、這是史上最高價的體育隊伍交易案。在編輯這本書的過程中，也因見證了強森職業生涯的幾位關鍵人物離世而令人印象深刻，包括他的父親老艾爾文（Earvin Sr.）和他的高中教練喬治・法克斯（George Fox）。

喬治一個人就耐心地接受了五十幾次的採訪，讓我能夠深入地瞭解強森相當獨特的青少年時代。還有許多人們也給予了我同樣的幫助，像是法克斯的助理教練派特・霍蘭德（Pat Holland）和強森的導師查爾斯・塔克（Charles Tucker）。我和我的朋友、NBA資深記者吉瑞・沃爾菲爾（Gery Woelfel）在打造強森的故事時進行了四百多個小時的採訪，他們的回憶，以及律師喬治・安德魯斯（George Andrews）和經紀人朗・羅森（Lon Rosen）的回憶，便構成其中的一部分。

這本書是我四十五年寫作生涯的巔峰，剛開始執筆的我，開著一輛一九八四年的雪佛蘭Chevette柴油車在美國的籃球版圖上四處奔走，為比賽寫報導並進行採訪。

一九九二年，阮囊羞澀的我在奧蘭多明星賽期間報導強森的表現時，曾在媒體酒店的停車場裡睡在我租的車上。對，我有媒體證，所以可以進行採訪，但我卻沒體驗到多少NBA應有的魅力。

二〇二〇年，我的妻子凱倫（Karen）將我在一九八二年至二〇〇〇年採訪所錄下的三百多盒錄音帶轉成電子檔，這讓我發現了許多段在一九九〇年被我忘卻的片段，其中包括我與魔術強森、派特・萊里（Pat Riley）、麥可・湯普森（Mychal Thompson）和其他湖人隊職員的對話。這些被遺忘多年、從未被轉錄的採訪，對這本書帶來豐富的貢獻。

我自一九八八年開始撰寫關於湖人隊的文章，後來，我寫了幾本書，用另一種方式述說這支球隊的故事。

在這段過程中，我得到採訪許多重量級人物的機會，從喬治・麥肯（George Mikan）和初期的湖人成員到經歷「表演時刻」（Show Time）時代，包括強森、卡里姆・阿布都—賈霸（Kareem Abdul-Jabbar）、傑瑞・威斯特（Jerry West）、詹姆斯・渥錫（James Worthy）、麥可・庫柏（Michael Cooper）與族繁不及備載的知名人士，以及傑瑞・巴斯（Jerry Buss）、傑克・肯特・庫克（Jack Kent Cooke）、齊克・赫恩（Chick Hearn）、比爾・夏曼（Bill Sharman）等已不在人世的人們。

在這本傳記問世的過程中，我有時十分依賴這些經典的採訪與我早期的著作和研究。

最後，我藉由我所能集結的一切，努力講述魔術強森、這個放膽運球的高大男孩最不平凡的故事。

前言

恐懼在事發當下到來。

這種體型的男人，怎麼有辦法運球運得那麼高還衝得這麼快、從這一邊突然變向運球到另一邊，並把每一次轉身都做得如此完美流暢？

你可以從錄影帶中將這一切盡收眼底，但不管再怎麼看，也找不到一點線索或甚至一絲安慰。一切似乎都在電光石火間，他會死死盯著你的眼睛，用一個剎那宛如永恆的凝視、一個戲耍眾生的表情，讓你驚慌失措。

然後呢？

然後，就在那瞬間，他完美地衝向無助的你。那是個耀眼奪目、無比真實的瞬間，你所做過的努力令人欽佩，但在那時，你的腦袋會在不知不覺間只剩下一個想法、聽從那個一直以來在你耳邊低語的聲音。

擋在他前面。

接下來，整件事就這麼發生了。他的整張臉鼓足了勁、臉頰上鼓滿了氣，並將他的凝視完全地聚焦在你的身上，毫不留情，且幾乎是不慌不忙地將球從肩膀上拋向身後跟進的隊友——**他到底是怎麼看到的？**——然後傾瀉在你身上的灌籃會讓你發現一個殘酷的事實，他令你置身於一個亟欲抽身、但在眾目睽睽之下無處可藏的處境，然後你會這麼想，**幹你娘，攝影機在哪？這會留下紀錄的。**

同時，湖人的傳奇主播齊克·赫恩會在你的傷口上撒鹽，藉由廣播向全世界大肆宣揚你的悲慘遭遇：上帝和他所有的門徒也擋不下這一球！

假如你之前沒有遇過這種事，那你現在遇到了。只要嘗過一次這種滋味，你就會完全明白為什麼人們會給他取這個綽號、對這個綽號的所有質疑都會煙消雲散。

魔術。

在UCLA保利體育館（Pauley Pavilion）舉辦的一場華麗、傳奇且高調過頭的夏季慈善明星賽中，艾爾文·強森邁開他的長腿，金髮飛揚的「大鳥」賴瑞·柏德（Larry Bird）在他的右側朝著底線使勁衝刺，就像是在打系列賽第五戰一樣。突然間，全速衝刺的強森，看起來就像是一隻六呎九吋、只有兩條腿的狼蛛與一道瘦長得不可思議的殘像，他突然地用右手變速運球，同時故意把目光從可憐的賴瑞身上移開，這讓他打開一個空隙，能胯下運球並從左側切入朝籃下內縮的人群，此時賴瑞從右側趕上，高舉雙手，想說他大概會直接灌籃。

強森從底線躍起、高高抬起膝蓋，將球傳向右手，並把握住這個凍結所有防守者的過程，用眼神逗弄賴瑞最後一次，然後再把球傳回左手，在禁區完成了一個雙重拉桿、一個傳給自己的助攻！令身邊的每個人看得目瞪口呆。

可憐的賴瑞也是如此。

「一個六呎九吋的控球後衛單槍匹馬帶球快攻，」柏德在第一次遇到強森時這麼說，「我以前從來沒有看過這種事。」

從來沒有人曾經看過任何一個與「魔術」艾爾文·強森二世相似的球員。

噢，親愛的艾爾文是多麼喜歡在突破時快速地傳球、伸出他的長臂、把球奉上到防守者面前、讓對方看得都快垂涎三尺，然後把球往左一撥、傳給從兩翼跟上的隊友，或是往右一推，又或是傳到任何一個角落，因為每個人從很久以前就學到，跟著魔術跑快攻要往籃下衝，雙眼和雙手要做好準備、收下傳來的大禮，這是一份絕對沒有人預料得到或甚至認為有可能送達的禮物。

「艾爾文在他們知道自己有空檔前就知道他們有空檔了，」曾追蹤報導強森早年職業生涯的體育記者弗雷德・史塔布利（Fred Stabley, Jr.）說明，「我一直覺得他知道自己比你厲害，而他要秀給你看。」

強森身上的每一處都彷彿與眾不同，總是如此，沒有例外。

「魔術總是能打出令你無法置信的表現，」在洛杉磯擔任體育記者多年的道格・克里寇利安（Doug Krikorian）表示，「麥可・喬丹在九〇年代稱霸了球場，那是《ＥＳＰＮ》與有線電視興盛的年代，《今日美國》（USA Today）也很熱門。人們忘了在有線電視還沒這麼發達的八〇年代，魔術繳出了非凡的表現，每一場他上場的比賽，都打得十分出色。他根本不在乎他媽的數據。他在ＮＢＡ打了十二個球季，其中有九個球季打進總冠軍賽，這是否說明了魔術的某些特質？」

正因他是一位如此特別的人類，他帶來的革命才會如此深遠、如此顯而易見，以至於之後的一切、接下來幾十年多少驚人的球技與進化，都無法觸及他的領域。

魔術。

能夠無視物理法則。

能參透的人有限。毫無死角且完美。人們只能模仿，但無法達到他的水準。

就像穿著Converse低筒查克・泰勒全明星球鞋（Chuck Taylor All Star）的吉米・罕醉克斯（Jimi Hendrix）將吉他的琴弦翻轉安裝，並使用左手彈奏本應該由右手彈奏的琴弦，彷彿永遠不會停下般地尖叫、發出娃娃效果音、哀號著。他們都是稀世與真正偉大的人，禁得起時間的考驗，未來也不會被遺忘。

噢，這些偉大的表現在向過去致敬。馬克斯・海恩斯（Marques Haynes）、包柏・庫西（Bob Cousy）、黑耶穌（Black Jesus）、手槍（Pistol）、魔術。

魔術！

目睹這般華麗的球技，會讓人們覺得一切都這麼簡單且自然、都是上帝賜予的完美禮物、充滿了樂趣。難怪他的微笑與喜悅會如此洋溢。這是一種「逮到你了」的感覺！

「我不覺得，」他的隊友詹姆斯・渥錫會說，「有另一名六呎九吋的控球後衛會在羞辱你的同時面露微笑。」

講垃圾話？他無須多言隻字片語，僅須露齒微微一笑。

這種直白的羞辱完全地解釋了為什麼這種炫技風格曾在籃球比賽中不受歡迎，數十年來，這項運動由最食古不化的人們主導，他們奉行著假道學的基本原則。

畢竟，包柏・庫西這位籃球界初期最偉大的炫技大師，在紐約讀高中時曾在校隊選拔中落選了三次。再說一次。包柏・庫西在紐約讀高中時曾在校隊選拔中落選了三次，都是一名學院派教練的決定。

美國職業籃球早年費盡千辛萬苦，才在連年的門可羅雀與許多球隊的解散中堅持了下來，後來那些老頑固們妥協，還開始在麥迪遜廣場花園（Madison Square Garden）和哈林籃球隊安排雙重賽。

現在，人們願意付費來看ＮＢＡ比賽，願意一次又一次地進場觀賞那些充滿趣味的美技，並為此驚嘆與喝采。

就像他們後來聚集在洛杉磯的大西部論壇球場（Great Western Forum）觀看……

魔術。

表演時刻的守護神。

「我永遠不知道該把目光放在哪裡，」擔任ＮＢＡ攝影師多年、在他出賽的許多比賽中蹲踞於場邊拍攝的安德魯・柏恩斯坦（Andrew Bernstein）回憶，「我永遠搞不清楚魔術上了場後會做什麼，論壇球場裡有著不可思議的激情，每一場都是如此，永不間斷。」

跟在強森身後、試圖在高速奔跑中緊盯著他一舉一動的裁判們也有著同樣的疑惑。「身為一名裁判，在快攻中，你在某種程度上能預測到球員會往哪跑、球會往哪去，」擔任裁判的唐・維登（Don Vaden）回想。「但在魔術跑快攻時，你完全沒辦法掌握接下來會發生什麼事。」

「他讓人們想來看ＮＢＡ比賽，」前猶他爵士總教練法蘭克・雷登（Frank Layden）說，「他讓ＮＢＡ比賽成為了表演時刻，他總是充滿活力地衝向你。」

「他明白比賽最重要的就是娛樂，」在ＮＢＡ打了十七年的老將、早在十三歲的暑假便在北卡州的一座公園中與艾爾文・強森初次相遇，並看著他令群眾驚呼連連的巴克・威廉斯（Buck Williams）說明，「從他微笑著拿起籃球的第一天起，他就知道娛樂效果有多麼重要。比賽不僅要打籃球、傳球、投籃和運球，更要娛樂大眾，並轉化成收益。他知道比賽有多好看，就能帶來多大的利益。」

然而強森以某種方式展現了讓所有人目不轉睛的耀眼光輝之餘，也將它與純粹且堅定的求勝欲望融為一體……

對，庫西也曾經如此。

「只有一個人有辦法在主導快攻時表現得比庫西還好。」執教庫西的總教練「紅頭」奧拜克（Red Auerbach）曾這麼說，「那個人就是魔術強森。」

不僅如此，艾爾文・「魔術」・強森更為這項運動的未來開拓了一片藍天。他克服了數十年來教練們的刻板印象與堅持己見，讓大個子球員能以人們未曾想像過的方式在球場上攻城掠地。他與人們對長人該如何發揮出自己最大價值的既定認知背道而馳，衝破了教練們能想到的每一個警告標誌和閃爍的警示燈。儘管在這條路上，他也有過令自己心煩意亂的不安全感，但他邁出的每一小步，都成了改變大眾觀念與思維的一大步。這種不安全感在他來到洛杉磯後開始減弱，在這裡，他與湖人的偉大中鋒卡里姆・阿布都—賈霸和他們的教練派特・萊里建立了心有靈犀的合作關係。

「那真是段美好的時光，」回憶起自己把球技化為魔法、轉眼間便將這個時代打造成表演時刻的強森說道，「我們有一批球風優雅、美麗的球員，卡里姆有天勾，詹姆斯・渥錫的拋投和挑籃與拜倫・史考特（Byron Scott）的跳投也都美如畫，麥可・庫柏的防守以及配合精彩到人稱『Coop-a-Loop』的空中接力。我們所做的這一切打造出表演時刻，也改變了籃球。」

「魔術強森能讓最簡單的舉動看起來是世界上最困難的技巧，」湖人隊名人堂球星傑瑞・威斯特說。「而他是以一種簡潔的方式在打球，他真的不是那種球風花俏的球員，魔術強森很少用背後傳球，他只不過是在適當的時間送出適當的傳球。」

噢，時機恰到好處。

強森在比賽中宛如舞者般的迷人風采，取得了戲劇性且立竿見影般的成功，他先是在一九七七年為他的高中贏得州冠軍，接著又在一九七九年率領密西根州大（Michigan State）神奇地贏得大學冠軍，最震撼的是，隨後他更在一九八〇年以新秀之姿帶領湖人隊戲劇性地奪冠，這一連串的勝利，也為他帶來了空前強大的權力，讓他僅在ＮＢＡ打了兩個球季，便能藉由他的影響力令與他一同奪冠的總教練下台，此舉也震撼了體育世界。

當時，美國職業體育史上沒有任何一位運動員像艾爾文・強森一樣如此公然且無情地行使影響力，然而在粉絲蔓延開來的怒火中，他靠著帶來更多的魅力與勝利生存了下來。這些巧妙的手法，也都預示著球員權力在即將到來的二十一世紀將會有多大的影響力。

有關他的一切，幾乎最終都被證明是與眾不同、前所未見，就連令他職業生涯戛然而止的悲劇結尾也是如此。

從許多方面來看，強森最棒的盟友是他的宿敵賴瑞・柏德。他們攜手塑造了體育史上最偉大的宿敵情誼，從大學到職業賽事都是如此。「艾爾文改變了很多事情，」查爾斯・塔克分享自己的觀察，兩人在強森的青少年時期便成為好友，後來塔克成為他的顧問兼經紀人，現在在密西根州蘭辛市（Lansing, Michigan）的學校擔任心理學家。「他和柏德的關係，從商業角度來看，他們在球場上改變了籃球、改變了場外的人們看待這項運動的方式。它成為了電視上的一門生意，觀眾變得越來越多。不論是在大學還是職業聯盟，每當他與柏德交手，收視率都很高。他們改變了一切，而且他們也聰明得知道自己握有什麼樣的權利。」

「魔術對籃球而言有著極大的意義，」與他在湖人當隊友、接獲許多強森精彩的妙傳後在空中完成許多好球的麥可・庫柏觀察，「魔術之所以是魔術，以及一位球星成為超級球星的關鍵，在於一名明星球員僅能獨自閃耀，而一名超級球星能讓其他人也發光發熱。這就是賴瑞・柏德與魔術一直以來所做的事。他們讓聯盟發展成現在的樣貌。」

掌控者

在他的家鄉，密西根州蘭辛市，強森在街頭籃球的比賽中培養出他過人的天賦、朝著他未來取得的卓越成就邁進。戴爾・比爾德（Dale Beard）就是在這裡的球場上第一次想通了這個事實：如果自己在球場上想要有所作為，最好學會怎麼調整自己的打法，和那個高大、滿臉微笑且看起來將一生都用來運球的傢伙配合、適應他非傳統並高速的球風。

「他會說：『嘿，你有搞清楚狀況嗎？我拿到籃板後，你們要做的就是朝底線衝過去，而如果你不仔細看球，那就會被球砸到腦袋。』」比爾德回憶，強森第一次跟他講這件事時，臉上仍然充滿著喜悅與笑容。但在第二次提醒時，表情突然變得好嚴肅，就好像這不僅是個提醒，更是個警告。

「如果你不看球，就會被球打到。」

二〇一九年灰色晚冬的一天，比爾德在蘭辛市回想起這段記憶時，眼神變得溫暖許多。

「能目睹這一段過程、看著他是如何從小成長茁壯的，實在是不可思議，」他說。「那些沒有親眼看到的人根本無法相信，甚至不會相信有這種球員，因為你從來沒在球場上看過有大個子能像他一樣打籃球。」

「所以，他會像一個籃板好手一樣搶下從籃框彈出來的球，然後我們就開始跑快攻……左翼、右翼，跑就對了，」比爾德描述這段回憶，「他會確保球準時地出現在你想要的位置，讓你能從容處理。這是你要謹守的原則，就像這樣：『好，我知道他要做什麼，我知道他會怎麼打球，所以我要照著他希望我調整的方向來調整自己的打法，而不是一意孤行。』所以你要做的就是把他要求你做到的事情做好，不然你就不能上場了。」

不然你就不能上場？

沒有任何一個控衛或球員，能像艾爾文·「魔術」·強森一樣主宰比賽，甚至還能換掉自己的教練。

再次闡述那段經歷時，比爾德對強森在蘭辛市的街頭籃球實驗室中所發現的極致掌控力感到驚嘆，這種掌控力將被他拓展到他有如快攻般的籃球生涯，用來掌控每一個相關的重要與次要人物：教練、隊友、對手、經理和老闆、休息室工作人員和他所到的每座球場內的球僮、負責帶位的服務人員、為了編織他的故事而被吸引到那裡的媒體工作者，以及看到並閱讀這些報導的球迷。他們都被他牽著鼻子走。

從他剛開始打籃球時，這種掌控力便扮演著至關重要的角色，令他能夠擊退多年來再三重複著高大男孩不該運球的眾多質疑者。從小，強森就堅守自己的立場，決定把自己的能耐秀給每一個酸民與敵人等懷疑他的人看。

因此，他不斷成長的掌控力從很早開始就引發了人們的驚奇與驚嘆，尤其是目擊到他在散發這種掌控力時掌握的藝術、速度與節奏後更是如此。「魔術強森沒有某個地方是特別令人印象深刻的，」帶領強勁的印第安納大學（University of Indiana）籃球隊與他交手、並目睹他在球隊朝勝利前進時將他們阻擋下來的鮑比·奈特（Bobby Knight）觀察道，「他是整個人都令人印象深刻。」

從小學開始，不看人傳球就成了強森的招牌，但這種創新的樂趣可能讓教練與隊友們度過了許多難以入眠的夜晚。

沒有人能比另一名籃球場上的頂級控衛、他的多年好友艾塞亞·湯瑪斯（Isiah Thomas）更能剖析他的天賦：「他是我唯一見過可以做到這件事的人。他能夠觀察某個傢伙的速度與時間點後，接著別開視線三秒鐘、轉移你的注意力，然後在沒有看向那傢伙的狀況下把球傳到他手上。」

這一切是那麼的宏偉與新奇，然而，強森的故事最終將被證明不僅比他的比賽更偉大，甚至比他的人生還宏大。首先，他的故事象徵著美國的種族問題，也講述了他如何憑藉自己的天賦和籃球歷程來剝開層層的誤解與醜陋。故事的背景在密西根州，那裡有許多黑人家庭為了逃離南方嚴酷且暴力的種族氛圍而進行了大遷徙。

為了實現種族融合而在法院命令下實施的校車接送政策，在一九七零年代中期引發了緊張的氛圍，正是在這種情境下，小艾爾文·強森初露鋒芒。

從他早期在校園種族融合議題中扮演的角色，到他與柏德被配成宿敵組合，再到後來他根據黑人消費者的偏好取得的商業成功，強森的人生都充滿了種族色彩。從很多方面來看，正如他的多年好友兼經紀人朗・羅森所說，這也是他最看重的事情。

「種族議題與強森的成功大有關係，」《洛杉磯雜誌》（Los Angeles Magazine）後來在二〇〇三年宣稱，「靠著那抹微笑、這個令他備受讚揚的特徵，在白人當家作主的美國，他化身為一個不具威脅的黑人男性的理想形象，這個形象是他之所以能封神的關鍵，讓他和白到不能再白的賴瑞・柏德一同被奉為NBA的兩大救世主。」

魔術

這個綽號出現在當地報紙上時，他只有十五歲。

這件事開啟了他有著虔誠宗教信仰的母親克莉絲汀（Christine）心中的警報器。

魔術？

她不喜歡這種名字。

這不僅褻瀆了神明，也立即打亂了她與丈夫老艾爾文努力為他們七個孩子所打造的世界。這種名字會引起許多的聯想，令她想到許多事不僅是由上帝做主，也可能由魔鬼操刀。

這個綽號本身就代表著一系列的問題，這些問題，如她所擔心的一樣，可能會永遠持續下去。

在她的靈性之旅中，她常常閱讀聖經。魔法並不是一個在書中具有力量的詞語。她的世界圍繞著信仰、愛與寬恕，這些普通人能夠擁有、控制並引進生活的元素，能幫助他們忍受那些無法忍受的事物。

魔術？

「她擔心這個名字會灌輸不良思想到我的腦袋裡。」強森說。不良思想？可能因為這樣，這最終導致了他認為自己可以與遇到的每個人都有不安全的性行為，這麼說沒在誇張。而且記錄顯示，他「遇到」的人為數眾多。

它只不過是個綽號，但令他的母親瞥見了所有在未來會發生的驚奇與傷痛，且光是想到它便忍不住打個冷顫。當然，他熱愛籃球，在人生中的每秒、每分、每個鐘頭都是如此，這是件多麼美好的事、是多麼好的福氣。但現在，居然有人給他取了這種綽號？

魔術？

這種名字令她開始祈禱。

至於她的兒子，這種名字是另一種閃耀的霓虹招牌，是僅僅是名少年的他隻手把一個毫無生氣、空虛、沒有靈魂的體育館變成了慶典中心而得到的獎賞。

不出所料，人們幾乎轉眼間便接受了這個綽號。它從報章雜誌的頁面攀上了他們的舌頭。

魔術！

那將成為一個在世界各地的體育館中被呼喊著的名號。

即使撇除上帝的因素，像這樣的名字也是個被貼滿警告標誌的名詞。他的父親知道，自己的人生不該輕易地交由大眾擺布，如果他們能把你捧上天，那他們也可以隨時只因一個念頭就把你拉下來。有了這種名字，只有好是遠遠不夠的，你必須近乎完美。這種名字可能在轉眼間就變成一個緊跟著你一輩子的嘲諷。

除了祈禱，克莉絲汀．強森還能做什麼？

魔術？

如果他的母親是那種悲觀多慮的人，可能會覺得比較像是「詛咒」。不過她其實是個認真過好每一天的生活、實事求是的人。在自己能做的事上盡力而為後，其他無法控制的事才交給上帝。

當時沒有人能夠預見前路滿布著不可思議的誘惑。那是個娛樂性用藥和酒精以前所未有的力道操控了年輕人的時代。然而儘管他巨大的野心與隨之而來的名聲帶來了龐大的壓力，他卻沒有因此被這些惡習吸引。

除了籃球之外，人們很快就發現他也對人與人的肢體接觸上了癮。克莉絲汀・強森的可愛孩子會早早發現到，身為一個充滿雄性魅力的男人能體驗到什麼滋味，並明白自己擁有著宛如磁性般驚人吸引力的天賦，能夠令看起來頭腦清醒的常人們拋下理智，以各種越親密越好的方式投懷送抱。

於是在那個日益性開放的年代，成為人們口中的「魔術強森先生」*的他，常常因為這個性暗示雙關語笑得合不攏嘴，甚至沾沾自喜。

「面對現實吧，」他會如此吹噓，「『魔術』是個浪漫、性感的名字。」

它的確是，直到它最終變調之前都確實如此，直到他長期對性病的漫不經心讓他踢到鐵板並終結了他的球員生涯，並將他燦爛的微笑化為深深皺起的眉頭。

他漫長且備受讚譽的青年時期在那時結束，同時，隨著染病的診斷將他推上全球愛滋病危機的中心、他的故事再一次有了比他的生命更重大的意義，他也開始逐漸成為一個成熟完整的男人。

這將引領他在後來的人生完全轉變成一名企業家，讓強森打造出充滿個人風格的黑人影響力。《史密森尼頻道》（Smithsonian Channel）在一部名為《非洲未來主義》（Afrofuturism）的紀錄片中特別著重於這個影響力的份量，在這部片中，紐約市立大學（The City University of New York）教授達米恩・卡里姆・史考特（Damion Kareem Scott）描述了他在哈林區（Harlem）第一二四街的魔術強森電影院觀看二〇一八年上映的

《黑豹》（Black Panther）時，看到片尾字幕的情緒。

噢，悄悄地、不知不覺間，這份歷史帶來的感受沉入了史考特的心中，他站起來，買了另一包爆米花，重看了一次這部電影，思索著這其中的全部意義。

現在，輪到我們思考，關於艾爾文・「魔術」・強森這個謎團的眾多問題中最重要的問題：怎麼做到的？

他究竟是怎麼做到這一切的？

* 譯註：Johnson在美國俚語中也有男性生殖器的含意。

PART I

蘭辛市

第一章　BOOM, BABY

一九九〇年三月，傑瑞．威斯特已經好好地看著魔術強森很長的一段時間了，也就近親眼目睹了一切，首先是強森在十年前為洛杉磯湖人帶來的轉變，然後隨之而來的是：冠軍、MVP等級的球季與表現、從勝利與成就中感受到的衝擊、每次快攻後的暫停期間中響起足以撼動球場的慶祝、擊掌、擁抱，以及讓普羅大眾都從籃球中感受到的歡樂氣氛。它們震撼了洛杉磯和NBA，令兩者從一九七〇年代末籠罩在美國競技體育賽事上的深沉睡意與倦怠氛圍中重新甦醒。

傑瑞．威斯特見證的這一切與他自己形成了鮮明的對比。威斯特和他的湖人隊隊友在一九六二年至一九七〇年間七度打進總冠軍賽，卻吞下了七連敗。直到一九七二年，他們第八次朝這個目標前進才終於實現宿願。然而這場勝利看起來沒有為大家帶來任何喜悅，留下的只是休息室中的麻木、糾紛與衝突。

一九八〇年代的連戰皆捷，讓盤據在傑瑞．威斯特內心鐘樓裡的惱人幽魂與惡鬼，終於在強森的幫助下稍稍遭到驅散。多年來，強森與位居管理職的威斯特之間悄悄地形成了一種夥伴情誼，強森帶給大家的歡樂與成功也平衡了威斯特的痛苦。

會產生這種對比的部分原因，是因為我在一九九〇年三月來到達拉斯的旅館房間內，花了兩天的時間採訪威斯特，威斯特當時則是為了挖掘有天賦的大學球員，替球隊尋找下一位優秀球員而造訪此地。

那時自封為湖人守護者的威斯特，正逐漸成為許多人眼中籃球界最頂尖的高層決策人員。《洛杉磯時報》（L.A. Times.）在那個時代曾經宣稱，威斯特「即使是在行進中的火車上從窗口往外看，也不會錯過人才。」

威斯特的確是一位天才中的狂人，也是一位幾乎無法被滿足的完美主義者。他能在球場上激烈的動作中看到許多事物，也以身為一名「積極」的總經理而聞名，只要在湖人球員們身上看到問題，他從來不會對動手解決的作法有任何猶豫。威斯特有多「積極」？前湖人總教練戴爾・哈里斯（Del Harris）在二○○四年受訪時曾說明，這支球隊從來都不歸他管，而是歸傑瑞管。

在表演時刻的時代，威斯特總經理對許多球員下過指導棋且有所提防，但他在一九九○年的那個周末透露，他在那幾年中幾乎從未對強森的打法說過什麼，除非他覺得強森變得「可預測」。

居然說偉大的魔術強森可預測？你乾脆控訴瑪麗蓮・夢露（Marilyn Monroe）沒有迷人魅力好了。

在一九九○年的那一刻，魔術強森或許是體育世界中最廣受欽佩且成功的明星。這些年來，似乎每個人都愛上了魔術，包括一九八○年在北卡羅萊納州威明頓（Wilmington, North Carolina）讀中學的麥克・喬丹（Mike Jordan）。

是的，未來的籃球之王在青少年時期絕無僅有的偶像就是魔術強森。即使在那時，喬丹熱愛競爭的本性也讓他對對手和其他球員不屑一顧。然而，喬丹試圖模仿過從強森打球時觀察到的許多東西，甚至一度認為自己是一名控球後衛，試著在高中的每一天訓練中做出有如自己偶像一般的不看人傳球、打出精彩的快攻。

這份愛有多麼深沉？喬丹還給自己取了「魔術麥克」（Magic Mike）的綽號，在高四那年，他也在自己第一部車的浮誇車牌上貼了這個名字。喬丹開著這台車穿梭在家鄉的大街小巷時，驕傲地告訴全世界自己是魔術麥克。然而在喬丹隔年秋天來到北卡大學（University of North Carolina）成為大一新生時，汀恩・史密斯（Dean Smith）教練立刻建議他放棄這個綽號。*

世界上只有一個魔術，史密斯可能跟他這麼說。

當然，喬丹也在那時起成為了全球球迷口中的「籃球之神」。在強森的職業生涯中，他也曾在這項運動的金字塔上佔據過類似的地位。事實上，他似乎總是能帶領球隊打出令他人望塵莫及的表現，而他的成就與具有感染力的球風，也定義了湖人藉由表演時刻譜寫的偉大世代。有鑑於此，強森成了這項運動在進入數位化時代前的最後一位巨星，然而他在一九九〇年代初期就結束了職業生涯，只能眼睜睜地看著數位世界迅速成為了這項運動、訊息傳播和市場行銷的主流，也順勢將那個曾自詡為魔術麥克的威明頓小子拉上神壇。

這些情況有助於解釋為什麼許多認真鑽研籃球的人與眾多球迷都認為，魔術強森和喬丹等夠格的人一樣，也該被納入史上最偉大籃球選手的討論之中。

「我一直不懂為什麼人們在討論史上最偉大球員時沒有提到他，看看他為比賽帶來了多大的影響。」擔任NBA教練多年的艾爾文·簡崔（Alvin Gentry）的這個言論，是無數觀看美國職籃多年的人們屢次提及的論點。

這個觀點認為，如果麥可·喬丹（Michael Jordan）確實是所謂的籃球之神，那強森至少也稱得上是籃球界眾神的其中之一。他不僅在許多人認為籃球史上最偉大的一九八〇年代成為霸主，還獲得了許多非凡的成就。

＊ 譯註：在拉森比所著的《麥可喬丹傳》提及，一九八二年北卡大學隊的手冊上，喬丹的名字還是麥克（Mike）。後來據說是汀恩·史密斯告訴他不能再用魔術麥克當綽號，在確認他有麥可（Michael）這個名字後，便開始讓他使用麥克·喬丹當官方姓名。而喬丹曾說自己在一九八二年之前的知名度不高，在大學之外，大家都叫他麥克·喬丹。直到他在出戰喬治城大學時投進致勝一擊後，麥克·喬丹的全名才從此開始成為家喻戶曉的名字，因此他也將這一天稱作「麥克·喬丹的誕生之日」。

對其他人來說，給予這名球員如此崇高的地位似乎有些怪異。這名球員不僅自承從來不是能飛擅跳的類型，人們也對他的跳投沒有信心。他把勝利看得比得分和炫技更重要。而許多專家在他剛進NBA時則認為左手是他的弱點，這對任何試圖以控球後衛之姿在聯盟中生存的人來說都是個沉重的枷鎖，尤其對一名以不可思議的高度在運球的高個子來說更是如此，給他運球簡直就是給敵人送球。

「我還是會懷疑自己，」強森回首在一九七九年剛展開新秀球季的自己時也承認，「我不確定自己能否在這個聯盟立足。」

這反過來也有助於解釋為什麼在傑瑞·威斯特早已見證過一切後，仍在一九九〇年三月透露自己在一九七九年選秀時並不確定是否該以狀元籤為湖人選擇魔術強森。

在被錄製下來的訪談中，威斯特說強森出色的領袖魅力和成就，讓他想起了球探們評估運動員天賦的結論：你可以看到球員們能在球場上做什麼與展現出來的體能條件，但你未必能讀懂他們的心。

「我覺得他會是一名非常優秀的球員，」威斯特坦承，「但我沒想到他會達到後來他所達到的水準，完全沒想到。但是，你看吧，你不知道人們心裡在想些什麼。你可以看到球員們在場上能藉由體能條件做出什麼表現，你可以看出一些令你眼前為之一亮的動作，但你不知道他能在NBA打到什麼程度、不知道他將怎麼做到這一點。」

這番話幾乎可說是一言以蔽之：艾爾文·「魔術」·強森的定義就是人們看不透他的能耐，這是在探究人類性能時出現的一大謎團，也讓球探在判斷一個球員的天賦時充滿了不確定性。

威斯特在採訪途中暫停了一下，針對自己對於強森如何成就偉大的問題思索答案，然後補充說：「透過努力訓練，他就是憑藉著強大的意志力將自己的球技提升到另一個層級。我不認為有人知道他的內心有這種偉大的特質。運動能力是最容易被觀察到的特點，但只有它，並不足以塑造出一名優秀的籃球選手。」

在被詢問何謂偉大時，威斯特觀察到，雖然在職業籃球的舞台上不論什麼時期都有許多非常棒的球員，但真正偉大的球員卻屈指可數。

回首一九八〇年代，威斯特說：「顯然魔術強森是其中一人，還有賴瑞．柏德。」「顯然，麥可．喬丹也是。」威斯特補充完這句後，就沒有再列舉下去，留下許多想像空間。

要成為一名真正偉大球員所要面臨的巨大挑戰，是普通人難以理解，甚至看都不曾看過的事物。威斯特最後說：「這是一種負擔。」

至於強森獨樹一格的偉大本質，威斯特說：「是一種男子氣概，魔術強森有一種散發出來的男子氣概、一種『沒有人能打敗我』的慾望。」

強森夜復一夜地在許多個球季中展現出這項特質，這強大的無形因素，充分地證明了他或許擁有在這項運動的歷史中最堅毅的心志。

最重要的情景

在一九九〇年說明自己的觀點時，威斯特從自己的幾番觀察中來回思索著蛛絲馬跡，試著說明究竟是什麼讓強森找到通往偉大的路，最後他得到這個結論：「有人在他出生時多灑上一點魔法之粉。」

或許，就是這個，這就是一切謎團的答案，這個答案在幾十年後仍被認為是最佳結論。在出生時額外灑上的魔法之粉，一種最高等級的超自然影響籠罩在一個特別的孩子身邊。

資料顯示，強森於一九五九年八月十四日星期五在密西根州的蘭辛市出生，在老艾爾文與克莉絲汀．強森組成的家庭中，他是七個孩子中第四個出生的孩子，也是三個男孩中最小的一個。

也許那個周末的超自然影響力，是來自於那一天的雷雨交加，一道巨大的閃電擊中一個大型變壓器，造成了巨響與爆炸，不僅驚動了許多市民，也讓許多人沒電可用。

或許就是這道閃電，為小嬰兒艾爾文注入了更多的電力。

那天早上，《蘭辛州紀事報》（Lansing State Journal）頭版的新聞報導了一隻剛出生的小雞有三個心臟的新聞。或許，也是因為有這股額外的能量。

畢竟，這個孩子將在未來的某一天獲得「魔術」這個綽號，所以他的嬰兒奶粉裡多添了一點巫毒或神祕學的風味也是有可能的。

另一個推測是，他出生的時間就已經顯示出他將散發出明星光環的強烈跡象。就在強森出生的那個周末，蘭辛市教育局行政人員們正在為重新整修後的艾弗雷特高中（Everett High School）舉辦開放參觀活動。這所學校擁有一座一九五〇年代最先進的體育館，而這座體育館也將在日後以他的名字來命名。

顯然，還是個嬰兒的艾爾文當時無法出席那個周末舉行的體育館啟用儀式。發生一連串意想不到的事件、過了十五年後，他才會出現在那裡，並令那裡的硬木球場成為美國籃球歷史上的聖地之一。

不只是這樣而已，那天的事件只是他偉大人生中眾多謎團的冰山一角。他的多年好友兼經紀人朗·羅森分享他的看法：「舉例來說，為什麼身為家中三子的他會被取名為艾爾文·強森二世？這種名字通常是給長子的。」

或許老艾爾文與克莉絲汀察覺到這個高高瘦瘦的新生兒將成為一個特別的人，雖然這似乎不太可能，因為強森夫妻堅定地認為他們的七個孩子都是特別的。

事實上，如果你非要挑出哪件事是促成魔術強森在人生取得驚人成就的關鍵，或許就是那天發生在醫院裡的情景：筋疲力盡的年輕母親克莉絲汀緊緊地抱著襁褓中的孩子，而他的父親老艾爾文則做好了他的本分，安靜、愉快地坐在床邊陪伴她。

護理師與工作人員在母親身上注意到的第一件事是她的微笑、她的酒窩。克莉絲汀・波特・強森（Christine Porter Johnson）生來就有著一種純淨、從靈魂深處散發出來的甜美，而長久以來沉浸在堅定信仰中的這份甜美，總能令她身邊的人們平靜下來，且幾乎一向能喚醒善惡兼具的天性中較為美好的一面。

她樂於讓人們感到輕鬆自在、傳遞她真心誠意的關懷、讓她對宗教的熱情靜靜地流露。她也喜歡開懷大笑和溫暖的擁抱。她從小就知道生命的珍貴，而你必須好好將它捧在手裡。畢竟，她這一輩子也常常被自己的母親捧在懷中。

如果醫護人員們還從克莉絲汀・強森身上注意到了什麼，或許就是她的規律性。她接連在一九五六年生下了兒子昆西（Quincy）、一九五七年生下第二個孩子賴瑞（Larry），然後在一九五八年生下了女兒莉莉・珍珠（Lily Pearl）。

然後，按照這個節奏，嬰兒艾爾文二世在一九五九年出生了。

好幾個世紀以來的農牧家庭都很重視這種生孩子的速度，不過克莉絲汀・強森已經沒有繼續在那塊北卡羅萊納州的土地上工作了。她的家族曾經在那裡辛苦耕作了幾十年。

十七歲那年，她眼睜睜地看著自己心愛的母親瑪莉（Mary）因腎病而日漸消瘦，最終年僅四十七歲的她在一九五三年年底逝世，留下克莉絲汀照料她的兩個年輕弟妹。正如克莉絲汀後來透露的，十幾歲的她在這種情境下扛起了母職，扛起了此前由她母親所做的工作。這是在自給農業的環境中十分常見的現象，許多年輕女性在生產過程中或是因為缺乏醫療資源的照顧而在年紀輕輕的時候死去，這使得她們的女兒被迫早早扛起母親的職責。

克莉絲汀的母親瑪莉・黛拉・詹金斯・波特（Mary Della Jenkins Porter）是租用土地的佃農之妻，她以這個身分度過了艱苦且短暫的一生。然而，她在與捉襟見肘的貧窮對抗時所面對的掙扎，在許多方面中常常顯得不是什麼大事，因為她在精神信仰中得到了愛與信任，並將它們灌注到了克莉絲汀與她那個大家庭的其他成員中。這份信仰是從她的家族中一代又一代地傳下來的，這個家族在幾十年接著幾十年間雖然沒有遭遇到什麼大災難，卻不斷地過著艱苦的生活，沒有人能像克莉絲汀的孩子艾爾文一樣，體驗到那種人生勝利組的滋味。

的確如此，如果說有什麼情境或主題會在研究魔術強森的人生與他的歷史定位時浮現在腦海中，那就是一種不屈不撓的精神。這個精神跨越了他們家族好幾個世代，可以一直追溯至一八三〇年代的北卡羅萊納州，也是美國奴隸制度尚存的時代誕生的曾曾曾祖父們。這個集體意志顯示強森與他的家族的故事呈現出了一種人類精神層面上的力量，支撐並幫助他們承受心碎、失敗與災難。有時，甚至是史詩等級的災難。

克莉絲汀親愛的母親於一九五三年不幸去世，就是其中之一。

不久之後，一名高大、寡言的軍人走進了她的人生。他那時在北卡州的一個軍事基地服役的表弟，在某個周末帶了一個朋友回家。

克莉絲汀很快地就對這個害羞的陌生人產生興趣，這個來自密西西比州（Mississippi）的年輕人名叫艾爾文．強森。她後來承認，他身上有些遭遇引起了她的同情。

僅僅幾個月後，他就退伍了，然後她便收拾行囊、告別農場生活，與他一起北上前往密西根州蘭辛市，那裡有個汽車工廠答應會給他工作。很快，她就像搭上時光機，離開佃農生活進入了另一個宇宙，一個有抽水馬桶和自來水的宇宙。她曾回憶，不久後她就展開了成為母親的自修速成班。

現在，在一九五九年八月的這個星期五，在醫院房間內，坐在她身旁的丈夫因思考著如何養活這個年輕美好的家庭，而讓方才的喜悅被稍稍沖淡。畢竟在與克莉絲汀相遇並結婚之前，他已經是三個孩子的父親，而且這些孩子們與他並沒有斷絕關係，常常會從南方來到密西根州，在強森家擁擠的房子中和他們一起生活。

在接下來的幾年，老艾爾文因身為一個沉默寡言的男人而聞名於蘭辛社區，他的沉默讓很多人覺得他在這裡待得不開心，甚至對大家有輕蔑之心。

然而，對他的家人來說，他是個沉穩且有著些許笑點與幽默感的父親，願意為了養活孩子們兼差，並在工作之餘創業，做起了清運垃圾的生意。

「一旦你認識老艾爾文，就會搞不清楚自己以前是否認識真正的他。」他們家的一個朋友後來向《體育內幕》（Inside Sports）雜誌如此說明。

「他是個出生在密西西比州的老派南方人，」他們家的朋友、在蘭辛市行商的葛瑞格・伊頓（Greg Eaton）在二〇二〇年的一次採訪中說明，「他來到這裡時還是個年輕小夥子。我記得他剛搬來時大概才二十歲，那時是一九五五年，我還在讀高中。然後，一九五八年，我和他一起在費雪車身工廠（Fisher Body plant）工作。他是個認真工作的人。他獲聘上任後就沒有離開這裡過。一九五五年，這裡到處都是通用汽車（General Motors）、奧茲摩比（Oldsmobile）的工廠……你可能來到這裡後，過個馬路就能找到一份工作，那時的工作就是這麼好找。」

「老艾爾文是個大隻佬，他大概有六尺四吋高，有一雙大手，而且很強壯，真的很壯。我還記得他是怎麼把又大又重的貨物丟到卡車上的，彷彿不費吹灰之力。」

因為他太安靜了，人們常常小看了老艾爾文・強森，但在他的沉默之下，暗藏著許多錯綜複雜的事物。在蘭辛學校擔任心理學家、後來成為他們家的朋友、在更之後又意外地成為了他兒子的經紀人與顧問的查爾斯・塔克說：「他能看透你的內心。」

其實這番話也適用在克莉絲汀身上，塔克在二〇一九年受訪時也說過：「兩位家長都非常安靜，你會被他們的大智若愚給騙了。然而一旦你認識他們，便會被他們有多少知識涵養、耐心與聰明才智給震驚……他們懂得怎麼與他人應對進退，你可能會覺得自己可以愚弄他們或是暗地裡耍些什麼花招，但他們早就知道你下一步要幹什麼了。問題是，他們不會讓你知道這件事。」

時間會證明，兒子在快速變遷、千變萬化的世界中明察秋毫的天賦，是由父親給予的。

「我的父親教會我這一種力量。」兒子在日後這麼說。

的確是力量。老艾爾文與知名兒子間傳統且謹守分寸的關係，將有助於確保全球籃球的歷史演進在一個神奇、近乎完美的時間點產生變化，這將在許多年間成為只屬於他們自己的祕密樂趣，僅存於父子之間靜靜的低語之中。

強森家族的一個朋友曾注意到，許多運動員都欠缺他人的指引。「不管是哪方面的指引，魔術一項不缺，這也幫助他在這個世界暢行無阻。」

第二章 微笑

克莉絲汀．強森的新生兒臉上頻頻綻放著笑聲與露齒微笑，這為目睹的每個人都帶來了同樣的喜悅。他笑得如此頻繁，不可能只是因為打嗝而已。

不，這些笑聲與微笑絕對是他真實的情感，這代表著他的雙親、手足、祖父母和表親，實際上，應該說是周圍的每個人，都從中發現了許多樂趣，以至於很快地每個人都把對他做鬼臉、出怪聲、將他拋來拋去直到他高聲尖笑、嘻嘻笑和咯咯笑當成了每日任務。

人們似乎在與彼此比拚，看誰能讓這個嬰兒床中愛笑的小胖子獲得更大的快樂。

因此，他臉上的快樂之情在每一次凝視著母親充滿愛意與溫柔的臉龐時都在增加，而母親的面容也反過來成為他學習微笑的一面鏡子。

「她母親有一張美麗的笑容，」葛瑞格．伊頓那次在二〇二〇年受訪時，重複了一個很快便在他的家人與朋友心中成型的印象，也就是還是個嬰兒的艾爾文從剛出生起不僅繼承了母親的笑容，日後也有著與母親相似的溫暖與性格，「她是一個美麗的人，樂於與他人擁抱。」伊頓說明。

「老兄，她擁抱你時，會讓你知道什麼才是被擁抱的感覺。」他們家的另一個朋友米希．法克斯（Missy Fox）認同他的說法。

擁抱，在她家族眾多珍貴的傳家寶中，是其中一項特別的珍寶。小嬰兒艾爾文在將來的某一天，會將從母親身上獲得的這項珍寶帶到籃球世界，並藉由它為這項競技注入前所未有的豐富情感。

但將這一切連結在一起的是微笑。《運動畫刊》（*Sports Illustrated*）將在一九九六年時報導，二十世紀最棒的兩個笑容，其中一個就是艾爾文·強森的微笑。另一個呢？是路易·阿姆斯壯（Louis Armstrong）的。

他的巨大魅力幾乎都承襲自克莉絲汀的餽贈。

「我的母親喜歡開開心心地過生活，」強森本人後來多次表示，「她喜歡聊天，而我也從她身上繼承了這一點。」

母子之間的自然聯繫代表著在那段剛開始的育兒生活中，如果她笑了，他也會笑。考量到克莉絲汀現在有四個五歲以下的小孩，而且後來還會增加，多添包括一對雙胞胎在內的三個女兒，他或他的母親還笑得出來已經是個奇蹟了。

事實上，強森家很快就變成了托嬰中心，上演著一場尿布、餵食、孩子們跑來跑去與騷亂的雜耍，使年輕的克莉絲汀度過一段令人疲憊不堪的日子。

幸好，丈夫的母親莉莉艾·瑪莉·強森（Lillie May Johnson）和克莉絲汀的弟弟詹姆斯（James）不久後就搬到了蘭辛市，對這條生兒育女的生產線提供了些許幫助，讓它能正常運作。在這個生產線運作的房子裡，男孩們住一間臥室，女孩們住在另一間，第三間，則是由父母與當時的新生兒同住。

年幼的艾爾文用他的笑容度過了這段經歷，這證明了一個真理，一個孩子若是生來就擁有令人安心且富有感染力的笑容，他們越愛笑，人們就越想逗他們笑。對那些擁有這種幸運的少數人來說，笑容與笑聲會培養出更多的笑容與笑聲，這也大多能讓他們過著一天又一天的快樂生活。

有些人會認為微笑成為了驅動艾爾文·強森二世一生的主要動力，一種不斷以擁抱迎接競爭、藉此在情緒層面上贏得優勢的力量。當然，還有很多別的動力，但微笑是最優先，且在許多方面也是最主要的一個。

這代表著人們想要讓他開心。這在他生命中是重中之重。反過來，他也想讓他們開心。甚至後來，據他的兄弟姊妹回憶，還是個孩子的艾爾文從小似乎也有想取悅母親的傾向。就算被母親修理，他在擦乾眼淚之前就會重新回到她的身邊，微笑著，試圖再度讓母親開心。

從很小的時候開始，微笑就幫助他軟化了所遇到的任何障礙。

很快，他的乳牙就長了出來，令他的面容更加地豐滿。在他幼稚園與小學時的早期照片中可以發現，這完美地在他的寬鼻子與溫暖、富有神采的雙眼間取得平衡。那時的他有夠可愛，常常在抬頭仰望著你時，突然湧現出一種只有真正純潔的孩子才會有的溫暖情感。

用不了多久，他就會發現籃球比賽的神祕吸引力。「光滑的地板，圓圓的球。」塞爾提克傳奇人物「紅頭」奧拜克曾如此描述存在於籃球中的完美物理法則。

每個曾經愛上過籃球的人都知道，在一名球員真正地發現奧拜克從體育館的木頭地板上獲得的極樂之前，都要經歷過許多學習如何打球的階段。

舉例來說，揉成一團的襪子和捲成球狀的衣物就是個很好的啟蒙方式，對於一個住在密西根州，每天都要應對詭譎多變的天氣，並且遵守媽媽針對在屋內運球所立下的嚴格規定的小男孩來說，這尤其適合。不過要用捲起來的襪子運球，實在太勉強了。因此，在這個遊戲最一開始的階段，毫無疑問地需要一點想像力，像是把一個在牆上高處的鉛筆記號當作籃框。不准灌籃，將成為把家裡的廢紙箱、空的衣籃當成籃框而出現的第一個規矩。而他對於球賽規矩的瞭解也從這裡開始確立，並在寒冷的冬天待在室內與哥哥們對決的灌輸下逐漸增加。他與哥哥們在球場上的戰爭，是由他們愛好籃球的父親發起的。星期天下午，是他與正在長大的兒子們唯一的親子時光。在那個時代，他們沒有多少電視節目可選，只能在電視機前觀看ＮＢＡ或其他運動項目的賽事。

「家中的女性們如果能看其他的節目會更開心，」身為妹妹的莉莉．珍珠曾笑著回憶道。「但是在籃球球季進行的周日下午，電視機是由男人主宰的。」

這段「籃球課」展示著所有一九六〇年代球星們的技藝，這些人都是值得被學習的籃球巨人，例如威爾特．張伯倫（Wilt Chamberlain）、比爾．羅素（Bill Russell）、傑瑞．威斯特等數不完的球星。在他們展現出洋溢的才華並上演著激烈競爭的同時，老艾爾文也為他的孩子們評析著籃球這項運動該怎麼打。

也許從來沒有人能像小時候的艾爾文．強森二世那般，將這段籃球的入門之旅牢牢地記在心中，因為這在他的記憶中一直是塊神聖不可侵犯的領域。這有其道理在，因為電視上的體育與其他節目開始展示黑人男性的能力，這種事在美國文化數百年的歷史中是頭一遭，也與美國文化在幾乎所有媒體上系統性、壓倒性的負面呈現成為了鮮明的對比。當時的報紙、傳單、雜誌、以取笑黑人為主題的歌舞表演、公共演講、無聲電影、後來的有聲電影，整個傳媒娛樂的產物，就是一條不斷散布著仇恨的洪流。

事實上，相較於他年幼的孩子們，NBA展現出的這種能力，為在密西西比州嚴格執行的種姓制度下長大的老艾爾文帶來了更令他感興趣的啟發意義。老艾爾文是個在一九五〇年代初期長大、面對生活中的一切只能默默承受、看著家鄉到處都在對黑人男子進行一次又一次暴力行為的人，對他來說，星期天下午這段在黑白電視螢幕上閃爍的時光，看起來既純真又平靜。在當時的美國，很少有人能夠表達或描述出這是段怎麼樣的時光，但顯然它靜靜地深植到了強森家乃至居住於更遠處的人們心中。

曼恩街上

隨著童年時光的流逝，小艾爾文無須言語，便得到了許多人的關愛，這也讓他早早就得到了許多親切的暱稱。身為二世的他很快被稱為夏日小蟲（Junebug）、EJ、E或Junior，每個名字都代表著他幼小面貌上的一層意義與特性。這也是個非常重要的預習，未來的某天，他必須在扮演好艾爾文這個角色的同時兼顧自我的另一面，也就是魔術的角色。他的生活，將被一系列時髦又有趣的綽號給填滿。

在他父親恰到好處的引導下，他對籃球的瘋狂也轉移到了現實世界，不管天氣如何，就算下雪，把球場上的雪剷掉就沒問題了。

那在天氣好轉的時候呢？

在密西根州明亮、溫暖的日子裡，閃爍的陽光刺眼到就好像太陽自己也知道時間短暫，因此必須盡可能地把握住能夠大放光明的每一刻。在如此湛藍且清澈的天空包覆下的這幾天，就像是被裹上了一層玻璃紙。住在他附近的鄰居都會注意到，沒有人會像年幼的艾爾文這麼善加利用這幾個幸運的日子，他用右手高高地在人行道上運球的聲音會在他每個所到之處響起，就算是去商店買東西也不例外，不管他要多麼地小心才能平衡左臂上那袋雜貨的重量、不管水泥人行道和定義了他的生活版圖的馬路路面有多麼凹凸不平，都不能讓他停止運球。在中央街（Middle Street）上有著三間臥室、一間浴室的黃色房子，就是他們家，也是他的世界的正中心。不遠處，就是「磨損之靴」（grinding boot）工地，是老艾爾文工作的地方。在四濺的火花中擔任焊接工的他，每晚忍受著長期輪班制、裝修著奧茲摩比牌的汽車車身。

儘管孩子們要在很久之後才有時間思考其中的意義，並真正地受到父親的影響，但父親豎立的榜樣已經開始在影響他每一個子女的人生。他長時間在工廠上班，衣服上燒出來的洞和其他證據都證明了他做著極為耗費體力的工作。他不僅還將額外的心力用在其他的兼職上，之後還展開了自己的垃圾清運事業。這讓疲憊不堪的他在凌晨時分才能回家，也常常在漫長的工作日結束後，累得在浴缸裡就睡著了。每天早上，他又得起床去清運垃圾，休息三小時後再繼續去工廠輪班。如果上天好心讓你偶爾放一天假，你還要夠幸運才有機會睡個懶覺，因為每天早上都會有一群精力充沛的孩子們在家中蹦蹦跳跳，還會為誰能使用唯一的廁所而爭執不下。

「一個勤奮的大家庭，」葛瑞格．伊頓回憶道，「我記得他們家有七個小孩，三個男孩和四個女孩。他們的父親在費雪車廠做生產線的工作。他們還有一輛用來撿垃圾的卡車，老艾爾文開著這輛車，男孩子們也在車上幫忙。」

強森後來有和他的高中教練喬治．法克斯分享這段回憶：「對，他會到不同的地方去撿垃圾，然後把它們運到垃圾場。有一次，我們談到他有多認真的時候，艾爾文告訴我們：『我還是個孩子的時候，常常搭我爸的便車，我們就一起載垃圾。有一天我撿起一個桶子，把裡面的東西倒出來。我爸在卡車上，回過頭來問那一桶處理好了沒？我告訴我爸處理完後，我爸告訴我，我們不能把東西倒得那麼亂，去把那些垃圾和桶子附近的每個東西都撿起來。於是他要我回去，把每一塊垃圾都撿回來。那是他第一次也是最後一次跟我說這種話。』艾爾文說，這影響了他每一天的工作態度，不要半途而廢，要做就得做到位。然後艾爾文告訴我們，這是他在任何人身上所學到最基本但也是最重要的一課。」

父親常用自己簡潔有力的話語來強調工作態度和承擔個人責任。「你可以選擇，」老艾爾文常說，「全力一搏，或是像豬一樣混吃等死。」

他堅持不懈地工作、工作、再工作，這差點令他在小艾爾文十二歲時要了他的命。不論有多難受，父親都堅持不把側腹的疼痛當一回事，直到他差點因為闌尾破裂而死。他也因為想在車廠內盡可能地工作，而忽視了視力模糊、體重急劇下降和頻尿的症狀，後來他被診斷出患有糖尿病。他似乎從來沒有考慮過自己，只想著能為這個家做些什麼。

「爸爸總是希望我們能做出一番成就，你懂的。」兒子提到父親時說，「他不希望我和他一樣，生命只能花在敲打著那些東西上。他希望我有更好的未來。」

父親的這些教誨和犧牲很快就深深地烙印在全家人的記憶裡，克莉絲汀為了撫養、管理和引導她那英俊的孩子們度過七個不同的童年階段所付出的心力也是如此（當老艾爾文前妻的三個孩子來訪並住在他們家時，這個數字會增加到十個）。而在所有的孩子上學之後，克莉絲汀又在有如不可能的任務般緊湊的家務時間表中擠出了時間，加入在學校擔任清潔工和在餐廳工作的行程。

每一天都像是一陣不會停歇的旋風，即使他們後來有時間喘一口氣、回顧當年所有人都得擠在那間狹小的房子裡且只有一間浴室的情形時，也不禁有不知所措的感覺（與小艾爾文的記憶並無二致，他們從小就學會了如何在忙碌的早晨迅速地處理好自己的事）。

雙親的勤奮與犧牲在家人們與整個社區的眼中都是有目共睹的。「這麼努力工作，還有這麼多孩子要養，還把他們都養得這麼優秀……」葛瑞格．伊頓說，「需要一個了不起的男人、與妻子建立一段了不起的婚姻和他們對上帝的信仰。」

儘管房子擁擠得難以想像、日子忙碌得一蹋糊塗，但在所有的混亂與動盪之下，有一個堅如磐石的基礎。

對於每天要輪兩次班的父母來說，星期天是他們唯一的休息時間，而且他們還要先去完蘭辛市的聯合傳教士浸信會教堂（Union Missionary Baptist Church）後才能休息。透過在那裡進行的禮拜，他們能為自己的油箱加滿油、為自己充滿能量。這份信仰，正是他們之所以能扛下這麼多重擔的源頭。

後來成為蘭辛市一位非常成功的商人與社區支柱的伊頓，是在費雪車身工廠和老艾爾文一起工作時瞭解到他是怎麼扛起強森一家的。「我剛到這間工廠時只有十八歲，我們總是在聊體育的話題。」伊頓回憶。

強森鮮少和他遇到的人們透露太多事情，但他常常談到自己在密西西比州打球的日子。「我們一直在聊運動賽事，也會一起去看比賽。他最喜歡籃球，但也對每項運動都有所涉獵。」

老艾爾文還喜愛汽車，喜歡奧茲摩比牌的車，喜歡經由自己的手來生產它們。儘管他為了養家餬口必須承受一週五、六天輪兩次班等挑戰和壓力，但他願意承擔。因為這麼做的話，他就能在星期日下午獲得一點寶貴的個人時間。

可以想見，以滿懷著期待的心意與父親的名字命名的小艾爾文，將迫不及待地走向世界、渴望自己能實現父親對自己的期待，並為此不遺餘力。

從一九六〇年代起的那段日子裡，家庭攝影機很少拍到夏日小蟲的身影。然而一旦鏡頭拍到了他，他很清楚自己該怎麼將焦點留在自己身上。他會用那深邃而快樂的目光看著鏡頭，在他得意地交互著高低運球時，會露出更開心的笑容。他隨著球的起落彎下身體與抬頭，就好像在玩溜溜球一樣。接著他又跑出去了，每當他走出家門，就會令鄰居抱怨連連，因為他總是一大早就起床前往曼恩街道學校（Main Street School），一路上拍打皮球、發出彷彿永無停歇之日的運球聲。他整個暑假都會泡在那裡，被籃球比賽迷得神魂顛倒。只有回家趕緊吃一頓飯的時候才會稍稍中斷，然後他又會馬上回來，一次又一次地將自己的少年時代與籃球合而為一。

「大家都覺得我瘋了，」強森回憶當年時說，「他們真的、真的覺得我瘋了。早上七點半，他們要去上班時都會說『那個瘋狂的夏日小蟲又在打球』。」

「他的生活被籃球給占滿了，日夜都是。」他父親曾如此說明，「我們從來不用煩惱他去哪了，只要走去曼恩街道學校，就會看到他和他的朋友在那裡。」

「從七歲起，我就一直把籃球拿在手裡，」強森十六歲時這麼說，「我爸在密西西比州打球，我的兩個叔叔也很厲害，我想，就是因為有他們在，我才開始打籃球的。」

身為一個身材高大的孩子有他的挑戰，但從他的班級照片上看不出來，照片中的艾爾文站在後排，綻放出一個大大的微笑，大到你可以看到他掉了一顆牙。「那時，我在我們那個年紀算比較高大的，」強森曾回憶說，「但我還是想和同齡的孩子一起玩。」

在三、四年級時，他常常看學校裡高年級的孩子在球場上打球。「在其他的孩子離開操場時，我就會去模仿我看到的動作，」他曾對體育記者弗雷德．史塔布利說，「很快地，他們就把我推上場比賽了。」

他特別提到兩個年長的男孩，查理．福德（Charlie Ford）和包柏．瑞斗（Bob Riddle），看中他體型的兩人，是把他推上火線的關鍵人物。「他們把我拉到球場上，和其他年紀比較大的孩子們一起打球，」他回憶道，「我嚇得要死。他們才不管你、只管打球，他們一直在場上修理我，逼得我哭了出來。」

考量到他有哥哥，會有這種反應有點奇怪，但這種模式成為了他在成長階段不斷上演的既定模式——他幾乎在每個長大成人的階段都要和年紀更大、更有天賦的人們一起打球。

「我被修理得很慘，但我也從中學到了不少。」強森曾這麼說明。

《蘭辛州紀事報》日後的報導中說道，學校的球場和交通繁忙的公路很近，因此不斷在附近的四九六號州際公路上來來往往的卡車所發出的轟鳴聲，似乎也混雜到了球場上的空氣中。「一座四處是裂縫、沒比院子大多少的瀝青籃球場，籃球架上的籃框在搖晃，籃網也鬆脫了。只要你傳球失誤，就代表你要和經過曼恩街道學校的車輛共舞。」

有時，老艾爾文會抽出一點時間溜去和兒子單挑，兒子曾回憶道：「我從來沒有贏過他……我跟你說，他給我上了寶貴的一課，就是不要和你爸打球！因為……除非他說有犯規，不然不論發生什麼事都不算犯規。而且他會使出各種花招——像是用一隻手抓住你，然後用另一隻手投籃。他會打你，然後投籃，還會對你犯規。但我告訴你，我喜歡他這麼跟我打球，因為這讓我變得更加堅強。我知道對他哭和抱怨是沒辦法打贏他的，而這就是他的目的。」

夏日小蟲也會拜託哥哥賴瑞、昆西或妹妹伊芙琳（Evelyn）來這裡跟他打球，因此經過附近的路人便會常常看到艾爾文和賴瑞互相較量的情形。不過，就算他的手足沒辦法來，那也沒關係。

「我小時候會在夏天時一個人打全場。」強森解釋。

在全家人看著新秀後衛戴夫．賓恩（Dave Bing）為死氣沉沉的底特律活塞隊注入活力的一九六六—六七年球季，他的世界也完全地活躍了起來。就跟每個男孩一樣，艾爾文也想在曼恩街的球場上成為某些球員。

「我會扮演底特律的戴夫．賓恩，然後，可能會扮演湖人的威爾特，」他回憶說，「我會對自己說：『戴夫衝過來了。他跳投出手，球進了！』然後我會變成威爾特，繼續對自己說：『看他挑籃得分，耶！』我一直在為我希望拿下勝利的球隊投進致勝一擊。這幫助我學到了很多不同的東西。如何運球、抓籃板和投籃。我看了電視上的比賽，就迫不及待想要嘗試新事物。」

「你知道的，他喜歡威爾特，」回憶著兒子小學時代的父親說，「他想成為威爾特。」在電視上的籃球之神中，威爾特是最高大、最強壯、最具主宰力的一個。

曼恩街道學校不僅是強森的籃球場，也是他第一次與世界接觸的地方，隨著一九六〇年代進行，學校和整個蘭辛市在這兩方面都為他提供了很棒的機會。

艾爾文有兩個比他年長的導師，伊頓自己就是其中之一。身為年輕有為的商人與成為社區中的一號人物，兩人所樹立的榜樣，很快就吸引了小艾爾文的注意力。

強森也在曼恩街道學校遇到這兩個行商的黑人青年中的另一人，那就是喬爾．佛格森（Joel Ferguson）。在未來，佛格森將成為蘭辛市著名的民間意見領袖，並在密西根州大擔任多年的理事。但在一九六〇年代，他只是個負責在曼恩街道學校的操場上統籌暑期活動的年輕人。

「艾爾文就是在那裡學會怎麼打籃球的。」佛格森在二〇二〇年自豪地說。

這聽起來就像是捏造出來的故事，好像有人試圖把艾爾文・強森的青年時代監修成一個看似完美無瑕的美好回憶。但仔細查證就會發現，包括了在曼恩街道學校和當地少年活動社團所度過的許多時間在內，他的成長歷程十分順其自然。

這段生活並非毫無戲劇性，但也不乏許多好運。他在九歲那年差點溺死，直到一名救生員將昏迷不醒的他從游泳池中救起才讓他脫離險境，這起事件讓他一輩子都不敢待在水深超過腰部的地方。

然而除此之外，他在幼年時期發生的一些事件大多都是讓人有親切感的小事。例如，他的父親有一次發現他在附近的商店偷了一些糖果，就打了他一頓，然後要他回去認罪。而隨著艾爾文進入青春期，他逐漸會熟練地推諉修剪草坪的家務，然後去打更多的籃球，這是青少年常見的行為模式。

多年以來，他的父母常常宣稱他們的兒子幾乎從來沒有給他們惹過任何麻煩或讓他們擔憂，以至於強森有時看起來太完美了。

「他不完美，」儘管查爾斯・塔克這麼說，但從塔克本人和許多見證那個時代的蘭辛市民的回憶中，很難證明這一點。

在他早期的小學生活階段，他遇到了第一個真正的對手傑・文森（Jay Vincent），他來自蘭辛市東邊的學校，是個身材在該年齡層較為高大的孩子。這也預示了強森在職業生涯中將充滿一段接一段競爭激烈的關係，從賴瑞・柏德到艾塞亞・湯瑪斯再到麥可・喬丹都是如此。而這個來自城鎮另一邊的高大男孩，就是他除了哥哥之外所遇到的第一個對手。

「我早在三年級時就認識艾爾文・強森，」文森在二〇一九年受訪時回憶道，「那時他在曼恩街道學校打球。他和我都是九歲。我是霍姆斯街道學校（Holmes Street）的一員，他們來這裡和我們打了一場比賽，這場比賽至今仍然被我掛在嘴邊。比賽結束時，我們本來以一分之差獲勝，接著魔術走過去和紀錄台人員講了講話，就這樣，就像變了一場魔術，比數被改了過來，然後就變成他們贏了。所以我一直在講這件事，我們也常常笑著談論它。雖然當時的他還沒有成為『魔術』，但已經施了點魔法。」

這些年幼時期的比賽在某種程度上預告了他們將有一段一直延續到高中的宿敵情緣，直到他們在大學成為隊友為止。

文森記得，強森在三年級時已經展現出自己喜歡抓下籃板球後持球推進的傾向。「我們當時差不多高，都還很小，大概九歲，身高接近五呎。我們在同儕中算是滿高的。但他真的很瘦，我身上的肉總是比他多一點，你懂我的意思吧。」

這些事情綜合起來彰顯出這個事實：曼恩街是他開始展現個人品格、高ＥＱ和聰明才智的起點。不管他的母親走到蘭辛市的哪個角落，幾乎都會有人不斷地跟她提起這些特質。

克莉絲汀．強森回憶，她在一九九二年遇到了艾爾文的小學老師，那個老師跟她說了一個艾爾文在上課時班上陷入一片混亂的故事。「她一邊笑一邊開始跟我說這個故事，」身為人母的她回憶道，「那是她第一年教書的第一天上課，艾爾文站起來要同學們坐在自己的座位上、守規矩、聽老師的話。她說每個人都不再打鬧、乖乖照做了。」

分享這個故事的應該是在五年級教過他的葛麗塔．達特（Greta Dart）老師。年輕、金髮碧眼、近五呎高的她很快就變得特別偏愛艾爾文。艾爾文後來回憶說，自己也暗戀過她。她的丈夫吉姆（Jim）是食品車司機，而膝下無子的達特夫婦，也讓他首次有機會與白人建立密切與親密的關係。

在學校裡的男孩們想要組一支籃球隊，並在尋求一名成年人來擔任監督時，也是一名籃球狂並參加過市內業餘聯賽的吉姆便挺身而出。強森後來說，他是自己人生中的第一位教練。

「吉姆．達特在我六年級時擔任了我的教練，這對我來說真的意義重大。」高三時的強森在接受《州紀事報》採訪時說，「他真的是很重要的人。他把我送去參加了幾個籃球營，讓我在那裡獲益良多。」

不久後，達特就開始帶著小艾爾文一起沿路送飲料到當地的商店，並開玩笑地說這讓他們花了更長的時間，因為艾爾文老是在店裡跟大家聊天。

「我有一次雇他來幫我們割草，我以為他一直在割，因為我有聽到割草機發出來的聲音，」吉姆．達特曾對記者約瑟夫．道爾頓（Joseph Dalton）說，「然後等我看過去時，才發現割草機在院子的角落打轉，艾爾文在另一邊跟別人聊天。」

這些年以來，被強森形容為自己的教父母的達特夫妻，對他來說就像是另一對家人。他們開車載他去參加活動、幫忙支付營隊和其他相關機會的費用、關注他的學業成績等方面，並幫助他從中央街家中那總是狹小的生活空間裡獲得一絲解脫。

公立學校的老師們很快就能從教室裡的學生中辨別出誰是自己的盟友、誰最討自己的歡心，這代表著名叫艾爾文的大個子男孩超級正面的形象很快就在學校師長們的嘴裡傳開了。

「他是個好相處的男孩、一個好學生。」他的老師桃樂絲．湯瑪施克（Dorothy Tomaschek）曾在接受《蘭辛州紀事報》採訪時說。

五年級的他已經有五呎六吋高，不久後更是長到接近五呎七吋，而且還持續在長高。同時，他的人格特質與對比賽的熱愛也彷彿在與彼此競爭般地飛速成長。很快，幾乎每個人都難以分辨出哪些特質是他天性使然，還是因為熱愛比賽而在後天養成的。這正展現了他在青少年時期對這項運動投入得有多麼深刻。

然而，有時候在人格養成和對比賽的熱愛上，還是有決定孰輕孰重的場合。這項任務很快地就落在了葛麗塔・達特的肩上。在他的成績開始下滑時，她堅持要他放棄一場青少年聯盟錦標賽，以補救一項他遲交的作業。

「她對他進行了嚴格的管教，」後來在高中執教過他的喬治・法克斯於二〇一九年回憶道，「他常常講這件事，她因為他在上課時表現不佳而不讓他參加錦標賽的這個故事也因此傳開了。」

值得一提的是，青少年時期的強森會把自己的這個故事說給高中教練聽，便是他的高EQ在發揮功能。光是藉由重新述說這個故事，便證明了他既謙遜又渴望於對他的教練展示自己與他們有著共同的價值觀。一名高中球員能夠自在地分享這麼多自己私人的故事給教練聽，是一件很特別的事。

更重要的是，此事代表了強森在小小年紀便想藉由自己的影響力來改變現狀，他在試探自己的個人意志能不能凌駕於老師的命令之上。強森回憶，他來到比賽現場，而且試圖上場比賽，但遭到了拒絕，只能沮喪地坐在場邊觀戰。

當時他憤怒與失望到與葛麗塔・達特的關係在接下來的一個月裡都受到了影響，但毫無疑問的是，他收到了這起事件要傳遞給他的訊息。他後來和她道歉，也更加地感謝她對自己五育並重的關心。

然而，這也顯示出另一個因子，那就是他徹頭徹尾地愛上了籃球。任何妨礙他打籃球的事情，都可能引發負面的影響。

改變

在很長一段時間中，蘭辛市的聯合傳教士浸信會是他母親的精神支柱，它也是他們家幾代人的支柱，但有一天，她應門招呼一位基督復臨安息日會教堂（Seventh-day Adventist Church）的女士。克莉絲汀・強森多年以來將研讀聖經當成她忙碌生活的中心，在聊天時，她很快便對那名女士的話產生了興趣，她與他們家的生活也因此很快地有了重大的改變。

主要而言，基督復臨安息日會是基督教新教的教派之一，據說它融合了信義宗（Lutheran）、衛斯理神學及阿民念主義（Wesleyan Arminian）和重浸派（Anabaptist）的教義，以及包含猶太教正統派（Orthodox Judaism）在內的其他元素。然而它最重要的一點，是對於聖經經文的解釋，這導致他們相信星期六是一個星期的第七天，也就是安息日。

安息日的規定基本上要從星期五日落開始遵守，直到星期六日落後結束。這一信仰要求人們終其一生努力地瞭解聖經的意涵、做個有貢獻的人，並避免食用豬肉、某些魚類和其他在聖經中被列為不潔動物的肉。

克莉絲汀．強森很快就接受了基督復臨安息日會的生活方式，因為她認為這能讓她更深入地實踐她的信仰。這個變化也因此引發一場動盪，使她精心安排的家庭生活陷入了混亂。在這番變革中，她的女兒們顯然與她站在同一陣線，而她的兒子們則站在堅守著浸信會的信仰與信念、沒辦法不吃火腿餅乾的父親那一邊。

強森家的世界是建立在每個星期有六天不停地工作之上，然後在星期天去教堂。祖父傑西（Jesse）在密西西比州時擔任過教堂執事，身為執事之子的老艾爾文十分認真對待他的信仰，也已經習慣這種生活了。母親的新信仰重新調整了他們的作息，要他們嚴格遵守星期六的安息日規定（基本上從星期五晚上到星期六下午五點不能安排任何活動）。

他們的兒子通常將對於籃球的熱愛集中在星期六早上的青少年聯賽上，而克莉絲汀的新信仰不僅干擾到他周六的活動，也影響到他星期五晚上的高中賽事。

他們好幾個月以來的生活就好像被某人扔進一顆炸彈，直到老艾爾文終於找到瞭解決方案。他決定星期六和妻子一起去教堂，然後星期天再去他的浸信會禱告，這讓他們共同為彼此做出犧牲，也重新找回了家庭的和諧，令他們的孩子都大大地鬆了一口氣。

經歷了這番衝突，也難怪年紀尚輕的艾爾文似乎有一段時間對自己宗教生活感到無所適從。他高中的教練們日後都無法從回憶中想起他有發表過任何跟宗教有關的言論，沒有在賽前禱告，也沒有對任何宗教表示出自己的虔誠。在家庭內部的風波爆發後，感覺他一直在避開這個話題。

「有些人把宗教當成高談闊論的話題，也有人默默地把它融入在自己的生活中。」他們家的朋友查爾斯·塔克提醒人們不要試圖過度解讀強森在打籃球時避免公開談論宗教的態度。

畢竟，另一方面，他在那段時間還是會和父親一起去教堂，也會按照家人們的要求參加宗教信仰的相關活動。比艾爾文小一歲的五年級生里昂·史托克斯（Leon Stokes）回憶起他們在聯合傳教士浸信會與艾爾文一起上主日學的情形時說：「如果老師提問，大多時候都是艾爾文或我舉手回答。」史托克斯後來成為國家榮譽協會（National Honor Society）主席，並在高中時與強森當過隊友。

強森甚至還和老艾爾文在同一個唱詩班一起唱歌。事實上，他從小就很喜歡音樂和唱歌，他的媽媽曾經希望這就是他的使命。除了唱詩班，他也到處都可以開唱。他會和朋友們一起在街角清唱那個時代偉大的靈魂樂曲，也會在洗澡時唱歌。事實上，他和家人或朋友在一起時，不管到了什麼地方，都有可能突然唱起歌來。

「我覺得我們真的很會唱《我的女孩》（My Girl），」他回憶起十一歲時和朋友們在中央街與威廉斯街（Williams Street）的轉角唱歌時，還配上了誘惑合唱團（The Temptations）的舞步，「我們總是要跳出完整的舞步，像是交叉雙腿、踏步、踢腿。當然，輪到你唱『我的女孩』那段時，你一定要做出在胸前交叉雙臂、把雙手放在肩上這個擋住心臟的動作。」

儘管他在少年時期對基督復臨安息日會和那些讓他錯過籃球比賽的老師有些不滿，但幾乎從各個角度來看，他的生活都稱得上是快樂且健康的。

一切就從那時開始，他將比賽、歌曲和節奏融合成獨特的表現方式。「人們被你吸引的感覺很棒，」強森在一九八〇年對約瑟夫．道爾頓說明：「如果你不是非常出色，就是平庸無奇，非此即彼，沒有中間地帶。這種差異是感覺得出來的，如果你表現不佳，人們就會對你不理不睬、站著不動。但如果你能讓他們不停地舞動身軀，那你就能明白自己表現得很好。這是我的一大特色，也體現在我的音樂中。」

他在小學籃球場和操場上秉持著這種精神打出的表現，開始讓他嘗到了嶄露頭角的滋味，他喜歡這種感覺，喜歡因熱愛籃球和身為一個總是在打球的孩子而聞名。

除了和強森一起去教堂，里昂．史托克斯也記得曾在六年級時在操場上看他打球。「我清楚地記得艾爾文在那個年紀就能傳出精準的不看人傳球。」史托克斯在二〇二〇年受訪時這麼說後，又補充說這種傳球在當時並不常見，更別說在小學的操場上了。

的確，強森對於籃球的信心似乎與日俱增，就算他在其他領域的信心開始下滑也依然如此。那時認識他的人都曾說他不善言辭，而這種情況在一定程度上被他的微笑和舉止緩解和掩蓋了。另外，還有一個悄悄到來的問題，開始隱隱約約地影響到他的自我認同感，而他試圖將這個問題隱藏起來。

然而，有個問題對他的老師們來說越來越明顯，就是艾爾文從小就有被定義為失讀症的閱讀障礙，他印象中這個問題讓他在以前上課的某些時候深感尷尬。在國中時，失讀症的問題讓他在閱讀測驗的成績顯示他的程度落後了將近兩年。當時的研究人員才慢慢研究出閱讀障礙源自於認知行為的問題，而不是欠缺智能。但在他發覺自己有這個問題時，他並不知道這一點，也給他帶來了不小的不安全感。

他後來回憶，有一次葛麗塔．達特建議他去上暑期學校，以彌補他在閱讀能力方面與他人的差距。艾爾文並不情願，夏天對他而言是段特別的時光，但為了著手解決這個問題，他同意了。

在他早年的生活中，他也一次又一次地藉由展現非凡的成熟度和情緒控制能力來克服閱讀上的困難。他在理解對方、與人相處上那種與生俱來的天賦，讓他在日常生活中過得遊刃有餘。以他的高中教練為例，他們在多年後才十分驚訝地發現他有閱讀障礙。在他們眼中，他是一個學習能力很強的人，能夠處理複雜的訊息，然後幫忙把這些訊息傳遞給隊友們，因為他有著很強的傾聽能力。教練們記得，他們從來不用把同一件事跟艾爾文．強森說第二次，他能夠立刻吸收，這是他能為教練帶來執教方面的樂趣之一。

專家們已經逐漸瞭解，如果孩子們對於某件事很有興趣，就能幫助他們適應閱讀障礙。顯然，對於少年時期的艾爾文來說，這些早早令他產生興趣的事情就是籃球和音樂，兩者也因他愛上了電視這個新興媒介而更能投入其中。對嬰兒潮後期出生的那一代來說，這幾乎是在每個人身上都看得到的現象。而且他和他的手足們不僅觀看NBA、大學籃球與其他運動賽事，有很多選擇的他們也經常觀賞一九六〇、七〇年代的其他電視節目，那時不管是演員還是劇情都只有白人、以白人為主，像是《Mannix》、《打擊魔鬼》（The Man from U.N.C.L.E.）、《巴納比瓊斯》（Barnaby Jones）等。然後，電視台開始播放以黑人生活為主的節目，像是《桑福德和兒子》（Sanford and Son）、《Julia》和《菲利浦．威爾森秀》（The Flip Wilson Show）。星期六下午，強森也可以在當地的電影院找個位子、睜著大大的眼睛看著大螢幕。對他來說，這是個巨大的快樂天堂，這在他未來的生活中將佔據很重要的地位。

就像這個世代的其他人一樣，電影和電視節目成為激發想法和夢想的催化劑。對於一九七〇年代初的非裔美籍青少年來說同樣重要的是，這些情境喜劇、戲劇和特別節目讓他更強烈地感受到活在白人主導下的世界是怎麼樣的感覺，日後證明了這個時機點恰到好處。而在他還來不及思考這些事前，世界很快就會被他的「音樂」吸引，並帶來極大的影響。

第三章　搭上巴士

在艾爾文和哥哥賴瑞一起成長的歲月裡，兩人間顯然存在著一種健康的兄弟之爭，而這不只出現在籃球方面。這兩個身材十分高大的少年在擁擠的強森家中共用同一張床，這代表著在密西根州寒冷的夜晚裡，他們經常會和彼此搶被子，或者因為在甜美的夢境中被對方踢醒而發生爭吵。

但一打起籃球，他們之間的關係就幾乎可用深厚來形容。

賴瑞比艾爾文大了兩歲多，但艾爾文比較高。由於父親對籃球懷有顯而易見的熱情，受到刺激的二人對這項運動的熱愛也都沒有極限，而這正是頂尖球員們身上都會出現的特質。這一點從他們的球技上就看得出來——這對教練來說一直是個能幫助他們觀察球員的線索，從中看出哪些球員投入了大量時間在比賽上，並在比賽的不同面向中進行過許多嘗試。簡而言之，艾爾文和賴瑞都拚了命在打球。

就像任何一段手足間的良性競爭一樣，這也發揮了巨大的加乘效果。畢竟，在艾爾文剛開始踏上室外球場時，賴瑞一直都是他重要的好對手兼好夥伴，因此他對艾爾文的籃球觀念帶來極大的影響，最重要的是，影響了他的球風。

「賴瑞本身也是一名優秀的球員，」強森的朋友兼高中隊友、並在他一九九一年的婚禮上擔任伴郎的戴爾．比爾德回憶，「艾爾文一直想成為威爾特．張伯倫，而賴瑞則想成為『珍珠』厄爾．孟羅（Earl 'The Pearl' Monroe）。」或者華特．弗雷澤（Walt Frazier），或是那星期剛好出現在電視上的明星後衛。人稱黑耶穌的珍珠厄爾無疑是用他一系列在那個時代顯得新穎且大膽的動作吸引了賴瑞的目光，不久後，也會吸引到艾爾文的注意。

「我以前常在操場上看賴瑞打球，」艾爾文的高中隊友、小時候花了很多時間在曼恩街道學校看年長者打球的里昂・史托克斯說，「在厄爾・孟羅類型的球員中他可以排第二，僅次於厄爾・孟羅本人。賴瑞真的、真的很會打球。」

「這兩兄弟常常一起在操場上打球，」戴爾・比爾德在二〇一九年受訪時說，「他的哥哥賴瑞學會了珍珠厄爾是怎麼轉身、拉桿、做假動作的，然後艾爾文又從他哥身上看到了這些動作。艾爾文見狀後說：『嘿，你知道嗎，賴瑞想要成為厄爾・孟羅的話，那我要成為威爾特・張伯倫。』於是他就把這兩位球員的打法融入到自己的球風裡了。」

很快，艾爾文自己也對珍珠厄爾有了興趣，在爸爸的朋友告訴他，厄爾還有個綽號叫「黑魔術」（**Black Magic**）後，又讓他更有興趣了。強森後來解釋，自己在打一對一的全場比賽時，會先在一端扮演威爾特，然後在另一端扮演「珍珠」厄爾。戴爾・比爾德說明，這些時刻讓他開始思考並拓展了不同的打法。「我認為透過這種方式，身高這麼高的他開發出了後衛的技能，他的打法就變得更全面了。」

越來越全面，的確如此。這正是艾爾文・強森身為一名球員的本質。

回想起來，身材高大、成長迅速的艾爾文竟然能在某種程度上避免這個年紀通常會有的手腳不協調，而將這些動作融入在自己的球風中，真的是非同小可。要上七年級時，他已經長到了六呎，兩年後，他在初中畢業時長到了六呎五吋。他後來說明自己之所以能在那個時期毫無那種笨手笨腳的感覺，是因為他一直都在打籃球。

在強森生命中的許多地方，都有賴瑞的身影，他對弟弟而言既是一個不斷的考驗，也是一個值得效仿的榜樣。最重要的是，這種兄弟之爭成為了艾爾文和賴瑞之間兄弟情的基礎，這是他們一輩子共有的寶物。

遺憾的是，這也埋下了一個沉重傷痛的根，它將伴隨一家人長達數十年，並讓艾爾文的少年時代充滿了需要解決的複雜難題。

兩兄弟在小時候都很期待自己有朝一日能在塞克斯頓高中（Sexton High School）打球，這所學校在許多方面都是社區的中心，而且離他們家只有走一段路就能到的距離。他們的興趣之一就是去塞克斯頓高中看比賽，塞克斯頓高中是蘭辛地區唯一一所贏過州冠軍的學校，在名教練克雷頓・科沃克（Clayton Kowalk）執教下，他們在一九六〇年代初期達成了二連霸。

塞克斯頓的體育館在有比賽的夜晚總是人聲鼎沸，兄弟二人能夠清晰地看到自己走到聚光燈下、在這裡成為明星球員的畫面。少年時期的他們每天晚上都懷抱著這個想法躺在床上，將它帶進沉睡時做的夢境之中。

然而，這一切都變了，隨著大規模的社會變革闖入了他們的生活，也帶來了這個消息——強森的兄姊賴瑞、莉莉・珍珠與昆西必須每天早起搭公車橫跨這座城市，到幾乎全是白人的艾弗雷特高中上學。此舉是蘭辛市的各個學校藉由用巴士接送黑人學生以推動種族融合的計畫之一。考量到塞克斯頓高中不僅就在他們家附近，也在學生口中達成了人人稱羨的種族平衡，這一措施令強森家人感到更加不解。

在發生這個重大改變的同時，強森一家也還在適應克莉絲汀的新信仰，這只是徒增他們生活中的混亂。然而蘭辛市教育局說他們必須坐公車上學，於是他們也只能照辦了。艾爾文的哥哥姊姊們每天要和大約一百名非裔美籍學生一起搭公車到艾弗雷特高中，這所學校當時大約有兩千五百名學生，其中有百分之九十九是白人。

用校車巴士接送學生的用意，是藉由去同一間學校開始讓黑人與白人學生共用教室、成為隊友並更加瞭解彼此。該學區的計畫是每年會用校車將越來越多的黑人學生送到艾弗雷特高中，就像是用腳趾在試試種族融合的水溫。

當時，許多其他在美國北部和西部的學區，都在聯邦法院的命令下，透過巴士接送學生，藉此實現學校的整合。蘭辛市當時並未接獲聯邦法院的命令，但行政部門預期這種必要的變革也將會在這裡實行，因此自行開始以校車接送學生。一九七零年代初期，全國各地可能都在為了消除種族隔閡而努力，但在許多地方，光是提出校車接送的構想就可能遭遇偶發的憤怒和暴力事件。在蘭辛，這項計畫還涉及了對傳統上嚴格按社區劃分的小學進行整合。

無論是黑人還是白人都對這種解決方案感到不滿。事實上，蘭辛市教育局自身會因為推動這項計畫而面臨罷免選舉，許多成員將因此失去他們的席位。

衝突幾乎是在艾弗雷特高中一觸即發，一些白人學生對第一批載著黑人學生的巴士丟石頭。這起事件讓包括強森家在內的許多人們不禁心生疑惑，不懂為什麼他們要被迫離開自己的朋友，來到一個陌生的地方面對這種敵意。種族間的敵意困擾了艾弗雷特高中多年，這也讓他們經歷了一段困難的適應期。一開始就引發了爭端和種族間的問題，也理所當然地讓包括強森家在內的許多家長更加擔憂。

儘管他們並不情願，而且確實發生了衝突，但強森夫妻還是教導孩子們要在艾弗雷特高中當個好學生、好公民。事實上，強森一家人在學校與工作上直接且坦率的作風都已經在社區中小有名氣。儘管如此，未來擔任教育工作者的莉莉．珍珠和她的哥哥賴瑞每天回家還是會討論他們有多不喜歡在艾弗雷特高中的生活。尤其是賴瑞，幾乎從一開始就沒辦法習慣這所新學校。他對這所學校嗤之以鼻，這讓他在內心情緒與實際互動時都刻意疏遠其他同學。據說他幾乎每堂課都遲到，有些課甚至直接翹掉。

對強森家的孩子們而言，在這裡剛展開的生活中也有好的一面，就是他們認識了艾弗雷特高中籃球隊的總教練、擔任社會學老師的喬治．法克斯。在二〇一九年的一系列採訪中，法克斯回憶起這些在強森家身為哥哥姊姊的孩子們在走廊上遇到他，並驕傲地分享他們有個高大的弟弟在德懷特・瑞奇中學（Dwight Rich Junior High）打球，且逐漸在城市裡越來越知名的情報。

「他們常常來找我，跟我說他的事情、他在做什麼。」法克斯回憶道。一九七二年的深秋，賴瑞的情況似乎有了短暫的好轉，那時十六歲、高二的他成功入選了艾弗雷特高中二軍的最終名單。可惜，好景不常。

就在聖誕節前幾天，傳出教練團正在考慮將包括賴瑞在內的五名黑人男孩從二軍名單中剔除。這個消息震撼了強森全家人，考量到這批男孩本將成為有史以來第一批為艾弗雷特高中出賽的黑人運動員，這個時機顯得更為殘酷。獲知此事的艾爾文不僅在第一時間便勃然大怒，也開始擔心自己要是在兩年後讀十年級時，輪到他要搭巴士去艾弗雷特高中上學，會發生什麼事。（當時在蘭辛是從十年級開始上高中。）

就這樣，一段長達數月，並在接下來數十年間持續令強森家深受其害的鬧劇由此展開。這場鬧劇中有許多沒有得到答案的問題，而這些問題與一個將賴瑞引入人生黑暗之路的決定息息相關。

在二〇一九年接受訪問的教練們回憶這件事時透露，賴瑞被球隊除名並不是因為他不夠認真，事實上，根據執教他的教練們回憶，賴瑞在練習和比賽中都打得滿拚的，也不是冥頑不靈或會對教練出言不遜的球員。教練們也記得，儘管賴瑞不像他那更高的弟弟那麼有天賦，但話說回來，又有誰能像他那麼有天分呢？

至於他們會被開除的原因，顯然是因為這五名球員常常無故遲到或錯過訓練，令他們的教練、名叫派特・霍蘭德的社會學老師不得不採取將他們移出球員名單的手段。

霍蘭德回憶，他先與他的上司、擔任一軍總教練的喬治・法克斯討論這些孩子無故缺席訓練的問題，然後決定將他們開除。那僅是霍蘭德擔任二軍總教練與法克斯的一軍助理教練的第二個球季，也是他在人生中第一次執教一批非裔美籍球員。

面對被開除的局面，五名球員要求請心理學博士候選人、在蘭辛學區兼職的查爾斯・塔克來調解此事。

派特・霍蘭德認為這是個合理的要求。他和塔克的關係不錯，後者也在學生中很受歡迎。另外，這位心理學家似乎也是調解這個問題的理想人選。除了學術背景，塔克也有著令人印象深刻的籃球生涯，從入選卡拉馬祖市（Kalamazoo）的高中全市第一隊，到在凱洛格社區學院（Kellogg Community College）打球時贏得專科學校全美第一隊，後來加入西密西根大學（Western Michigan University）的表現雖然讓人有些失望，但他在被球隊割愛並決定回到校園準備攻讀研究所前，參加過幾個職業籃球訓練營。在上學或工作的同時，塔克在晚上和周末的時間表也被好多個籃球聯盟的比賽給塞得滿滿的。

這名心理學家仍在努力證明自己還是一名出色的球員，在前一個學年的學生與教職員對抗賽中，擔任二軍教練的霍蘭德用身體的疼痛感受到了這一點。

「我正在球場上衝刺，然後塔克把球傳給我，結果直接砸到我的頭，」霍蘭德回憶道，「那是我第一次和他一起打球，我知道他是個很有名的球員。」

對於這起意外，霍蘭德有點尷尬和不爽，並和塔克為此有了些爭執，後者警告他要隨時注意球在哪裡，這讓他更是惱羞成怒了。不過，沒過多久，兩人便能笑看這起事故。「這滿好笑的，」霍蘭德說，「他道歉了，他沒有要跟我賣弄自己有多厲害的意思。」

當時二十幾歲的塔克在教育體系的校車接送計畫初期中，被派去擔任學生與教育工作者的顧問，解決種族融合的問題和幫助他們更加瞭解彼此。很快，這位心理學者便以公正、能看透問題核心的能耐贏得了問題解決者的美譽。在進行校車接送計畫的最初幾年，要獲得信任似乎是件極其困難的事，但從記錄和人們的記憶中來看，塔克毫無疑問地獲得了許多人的信任。

霍蘭德教練麾下的那幾個孩子們想直接在教練沒有介入的情形下向塔克講述他們的故事，而霍蘭德對此沒有異議。塔克時常靜靜地從旁觀察校園環境中形形色色的人們，而他並沒有從霍蘭德身上看到絲毫的種族歧視。「他是個好教練，也是個願意和孩子一起努力並調解糾紛的好人。」塔克在二〇一九年受訪時說。畢竟，霍蘭德要求球員們準時參加訓練並隨時做好準備，是合乎常理的規則。在高中、大學與職業球壇都打過球的塔克，多年以來也都秉持著相同的價值觀。

考慮到當時的情況，霍蘭德應該會覺得自己很幸運，能獲得像塔克這樣的人來幫助他處理這個問題。然而，塔克是個在當代顯得與眾不同的人，他是個很聰明、有洞察力的成功人士，在蘭辛的教育體系中工作了幾十年，卻很少使用能表現出自己受過高等教育的用語。

當時，蘭辛和底特律的報紙特別介紹過他的工作，他在報紙上說明了自己對於語言的想法。他表示，非裔美籍的人們在南方使用的語言也是一種正統的方言，而教育體系的失敗之處，在於他們宛如把標準英語變成了黑人學生求學上的障礙，讓他們不斷要承受白人老師的批評。

他的計畫是在幫助學生適應的同時消除語言的隔閡。塔克在一九七二年告訴一名底特律的記者，他仍然支持傳統英語的價值，但希望能尋求更好的方式，幫助學生在種族融合的新環境能夠泰然處之。

在一九七〇年代初期，對一名年輕的黑人學者來說，提出這件事真的十分大膽。但塔克是個敢言的人，不僅如此，他之所以成功，在於把話說出口後會身體力行。他成功地針對基礎狀況，為面對種族融合處境的學生提供了一系列直截了當的指導。

從塔克的角度來看，他認為他的使命與第一要務是與這個教育體系中的「孩子們」打成一片，因此他很自豪自己擁有所謂的「街頭」形象。時間會證明，腦筋動得快的他能夠迅速分析人們的恐懼、動機與行為，而他能藉由這些能力來安撫在市區學校中因種族問題而產生隔閡的雙方。

塔克有著六呎身高，但他說自己並不是一個令人望而生畏的人。有些人覺得他很冷淡，甚至偶爾流露出輕蔑的態度，但這都不是他所做所為的本意。如果說他有什麼重大的缺點，就是他的信心與從容的態度有時會讓他在某些情況下稍微忽略了細節。但回過頭來看，他的許多同事與同僚都覺得，日後在一九七〇年代的艾弗雷特高中能往好的方向發展，絕對是因為有他在的關係。

派特．霍蘭德回憶，他絕對相信這名心理學家能夠調解這個問題。「塔克，正如人們所言，是個不擔心他人評價的人，」這名教練說，「我的意思是，他顯然不怕對那些孩子們作出不利的判決，你懂的。他不是來證明我應該再給他們一個機會，也不會因為他是黑人、他們也是黑人的立場而有所偏頗。他是為了做出公正裁決而來的。我十分期待他作出公正的判斷，我認為這件事本來就沒什麼爭議。」

更瞭解他的人知道，塔克的生活在很大的程度上也受到了信仰的引導，這也是為什麼他不僅公然暢談基督教宣揚的愛，更致力於將這份愛作為他在進行心理學專業行為的依據。塔克在生活中遇過極其惡劣的言語和甚至堪稱暴力的種族歧視，也非常清楚這些問題確實存在，但同時他似乎也理解，很多人在當時並不知道自己有這種種族主義的態度。

塔克就像強森一家與許多蘭辛社區的非裔美籍家庭一樣，都是從密西西比州搬來的。他們在那裡承受著種族問題帶來的嚴峻考驗。搬來密西根州後的生活雖然不完美，但還是令他們覺得比以前好多了。

一九七二年，塔克開始在蘭辛地區的學校擔任心理學家，在種族融合過程發生的激烈衝突中，他也一直堅守崗位，直到二〇一九年，他也還在做這份工作。到職的前十年，他幾乎都在因種族問題而爆發的糾紛、打鬥與其他問題中度過，有時候，這些問題嚴重到包含艾弗雷特高中在內的幾間學校閉校好幾天來讓大家冷靜一點。

「當時全國各地都發生著類似的事，很多這些因為校車接送、種族隔離引發的問題，」塔克在二〇一九年回憶道，「還有很多因心態而起的問題。當然，每個人都想待在自己的社區、待在自己熟悉的環境，這在全國各地都是如此，只是因為規則與法律而不得不做。人們都不想有所改變。」

一九七〇年代初期，教育體系中的許多老師都像派特．霍蘭德一樣，雖然心懷好意，但面對種族融合帶來的全新挑戰，讓他們有時感到不知如何應變。而且因為文化上的差異，他們沒有前例可以參考。這種情形對像賴瑞．強森這樣的學生來說也是一樣，他們覺得校園環境既有威脅性又令人備受挫折，因此變得畏畏縮縮。

塔克認為艾弗雷特高中和其他學校一樣，瀰漫著誤解彼此的氛圍，這點令人擔憂。

「這是新的時代，從這一天起，也萌發了新型的人際關係，」塔克回憶道，「情況有點棘手，父母的角色、孩子的角色甚至整個社會的結構都不一樣了，發生了很多事情。整個國家似乎都陷入了動盪之中。所以要求孩子們搭公車到另一個區域上課這件事，不管對黑人還是白人、不管對什麼膚色的人來說，都有種被硬生生地連根拔起的感覺。」

影響這起事件的重大關鍵之一，是塔克的內心深處仍然是個至死方休的籃球成癮者。他致力於證明自己有著職業籃球員的水準，幾乎是盡其所能地在全心打球。這份對籃球的熱愛、他的宗教信仰與他在街頭打滾磨練出來的智慧主導了他的人生，也很快將會引導（也有人說是操縱）年輕的魔術強森的人生。儘管在一九七二年，塔克只是好奇地注意到他、注意到這個高大的少年似乎把整個夏天都花在了曼恩街道學校的球場上。

在被要求去調解艾弗雷特高中二軍校隊的問題時，塔克並不知道其中一名球員是艾爾文的哥哥，也不瞭解強森家族以及他們特殊的人格特質。

但塔克很快就會體會到這一切。

不管在蘭辛市的哪裡，只要塔克有空並發現有高水準的鬥牛正在街頭上演，他幾乎都會參與並一場接一場地打下去。用那個時代的話來說，就是塔克擁有豐富的街頭親和力，也不吝於善加利用這一點。

「那是我當時的特長，」他解釋，「我是個心理學家，也是個混街頭的，當然，我也有我的宗教信仰。我有自己的方式來處理問題，這對我很有幫助。因為我總是和這些孩子們在一起，所以我很清楚他們在想什麼。這就是我的生活方式。我不想做學校的行政工作，也不想當校長，雖然我可以擔任這些職位，但我只想和孩子們待在一起，因為這讓我快樂。這有部分原因是出於私心，因為這讓我維持年輕，你懂吧，也能讓我維持鬥志……而且我沒有結婚，也沒有家庭或其他牽掛，所以我甘之如飴。」

與多數人相仿，派特．霍蘭德自己也經歷過一些種族方面的問題。這位二軍總教練來自密西根州的薩吉諾市（Saginaw），這個在處理種族關係的議題上被認為有點落後的地方，但他回憶，十年前自己在軍中服役時，便對這些問題有了更深入的理解。事實上，在一九五九年，也就是艾爾文．強森來到這個世界的那一年，霍蘭德還和一名黑人的軍中同袍一同南下，去維吉尼亞州（Virginia）旅行。

霍蘭德要去A. P.希爾堡（Fort A. P. Hill）接受訓練，而他的朋友則決定去拜訪那裡的家人，所以他們一起開那個朋友的車過去。在他們準備休息並找旅館投宿時，霍蘭德的朋友告訴他，南方的旅館可能不會讓他入住。

那個人告訴霍蘭德自己可以睡在車裡，然後霍蘭德可以去旅館訂房。霍蘭德拒絕了，表示這麼做是不對的，於是他們一起在車裡過夜，隔天早上起床後繼續開車到維吉尼亞州彼得斯堡（Petersburg），而他們開到當地的巴士站時，很快就有人告訴霍蘭德，他們應該把車開到「有色人種」的另一區、應該從另一側通行。

這趟旅行的所見所聞令霍蘭德大開眼界，也對他在公共教育體系中任職的生涯大有裨益。當時的蘭辛市正處於開放非裔美籍人士進入校園權力結構的初期階段，一名黑人學區副總監才剛走馬上任，而白人學區總監I．卡爾．坎多利（I. Carl Candoli）也開始聘請和安排一些重要人士來幫助體系進行改革。查爾斯．塔克就是其中一人。

霍蘭德回憶，這五名二軍的男孩急著親自向塔克解釋他們遇到的情形、為什麼他們會遇到麻煩。「塔克和這些孩子們達成了一個協議，他告訴他們，如果有話要說，那最好據實以告。所以，我們和包括賴瑞在內的孩子們開了一場會。他們說了他們的故事，然後塔克問我情況是否屬實。」

霍蘭德告訴這位心理學家，球員們的說法「百分之百屬實」。

「他說：『大夥們，我要告訴你們一件事。霍蘭德先生犯了個錯，他應該早點把你們踢出去。』」霍蘭德回憶道，「就這樣，他們說『好吧』。他們如實陳述了事情的經過。」

霍蘭德覺得他已經充分地警告過賴瑞，塔克也確認了這點。

在開除這批球員時，霍蘭德也清楚地告訴他們，歡迎他們參加明年的選拔。不過，後來沒有一個人重返球隊。

霍蘭德與總教練喬治・法克斯記得，其中四名球員都毫無怨言地接受了塔克的決定，只有賴瑞・強森完全不能接受。他憤怒地立誓，表示他的弟弟艾爾文永遠不會在霍蘭德或法克斯麾下打球、不會為艾弗雷特高中而戰，然後他也對法克斯說了一樣的話。

「賴瑞因此而恨我。」霍蘭德說。霍蘭德和法克斯都知道這不是臆測而是事實，因為賴瑞在那天就是親口對他們這麼說的。

賴瑞的反應不只是過了一天就能平息的怒火，而是在接下來的兩個學年裡，他在碰到這兩名教練時三番兩次傳達的訊息。霍蘭德記得很清楚，賴瑞比艾爾文大兩歲，因為「他花了很多時間告訴我們，艾爾文要來艾弗雷特高中是一件多麼不可能的事。」

「每次我遇到他，他都會對我說一些難聽的話，」霍蘭德回憶道，「他說我毀了他的人生，因為他不能打籃球了。」

如果賴瑞在接下來的幾個月連對教練都從來沒有停止釋出這些感受，那麼他顯然也在很長一段時間內把這些感受說給了家裡的家人們聽。艾爾文記得，賴瑞幾乎馬上就要他打定主意不要去艾弗雷特高中、慫恿他拒絕就讀那間學校。賴瑞有多麼頻繁與密切地在講艾弗雷特高中的不是呢？考量到他們睡同一個房間，加上賴瑞的怒氣仍在沸騰，有時候，他的怨言可能是艾爾文在晚上睡前最後聽到的事，儘管他要在近兩年後、也就是一九七四年的夏天，才要在升十年級時做出決定。

後來也在霍蘭德麾下打過球的戴爾．比爾德說明，艾弗雷特高中的教練和其他學校的教練一樣，不會溺愛球員。「那時他們很嚴格地在管理球隊，你懂的，不能逃學、不能缺席訓練，不然你知道你會有什麼後果。如果你逃學，就不會來練球。如果你沒來練球，就不能上場比賽。我的意思是，這種事情是在所難免的。在這種年紀，你也知道，就是會惹出各式各樣的麻煩、覺得自己是老大。那時候，他們在挑球員時格外小心，在乎的不是球員的球技，你懂吧，而是希望你能守規矩。派特覺得賴瑞是個問題兒童，但其實他不是，他就只是個青少年、做了青少年常見的行為。」

也是一名被捲入了美國校車接送風波正中央的青少年。

在近五十年後的一次採訪中，塔克提出了一個不同的看法。他會有這個轉變合乎情理，或許也帶有了一點遺憾。「賴瑞其實並不是個壞孩子，」這名心理學家說，「他跟那時候被置於那種環境中的黑人小孩沒什麼不同，堅持著自己的行為模式。他做的某些事情並不全然是件不好的事，只是與他人的看法不同而已。」

塔克說明，種族融合的第一步令學校的新學生們面對到了一種容易被誤解的處境，尤其是青少年，他們不想表現出害怕或受到威嚇就會屈服的樣子，更可能因此遭到誤解。

「整體而言，那裡有很多問題，」塔克回憶道，「丟石頭事件帶來的激烈情緒已經滲透到這所學校的每一個角落。如果要追究是什麼原因引發了賴瑞和其他孩子們遇到的事件，我會把至少百分之八十的責任歸咎於當時的情況。他在另一所學校就沒有惹出多少事端，當然我這麼說也不是說他在這裡常常惹事生非啦。他應該繼續打籃球的。」

他補充，最讓人難過的是：「賴瑞會打球，他有不少能耐，有很多元的球技，所以他很能打，不是肉腳。」

「這是個困難的決定，因為賴瑞深愛籃球。」二〇一九年，也同意這個說法的派特・霍蘭德表示，「你看得出來他對籃球的愛，你明白吧，但這份愛並沒有轉化成一些他應該要展現出來的事物。」

而它則確實轉化成了年少的艾爾文剪不斷、理還亂的憂慮，他不知道他該不該去艾弗雷特高中打球。和他的家人一樣，賴瑞被踢出球隊給了他非常糟糕的印象。白人教練開除了五個黑人少年？這個地方和那裡的人肯定充滿了種族歧視的氛圍。除此之外，他就是不喜歡這所學校給他的感覺，體育館裡總是死氣沉沉，這支球隊頂多也只能稱得上是普通水準。

對艾爾文來說，眼前要做的選擇很簡單。他知道自己要上高中時，得想方設法地擺脫被迫去那裡上學的命運。

中學籃球場上的戰士

在賴瑞事件展開的同時，艾爾文也進入了他的八年級球季，就像他所施展的魔力，他在比賽中流露出獨特且高效的球風，引起了眾人的注目與驚奇。

他在七年級的籃球經歷帶給了他一些啟示，當時他的教練路易斯・布洛克豪斯（Louis Brockhouse）面對約莫一百名參加選拔的男孩，決定把他們分成兩排，右撇子站一邊、左撇子站一邊。他指示右撇子運球後用左手上籃、左撇子則用右手上籃，最後沒幾個人能完成這項任務。

就這樣，布洛克豪斯成功地將隊伍人數縮減到十二人，這讓艾爾文很感激吉姆・達特過去要求他勤用左手，也是幾十年後強森在自己入選名人堂的儀式中提到這位教練的原因之一。

「在七年級時，身高六呎的我也是打後衛。」強森在幾年後回憶道。

強森所做的許多事情中都表現出了對於持球在手的渴望。布洛克豪斯很可能在一定程度上也讓他盡情發揮，而這段早期的經驗有助於強森拓展未來如何打球的願景。

到了八年級時，強森開始將他球風中的更多元素整合在一起，並迅速成為中學球壇的一方之霸。也許是清楚與賴瑞的弟弟之間的關係有問題，艾弗雷特高中的喬治・法克斯教練也在強森的手足們鼓勵下開始花更多時間去看德懷特・瑞奇中學的比賽。事後看來，這幾乎就像是為某種陷阱設下的誘餌。

法克斯的女兒米希回憶起關鍵的初次接觸時說：「我永遠不會忘記有天晚上我父親在晚餐時說了什麼，他說：『嘿，德懷特・瑞奇中學有個孩子是很棒的籃球選手。他可能會來讀艾弗雷特高中。我想去看看他。』於是我們所有人便擠上一台車，去看這場中學籃球比賽。這小子實在太厲害了。我們看他打球看得十分盡興，而他還只是個中學生，我父親非常興奮地說出了『這孩子會變得非常優秀』之類的感想，這就是我第一次察覺到他將會成為一名特別的球員。我記得在離開球場時還在想：『現在是怎樣？他才八年級？』他把球打得有如行雲流水，我真的是邊走邊想：『讚，真是有趣。』你在看初中或中學比賽時，有多少場比賽是讓你覺得有趣的？大多有點無聊對吧？但他從小開始，就能讓人在看球時感受到樂趣。」

這名高中校隊總教練對這位八年級生的初步評估是他太過傾向於依賴不太穩定的跳投。法克斯不知道的是，強森在八年級時的教練曾鼓勵他專注於得分、投籃和搶籃板上，教練團顯然允許他自由地開發進攻技巧。

「他瘦得像根鐵軌，喜歡待在外線投籃。」法克斯在一九八〇年受訪時回憶道。這名教練的兒子蓋瑞・法克斯（Gary Fox）當時是在郊區的另一支球隊打球的高二學生，但他常常和父親去德懷特・瑞奇中學看這名不世出的奇才。蓋瑞・法克斯自己後來也在密西根州成為了一名高中教練，而他依然清楚地記得一開始去觀察艾爾文的情形。蓋瑞・法克斯在二〇一九年回憶，在八年級時就有六英呎高的強森令人印象深刻。「他的體型不算太高大，但他的控球能力是無庸置疑的。」

強森激起了喬治・法克斯的興趣，但這名教練開始懷疑強森是否有在禁區打滾的本事。「我們不知道他背框單打的技巧好不好，」法克斯回憶道。但這名教練看到了其他極具前景的特點：「我們發現：他投籃失手時，通常還是能把球搶回來。」

喬治・法克斯記得，他投籃沒進的話，會展現出驚人的速度去搶球。而要是切入失手的話，他也有應對之策。「他的腳程很快、步伐也很大，他會邁開大步衝過去搶球。如果他投籃失手，那在他落地時就會立刻去搶球並把球補進籃框。他在這方面的能力非常驚人。他跳上跳下的彈速實在快得不得了。」

強森與傑・文森的對抗從小學開始就沒有斷過，但在剛上中學後卻少了不少，因為肥嘟嘟的文森在七年級時沒能入選校隊，八年級，在艾爾文領軍之下、幫助德懷特・瑞奇中學贏得一場接一場的重大勝利時，他也只能枯坐板凳。

「他當時是個又瘦又小的傢伙，然後當然，我們都長大了，體格如你所見，」傑・文森在二〇一九年回憶時說道，「但他變得更像是一頭不斷運球的鹿。」

「我記得當時有人跟我說他沒有外線投籃能力，這會在大學成為他的障礙，」在八、九年級執教過強森的迪克・羅斯克蘭斯（Dick Rosekrans）曾說，「好，我告訴你，他的投籃很準，我在他七年級時就見識過了。在我們需要他把球投進時，球就會應聲入網。」

身為一名中學球員的強森，現在可以在《蘭辛州紀事報》上看到一些有關他打球和比賽的短篇報導，這自然讓他興奮不已。然而，在蘭辛學區擔任隊醫的湯姆·傑米森（Tom Jamieson）醫生在二〇一九年的採訪中回憶道，獲得這份全新的待遇似乎並沒有影響到他的行為舉止。「我第一次遇到他時，他還是德懷特·瑞奇中學的球員，我是那裡的隊醫。艾爾文一直是個很好相處的人，而且風度翩翩，從中學時期開始就是這樣了。」

事實上，他就是這麼有風度，以至於這名年輕球員在法克斯帶著一家人來觀察八年級的他打得怎麼樣時，儘管他私下很不想去艾弗雷特高中，也花了很多天在想怎麼擺脫去這所白人居多的學校上學的方法，但還是散發出魅力、展現了笑容，毫無保留地與教練一家人打成一片。然而，艾爾文也的確對法克斯當下對他展現出的關注感到高興和好奇。小艾爾文儼然有如一名正要嶄露頭角、也渴望受到矚目的表演者。

即使是在青春期，他也很少被情緒沖昏了頭。就像他的父母一樣，他不會讓人們知道他在想什麼。

第四章　菸草路

你答對了，老艾爾文很喜歡製造奧茲摩比的車，喜歡看著它們從生產線上滑下來後直接被開上高速公路，喜歡為了讓這些車停在全美的每一條車道而在每個夜班出現在工作崗位上。畢竟，正如一九六〇年代的廣告中所宣稱，它們是「能幫助你逃離現實的機器」（The Escape Machines）。但事實上呢？老艾爾文更喜歡一台通用汽車牌的車，別克Electra二二五，是他的最愛。這台車被人們取了個愛稱「**deuce and a quarter**」*，二二五代表的是這款車以英吋為單位計算時的長度，相當於五千零一十五公釐，有如一台渾然天成的陸上遊艇，配有一台聲音響亮的V8引擎。

難怪這位父親會這麼喜愛這台Electra，周末時，他會在密西根州的陽光下為它清洗與上蠟，簡直把它當成了傳家寶。每隔幾年，他就會把用心保養的車拿去更換車型，以保持車的新鮮感、亮麗與時尚。這麼做的老艾爾文，有如在擦拭一座冠軍獎盃，而考量到他為了讓家人們衣食無憂且不會走上歪路而付出的努力，這或許也可以說是座冠軍獎盃了。

最棒的是，他的Electra車內有舒服的長椅。對要擠進同一台車的強森一家來說，不論是要南下回到北卡羅萊納州還是密西西比州的故鄉，這都是不可或缺的（那個時代還沒有安全帶和安全座椅的法律，也還沒有

---

* 譯註：deuce是牌上的二、quarter是二十五分錢，合起來就是二與二五。

迷你廂型車）。這些旅程中交織著希望與黑暗，以及由南方生活的特異與驚奇之處所組成的故事。在休息區吃飯時，他們會把這些故事說給孩子們聽，而不會冒險去餐廳用餐，那既自找麻煩又尷尬。

因生活所需而久而久之養成的習慣，似乎很難戒掉。

以克莉絲汀為例，她喜歡回憶自己小時候只有兩件洋裝可穿，每天都要洗衣服，才能輪流穿去學校。而她早上要先在田裡工作完後再走四英哩才能去上學。多年來，她一直在過著這種典型的佃農生活，六個孩子與雙親和祖父母擠在一間有三個房間但沒水沒電的房子，一直到了某一天，現代便利設施才終於奇蹟般地進入了他們的生活。

在強森夫婦帶著孩子們前往密西西比州時，老艾爾文會分享他的童年回憶，說著他的父親離開後，留下他和他的兄弟靠著採棉花和菸草來扛起這個家，過著勉強餬口的農場工人生活。

小時候的強森常常坐在前座聽開車的長輩講話。他和兄弟姐妹們會把爸媽說的每一個字都聽得津津有味。這幾趟開車南下的行程讓強森一家能夠回憶當年，也得到了分享家庭故事與人生經驗的機會。同時，父母也會告誡他們，到了南方，尤其是密西西比州，一定要在身邊有白人時小心一點。畢竟，在老艾爾文長大的年代，有個名叫艾米特・提爾（Emmett Till）的人被謀殺了。據說，這名芝加哥的青少年只不過是因為對一名白人女性拋媚眼或是有過短暫的交流便遭到了殺害。同年夏天，在同一個州，兩名從軍中退伍後去當農夫的黑人只不過因為想去登記投票就在公開場合遭到殺害。這幾樁殺人案件的兇手都還沒有受到懲罰。

密西西比州似乎總是在引發各種骯髒的種族暴力事件，但在一九五〇年代，美國開始覺醒，也稍微瞭解到，多年來對南方的黑人們拳腳相向並動用私刑的行為全是無情的惡意。數十年來，整個南方的非裔美籍人士在這種暴力面前無能為力，就如伊莎貝爾・威爾克森（Isabel Wilkerson）在獲獎著作《他鄉暖陽》（The Warmth of Other Suns）中，針對數百萬名黑人在二十世紀上半之所以會逃離南方、進行大遷徙的背後動力所進行的描寫，在家庭成員或鄰居遭受私刑而被處死所帶來的震驚和恐懼之下，他們唯一能做的選擇，就是退回家中悲傷地哭泣與禱告。

和許多其他家庭一樣，強森家在處理這種黑暗的過去時也很節制，對孩子講述事實，但從不被黑暗所束縛。除了回顧歷史，這趟南方之行也喚起了老艾爾文與克莉絲汀對家人們的記憶，回想起他們的父母、祖父母和眾多親戚，他們在那些不可思議的環境中以某種方式活出生命的色彩。

克莉絲汀・強森家族主要生活在北卡羅萊納州厄齊康郡（Edgecombe County）塔伯羅鎮（Tarboro）或附近，他們的歷史甚至超脫了家庭成員的個人記憶，這段能夠追溯到奴隸制度時期的複雜故事，就連在公開紀錄中也能找到蹤跡。

當然，強森在籃球界中的崛起，很大程度上源自於他獨特的天賦與掌控比賽的決心。然而，他能成功還有一個必要因素，而那顯然就是前人們所樹立的珍貴價值觀。這些前人有些來自詹金斯（Jenkins）一家，也有的是出身於波特（Porter）家族，也有些人很遺憾地沒有在歷史上留下姓氏、早就被他們家族所遺忘。

他們到底是誰？為回答這個問題所進行的研究揭示了一個充滿驚奇的家族傳奇。他們大多生活在北卡羅萊納州的「菸草路」（Tobacco Road）上，後來在籃球圈術語中獲得這個暱稱的這條路，是大學球壇中知名的大西洋沿岸聯盟（Atlantic Coast Conference）的心臟地帶。然而，強森的祖先們在菸草路上所過的生活，跟體育帶來的樂趣沒什麼關係。

菲瑞比

在經濟大蕭條期間，作為富蘭克林・D・羅斯福（Franklin D. Roosevelt）的公共事業振興署一員，幾名記者們受聘去南方採訪曾受過奴役的人們、瞭解他們的經歷，揭露了許多關於在苛扣的奴隸主監督之下、得在炎熱的田裡工作的日子，這是段漫長且艱辛的時光，就連日常供應的餐食，品質也極其惡劣，這些情形導致許多被奴役的人們只能在晚上偷偷溜去附近的農場或任何他們能找到食物的地方偷玉米，藉此維持家人的溫飽。

我們知道這些人說的都是真的，因為後來在北卡羅萊納州和其他南方的州有法律規定，如果農場主虐待這些被他們奴役的人並提供糟糕的伙食，那麼要是後來有人逮到這些受奴役者偷玉米，那麼奴隸主就要為因玉米被偷而損失的費用負責，而且還可能遭到罰款。

這種對待受奴役者的作法或許有助於人們理解美國種族關係中一個歷久不衰的格言：絕望的人被迫採取絕望的措施。

比挨餓更糟的是，奴隸主常常會聲稱這些受奴役者所生的孩子也歸於主人所有，也是他們自己的個人財產——這種做法令人嫌惡，但在當時司空見慣。

資料記載，魔術強森的烈祖母也是名受奴役者，僅留下了菲瑞比（Ferebe）這個名字。詹姆斯・史密斯・貝透（James Smith Battle）是個在北卡羅萊納州有權有勢的人，他的名下有許多農園，包括他的家，也就是著名的冷泉種植園（Cool Spring Plantation）。而在他於一八五四年立下的遺囑裡，菲瑞比那特別的名字也被列在超過二百五十名的受奴役者名單中。

所有在北卡羅萊納州收集到的資料都顯示，有另一名生活在北卡州海岸的受奴役女子也叫菲瑞比，當地的報紙於一七九五年的聖誕節報導，這名二十五歲的女性是一名逃亡者。

這便呈現出了一個有趣但無人能回答的大問題。這位早在一七九五年便展開逃亡的女子是不是魔術強森的烈祖母？如果是這樣，那她擁有著很強大的精神力。根據那個時代的幾個資料，這位活在更早的時代的菲瑞比被奴隸主威脅要狠狠地毆打她，她義憤填膺地表示自己不會屈服。在奴隸主打算不只動口還要動手時，她迅速制伏了他，還打了他一頓，這讓他深受重傷、哭著求救。

六十年後出現在詹姆斯．史密斯．貝透遺囑中的菲瑞比女士，是不是她的親戚？奴隸紀錄是出了名的難以追蹤，但有確定的紀錄顯示，強森也有菲瑞比這個特別名字的烈祖母，就住在冷泉種植園，也就是詹姆斯．史密斯．貝透的家。

「小時候，我最初的記憶就是冷泉老家周圍的樹蔭和廣闊且閃閃發亮的棉花田，我們家的田幾乎不管從哪個方向望去，都看不到邊際。」貝透的孫子喬治．戈登．貝透（George Gordon Battle）在一本回憶錄裡如此寫道，那本回憶錄裡記錄了貝透這個在北卡州的富裕家族中好幾代人的故事。

資料中也清楚地表明，魔術強森的內外天祖父也都出生於奴隸制度時期、極度動盪的一八三〇年代。強森的其中一位天祖父、由菲瑞比所生的威利斯．史塔頓（Willis Staton），出生於一八三四年或其他接近的年份。因此，他一出生就成了詹姆斯．史密斯．貝透的財產。

紀錄顯示，強森的另一位天祖父班．詹金斯（Ben Jenkins），也很可能是在冷泉種植園附近長大的，這座種植園位於連接塔伯羅鎮與洛磯山城（Rocky Mount）的路上。

貝透家族顯然在當地擁有了為數不少的農場與種植園，這些園區被取了像是「加利福尼亞」（California）、「核桃溪」（Walnut Creek）、「裴內羅」（Penelo）、「貝殼濱」（Shell Bank）與「榆樹林」（Elm Grove）之類的名字。但詹姆斯．史密斯．貝透主要住在「冷泉」。這座農場的規模很大，有一座據說裡面配有埃及大理石壁爐的主屋。農場裡有很多技術高超的工人，這些人中說不定還有強森的其他祖先。根據紀載，這些工人分別是紡紗工、織布工、裁縫、木匠與石匠，這一群受奴役者讓貝透家族能過著自給自足的美好人生；這些人靠著人工製作出的各種衣服、馬車、推車、農具，幾乎都是為了讓「主人」過上當時在信件中被描述為

「美麗」且「美好」的生活。

這些信件也記錄了當時貝透家族的女性要學習烹飪時，是向這些受奴役者學的。當時的這些信件中也顯示，這座種植園也以幾乎每晚都有熱鬧的音樂與歡樂的氣氛聞名，而這些音樂肯定大部分都是由這些受奴役者所彈奏的。

喬治．戈登．貝透在他的回憶錄中說自己知道奴隸制度是個巨大的罪孽，但這並沒有讓他不再懷念與細細品味當年在種植園中過上的生活。在他的記憶中，所有的受奴役者據說都英俊、快樂，且為自己感到驕傲，就像貝透家族的人們一樣。

這種公然美化人口販賣行為的作法實在是殘忍無情，等同於用某種方式把南方貴族買賣人口的行徑合理化。在鼎盛時期，光是在冷泉種植園，便粗估有大約四百五十個家庭受到他們的奴役。

當時的原始數據顯示了一個更殘酷的真相。記錄顯示，那個時代的成年男奴有著五百至八百美金間的市場價值，這是一個相當可觀的數字，考量到當時土地大多數售價是每畝二十五分、五毛甚至偶爾到一美元之譜，這代表一個被奴役者的生命價值，不誇張，或許相當於幾千畝的土地。顯然從這個方程式來看，可以清楚地看出正是這些被奴役者在土地上工作，才賦予了這塊土地價值。這個等式也清楚地表明了奴隸制度不但是南方經濟的核心，也是奴隸主的巨大資產，因為每當這些被奴役者生兒育女，都會讓他們的資產增加。

這種系統迅速地造成了日益加深、扭曲且充滿惡意的腐敗，光是因為有利可圖，就令北卡羅萊納州的被奴役人口大幅膨脹。人口普查記錄顯示，該州在一七九〇年僅有五千名被奴役者，到了一八三〇年代，這個數字暴增到二十幾萬，這勢必會造成許多問題，這些問題也定義了菲瑞比與襁褓中的兒子所處的年代。

詹姆斯．史密斯．貝透渴望於擁有越來越多的土地與隨著時間越來越多的受奴役者，他也因此小有名氣。除了在北卡州有許多種植園之外，貝透與他的親戚們在佛羅里達州（**Florida**）和密西西比州也擁有總占地面積多達數千畝的種植園，這些都需要強制超過數百名的受奴役者投入勞力才有辦法運作。

貝透是一個複雜的人物。在一八三〇年代，有個受他奴役的人殺死了一名白人監工，貝透相信這名受奴役者會這麼做是出於自衛，還聘請了兩名律師來為這名受奴役者的死刑辯護，官司一路上訴到最高法院，最終貝透獲得勝訴，也在某種層面上奠定了法律上的先例。顯然，在此之前還從來沒有被奴役者殺害白人後而被判了無罪。魔術強森的祖先肯定目睹了這齣著名且寓意深遠的戲碼，並從中獲得了許多感觸。

令被奴役者完全受到奴隸主控制的法律，是奴隸制度的核心，這一點在北卡羅萊納州做出這名受奴役者的無罪判決後立即受到了挑戰，法院宣判他僅犯下了過失殺人罪，並將他送回冷泉。

這起人稱州訴曼恩案（State v. Mann）的案件，在為受奴役者奠定法律權利的漫漫長路上邁出了一大步，這是以某種方式為他們確立某種形式的人權、限制奴隸主權力的法律案件之一。這個判決代表「白人與黑人……現在受到了同一個法律的管轄」。約瑟夫・K・透納（Joseph K. Turner）和約翰・布里德格斯（John Bridgers）在他們為厄齊康郡詳實記錄、於一九二〇年出版的歷史書中寫道。

這個結果瞬間引發了眾怒。「這個案件發生在奈特・透納（Nat Turner）在維吉尼亞州南安普頓郡發起起義後不久，在那次起義中，不少白人遭到了發起抗爭的奴隸殺害，」喬治・戈登・貝透寫道，「奴隸主自然因此感到非常不安，我的祖父也因為他為一名承認殺害了監工的奴隸辯護，而遭到一些朋友和鄰居嚴厲地譴責。」

要記得另一件重要的事，一八三〇年代在北卡州的農場生活，有許多方面都受到了奈特・透納在一八三一年掀起奴隸起義這樁驚人事件的影響，這起事件導致了許多人被殺，並帶給鄰近北卡州與整個南方的白人心中極大的恐慌。

大衛・道基（David Dodge），這位來自北卡州強森祖籍所在地的白人作家，在一八八六年為《大西洋》

（The Atlantic）月刊撰寫了一篇文章，回顧那個時代以及人們對奈特．透納的反應，在推動白人的恐懼與暴力的過程中扮演了什麼角色，這種恐懼與暴力已經存在於美國的種族關係中好長一段時間了。

道基回憶當時他熟悉的社會情形時，表示奴隸主「過於多疑且容易恐慌」的特性已是眾所皆知。道基補充，這種恐慌讓人們更加瘋狂，「在那個時代，世界充滿了嚴刑峻法與殘酷無情的處罰方法，很多在現代被認為是輕罪的罪行，常常在當時遭到鞭刑、烙刑、砍下肢體和絞刑的處分。」

歷史學者表示，一八三〇年代的特點是出現了定期公民巡邏隊或民兵，他們會在塔伯羅鎮周圍巡邏，在夜間突擊被奴役者的住處，搜查武器、其他違禁品，當然，還有玉米。貝透家族身處於這個噩夢般混亂的中心，不僅在一八三〇年代的恐懼中引發了一場節外生枝的爭議，也掌握著魔術強森祖先們的生活。

除了經營農場之外，詹姆斯．史密斯．貝透還和他的一名表親一起修建了威明頓市（Wilmington）和韋爾登鎮（Weldon）的鐵路，而他顯然沒有任何道德方面的顧慮，恣意地使喚了多達一百五十名受他奴役的人們，要他們在艱難的地形上開拓並修建一長段鐵路。種種跡象表明，魔術強森的一位或多位祖先，曾為威明頓市與韋爾登鎮的鐵路做了清理路面與鋪設鐵軌的工作。

當時，北卡羅萊納州設有奴隸法庭，會設立這個法庭的主因，是為了賠償奴隸主在意外事故中蒙受的損失或是涉及被奴役者的財務糾紛。但這些法庭也會針對受奴役者的刑事指控進行裁決，甚至偶爾會給予忠心耿耿的黑人自由，做為他們多年付出的回報，這也能解釋為什麼人口普查的紀錄顯示，北卡羅萊納州在一八六〇年的「自由黑人」人口數多得出乎意料，多達三萬人左右。

然而，白人社區與貝透家族之間的敵意仍然沒有消退，而且很快就會火上加油。貝透家族有他們的信仰，他們大多是浸信會的教徒，偶爾也因為聯姻的關係有聖公會的教徒，而他們不久後也開始會在冷泉舉辦讓受他們奴役的人能夠參加的宗教活動。儘管這種作法顯然並不罕見，但當時教導被奴役者閱讀或允許他們佈道都是違法的。

紀錄顯示，在整個北卡羅萊納州的大部分地區中，白人們在一八三〇年代開始招攬受奴役者與自由黑人來一起做禮拜，這很奇怪，也顯然與白人心中的恐懼有關。從表面上來看，白人歡迎黑人一起做禮拜、聽白人牧師講道，似乎是一種進步的象徵。畢竟，根據當時教會的紀錄，這個作法延續了三十幾年，一直到南北戰爭期間、黑人們被迫離開白人教堂為止。

然而，歷史學者們指出，那個時代的白人牧師講述的大多是強調僕從該對主人展示忠誠心的道理。

一八三〇年代，發生了一起可能對魔術強森及他的家人們的人生造成影響的事件。在那個地區的各種情緒仍在醞釀之際，詹姆斯・史密斯・貝透的近親阿莫斯・約翰斯頓・貝透（Amos Johnston Battle）離開了在冷泉附近一塊屬於自己的種植園，在二十四歲時花了三個星期的時間騎馬到佛羅里達州，參觀貝透家族的另一個種植園。

在他騎馬經過喬治亞州（Georgia）時，據說他在一個簡陋的鄉村教堂決定短暫停留、做一次禮拜，他在那裡聽到了一位傳教士浸信會牧師的講道（傳教士浸信會在十九世紀初與原本的浸信會分裂出來後自成一派）。傳教士浸信會在當時的南方是很特別的門派，因為他們以堅決反對奴隸制度而聞名。阿莫斯・貝透當天聽到的內容，顯然在他身上造成了戲劇性的轉變，或換個說法，令他的道德觀突然開竅。幾個星期後，在他從佛羅里達的種植園回到北卡州的路上，據說阿莫斯・貝透再次於傳教士浸信會的教堂停留並接受了洗禮，後來也真的成為了一名該信仰的牧師。

後來住在北卡州威爾森市（Wilson）附近的阿莫斯・貝透也是個有權有勢的人物，他很快就成為了傳教士浸信會的大贊助人，據說他捐出了包括「黑人、土地、股票和債券」的財產，贊助多到讓兒子們都懷恨在心。一八三四年前後，年輕的阿莫斯・貝透在塔伯羅鎮召開了一場傳教士浸信會會議，這進一步激怒了當地的白人居民，令當地的報紙發布了一篇社論，稱他為了提倡反奴隸制度的新信仰而成為一名「盲信者」。

傳教士浸信會的宗教信仰漸漸地吸引了許多非裔美籍人士的興趣和擁戴，就如同浸信會分會不斷在北卡州各地開花結果，它也在魔術強森家族傳了好幾代。同時，阿莫斯．貝透成為了威克森林學院（Wake Forest College）的主要贊助人。雖然阿莫斯．貝透自認是一名衛道人士，但一部分的歷史學者指出，他的妻子瑪格麗特（Margaret）擁有著父親辭世後所贈與的三十二名奴隸，然而因為遺囑中有些爭議，這份財產所有權的歸屬問題成為了在法庭上纏鬥二十年的官司。接受真理散發的耀眼光芒後，阿莫斯．貝透也抵禦了以奴隸主之姿從他人生命中輕鬆地竊取財物並過著安逸生活的誘惑。在所有的奴隸於一八六五年獲得自由後，儘管阿莫斯．貝透窮到瑪格莉特不得不把他們房子裡的空房間租給別人以維持收支平衡，他看起來還是很高興。

詹金斯

讓籃球比賽中的球員們宛如賽馬般跑起來的魔術強森，如果有一名天祖父是騎兵中士，該有多巧？紀錄顯示，強森的另一位天祖父班．詹金斯後來參加過南北戰爭並加入過北軍，他的名字出現在兵役紀錄中，是一八六三年聯邦軍第一有色人種騎兵團的中士。

在兵役紀錄中的班．詹金斯在一八三〇年代中期出生於北卡州，而在那個時代的紀錄中沒有別的班．詹金斯了，所以這個假設沒有任何矛盾。然而，還是有個問題：原本在貝透家的種植園或農場裡面，或是在附近工作的班．詹金斯，是怎麼加入了聯邦軍的？畢竟貝透家族在他們的回憶錄和書信中聲稱，儘管他們農場提供自家生產的產品支援南方邦聯，他們家族的受奴役者都還是對他們忠心無比。

一個答案是，貝透家族的說法可能是錯的。一八六三年，聯邦軍隊為了解放被奴役的男子並招攬他們加入聯邦軍，開始突擊北卡羅萊納州。歷史學家們的報告中指出，許多被奴役的男性在林肯（Abraham Lincoln）於一八六三年一月一日發表《解放奴隸宣言》（Emancipation Proclamation）後離開了塔伯羅鎮、加入聯邦軍。在幾份粗估數據中顯示，聯邦軍隊中各單位的黑人加起來多達二十萬人，專家們也認為這是北方最後能夠獲勝的主要因素。

記錄顯示，班・詹金斯於一八六三年十二月在維吉尼亞州的門羅堡（Fort Monroe）參軍，那裡的步兵、砲兵甚至海軍都有「有色人種」部隊，而詹金斯被選入騎兵部隊的事實代表著他是一名出色的騎師。有色人種部隊的軍官絕大多是白人，這代表了獲得中士軍銜的詹金斯成為了在這場戰役中階級最高的黑人之一。

這支騎兵隊中的白人少尉弗雷德瑞克・布朗恩（Frederick Browne）在自己的回憶錄中說，第一有色人種騎兵隊在一八六四年「一直在進行艱苦的訓練，訓練到五月」，然後在聯邦軍的推動下投入了一場重要的戰役，以確保在這場持續了三年的血腥戰役中獲勝。

第一有色騎兵部隊的故事，如兵役日誌與布朗恩的回憶錄中詳述，顯示這支部隊在戰爭的最後十五個月於維吉尼亞州和北卡羅萊納州的戰役中表現出色，在各式各樣的小規模衝突與戰鬥中和邦聯部隊交戰，也因此承受了相當大的損失。布朗恩記得，騎兵部隊當時甚至有過連續二十四小時都待在馬鞍上、不得下馬的紀錄。

一八六五年四月，隨著邦聯在維吉尼亞州阿波馬托克斯鎮（Appomattox）投降，所有非裔美籍士兵的單位被合併成一支更大的部隊，奉命南下德州。得到法國撐腰的墨西哥皇帝馬西米連諾（Emperor Maximiliano），正朝該處的邊境逼近。

那年六月，蒸汽船上承載著黑人士兵的部隊，從維吉尼亞州里奇蒙市（Richmond）南部的詹姆斯河（James River）出發。不久後，有個消息在部隊中傳開，說他們要被運到德州去摘棉花，藉此幫助國家償還戰後的巨大債務。

布朗恩回憶，軍官們試圖向部隊保證情況並非如此，但這場戰役中已經給這些黑人士兵們留下太多保持懷疑態度的理由。戰時的經歷，讓他們發現自己夾在兩個選項間左右為難，一邊是公然對他們有偏見的聯邦軍隊，另一邊則是把他們當作叛徒、放話他們一旦被俘虜就會被處死的邦聯軍隊。

薪水不到白人士兵的一半、裝備不齊全，而且還常常受到聯邦軍隊中白人的不尊重，這些遭遇讓許多黑人士兵感到氣憤難平。

船上部隊們的躁動不安，在第一天晚上就變得如此強烈，因此隔天早上，軍官們便把船停靠在維吉尼亞州門羅堡，將部隊帶上岸，要他們在海灘上列隊站好，並命令他們交出武器。

那一刻的氣氛非常緊張，弗雷德瑞克·布朗恩回憶，有些人猶豫了一下，不過後來都服從了命令。

第二天晚上，在前往德州的途中，一艘船上的部分士兵發動了叛變，這起事件在一名軍官射殺了發起兵變的首領後才得以平息。

鎮壓了叛亂後，所有的船隻先是開往密西西比河（Mississippi River）的河口，接著駛向德州布拉索斯聖地牙哥（Brazos Santiago）。布朗恩回憶，黑人部隊被部屬在這個墨西哥灣的沿岸地區，並被賦予了一項繁重的任務，從蒸氣船上將提供給保護邊境免受墨西哥入侵的大部隊使用的大量軍用船卸除下來。

在進行大規模卸除工作的同時，非裔美籍士兵奉命在海岸的一個沼澤區建造一個顯然是以隔離為目的的營地。在這個被冠上了「瘧疾地」（malarial）和「上帝遺忘之地」（god-forsaken）等稱號的地區，很快就傳出了有嚴重的流行疾病正在黑人士兵間散播的報告。引述了遠征軍醫務官報告的紀錄中寫道「部隊中有很多人生了病……死亡率相當高。」這位軍官補充，由於此處為偏遠地區，醫療用品和人員都遠遠不足以治療眾多染病的黑人士兵，情況也因此變得更糟。經歷了這一切的班·詹金斯不知用了什麼方法倖存了下來，從美國首批黑人部隊在服役的尾聲所遭遇的這些醜惡、可恥與忘恩負義的行徑中活著回家。

資料顯示，詹金斯和其他倖存的非裔美籍士兵最終於戰後近一年後，也就是一八六六年二月，在德州除役。

一八七〇年的人口普查記錄顯示，班・詹金斯回到北卡羅萊納州，在南方做著幾乎是對黑人男性唯一可做的工作，也就是過著佃農和農工的生活，他常常要和曾是邦聯退伍軍人的白人鄰居一起工作。

班・詹金斯和他的妻子葛瑞西（Gracie）將孕育出一個龐大的農場家族。在他們眾多子女中的其中一個兒子約瑟夫，就是魔術強森的高祖父。約瑟夫的女兒阿爾塞娜（Arsena）、或有著「塞娜」（Sena）別稱的塞娜・詹金斯（Sena Jenkins）將和一位名叫葛萊斯（Glass）的男子結婚。而塞娜的第一個孩子，也就是艾爾文・「魔術」・強森的祖母瑪莉・黛拉，似乎特別喜愛詹金斯這個姓氏。長大成人後的她在結婚後使用的全名是瑪莉・黛拉・詹金斯・波特，顯示詹金斯是個令她引以為傲的名字。

參議員

班和葛瑞西於一八六七年生了一個女兒艾拉（Ella），她是魔術強森的曾姨婆。她長大後在一八九一年和一個著名的州參議員結婚，這後來讓強森的祖先們得到了他們很可能未曾想像過的東西：政治權力的滋味，他們後來甚至和貝透家族的新一代組成了某種同盟關係。

一八九一年，艾拉・詹金斯（Ella Jenkins）和州參議員德雷德・溫伯利（Dred Wimberly）結婚，後者於一八四九年出生在貝透家族另一個名為核桃溪的種植園，而在南北戰爭於一八六五年四月結束時，他還只是一名青少年。當時，種植園是由坎普・P・貝透（Kemp P. Battle）管理的，他是詹姆斯・史密斯・貝透的表

親兼女婿，後來成為知名律師、學者、北卡大學大力支持者、詹姆斯・史密斯・貝透的鐵路事業夥伴的他，

在南方的邦聯中建立起顯赫的名聲

德雷德・溫伯利日後回憶，坎普・P・貝透有一天來到溫伯利工作的田地。這名奴隸主召集了所有的工人，告訴他們戰爭已經結束，可以自由地離開或留下來繼續工作。年輕的溫伯利想了一下，選擇了工作。不久後，他成為在胡桃溪銷售所有農產品的負責人。溫伯利會將農產品裝上大馬車，花兩天的時間運到洛里市（Raleigh）的市場。一到洛里市，他就會把農產品賣掉，然後去商店購買生活必需品，再將它們裝上馬車，回到塔伯羅鎮。在貝透家族依然廣闊的種植園營運事業中，負責這項事務的他基本上就像是一名軍需官。

然而，幾年後，溫伯利想要自立門戶，成為一名蓋房子的木匠，於是在戰後那段不穩定的年代，他與貝透家族和平分手。在年近三十時，共和黨找上溫伯利，與他商量參選北卡羅萊納州眾議院議員的事宜。溫伯利回答，他認為自己還不夠格，便沒有再把這件事放在心上，但後來他才知道共和黨還是提名了他，而且他竟然在自己不知道自己有參選的情況下勝選了，這多少能證明他在社區中有多大的聲望。

他從一八七八年開始在眾議院擔任了幾屆議員，然後在近十年後再度於參議院的選舉中勝出。在這段期間，儘管坎普・貝透顯然是民主黨的成員，他還是參與了一項由貝透發起的活動，並投下關鍵的一票、為在那個時期陷入困境的大學提供了重要的資金。

「我投票支持貝透博士發起的金援活動，因為貝透博士說，支持這所大學能讓所有人受益，」溫伯利曾解釋，「這某種程度上也會幫到有色人種。」

洛里市當地的《新聞與觀察家報》（*News and Observer*）曾在二十世紀發表過一篇社論，在談到溫伯利與其他黑人立法者時表示：「他們在沒有人支持教育時支持了教育，他們在學校孤立無援時為公立學校奠定了基礎。」

貝透家族一直在用實際行動為溫伯利投下關鍵一票的說法背書，在資助後來成為北卡州大（North Carolina State University）的學校以及其他重要公共設施的計畫中，後者也是關鍵人物。但一名洛里市當地報社記者在一九三五年對溫伯利是否真的有投票支持北卡大學抱持懷疑的態度，因為他早期的立法問政記錄顯然早已散佚。

不過，在一八七〇年代，幾家北卡州的報紙曾經刊登過州議會的完整名單，而在這些報紙的記載中，溫伯利顯然是一位有資格投下重要一票的議會成員。

在美國重建時期的一個充滿衝突的時代，成千上萬的黑人男性選民加入了投票的行列，並選出了黑人公職人員。在這個緊張的政治氛圍中，儀表堂堂的溫伯利，因為淡化衝突、與對立的黨派尋求合作而樹立了名聲。

的確，在南北戰爭後的幾十年裡，魔術強森的祖先們都只能靠當農工與佃農維生、勉強度日，但這些祖先中的其中一人不僅是與一位參議員結婚，這位參議員更是一位在兩黨中都吃得開的政治人物。不難想像，他們會為這種事態發展感到無比自豪。然而，詹金斯家族想從艾拉的配偶身上享受到任何政治利益的希望，已經在一八九〇年代開始煙消雲散。民主黨中的白人至上主義者一直有怨言，認為黑人沒有資格投票，當然也沒有資格在議會中任職。他們主張黑人正在摧毀政府，這顯然與事實不符。多年以來，民主黨一直在議會中占據了壓倒性的多數席次。

總之，民主黨很快就打垮了共和黨，也令黑人的基本投票權為之破滅。長期以來，狄克西民主黨（Dixie's Democrats）一直對北方的共和黨人在戰後和南方黑人合作集結成一股政壇上的勢力而感到不滿，這股勢力的發展促成了許多地方上的變革，尤其是在威明頓市，許多獲得自由的被奴役者被這裡的機運吸引而來。到了一八九〇年代，這個地方逐漸成為了與亞特蘭大齊名的城市，開始出現新興黑人上流階級人士、兩家黑人報紙、一名黑人市長、一支種族融合的警隊以及許多由黑人擁有的公司，並享有隨著成為繁忙的港口都市而來的繁榮。

一八九〇年代，在南北戰爭與美國重建時期，民主黨一直能夠維持白人在政治方面對於北卡州大多地區的控制，但威明頓與沿海平原區域是例外，主要原因就是這裡有超過十二萬名黑人男性登記選民的力量。

民主黨對此的回應，是在一八九八年十一月十一日於威明頓煽動一場種族之亂，一支受到民主黨的政治言論刺激、人稱「紅衫軍」（Red Shirts）的白人民兵團體走上街頭，燒毀了一家勇於挑戰民主黨、指出該黨利用白人女性害怕被黑人男性強暴這種沒有根據的恐懼，來影響工人階級選票的黑人報社。

根據當地停屍間的報告，他們在第二天收到了十四具屍體，其中十三具是黑人，但有人聲稱死亡人數多達九十人。隨著暴力事件的蔓延，受到驚嚇的黑人們帶著家人逃往附近的沼澤地，據說紅衫軍追到那裡殺死了更多黑人，而他們的屍體一直未能被尋獲。

要計算死亡人數很難，因為這場精心策畫的暴動在隔天便展開了第二階段，紅衫軍把包含神職人員、商業領袖與政治人物在內的黑人知名人士押送到火車站，讓他們再也回不了這座城鎮。

白人至上主義的大獲全勝，確保了該主義的存續，也使黑人在未來幾十年都沒辦法投票。這場鬥爭，是因後來於一九〇〇年當選州長的民主黨人查爾斯・艾考克（Charles Aycock）的言論引起的。他從一八九八年五月開始鼓吹大眾，要剝奪北卡羅萊納州黑人的權力。

「在黑人們被永遠排除在政治進程之外前，南方的任何種族都將停滯不前。」艾考克宣稱。

身為州長的他制定了一項立法議程，這項議程延續了那場暴亂所要傳遞的訊息，藉由通過吉姆・克勞法（Jim Crow laws）來限制黑人登記投票的權利。在短短四年內，登記在選民名冊上的黑人男性人數驟降至不到六千人。將黑人逐出南方與其他地區政治舞台的過程，在整個二十世紀不斷升溫。像是，在一九四〇與五〇年代，有些郡縣的黑人選民只剩下一、兩個。黑人不僅被困在崩壞的佃農文化中，更被吉姆．克勞法剝奪了任何能用來改變現狀的法律手段。

佃農

資料顯示，在南北戰爭結束後的幾十年裡，直到二十世紀，魔術強森的祖先們在當時幾乎沒有別的路給黑人家庭選擇的南方環境下，都面臨著佃農與租田耕作毫無前景的處境。長久以來，農民都在過著這種勉強維持生計的農業生活，常常陷入背負債務與受到奴役的狀態之中，基本上跟奴隸沒什麼兩樣。

佃農和租種農業並非新的制度，而是已經存在於全球各地好幾個世紀，在這個制度下生存的人們往往身處於飢寒交迫的逆境，而且沒有任何政治權力。

這也成為絕大多數曾被奴役者接下來的困境。人口普查記錄顯示，數百萬非裔美籍家庭在數十年來的佃農生活中沒有累積任何資產。在經歷了幾個世紀的奴隸制度後，又當了這麼多年的佃農，讓累積資產成為一件不可能的任務。

一九二二年，北卡羅萊納州農業委員會終於發布了一份以該州一千戶農業家庭為基礎而進行的詳細研究報告，證實了一個早已眾所皆知的事實，那就是不論是黑人還是白人，只要是沒有土地的農民、佃農與租戶，便注定要過著負債與貧困的生活。他們常常一天要工作十二小時，忙於種植和採摘菸草和棉花，而忙成這樣的他們還不一定能賺到錢，就算有賺，也頂多是只有幾分錢的微薄收入。為了吃飯而借錢的情況，更是家常便飯。同時，他們還要希望能在收成時分到一點分潤，不過這些利潤分配都是由地主自己計算的，而這些分配大多沒有將作物的銷售收入當成參考依據。

報告指出，沒有人當了佃農還賺得到錢的，反之，更像是被獲得許可認證的詐騙手段騙走了錢。這是數十年來一再被證實的結果。

「這是一個肯定的事實，」一個北卡州厄齊康郡農夫的女兒珊卓拉・瓊斯・金恩（Sandra Jones King）回憶道，「如果你是個佃農，每年十二月左右就會聽到你在工作的那座農場的主人跟你說：『嗯，約翰（John），今年沒辦法分給你任何東西，我們沒賺到錢、剛好打平。』」

佃農們在這種情況下大多無能為力，唯一的選擇就是收拾行李、搬出他們住的焦油紙紙棚，去別的地方尋找下一個地主，並希望他是個老實人。

就算佃農們對這個制度有所不滿，他們總會想到，北卡州的三K黨員比南方其他州加起來還多。

這篇北卡羅萊納州農業委員會的報告，發布於經濟大蕭條開始摧毀農產品的價格，並將原本就已經處在生存邊緣的農場家庭推進大災難的八年前。

老艾爾文和克莉絲汀・強森就是出生於經濟大蕭條期間，前者生於一九三四年，後者在兩年後出生。

洪水之後

魔術強森的祖先們在北卡羅萊納州艱苦地生活著，而他們能存活下來，是因為背後有一群女性的支持。永無止境地砍柴和搬水、承擔著家庭日常生活所需的辛勞，塑造出她們明顯佝僂的身形。每當在家裡擔任一家之主的男性過世，強森家族的女子便會挺身而出，掌管田間的工作，緊盯著作物種植、照料與收割的情形。

威利斯・史塔頓，魔術強森的天祖父、菲瑞比的兒子，和幾乎所有曾是奴隸的人們一樣，在戰後成為一名佃農。他和一位僅在史料中留下夏萊特（Charlette）之名的女性結婚，她的年紀大約只有他的一半。就像強森許多祖先中的女性一樣，這名女性在勉強維持生計的農場生活中扛下了重擔。

在那個還沒有實質醫療保健和節育措施的時空背景，女性們的生活充滿了危險，在這個世界本來就已經過得很辛苦的她們，常常被艱辛的生育過程給拖垮。她們的宿命似乎就是孕育出一個大家庭、撫育一連串的勞動力，這正好反映了在十九世紀末到二十世紀初的北卡州鄉間農場生活有多麼悲慘。

在農村電氣化之前的那個時代，婦女的生活充滿數不清的困難。在年復一年地懷孕的同時，身為農婦，還要全年無休地扛起像是做飯、洗衣、打掃、砍柴、生火等繁重工作。夏萊特在這麼忙碌的生活中，還是想方設法地養大了好幾個孩子，使他們的家能夠在這種處處受限的條件中維持生計。

「那個時候的生活都是在做苦工，」當代一名農婦曾對記者羅伯特·卡羅（Robert Caro）說，「求生存，光是求生存，就是個問題了。沒有燈、沒有水，什麼都沒有。我們生活在饑餓的邊緣，這就是我們的農場生活。」

比夏萊特大十八歲的威利斯·史塔頓在世紀即將交替時去世，讓她成了一名寡婦，不僅要扛起充滿老幼的大家庭，還要身兼農婦的職責，下田工作並完成每一件繁雜的農務。多年以來，和強森家族數不清的祖先一樣，她想盡辦法才勉強地達成了這項艱鉅的任務。

她的女兒艾達（Ida），也會過著佃農的生活。在一八九七年，她也會和理查德·波特（Richard Porter）這個年紀是她兩倍的男人在厄齊康郡結婚，而這對共結連理的夫妻，將成為魔術強森的曾祖父母。

農場女性所面臨的典型風險之一，也讓艾達遇上了。艾達會比她年長的丈夫還早逝，很可能就是因為她生了七個孩子。

其中一個孩子，他們生於一九〇五年二月的兒子艾塞亞·波特（Isiah Porter），就像他的祖先們一樣，繼承了佃農的生活。他在一九二七年的新年夜於厄齊康郡與瑪莉・黛拉・詹金斯結婚。

瑪莉・黛拉・詹金斯・波特生的孩子有八個之多。她和艾塞亞一輩子都被困在棉花和菸草之中，在棉子象鼻蟲的蟲害、棉花價格暴跌、經濟大蕭條、風暴、農作歉收等各種災難中掙扎。就像他們前幾個世代的家人一樣，他們每天醒來後都要面對養活一個大家庭的艱鉅任務。追溯強森家族祖先這超過一百七十年的歷史以來，沒有一項紀錄指出他們之中有誰逃避過這份職責。

在他們堅持下去的過程中，無論是艾塞亞・波特、他的妻子瑪莉・黛拉，還是他們家之前的任何一位祖先，都絕對想不到，未來迎接他們孫子的事物，是財富、權力與名聲。

魔術強森的母親、瑪莉・黛拉與艾塞亞・波特的女兒克莉絲汀出生於一九三六年，此時她的家庭中出現了劇烈的變化。

在經濟大蕭條時期，富蘭克林・德拉諾・羅斯福（Franklin Delano Roosevelt）的新政計畫中，有一項旨在解決佃農悲慘境遇的實驗計畫，在選定的地點購買了大量的原種植園土地，並將其轉變為數百個佔地四十畝的農場，讓無論是黑人還是白人的佃農都能買下屬於自己的農場經營權，還附一座新的簡易農舍。

其實這是以「四十畝地和一頭騾」（forty acres and a mule）為基礎而延伸出的計畫，那是南北戰爭最後幾天，聯邦軍的將軍威廉・特庫姆賽・薛曼（William Tecumseh Sherman）在他發動的「向大海進軍」（March to the Sea）著名戰役結束時，於喬治亞州對所有曾被奴役者所作的保證。

不幸的是，薛曼的命令只維持了六個月，然後就被同情南方的安德魯・強森（Andrew Johnson）總統撤銷了。

人口普查記錄顯示，在經濟大蕭條時期，還只是個嬰兒的克莉絲汀與她的家人離開了在塔伯羅鎮附近的生活，搬到三十哩以北、哈利法克斯郡（Halifax County）附近的蒂勒里（Tillery）。政府在那裡用兩萬英畝左右的土地制定了一項再安置計畫。

這項在蒂勒里的計畫屬於聯邦政府在全國各地創建的一百一十三個農村再安置「實驗」計畫的一部分，當然，這其中僅十五個地點的計畫有考慮到黑人農民。一九三六年，蒂勒里的再安置農場被重新命名為洛亞諾克農場（Roanoke Farms）。

這個想法看起來很夢幻，直到現實飛奔而來，帶來數百個農場家庭突然搬來這裡的挑戰。這製造出了重新建構的新社區與隨之而來的混亂。最終，這證明了在這些條件下要實踐這些想法是不可能的，尤其對黑人佃農來說更是如此。

該計畫的聯邦管理人員在來到哈利法克斯郡後發現，為再安置計畫預留的二萬畝土地中，有很大一部分位於洛亞諾克河（Roanoke River）的洪泛區。資料顯示，被分派到洪災易發生地區的大多是黑人農民。

更糟的是，在經營農地上，聯邦政府代表們往往任由白人農民自由發揮，卻堅持拿著放大鏡檢視黑人農民的一舉一動，而後者才是在北卡羅萊納州的田地裡工作了幾十年的人。

一九四〇年的人口普查紀錄，記載了懷孕的瑪莉・黛拉・詹金斯・波特和丈夫艾塞亞與包括四歲的克莉絲汀在內的六個孩子一起住在再安置計畫社區的道森區（Dawson）。

根據查理・湯普森（Charlie Thompson）的說法，這項再安置計畫中的大部分內容幾乎從一開始就註定要失敗。他是杜克大學（Duke）的農業經濟學家，後來還協助製作了一部關於再安置計畫的電影。

「如果你一直身處於佃農家庭之中，就會試試看這個計畫是否可行，」湯普森談及那些把命運賭在這個計畫上的人們時說，「他們一直沒賺到什麼錢，現在卻有了能夠擁有自己的東西、掌控自己的生活並擁有自己的土地的希望。這足以令他們賭上一切，而他們也這麼做了。」

過了數十年勉強自給自足的農業生活後，黑人農民終於看到了一個可以用他們多年辛勞成果換取一些回報的機會，只是，他們發現大環境的遊戲規則又變得不一樣了。

「在三〇年代，局勢發生了翻天覆地的變化，」湯普森說明，「農業已經開始進入機械化的時代。」

湯普森在二〇二〇年某次受訪時指出，羅斯福政府在啟動再安置計畫的同時，還成立了美國農業部（United States Department of Agriculture, USDA），提供農民作物貸款與在價格上的支援，這些都是針對農業市場的新措施。「基本上，這令美國政府開始鼓勵農場擴大規模。」

聯邦政府關注的重點變成了創立更大的公司化農場，藉擴大生產規模引起經濟效益增加的現象。

「所以他們在美國中西部這麼做了，農場開始機械化，許多農民也開始使用曳引機了，」湯普森解釋，「同時，他們告訴非裔美籍農民：『在南北戰爭、薛曼攻佔南方時，我們承諾過會給你們四十畝地和一頭騾，現在兌現承諾的時候到了。』於是，他們把四十畝地和騾子提供給住在這些再安置社區的人們。然而，現在他們要與中西部已經有了人稱『豐收農場』（bonanza farms）的許多大農場競爭。所以穀物的價格波動被大農場掌握在手中，而不是小農場。因此從結構上來看，小規模農場已經處於劣勢，他們根本不可能與之抗衡。他們用這四十畝地種出來的東西根本不足以養活他們的家庭。所以，看看現在的情形吧。我們試著讓這些農民有自己的土地，他們也種出了作物並試著把它們賣掉，但對他們來說，這裡面能賺到的錢根本不夠多，加上現在曳引機都已經出現了，他們還在用騾子耕作。」

經歷了幾個世紀的奴隸制度和八十年的佃農生活後，對於他們所受的虐待，黑人農民本來終於得到了補救措施，卻發現這種補救措施本身幾乎毫無價值。

帶著家人們參與了再安置計畫並設法在重重難關中獲得成功的蓋瑞．葛蘭特（Gary Grant）表示，佃農們是在不同階段下入住再安置計畫社區的。

除了農業的產業變革之外，還有許多因素導致了農民的困境，包括難以適應匆忙之下組成的農業社區以及差勁的土地品質。

然而，葛蘭特在二〇二〇年一次受訪時解釋，在每一批失敗的群體中，都有少數幾個農場家庭成功了。「新政成功地保障了某些黑人的獨立，擁有土地無疑令他們進入了另一個層級。然而，白人知道獨立就代表他們不再有免費的勞動力了，所以必須加以阻止。」

在奴隸制度後的幾十年來，黑人們一直無法建立與主流社會的連結。對他們而言，變革本身已經成為了他們的主要敵人。因為這個社會幾乎令他們無法從貧窮中翻身，也讓他們大多沒有對這些變革做過任何準備。

住在再安置社區的農民有幾台共用曳引機可以用。「但是貧瘠的土地加上種族主義，確實令這些家庭處於劣勢。」湯普森說明，「他們不得不借錢，但借了錢是要還的。所以在很多情況下，他們就像被家長修理的孩子一樣。他們走進辦公室，辦公室裡頭會有個催他們還錢的白人，但他們只能說：『不可能。我們拿不出錢。我們的收成太差、賣價太低，所以我們根本拿不出錢。』我說的只是個大概，但這些都是主要原因。」

在第二次世界大戰正在歐洲打得如火如荼的一九四〇年夏天，人口普查顯示，波特一家，也就是魔術強森的祖父母與他們的孩子，在這塊土地上奮力求生的同時，瑪莉．黛拉再次有了身孕。

根據《美聯社》（*Associated Press*）和《紐約時報》（*New York Times*）報導，在八月中，一場百年難得一見的大洪水席捲了他們的世界。這場洪水的起因是一個熱帶風暴，這場風暴先是肆虐了北卡羅萊納州山區的西側，此時加劇的風雨，令洛亞諾克河的水位上升到超過洪水警戒線三十一呎，後來一路累積到超過警戒線五十八呎，寫下史上最高紀錄。一九四〇年八月十七日，洪水襲擊了再安置農場的洪泛區，幾乎摧毀了該區域內每一個農場家庭的作物、農場和房屋。兩名男子在試圖穿過一條被洪水淹沒的道路時溺斃。

「在蒂勒里附近，大約有一千人，其中大多是黑人，從一個政府重建住宅區被船載走。」《美聯社》報導，「難民們被安置在高地的學校和工廠中。」

不難想像當時三十六歲、即將臨盆的瑪莉・黛拉・詹金斯・波特與她的大家庭，在洪水將他們辛辛苦苦打拚的一切吞噬殆盡的同時乘船撤離後，會面對到多大的困難。洛里市《新聞與觀察家報》估計，有三千人在洪災區無家可歸。

就在從災區撤出後，過了幾天，瑪莉・黛拉・詹金斯・波特生下了她的第八個孩子詹姆斯。對許多農場家庭來說，失去了他們的農場、即將收成的莊稼與新生活，絕對是毀滅性的打擊。而受到這些打擊的，幾乎都是非裔美籍的家庭。

三十六歲的艾塞亞・波特報名從軍，甚至為了能夠獲選還竄改自己的年齡、讓自己年輕了五歲。這件事，或許能視為這個家庭在災後有多麼走投無路的跡象。而他沒有被選中。這個沉重的打擊本來很可能讓這個家庭陷入深沉且絕望的痛苦之中，然而，瑪莉・黛拉・詹金斯・波特沒有讓這種情況發生。

在蒂勒里再安置社區的災難過後，在下一筆有記錄波特家族行蹤的公開資料中，顯示他們又回到了厄齊康郡。這是這個家族的起點，他們回到這裡，住在一個塔伯羅鎮附近的農村。為了竭力求生，他們再次以佃農的身分投入這個必敗、現在又更不可能獲勝的賽局。

第二次世界大戰期間對許多農場工人而言彷彿凍結了時間般的停滯不變，不過，有數千人是例外，他們投身於持續進行的黑人大遷徙，走向北方，尋找真的賺得到錢的工作。

對於那些留在菸草路上的人來說，包括克莉絲汀家，他們每天都在十二個小時的工時中度過。而在這之中特別的是，有一股奇妙的信念，幫助他們以某種方式扛起這些看似無法承受的重擔。

第五章 單車之旅

假如要將艾爾文·強森的青少年時期拍成一部電影，那麼一定要挑一首七〇年代早期、摩城唱片（Motown）的歌當作配樂，像是傑克森五人組（Jackson 5）的《媽媽的珍珠》（Mama's Pearl）。這首歌可以幫助這個故事銜接到下一個主題，也就是他在北卡羅萊納州洛磯山城及附近度過的數年夏天，在那裡，他不僅拜訪了親戚和母親的家人，這位年輕的籃球求道者也在菸草路上完成重要的初登場。

未來的大學和NBA球星巴克·威廉斯就是在這裡初次遇見了艾爾文·強森。「我住在洛磯山城，魔術的舅舅和舅媽也住在洛磯山城，他夏天會從密西根州過來這裡，」威廉斯在二〇一九年受訪時回憶道，「他每次來這裡時，都會待兩、三個星期。」

社區中的人們很快就聽說了有位年輕陌生人出現在當地的公園，挑戰身高有著標準的六呎四吋、人稱「Tubac」的克里夫蘭·霍華德（Cleveland Howard），他和另一名出色的選手菲爾·福特（Phil Ford）是洛磯山高中（Rocky Mount Senior High）的雙子星。在洛磯山城附近，運動才能優異的霍華德是球場上的傳奇人物。高中四年，打籃球與美式足球的他在兩支校隊中都是先發球員，而在籃球場上，他不僅更能展現出優異的跳躍能力，外線投籃也很有一手。當時也常去打球的雷吉·巴瑞特（Reggie Barrett）回憶，洛磯山城的部分當地人甚至認為霍華德比菲爾·福特更強。

十三歲的強森和十八歲的霍華德出現在公園不久後，互相吸引著的兩人，便展開了一場日後被譽為經典的單挑對決。

「那場比賽真的很激烈、緊張刺激，」比強森小八個月的巴克．威廉斯回憶道，「那是一場非常膠著的比賽，畢竟這可是洛磯山城最好的球員和強森這小子的對決。那時候大家都叫他『少年仔』（Buck）。＊」

「我只看了第一場比賽，」雷吉．巴瑞特在二〇一九年回憶道，「那是一場三戰兩勝制的對決，魔術贏了第一場。他們賭了二十美元，在一九七三年他們較量的時候，這是一大筆錢。克里夫蘭當時在加州的美熹德專科學校（Merced Junior College）打球，在離開美熹德後，他去當了空軍。當時他正好回家過暑假，也促成了兩人的交手。」

在他們的記憶中，希爾斯代爾公園（Hillsdale Park）聚集的人潮越來越多，他們都是為了見證兩位不同凡響的運動員交手而來，很快，這個時刻就在這個地區的籃球傳說中佔有了一席之地。

巴克．威廉斯回憶，看到強森這種體型的年輕球員能夠把球控得如此流暢，尤其是他在面對一名名聲顯赫、技術頂尖且更年長的球員時還能拿出這種表現，是一件令人吃驚的事。「魔術贏了，不過這是一場不可思議的比賽。那時的我十二、三歲，那是個你在當下不會知道這會有多麼重要的時刻。現在回想起來，這真是太瘋狂了。籃球界有史以來最偉大的球員之一來到洛磯山城，和洛磯山城最頂尖的球員之一對決。當地的人們直到現在都還在討論這場比賽，這也是我第一次知道艾爾文．強森這個人。」

威廉斯記得令自己感到震驚的是「魔術強森的天分是多麼出類拔萃以及他的球風是有多麼獨特。他手感柔順、運球流暢、技術非常熟練，球風有一種自然而然的魅力，而且他是個有自信到難以置信的球員，即使是在那時，他就已經是個很有信心的球員了。這就是我對艾爾文．強森這名球員的第一印象。」

再次回家

一九七三年夏天，強森回到了家中，準備迎接即將到來的中學九年級球季，以及對於未來該選擇哪所高中的躊躇。在另一個時代，舉例來說，若克莉絲汀和老・艾爾文・強森的家庭在二、三十年後面對到賴瑞・強森當時所面臨的處境，將能擁有完全不同的選擇與一個不同層次的權力。

如果小艾爾文是出生於一九七九、一九八九年而不是一九五九年，他會發現自己面前將出現各式各樣的人們，急切地想提供他打高中籃球之外的各種誘人替代方案。在未來的幾十年中，天賦如艾爾文・強森般出類拔萃的十四歲少年，絕對會成為球探界中的寵兒，大學的獎學金名額會如雪片般飛來，由球鞋公司贊助的頂尖俱樂部球隊也會爭相邀請他飛往全美各地打球。

然而，不論是一九七二、一九七三還是一九七四年，這些機會幾乎都不存在。

小艾爾文在他當時打籃球的環境中，幾乎沒有什麼權力和選擇，對他的父母而言可能也是如此。然而隨著事態發展，權力似乎不是強森的雙親在乎的事物。說句公道話，老艾爾文和他的妻子平時更常流露出的是他們的堅韌，而不是對於任何權力的追求。

事實上，回過頭來看，你可以說在一九七〇年代，強森一家的個人價值觀不僅引導了他們的兒子，也以看不見的方式引導了籃球這項運動的演變過程。

然而，就連老艾爾文的堅韌特質，也是以一種默默流露而非大張旗鼓的方式展現出來的。他絕對不是一個好欺負的人。視情況需要，他可以很快地做出堅定的行動，然而他總是以一種更低調、更穩重的態度在處

* 譯註：Buck的原意之一是公鹿等雄性動物，此處被當成用來形容一個人年輕有勁或身材壯碩的綽號，這也是本名為查爾斯・林伍德・威廉斯（Charles Linwood Williams）的巴克・威廉斯會得到這個綽號的原因。

理事情。

「我的信念是做正確的事，而不是得過且過，」他曾在一次公開場合中罕見地說明自己的為人，「你懂我的意思嗎？」

日後證明，這種做事的態度在他兒子的才華逐漸受到大眾認可時，是至關重要的因素。即使是蘭辛市最獨具慧眼的球評也不知道該如何評論小艾爾文，只有一個人是例外，就是在蘭辛學區擔任體育總監的克雷頓・科沃克。

被任命為蘭辛學區的新任副教育總監、在一九七二年九月開始在這座城市工作的黑人，馬修・普羅菲特，在二〇一九年回首過往時清楚地記得，在他上任的第二天，克雷頓・科沃克就來到他的辦公室與他打照面。在兩人的初次見面中，科沃克跟普羅菲特談起了一位名叫艾爾文・強森的中學球員。科沃克宣稱，強森正走在邁向籃球史上最偉大球員之林的道路上。

這個說法從很多方面來看都太離譜了，但科沃克擁有名人堂的資歷。身為塞克斯頓高中的總教練，他在一九六〇年代初期贏得了兩座州冠軍，這也是那個時代蘭辛地區的學校僅有的兩座一A級州冠軍。科沃克向普羅菲特斷言，他瞭解比賽，多年來近距離見過密西根州每一名優秀的業餘與職業球員。密西根州長久以來一直是培育出籃球好手的泉源，強森將成為與密西根州的每一位好手相比都毫不遜色的球員，或比他們更出色。

要再過一段相當長的時間後，才會有其他人對強森做出這種評價，但這些評價會出現的。

在許多人的記憶中，九年級的球季是他開始嶄露頭角的時候。喬治的兒子蓋瑞・法克斯當時是一名高三生，他曾看過強森在八年級時的比賽，並產生了深刻的印象。他和父親在強森剛上九年級時去看了一場他的比賽，他很想知道這孩子是不是又變得更優秀了。

「我在他九年級去看比賽時，一開始沒認出他來，」蓋瑞．法克斯回憶，「它們在熱身，我四處張望，想說強森那小子跑到哪去了？突然我發現，他比每個人都高出了一個頭。」

強森的身高突然拉高，從六呎出頭長到六呎五吋。比賽開始後，強森立刻顯得像是混在男孩中的男人。蓋瑞．法克斯回憶，他眼中的強森「在八年級時和同年齡層相比是一名不錯的球員，但到了九年級，便主宰了比賽。他長高了。我記得他可以跳在空中跟中鋒搶球，也能帶球推進並把球傳給有空檔的人。他主宰全場。」

儘管當時還不認識艾爾文，查爾斯．塔克也在他九年級的球季觀看了很多場他的比賽。「當時的他有夠高大，」塔克在二〇一九年詳述，「當你長得高人一等，又在球場上和同年齡的孩子一起打球時，就能在某種程度上把他們玩弄於股掌之間……他也在這方面做得很好。因為他實在太高大了，所以他就是有辦法一直輾壓這些孩子們。他一直把球控制在手中。」

當時還是帕藤吉爾中學（Pattengill Junior High）八年級生的戴爾．比爾德在某次機緣下看到了強森的比賽。「我當時心想：『哇，你知道嗎，這傢伙真是不可思議。』」比爾德回憶道，「你懂吧，他一邊在場上持球推進，一邊指揮隊友走位。我口中的這位球員，是一名年僅十四歲的球員。這在當時是很了不起的事，是你從來沒看過的事。以他的身材和年齡來說，他有很多特殊的才能。」

回顧二〇一九年，喬治．法克斯說，如果當時的規則能讓九年級生上一軍比賽，那麼艾爾文．強森將成為艾弗雷特高中校隊一軍中最優秀的球員。

在那場剛上九年級的比賽後，艾爾文在與喬治．法克斯對話時一如既往地友善，顯然絲毫沒有流露出他對艾弗雷特高中或這支籃球隊的真實感受。然而，賴瑞．強森發誓弟弟永遠不會為法克斯或艾弗雷特高中打球的現狀依然沒有改變。時間的流逝並沒有讓這個誓言出現任何軟化的跡象，現在這個誓言已經在這個家的未來規劃中悄悄地發酵，強森顯然感受到了越來越大的壓力，日後他也對此直言不諱。

查爾斯・塔克記得，賴瑞在學校的問題隨著時間逐漸惡化，逼得老艾爾文開始介入。「我記得他爸爸來過學校幾次，你懂吧，以一種積極地想處理問題的方式，告訴校長，也告訴賴瑞他的底線在哪。」

儘管小艾爾文極度不想去艾弗雷特高中上學，但他顯然很高興校隊一軍的教練對他有這麼大的關注。哪個年輕球員會對教練的正面回應毫無反應呢？而法克斯又是那種面帶微笑且友善的人。現在回想起來，他們之間的化學效應看起來顯然從那時起就已經萌芽了。

不過當時的情況也指出，或許賴瑞和他的弟弟後來也在那個中學球季改變策略，用點心思與艾弗雷特高中的教練打一點心理戰。

一九八〇年，喬治・法克斯回憶道：「有一天，他的哥哥來找我，跟我說：『嘿，教練，艾爾文要你今天來看比賽。他今天要創下中學得分紀錄。』」

在賴瑞的慫恿下，法克斯那天去看了比賽，也看到了一場驚奇的表現。宛如貝比・魯斯（Babe Ruth）一般，艾爾文預言了自己的表現。他在與歐托中學（Otto Junior High）交手的比賽中攻下四十八分。中學的比賽一節只有六分鐘，他在前三節就攻下了這些分數，然後在第四節的最後六分鐘一派輕鬆地坐在板凳上，看著球隊以八十九比二十五大獲全勝。

在九年級的那場飆分秀，看起來就像是艾爾文・強森第一次藉由比賽做出某種宣言，強森兄弟似乎是想告訴教練：「看到了吧，看看你因為對賴瑞的所作所為而失去了什麼。」

艾爾文在那個中學球季的十場比賽中創下了三項城市紀錄。他攻下二百二十七分、一百三十八個籃板。全隊在出戰歐托中學時攻下的八十九分，也是中學最高紀錄。他的照片在《蘭辛州紀事報》上出現在一篇中學生的報導旁邊，看起來顯得十分不搭調。他的大頭照看起來成熟到跟一名大學甚至NBA球員沒什麼兩樣。

儘管引發了這麼大的轟動，那個盛大的九年級球季最終卻以一種意想不到的方式劃下句點。在城市冠軍賽中，他生涯早期的宿敵傑．文森不再只能枯坐板凳作壁上觀了。

「我們九年級時在他們的地盤上擊敗了他們，」在近半個世紀後，文森在某次受訪時得意地笑談此事，「我們打敗他們，贏得了市冠軍。這就是為什麼魔術從來沒有說他們在九年級贏得了冠軍，因為他們被我們打敗了。」

冠軍賽的失利令艾爾文懊惱不已。他回憶自己當時有好幾個星期都因此時不時地落淚，這讓他察覺到自己有多麼憎恨輸的感覺。三年後，有一名記者問到他單場攻下四十八分的比賽時，對於這件事，他幾乎是以不屑一顧的態度說：「是啊，但我們輸掉了冠軍賽。」

這次的失利也讓一些看球的人開始懷疑他是不是真的有那麼厲害，還是他只是因為對手的關係才看起來這麼高人一等？「九年級是他真正嶄露頭角的時候，」喬治．法克斯記得，「但你也知道，他的對手是國中生，所以我們不能完全藉此評判他的實力。但你可以看到他抓下籃板後，能展現出一種擺脫場上所有人並向前推進的本領。」

觀看九年級版本的強森，促使喬治．法克斯開始為下個球季制定計畫，他對助理教練派特．霍蘭德說了幾個重點：「我們要幫這個大個子做一件事，就是要用心栽培他的背框進攻和在籃框附近鞏固籃板的功力，因為他會成為一名主宰比賽的球員。」

「我從來沒有認真思考過他不可思議的傳球能力。」法克斯在二〇一九年時承認。

走出那場失利的強森明白了一件事，那就是一旦他抓下了籃板球，只要他能控制的話，就不想再把球讓給別人，更不想把領先的優勢拱手讓人。

塔克

在那個九年級的球季結束後不久，查爾斯．塔克便著手深入瞭解那個他常常在曼恩街道學校的戶外球場上看到的大男孩。「我在攻讀博士學位時，也在蘭辛學區擔任輔導老師，」塔克在二〇一九年回憶道，「我負責幫助那些在某方面上沒辦法適應班級生活的孩子。或許讓他們感到棘手的，只是一些很小、很細的行為問題。因此，我發現如果把這些在行為與適應上有些障礙的孩子們和好孩子混在一起，會產生一些功效，這也成為了我在輔導這些孩子們所用的其中一個方法。」

有人向塔克推薦了艾爾文．強森，覺得他可能會是塔克在將不同孩子們混在一起時派得上用場的學生，因為他對其他學生有著眾所周知的正面影響。

「我需要這種類型的學生，」塔克回憶道，「這滿足了我的需求，他也反映出了這一點。我能夠得到他是我的福氣。他對這個群體來說是極為重要的一環，他的言行舉止以及每一個特質都是必要的。」

強森記得在某次社團活動結束後，他正在學校的室外球場和朋友打球，此時事情開始有了奇怪的發展，塔克突然出現了，而且不是以穿襯衫、打領帶的打扮出現，而是穿著運動鞋與運動服。然後這位心理學者向強森挑戰，和他單挑，並靠著身材優勢，推擠、碰撞這個高大的青少年而贏得比賽。身為一名二十五歲的男子，他不僅用全力對付一個男孩，還讓這個男孩在朋友面前出醜。

「好球。」比賽完後，塔克還說出這句話，激怒了強森和他的朋友。然後塔克告訴強森，他要學會怎麼打「職業級比賽」。

不久之後，這位心理學家就固定會安排時間在鬥牛時向強森挑戰，這也象徵著一段極為不凡的關係由此開始。在數不清的單挑對決裡，他們從彼此不斷指控對方的小動作之中，發現了兩人都有著格外不服輸的特質。

「艾爾文總是想馬上就打贏我，」塔克回憶道，「我知道，因為我們以前常常針鋒相對。我不想輸，他也不想輸。他為了贏什麼都做得出來，他會耍點小手段，然後還會指責你耍賤招。」塔克本人是出了名地擅於從遊戲規則中鑽漏洞的人。身為一個逐漸在摸索並熟悉這項運動的年輕球員，強森從中學到了這些高階技巧。

「我們惺惺相惜，」塔克說，「我們知道要做什麼才能贏。我一直知道要怎麼做才能贏得勝利，尤其是在鬥牛時更是如此。」有些球員可能不怎麼在乎鬥牛的結果，但不論是塔克還是強森顯然都沒有這種念頭。

「我不管打什麼比賽都會全力打，艾爾文則是不管打什麼比賽都把比數記得清清楚楚，」塔克記得，「他知道要怎麼贏球、怎麼主導比賽。」

這些小技巧，像是在比賽平手的最後關頭投籃失手時喊犯規，都需要事前練習過。塔克邊笑邊說：「他常常這麼做。人們總是說他和我就像是好鬥的惡犬。最後一擊要讓誰出手？對手不會讓塔克來投，也不會讓艾爾文來投，因為如果我們沒投進，也會想辦法要到一個犯規。」

這代表他們很早就學會在一對一單挑時向對方據理力爭。這名心理學家和中學球員之間的關係，很快就成為了對比賽有著同樣狂熱的夥伴，也不斷地在場上尋求挑戰。

這種情況也讓塔克與強森之間的關係變得很特別。根據許多人的說法，這位心理學家很快便成為了強森人生各個階段中的導師。塔克在郊區有一個漂亮的家，不久後，他就留了一間臥室給強森，讓他偶爾能留下來過夜。這顯然對強森來說是某種解脫，讓他能夠暫時脫離中央街那個全家人得擠在一起的狹小住所。

儘管塔克從來沒有實際遇見過老艾爾文或克莉絲汀，他還是在某種程度上讓強森多了一位家長，承擔起在生活各個階段中引導和監督強森的重要角色。不僅如此，塔克有著顯然比其他人更多的好車。在他們剛認識彼此的前幾個月，塔克會開車載強森去市內參加鬥牛。在某些特殊的情況下，他還會帶強森和朋友去印第安納波里斯、芝加哥和底特律看職業比賽。塔克表示他認識球員，可以進去休息室，還把強森介紹給他的偶像們。

在底特律的柯伯中心（Cobo Hall），塔克把他介紹給卡里姆．阿布都—賈霸。他先是小心翼翼地營造氣氛、一邊站在旁邊觀察、一邊抓準機會上前與卡里姆打招呼，然後把強森叫來，讓他來見見這位面無表情的偉大中鋒，兩人還握了手。

後來在他們開車返回蘭辛市的路上，塔克告訴這位青少年，總有一天，年輕球迷們會在職業球隊的休息室排成長長一列來迎接他，這個想法看起來既不切實際又遙不可及，但它不僅給了強森一些在擘劃夢想時可用的參考資料，也是令他想起時會感到興奮的事物。

當時，強森與他一直在工作的父親有些距離。他們一起旅行時，塔克總是堅持要讓強森的父親知道他們要去哪裡。強森會回答，他的父親才不關心他，也不在乎他去哪裡。而塔克對他保證，事實絕非如此。

幾個月後，塔克才終於見到了強森的父母。見到他們時，塔克就被強森的父親深深吸引，就如他日後所說，他幾乎馬上就對這傢伙產生了好感。他們都是來自密西西比州的黑人男性，讓他們有了更多的共鳴。

「我習慣與這種人打交道，」塔克說明，「日後你回首這段過往，會覺得這很不可思議，但那時並不會這麼覺得，因為他就是這種人。他為兒子做的事，並不是因為知道艾爾文長大後會成為怎麼樣的人，只是因為那是他的本分。我那時並沒有特別在意，只覺得他是個勤奮的人。」

隨著日子一天天過去，強森的身邊會出現越來越多影響他的人，但塔克日後回顧當時的情形，認為影響他最深的還是老艾爾文本人。身為一個行事如此謹慎的人，這名父親從不對任何人逢迎拍馬，也從未試圖以任何刻意的方式改變別人的想法，這點令人印象深刻。

「你懂吧，他就是個真情流露、做自己的人。」塔克在二〇一九年分享他的觀察。

在兩人見面後，過了不久，塔克這位心理學家做出了一個特別的舉動，他提議要在深夜和老艾爾文一起開垃圾車去做資源回收。

「我在各式各樣的地方工作過，也做過各式各樣的工作，」塔克說明，「我有學歷並不能代表什麼。」

事實上，在他與強森家庭相處的眾多溫馨回憶中，和老艾爾文一起度過的時光也還是最美好的回憶之一。塔克察覺到人們難以理解，為什麼他這種受過高等教育的黑人男子會這麼做，但老艾爾文所處的日常工作環境總是能輕鬆地令塔克感同身受。塔克回憶，老艾爾文忙於工作，但他還是有辦法成為影響孩子們最深的人，這點令他印象深刻。

「他也有影響到我，」塔克談起自己年近三十的日子時說，「他更像是一位真心為你好的朋友。他是個就在我身邊的好榜樣，他真的很聰明，很睿智，我就是這麼看待他的。我們的友誼會變得如此堅定，真的不是因為艾爾文的關係，我和他的關係比和艾爾文還要好。他對我的影響很大。我和他無話不談，什麼都可以聊。我們可以談笑風生，也可以談事業、談學校。因為除了艾爾文之外，他還有別的孩子也在上學，而且他對街上的情形也瞭若指掌。」

身為一名心理學家的塔克喜歡觀察別人，這項特質在公立學校進行整合的陣痛期中尤為重要。他對於老艾爾文是個多麼大智若愚的人感到印象深刻。

「他會假裝自己很笨，」塔克回憶道，「然而一旦你瞭解他，就會發現他有多聰明，有時聰明得讓人害怕。他令我印象深刻的原因是他從來不向別人要求任何東西，純粹是個埋頭苦幹的人。我們晚上出去工作時大多相處得很愉快，他會來接我，然後我就和他一起前往各處打掃。有時候我們在外頭玩得太開心，會在某個地點逗留太久，比預計時間還要晚半小時才離開，因為我們在比誰掃得快、誰搬的東西比較多、順便講講笑話什麼的。我就透過這樣的方式認識了他。一旦你知道他有多麼聰明而且是個多麼真實的人，在你需要有人對你伸出援手時，他就會為你兩肋插刀。」

塔克花了更久的時間，才認識了克莉絲汀・強森。她比老艾爾文更常流露出自己的情感，然而共組家庭的他們幾乎總是以一樣的步調在過他們的生活，也就是以最低調的方式度過每一天。

艾爾文顯然學到了他們為人處世的態度，而他與賴瑞所經歷的情況，顯然讓他變成一個更加成熟且更有主見的人。隨著日子一天天過去，他開始四處尋找讓自己不用被迫去一所不想去的學校上學的選擇、答案或某種力量。

接觸

那個晚春，越來越多的現實，令強森逐漸感受到無論他有多麼不情願，可能都不得不去艾弗雷特高中。然而，儘管如此，他仍然堅定地想要透過自己十四歲的腦袋權衡利弊，判斷事實的真相。為此，他覺得自己需要更多的資訊。

就在那一刻，他轉而把這個問題交給了他的直覺，這是他正要發展出來、將令他受用一生的天賦之一。在一個天氣晴朗的日子，他騎腳踏車從蘭辛市中心的家遠赴郊區。他假借前往遠在郊區的公園打更多球的名義，掩飾一個重要的事實，也就是那個公園就在喬治・法克斯家的街口。

強森顯然想更瞭解這位和善的人，一直帶家人來看自己比賽的人是他，把賴瑞趕出球隊的人也是他。也許這趟騎上腳踏車遠赴郊區的行程並不是強森有意安排的，有時候，強大的本能會悄聲無息地運作，令一個人甚至不知道自己是因為什麼原因而採取了行動。然而，強森這一輩子都會是個做事果斷的人，而這次郊區之行便早早體現出了他的這種傾向。

在強森到達喬治．法克斯居住的街道時，在教練家的車道上發現了一個掛在車庫上方的籃球架，這不僅正如他的預期，也正好能讓他停下來投幾球。特別的是，這個籃框的高度低於標準規格，這代表他不必太費勁就可以輕鬆扣籃了，因此他更喜歡這個籃框。

當時，人們對於強森出現在艾弗雷特高中的教練家投籃一事並沒有太多想法。然而，從事後的角度來看，無論是否有意為之，一個青少年居然做得出這種舉動來建立人際關係，是件特別的事。日後與麥可．喬丹和科比．布萊恩（Kobe Bryant）共事多年的心理學家喬治．蒙福德（George Mumford）在好幾年後回顧這起事件時表示，強森在職業生涯中總是展現出高ＥＱ的特質，這件事也在很早的時候便令這項特質顯現出來了。

強森回憶，在鄰里間，他是唯一一位有腳踏車的孩子，因為其他家庭大多買不起。因此，強森記得，他幾乎沒有騎過腳踏車，因為他不喜歡獨自騎車。這麼看來，一個人騎車到數英哩外去拜訪別人家，那個人還正巧有可能成為他的新教練，似乎不是偶然。

查爾斯．塔克回首當年時說，考量到當時種族間針鋒相對的氛圍，十四歲的強森跨越了這個在社會中分隔你我的障礙，令這件事顯得更加意義非凡。

當時，法克斯的女兒、剛好也是個青少年的米希並沒有對此產生太多想法，只覺得一個自己剛好在中學比賽中看到、為比賽創造這麼多樂趣的孩子出現在這裡很不尋常。

強森的不請自來，是法克斯的女兒多年以後也忘不了的場景，她在二〇一九年受訪時，這些往事也依然歷歷在目。「我記得當時還在想：『住在塞克斯頓高中附近的這孩子，居然一路騎腳踏車到這裡來？他還這麼小耶，太拚了吧。』我知道他是那個在體育館裡看到的孩子，可能會來艾弗雷特高中上學。我知道他還沒上高中，還是個中學生，但沒想到這孩子居然一路從他家騎腳踏車過來拜訪我們？如果你也知道他住哪，那就知道我們之間的距離並不近。」

查爾斯．塔克在二〇一九年回顧過往情形時表示，強森這次特別的訪問毫無疑問地有點冒險。「在這種情況下，大多時候，比起像這樣雙方相談甚歡的情形，更可能出現不歡而散的狀況。」

要騎腳踏車來到法克斯家不僅要費一番功夫，還讓人想到一個有趣的問題：強森怎麼知道教練住哪裡？「他會沿著我們家所在的這條街騎車去公園，」米希．法克斯說明，「然後他會在我們家停下，我們家有個固定在車庫上的小籃球框，他可以來這裡扣籃。」他受到了法克斯家的歡迎，還被邀進他們家。不只這一次，強森後來又來了好幾次。

「他來了之後會坐在桌邊等我爸，」米希回憶道，「而且他看起來很有禮貌、是個好孩子，也都畢恭畢敬地對待我媽、我的姊妹和我。他真的是個很棒的孩子。我覺得他和我爸開始成為朋友時還很年幼，他也知道自己還在長大。當時高層正在實施校車接送政策，所以他不得不來我爸的學校上學。」

他的面容也給教練的女兒留下了不可磨滅的印象。「噢，我的天，」她說，「看看那個笑容，知道吧？就是那個一直掛在他臉上的笑容。光是那樣就可以把人迷住了，因為當他笑起來的時候……」

她暫緩了一下思緒，然後說：「他很害羞，如果沒有人跟他說話，就不會主動找人說話，不過我們會問他問題，然後，你懂的，他就會露出那抹微笑。他的那抹笑容令他燦爛不已，但當時的我們不知道他會成為這麼一號大人物。你懂吧，我們只覺得又來了個籃球選手，只覺得這孩子是個好孩子、是個真的很棒的孩子。」

儘管這種來訪的舉動偏離常理，但教練的女兒和一家人顯然對此感到很高興。「看到他來拜訪我們，我很開心，因為這樣我們就能認識他了。」米希說，「我們當時完全不知道他會來我們家，我也沒辦法想像事態會如何演變、他又會做什麼，這一切都太不可思議了。」

「他以前常來，」這位教練在二〇一九年回憶時說道，「他路過後會偶爾逗留在我的車道上打籃球。我有一個大概九英呎高的籃框，他會待在那裡。如果我有在車道上和幾個孩子打球，他就會稍作停留，和我們打幾場球。」

雖然比較矮的籃框讓他有扣籃的機會，但成功率絕非百分之百，教練說：「直到他又長高了一點、個子又長大了一點，才有辦法紮紮實實地把球扣進籃框。我不知道他在八或九年級時有沒有灌籃過，可能有，但需要一段助跑。你懂的，可能是在發動快攻或是在抄截後一條龍殺向籃框。我記得他要開始準備扣籃時，會先運三、四下球，要先加速後才能讓他跳向空中。」

二〇一九年，被告知強森在這麼小的年紀就為了認識教練而使用這麼特別的手段時，查爾斯覺得他會這麼做是合情合理的。有鑑於持續存在於艾弗雷特高中的種族問題，艾爾文顯然想知道，一個剛把哥哥踢出球隊的教練團會不會接納自己。

「我認為雙方都必須完全接納對方，」塔克分析，「教練必須接納球員，球員也必須接納教練。」儘管這個結論看起來很合乎邏輯，但無論強森拜訪教練的過程有多麼順利，都很難保證這一點。

夏季聯盟

目前並不清楚艾弗雷特高中的教練們當時有沒有察覺到他們被賴瑞和艾爾文耍了，就算有，教練們也沒有在幾十年後受訪時承認。喬治．法克斯和派特．霍蘭德都堅稱，他們從未對艾爾文．強森會來艾弗雷特高中一事有過絲毫懷疑。

這當然不是因為年輕的艾爾文沒有試過要跳脫這種狀況。在即將升上十年級的一九七四年夏天，艾爾文回憶，他寫信要求城市學區管理局開個特例，讓他能去塞克斯頓高中。他甚至探索了能否搬到另一個家庭以改變居住地的可能性。不過不管他做了什麼，都被市府官員拒絕了。

不僅是市府官員，強森的父母也拒絕了他的請求，並告訴他們的兒子，學校董事會已經決定他必須去艾弗雷特高中上學，他也沒有別的選擇。

這使得強森同意代表艾弗雷特高中的球隊出戰夏季聯賽的決定看起來合情合理，也讓他與喬治．法克斯的關係又更進一步。這回過頭來又帶來了別的發現。

「在我們進行訓練的那個夏天，我在艾爾文練球時觀察他，」法克斯說明，「然而直到我們開始打夏季聯賽，才明白他有多麼出色。」

法克斯已經為他執教的球隊舉辦了好幾年的夏季聯賽，由於他麾下還有其他幾名高二學生也和強森同時加入球隊，教練決定安排他們和來自規模較小、層級較低的聯盟的幾支球隊交手，這些球隊都有點實力，只是相較於更高層級的強隊，他們來自於更鄉下的地區、陣中的白人也比較多。

「我不想把我剛得到的高二球員丟進底特律的狼群之中，」教練說明，「我就是不想這麼做，我不想和薩吉諾市或弗林特市（**Flint**）的學校交手。我不想去底特律，因為我們還沒有準備好。」

在第一場夏季聯盟賽事的第一節結束時，「我們大概取得了二十五或三十比二或三的領先，」法克斯回憶道。「我想說的是，我真的不敢相信發生了什麼事。我一直都不喜歡進行全場壓迫，所以我們沒有這麼做，我們只是在他們把球運過半場後，狠狠地摧毀了這支小有名氣的球隊。所以我對一九七四年夏季聯賽中印象最深刻的事，就是我們把對手打得落花流水。」

這是法克斯第一次體驗到強森是怎麼讓身邊的球員變得更好的。「我與艾爾文剛開始並肩作戰時，對他最深刻的印象，就是他如何讓其他隊友因為他而打得更好。」這名教練表示，「他讓他們成為了更好的球員。我認為他日後在大學與職業球壇中也做到了這一點，他激發出了每個球員最好的一面。他們知道，只要努力打球並跑出空檔就拿得到球。於是，他在即將升上十年級時就營造出了那種氛圍。」

在他的球隊以類似的過程贏得第二場比賽時，法克斯告訴麾下球員們，他一定會在明年夏天安排更強的對手。

「他們都很喜歡這個主意，我們也是。」他說。

在高中時也曾是一支州冠軍球隊陣中明星球員的法克斯，就是在那個夏季聯賽的第一場比賽中產生了這個想法，現在身為教練的他，執教的球隊已經有了能爭奪冠軍的本錢。如今只剩一個問題，這名教練不知道艾爾文．強森有多不想去艾弗雷特高中。

詹尼森體育館

那年夏末，這名教練從兒子蓋瑞口中得知，密西根州大的球員和其他頂尖球員正在他們學校的詹尼森體育館（Jenison Field House）進行高水準的鬥牛賽。

「我過去參加了比賽，」蓋瑞．法克斯回憶道，「然後告訴了我爸爸，對當地的孩子們來說，能和林賽．海爾斯頓（Lindsay Hairston）與班尼．懷特（Benny White）、比爾．基爾戈爾（Bill Kilgore）、包柏．查普曼（Bob Chapman）等人對決，實在是個很棒的經驗，你懂吧。而且那裡還有個叫泰瑞．法爾洛（Terry Furlow）的小子真的很厲害。這些傢伙都在詹尼森體育館的樓上。」

教練馬上提議，要他兒子下次邀強森一起去。

「我開車過來接艾爾文一起去和密西根州大的孩子們打球，那是個老派的開放式體育館。大家都打人盯人，沒有人在打區域聯防、沒有人在用華而不實的花招、沒有人在用區域與單人混合防守（box and one）之類的戰術。密西根州大的孩子們正面迎接所有的挑戰。」

強森、蓋瑞．法克斯和幾位當地的孩子組成了一隊。

「我記得打一場比賽用不了多少時間，」蓋瑞．法克斯繼續說，「可能先投進九或十一球、領先兩球者勝。如果你贏了，就可以留在場上。我們五個上場後，艾爾文想要挑戰法爾洛，他說：『我要挑戰這座球場上最強的球員。』你沒聽錯，這個高中生，十五歲，甚至還沒打過高中的比賽，要和球場上最強的球員正面對決。」

這場比賽進行得十分緊湊，雙方打得有來有回。「我們沒有讓他們拉開比數，然後艾爾文帶球運過半場，被法爾洛乾淨俐落地抄了下來。接著，他往球場的另一端衝了過去。」

在那個時代，灌籃在大學籃球中是被禁止的，於是「法爾洛就直接上籃，想要擦板得分，然後從他身後趕來的艾爾文大手一揮，直接把球從籃板附近拍了下來，然後轉身走開。」蓋瑞．法克斯回憶道，「我記得整個體育館彷彿時間靜止了一般，你知道，一個高中的小子剛剛在與當地最佳球員交手時，把球從籃板上蓋下來，然後像沒什麼大不了的一樣轉身離開。那可是法爾洛，你知道吧，是準備要進ＮＢＡ的球員。」

這絕對是個重要時刻。「不管是精彩好球還是任何表現，艾爾文就是有一種知道什麼時候需要自己挺身而出的敏銳度，你懂吧。他在這方面的天賦就是如此與眾不同，如果出現了個特別的大場面需要有人有所表現，他就會扛下這個重任。」

在造成了這麼大的轟動之後，住在附近的原班人馬決定之後還要再來。而且下次他們再來的時候，還帶了瑞吉．查斯汀（Reggie Chastine）一起來。他是一個身高大約五呎五吋、迅如閃電的控球後衛，是即將升上高三的艾弗雷特高中一軍成員。蓋瑞．法克斯和他的朋友開來一輛小的輕型卡車，強森和查斯汀就跳上了後方的車斗。

「那次我們到那裡時，法爾洛的隊伍正好有個空缺，所以我們一走進去，他馬上就拉住了艾爾文，」法克斯回憶道，「因此這天艾爾文和密西根州大的球員們成為了一起滿場飛奔的隊友而不是對手，那天，球場大多時間都被他們給佔據了。」

在大家要離開時，強森跟法克斯說，他打算留下來。

「於是，他和瑞吉那天就靠自己回家了，」喬治．法克斯說，「但看到一個十五歲、從未打過高中籃球的孩子，在這種純粹的球技之爭中打出這種表現，實在太神奇了。他在球場上來回奔馳，追求的就是單純的快樂。你可以從他的眼神中看到他對籃球的一心一意與快樂。這就是艾爾文，他想要打出最好的表現。」

在與這位密西根州大明星球員逐漸變熟的過程中，強森記得，法爾洛常叫他「大男孩」和「我的好夥伴」，不久後，法爾洛就開始來看強森的高中比賽了，每場球他都摟著一個漂亮女孩坐在場邊。再過不久，法爾洛就開始邀他參加大學派對，有很多大學女孩在派對中對他回眸一笑。

透過法爾洛，年輕的艾爾文、球場上真誠的求道者，找到了人生中的另一個導師。他不僅在球場上與他對抗，也會讓他嘗到一些球員生活的甜蜜滋味，並窺見未來即將到來的一切。

第六章　密西西比

馬修．普羅菲特二世博士一直記得，有人因為他爸想要去投票，就在他位在密西西比州奧科洛納市（Okolona）的老家院子裡把十字架給燒了。在這個兩千人左右的社區，他父親的人緣還算不錯，至少對一個黑人來說是如此。天曉得如果他的父親是人人喊打的過街老鼠會發生什麼事。在密西西比州，暴力事件隨時可能一觸即發。

普羅菲特在一九七二年來到密西根州蘭辛市的學區擔任副總監時，帶來了一份令人印象深刻的履歷。他在一九五〇年入伍時成為士兵，參與過韓戰與越戰，一步步升上中校，並在這段期間獲得了學士與碩士學位。

在普羅菲特於一九七〇年退伍後，他直接進入西北大學（Northwestern University）攻讀教育博士學位，期間他專注於遊歷美國與歐洲，研究各種種族融合的方法。在其中一段旅途中，他回到了密西西比州的家鄉，重溫當地的條件有多麼嚴峻。

在一九七二年完成學業後，普羅菲特在蘭辛市走馬上任，他和學區總監I．卡爾．坎多利接下了一份改變世界、或者至少是適度整合學區的任務，這個艱鉅任務需要許多資源，其中最不可或缺的就是一個名叫艾爾文．強森的高大少年。

正如普羅菲特在二〇一九年接受的訪談中說明，蘭辛學區管理層在強森被冠上魔術稱號的多年之前，就已經開始將他納入整合計畫中。隨著時間流逝，普羅菲特後來成為了奧勒岡州波特蘭（Portland, Oregon）教育體系中備受讚譽且風格新穎的總監，也在魔術強森成年後和他成為了多年的朋友。不過在這些事發生之前，一九七〇年代的蘭辛市，在校車巴士與種族融合問題的大熔爐之中，這位掌管校園的人和這位高中籃球選手扮演了重要的角色。

更巧的是，普羅菲特跟其他幾位艾爾文．強森生命中的重要人物一樣，也是密西西比人，而且還與老艾爾文相仿，都是藉由從軍而脫離了那個州嚴峻的環境。

「那裡完全且徹底地奉行種族隔離主義，沒有例外，」普羅菲特回憶當年他和老艾爾文以及許多人在一九三〇、四〇年代長大成人的過程中，不斷忍受的文化背景。

「黑人男子在行為上受到特定的要求和規範，像是，如果你走在狹窄的人行道上，一個黑人遇到了對向有著迎面走來的白人女性，必須走下人行道、走到街上，直到他繞過那名白人女子。」

如果一名黑人男子沒有表現出這種尊重，或者如果他做出了某種程度上被視為對白人女性具有侵略性的舉動，「他可能會被吊死，」普羅菲特說，「事實上，如果他被指控有做出任何形式的非法行為，都可能被吊死。」

密西西比州以當地人對黑人男性施予私刑與暴力的行徑而聞名，但很多被吊死的人並不是因私刑而死。普羅菲特回憶，常常有人因為行為上有些看似微不足道的冒犯，遭當地法院授權並大張旗鼓地執行絞刑。這些執行死刑的過程往往會吸引大批白人盛裝出席，同時，黑人們也毫無意外地對這種事保持距離。

許多其他對黑人男性動用暴力的事件發生在偏遠的鄉村地區，它們通常不會被報紙報導出來，只能私下悄悄地口耳相傳。

塔克回憶，在他們一起工作的時候，這名心理學家和老艾爾文常常談到他們在密西西比州的生活。「聽老艾爾文談過一些關於南方的事，他的處境與我有些相似，當時發生了很多事，我們聽到了一些零碎的片段，在父母的教育下，我們很明白要如何應對這些狀況。」

老艾爾文在七歲時目睹他的母親離開他的父親，帶著自己和他的兄弟搬到芝加哥投靠親戚，幾個月後，他的母親把兩個兒子送回密西西比州，讓他們與祖父母一起生活。回到密西西比州後，男孩們在上學的同時過著佃農的生活。在快二十歲時，老艾爾文搬回芝加哥，在那裡才第一次聽說蘭辛市有很多工作機會。他搬去那裡準備開啟自己的就業生涯，隨後卻被徵召入伍，這最終也讓他走上了與克莉絲汀相遇的道路。

然而，與許多非裔美籍的人們相仿，在密西西比州的經歷不僅與他們如影隨形，也塑造了現在的他們。

查爾斯．塔克說明，除了從家人身上得到的經驗之外，要在南方的州生存，需要強大的社區知識，以及有人在你耳邊悄悄告訴你在和白人互動時要注意什麼危險。「南方的人們大多有個大家庭，這些家庭中的人們未必與彼此有血緣關係，但他們從中學到了很多事、學到社會情勢是如何與為什麼會演變成現在的樣子。因為愛米特．提爾（Emmett Till）以及其他類似的事件頻頻發生，那些告訴我們情勢演變至此的原因與來龍去脈的人，不會在公開場合高談闊論，因為他們害怕人們曲解了他們的意思。」

一九五四年，在老艾爾文的家鄉，密西西比州林肯郡（Lincoln County），有個德高望重、退伍後當農夫的黑人男子於光天化日之下在法院的草坪上遭到槍殺，原因只不過是因為他想去登記投票。當地的警長全程目睹了這場槍擊事件的經過。

「密西西比州的每個郡縣都可能發生過類似的事，」塔克在二〇一九年表示，「這些當時影響到很多人的事件，現在仍在影響著他們。」

這是許多人北上的原因。「很多人在那個年代都這麼做了，」塔克說，「很多人害怕這種持續發酵的白人至上主義，所以為了更好的環境而離開。」

並不是說去了其他地方就會找到奶與蜜之地，這種情況已經存在幾十年了。在密西根湖（Lake Michigan）邊，一位黑人少年在湖邊游泳時不慎越過了種族劃分的界線，而被岸邊的白人群眾成員用石頭砸到溺水而死，這也成了一九一九年芝加哥種族暴動的導火線。

一九五〇年代初期，還是個青少年的老艾爾文也曾四處奔波，先是在芝加哥生活一段時間後，然後又因故必須回到密西西比州，後來又回到芝加哥，接著又回到了南方。發生了愛米特・提爾謀殺案的一九五五年，剛好是老艾爾文要滿二十歲的時候。

提爾的謀殺案在某種層面上是件絕無僅有的案件，因為多年以來，許多同類型的事件都沒人在意也沒人受到責罰，而它突然變成了全國性的醜聞。成為頭條新聞的它之於當時的大眾就像是喬治・佛洛伊德（George Floyd）事件，也無可避免地影響了小艾爾文當時年少的心靈。一些民權運動人士將提爾事件視為一種突破，因為長年以來類似的暴力事件都不受重視甚至根本沒有被報導，但它成為了全國性的新聞。

向南走，向北走

查爾斯・塔克一家在他還是個青少年時往北搬到密西根州，他的父親在卡拉馬祖市的普強製藥公司（Upjohn）找到了一份好工作。「這些工作不一定是真正意義上的好工作，但是比以前的好了，」塔克表示，並補充北方的種族主義在某些程度上「比南方的情況更糟，只是形式不同。最終還是都會在生理與心理上帶來糟糕的影響。」

一九七〇年代，在北方人們對於校車接送的爭論之中，有一些人認為，白人們為了避開黑人，會選擇收拾行李、搬離城市。

「全國都是，哪裡有實施種族融合政策，便會有人搬家，就這樣。」塔克說，「不管你在哪裡都一樣。在高中，有些人搬家，就是因為有更多的黑人要來上這所學校。他們不是因為害怕或類似的原因，也不是因為這樣會讓他們的財務有什麼損失，他們就是這種人，心態上就是如此。他們不想讓他們的孩子和黑人上學、和黑人來往，就這麼簡單。沒有什麼特別的原因，就是因為膚色而已。」

這些藉由推動校車接送來實現校內種族融合的學區長官們，也並非對隨之而來緊張情緒毫不知情。在普羅菲特初遇I．卡爾．坎多利時，這位蘭辛學區總監正在芝加哥的一個教育活動上發表演講，暢談美國的每個孩子都應該有機會接受一流教育、讓不同種族學會與彼此和睦相處的理想。所有的白人聽眾對坎多利的言論報以噓聲，這是普羅菲特研究種族之旅的一個重要事件。

在蘭辛市試圖藉由校車接送實現種族融合的人非常清楚，他們的對手基本上可說是累積了幾個世紀的種族仇恨。

塔克介入學校種族糾紛時，也將這份認知奉為圭臬。「如果你以正確的方式對待每個人，就會有更多的人覺得這是正確的，」他回憶，「但如果你只偏袒一方，就沒辦法解決問題。有不想和白人待在一起的黑人，也有不想和黑人待在一起的白人，甚至還有不想和男人待在一起的女人。不是每一件衝突都是因種族而起，有時是因各種不同的心態造就的。」

塔克補充，即使是在學校走道上發生的打鬥或其他事件，起因也不全是種族相關的問題。「有時只是純粹的打架而已。」瞭解包含非裔美籍社區在內的所有人對於不同種族的看法，才能讓他們每個人知道該怎麼做。

在二〇一九年一系列的訪談中，馬修．普羅菲特承認他的家庭至少相對於一九三〇年代南方的黑人是有點特權的。身為獨生子，他和雙親與其他親戚同住在一棟房內，就在曾是他們奴隸主的家對面。

顯然，這個多年前曾是奴隸主的人對普羅菲特一家有一定的尊重。「他把他們帶到了奧科洛納市的這個小鎮，」普羅菲特說，「而他們在黑人的階級中，是在最上層的。就像你們說的，我們是不同階級的人。」他說明，因為這樣，他們家住的地方附近都是白人家庭。「我的父母和其他親戚都住在曾經是我們家族奴隸主的家對面。在我們住的那棟房子裡，有大概八或九個我們家族的人和我們同住，住在這棟奴隸主為我們建造的房子裡，他把我們一家從原本幹活的田地帶到這裡。他們以前不是佃農。我的父親會被他們接納，是因為他從小就在那裡工作，他認識了很多白人，而白人們也非常、非常喜歡我父親。」

聽了普羅菲特講述這個白人社區如何對待他們喜歡的黑人，讓人不禁好奇，其他沒那麼討人喜歡的非裔美籍人士受到了怎麼樣的對待。普羅菲特的表親、也是一名博士的查克·葛林（Chuck Green）在接受採訪時解釋，儘管他們有比較好的待遇，這並不代表普羅菲特的父親就沒有和其他黑人家庭準備一樣的保護措施——在床下的一把獵槍。

「我們是那條街上唯一的黑人家庭，」普羅菲特說，這條街上有十二棟房子，離一個有大約二十家商店的商業區很近。

人們從他們很小的時候就開始灌輸黑白有別的觀念。「他們都叫我們小黑種（pickaninnies），」普羅菲特說，「在那個時代，只要你是黑人男孩或女孩，別人就會叫你小黑種。」

「想賺外快的話，最好的方法就是去商店……我們會去跳舞，賺個幾分錢。那個時候的五分錢可是一大筆錢。我們這些小黑種要賺錢只能去跳舞，只有白人才有餘力掏錢出來，付個一分或兩分錢給我們。當時的黑人根本沒有這種財力，那可是經濟大蕭條的時代。」

普羅菲特的父親是個做各種粗工的工人，他做過貼壁紙工人和木匠，還在一個當地四處演出的流行樂團裡當鼓手。此外，他的父親還幫一位鄰居打工，在附近一家鄰里間最大的雜貨店工作。「他是個為人非常、非常好的猶太人，是個非常善良的人，是我這輩子遇過最讚的人之一。他對我們非常好。」

有一天，店主跟普羅菲特的父親說，他們一家必須搬家。店長說，因為小普羅菲特很快就要滿十一歲了。「這個猶太人來找我父親並警告他，儘管他只是個男孩，也是個黑人男孩，」普羅菲特說，「他告訴他：『在你兒子滿十一歲前，你必須搬出這棟房子，黑人男孩不能出現在白人女孩面前，因為他們都要進入青春期了。』那附近的黑人年輕男性，只有我一個。」

這種距離太危險了，這名商人向他們提出警告，而他同時也是一位房東，因此他能幫助普羅菲特一家在黑人社區找到一棟小房子。這棟房子坐落於監獄後方對面的一個空地，那所監獄有個執行絞刑的露天絞刑台。馬修・普羅菲特就是在全家人搬到這裡後偷偷穿過灌木叢，躲在遠處，看著人生第一次親眼所見的絞刑。「那時候，人們在星期六的娛樂活動就是絞刑，」他回憶起多年來因特別暴力的種族主義而聞名的奧科洛納市時說，「我在十一歲時親眼目睹了它。」

一九四七年，普羅菲特於高中畢業時，他和一名女同學申請了百事可樂公司在全國比賽中提供的全額獎學金。普羅菲特和他的同學都獲得了獎學金，且當地的市長還必須為此簽名，以此作為對獲獎者人品的認可。

在通知獲獎的郵件寄來時，上面寫上了「致馬修・普羅菲特先生與女士」，這讓他的父母非常高興，因為這是他們有生以來第一次被冠上了合乎禮節的稱號。

「所有黑人都沒有被叫過比『男孩』（boy）更有禮貌的稱呼，」普羅菲特記得，「你所能獲得的最高等稱呼就是男孩了，除此之外，你的稱號就是，黑鬼（nigger）。這就是三〇年代的狀況。」

所以，奧克洛納市市長拒絕為任何一名學生的得獎資格背書，說頒獎給他們會剝奪其他該得獎的白人學生的機會，或許也不是件令人意外的事。

查克・葛林回憶，普羅菲特不意外地因此痛苦不已，幸好，他的父母還能轉而尋求他們的兄弟姊妹的幫助——普羅菲特有六個大學畢業的姑姑、阿姨。他們有很多受過教育的兄弟姊妹早早就離開了密西西比州，有一位阿姨還搬去了華盛頓特區（Washington, D.C.）。這些兄弟姊妹借錢給普羅菲特一家，讓他能去霍華德大學（Howard University）就讀。他在那裡讀了三年，在他將上大四的一九五〇年，他被徵召入伍。

不久後，他完成了候補軍官學校的訓練，然後被派到韓國的一個激戰區負責管理一個彈藥庫，這種通常都很危險的責任基本上都是分配給黑人部隊，但這支由普羅菲特率領的部隊卻是黑人與白人混編。事實上，他的手下有個來自賓州（Pennsylvania）的白人士兵，看起來就是個內心滿是種族主義的人。

然而，有一天，一支中國部隊發射迫擊砲攻擊這個旁邊有一條河的彈藥庫時，擊中了河對岸一輛由黑人駕駛的卡車，車子因此燒了起來。正當普羅菲特和他的部下無法趕過去伸出援手時，只見那個看似十分偏頗的白人士兵跳進另一輛卡車，從附近的一座橋開過去，勇敢地衝進火海救出了那名黑人駕駛。

二〇一九年時，普羅菲特說，考量到自己在種族問題上經歷過的各種事，目睹這種勇敢且為了同袍而採取的行動，在他的人生中是一個影響深遠的轉捩點。他回憶起自己在越南服役期間收到了父親的一封信，宣告他終於可以在密西西比州投票了。

完成精彩軍旅生涯的二十年後，普羅菲特來到蘭辛市。此處的黑人與白人教職員工們齊心協力、致力於在坎多利帶領下完成種族融合的目標，這也因此很快地令普羅菲特對他產生了欽佩之情。

好的人才

總監和他的新任總監助理在管理與行政方面有著相似的理念——找到好的人才，把他們放在能夠自行完成工作的職位上，這與普羅菲特多年來在帶兵時的原則如出一轍。

一九七〇年代初期的蘭辛市，在公共教育的管理中實踐這種作法可說是項創舉。這個做法直到近二十一世紀才以「學校自主管理」（site-based management）之名廣為流傳與採用。聘請博士候選人查爾斯・塔克來協助學校的種族融合計畫就是一個好例子。塔克和普羅菲特以及坎多利、喬治・法克斯住在同一個社區。然而，普羅菲特和塔克幾乎不認識彼此，兩人也從未與對方討論過種族融合政策，就好像也沒有人試圖去告訴喬治・法克斯要怎麼管理球隊一樣。

這麼說當然不是指蘭辛市沒有自己的問題，要在好幾十年後，像葛瑞格・伊頓這麼成功的商人與社區領袖才能成為當地的頂級高爾夫俱樂部的會員。然而在一九七〇年代，這座城市以白人為主的權力結構願意甚至堅定地要聘請黑人男性，並授權給他們、讓他們按照自己覺得適合的方式進行工作，這與全國各處的其他社區形成了鮮明的對比。

在蘭辛市擔任體育主播多年的提姆・史陶德（Tim Staudt）日後將這座城市的人們之所以大多有著積極態度的部分原因，歸功於伊頓和喬爾・佛格森深刻的影響。

蘭辛市也是密西根州的首府，州政府的重要機構都在這裡，而且因為密西根州大就在姊妹社區東蘭辛，加上汽車產業帶來了許多工作機會，這座城市獲得了許多優勢的庇蔭。

這也有助於解釋為什麼這座城市的學區會聘請馬修・普羅菲特博士，他是個非常有能力的人，而且在接替了坎多利成為蘭辛學區的總監後，他日後也接下了更大的任務，去波特蘭的學區工作。

普羅菲特在一九七二年上任不久後就捲入了德懷特・瑞奇中學爆發的一場種族衝突中，他選擇藉由召集一批學生中的領袖來解決問題。

「我找到了適合的人選，兩個白人女孩、兩個白人男孩、兩個黑人男孩和兩個黑人女孩。」他回憶道。

他和這個組合為了解決種族衝突而一起研究了一段時間後，有一天，白人和黑人學生爆發了衝突，兩組人馬在校外對彼此丟石頭。

「孩子們在校外，對著隔著一條街的對方丟石頭，」普羅菲特回憶道，「所以我說：『讓我們一起手拉著手走到中間。』」

這名教育行政人員和八名學生手拉著手走進了衝突的正中心。「他們停了下來，不再丟石頭，」他回憶，「噢，天哪，這真是經典。他們不再丟石頭了，所有人都安靜了下來。」

和塔克一樣，普羅菲特也認為他可以透過學生的領導力以最有效的方式促進改革。但要做到這件事，也有賴於蘭辛學區的行政高層把對的人安排在各個學校的領導階層。

在艾爾文．強森於一九七四年八月開始到艾弗雷特高中上學時，坎多利將法蘭克．楚普（Frank Throop）調來這裡當校長，因為楚普在當地一所實施種族融合政策的中學當校長時表現得非常好，展現了他在維持紀律的同時，也在敏感的種族議題中保持公正的能力。他們聰明地預判了楚普的能力是不可或缺的。不過他們可能沒有預料到，需要他的時刻這麼快就來臨了。

第七章 綽號

剛滿十五歲的艾爾文・強森在一九七四年八月來到艾弗雷特高中時，面臨到一個混亂、種族分裂的環境，而他的反應與他哥哥賴瑞如出一轍。

每天早上，隨著他在自己喜愛的社區清醒，恐懼都會立刻襲來。他將不得不坐上校車，前往那個陌生且冰冷的地方。這已經是艾弗雷特高中為實現更大程度的種族融合目標而實施校車接送的第四年，被校車載來學校的黑人學生逐年增加，這也在學校的日常運作中製造了更多引發衝突的可能。

「艾爾文剛來這裡時，氣氛還很緊張。」派特・霍蘭德回憶道，並補述了一些在走廊和公共區域發生的事件。

和賴瑞此前有過的反應一樣，艾爾文回憶，在剛開始上學的前幾天，他會在下了巴士後翻過圍牆，去找個更友善的地方來打發時間。

他一點都不想待在那裡，在近四分之一個世紀後回首當年時，強森對《底特律自由新聞》（Detroit Free Press）的體育記者米克・麥凱布（Mick McCabe）這麼說。

「我當時很生氣，」強森說，「我從一開始就屬意塞克斯頓高中，我曾經跳過圍欄後……想去塞克斯頓高中。當時的塞克斯頓高中在籃球方面也稱得上是一支有名的球隊。」

另外，他當時的女朋友也在那所學校上學。

在一九七四年夏天的短短幾個月裡，查爾斯．塔克努力地與強森建立了親密的關係，後來這段關係也發展成和他們家的緊密連結。這回過頭來令塔克在這個家庭為自家的孩子們被巴士載到了充滿種族糾紛的艾弗雷特高中而苦惱的過程中，成為了一個既是見證人也是參與者的角色。這段期間，克莉絲汀．強森有一份在東蘭辛的公立學校擔任午餐室督導的工作，塔克也開始聽到了許多有關她的讚美。這名心理學家常常去東蘭辛的密西根州大出差，所以他特意去了她工作的學校，想認識一下她。「我會過去坐坐、串個門子，你知道的，」他回憶道，「那所學校的校長是我的朋友，他常常和我聊到克莉絲汀．強森，和我說她是個多麼優秀的人。」

在強森家的孩子們努力適應學校環境的同時，塔克與這家人之間的關係也在一九七四年秋天變得越來越緊密。畢竟，在賴瑞被籃球隊開除後的這兩年來，這名心理學家在艾弗雷特高中已經逐漸成為了一個言行頗具分量的人物。

然而，又一次，派特．霍蘭德回憶，隨著鬥毆與其他衝突事件的發生，行政部門決定將學校關閉數日，有些人記得是一個星期，希望藉此緩解劍拔弩張的氛圍。

「這種情形在某種程度上令學校的各個層面都受到了影響，」塔克在二〇一九年回憶道，「有些老師也有問題，而他們剛好遇到了不會乖乖聽話的孩子。」

大多數校內的學生與教職員都在適應這個狀態，塔克說明，但轉眼間，整個局勢就陷入了可能擦槍走火的邊緣。

「事實上，在那一刻只要有一或兩個風吹草動，就足以扼殺所有人逐漸建立的關係，」塔克回憶，「在那時，每個人都受到了影響，於是每個人都會選邊站。這種勢不兩立的情形一旦發生，隨之而來的就是一場暴動。」塔克記得，對於這種環境，也難怪像艾爾文和賴瑞這類的黑人學生會望之卻步。

「賴瑞的本質上並不是個壞孩子，沒有壞到你需要試著管控他和懲罰他的程度，」塔克說，「他會翹課，很多孩子也會翹課。」

這是一個關於教導黑人學生如何與教育體系合作解決問題的議題，不論是他們犯錯還是教育體系本身出現問題，他們都要攜手面對。塔克說明，主要目標是要找到達成共識的基礎。他會告訴學生，展現出願意協商與合作的第一步是有益的。先建立一點信任，再看看它能為事情帶來怎麼樣的發展。

他記得，賴瑞在上課鈴響後，如果在走廊遇到他，會跟他說：「塔克，放我一馬吧。」

塔克會這麼回答：「你為什麼會遲到？只要告訴我真實原因就好。」

賴瑞和他的朋友們在吃完午餐回來學校時會遲到，這是個大問題。那時，學生可以去校外吃午餐，只要能按時回到教室就行。黑人學生們常常急著離開這個被他們視為不友善的環境，這代表他們要回學校時就會拖拖拉拉的，因此造成問題。

塔克記得，老艾爾文和克莉絲汀．強森瞭解到有這樣的情況，尤其是賴瑞的情況後，便開始著手處理。「艾爾文的爸爸不得不來學校告訴大家『賴瑞會好好表現』。我在高中和賴瑞相處了三年，因為我和他都在同一棟大樓。我常常聽到有人說賴瑞不會有出息，但我跟自己保證我會讓他找到出路，也跟他的母親保證他辦得到。關鍵是，我必須讓賴瑞明白，在他可能選擇的出路中，雖然不見得是不好的，但可能會因為做事的方式和時機而產生問題，而且那不全是你的錯。其他人、老師、和你必須一同在這條出路上打拚的人，也都一樣有錯。所以如果沒有搞清楚這兩者之間的差異，就很容易產生誤解，然後讓整個情況變得更複雜。」

因為之前在學校的經歷，賴瑞遇到的問題開始像滾雪球一樣越滾越大，這讓塔克向克莉絲汀．強森承諾，他們會想出某種能讓他畢業的方法。

「我告訴他這些事，是因為他不是個壞孩子，」他回憶道，「他很聰明，他很會讀書，他知道如何控制自己，他只是不是那種順從乖巧的孩子。一旦你被貼上這種標籤，就會動輒得咎。」塔克知道，這種情況需要賴瑞和與他發生衝突的老師與管理人員雙方都做出一些調整。

「舉例來說，」塔克說他對賴瑞說，「如果你要翹課或遲到，不要讓全校或老師在打鐘後還看到你站在外面、姍姍來遲。」

塔克說，賴瑞有個同學、朋友，也遇到了一些麻煩。「他們是那種比較固執的孩子，他們不壞，不是那種四處尋釁的人，他們只是固執的孩子而已。」在塔克眼中，黑人學生大多都是這個調調，儘管這所學校的黑人學生越來越多，但仍然是少數。他們不會主動找麻煩，但如果麻煩找上門，他們會做好解決麻煩的準備。

重點是，許多黑人學生都是出身於幾年前剛從密西西比州或其他南方地區搬來這裡的家庭，多年以來，在那裡和白人打交道一直是件危險的事。

塔克努力消弭他們與老師之間因一些小事而起的衝突。尊師重道、不要大吵大鬧、知道自己遲到了就趕快坐好然後認真上課。

在採取這種作法時，他注意到了一個狀況。「你把孩子們放在一個不好的環境，」他說，「然後對他們有很高的期待。有些孩子能夠適應，但有些孩子做不到。」

幾十年後回首當年，似乎可以合理地這麼問：如果賴瑞和艾爾文同隊打球會發生什麼事？「艾爾文為什麼沒生氣？」塔克問，「在賴瑞被踢出球隊後，他為什麼還會繼續在這支球隊打球？首先，我覺得賴瑞應該有回到這支球隊的機會。但這可能不只要看賴瑞怎麼決定，也要看教練團會怎麼決定。」

強森後來回憶，在最後決定去艾弗雷特高中時，他告訴哥哥，他愛他，但他不會放棄籃球。從現在回過頭來看，和哥哥一起住在狹小空間中的強森沒有受到更多的影響，這似乎很了不起。當然，他和塔克一起打了那麼多場球，代表這位心理學家也不斷在他耳邊討論要到哪裡延續自己的籃球生涯。

但開學後，第一個危機就出現了。

由於艾爾文現在也會在早上翻牆出去，喬治．法克斯教練很快就注意到了這種情況。艾爾文向父母求助、向教育委員會求助，想找個能讓他去塞克斯頓上學的學區然後搬過去，但都沒有成功。現在他轉而成為一名叛逆份子，希望藉由不良行為迫使校方讓他去塞克斯頓高中。

「我想盡一切辦法要離開那裡，」強森回憶道，「但法克斯先生說：『不可能。』於是我就帶著一種如骨鯁在喉的感覺來到這裡了。」

「他剛加入我們時，對於自己不能去塞克斯頓高中一事非常不滿，」法克斯在二〇一九年回憶時說道，「他們住在塞克斯頓高中附近，所以我受到了一些人的批評，他們認為艾爾文應該要去塞克斯頓高中，氣氛一開始的時候有點緊張。」

對教練來說幸運的是，體育館開放日正好及時開始。「一旦我讓艾爾文開始打到球、接受教練的指導和訓練，他就對我敞開心胸了。」法克斯說。

「我不想來這裡，」強森對米克．麥凱布說，「然而一旦我開始在體育館和大家一起打球，一切就都好起來了。」

然而，體育館開放日的活動安排得相當隨意，主要是為了讓低年級生和想接受球隊測試的球員得到一點能站上球場的時間。這本來正好是個足以讓強森更有興趣加入這支球隊的機會，但那年秋天，艾弗雷特高中到處都是潛在的問題。

校長法蘭克．楚普因此忙得焦頭爛額。

「那位校長和我有過密切合作，」塔克回憶道，「當時遇到了很多問題，我們稱得上是雙管齊下。有些事情是我建議後執行的，有些事情則是在他的允許下執行的。這創造出良好的氛圍，讓我們能夠與某些孩子建立更多的信任，比當時官方的期望值還多。這些孩子後來幫我們解決了問題。」

如馬修・普羅菲特在二〇一九年所說明，學區體育總監克雷頓・科沃克早在一九七二年九月就預言艾爾文・強森會成為史上最偉大的籃球員之一。普羅菲特清楚記得，在科沃克做出這個宣言後，自己跟擔任學區總監的坎多利說了這件事，然後他給出了在對待每個學區中有才華的學生時都會有的反應。

「坎多利說：『他需要什麼，就給他。』」普羅菲特回憶道。

顯然，這不包括開特例讓他去塞克斯頓高中打球。在一九七四年，為了解決艾弗雷特高中持續存在的問題，強森在種族融合的藍圖中似乎被視為一個太過重要的關鍵了。

學校的行政管理者們知道，學校裡有個才華洋溢、擁有某種魅力的年輕人，他們希望這個年輕人能夠成為助力，緩解艾弗雷特高中的某些困境。

這些行政管理者並不是傻瓜。他們曾個別從上到下研究了種族融合的問題（坎多利在擔任俄亥俄州立大學的教授時研究過這個問題）。他們深知一支競技體育的常勝之師能在大眾心中帶來多大的影響力，也很清楚若能打造出一支黑白融合的隊伍，能讓大眾看到黑人學生和白人學生們是如何以隊友之姿並肩作戰的。

這或許有助於解釋為什麼艾弗雷特高中校長法蘭克・楚普會在那年秋天邀請強森進到他的辦公室，請他幫忙解決學校的種族問題。現在回想起來，一名校長向一位還沒有為艾弗雷特高中校隊效力過一分鐘的十五歲少年求助，似乎是個非常不尋常的舉動，更何況這名少年已經在適應這所學校時表現出一點困難。

據強森日後回憶，楚普還邀請了一位該校美式足球隊的白人四分衛，請他幫一樣的忙。楚普之所以會請強森幫忙的部分原因，是基於這名二年級生的名氣越來越大。據派特・霍蘭德回憶，法蘭克・楚普在一次於學年初進行的地區校長會議中自我介紹時，一個校長回應：「艾弗雷特高中？哦，艾爾文・強森讀的高中。」

這所學校已經被打上強森的烙印了嗎？這肯定引起了楚普的注意，這一點，從這則軼事能夠流傳下來就足以證明。強森很清楚，校長對自己提出了一個巨大的要求，而自己只不過是個十五歲的少年，他也表達了這個疑慮。強森記得，他曾問校長，他要如何完成這項任務。

「你會想出辦法的。」據說校長如此回答。

喬治．法克斯記得，強森對這一請託所做的回應，幾乎立刻就產生了效果。「在他們開始實行校車接送政策時，艾弗雷特高中是一所幾乎百分之九十九的學生是白人的學校。我們開始把市中心的孩子帶來郊區，也在學校遇上了一些難關，有人在學校打架和引發一些小型騷亂。」

「這沒有佔據太多的新聞版面（這是公立學校體系的一貫作風，就像許多公司一樣，盡可能將暴力或種族事件大事化小），」儘管如此，這座城市中的學校面對著巨大的挑戰，法克斯解釋。「而這就是有艾爾文在的好處。在黑人和白人的孩子們打起來時，我們的校長第一個呼叫的對象不是當地的警察，而是艾爾文．強森。」

法克斯說，雖然強森年紀輕輕，仍展現出能在事後找到生氣的雙方、分別與他們對話並要求他們保持冷靜的本事。「他能將很多類似的當地鬥毆事態控制住，在十年級時他就做得到這件事了。在平息種族衝突的環節上，他是校長的左膀右臂。」

藉由在這些狀況中觀察著強森的一舉一動，塔克想起了他的母親克莉絲汀。「艾爾文受到了很好的家庭教育，這一點反映在打籃球上，」塔克說，「也反映在他的為人處事上。他的母親是個很有耐心的人，艾爾文在處理重要的事情時也很有耐心，他從母親身上學到了這一點。」

多年後，強森在回憶時表示，他在艾弗雷特高中的這段經歷讓他對自己的領導統御能力充滿了信心。

儘管如此，一名十五歲的少年擁有了直接與校長聯繫的權力，要因此被權力收買與腐蝕似乎也是很有可能的事。「但艾爾文不是個容易受人操弄的人。」說出這句話的塔克，語氣中流露出了一絲自豪。

強森他記得，艾弗雷特高中的餐廳在午餐時播放的音樂大多是以白人聽眾為主的搖滾樂，他希望學校也播放一些靈魂樂，楚普同意了。強森還建議學校讓學生在午休時間可以在一個閒置的教室中跳舞，校長起初拒絕了這個提議，據說是因為擔心學生會因為跳舞而在上課時遲到。強森說，他保證學生們不會遲到，也要求他們同意這個條件，便讓楚普簽字同意了。

乍看之下，這些關於音樂的提案似乎是件小事，但從另一個角度來看，強森其實是在用另一種方法在發揮自己的個人影響力，也就是音樂。還有，他也想做自己的生意。

強森一直以來都將伊頓與佛格森當作自己在黑人商業界的榜樣。然而，他在做生意方面第一個不為人知的榜樣，其實是他父親的倒垃圾和清潔服務事業，正是這項成功的事業，才讓年輕的艾爾文能更接近伊頓與佛格森一點，因為兩人都是老艾爾文的客戶。

這種成為成功黑人企業家的理想，在年紀輕輕的強森心中留下了很深的印象，接下來，他也依循這股理想進行了第一次經營事業的嘗試。

籌備和主導在午餐時間播放他喜歡的音樂，成為了他日後在高中最後一年與成為密西根州大的大學生後，在蘭辛夜店當DJ的起點。在擔任DJ時體驗到的規劃與表演，讓他得到了初次成為承辦方的經驗，確定了一份要提供什麼服務的協議，然後將這份合約交給他的客戶、也就是場地擁有者過目同意。這些都是最基本、最重要的商業元素。當然，強森在結束籃球生涯後成為了一名非常成功的商人，為大學與其他公共機構提供營利的餐飲服務，在他的商業投資中是重要的一環。

他早期在午餐時間舉辦的跳舞活動也是一種娛樂大眾的方式，帶給大家娛樂效果，在他球場內外的個人特質中都是重要的元素，在他整個職業生涯中，不論他走到哪裡，都能令人輕易地注意到這一點。舉一個經典的例子，多年後的一九八九年，在北卡羅萊納州的夏洛特進行的一場NBA比賽結束後，數百名球迷擠在萬豪酒店裡的一個巨型酒吧，而強森本人就站在舞台上，帶領大家跳著電滑舞步（Electric Slide）。

以各種方式引領娛樂事業的欲望，貫穿了他整個人生。這包括他在洛杉磯主持的那些傳奇派對或活動，他也對此感到非常自豪。

最重要的是，他在艾弗雷特高中舉辦的午餐音樂活動，使該校在文化上成為了一個更能吸引非裔美籍學生的地方，這個正面影響對希望他留在那裡的學校行政人員來說是一個巨大的成果。

在啦啦隊甄選中被選上的成員裡沒有一個是黑人學生，是少年強森提出的另一個重要議題，他在倡議這件事時遇到了一些阻礙。強森回憶，自己的反擊方式是讓黑人籃球員罷練。總之，他成功地讓啦啦隊成員的黑白人數更加均衡，也沒有因此激怒法克斯，這與他的哥哥在兩年前因缺席訓練而受到的待遇截然不同。

賴瑞自己多年後在談到兩兄弟受到的差別待遇時也指出，他用憤怒回應自己在艾弗雷特高中受到的挑戰，而弟弟艾爾文則採取了更具建設性的方法。

他在幫助校長時展現出的能力，也在與同學相處時展現了出來。戴爾·比爾德記得，他在隔年來到艾弗雷特高中時，聽到了幾個關於強森的影響力的故事。「在二年級時，一旦爆發打架或某種衝突事件，大家就會去找艾爾文幫忙，因為他在大家心目中就是如此重要，」比爾德記得，「他們覺得：『好，讚，他可以為這裡帶來和平。』如你所知，他確實做到了。」

他能將生氣的人們分開並分別安撫他們，這有如魔術般的能耐逐漸廣為人知。比爾德說，儘管原本被他吸引過來的人就夠多了，在這之後，還是有越來越多的人們來到他的身邊。

「他在待人接物上很有一套，」塔克解釋，「人們常說，你沒辦法強迫別人喜歡上你，但艾爾文就是有辦法讓大家喜歡上他，因為就算你不喜歡他，他也會忽略你不喜歡他的事實。他就是這種人。」

喬治·法克斯在二〇一九年回憶時說道，這段從第一年秋天處理種族糾紛開始的經歷、與高中時期的強森相處的過程，幾乎稱得上是「如夢似幻」。「艾爾文對艾弗雷特高中的每個人都產生了很大的影響，包括那些很喜歡他的老師。很多人可能不知道，很多老師在班上遇到問題時，都可能會去找艾爾文幫忙。我相信他確實幫得上忙。在種族融合的體系中，他提供了實質的幫助。我們有我們的問題，我不認為我們是個完美的體系，而同一時間，他真的幫了我們很多忙，我也知道他幫了大忙。」

塔克解釋，強森透過許多不著痕跡的方式打破障礙。「很多體育老師都是那種硬派風格的教練，是那種老派的硬漢。但他們沒有與黑人相處的經驗，也沒有為此改變的打算。當時的體育老師都是白人男性，但因為在體育課時教到艾爾文並得到了他的參與，他們學會了一些如何與艾爾文相處的方法。艾爾文不僅會打球，更總是面帶微笑、擅於表達。此外，艾爾文不僅懂得如何迎合對方，也不會動不動就因為一件小事而生氣。」

對於還必須在球季開始後面對另一場對抗與調整的十五歲少年來說，艾爾文這一切的表現令人印象深刻。法克斯、史塔布利、霍蘭德、普羅菲特以及那個時代的許多見證者都認為，塔克很快地成為了年少的艾爾文．強森的良師益友，幫助他以青少年之姿跨越數不勝數的挑戰。

塔克在二〇一九年默認了這種說法，但他表示，強森能夠成為這樣的人，更大的原因是他的父母與他的個人特質。

「艾爾文與兩種種族都能好好相處，」塔克回憶，「他當時就是個決定要做什麼就會不顧他人反對的人，跟現在別無二致，但他做事總是有個原則在。整體而言，他喜歡與人相處，不僅願意為了自己的種族挺身而出，也願意為其他的種族站出來，他支持正道。」

正如他父親所說，不是做「得過且過的事」，而是做正確的事。

塔克還指出，儘管強森不論是在籃球比賽中還是在艾弗雷特高中處理種族糾紛時都沒有公開提及自己的宗教信仰，就算克莉絲汀．強森在改信基督復臨安息日會後為家庭生活帶來了劇烈的轉變，他的處事方式還是帶著某種對信仰的信念。

「我認為每個人都有自己克服難關的方式，」塔克說明，「就像美國南方的所有人一樣，他的父親身處在宗教信仰的圍繞之中，因為我們在南方就是過著這樣的生活。我們就是這麼得到指引、上學、獲得一份工作的。」

他們也是以同樣的方式應對部分白人的行徑。

「在那裡，我們可以去教會尋求各式各樣的幫助，」塔克說明，「甚至可以在那裏召開有關政治或任何事的會議。對於出身於南方的人來說，無論他們去不去教堂，都對教會有一份敬意。」

在慢慢認識強森一家時，塔克對他父親的印象是沒有像以前那麼常去教堂。「記得剛認識時，強森先生就不怎麼常在星期天去教堂了，沒記錯是這樣。」說完後，塔克補充說這名父親在做人處事時依然十分重視這種心靈上的價值觀，這也對兒子有著很深的影響，並影響到強森在學校處理複雜的種族問題時所採取的行動。

「艾爾文就是那種總是心懷信仰的人，」塔克回憶道，「他總是按照聖經所說的去做。他尊重人、愛人、敬人，不常背離此道，沒有吸毒、酗酒或吸菸。與你所見過最正直的孩子們相比，他或許毫不遜色。他總是聽長輩的話。很難光憑他不常去教堂，就說他不是個信徒。」

另一個重要的因素是，他母親幾乎都以一種獨到的方式在處理每件事。「她一直是個非常真誠、非常虔誠的人，」塔克觀察到，「她不會到處宣揚她的宗教信仰，但她只要說一句話，就能讓你明白她的意思。她總是把『上帝是良善的。』這句話掛在嘴邊，她能讓別人聽懂她想表達什麼。」

引燃

實話實說，查爾斯・塔克對喬治・法克斯在一九七四—七五球季的執教狀況有些擔心。他會不會成為比起贏球，更在乎先發五人中有幾名白人球員的死板教練？待在艾弗雷特高中的期間，塔克便留意到一些蛛絲馬跡，指向法克斯的老派作風可能會帶來麻煩。

對對方有所疑慮的人不只是塔克。那時的兩人彼此間並沒有很熟，而那個時代又容易讓人互相猜疑。這是一條雙向的道路。法克斯也在試著搞清楚這個戴著運動風豬肉派帽的奇特男人是個怎麼樣的人。事後證明，這個男人擁有許多他人不曾或甚至無法注意到的權力。

「塔克大概從艾爾文二年級開始就在照顧他了，」喬治．法克斯在二〇一九年回憶道，「那時我就一直聽說過塔克博士的名號，最後我終於見到了本尊。他是一名籃球選手，打過大學的比賽，並在密西根州大教過課。他來到蘭辛學區拿錢辦事，不過我們一直沒搞清楚他是做什麼的，我想應該是做了些管理和指導方面的事務，是個來解決問題的人。」

顯然，派特．霍蘭德已經很熟悉這號人物了，但對總教練（以及學校裡大多數人）來說，塔克是個形象模糊的人物、似乎擁有某些不確定的權限。另一方面，偶然與塔克一起走在走廊上的報社記者注意到，學生們非常尊敬塔克，常常面帶微笑地對他打招呼，並以一種和他很熟的方式叫他「老塔」。在遇到他時，他們喊著這個名號的聲音會一個接著一個地冒出來。

通常麻煩一開始出現，法克斯就能夠注意到。

這是艾爾文第一次一加入校隊一軍就扮演重要的角色。他很年輕，但擁有在任何情況下都能接管戰局的強大意志。在這方面，瑞吉．查斯汀是他的好夥伴，他是個即將升上高三、身高較矮的後衛。兩人很快就成了好朋友，人們因此為他們取了「馬特和傑夫」（Mutt and Jeff）的綽號。這是在一九〇七年被創造出來刊登在報紙上的一高一矮卡通雙人組，這個組合曾在美國風靡了數十年。據強森本人所述，查斯汀只有五呎三吋高，其他人則說他的身高在五呎五吋至五呎七吋之間，但大家都同意，站在強森身邊的他顯得更迷你了。

強森立刻就對查斯汀產生了好感，因為他是個既有鬥志、無所畏懼且信心堅定的人，他常常告訴強森，對自己的能力缺乏信心是件愚蠢的事。

「我那時會懷疑自己的能力，」強森後來談到查斯汀及他的鬥志和自信心對自己帶來的巨大影響時說，「我想成為和他一樣的人。」

此外，對強森來說，在這支大多數球員都是白人的球隊裡，查斯汀是他最初交到的黑人朋友之一。很快，兩人似乎就變得形影不離。強森原本就是個個性開朗的人，無論是入夜時出門到街上遊蕩，還是從秋天開始進行訓練時逐漸融入球隊氛圍的過程，這位新朋友的心態都能讓他感到非常安心，並從中獲得力量。

有兩名本季依然留在隊伍中的高四生理所當然沒有參加夏季聯賽，而現在回到球隊的他們發現，正如他們所猜測的一樣，球隊的權力結構中出現了一個巨大的新威脅。強森注意到他們似乎不想傳球給他，他一開始不怎麼在意，後來才明白他們是有意為之。在一九九二年推出的自傳中，強森回憶道，高四的丹尼・帕克斯（**Danny Parks**）明明看到他在籃下有大空檔，卻選擇自己跳投，還沒進。隨著強森在球隊中的影響力與日俱增，有一天帕克斯對他下令：「把那該死的球傳給我！」

強森也爆發了，他把球狠狠地砸在地上並大喊：「我就知道會這樣，所以我一開始就不想來這所該死的學校。」強森記得，帕克斯回應了「你們這些傢伙都一個樣」之外，還指責他這個新來的大個子想要主導一切，並提醒搶籃板球才是他該做的事。

「讓我們來投籃。」強森記得他這麼說。

他想上前給帕克斯的臉一拳，但隊友們把他們分開了。法克斯隨後把帕克斯送回休息室，並把強森拉到一邊。強森告訴教練，現在發生的事一如他哥哥賴瑞的警告，和白人隊友在一起會惹上麻煩。

法克斯向他保證，他會和這些高年級生談談。這兩名高四球員在前一個球季才剛幫助艾弗雷特高中奪得隊史首座地區冠軍，至少在大家的記憶中是如此。顯然，這兩位學長回到球隊後，抱持著他們已經贏得了主導地位的心態。

「情況會好起來的。」教練向正為法克斯沒有以更強硬的方式來處理種族糾紛而生氣的強森保證。

在體育館裡的塔克目睹了整個過程，後來他在走廊追上強森，並跟他討論這件事。

強森回憶，這名心理學家把他拉到一邊，告訴他不要把這場衝突錯認為是因種族糾紛而起。這兩名學長才剛為艾弗雷特高中贏得首座地區冠軍，立下了汗馬功勞。強森記得，塔克對他解釋，任何人發現自己好不容易才獲得的成就與地位受到了新人的威脅，都自然而然會有這種反應。

「艾爾文剛加入球隊時，球隊裡的幾個高年級學生並不喜歡球一直在他手上的現象。」法克斯在二〇一九年時說道。

起初，高年級生們對這場衝突的反應是冷處理，直到其中一人，蘭迪·夏姆韋（**Randy Shumway**）決定在一次於體育館中進行的長跑訓練和強森分出個高下。在這場持久戰中，他們的隊友一個接一個地退出，但強森和夏姆韋誰都不肯退讓，拚了一圈又一圈，直到他們最後同意一起停下來，然後手挽著手走完最後一圈。

「他們最後都停了下來，把手臂搭在對方的肩膀上，走了一會兒，」法克斯回憶道，「然後，他們又跑了一圈，我永遠不會忘記那一幕。」

很快，夏姆韋便成了球隊內部化學效應問題的助力，充當和事佬的他向強森保證，帕克斯和其他球員會改變態度。

最重要的是，隊友們一致認為球隊最後能取得什麼成績才是最重要的，而他們將會把這些成果以驚人的方式呈現在眾人面前。

就在這個時候，一名高大、年輕、隨和的體育記者走進了這個故事，他承認這是無心插柳。弗雷德·史塔布利二世即將與艾爾文·強森二世相遇，儘管當時他們倆都不知道這是一件大事。

老弗雷德·史塔布利曾在密西根州大擔任體育資訊總監多年，這代表小弗雷德從小就以內部視角在觀察各項體育運動，他當過密西根州大棒球隊的球僮，也當過密西根州高中籃球錦標賽決賽的獎盃桌守衛，這讓他有機會能看到包含戴夫·狄博學（Dave DeBusschere）在內的許多偉大球員的巔峰時期。史塔布利從大概十一歲左右的荒謬年齡就開始在當一名有償體育記者，但他當球僮的經歷比較關鍵。

在棒球界中，人們為每名球員都取了一個綽號。在二〇一九年進行的一系列採訪中，和藹的史塔布利解釋，自己為生活中的每個人都取了個綽號，包括他的妻子。這些年來，他幫太太取了五十個左右不同的暱稱。而唯一一個影響範圍擴及全球的綽號，是他在一九七四年晚秋想出來的。那時年僅二十出頭、畢業於密西根州大後成為《蘭辛州紀事報》體育記者的他被派去報導艾弗雷特高中的第一場比賽。當時他只依稀知道，這所學校有一個厲害的二年級生，曾是市內一所中學的明星球員。

到了二〇一九年，這個故事已經成為了當地的傳奇，就像從河床中撿起的光滑石頭一樣，都因為經過了時間的淬鍊而變得更加動人。

「這是我自己的印象，」史塔布利說，「與實情可能有點出入，但這四十年來人們問我艾爾文是在什麼時候成為『魔術』時，我一直都是根據這份記憶回答出一樣的說法。」那是個球員們還在穿短球褲打球的年代，那些短褲就像是「牛仔熱褲」，或者就像史塔布利口中的「提臀緊身褲」。那時的強森留著一頭大爆炸頭，就像是一個毛茸茸的光環，隨著他在球場上衝鋒陷陣時在微風中輕輕搖擺。十五歲的他就已經長得又高又瘦，身高已有大約六呎六吋，而且還在繼續長高。

那個球季的首戰是客場，比賽地點在蘭辛南部郊區的霍爾特高中（Holt High School）。「霍爾特是一所白人佔多數的學校，」史塔布利回憶道，「而艾弗雷特……我記得他們派了三名白人球員先發，搭配艾爾文和瑞吉・查斯汀。」

如果當下有人在期待這位年輕新星在球場上展現如煙火秀般盛大的演出，他很快就會發現自己的期待落空了。強森當時緊張得要命，眾人印象深刻，他在上半場就被吹判了四次犯規。「他們以四十四比四十三獲勝，」史塔布利回憶，「艾爾文得到十二分與十籃板但犯滿離場，於是我回到辦公室，面對著辦公室裡都想知道艾爾文・強森這孩子到底有什麼能耐的大家說：『呃，他有一天會成為一個好球員，你懂的。他得了十二分、十籃板，犯滿畢業。』」

喬治・法克斯自己也有不少朋友是霍爾特高中的球迷。這位教練告訴他們，他的麾下有一名特別的年輕球員，能讓他們不再緬懷昔日的明星球員。

「他在高二那年夏天加入球隊時，我簡直不敢相信自己在訓練中看到了什麼事，」法克斯回憶道，「因此我開始告訴朋友們，我說：『朋友們，就對他有點耐心吧。』嗯，我們的第一場比賽是在霍爾特高中進行的，我記得我們贏了一分，艾爾文也只打得馬馬虎虎……沒有打得特別出色。」

在完全偶然的狀況下，史塔布利又被派去報導強森的第二場比賽，這場比賽在艾弗雷特高中的體育館舉行，對手是傑克森市（Jackson）的帕克賽德高中（Parkside）。

「帕克賽德高中在球季開始前是中央南部分區（South Central Conference）的大熱門。」史塔布利說。這位體育記者記得，強森在他的第二場比賽得了超過三十分，並瘋狂地抓籃板球、傳助攻。資料顯示，那場大比賽其實是在球季進行了更長一段時間後才發生的，是他們該季第二次與帕克賽德高中交手。

在強森正要起步的籃球生涯中，正是這場比賽讓強森獲得了那個綽號。他在這場比賽攻下二十一分，其中十九分是在上半場拿下的，而他甚至還不是隊內得分最高的球員。得到最多分的，是同為高二球員的賴瑞・杭特（Larry Hunter），攻下二十五分的他是個身材厚實、六呎四吋高的前鋒神射手。在上半場攻下十九分、為球隊取得大幅領先後，強森在下半場用一波波精彩的妙傳為杭特和得到二十分的帕克斯製造機會。艾弗雷特高中最終以十六分之差大勝對手。

人們很容易因此聯想到，正是因為強森獨特的球風與這場大爆冷門的比賽，激發出史塔布利的靈感，讓他找出了一個如此飽含詩意的綽號。顯然，這是個被塵封在回憶中的時刻，就像是一部懷舊的默片電影。史塔布利不記得觀眾們是看得如癡如狂還是吃驚得呆若木雞，但對於這些當晚在體育館裡的人們，有件事他記得清清楚楚。

「他們從來沒有看過這種表現。」他說。

「那天晚上的艾爾文實在太瘋狂了。」他的教練在近五十年後笑著回憶當時的情形。

「這是他高中生涯的第二場比賽，」史塔布利強調，「我這輩子從沒見過這種事，每個站著或坐著的人都張大著嘴巴，看得目瞪口呆。」

「帕克賽德高中是東尼・鄧吉（Tony Dungy）*的母校，」法克斯回憶道，「他們被外界認為是聯盟中最強的球隊，而我們以八十六比七十擊敗他們，那是他真正地綻放了才華的時刻。」

那個時代，個人電腦還沒有成為媒體工作的主流工具，報導高中體育新聞的記者們每晚都要趕在嚴格的夜間截稿時間前交稿，儘管背負著這個壓力，史塔布利依然覺得自己有必要在賽後去休息室找強森聊聊。

「所有的二軍球員、這些大多數從德懷特・瑞奇中學來到艾弗雷特高中的孩子，都圍在艾爾文身邊，」史塔布利回憶道，「所以我在他身後站了一陣子，最後上前對他自我介紹。」

「艾爾文，我們得給你取個響亮的稱號。」史塔布利告訴這名二年級生。

只見強森靜靜看著他，於是這名體育記者接著說。

「不可以叫『大E』（Big E），因為這是埃爾文・海耶斯的綽號，」他說，「『J博士』也不行，因為朱利葉斯．厄文（Julius Erving）已經用了。」

「我也不知道我是怎麼想到的。」二〇一九年再次回顧此事的史塔布利說。

「那『魔術』怎麼樣？」他問這位二年級生。

強森又看了他一陣子，然後回答：「我沒有意見，史塔布利先生。」

「於是這個綽號就誕生了，」史塔布利回憶道，「不過我還沒有這個膽，直接就為一個十五歲的高中生冠上『魔術』的稱號。」至少那天晚上沒有，它也沒有出現在隔天的報紙上。

「我回到辦公室，」史塔布利回想，「然後把報導給大家看。那時我們的體育組有六個人，我基本上鉅細靡遺地把事情經過告訴了他們。」然後他打電話給他的朋友提姆．史陶德，現在才剛入行沒幾年的後者，日後將成為在蘭辛的電視台與廣播節目任職超過五十年的體育主播。

「我打算幫艾爾文．強森取一個綽號叫『魔術』。」史塔布利說。

「不是吧，那太俗了，」史陶德回答，「我們叫他『球隊之星』（The Franchise）吧。」

「那才真的俗，」史塔布利說，「他還只是個讀高中的孩子。」

不管要給他取什麼綽號，都絕對不是能在不經思考的狀況下就登在報紙上的事。

「我們在辦公室裡討論過，」史塔布利回憶道，「我還和另一名今年剛過世、名叫戴夫．馬修斯（Dave Matthews）的體育記者討論過。他看過艾爾文打球，後來也開始在辦公室裡把他稱為『魔術』。而差不多在一個月後，我被派去報導他們再度交手的比賽。這場比賽在蘭辛市以南四十英里的傑克森市進行，艾弗雷特高中又贏了，艾爾文也表現得如同往常般出色。」

---

* 譯註：前美式足球員與教練。

確實如此，在這場第二度的對決中，他攻下三十六分、十八籃板，送出數不清的助攻。

「在那次討論大約一個月後，我第一次把艾爾文・『魔術』・強森這個名字刊登在報紙上。」史塔布利說。那時候還沒有電腦、沒有資訊氾濫的網路、沒有任何媒體可以加入資訊的傳播，但這個名字很快就受到了關注。

「有趣的是，」史塔布利回憶道，「大約兩個月後，高中錦標賽在三月中旬開始時，你只要在密西根州提到魔術，大家都知道是在講誰，所有的籃球愛好者都知道這個名字，因為他是個非凡的天才，就這麼簡單。」

在那時，史塔布利已經認識克莉絲汀・強森了。

「克莉絲汀對這個綽號不是很滿意。」史塔布利不好意思地說。

強森的母親從未親自告訴過他這件事。他是從艾爾文和喬治・法克斯那邊得知這個消息的。

「她是一個恪守教規的宗教人士，而這個綽號的意涵太超現實了，」史塔布利回憶道，「但她一直對我很友善。她是一個有魅力的女士。艾爾文很幸運能有這麼好的雙親，他得到了很棒的基因。」

「聽到『魔術』這個詞，會讓人們有很大的期待，」他的母親在多年後解釋，「我擔心這會把人們過多的期待壓在他的肩上。」

當時，就連對於發生的每一件事都格外留意的塔克，也幾乎沒有察覺到這一點。

「我不覺得這個綽號有什麼特別的，」他說，「直到它開始成為一個廣泛使用的綽號之後，我才比較常叫這個綽號。因為我一直叫他『艾爾』（Earv），現在偶爾叫他魔術，這取決於我們所在的場合。」

喬治・法克斯記得史塔布利來到艾弗雷特高中的體育館，然後問他可不可以用這個綽號。

「喬治，考量到艾爾文的表現，我們得給他取個綽號，」史塔布利說，「你覺得他會反對嗎？」

顯然，史塔布利認為在採取行動之前，最好先討論一下這個暱稱可不可行。

「弗雷德，只有一種方式可以找出答案。」法克斯記得自己這麼跟他說。

「我完全贊成，」法克斯回憶道，「我無所謂。他把艾爾文叫來和我們坐在一起，並向艾爾文說明這件事，然後艾爾文說：『不錯啊，我滿喜歡的。』這一切就這麼從艾弗雷特高中的體育館開始了，然後弗雷德開始用了這個詞，隨後其他記者也開始在撰寫報導時用了它，很快，這就成為了家喻戶曉的名字。但你知道有趣的是什麼嗎？派特和我從來沒有把艾爾文稱為『魔術』過。從來沒有，直到現在也沒有。我們都叫他艾爾文．強森或是E。我從來沒有為這個綽號煩惱過，單純認為這種綽號就是個可能會流傳下來也可能會突然消失的事物，而它如雨後春筍般蓬勃發展。這從來沒有因此帶給我們困擾過，我也從來沒有遇到質疑為什麼要用這個綽號的人。」

至於球隊高年級生們一開始對於強森主導球隊的質疑呢？「一旦他們明白：『如果我在場上有空檔，我就拿得到球。』就能夠將其緩解大半，他們第一次理解到艾爾文有多麼出色，」法克斯說，「一旦他們明白他是一名完全以團隊至上的球員，基本上大多數的質疑聲浪就煙消雲散了。」

不久之後，其他球隊的球員和教練便注意到這個綽號的威力，他們一開始是從裁判在吹判他的比賽時的執法態度上發現的。「那時候的魔術根本碰不得，尤其是，你也知道，弗雷德．史塔布利還給了他魔術這個綽號，」在蘭辛市的東區高中（Eastern High）打球的傑．文森說，「那是個完美的綽號，因為他能在看著一邊的同時，往另一個方向傳球。」

你不知道強森會把球傳到哪裡，這令文森感到十分驚艷，因此當他終於逮到機會詢問強森時，便問他這一切的靈感是從哪裡來的。

強森告訴他，這源自於和他父親一起看電視轉播的NBA比賽。

「他說他覺得自己可以做得更好，他也的確做到了。」文森回憶著說道，並補充對手們看著強森時，也忍不住會想：「這球看起來傳得真棒。」

文森說，強森在球場上的表現很華麗，但他看起來不像在刻意追求華麗。「你不知道他會往哪個方向前進，他看起來好像要往某個方向傳球，但接著卻把球傳向了另一個方向。他完美地掌握了這個打法。」

文森堅稱，強森在九年級時還沒有這麼頻繁地傳出這種球、沒有頻繁到成為個人特色的程度。這番話引出了這個綽號另一個有趣的面向。被取了魔術的綽號，顯然刺激了強森，讓他想找到更多機會做出更多魔術般的表現，以讓自己成為名副其實的魔術。他不希望球迷來看他比賽卻沒看到他的成名絕技，這也為他日後成為大娛樂家的道路指明了方向。

「在僅僅一年後的十年級，他就能傳出這些指東殺西的傳球了，」儘管和艾爾文一起上學的里昂．史托克斯堅稱，強森在六年級時就已經在操場上將不看人傳球運用自如，文森依然堅持自己的說法。到了十年級，強森開始將他自己在操場上的花招、他想像中的動作以及正式的籃球比賽結合在一起。「而且是全場的正式比賽。」文森說。

即使在那個年齡，強森的跳投能力也比他人認知的還要好。他的跳投幾乎沒有跳，而且看起來像是用單手把球推出去。文森觀察，這麼做是有原理的，因為強森擁有了傲人的身高，代表他不需要怎麼費力去跳就可以出手了。這些情形都沒有改變人們對這個綽號的接受度。在相當短的時間內，助理教練派特．霍蘭德出人意料地與高二的強森成為了看起來合作無間的師徒。在三年的合作中，兩人從未討論甚至提過賴瑞被踢出球隊的事。

幾乎一夜之間，球隊的氣氛就在這個綽號的推波助瀾下到達了一個不同的層次。

「我不用花太多時間，就能把我的想法統統告訴你，」霍蘭德在二〇一九年時說道，「我個人不覺得有取這個綽號的必要，但弗雷德不這麼認為，我沒有反對或擺出類似的態度，我說好。提姆．史陶德曾說過一句名言：『綽號不會在人們心中根深蒂固。』然而，它當然確實成為了深植人心的綽號，只是球隊裡或是跟他很熟的人都沒這麼叫過他……我這輩子從沒叫過他魔術，喬治也沒有。」

強森和他的隊友們只是普通的高中生，因此對這種發展抱持開放態度。一九六〇和七〇年代的體育界因為開放和自由的競爭方式而產生了許多變化和亮點，包括種族關係在某些程度上的正常化，黑人男性開始在普羅大眾的口中有綽號了。從許多方面來看，魔術這個綽號有助於延續這個現象。

如果報紙上已經開始把強森稱為魔術了，那麼，儘管當時體育廣播和電視還沒那麼普及，但它們也合情合理地開始加入了推廣這個綽號的過程。

「毫無疑問，它流行起來了。」霍蘭德說。

他想起或許是幾年後的某個時刻，他和妻子正在觀看熱門的智力競賽節目《危險邊緣》（**Jeopardy!**），看到了強森的綽號成為了問題之一，這給他留下了深刻的印象。

「但我從來沒聽過球隊裡的其他孩子叫他魔術，一次也沒有。」霍蘭德說，「我想，那就只是一個娛樂界的噱頭而已。」

而霍蘭德也不記得強森曾自稱為魔術過。即使是在他後來投入的音樂活動中，用的也是「EJ是DJ」（**EJ the DJ**）這個名字。

回首六十多年來對該州與該地區體育活動的觀察，霍蘭德說：「我不認為這座城市在那之後甚至之前有出現過這種人潮。我的意思是，要看比賽的話最好早點來，我們每場比賽的門票都會銷售一空。」

這是綽號產生的效果嗎？「我不知道，」霍蘭德說，「他只是做他自己。他是個無論做什麼都會引起他人興趣的人。」

法克斯記得，擠滿著人的體育館開始固定出現一個標語，上面寫著：「我們相信魔術。」

「我記得到處都能看到這句話。」這名教練說。

很快，學校中的人潮就多到能舉辦造勢晚會了。

「體育館裡的氣氛真的很震撼。」法克斯說。

教練說，第一波的改變浪潮在高二那年到來。「他開始吸引了大批的觀眾，甚至來了很多其他學校的學生。」

儘管如此，種族的問題還是沒有被解決。教練急忙補充，遠遠沒有到被解決的程度。「但這正是他真正綻放出才能的時候。」

很快，艾弗雷特高中就有了一個自行成立且蓬勃發展的球迷後援會。半個世紀後，霍蘭德還留著一頂後援會的泡棉帽，帽子正面印著一個大大的紅色E字。

這引出了一個當時和現在都令人好奇的問題，這個E代表的是艾弗雷特（Everett）的E，還是艾爾文（Earvin）的E？

這不重要。他的新身分已經誕生了。從此，他成為了魔術。

「我從來沒這麼叫過他，」史塔布利在二〇一九年重申這個綽號是由他所創，「我都叫他EJ、大個子或艾爾文。」

第八章　異類

起初，每個人都只是想多看他幾眼，這當然也包括教練們。他們幾乎都緊緊抱著傳統觀念，就像抓著一根救命稻草，而艾爾文．強森正是非傳統的典型代表，這也是他在偉大的籃球革命中顯得如此重要的原因。數十年來，籃球比賽一直都是一成不變的模式。長人抓下防守籃板，然後尋找小個子，也就是控球後衛或一號位球員，接著把球傳給他。大家不敢把更多的任務交給長人。他們要做的就是把他們的屁股挪到前場、到籃框附近卡好位置，然後期待小個子球員能把球傳給他們。但前提是，他們要在靠近禁區的位置張開大腿，做好用刁鑽的轉身上籃朝內線進攻的準備。

在任何情況下，長人都被禁止運球。就算他們真的運到球，也頂多只能運一、兩下，而且教練會在看著他運球時不斷皺眉。

在這項運動中根深蒂固的這個偏見，可以一直追溯到一九三〇年代後期，當時打籃球的大多都是立定跳投的矮子。在一九三七—三八球季，監修規則的人終於取消了每次有人投籃得分後都得回到中場跳球的規則。在那之前，每當有人得分，兩隊都會回到中場，由裁判來執行一次跳球。

有點像足球比賽。

取消中場跳球的規則後，讓比賽變得更流暢、節奏變得更快了。

過了幾年後，在一九四〇年代初，大個子們才被允許踏上這項運動的殿堂，出現了像是喬治．麥肯

（George Mikan）和包柏・庫蘭（Bob Kurland）這些身高六呎十吋的球員。他們實在是肆無忌憚，因為他們居然敢參加這項只有矮小、敏捷的男子才能主宰的領域。

這項運動為這些長人的先鋒取了一個名字。人們將他們稱為「異類」（goons）、「天生的怪咖」，覺得他們比起來到球場，更適合去馬戲團表演。與喬治・麥肯都是大學籃壇第一批長人的包柏・庫蘭在一九八六年的某次採訪中回憶，堪薩斯大學（Kansas）的教練福格・艾倫（Phog Allen）「把我歸類為『因腺體變異而生的異類』。」

偏見再一次與籃球碰撞。因為這個詞彙顯然是從激烈的對抗中萌生出來的，從任何角度來看，這都不是什麼親切、有趣的用詞。但後來連教練們最後也發現，這些「異類」可以幫助他們贏得比賽。你只要讓他們做少少幾項特定的任務就好了。

這代表你得慢慢地把球帶過半場，以便讓像喬治・麥肯這樣的大個子有時間拖著腳步跟上，並在籃下卡位。當然，這項運動接著出現了一系列的超級長人，從比爾・羅素、威爾特・張伯倫、卡里姆・阿布都—賈霸到比爾・華頓（Bill Walton）在接下來的二十年大放異彩。到了一九七〇年代，「異類」的說法早已從這項運動中消失，但長人的能力有所侷限的基本觀念依然是這項運動的信條。

艾爾文・強森將改變這一切，他將從結構開始改變這項運動，這種改變在他進入高中時就已經在暗中開始進行了。將會長到近六呎九吋的他，會被視為一個非同小可的人物、打法幾乎可說是怪異的控衛。在籃球比賽還沒有廣泛地在電視上被轉播的時代，他是那種教練們必須親自去看他比賽的球員。

在他之前，也有其他渴望於運球和傳球、展現自己天賦的大個子，但強森將證明自己是那個獨一無二的人，擁有鋼鐵般的意志和無與倫比的天賦，能將他的意念凌駕於比賽之上。毫無疑問，儘管這一切都巧妙地隱藏在他爽朗的微笑與他對比賽的直率熱愛中，但它確實存在。任何一個與他待在同一間休息室的人，都能輕易地看得出他的冷酷、心計與勇敢無畏。

這使他成為了第一人，也因為前無古人，他必須解決那些還沒有答案的問題。

「一名六呎九吋的後衛？」擔任洛杉磯體育播音員多年的吉姆．希爾（Jim Hill）回憶道，「從來沒有人見過這種球員。」

重要時刻

一九七四年初秋，蓋瑞．法克斯和他一位韋佛利高中（Waverly High）的隊友帶艾爾文．強森去密西根州大和一群大學球員打球時，目睹了強森在球場上做出一些驚人之舉，這讓他思考了很多事。

當時，籃球已經發展成一個相當穩固且五個位置職責分明的比賽，你上場打球，就是扮演這五種角色的其中之一，不會常常做出逾越本分的事情。

控球後衛之所以被稱為一號位，是有其道理在的。他像是四分衛，是負責掌控全局的人。球在他的手上。他調動整支球隊，指揮他的隊友，就如俗話所說，他是球場上的教練，也有著「場上將軍」的稱號。同時，前鋒就做前鋒的事，中鋒就做中鋒的事，但後衛不只是後衛，而要區分成控球後衛，以及另一名無球的後衛。

這名無持球的後衛又負責得分和防守，但有時也能在控球方面提供支援，如果對手在防守上加壓，他就能扮演另一名持球者。然而，比賽還是掌控在控球後衛的手中。

即使是前鋒，也有他們特定的工作。大前鋒是一名強悍的防守者，還要負責搶籃板。小前鋒可以做一樣的事，但也可以溜到外圍，支援後衛。

當時的艾爾文．強森正邁出他扭轉乾坤的第一步。在此前已有一些先例，例如吉姆．波拉德（Jim Pollard），他在一九四〇年代效力於明尼亞波利斯湖人，是一名出色的前鋒，以他的控球能力、和中鋒喬治．麥肯配合的擋拆戰術以及在某些時候擔任小前鋒、控球前鋒而聞名。然而，六呎六吋的波拉德從來沒有像是一名控球後衛一樣，一直把球拿在手裡。

強森在高中時大多擔任球隊的中鋒，但他也打得像是一名無所不能的強力前鋒。儘管如此，他正走在一條路上，這條路會將這項運動引入單一球員能在不同位置上發揮各種才華的自由年代。在這個時代，球員們可以視戰況或戰術而在不同的位置和角色之間自由切換。但這主要是在他整個籃球生涯接連於高中、大學，以及職業籃球的教練心中確立了他多才多藝的形象之後才實現的。

一九七四年九月，在詹尼森體育館的上層，強森在一波驚人的流暢配合中兼任了後衛、前鋒和中鋒的角色，他先是以前鋒之姿奮力搶下籃板，隨即切換為控衛，將隊友們解放成他的機動型兵器。

用回憶的方式來陳述，讓這個情形聽起來很簡單，但實際上並非如此。隨著教練這個職業的興起，比賽便受到了傳統觀念的束縛，這在許多運動之中都能看到。

「這太與眾不同了，」蓋瑞．法克斯回憶起第一次看到強森打球的情形，那不是正式比賽，而是一場高強度的鬥牛。「至少從中可以看出一些他的才能萌芽的跡象。」

強森並不是每次上場都擔任控球後衛。在那場比賽中有許多優秀的後衛，他並沒有打算要一直支配他們。「他並沒有像日後在高中打球時一樣球權在握、要隊友把球傳給他。」蓋瑞．法克斯在二〇一九年時說明，「但他一搶下籃板時，就會自行持球，一條龍地衝向對面，你懂吧。」

法克斯說，或許更令人驚訝的是，在其他人抓下籃板時，也會把球傳給強森，就好像他已經被認定是一名控球後衛了。強森的存在彷彿能在這項運動中說出無聲的語句，告訴大家他是一名控球後衛、他要持球。

「球在他的手上，」蓋瑞．法克斯說，「他是負責持球推進的人，但他鼓勵你跑起來，因為，你明白吧，如果你跑到定位而且有空檔，他就會把球傳給你。所以我認為他把每個人都帶到了和他相同的水準上。」

重點是，沒有人教強森要這麼做。他是憑著自己十五歲時的本能、情感、智慧、求勝慾望與對這種渴望的分析來做的，這些都包裝在一種意志、一種決心之中，要他將對比賽該怎麼打的獨門見解，強加於他在高中籃球即將面對的正式比賽上。

由於強森當時還很年輕，而且是基於一種個人信念的本能在打球，因此他才逐漸清楚地明白自己想要成為怎麼樣的球員。

這不是什麼小事。這種特別的願景將推動他個人力量的提升。隨著他在接下來的幾個球季中逐漸嶄露鋒芒，人們會覺得他是個違背了常理的球員，但籃球界的大眾卻不怎麼瞭解這個年輕人的人格特質是如何驅動這特立獨行的球風。

蓋瑞．法克斯觀察，當時的比賽沒有三分球，這或許對強森的一人革命有幫助。「現在我去看鬥牛賽時，每個人都在投三分球。」

法克斯在那天還注意到了另一件重要的事，在球賽動向進入半場陣地戰時，「他會把球傳到某側，然後他會滑向強邊。如果你沒有立刻把球回傳給他，他就會突然出現在弱邊。所以如果你投籃沒進，他就能卡到搶籃板的位置。這是身為高中生的他的超齡球技之一，他就是很懂得怎麼在弱邊搶籃板的訣竅。」

換句話說，在半場陣地戰中，他會自然地暫時擔任控球後衛，然後接著重新以作為前鋒或中鋒的方式打球。弱邊是他大顯身手的地方，強森也會在這裡發揮日益增長的威力。這個現象對蓋瑞．法克斯而言非常重要，因為他效力的韋佛利高中將在一九七四年十二月與艾弗雷特高中交手。法克斯和他的隊友史考特．蘭德斯特拉（Scott Landstra）希望他們的教練約翰．霍姆斯（John Holms）知道，他們為了對付艾爾文．強森，必須做足更多的準備。

可以想像，這個情況當時在法克斯家中製造了不少戲劇性，這一切都源自於喬治．法克斯在三年前做出不要執教自己兒子的決定，而這個決定可能受到了法克斯自己在籃球領域的經驗影響。他先是在一九五〇年代成為福勒高中（Fowler High School）的明星球員，幫助球隊奪得密西根州的冠軍，後來回到福勒高中擔任總教練，而他的弟弟也是當時球隊中的一員。

附近郊區的韋佛利高中的教練是法克斯的朋友，所以法克斯把蓋瑞送到那裡打球，結果很順利。蓋瑞在高四成為了明星球員，繳出了全都會區第一隊等級的表現。就在艾弗雷特高中與韋佛利高中的對決前夕，他才剛在一九七四年十二月攻下二十九分助隊贏球，登上了報紙的頭條新聞。

蓋瑞．法克斯將在整個高四球季都繳出十分精彩的表現，這讓他的父親有時會想，如果蓋瑞在高四時和高二的艾爾文在艾弗雷特高中成為隊友，那球隊會變得有多強。不過，他很快就打消了這個念頭。

但這並不代表這名教練在即將與兒子所在的球隊交手時絲毫不會緊張，這也是合情合理的事。「我爸爸希望我哥哥能打出很棒的表現，」女兒米希回憶道，「我記得他這麼說過，只是他有點緊張的樣子。」

「我只希望你能在球場上有出色的發揮。」隨著比賽日漸逼近，加上賽前緊張的氛圍在越來越多媒體的關注下慢慢升溫，法克斯曾三番兩次地對兒子這麼說。

弗雷德．史塔布利感受到了這場比賽的戲劇張力，在賽前寫了一篇報導，父親在報導中談到兒子時說：「我們在家常常討論這場比賽，他總是跟我打心理戰，想讓我鬆懈。」

在韋弗利高中的三年，他的球隊從未戰勝過他父親的球隊。蓋瑞．法克斯非常渴望贏得一場勝利。

「我哥哥滿厲害的，」米希說，「但還比不過我爸就是了。」

喬治．法克斯有一點煩惱，他顯然對球隊在球季初期間發生的衝突與不穩定感到不滿。強森在第二場比賽爆發後，艾弗雷特高中在第三場比賽擊敗了希爾高中（Hill High School）。「我們打得很團結，」法克斯對記者這麼說，隱諱地提及了球隊一開始面對的化學效應問題，「我喜歡這種有空檔的球員拿得到球的打法。」

然而，球季初期的比賽暴露了強森的犯規問題，這從他高中生涯的第一場到最後一場比賽都困擾著他。他確實是一名格外亮眼的球員，但身為一名在高中聯賽中身形傲人、體能優異的選手，他必須學會如何留在場上。

隨著與韋弗利高中交手的比賽日漸逼近，這些隱憂在球隊的內部問題中只算得上是冰山一角。法克斯警告他的球員們，不要小看主要由白人高年級球員組成的韋弗利高中。「我說：『蓋瑞常常會在最後一節時持球，他會非常頻繁地掌控球權。如果比數接近，他會一直持球，直到我們對他犯規。』」喬治．法克斯表示。這位教練顯然為兒子的表現感到非常驕傲，但他也非常好勝。「他想贏，」米希記得，「那是一場非常重要的比賽。」

隨著比賽時間越來越近，那種拚個你死我活的氛圍似乎蓋過了所有其他情緒。

「那天晚上的氣氛真的相當緊張。」蓋瑞．法克斯說。

「完全如此，」他的妹妹同意，「我們家分裂了。」

那種互不相讓的感覺，在父子一同踏上前往比賽的征途中，也能明顯地感受到。

「從大局上來看，你知道的，艾爾文和艾弗雷特高中還不知道他們能發揮出多強的實力。」蓋瑞．法克斯回憶時說道。

韋弗利高中教練約翰．霍姆斯在從他的兩名球員那裡聽說了強森的狀況、加上自己也對艾弗雷特高中進行了一番調查後，想出了一個計畫，一個比要他的球員們試著用屁股把這個艾弗雷特的大個子卡在外面來得巧妙的計畫。這名韋弗利高中的教練要他的球員們使用一種不尋常的策略，不斷用面對面防守來對抗強森，而不是轉身背對他、把他卡到外面，這樣就不會因為背對他而掌握不到他的行動、任由他在球場兩端之間施展驚人的速度。

「他在與對手卡位時能夠非常迅速地轉身然後搶到籃板球，」蓋瑞說，「而且他很能掌握球的落點。他真的是一名特別的球員，但我們發現，如果你面對他，不管他想轉到哪一側，只要用面對面防守，就能在某種程度上控制住他……是的，那天晚上我們防守艾爾文的方法，就是無論防守他的人是誰，都要面對著他。」

同時，賽前體育館裡的場面，對法克斯一家來說也充滿了針鋒相向的氛圍。「我的媽媽站在那裡猶豫不決，不知道該坐在哪一邊，」米希回憶道，「體育館擠滿了來看艾爾文打球的人，都快擠到籃框底下了。」最終，母親選擇支持她的兒子，坐到客隊那一側。

比賽結果一如喬治．法克斯所料。

「他告訴他的球隊，一旦我們獲得領先，我們會變得相當謹慎，」蓋瑞解釋，「那天晚上我會常常控球。」正如父親所預測，這代表他做好了執行罰球的準備。「大部分的球我都罰進了。」蓋瑞說。

儘管全場十二次出手僅投進三球，但法克斯在罰球線上繳出了十七罰十四中的表現，其中一次罰球失手，是出自於他父親被判技術犯規而讓他獲得的罰球機會。

喬治．法克斯在板凳席上一向溫和冷靜，他從來沒有被判過技術犯規。這位教練表示，當天晚上他收到的那次技術犯規，很可能是他職業生涯中的唯一一次。

「我的父親絕對不是那種喜歡大吼大叫的人，你知道的。」蓋瑞．法克斯回憶道。「他會靜靜地觀察並提出自己的看法。他喜歡在孩子們下場後跟他們溝通，而不是對著某人怒吼。我不記得他有大吼過……這是個令人情緒激昂的夜晚，我們都全心全意地投入其中。」

比賽直到結束前兩分鐘都還打得難分難解，此時法克斯切入上籃，強森回防並把球蓋掉，卻被吹了他的第五次犯規。

「然後我們打敗了他們，」米希說。這裡的「我們」指的是韋弗利高中，她也是該校的學生。「我記得比賽結束時，大家都坐在那裡，像是在說：『不敢相信我們真的贏了。』」

也許沒有人比喬治．法克斯對艾弗雷特高中以六十二比六十五落敗的結果更驚訝了。「我簡直崩潰了，」他說，「我跟孩子們說過，如果我們輸了會有什麼後果，結果還是輸了。」

蓋瑞記得，為了阻止強森搶籃板所付出額外的苦心「是我們那晚能贏的重要關鍵」。「你知道的，我們之前在詹尼森體育館和艾爾文一起打球的經驗，在某種程度上為我們戰勝他們的比賽奠定了基礎。」

「他們好像無法相信韋弗利高中能擊敗他們，」回憶起父親的球隊，米希如此表示。而比賽的結果讓她好奇，究竟是她哥哥的球隊真的有那麼強悍，還是那天晚上純屬意外。

會議

這個結果不只是為法克斯的女兒米希帶來了疑問。艾弗雷特高中和教練們很快也要處理嚴重的問題了。根據學員們回憶，在比賽結束幾天後、快到聖誕節時，有人偷走了派特．霍蘭德的鑰匙。「基本上我們知道是誰幹的好事。」喬治．法克斯記得。

「我們在對孩子們提出指控的同時，也召開了球隊及其社群的內部會議。」一些黑人成員對這項指控感到憤怒，也有些人對於球隊的方向感到擔憂。喬治．法克斯說，不久後，他們就找來了查爾斯．塔克。「我說：『聽著，老塔，我知道他們把鑰匙拿走了。』」

這場關於球隊方向和彼此間受傷情誼的會議很快便展開。「這就是一切的源頭。」喬治．法克斯回憶著當時說道。

「當時的氣氛一觸即發。」派特．霍蘭德說。

派特．霍蘭德表示，會議的另一部分在討論教練團該怎麼運用強森這名球員，是否有必要更頻繁地把球交在這名高二球員的手中。

「無論如何，他通常都還是會找到方法來拿到球的。」這名助理教練觀察到。

霍蘭德說，希望球隊方針往這個方向改變的不是強森的父母。「不是他爸，不是他的雙親，他們都是很棒的人。」

霍蘭德也從來沒有聽說過強森向法克斯提出，要球隊更頻繁地把球交給他來處理的要求。這位助理教練表示，如果真的有這種對話，也是強森私下在與總教練交談時說的，而霍蘭德認為就算真的有這回事，也沒有被公開討論過。「有些人，像是球迷、認識艾爾文的人，認為艾爾文不該一直待在禁區……很多人都覺得球隊不該這麼打球。」

「我記得喬治說：『嘿，別想跟我討論籃球。』喬治很少這麼生氣……這些自以為認識艾爾文的人，只是球迷之類的人。喬治的意思是：『或許除了塔克以外，這個房間沒有人比我更懂籃球。』」

這次會議原本可能會導致更多誤解的產生，也會令球隊的成長為之中斷，但教練們都記得塔克挺身而出，解除了眾人對教練團的擔憂。這是塔克在凝聚社群支持球隊上的關鍵之舉，這也將帶來名為信任的巨大回報。

在二〇一九年回首當年時，塔克強調，在會議上平息眾人的擔憂以及他所做的其他舉措並不是某個計畫的一部分。他說，他並非每天早上都在想著要挺身做出一些有助於種族融合的事。他不是那種人，只是一個想開心地過生活並試著做正確的事的年輕人。

「這並沒有什麼特別的。」他說，不論是從他自己還是蘭辛學區管理層的角度來看都是這樣。其實，把對的人放在對的位置並相信他們會做對的事，這一直都是管理層的用人哲學。但同時，它對教練團而言也是非常重要的一點，直到五十年後的今天依然如此。

法克斯記得，在塔克的參與之下，會議進行得相當順利。「整個過程充滿了對彼此的尊重，沒有人大喊大叫。校長控制住了局面，塔克也做到了。」

法克斯說，教練們解釋他們必須拿回鑰匙。「我們不是在指控哪個人做了這件事。你知道的，我只想說：『你們很多人來這裡是想討論籃球，但我不是來跟你們討論籃球的。』我說：『塔克博士可能是這個房間裡唯一夠格和我討論籃球的人，因為他對籃球瞭解得很透徹。』這句話可能讓他聽得滿開心的，但這是事實。整個社群接受了我們的話。會議最終順利地結束了。人們的質疑煙消雲散，我們再也沒有聽過有人討論這件事。」

「這場會議堵上了人們的嘴。」派特．霍蘭德回憶道。

在這種狀況中，也展示了強森解決問題的能力。「艾爾文有做事，」喬治．法克斯說，「艾爾文在事情結束後告訴我們：『別擔心，教練，我會把鑰匙拿回來的。』隔天，我們就拿回了鑰匙，便沒有人再追究這件事了。」

這場會議也加深了教練們與塔克之間的關係。至於強森，他不僅幫助學校的老師們度過難關，還用巧妙的手腕幫助教練團在遇到類似的困難時解決問題。

回首往事，法克斯承認，如果當時扮演著塔克角色的人是一名年輕的專業人士，他可能沒辦法處理得跟塔克一樣好，艾弗雷特高中的情況很可能會失控。

「確實可能會這樣，非常有可能，」法克斯說，「派特和我都明白這一點，但我們對塔克有足夠的信任，他也信任我們，所以我們不會走上那條路。當時可能有人質疑我在執教上的表現，我想再說一次，我也因此多次感謝塔克博士。整場會議雖然沒有演變成高分貝的爭執，但我告訴你，剛開始的時候壓力真的很大。」

沒過多久，教練們便注意到塔克開始像是強森的經紀人一樣，靜靜地關注著可能出現的各種問題。而塔克也注意到，教練們在面對球隊需要調整的情況時，都秉持著正面的態度。

「塔克在跟我談籃球時，都表現得非常友善且直言不諱，」法克斯表示，「因為他知道我是一名紀律嚴明的教練，塔克喜歡這樣。他知道我在執教上採取零容忍政策，而且我是一名公正不阿並講究基本功的教練。他說那正好符合艾爾文的需要。」

「艾爾文從一開始就表現得非常好，沒有人能在球場上掩蓋他的鋒芒。」塔克觀察，「你若不是能樂見他成功的人，就只能從暗中下手、在內部從中作梗，影響他的表現。」

塔克補充，教練們很快便接受了強森帶來的影響，但他們必須把重點放在對的地方，而不是根據其他人、其他教練的想法來做決定。反之，他們必須明白年輕的強森是一個才華洋溢的特別球員，他知道如何以一種截然不同的方式贏得勝利。

「球迷會怎麼想、師長會怎麼想、體育記者會怎麼想、其他教練會怎麼想，這些都不重要。」塔克說。

「我們知道塔克站在我們這邊，」法克斯回應，「首先，他是一個非常懂籃球的人，他知道帕克懂，也知道我也懂。他很尊重我。他知道我這一輩子都在打籃球，所以塔克從未插手任何事務。我們可能會在籃球方面做的任何事情上和他討論、告訴他我們打算做什麼，而他不僅完全能體會我們的想法，據我所知，更從未對我們的執教工作發表過負面評論。」

塔克顯然非常熱愛籃球，認為籃球是項神聖的運動，而正是這項運動本身的團隊價值觀，奠定了黑人與白人逐漸融合的基礎。巧的是，年輕的艾爾文也在這個時候隱隱約約地對這項運動的傳統打法發起了挑戰。

塔克認為法克斯很快就適應了強森帶來的潛移默化。這位教練從業已久，深知一名教練在打造一支成功球隊上需要做些什麼。他明白，這些成功只有部分是自己的功勞。有些教練會因為自己小有成就變得意忘形，塔克表示法克斯不是這種人，他還補充，這位艾弗雷特高中的教練也很樂於執教黑人運動員，這是他幾乎沒有過的經歷。

「法克斯適應變化的速度很快，」塔克說，「這就是他成功的原因。他學會了把魔術放在對的位置上，適應球隊裡有四、五名黑人球員的常態，接受了一次必須派超過一名黑人在場上的變化。就算要一次派上兩、三名黑人球員，對他來說也沒問題。他遇到各種情況都適應得很好。就算有孩子對他頂嘴，他也能因應狀況作出回應，他擅於靈活地面對不同的情況。他本來可以直接和他們發生衝突，但這會扼殺他引導球隊邁向勝利的機會，如果他這麼做，就沒辦法幫助球隊贏球了。他的適應能力非常強。」

在短得驚人的時間內，年輕的艾爾文．強森在球場上展現出越來越多的進步。很快，隨著身邊有各式各樣的人在保護他，他也將以加倍的幅度繼續成長。「他確實有點像在保護殼中長大的，」體育記者弗雷德．史塔布利觀察到，「他有母親在身邊關注著他、有父親在身邊照顧他，而且從不間斷。他身邊還有塔克，還有喬治．法克斯。所以他的身邊有四個人把全部精力集中在他身上，幫助他走上正軌。」

微笑時刻

一九七五年的冬季和春季，艾弗雷特高中打出了夢幻般的戰績，連戰皆捷，讓人們輕易地將十二月的不和拋諸腦後。高二的強森選擇在這個時刻破繭而出，正如克雷頓．科沃克預言般地爆發了。回歸球場的第一場比賽，他就狂抓十五個籃板，攻下五次助攻、二次阻攻以及生涯新高的二十七分，帶領球隊以八十二比四十四擊敗天主教中央高中（Catholic Central）。

這種情形逐漸形成了一種常態，在許多比賽的第四節，艾弗雷特維京人隊（Everett Vikings）都取得了令人放心的領先，於是他們的年輕明星便提前下場休息、讓替補球員上場，坐回場邊對隊友露出大大的微笑。

「他在從這支球隊功成身退之前，就會成為一名了不起的球員了。」喬治・法克斯一邊說，一邊露出了無法抑制的笑容。

然而，強森在賽後還是強迫自己皺起了眉頭。「我本應得到更多分數，」他對《州紀事報》的記者包柏・格羅斯（Bob Gross）說，「我錯過了很多從近距離輕鬆投籃的機會。而且我在籃板方面也可以表現得更好。」

接下來的對手是他原本非常想加入的塞克斯頓高中，這似乎又是一場具有象徵意義的比賽，強森攻下三十四分，再次創下生涯新高，其中許多分數都是在轉換進攻中拿下的，對手對此束手無策。同時，他也抓下二十一個籃板，令艾弗雷特高中的體育館「滿得幾乎要爆開了」，記者戴夫・馬修斯說。

就連塞克斯頓高中的球迷也在他要坐回板凳席時為他歡呼。「對塞克斯頓高中而言，唯一的安慰是本來有可能輸得更慘。」馬修斯開玩笑地說。

然而，艾弗雷特高中的二—三區域聯防，才是這場比賽中悄然成長的焦點，這個戰術非常適合這支球隊的陣型。強森顯然是區域聯防中的核心，他扮演了禁區守護者的角色。不僅如此，他的左右兩邊還有六呎四吋的高二球員賴瑞・杭特和六呎三吋的高四球員夏姆韋，這迫使對手只能大量地跳投，或是希望能夠藉由切入製造強森的犯規。

「我們不讓艾爾文獨自去防守任何人，」法克斯回憶道，「我們讓他待在籃框附近，他的數據證明了這麼做比較好。只要有人殺進禁區，他就隨時能夠補防，而且他在補防後能夠很快地回去防守原本與他對位的人。我們馬上就注意到了這一點。於是我們決定，不能讓他為了緊盯某個對手而離開內線，他在內線的表現太出色了。」

法克斯總是要他的球隊努力地防守底線，但有了強森後，他的執教哲學有所改變。「後來，我明白到：『等等，我們有個可以蓋火鍋的擎天柱。』」這名教練回憶道。這個想法讓教練開始覺得，就算對手的得分手沿著底線突破了區域聯防，也不用太擔心，因為籃下還有強森在防守。

正巧，波士頓塞爾提克的偉大球員比爾．羅素教會了美國的教練們，將球輕輕拍給隊友比把球轟出界外有更多的好處。因此，法克斯開始對強森進行阻攻的訓練，鼓勵強森用像羅素一樣的方式來蓋火鍋。「後來我們讓強森改變了阻攻的方式，把手縮成杯狀，這樣就能稍稍控制球，讓他開始能夠把球拍給某人，而不是直接拍出去。」法克斯回想，「於是他開始把球拍回給隊友，在他掌握了這個能力後，為我們的快攻帶來了很大的幫助。」

強森的存在帶來了許多其他的新契機。他的身材吸引了一些球隊對他進行壓迫，但他的體型也非常適合用來洞察對手的防線與破解壓迫防守。

下一場比賽，雖然強森上半場就犯規了三次，艾弗雷特高中還是擊敗了東蘭辛高中（East Lansing）。這讓教練團觀察到另一件事——強森的身材、活動能力都是如此地出類拔萃，對球隊而言，扮演引擎的他十分重要，因此每當他不在場上，其他的隊友們就會陷入困境，這代表他的犯規麻煩也是一個巨大的威脅。

他對東蘭辛高中再次攻下二十二分，同樣是二年級的杭特挹注了二十八分。接著，強森在下一場比賽攻下二十五分、十七個籃板，再次幫助球隊贏得勝利，以六十六比四十七戰勝巴特爾克里克市（Battle Creek）的湖景高中（Lakeview）。這令弗雷德．史塔布利在撰寫報導時不禁如此評論：「有必要的話，他也可以擔任後衛。」

「追求完美的腳步永無止盡，」強森在賽後認真地說，「我必須繼續努力，才能繼續進步。」在接下來與帕克賽德高中再度交手的比賽中，他辦到了。他的三十六分再創校隊生涯新高，並狂攬十八個籃板。

「我喜歡和艾爾文一起打球，因為他不自私，而且能做很多事情幫助球隊贏得勝利，」蘭迪・夏姆韋賽後分享他的見解，「他能在恰到好處的時機傳出絕妙的傳球，而且如果我們需要的是一記關鍵球，也可以依靠他，因為他會幫我們把球投進籃框。我從來沒見過身材像他這樣的球員能做這麼多事。我敢肯定他也可以擔任後衛，而且仍然能打得很有效率。」

在客場擊潰帕克賽德高中後，讓艾弗雷特高中的支持者們在比賽結束時高呼「我們是第一」，這在接下來幾星期會成為球迷們的口號。

對艾弗雷特維京人隊來說，這一連串的勝利是件新鮮事。許多人，如派特・霍蘭德，甚至沒有思考過艾弗雷特高中有贏得州冠軍的可能性。畢竟，上一次有蘭辛的球隊在大型賽事中奪冠，已經得追溯至由克雷頓・科沃克領軍在一九五九、一九六〇年完成州冠軍二連霸的塞克斯頓高中了。

再說，現在先享受當下日益增長的喜悅，似乎比太急於懷抱著野心來得重要。

儘管如此，勝利仍然像有生命般地增生，就像艾爾文・強森的知名度也越來越大一樣。同時，隨著時間從一月進入二月，他也在進行著他的革命，但當時沒什麼人注意到這件事，因為他從來沒有提出過要當控球後衛的要求。

然而他的打法沒這麼沉默。

即使年僅十五歲，他也已經打得像是一名偉大的教練，因為他是一個控制狂，想盡可能地把越多越好的勝利要素握在手中。

他藉由抓籃板、傳球、建立人際關係做到了這一點。他藉由他的打球方式、一種能控制比賽節奏的魔力做到了這一點。甚至，他還推動了這項運動的發展，這一切都遠遠超出了人們對一個十五歲孩子的期望。

儘管他有多麼地想要控球、多麼地想要控制一切，但他從未因此賭氣，甚至很少明確地表達對於控球的渴望。

首先，讓像他這種身材的人來當控球後衛，在當時仍然是不可思議的想法。「加上他最好的朋友都是控球後衛，」喬治．法克斯在二〇一九年指出。當然，這主要指的是瑞吉．查斯汀，他與強森的友情、他的存在感與在防守端敏捷的表現太重要了，不允許強森推動這樣的計畫。

強森能得到機會的關鍵，是他已經能以幾乎前所未有的方式發動快攻。

法克斯說明，他個人對快攻的投入推動了這件事的發展。「因為快攻是我們的主要進攻手段，他的投入讓我們的快攻一直能發揮百分之百的進攻成功率，而不是百分之五十。我們在快攻時，總是嘗試著只用一次傳球就把球送到他的手上，如果可以，我們會盡可能做到這一點。但其實有半數的時間，他都能自己抓下籃板後自行持球推進。」

法克斯引導他的球員把球傳到這位大個子手中，這本身就是一件前無古人的事。這一切都很不尋常，再加上強森為一場例行公事般的高中賽事帶來的驚喜，讓觀眾很感興趣。教練的女兒米希就是被強森的例行表現吸引且一看成主顧的人。她發現自己常常不是去看自己就讀的韋佛利高中的比賽，而是被吸引到了艾弗雷特高中，還把比賽從頭到尾地看完。

「他無論何時都樂在其中，」她解釋，「一切看起來都充滿了樂趣，他讓每個人都能參與到比賽之中，讓比賽變得更有趣。他喜歡施展的不看人傳球，人們都說堪稱是在教大家怎麼打籃球的教學示範，因為，你也知道，他喜歡想出一些很狂的招數。」

她很快就發現自己被每個星期二與星期五的比賽給吸引了。

「就是這麼有趣，」她說，「你無法想像他帶來的能量。你永遠不知道他接下來會做什麼。看他打球真的很有趣。他現在要做什麼？會讓我們看到哪些意想不到的樂趣？那真的是無價的體驗。」

在強森成名之前，學校賽事的觀眾人數就已經在成長了，而在他聲名遠播之後，爭相前來的就不只是艾弗雷特高中的球迷了。她說，整個地區的人都來看他的比賽。「他們就想看看是什麼事情這麼熱鬧。這只不過是高中籃球比賽，但他們卻從四面八方趕來看。體育館裡因為充滿了活力而座無虛席，學生們也越來越興奮。整座球場的氣氛十分熱烈，因為你不知道他接下來會做什麼，而他每次上場總是會有所表現。他總是會為比賽帶來某些樂趣，自己也樂此不疲。你會情不自禁地享受著每一場比賽，這孩子也沉浸在比賽之中，散發出一種『讓我們開始打球，讓我們好好表現，帶給大家一些樂趣吧』的感覺。所以，你在看著他感受著比賽樂趣的同時，也會和場上的每個人一同感受到歡樂之情。」

克莉絲汀

米希記得，喬治．法克斯的妻子與女兒們開始在星期二的比賽期間與克莉絲汀坐在一起，一同享受著這歡樂的氛圍。「我們常常和克莉絲汀一起坐。我們和她越來越熟識。艾爾文的微笑就是從他母親那裡繼承的。」

對克莉絲汀來說，微笑能夠應對各種狀況，包括她需要掩飾一些個人來歷的時候。法克斯一家當時無法理解克莉絲汀．波特來自於怎麼樣的世界，那個世界位於北卡羅萊納州厄齊康郡，幾乎在以所有可能的方式，意圖讓下一代的黑人相信，他們不僅比白人低等，更是低了好幾等，低到被禁止與白人進行任何意義上的接觸。

和魔術強森的母親一起在塔伯羅的高中就學的珊卓拉．瓊斯．金恩說，那是一段既沒有從任何白人身上感受到熱情，也沒有感受到敵意的時光，只是幾乎能從每個生活的層面中感受到或多或少的不公平。

金恩回憶，當地藥局的飲料機是個很吸引人的地方。「我記得很清楚，那家藥局有著華麗的地板和桌子，但我們進去裡面後不能坐著。我們可以進去，點一杯可樂或冰淇淋，但不能坐在裡面。我們只能到店外的街上。所以，當時我們在星期六下午的娛樂活動就是和朋友們聚在一起吃吃喝喝，沿著街走到底再走回來。」

當時的時空背景對黑人青少年而言，既令人惱火，又具有啟發意義。金恩記得，自己曾路過當地一家得來速餐廳，那裡的服務生會把食物放在連結到你汽車的托盤上。在整個南方與美國的其他地區，黑人不能在任何白人開的餐廳裡用餐，但他們可以從後門或是某些地方買到一些吃的東西。所以黑人當然不可以把車開進得來速餐廳，因為這代表白人要服務黑人。

金恩說，只要經過得來速餐廳，就會令她義憤填膺。「我記得我開車經過時，看著白人青少年們開著他們的車進去時感受到的憤怒……對我來說，那真的是一種侮辱。我心想：『為什麼我們不能去？』那裡有音樂，他們似乎玩得很開心。」

去電影院看電影，會讓人受到另一種侮辱。黑人只能坐在樓梯上。多年後回想這些事時，金恩仍不爽地記得，電影院唯一的火災逃生口就在一樓。

就在這個時期，瑪莉·戴拉·詹金斯·波特試著在女兒克莉絲汀瞭解到自己身為一個貧窮的年輕黑人女性，在這個世界上有什麼樣的地位時，分享一些看法給她。「她告訴我，不管人們有沒有錢、或是黑人還是白人，都沒有誰比誰更高人一等。」克莉絲汀曾如此說道，「我從未忘記過這一點。」

她母親的話展示了那個時代的父母亟需的洞察力。「我們不知道有了這種憤怒的感覺後該做何反應。」珊卓拉·瓊斯·金恩在二〇二〇年時說明。

大部分的南方黑人青年都有個延續了好幾世紀的共識，就是盡可能地與白人保持距離。「可以這麼說，你應該待在哪裡，就好好待在那裡。」金恩表示。

克莉絲汀的母親這輩子活在嚴格的種族階級制度之下，即使在社會開始現代化的當下，她的孩子們也依然要面對這個問題。對她而言，這個問題只能用一個主要的答案來應對。「她說，最重要的是相信耶穌、信仰耶穌。」克莉絲汀回想著她母親的話，「每個星期天，她都一定會要我們去教堂。」

二十年後，與這名白人教練一家人的關係，為克莉絲汀・波特・強森帶來了全新的體驗。她熱愛人群，這輩子都渴望於露出自己的微笑、表達自己對人群的熱愛。但從生活中學到謹慎為妙的她，又怎麼可能不保持謹慎呢？

「她非常安靜，」米希・法克斯回想初次與克莉絲汀見面的情形。然後隨著比賽開始，她的兒子會帶來能讓體育館裡的每個人都能感受到的喜悅。

「她會和我們一樣大聲歡呼，」教練的女兒記得，「她不怎麼說話，但，天啊，她當然會為她的兒子加油，然後，老兄，她興奮地擁抱你時，你會知道什麼才是真正的擁抱。我們會站著看球，如果他在場上做出什麼精彩的表現，我們就會擁抱彼此。她會擁抱每個人，和大家歡呼、擊掌、碰拳，你懂的，用各種方式慶祝。」

由於強森打起球來每隔幾秒鐘就會點燃觀眾的情緒，因此就算母親想表現得端莊穩重一點，也幾乎是不可能的任務。

「我們成為了好朋友，」喬治・法克斯回憶道，「我們和他們家也變熟了，但和他媽更熟。我是一名天主教徒，也很守教規，他媽媽注意到了這一點。因此，她和我的妻子成為了好友。我在艾弗雷特高中執教艾爾文時，我會讓我的孩子們坐在我的後面。因為我這輩子都在打籃球，讓我的背有舊傷，坐在硬硬的看台上就會痛，所以需要有東西可以靠。我的女兒會輪流坐在我的後面，用膝蓋頂著我的背。既然你知道自己坐在三、四個孩子的前面，就得好好管束自己的行為。我相信克莉絲汀注意到了，而且由於她和我們家、尤其是我的妻子成為了非常好的朋友，要觀察到這些事就更容易了。」

法克斯記得，他與陣中新球星之間的關係也因此受益。「艾爾文因為這一層關係而少了一些焦慮。他信任我，他知道我懂一點籃球。我與他有許多私下的交流。」

強森很快就以能讓隊友變得更好而聞名，但事實是，他也讓每一名執教他的教練變得不只是更好，更是變得超級好。

「肯定如此，」查爾斯．塔克說，「他就是那麼優秀。而且艾爾文擅於溝通。有些教練指揮過當，想表現得像是比賽盡在他們的掌握之中，因為報紙或他們的一些朋友或同行會把掌控全局的他們吹捧成某種偉大教練的典範。如果你開始相信這種話，你就會搞砸，因為你會做過頭。」

塔克說，喬治．法克斯沒有做過頭。

教練很快就察覺到強森的母親是一位基督復臨安息日會的基督徒。「她不能或不願去看星期五晚上的比賽，」法克斯說，「所以我把幾場比賽改到星期六晚上。我記得我是為了她才這麼做的。我知道她是一位深信基督教的女士，這與我們家和朋友們很合拍，因為他們大多都是相當好的人，擁有共同的價值觀。這就是她喜歡我和我們家的原因。她觀察到了這一點，我相信她因此尊重我們。所以，把兒子艾爾文託付給我令她很放心，她的信任也對我有所助益。」

球迷俱樂部與他們在賽後於學校餐廳舉辦聚會所帶來的活力，也加深了社區中不同種族間的羈絆。隨著勝利一場接一場的累積，活動氣氛也就跟著越來越熱烈。

「球員們走進來時，我們會對他們大聲喝采，因為他們表現得太棒了，」米希說明，「能向他們祝賀、和他們擊掌、對他們拍手鼓勵的感覺真是太棒了。而且這支球隊裡的每個人都是很有禮貌的孩子，他們很有趣也很有魅力，他們會進來和每個人打招呼、聊比賽，每個人都笑得很開心。那真是一段充滿樂趣的時光。」

「艾爾文身邊總是圍繞著四、五個人，」她補充，「因為他一直是個有著強大領袖氣場的人。他們會花時間向我們致意。整支球隊的孩子我們都認識，因為他們賽後不會馬上離開，會留下感謝球迷和家長的時間。所以這很有趣，而要是他們餓了的話，我們也準備了免費的食物。球迷俱樂部會準備很好吃的零食和汽水，這些籃球選手們能吃一大堆，所以他們會進來吃。而且他們不會吃完後匆匆離開。這更像是一種社交場合，孩子們會四處走動。」

的確，在球季進行的短短幾個月裡，有些事情正在發生。

黑人和白人一起享受這段時光，一起享受他們共同獲得的成功。「這是一個團隊，」米希．法克斯說，「這是一個真正的團隊。」

就連滿腔怒火的賴瑞．強森也加入了這個團隊。艾弗雷特高中的年鑑記載，高四的他悄悄成為了學校打氣加油團的一員。

「他變成了我們的朋友，」喬治．法克斯在二〇一九年時說道。

「他適應了這個環境，」塔克說，「他留在了學校，這對他而言不是問題了。」

第九章 好戲上場

艾爾文・強森適應艾弗雷特高中的進展的確讓人驚喜，但這並不代表這是一趟無憂無慮的快樂之旅。有一些球員一直在抱怨，說強森在那個球季沒有停止過對他們的冷落，這些風聲也會傳回到教練耳中。喬治・法克斯和派特・霍蘭德每天都能看到他們的球員在與強森的球風磨合時遇到棘手的情形。在強森的整個職業生涯中，他一直都不能容忍隊友在自己傳球時沒注意到、沒接好或發生失誤。如果有人的手沒那麼靈巧，他很快就會被列入強森的黑名單。

「當時的艾爾文年僅高二，你根本沒想到這孩子能傳出這種球，」喬治・法克斯說，並補充表示在球隊進行的多次傳球訓練中，他都不斷提醒跑在兩邊的球員隨時要回頭注意。「我告訴那些在訓練中跑戰術的球員：『嘿，大家，球什麼時候會傳過來都不要驚訝，別被球打中後腦了。』」

隨著教練團察覺強森能夠在全場快攻中持球做出非凡的表現，球隊的跑轟戰術便在第一個球季就成形了。

「至少在我有生之年中，再也不會看到有人用這種方式打球了，」派特・霍蘭德在二〇一九年時說道，「很難能再看這種球員了，這種打法只能用美來形容。很多人不明白，需要費多少苦工來訓練，才能讓每個人在正確的時間出現在正確的地點。這是一名多麼令人夢寐以求的球員，他能夠傳出穿過人群的地板傳球。」

如果沒有不斷努力，這一切都不會發生。首先，他擁有一項被名人堂教練泰克斯・溫特（Tex Winter）認為，對真正偉大的球員來說至關重要的特質——完美主義。他似乎從不滿足，始終專注於自己還需要做什麼才能進步。因此，強森從小就在訓練時展現出自動自發且熱愛訓練的精神，且不會固執己見、自以為無所不知，喬治．法克斯表示，這個因素對訓練中的氛圍與比賽中的表現來說十分重要。

「在艾爾文的某些表現上，我可以居一點功，」這名教練在二〇一九年時回憶道，「我確實認為自己讓他成為了一名更好的傳球者。因為我們進行了大量的傳球訓練，他也在傳球上變得越來越有效率，這針對他的傳球方式上進行了一些調整。我確實覺得自己幫助他在傳球的技術做了一點微調，但話說回來，這方面他也不需要別人指導就是了。」

「在我的記憶中，他是個求知若渴的球員，」派特．霍蘭德說，「他不會擺出那種『我早就知道了』的態度，絕對不會。我們要進行很多訓練，每一項，他都全力以赴。我還要補充，在我們解釋某件事情時，他會全神貫注地聽。這會為整支球隊帶來良性的影響。你可能覺得我在誇大其辭，但的確很難想像有一名球員如此渴望於獲得籃球的知識、如此熱愛這項運動。」

這包括在比賽前走進體育館，吸一口剛炸好的爆米花香味，這是強森喜歡做的事情之一。「他想在每一個夜晚都沉浸在比賽的氣氛中。」教練團在強森上一軍的第一個球季發現了他有多少能耐後，令霍蘭德相當吃驚，而在他們並肩作戰的三個球季間，強森的個人特質都不斷在發揮極強的感染力。在看強森打球時，總教練總是對助理教練們一而再、再而三地說：「我真是不敢相信我的眼睛。」

法克斯觀察得越多，就越想在訓練中創造出能與他在球場上所見的強森相仿的情境。「在觀察他並瞭解他的技術後，我進行了大量的傳球與快速長傳訓練，而我對他的吸收能力與進步幅度感到非常驚訝。」

霍蘭德對法克斯設計的許多訓練方式印象深刻，這些訓練都是為了培養強森本來就已經非常出色的控球與傳球技術。其中一項訓練，是讓他獨自一人帶球與其他隊友們對抗的同時保護球權。在進行這項訓練時，會用到包括看台在內的整座體育館。在一群人為了從他手裡把球抄走的追逐之下，強森在體育館裡四處移動。這位助理教練回憶道，光是看到強森和他的隊友們在進行訓練時，因為做些傻事而開心地打鬧，就是一件值得一看的事。

霍蘭德說，有趣的是，回顧當年，這支有強森在的球隊並不以逼迫對手失誤的打法為主。「我們從不靠壓迫對手來快攻得分，從來沒有，一次也沒有。我們的快攻都是從抓下籃板後開始，然後我們就往前跑了，你知道的。但是這些孩子們為了做好這件事下了很多苦工，這樣才能在兩側推進時跑在應該出現的位置上。」

這很像美式足球中四分衛與接球員配合時在拿捏時機點的感覺，只不過強森不是執行固定的戰術，而是在感受比賽的節奏，在跑動中即興發揮，這會讓看過強森打球的數百萬人聯想到爵士樂。而在許多年後談起自己的打球方式時，他也的確是常常將它形容成音樂。「我的音樂。」在多年之後，他常常這麼說。

「別跑太快，」教練會如此告誡他的隊友，「跑太快的話，你會在應該就定位之前就跑到那個位置。你要在只需要運一次球或根本不用運球的節奏下得分，這是我們的目標。」

為了把球傳給天賦不如他的隊友們，強森不得不調整自己的傳球方式，這顯然為他日後的職業生涯做好了準備，屆時他的身邊將出現能氣勢萬鈞地完成快攻的優秀球員。

這一進化的開端，顯然是強森自己在場上的親身經歷，但在執教他的第一批教練團發現他必須控球時，才真正地在正式的籃球比賽中引爆了進化的火種。

雖然這些訓練顯然對強森有幫助，但主要目的大多是為了幫助他的隊友適應強森的球風。「每個孩子都必須學習，」霍蘭德說，「而且他們學得很快。只要球在強森手上而你處於得分的有利位置，你就拿得到球，所以你最好做好接球的準備。」

那年還有個二年級球員、又瘦又高的保羅·道森（Paul Dawson），他的身高有六呎七吋，但接球手感很差，差到教練們起初想把他留在二軍。但他長長的雙臂和大大的潛力，讓教練還是決定把他升上一軍，讓他每天對著牆壁傳球，或者和球隊經理進行傳接球訓練，藉此鍛鍊他的手感。透過這些額外的個人訓練，道森將成為艾弗雷特高中在未來披荊斬棘的重要成員，在他的二年級球季快結束時，他開始展現出巨大的進步。

「道森這小子，他學得很快，」霍蘭德說，「應該說，大家都學得很快。」

強森也是。法克斯回憶，強森和許多年輕的大個子球員一樣，一開始不太擅長在籃框附近背框單打。「我就說：『艾爾文，我們得好好訓練你的背框單打。』他回答：『好的，沒問題，教練，我也有這個打算。』」

隨著籃球比賽中黑白融合的情形越來越普及，制定規則的人開始禁止球員在高中和大學比賽中灌籃，這進一步強調了在籃框附近擦板投籃得分的傳統基本功。球員們通常對這種基本功抱持著抗拒的態度，但當法克斯試著加強這些基礎訓練時，強森卻樂於接受。

在二十一世紀，籃球被徹底改造成一種以數據分析與三分球為主流的運動，並從數據的角度指出背框單打是一種低效率的打法。引領這個潮流的主要人物之一、美國職業籃球教練麥克·丹安東尼（Mike D'Antoni）曾說，這個問題的一部分原因是教練不會教，另一部分是球員們也學不會。

但在艾爾文·強森與喬治·法克斯的這組案例中，並沒有發生這樣的情形。他們努力地練習了背框單打，這是在低位作戰的關鍵。其中，法克斯也特別堅持，要強森在籃框附近出手時投擦板球。「我真的有在好好要求這一點，讓他能夠穩穩投進擦板球，」這名教練回憶道，「在那個時代，很多孩子忘了有籃板的存在。」

強森透過自己的努力，掌握了如何在離籃框十五呎的範圍內進攻的知識，包括了所有的禁區步法，和如何在轉身時找到最好的角度、利用自己的身高優勢投籃得分。就和一九六〇年代的比爾·布拉德利（Bill Bradley）一樣，如《知道自己所在何處》（*A Sense of Where You Are*）一書所述，他也是用這種方式確立了自己的打法。

法克斯補充，這最終讓他在高位成為了一個強大的武器。「他能夠低位單打，然後邁開漂亮的大步切入籃下，或者在高位區域投出十五英呎的跳投。他能夠確實地找到好的角度並把球投進，他也常常先是站定不動、接著在踩出一大步後翻身跳投。這幾乎已經成為了他不用思考的反射動作了。你日後會記得，他加入湖人時，總是能夠投進擦板球，穩穩地得到分數。」

灌籃或許已經成為了違反規則的行為，但這種強力的得分方式，在一九七〇年代的大多數球員心中仍是一個試金石。「在高中比賽中灌籃是違規的，」法克斯說明，「我記得艾爾文有一次從高位區域朝著籃框邊跑邊運球，大概運了兩、三下後把球扣進籃框。於是，我就說：『嘿，艾爾文，過來一下。』我在籃下放了一顆球，然後告訴他：『你站在這裡，直接伸手把球撿起來後灌進去。』他沒辦法。他跳起來後，只能拿著球碰到籃框。當然，當時很多朋友都在笑他，但他很快就做到了。我永遠不會忘記這件事，過沒多久，就看到他一個人在籃下練習灌籃。你知道嗎，過了幾天後，他就把球灌進去了。這件事對我而言永生難忘。」

強森能夠展現出這些進步，都是因為他與生俱來、過於旺盛的好勝心。「從我第一次見到這孩子時，就可以明顯地看出這一點，」法克斯說，「艾爾文是個很好勝的人。」從他和朋友在午休時間玩撲克牌時就能初步看出這個跡象，不久後，大家都知道他是個想贏到有點瘋狂的人。法克斯會知道這件事，是因為學生們很驚訝強森這麼癡迷於勝利，然後跑來告訴教練。

「他就是不想輸。」教練說。

由於隊中兩名教練的罰球都很準，他們開始和球員比賽，並以奶昔和汽水作為獎品，這為訓練帶來了一些刺激。後來他們比賽的項目越來越多，包括從各個距離出手的準度。「我那時的立定投籃還滿準的，」談起在這項運動中早已過時的投籃方式時，法克斯如此說道，「我可以靠站著投籃從他們所有人身上贏到奶昔。我還會拿這件事來刺激他們，但他們進步得很快，因為他們想在罰球或弧頂位置的投籃比賽中打敗教練們。」

看來強森單手把球推出去、幾乎跟立定投籃沒什麼兩樣的投籃方式，可以合理的認為就是受到教練的老派投籃姿勢所影響。

有一天，法克斯又對著強森火上加油，好像覺得他原本還不夠積極好勝一樣。他告訴強森，多想想蘭辛市以外的世界。

「我告訴他，在這個國家的某個地方，說不定有個孩子和他一樣是個六呎八吋、六呎九吋的大個子，而且還比艾爾文更努力訓練。後來艾爾文告訴我，他遇到賴瑞．柏德時，便明白我的意思了。」

終局

在一九七五年二月到三月間，艾弗雷特維京人隊一路擊敗了所有的對手晉級州錦標賽，隨著球隊拿下的勝利越來越多，艾爾文．強森的笑容也跟著越來越燦爛。那時，弗雷德．史塔布利和他在《蘭辛州紀事報》的同事們常常在報導中提到艾爾文．「魔術」．強森。他們在一月底痛擊希爾高中後，讓維京人的戰績達到了十一勝一負，並在中央南部分區取得七勝零敗。

緊接著，他們要在二月初與傑．文森領軍的東區高中震顫者隊（Eastern High Quakers）交手。這名六呎五吋的二年級前鋒已經變得更強壯，且具備更多在籃下進攻的手段，這讓他在最近一場比賽中攻下四十一分。這甚至不是這支球隊在該季的單場球員最高分，他在東區高中的隊友、日後也在密西根州大打球的高四球員葛瑞格．洛伊德（Greg Lloyd）在一場比賽中攻下了五十一分。

這場比賽原本表定在東區高中進行，但為了滿足更多球迷的需求，改在天主教中央高中更大的體育館舉行。天主教中央高中的球場可以容納兩千人，儘管最後有兩千三百名球迷到場，主辦方還是設法將他們塞進了每一個角落。以一點五美元巨資買下門票的他們，將能見證艾爾文．強森的籃球生涯中，第一場真正意義的大賽。

靠著洛伊德豪取五十一分的加持，震顫者隊在上一次來天主教中央高中比賽時攻下了一百零九分，整季也已經有八次攻下了八十分以上。

然而，球隊的火力並不總是能夠轉化為勝利，他們九勝六負的戰績便是證據。這與注重防守的艾弗雷特所取得的成功形成了鮮明的對比。

「我們打了十三場比賽，在其中的八場比賽，我們的對手沒有得到超過四十分。」喬治．法克斯在接受《蘭辛州紀事報》採訪時這麼說。

顯然，這場被預期是一場大戰的比賽真的很受矚目，因此也為強森帶來了籃球生涯首次比賽有廣播轉播的體驗。「你能想像嗎？」喬治．法克斯在賽後告訴記者，「事實上，還有人在賣黃牛票。」

艾弗雷特高中掌握了整場比賽的節奏，但他們直到最後一刻才拉開夠大的差距、擺脫對手的糾纏。強森攻下全場最高的二十六分，並抓下二十個籃板。葛瑞格．洛伊德出手二十八次，投進十球。

在兩隊大部分時間都在與對手展開激戰時，艾弗雷特高中在第四節終於取得了六分的領先，並在比賽快結束時以六十三比五十八領先。但是東區高中連得四分，比賽最後幾秒，瑞吉．查斯汀獲得了「有一才有二」（one and one）的罰球機會。*他的罰球沒有命中，不過蘭迪．夏姆韋搶到籃板，讓艾弗雷特高中最終以六十三比六十二勝出。在贏得這場勝利後，維京人隊的戰績提升到了十三勝一敗，在該州的頂尖球隊中排名第五。

* 譯註：第一球罰球罰進後，才能獲得第二次罰球的規則。

從那之後，他們一路在二月高歌猛進，奪得了該分區的例行賽冠軍，然後在州錦標賽季後賽的種子排序中，他們意外地與韋佛利高中再度碰頭，這讓他們發出了一陣歡呼。「抽籤結果出來後，艾爾文看到我們兩隊在同一個賽區時非常高興，」蓋瑞・法克斯說，「他知道報仇的機會來了。」

韋佛利高中的卡位技巧不會再次奏效。「那時他已經想出辦法了，他只需要先做一或兩個試探步，然後突然啟動，就能夠甩開和他對位的某個人，」蓋瑞・法克斯說，「我們能夠暫時跟上他，但在我們試著稍微增加一點壓力時，他便輕鬆地穿過了我們的壓迫防守，就好像我們根本不存在一樣。」

比賽結果是九十一比五十三，強森攻下二十九分，能夠修理這支在例行賽中唯一贏過他們的球隊，顯然讓他很高興。贏得這場勝利後，也讓他能夠和文森與東區高中在分區錦標賽冠軍賽中再度交鋒。這一次強森和他的隊友們靠著罰球贏得了冠軍，他們獲得了驚人的三十九次罰球機會、命中三十一球。最後一節攻下十四分的強森最後攻下二十六分，幫助球隊以八十三比七十六贏得勝利。

《巴特爾克里克詢問報》（*Battle Creek Enquirer*）的記者包柏・拜英頓（Bob Byington）聽說了強森令人驚嘆的表現後，便決定去觀看這場比賽。「強森主宰戰局，完全掌控了比賽的流向，」他在一年後回憶道，「他巧妙地運球，突破了東區高中的壓迫。他把看似根本沒有看人、自己人看了也會吃驚的傳球傳到隊友手中。他在做出這些表現的同時，流露出一種沉穩的自信與一絲才華。我已經很久沒有在任何級別的比賽中，看到有球員能像他一樣支配比賽了。」

維京人隊挾著二十勝一敗的戰績前往卡拉馬祖市，參加在西密西根大學舉行的地區錦標賽。他們將與巴特爾克里克中央高中（Battle Creek Central）交手。這支球隊的教練查克・透納（Chuck Turner）偶爾喜歡在比賽開始前、對手排成一列準備進行上籃訓練時，一直盯著對手最好的球員。

「我只是在熱身時注視著他們，」透納在賽後對艾弗雷特高中的教練團坦承，「我只是瞪著他們，想說說不定能讓他們動搖一下。所以，艾爾文．強森出現後，我就一直盯著他不放。」

強森再度排進準備上籃的行列中時，透納告訴派特．霍蘭德：「他走過來拍了我的屁股，然後說：『教練，最近還好嗎？』這時我就知道，我們要被痛宰一頓了。」

擊敗巴特爾克里克中央高中後，艾弗雷特高中的對手是「強大」的本頓港高中（Benton Harbor），這場比賽令包柏．拜英頓更加吃驚了。「如果你想看看什麼叫令人瞠目結舌，」他說，「就來看看全場最高的球員在場上穿針引線，輕鬆地甩開更矮小且本應更靈活的球員吧。強森整場比賽都在這麼打，每次他在場上持球推進，都是一場新的驚奇之旅。我想，艾爾文．強森的魔術光環就是從這裡開始發光發熱的。」

拜英頓說，他在報導州錦標賽時，遇到許多被這位高高瘦瘦的二年級球員的非凡球風給「迷住」的人。「艾爾文．強森是個引人注目的人。」他說。

這位巴特爾克里克報的記者在賽後找到法克斯，詢問他關於這名最與眾不同的球員的事。這名球員似乎總是會在離開球場前特別向對手的教練與球員致意、肯定他們的表現。

「他真是個了不起的孩子。」這名教練立刻回答，臉上的微笑也透露出自己是多麼地欣喜、多麼地清楚與這名千載難逢的球員共同打拚是一種「美夢成真」般的經歷。

艾弗雷特高中以二十二勝一負的戰績，進入了在密西根州傑克森市舉行的州八強賽，對手是該州排名第五的迪爾伯恩福特森高中（Dearborn Fordson）。艾弗雷特高中排名第四，而排名前三的球隊中已經有兩隊遭到淘汰。強森看起來很有機會在上一軍的第一個球季便奪得冠軍。

在比賽還剩六分多鐘時，維京人以五十一比三十八領先十三分，看起來能鎖定勝局。那個時代沒有進攻時間限制、沒有三分球，實在沒有輸球的理由。

除了罰球。在最後階段，強森和隊友們錯失了五次「有一才有二」的罰球機會，其中有兩罰是強森失手的。在迪爾伯恩曳引機隊（Dearborn Tractors）猛烈的壓迫防守並對持球者雙人包夾之下，艾弗雷特高中在四分鐘內還出現了七次失誤。

在比賽還剩二十二秒時，迪爾伯恩隊取得了五十六比五十五的領先，艾弗雷特高中不得不犯規，對手罰球沒進後，強森抓下籃板，給了他的球隊執行最後一擊的機會。

然後，強森要求暫停。

但他的球隊已經把暫停次數用完了。

因此，這給了對手用兩次罰球終結比賽的機會，最終比數是五十八比五十五。

「維京人徹底崩潰。」《蘭辛州紀事報》隔天早上的頭條如此寫道。

「我們在那場比賽中的罰球表現有如作繭自縛，」法克斯在二〇一九年時回憶道，「真令人難過，我們在最後一節錯過了五次『有一才有二』的罰球機會。我們已經勝利在望，他們只能對我們用犯規戰術，是我們失手了，不然他們沒辦法追上我們。」

「我們比迪爾伯恩福特森高中更強，」這位教練繼續說，「除了福特森高中，每個在場的人都知道我們更強。勝利本該屬於我們，如果我們贏了，我們很可能會贏得州冠軍。」

畢竟，州排名前幾名的幾支球隊都已經被淘汰了。

「這是件令人難過的事，」派特・霍蘭德回想著強森的煎熬時表示，「他只是個高二的球員。我們走進休息室時，他不想把衣服穿好，而是一直坐在那裡，只想沉浸在這份痛苦之中，你知道的，他不想忘掉這有多痛。最後，我們說：『艾爾文，我們得走了。』他說：『好吧。』」

幾分鐘後，一名新聞攝影師走進休息室，拍下了穿著便服坐著的強森與站在他前面的法克斯雙手抱頭、依然不敢相信這個結果的照片。

「我還把那張照片留在某個地方，」法克斯說，「我永遠不會忘記。我永遠不會忘記我那時和艾爾文及其他的隊友們一起靜靜地坐在板凳上。」

「我從來沒有看過艾爾文難過到笑不出來，不管發生什麼事都不曾看他這麼難過，直到那時才見識到了，」派特．霍蘭德說，「他真的很難受。」

儘管這名助理教練明顯還沒有想過艾弗雷特高中原本很有機會贏得州冠軍的事實，但強森和瑞吉．查斯汀顯然不只是覺得有點機會，更是一直相信他們可以。這就是為什麼他們會對球隊的潰敗感到如此沮喪了。他們的眼淚就是這個問題的答案。

在賽後的休息室裡，弗雷德．史塔布利站在強森的身邊。「這次的失利只會讓我更加努力，」他承諾，「我不喜歡輸的感覺。我們這個球季的優異表現已經超出了我的預期，但它原本不應該在今晚結束的。」

回顧起這個令他感到屈辱的時刻，這產生了一個關於艾爾文．強森人生軌跡的問題。如果艾弗雷特高中在他高二那年贏得州冠軍，會讓他的人生有什麼樣的改變？即使沒有贏得這座冠軍，他們先前取得的成績也足以像美斯感恩節大遊行*的花車一樣，令任何人的自負像氣球一樣膨脹。

一名十五歲的少年被拜託幫忙平息新學校的種族糾紛，接著在他開始打籃球後便立刻在報紙上被冠上了「魔術」的稱號，球隊也開始取得耀眼的成果。經歷了這一切，會對他帶來什麼影響？如果真的讓他的自尊心膨脹、甚至擴張到可能讓人難以忍受的程度，不也是情有可原嗎？儘管這起事件引發熱烈迴響的範圍僅僅是在該州的首府之內，但它再怎麼說還是造成了轟動。這樣的事態發展可能在一瞬間摧毀任何球隊的化學效

---

* 譯註：由美國美斯百貨公司自一九二四年起主辦的感恩節遊行活動。

應，尤其是一支還在摸索種族間該如何相處的球隊。

「從來沒有發生過這樣的情形。」派特・霍蘭德說。

當時，被問及他的高二生活在短短幾個月中發生的驚人變化以及它帶來的知名度時，強森回答：「我從來沒有把這些知名度放在心上，我總是讓這些人們口中的話題從我左耳進、右耳出。我的父母幫助我養成了這種心態。這就是我。我喜歡在球場上展現自己，而不是用嘴巴說說。」

回首當年的情況，戴爾・比爾德在二〇一九年時低聲說道：「艾爾文在十六歲便成為了蘭辛市的重量級人物。十九歲的他，將在洛杉磯呼風喚雨。」

法克斯當時就觀察到，在強森的眾多天賦之中，最重要的或許是他的心態。毫無疑問，他的心態和家庭成為了一股助力，幫助他面對這份突如其來的巨大影響力。

當然，他最喜歡的藝人之一，麥可・傑克森（Michael Jackson），當時就已經是在普羅大眾間非常有影響力的黑人青少年。

可以說，艾爾文・強森也在以一種鴨子划水的方式，逐漸成為當時在美國另一位最有影響力的黑人青少年。

查爾斯・塔克記得，強森本人顯然也感受到了這一點。「艾爾文很清楚正在發生的每件事，他泰然自若且怡然自得。最重要的是，當時，他的父母帶給他很強烈的正面影響。」

其他人也同意。「他受到了源自於父母的影響，也受到了兄弟姊妹的影響，他們也都是非常守規矩的人。」他的朋友兼隊友戴爾・比爾德分析，「這是某種在他內心深處根深蒂固的特質。」

看著這一切，讓史塔布利想到，在老艾爾文要早早起床去開垃圾車的清晨時分，不論十幾歲的強森是精神飽滿還是想要賴床，他的父親都會告訴他：「不管怎樣，你都要去。別人叫你魔術強森又怎樣，你就是要去，寶貝。」

霍蘭德記得，就在那段時間，教練們也很仔細地觀察球隊的反應，也向強森的隊友們提出了同樣的問題。「他們說：『不會，和他一起打球的感覺很棒。』重要的是，艾爾文並不在乎自己的表現。他會得很多分，只是因為他一直有得分的機會。但這不是他的目標。我可以很有信心地說，在比賽開始時，他唯一的目標就是盡其所能地贏得勝利，而孩子們也都愛上了和他打球的體驗。」

「他能做很多事情，」法克斯說，並補充這種情況本來可能會引起麻煩，但結果卻恰恰相反。「他也能幫隊友做很多事情。所以，他們對他會有什麼感覺便不言可喻了。」

「我覺得隊友們對他的感覺，有更大的部分是對他的表現心存敬意。」史塔布利指出，「有些事情，我甚至不知道他是怎麼做到的。在我與他相識的五年來，我看了大概九十到一百場他的比賽，我覺得他知道自己是怎麼做到的，但我不認為其他人能看得出他的手法。」

雖然他身邊的人們可能無法完全參透他施展的神奇法術，但這並沒有阻止他們渴望並羨慕這項從高二球季便在他身上初露鋒芒的才華。

「他在抓下籃板、開始快攻時，就是好戲上演的時刻，」弗雷德．史塔布利回味著艾爾文．強森打球的情形，「其他隊友們就會像賽馬一般起跑，然後艾爾文便快馬加鞭地在場上持球推進。」

一旦發動攻勢，他接著就會露出笑容，他的酒窩讓臉頰高高鼓起，露出閃亮的牙齒與無法抑制的喜悅之情，然後與人擁抱和擊掌。

「你知道嗎？」史塔布利談起強森這段在蘭辛的少年歲月，「我不認為他有展現出任何負面的一面。他總是彬彬有禮、露出燦爛的微笑，他上了大學、進入ＮＢＡ後，也都一直露出這個熟悉的笑容。我總覺得，他不僅知道自己比你強，還要秀給你看。」

他的外表很容易讓對手誤判了他在競爭中的殺手本性。只有觀察力最敏銳的人們才能偶爾在他微笑時發現，他的眼睛四周似乎繃緊著神經，透露出他隱藏著某些事情，就像他的老爸一樣。

「他有著和藹可親的微笑，但在籃球場上可別擋了他的路。」史塔布利表示，這是一種無聲無息、經過巧妙算計的策略，好讓人們錯估他的本性，就好像人們也低估了他的父母。「他的笑容掩蓋了他內心深處的驅動力。除了極具自信之外，他還擁有著滿腔的熱情，這在籃球場上與場下都是他的財富。但或許，他在籃球場上綻放開來的這種特質更具魅力。」

一九七五年，對坎多利、普羅菲特、楚普以及蘭辛學區的其他教育管理人員來說，基本上可說是收穫滿滿的一年。

「艾爾文不在乎人種的差異，」霍蘭德記得，「他從來不在乎你是黑人還是白人，這不重要。他盡自己最大的努力幫助黑人和白人的孩子們團結一心，他在這方面所帶來的助益遠遠超過你對一名學生的期望。」

「艾爾文基本上憑一己之力改變了這裡的文化，」塔克指出，「他非常專注於籃球上，但他還是在這裡交到了朋友。艾爾文不是那種會勉強你和他來往的人，但他夠友善也夠聰明，如果你們因為善意而一拍即合，他不會因為你的種族與他相異而心生牴觸。艾爾文是個幽默風趣的人。」

「人們會情不自禁地愛上艾爾文．強森，」霍蘭德回憶道，「甚至到了現在也很難描述箇中原因，你懂的。」

第十章　自然嗨

在接下來的幾個月，球隊和自己在州錦標賽所嘗到的慘痛失利，將持續在艾爾文．強森的生活中折磨著他。但他看起來並沒有因此打算放棄籃球，完全沒有這回事。整個一九七五年的夏天，他到處參加比賽，只要有比賽可打，他就會參加，通常查爾斯．塔克也會陪同。

「球季一結束，艾爾文就不再處於我們的管理之下，那就是塔克能幫上大忙的時候，」喬治．法克斯回憶道，「他一直和艾爾文待在一起，告訴他去哪裡、做什麼。只要他知道艾爾文人在派特和我這邊，他就不會插手。」

這個時代的危險無處不在，在嬰兒潮時代出生的人們已經變成青少年，他們開始把狂歡派對當成稀鬆平常的事情，甚至看成一件重要的事。一九六〇年代後期，年輕人們在美國掀起了一股潮流，但直到一九七〇年代，全國各地才真正感受到這股變革帶來的變化。隨著娛樂性毒品的銷售管道越來越多，人們嘗試它們的情形在美國中部的小鎮與城市中變得越來越普遍，這些藥物也從街頭逐漸滲入了學校。

在蘭辛市東南方、車程時間約兩小時的底特律，已經深受濫用藥物的風氣摧殘。這一趨勢也影響到了競技體育，從高中到職業的球員們在嗑嗨的狀況下比賽的傳聞在四處默默流傳，有人抽大麻、吸食安非他命或古柯鹼，甚至還有人服用迷幻藥。

這是一個什麼都要嘗試一下的時代，因此這些藥物對全國各地的學校行政人員們來說是個全新的考驗，他們也爭先恐後地想摸清它的底細，並找出如何與這個趨勢對抗的方法。大多數新的文化都與流行音樂有關，街頭毒品生活成為不斷出現在廣播播送中的歌曲主題，當時的廣播依然是一個流行且極具有影響力的媒體。在高中校園裡，吸毒往往與受歡迎程度有關，「酷小子都嗑得很嗨」這句話，就是這一觀念的體現。

有很多這一代的人，很快就會發現自己的人生被毒品給毀了。年輕的強森被視為擁有超齡的成熟與智慧，然而這不會讓長輩們因此放鬆對他的看管。教練們和塔克擔心的是強森身邊的朋友們，這些人有部分是有可能把這名正在嶄露頭角的年輕球星引入歧途的壞人。強森日後會開始和某些人斷絕來往，但這需要時間。

「塔克試圖讓艾爾文與很多以前的朋友保持距離，因為他不希望他們讓艾爾文惹上麻煩，」法克斯記得，「他這麼做是出於好意。那群人，他們和艾爾文的關係匪淺。有些人和他從小一直到密西根州大都是同學，有些人和他是德懷特．瑞奇中學的老同學，和他一樣也在艾弗雷特高中上學。他們大多是一起長大的兒時玩伴。」

強森成功避免了讓日益興盛的毒品非主流文化成為他少年生活的核心。

「這也要歸功於塔克，」法克斯說，「球季結束後，塔克真的有好好管住艾爾文，因為我聽到艾爾文的朋友們中有人抱怨說：『嘿，我甚至再也找不到艾爾文了，塔克讓他把每個人都拒於千里之外。』好吧，或許這在那時可能是件好事。」

時間會證明，這些人之中有許多人對強森來說，就算繼續保持聯絡也沒有害處。但如果這個時代成為了嘗鮮與派對盛行的年代，那麼教育者和父母在此時戒慎恐懼、極盡小心之能事也就不奇怪了。

顯然塔克不只是一名教育專家，也扮演了強森的監護人。這位心理學家自己也坦承，當時他已經深深地「愛上」了強森一家，認為與自己理念相近的他們反映了自己的價值觀，也就是對於籃球的熱愛，以及用堅定的耐心對抗在四處都顯而易見的種族歧視。

這份愛的中心，是那名擁有令人驚嘆的天賦、微笑中隱藏著鋼鐵般意志的少年。「艾爾文並不是個完美的孩子，」塔克說，「艾爾文很堅強，但又比堅強更好強。我這麼說好了，他才剛接觸籃球沒多久，就想和我互別苗頭了。」

強森的朋友戴爾．比爾德說明，塔克有影響到他，但影響他更深的另有其他要素。「在大環境中有些誘惑存在，但我們離這些誘惑遠到根本不可能陷入其中。」

換句話說，引導著強森的決定性要素，是他的家庭、他自己強烈的好勝心與他的社群。他的目標一直都鎖定在贏得勝利上，似乎對任何可能影響這個目標的障礙都不屑一顧。

包括他自己在內的許多人都說，少年時代的強森認為的快樂，就是和朋友一起歡笑、跳舞和歌唱，這一切都源自存在於他內心深處、自然流露的喜悅之情，不需要太多外物的刺激，就能將它釋放出來。

當時有個常見的詞彙是「自然嗨」（natural high），出自於血石樂團（Bloodstone）的一首流行歌曲。強森似乎就是典型的「自然嗨」。

他與密西根州大的天才球員泰瑞．法爾洛的關係日益密切，但泰瑞是一個儘管當時還未被察覺，但確實存在的潛在威脅。在他與強森初次相遇的短短五年後，後來成為ＮＢＡ球員的法爾洛在職業生涯正要起飛時，就因為在吸毒的泥淖中陷得太深而英年早逝。

強森和法爾洛在認真訓練的態度上很合得來。

「我從來沒有見過有年輕人像泰瑞．法爾洛一樣，努力地在培養自己的球技，」強森在二〇一九年時回憶，「如果泰瑞沒有去密西根州大……當時的我還是個剛進高中的小鬼，他常常跟我說『來跟我見面』後，約我去一個被我們稱之為老人體育館的地方。」

從事後的角度來看，法爾洛的生活就像是強森在平行時空中可能會遇到的現實。這位來自密西根州、極具天賦的球員，讓那些塔克極力阻止強森接觸的非主流文化進入了他的生活。

「我們一起練球時，他會以十五比零的比數修理我一頓，而且是被打得毫無還手之力的十五比零。」強森說，「我低下頭來時，他會告訴我：『把頭抬起來，我本來就有以十五比零戰勝你的實力，你要是沒辦法反擊，就會一直被我修理。』這真的讓我很氣，發生在你身上，你也會生氣對吧？但因為他，我的球技進步了，隔年我回來再和他交手時，他只以十五比二打敗我。他說：『看，你變強了。』然後，我們就接著打下去。」

強森將會永遠珍惜這段與法爾洛單挑的回憶，這在他球員生涯的成長過程中發揮了重要的作用。法爾洛帶給了他高水準的較量，還能從中提供即時的意見回饋並幫助他成長，這對一名十五歲的天才少年而言產生了難得的作用。

同樣重要的是，法爾洛在他青春期成長階段中也扮演了重要的角色。法爾洛會帶年輕的強森參加大學派對，不需要付入場費就能進來的他會左摟右抱著女孩、帶著他的跟班們招搖地登場。那是《超級蒼蠅》（Super Fly）上映的年代*，強森能在最近的距離觀察到日後所謂的「OG風格」。

強森後來堅稱，法爾洛並沒有染上吸毒和其他惡習，也從來沒有引誘他沾染這些不良習慣。但強森顯然目睹了明星擁有著比常人更大的慾望，並瞭解自己日後身處在這種情況中會面對哪些挑戰。

忙碌

現在回過頭來看，查爾斯·塔克當時沒有明說的策略，似乎是讓強森在白天過得忙碌一點，這樣他就不會在晚上去忙別的事了。

塔克回憶，撇開這些本業之外的體驗，他們整個夏天都在鬥牛的價值堪稱立竿見影。「艾爾文一直知道自己是個擅長打球的人，但到了高三，他才開始發現自己與眾不同。大多數有這種才能的人都有些自負，甚至高估自己的實際水準……但艾爾文沒有這種自負，他就只是繼續打他的籃球。」

弗雷德・史塔布利顯然非常清楚塔克在幕後的影響力，因此他在《州紀事報》的一篇報導中詢問了強森，對於塔克對他的影響有什麼想法。「我能取得現在的成就，有很大一部分得歸功於塔克的協助，」強森說，「他總是在跟我交流，解釋一些關於籃球和生活上的事，他總是想讓我和比我更強的人交手，這樣我就會繼續努力並不斷進步。」

當時二十九歲的塔克告訴史塔布利，他為了幫強森找到更高水準的競爭對手，不斷地在蘭辛市四處尋尋覓覓。這名心理學家這麼做的出發點，可能是為了管控會影響到強森的負面影響。但隨著日子一天天過去，這段和他一起找對手打球的經歷，讓塔克更加欣賞這位少年人格特質的優秀之處了。

「他的成熟，無論是在籃球還是做人處事方面，都遠遠超過大家，」塔克在近半世紀後這麼評價，「他的領悟力很強，很能搞清楚狀況，他有這種本事。他做出正確的選擇，讓自己處在安全的處境中，沒有讓自己遇到什麼糟糕的狀況。他一直保持著這種狀態。他履行著父母灌輸給他和其他孩子們的東西，他們在宗教與禮儀方面，都為他豎立了一個好榜樣。」

這一切都與強森在球場上的表現相得益彰。在他上一軍的第一個球季便繳出平均二十二分、十七籃板後，身為高二球員的他便入選了合眾國際社（United Press International）的全州第一隊，這在人才濟濟的密西根州是前所未見的高度認可，令《底特律自由新聞》的一名體育編輯不禁懷疑，艾爾文・強森這個來自蘭

＊ 譯註：一名試圖從黑社會毒品交易中金盆洗手的非裔美籍藥頭，打算在完成最後一筆交易後退出江湖的電影，於一九七二年上映。

辛市的無名選手是怎麼得到這麼多票的。一個蘭辛市的高二球員入選全州年度第一隊？事有蹊蹺。於是《自由新聞》在報導中將強森調到了第二隊，直到後來發現選票都沒有問題，才修改回來。

「我們直到他高二時才聽過他的大名，那時還沒有網路之類的東西，」為《自由新聞》採訪報導高中體育數十年的米克·麥凱布說明，「所以他在高二時，我們只有在口耳相傳中聽過他，而他最終獲得了入選全州年度第一隊的選票。但是體育編輯哈爾·施拉姆（Hal Schram）覺得這有問題，怎麼會有這麼多教練把票投給這孩子。他不知道怎麼會發生這種事。從來沒有高二球員獲得過這份堪稱夢幻隊的榮譽，所以他的入選應該是一場誤會，他入選的應該是第二隊或是別的年度球隊。因為這段插曲，我們後來必須進行修正，把他放回他應該出現的位置。」

儘管《自由新聞》在密西根州是權威級的媒體，在其他主要媒體的報導中，也沒有因此受到影響，還是將他刊登在年度第一隊中，這讓他的名聲在這個對籃球狂熱的州裡更加響亮。這些榮銜讓強森在那個夏天被邀去底特律打球，這是他在休賽季期間初次登上大舞台的象徵，他也很快地在每一場比賽中成為了格外引人注目的球員。

因此，塔克對強森來說，也代表著一個越來越重要的事態發展。他有車，事實上，他有一輛賓士。所以他們不僅可以享受旅行，還能旅行得很拉風。這讓強森的光環又更亮了。這世界上還有哪裡會出現一名入選全州年度第一隊、還有一名專屬的心理學者兼籃球導師開車接送的高二球員？

對於越來越多的旁觀者而言，塔克開始看起來有點像是想放長線釣大魚的人。雖然這不關別人的事，但隨著時間過去，事實會證明，雖然塔克似乎真的很熱衷於控管少年艾爾文的生活，但他在擔任這個角色時，卻不在乎某個關鍵。他沒有那麼看重金錢。

「我別無所圖，那時候也對經紀人這種事毫無概念，」被問及自己一開始在人們心中的形象時，他在二〇一九年時這麼說，「我只不過是熱愛籃球。我那時開導很多孩子，不只是在開導艾爾文而已。我大概開導了兩、三百個孩子，不只他一個。」

身為一名年輕的專業人士，從房子、車子再到市區的個人診所，塔克在生活中擁有的好東西已經夠多了。有傳言說，他的房子有個籃球場，後院有個網球場。事實上，他家有的是一座網球、籃球兩用球場，球場兩端有籃框。這兩項運動都是塔克的專長。但是，不論這名心理學家有多麼富有，他真正渴望的似乎是在籃球場上的名聲。時間會證明這一點，而這也確實幫到了強森和他們家大忙。

在密西根州，也許沒有人比塔克更投入於籃球文化了，這後來讓強森能夠認識各式各樣的人，包括拉爾夫．山普森（**Ralph Sampson**）和喬治．葛文（**George Gervin**）等職業球員，他們都是塔克的朋友，也是密西根州籃球界的大人物。

塔克帶著強森和瑞吉．查斯汀到印第安納看了一、兩場職業比賽，讓他們認識了葛文與山普森，這回過頭來也讓強森後來在夏天時能常常和他們一起在球場上交手。塔克記得，不久後，參與蘭辛市高水準球賽的對手們開始發現，隨著強森越長越高，他在這個夏天變得很難對付。先是長到六呎七吋的他，接下來還會繼續成長。「他熱愛競爭，也會去尋找與他人競爭的機會。即使在那個年紀，他也會想靠著身材直接把你壓過去。那時的他還滿瘦的，沒有很強壯，只是個很好鬥的孩子。但他知道如何在與對手對抗時投籃得分，就算被撞了也一樣。他總是把球拿在手裡，總是在街上來來回回地運球。他知道要怎麼推擠對手，也知道要怎麼運球推進。」

塔克回憶，他的身材與機動性不僅是一個獨特的組合，也是一項嚴峻的挑戰，因為強森必須適應這個重心失去平衡的世界。身為第一個真正去打控球後衛的大個子，這是他得面對的挑戰之一。「他總是沒辦法保持平衡，因為他實在太高大了。他常常失去平衡，總是有人在他的腳邊跑來跑去，他的腳邊一直都有人。所以他學會了如何在失去平衡的狀態下打球。」

塔克說明，強森學會了怎麼在受到撞擊的同時還能得分。「不管在怎麼樣的碰撞之下，他就是有辦法得分。他跑得快，加上他人高腿長，這讓他跑起來的速度就像全速衝刺。而且他又很能跑，完全有成為一名短跑選手的本事。大家都沒察覺到這一點。」

這種速度讓他能開發出一系列的變速運球，使他能在高速行進間換檔。這是一項當時不被認為是大個子球員能夠駕馭、甚至許多小個子球員都不具備的技巧。

在艾弗雷特高中的體育館開放日到訪的弗雷德．史塔布利，在因緣際會下體會到了鬥牛文化。六呎四吋他的參與了一場強森與塔克都有打的特別比賽，也見證了強森在這方面的成長。「有天早上，我在那邊被分進一支球隊，和艾爾文對決，」這名記者回憶道，「我和塔克同隊。比賽在最後關頭戰成平手，哪一隊先進一球就贏了。這時，強森持球推進，猜猜看此時是誰被迫要單槍匹馬地防守他？就是我。我當時心想：『噢，天哪，我該做什麼？』艾爾文在罰球線邊緣用左手做出一個像是要急停跳投的大動作，於是慢吞吞的我只能上前試著阻止他。然後，他甩開了我，就像是甩開一根木頭一樣，直闖禁區灌籃得分，然後開始大笑。他的變速運球堪稱完美，足以凍結防守者。塔克走過來對我說：『你怎麼可以讓他切入得這麼輕鬆？』」

史塔布利回答：「不然你要我怎麼辦？」

「你可以撂倒他，或用別的方法阻止他。」塔克吼回來。

「噢，你說的都對啦，」史塔布利說，「我真是應該要撂倒艾爾文．強森，打爆他的膝蓋，然後成為蘭辛市的千古罪人才對。」

塔克顯然不喜歡輸給強森的感覺。「艾爾文非常熱愛比賽，」他說明，「他也非常想贏。從他在操場上打球時，就培養出了這個特質。他討厭和我對抗，因為他知道我會為了贏而不惜付出一切代價。」

「那是我唯一一次去那裡，」史塔布利笑著說。這位體育記者覺得自己和查爾斯．塔克是一輩子的朋友，但他絕對不想再和這兩人之間的對決有任何牽扯。

休賽季期間打的鬥牛，尤其是和越來越強的高手過招，開始在強森的人生道路中留下印記。「他從很年輕的時候就打敗了一些真的很會打球的球員，」塔克說，「這些人不是職業球員，但有些人是密西根州大的球員，也有些人是在當地社區打球的佼佼者，而面對他們，他都應付得來。」

正如喬治．法克斯所保證的，艾弗雷特高中在一年後再度展開夏季聯賽時，賽程的強度有了顯著的提升，有來自薩吉諾市、底特律和弗林特市的球隊。這些球風更加剽悍的球隊，樂於以肢體碰撞的方式挑戰強森。

在他加入球隊的這一年裡，除了剛開始與一名資深隊員有過衝突之外，從沒發過太大的脾氣。法克斯記得，儘管強森是個感情豐富的人，但他也從未讓自己的情緒失控。「就算他有生過我的氣，也從來不會顯現出來。他可能會生悶氣，但不會表現出來。」

在比賽中，強森偶爾會在戰況激烈時憤怒地用手指指著對手，但他總是會讓自己轉身離開而不是投入爭鬥之中。

在夏季聯賽，許多人用肢體碰撞挑戰強森時，一名對手的行為讓強森做出了不同的反應。「艾爾文在空中時，他讓艾爾文『坐飛機』，」法克斯回憶道，「他故意切到他底下。這麼做真的可能讓別人受傷。那小子做了幾次一樣的事後，在我們叫暫停時，艾爾文盯上了他，抓住他的手，兩人發生了爭執。我們趕忙把他們分開，所以沒有惹出太嚴重的事情。我說：『艾爾文，你知道嗎，你太重要了，所以不能做這種事，你必須遠離這種紛爭。』他真的很生氣，是我印象中他最生氣的一次。其他時候，他都有辦法控制自己的脾氣，並在比賽中發洩在對手身上。」

愛現鬼

總而言之，夏天的經歷讓艾爾文的球技與名聲都大大地提升，但這並不完全是好的方面。蘭辛地區的一些教練便曾說他是個「愛現鬼」，這個貶義詞暗示他比起競技的本質更重視自己的華麗球風。在他展開高三球季前的秋天，蘭辛當地的報紙就曾問過他，對於這項指控有什麼看法。

「人們有權發表自己的看法，」他冷靜地對那家報社的記者說，「我從來沒有想過要炫耀。我喜歡運球、投籃、搶籃板球和傳球。我希望自己能被視為一名全能球員，不是一名自私的球員，而是融入團隊的一分子。如果我能做到這一點，我真的不在乎其他人怎麼想。」

這個問題清楚地表明，要讓大眾接受強森打球的方式需要時間。即使強森想控制比賽，將他的競爭天性與他在快攻中自由發揮的樂趣結合在一起，不管是強森還是他身邊的人，都還沒有接受讓他專打控球後衛的想法。反之，他依然是球場上一個既修長又高大、由本能驅動的異類。

「他是一個表演家，」戴爾．比爾德在二〇一九年時分析道，「而艾爾文總是不管到了哪裡，都想上演一場好戲。」

「艾爾文就是有辦法讓人看得目眩神迷，」塔克同意地表示，「因為你會看到一個創意十足的人，總是能在球場上做出前無古人的新招，尤其他又是個那麼高的傢伙，就更特別了。比起投籃，他更愛傳球……他甚至不需要得分就能夠影響比賽，他能夠影響比賽的結果，是個獨樹一格的球員。」

塔克對於這種作秀的指控尤為敏感。一九六〇年代初期，在密西西比州一所種族隔離的高中裡，他也自由自在地打出華麗奔放的球風。「只要你能把球投進籃框，就可以背後傳球、想做什麼就做什麼。若是還能幫助球隊贏球，就能得到為了球隊贏得勝利才炫技的名義，」他回憶道，「高四那年，我轉到了北部的高中，我習慣性地傳了一記背後傳球，靠北，教練看到都快瘋了。」

對許多籃球教練來說，這種愛現的作風是一種腐敗，它侵害了比賽，並降低了比賽的格調。許多研究這件事的人認為，這進一步證明了人們對黑人球員的偏見，但即使是在早年全是白人在打籃球的年代，也還是有球員在用華麗的方式打球。

從最早和哥哥賴瑞打球開始，一直到高中，艾爾文都不斷地在街頭球場嘗試華麗的打法，那時的許多球員們都是在這裡將球技的娛樂效果提升到另一個層次，這很合理，因為在這裡他們才能遠離教練充滿不悅的視線。

「當然，我們確實打了一些比賽，」塔克回憶起那些夏日時光，「當時發生了很多事。很多人試圖模仿其他人打球的風格、模仿『珍珠』厄爾或康尼・霍金斯（Connie Hawkins）打球。很多人在模仿別人的花招。」

塔克指出，日後證明，在這些鬥牛的夏日時光中發生的一切，對球賽的演進是不可或缺的。「大多數球員，就連當代的優秀球員，他們的球技中都有些華麗的元素。他們的基本功很好，但他們能以一種華麗的方式展現出自己優異的基本功，這也是他們的魅力。看看賴瑞・柏德是怎麼打球的，再看看魔術是怎麼不看人傳球的。當時和現在完全不同，那時要是有人傳出背後傳球或是一邊投籃一邊講垃圾話，教練們就會緊張兮兮。」

「我們不能接受太過愛現的打法，」派特・霍蘭德認同這個說法，「這不符我們的球風。如果你這麼做，等於是在邀請教練團做出讓你下場的調度。」

同時，喬治・法克斯並沒有打算壓抑或改變強森的打球方式，塔克認為這一點非常重要。畢竟，籃球在許多方面就像一個實驗室，藉由化學效應將不同種族融入在一個比種族更重要的文化之中。同一時期，賴瑞．柏德也在他身處的印第安納州小社區與許多黑人及白人球員們打球，因此練就了日後被視為傳奇的垃圾話技巧。這象徵著更大程度的種族融合，讓大家的價值觀互相磨合。很快，講垃圾話便不再被視為黑人或白人的專利，而僅僅是比賽中有趣的小插曲。雖然它不能和絕妙的不看人傳球劃上等號，但在籃球不斷成長和進化的過程中，垃圾話先是在鬥牛場上流行，接著在大家的心目中慢慢地成為了這個文化的一部分。

強森打球從來不說太多垃圾話，這與他父親的價值觀不符。但強森開放且具娛樂效果的球風就是另一回事了，他在打出精彩好球後做出的慶祝動作，幾乎就能算是他的垃圾話。顯然，做出出其不意、出人意料的精彩表現，並幫助艾弗雷特高中連戰連勝，就是米希．法克斯所述的「樂趣」，這就跟本世紀初的哈林籃球隊一樣。他們打出了自由奔放且歡樂的球風，也因此讓他們紅到NBA把聯盟的比賽跟他們的比賽排在同一天、用「一票看兩場」的門票來挽救上座率。

強森為球隊帶來的成功，讓人們更能接受他華麗的球風。那個時代的教練對愛秀的球員之所以有如此負面的反應，原因之一就是他們犯下太多的失誤。

塞爾提克的「紅頭」奧拜克一開始甚至不想要包柏．庫西成為球隊的一員，即使在庫西證明華麗與勝利可以兼顧之後，於一九八八年受訪的奧拜克還是在憶當年時說：「在許多個夜晚裡，他把球拋進了西風之中。」

強森也會失誤。

「但是艾爾文的傳球大多都很精準，」派特．霍蘭德回憶道，「當然不是每次都是，但絕大多數的情況下都是如此。」

「看到一個那麼高大、那麼年輕的球員能動腦傳出這種球，真的令人印象深刻，」塔克指出，「這麼年輕、這麼高大的他，不僅能傳出這種球，還能幫助球隊贏球，這是個關鍵。很多人能夠傳出花俏的傳球，但他們花俏的傳球沒辦法幫助球隊獲勝。他傳的球能幫助球隊贏得勝利。」

他的球風和球隊早早取得的成功，某種程度上為強森開拓了一條罕見的道路，讓他能以自己為基石打造出體系的球員。更重要的是，教練們不僅對此保持開放態度，而且很快便迫切地想要利用這項優勢了。霍蘭德記得，有一次他在比賽中坐在法克斯旁邊時，發生了這件事。「艾爾文在一場比賽中傳出了那種精彩的好球後，喬治就說：『快，把它記下來。我們得設計一種訓練，練到日後在打其他比賽時還能這麼傳。』」

霍蘭德觀察到，強森憑藉著他獨到的球技面對每一個考驗，並時時進行調整。「他學到了自己在場上可以做什麼、不能做什麼。」

他在生活中也在慢慢學著什麼可以做、什麼不能做，球場上的成功讓他一夜之間成為了公眾人物，主要是因為在他高三那年的十月，《州紀事報》對他進行了專訪，報導旁邊還附上了一張著重在他那過大的爆炸頭和燦爛笑容的卡通肖像圖，也有部分原因是他的新綽號。他開始遇到走到哪裡都會有人叫他魔術的情形。

「大家一直這麼叫我，我還滿喜歡的。」他說。

他被問及了令他球季結束的那場苦澀失利。在這場比賽後過去的幾個月以來，強森從中思考出了不少哲理。「這很讓人失望，」他回答，「我們本來有機會一路往上爬，但這場敗北給我們所有人上了一課，那就是即使領先十五分，你也不能鬆懈。我覺得我們那時沒有認真戰鬥，這讓我覺得很痛苦，但我也有點成長了。」

他的身體方面也同樣在成長著，這使他在家中鶴立雞群。老艾爾文的身高大約在六呎三吋、六呎四吋之間，跟他的哥哥昆西相仿。他的雙胞胎妹妹們伊凡娜（Evonne）與伊芙琳（Evelyn）和他的母親一樣，都有五呎十吋高。兩姊妹也都在德懷特．瑞奇中學打過球，伊芙琳更是平均得到二十二分的得分悍將。

他在籃球界中打量著高大的球員時，透露自己有了一個新的偶像，朱利葉斯．厄文，也就是「J博士」。他在已被兼併的美國籃球協會（American Basketball Association, ABA）效力於紐約籃網隊（New York Nets）的身影，吸引了強森的目光。

「我真的很喜歡看朱利葉斯・厄文打球，」他說，「對一名六呎七吋的球員來說，他動作太漂亮了。我很喜歡他持球時的動作，簡直像在滑翔一般。」

隨著獲得了全州第一隊的榮譽，許多大學球隊都開始對招攬強森入隊產生了興趣，最有興趣的就是密西根州大的蓋斯・加納卡斯（Gus Ganakas）教練，他開始稱讚強森未來有可能成為該州首屈一指的球員。

強森讀完了教練們寄給他的信後，把這些信收進了抽屜並拋諸腦後。他確實感受到，自己已經被公認為蘭辛市內最強的球員了。「聽到這些話，令人很高興，」他說，「但我在籃球方面還有許多需要學習的事情。我發現了獲勝和團隊合作的樂趣。我在審視自己時會捫心自問，為什麼人們如此看重我這名球員？也許是因為我在比賽中盡我所能地做好每一件事。我還有很長的路要走。」

凝聚

強森在一九七五年回到艾弗雷特高中時，迎接他的是更多的種族糾紛，人們面對這個問題的態度再次影響了蘭辛市。造成這個問題的主要原因，或許是上個球季密西根州大引發的醜事所種下的禍根，這讓蓋斯・加納卡斯教練承受了巨大的壓力。

由於強森常常在詹尼森體育館鬥牛，密西根州大的教練很快就與他變熟了，也一定會把每場斯巴達人隊（Spartan）主場賽事的門票留給這位崛起中的明星球員。盡可能地來看比賽的強森，也注意到了現場氣氛死氣沉沉。他開始關注法爾洛和其他也在鬥牛時認識的球員。由於人們眼中的斯巴達人隊是一支平庸的球隊，沒有多少球迷對他們的比賽有興趣，所以總是有座位可坐。

加納卡斯自己也很快就在強森高二時成為了他的球迷，並像米希．法克斯一樣，開始去看在艾弗雷特高中進行的比賽。在被問及強森為比賽帶來的刺激時，加納卡斯開玩笑地說，他的球隊應該被安排在艾弗雷特高中出賽，而強森與維京人隊的比賽才應該被安排在詹尼森體育館，這樣才能造福更多的球迷。

在強森的高二球季，加納卡斯將一名大一的白人球員排進斯巴達人隊的先發名單，此舉遭到了陣中黑人球員的強烈抗議。在密西根州大於主場迎戰飽比．奈特教練領軍的強豪球隊印第安納大學的幾個小時前，其中十名球員突然退出了球隊會議，令加納卡斯逼不得已只能將他們禁賽，並在當天派出一支由練習生與自費生組成的雜牌軍上場比賽。

那些被禁賽的球員們很快就回歸了球隊，但這起事件在蘭辛市的報紙上延燒了好幾個月，最終令加納卡斯丟掉了工作。

很難說蘭辛市發生的種族衝突，有多大程度是受到了密西根州大頭條新聞的影響而引起的。在艾弗雷特高中，總是有其他因素能煽動人心，分化兩個種族、使他們的距離越來越遠。

當時球隊中的二年級生布魯斯．菲爾茲（Bruce Fields）觀察到，或許是因為強森有著極大的自信，這讓他能自然而然地克服這些負面因素。「他不在乎。就像是不管你有沒有搭上火車，時間到了都會自己開走一樣。他所到之處，就像是啟動了一輛能聚集人潮的動力火車，很難找到別的方式來形容它。人們之所以難以接受，大多是出於嫉妒，覺得為什麼這個年輕的黑人孩子得到了所有人的關注？」

菲爾茲解釋，這違反了某些人多年來以特定方式做事的習慣。「他正在把所有人，尤其是艾弗雷特高中的大家團結在一起。但學校也有一些老師，沒有很多，幾位老師會嫉妒、羨慕他，而我認為這種無法接受他的情緒是根深蒂固地存在於他們的心中。但這些人無足輕重，他們根本無法阻止列車前進，因為不管他們有沒有上車，列車都還是會前進的，懂吧。」

學校在那年初秋再度出現種族之間的糾紛時，強森決定不與行政部門協調，採取單方面的行動，別忘了當時他才剛滿十六歲。這顯現出，他顯然對自己的領導能力與平息事件的能力很有信心。

「不只是艾弗雷特高中，在蘭辛市的其他地方也發生了種族間的衝突，」回想著那年秋天的塔克說，「有一群人不斷在惹事生非。」

強森有個大規模的計畫，他要辦一場集會來呼籲種族之間要團結起來，他沒有事先做多少規劃，這幾乎可說是在某個特別辛苦的一天中突然想出來的大膽想法。塔克回憶當時，強森開始跟朋友們說，他打算召集學生離開教室，去足球場討論這個問題。

「這非常冒險。」塔克記得。

他的這個舉動令行政人員們措手不及，不出所料，法蘭克・楚普校長對強森的大動作感到不滿。雖然還不清楚艾弗雷特高中近日爆發的鬥毆是否完全是因種族不合引起的紛爭，但毫無疑問的是，種族間的問題確實存在。

楚普和學校其他的行政人員們「當時認為做這種事是非常強烈的舉動，」塔克回憶道，「你不能在舉行集會時讓孩子們想做什麼就做什麼，他們可能會藉機為所欲為，或是跑到別的地方。在那個時候，如果你做了這種事，通常會受到懲處。」

畢竟種族問題是如此複雜，一個立意良善的想法，也很可能觸發更多的打鬥和暴力。

塔克說，這個問題在強森高三的學年來說更為棘手，因為當時在蘭辛市當地及學校內部都出現了糾紛。「當時全國各地都有人在鬧事，但有一天，艾爾文自告奮勇地要所有的孩子們在吃完午餐後到足球場集合。他們都去了，而我們這些老師跟校長根本無法控制此事。校長和其他人都很緊張，因為做這件事的是艾爾文。以當時的角度來看，他看起來像是在破壞規則、做一些負面的事情，但他其實是把孩子們都集合在一起。儘管的確有一些孩子到處亂跑，也很快地傳出了這些孩子們嚷嚷著說『我們要出去』的聲音。」

這件事準備得極其倉促，但或許這也正反應了強森在學生群體中的領導力。塔克估計，全校的學生有兩千五百人左右，不是每個人都在吃了午餐後就離開教室到了足球場集合，但多達數百、甚至上千名學生「來到了現場。從主建築走到這裡大約三分鐘。艾爾文就這麼把這些人聚集到了這裡。」

「校長很生氣地出去叫他們回來，」塔克記得，「但在他走到那裡時，他也站在那裡聽了下去。」

各項運動的選手參加了這場集會。塔克記得，強森很快就吸引了人群的注意。「他開了幾個玩笑，然後叫了其他幾名運動員上來。他們之中有黑人也有白人，參與的運動項目五花八門，足球、籃球、棒球都有。他把他們叫上來，沒有再講什麼客套話，而是把話集中在一個重點上。艾爾文利用時間告訴大家：『嘿，各位，讓我們一起度過一段快樂的時光吧。我們馬上有一場比賽要打，我們的球隊十分優秀，希望大家都能來看比賽。嘿，我們不能讓學校變成一個亂七八糟的地方，我們必須和彼此和睦相處、平等地對待彼此。』他發表的演講非常成熟，講了一些像是『我們辦得到』之類的話。」

塔克說，在他從同學們那裡得到了他想要的回應後，他就沒有讓這場集會拖泥帶水地繼續下去。「他讓孩子們和所有的運動選手知道，他只是想對他們呼籲這件事。『這難道是不對的嗎，喬？』*他這麼說的時候，大家都笑了出來。這緩和了緊張的氣氛，這個氛圍也傳回了學校。之後大家都回去上課了，也沒有惹出打架或類似的事端。」

「在艾爾文召開那次集會之後，人們的觀念因此改變了，」布魯斯．菲爾茲承認，比起任何具體的文字

---

* 譯註：靈魂歌手喬．辛頓（Joe Hinton）曾唱過一首歌，名為《你知道這是不對的》（You Know It Ain't Right）。

訊息，那個年齡層的學生更容易受到這種團結氛圍的影響，這就像是一場氣氛和睦的造勢大會。「這拉近了我們之間的距離。雖然他不會讓我們從此成為一個完美的群體，但這讓我們之間多了更多的包容。人們更願意齊心協力，為了更大的利益而放下一些事情。那一刻，情況稍微好轉了。」

塔克分析，這是強森第一次以「和平大使」之姿登上更大的舞台。「人們依照他的想法行事，那是個重要的一刻。通常大家可能會利用這種機會離開教室、到處胡鬧，通常只要有一、兩個人想惹事生非或消極以對，就會影響到每個人，但人們對強森的支持凌駕在這之上……所以實在太棒了。」

塔克說明，強森沒有因為這件事受到處罰。「這很有趣。一半的人甚至不知道這個集會是辦來做什麼的。但關鍵是，來到現場的人們沒有引發任何問題。他們沒有濫用這個離開教室的機會。」

在那個還沒有社群網站的年代，像艾爾文．強森這樣的罕見人物，能夠即時地將人們聚集在一起。戴爾．比爾德甚至在進入艾弗雷特高中之前，就已經聽說過強森的影響力。然後，就和布魯斯．菲爾茲一樣，在一九七五年來到此處時，開始親眼見證這股力量。「我跟你說，」他說，「不管發生了什麼事、不管發生了什麼爭議，人們總是找艾爾文來處理，你知道的，因為他就是這種人。他不僅僅是名籃球選手，我覺得也許十六歲的這傢伙就可以競選市長了。人們會來找他，跟他說：『嘿，艾爾文，老哥，這些傢伙在這裡有些小衝突，可能要打起來了。』然後他就會到場處理，跟他們說一些：『嘿，各位，別吵了。』之類的話……他那時就像是個和平大使。」

塔克觀察到，這個社群在強森的幫助下凝聚在一起。「人們開始追隨他，而在追隨他的過程中，他們聚集在一起，並明白和長得不像自己的人打交道是沒問題的。艾爾文所做的一切，將人們凝聚在一起，並與彼此交流。如果沒有他帶來的成功與團結，這一切都不會發生。如果艾爾文沒有為球隊贏得這麼多的勝利，這些人很可能永遠不會與對方有任何的交集，也永遠不知道這種事有可能發生。如果不是因為體育，在大多數情況下，能將多少人團結起來？」

塔克記得，在上個球季、這一切剛起步時，強森第一次感覺到他所做的事情可能會對這個情形有所幫助。最終，他在運動方面取得的成功，讓人們關注並觀察他，這讓他能在其他議題上產生更廣泛的影響力。

「那時的他從來不知道自己對人們帶來了多大的影響，」比爾德說，「這傢伙從來沒有惹上麻煩過。」

因此，塔克指出，強森的為人，使得他在運動上取得的成功所帶來的影響更加深遠。

「艾爾文年復一年在艾弗雷特高中的球場上取得的成功，讓人們更關注於勝利而非種族差異之上。因此，人們瞭解到他們可以一起上學，可以與彼此溝通。」

小艾爾文的高三生活

儘管遇到了這些麻煩，強森的高三球季還是在充滿了歡樂的氣氛下展開。其中一個亮點，當然是艾弗雷特高中維京人隊有了全新的熱身球衣，這是他們在跌破眾人眼鏡、突然躍升至全州最佳球隊之林後所獲得的戰利品。

「你真應該來看看他在我們拿到新的熱身球衣時，是什麼樣子，」他的好友瑞吉．查斯汀對一名記者說，「他到處運球，跑來跑去，就像個小孩子一樣。」

那他的隊友們看到後有什麼想法呢？

「我想球隊裡的每個人都能告訴你，他真的很喜歡打球，」查斯汀說明，「他個性很好，每個人都喜歡他，他就是個正常的好人。」

上了球場後，他就不是個好人了。那個高三球季，他的得分有如爆炸般地上升。在十二月初的一場比賽中，強森便大力表現一番，讓人們初次見到這個即將爆發的跡象。在這場再次與塞克斯頓高中交手的比賽，強森攻下五十四分，創下全市單場得分紀錄。

新的電子計分版顯示著每位球員的總得分，這讓艾弗雷特高中被擠得水洩不通的體育館變得更加熱鬧，每當他在比賽後段得分時，現場的鼓譟聲也會隨之增加。在越來越接近原紀錄的五十一分時，喬治・法克斯換下了除了強森之外的先發球員，讓他去挑戰這個紀錄。

「我記得看到他和法克斯教練在對話，」當時還是二軍的二年級球員里昂・史托克斯回憶道，「我猜他們是在討論要不要讓他留在場上。」

強森事後承認，那是段讓他真正感受到壓力的時刻，但他還是靠著兩罰命中打破了紀錄，然後再投進一記跳投，並在比賽還剩四分鐘左右時下場。他在大約二十八分鐘的出賽時間裡得到了五十四分，還抓下二十五個籃板球。

「這是一場沒有人能阻止他的比賽。」里昂・史托克斯說。

「我想，能說自己創了一個紀錄的感覺的確不錯，」三個星期後，強森在被問及此事時如此分析，「但我之前真的沒想過這件事。如果沒有團隊的支援，我想我做不到這件事，他們盡其所能地幫助了我。」

下一場比賽，他面對了雙人包夾的嚴防，雖然只得八分，但送出了驚人的十三次助攻。「在其他球隊試圖阻止我得分時，就讓其他人有空檔了，」他向記者包柏・拜英頓說明，「傳出一記妙傳給隊友能帶給我更多樂趣，比起投籃得分還要多。」

艾弗雷特高中的球季以六連勝展開，幾乎所有支持者們都認為維京人隊正朝著州排名第一的目標邁進。然而，在第一次排名投票的結果出爐前，他們剛好在聖誕節後的隔天敗給了底特律的東北高中（Northeastern），這支動作迅速的球隊打出了緊迫的半場盯人防守，迫使對手發生了多次失誤。這支底特律的球隊還投進了一連串的跳投，粉碎了艾弗雷特高中備受推崇的區域聯防，並以六十三比五十八獲勝。

輸掉這場比賽後，維京人隊挾帶著十八連勝的氣勢進入季後賽。在這段期間，強森兩度單場攻下五十分。隨後，他們在州八強賽險勝底特律東北高中，為之前的失利報了一箭之仇。

接下來的州A級準決賽，對手是曾在底特律市冠軍賽中遭到東北高中痛擊的天主教中央高中。

準決賽當天早上，官方宣布強森再次入選了合眾國際社全州第一隊，他出色的表現幫助維京人隊在季後賽中躍居為州排名第一的球隊。

然而，這個球季再度結束於堪稱離奇的轉折之中。艾弗雷特高中和天主教中央高中在大多時間裡都打得你來我往，最後一百秒時，天主教中央高中以五十七比五十三領先。

強森立刻帶球推進，並隨即上籃得分。裁判判他進攻犯規，但上籃進算，比數變為五十七比五十五。*

這僅是強森的個人第二次犯規。天主教中央高中在「有一才有二」的第一罰便失手，強森再度快速推進、直搗禁區，又再度被吹了一次進攻犯規。天主教中央隊再次站上罰球線，但又是第一罰就落空。

隨後，強森再一次在場上全速推進，這次他沿著底線衝進籃下，又被判了一次進攻犯規，這是他的第四次犯規。

天主教中央高中罰進一球，以五十八比五十五領先。

強森在接下來混亂的進攻中找到了一個不錯的投籃角度，但他再次失手，這引發了這場比賽最後令人費解的一幕。

---

* 譯註：在當時高中賽事採用的規則中，球投出時已不算是在球員的控制之下，因此若球進仍會算分。同時，若團隊犯規次數超過上限，便會出現球員在進攻犯規後得分進算，但另一隊獲得罰球機會的情形。

天主教中央高中抓下籃板，儘管時間還有一分多鐘，強森卻抓住一名對手，看起來是打算故意犯規以阻止時間流逝。

但這是他的第五次犯規。大約在一分鐘內，他累積了四次犯規並因此犯滿離場。儘管面對了雙人包夾和令人崩潰的防守，在第四節的每波進攻中，強森還是選擇自行出手，直到他最後五犯畢業。

「強森是一名優秀的球員，但籃球是要五個人打的運動。」天主教中央高中教練伯尼・霍洛威基（**Bernie Holowicki**）賽後如此分析。

「這是一場噩夢，簡直是一場噩夢，」喬治・法克斯對記者說，「根本不知道發生了什麼事。」

強森攻下三十分，是這場比賽得最多分的球員，但在關鍵時刻再次崩盤，只能在板凳席上眼睜睜地看著球隊輸球。《州紀事報》記者戴夫・馬修斯便評論，他因為某種關係，成為了英雄，也成為了代罪羔羊。

「天啊，這實在是太痛苦了。」喬治・法克斯在五十年後回憶時說。

艾弗雷特高中以二十四勝二敗結束球季。賽後，在休息室中，強森、他的教練和隊友們再一次抱著頭、難以置信地問著以「為什麼」、「怎麼會」開頭的問題，像是「搞什麼鬼，你怎麼會在大概八十秒內犯了四次規？」

前一個球季，強森坐在休息室裡，說著自己想要沉浸在失利帶來的每一絲痛苦之中。這一次，這些痛苦幾乎到達了要把他淹沒的程度。無論他走到哪裡，似乎都會受到他人的質疑與評論。然而，最嚴厲地質疑他的人，還是強森自己。

「魔術」強森是不是要變成「魔輸」強森了？

顯然小時候待了很久的蘭辛市少年俱樂部不這麼認為，那年春天，這個當地的俱樂部提名他參加全國的「年度少年」甄選。

「強森儘管與眾不同，但他也還只是個男孩，」該俱樂部的執行主任榮恩・鄧克（Ron Dumke）說明，「我從未見過心胸如此開闊、友善和善解人意的人。」在一份長達十二頁的提名報告中，蘭辛俱樂部也以這些特質作為這份報告的總結。

「我從來沒有見過有人像艾爾文一樣這麼年輕就這麼成熟，」鄧克說，「他為我們這個團體貢獻良多。在過去三年的夏天，他在我們位於南區的俱樂部創建了一個籃球教學計畫，還發起了兒童籃球聯賽。他也和孩子們一起工作，並在我們旅遊與野餐的活動中擔任陪同與看護。艾爾文一直積極地參與教會事務與學生會的活動。他十分真誠地想要幫助別人，最重要的是，他似乎成熟得不會被自己在籃球方面取得的成功沖昏頭。」

鄧克提到了強森在父親的垃圾車上工作的事，並以這句話作為結語：「一名年輕人取得了如此豐碩的成就，卻願意將這麼多的時間奉獻給他人，實在是難得一見。他是個超級好孩子，是一個了不起的人。」

第十一章　化悲傷為動力

一九七六年的夏天一天天地過去，那段如今已十分模糊的夏日，是一段背負著巨大壓力的時光。在當下，那個吞噬著你的當下，處在壓力之中的你會對任何事渾然不覺，令你幾乎沒有辦法重新審視到底發生了什麼事。

悲傷就是這樣。它會讓你在事後不斷地問：「真的有發生過這種事嗎？我真的有這麼做？真的有做過那些事嗎？」

尤其是年輕人經歷的悲傷。

在季後賽再一次吞下了災難般的慘敗後，喬治．法克斯決定用他所能安排出最艱苦的夏季聯賽賽程來磨練這支球隊，對手都是該州最頂尖的隊伍、都是從底特律以及其他地方籃球文化的底蘊中淬煉出來的球隊。

艾爾文．強森迫不及待地想要在場上和這些對手交鋒。里昂．史托克斯很清楚，因為強森打過電話給他。「當時的我是一名五呎十一吋的大前鋒，是球隊中的第十一、十二人，而他竟然打電話給我。」他回憶道，「艾爾文打電話給我，問我準備好了沒。」

強森似乎並不在意史托克斯只是一名即將上高三、正準備脫離二軍、努力擠進一軍名單的球員。只要他是團隊的一分子，就很重要。他準備好了沒？

「他對每個人都一視同仁，」史托克斯說，「無論你的身分是什麼，艾爾文都會努力確定你有參與其中。」

有多少位十六歲的籃球明星，會為了確定隊友們有沒有為夏季聯賽打起精神而打電話給全隊？甚至，有多少位十六歲的籃球明星有所有隊友的電話號碼？重點是，那是個遠在青少年擁有手機且網路世界到來之前的時代，強森必須用家用電話撥打這些電話。

「艾爾文在與人互動、尤其是與隊友互動時，會包容對方，」史托克斯說明，「他打電話給我，並不代表我會有很多上場的機會。我覺得他是想確定球隊中的每個人都做好了準備，在這件事上沒有人是邊緣人。他這麼做，讓我真的感動，這對我而言意義重大。」

畢竟，他可是大名鼎鼎、即將升高四的魔術強森。他現在的知名度已經大到能屢次獲得媒體曝光的規模。但對他來說，打電話鼓勵隊友們更重要。

「那年夏天我們去底特律比賽，我記得對手是西南高中（Southwestern），」喬治．法克斯回憶道，「我們到達那裡後忍不住驚訝，天啊，居然有電視攝影機要為一場盛夏中的高中球隊練習賽進行轉播，連記者也來了。真是不可思議，我永生難忘。」

「我們在那年夏天幾乎打遍了州內的所有好手，」法克斯說，「而他們沒有帶給我們任何難題。所以我們知道我們是這個球季最大的熱門球隊。毫無疑問，我們是全州最強的球隊。其他人知道，我們自己也知道，這就是為什麼我們在奪冠之路上背負著這麼大的壓力。」

艾爾文．強森對於前兩個球季的結局感到沮喪而生的動力，也是原因之一。

在一九七六年的夏天，全美都在慶祝建國兩百周年，到處都裝飾著紅、白、藍三個顏色。籃球在這段期間，並沒有為強森留下多少喘息的空間。在法克斯為球隊安排夏季聯賽賽事的同時，查爾斯．塔克也自行安排了一些比賽的機會，讓強森能在高強度的鬥牛中與職業球員對抗。

塔克不僅在培孕著強森的籃球夢，也拚命守護著自己在籃球路上的希望之光。為了不讓那些許的餘燼熄滅，塔克多年來在冬天的周末四處奔波、參加小型籃球聯盟的賽事，並在夏天參加了許多職業球隊的試訓。這些經驗，化為了許多的友誼與寶貴的人脈。

七月中旬，日後舉辦了許多籃球訓練營與明星賽的塔克，第一次在艾弗雷特高中的體育館舉辦了名為查爾斯・塔克籃球營的活動，這反應出塔克的個人形象與地位之所以會突然上升，部分原因是他的年輕弟子取得的成功。

這場第一次在蘭辛市舉辦的訓練營，展示出了訓練營的既定模式。由強森與傑・文森擔任營隊輔導老師，並以職籃明星球員拉爾夫・山普森與史帝夫・米克斯（Steve Mix）作為吸引人的看板人物，還找來了許多該地區的大學與高中教練。

他每年夏天辦活動時都會找職業球員加入，這讓活動的光環更加亮眼，也增加了宣傳效果。當地的記者們都很高興，因為他們先是在這一年採訪到了山普森和米克斯，隔年則採訪到了達瑞爾・「巧克力雷霆」・道金斯（Darryl “Chocolate Thunder” Dawkins）。

這一切都成為了塔克在蘭辛市打造籃球王國的助力。他的訓練營以及有職業聯盟和大學籃壇的球星參賽的夜間賽事，在夏天為這個渴望籃球的地區提供了完美的娛樂活動。在接下來的幾年間，這些活動也為這個地區塑造了一個籃球之城的形象。在強森於職業賽場上登峰造極，以及塔克為越來越多的ＮＢＡ球星提出建議並成為他們的代言人後，這個形象會更加強烈。

塔克的夏日活動也為強森心中埋下了辦活動的種子，日後，為了幫黑人學院聯合基金（United Negro College Fund）募款，每年夏天他都會在ＵＣＬＡ的保利體育館舉辦「仲夏夜魔術籃球慈善活動」，這場重量級盛會直到二十一世紀，都仍在好萊塢的夜晚中大放異彩。這些夏日活動、結合了籃球鬥牛與私人娛樂的盛事，它們的整體概念，都是從查爾斯・塔克充滿著各種想法的腦袋中想出來的。

一些參與籌辦賽事的人私下抱怨，塔克在安排活動的細節上隨意到令人難以置信。派特．霍蘭德記得，在塔克剛開始辦活動時，自己在某次訓練營開始前接到塔克的電話，通知他是該訓練營的主要指導者。

「你必須隨時為了改變做好準備，」霍蘭德說，「這且這些變動的幅度都滿大的。」

塔克自己也會擔任教練，對球員進行動作上的指導。「直到那個孩子能做出正確的動作之前，他是不會放棄的。」霍蘭德笑稱。

這位教練回憶，多盡一份心力一樣是非常值得欽佩的事，但它會打亂所有的行程。

然而這些似乎都無關緊要。燈光一亮，參加訓練營的人和夜間的觀眾就會出現。塔克設法展現出自己的魔法，讓球場上秀出各式各樣的球技。

回首當年，戴爾．比爾德認為，即使這位心理學家沒有強森的顧問和導師這個頭銜，他為蘭辛社區所做的事情本身也是一件了不起的事，他將許多籃球界的大人物帶來了這裡，並為這個地區提供了豐富的籃球資源。

塔克付出的這些努力所獲得的回報，就是他能與職籃明星、強森和其他高手同場競技，展現自己確實有能力在高水準的比賽中與對手一搏。而身為一名即將升高四的青少年，強森發現自己能夠與喬治．葛文、坎皮．羅素（Campy Russell）和山普森這些塔克介紹給他認識的對手一較高下，甚至佔有優勢。

一九七六年的夏天，塔克剛剛創辦的籃球訓練營，也讓參加的大學教練提前看到了強森的實力。儘管那個時代對於評估球員的潛力還沒那麼重視，強森也已經開始被認為是全美最有未來性的球員之一。才剛被任命為俄亥俄州大（Ohio State）新任教練的艾爾登．米勒（Eldon Miller），就是有這種想法的其中一人。

「全國沒有哪個大學教練會不希望艾爾文在自己球隊陣中，」這個訓練營透過《州紀事報》的報導和廣告宣布召開，令許多記者聞風而來，米勒對著在訓練營中採訪他的記者這麼說，「他確實是一名優秀的球員。我從來沒有見過比他更有才華又比他更渴望挖掘出自身潛能的人。」

儘管那是個網路尚未普及、消息往往傳播得很慢的年代，強森的天賦與無形影響力顯然也已經傳遍千里。到了九月，強森將會收到四百多封來自全國各地大學教練的來信、詢問他的入學意願。是的，一九七六年還距離自動語音電話與電話推銷的年代很遙遠，所以在電話簿還查得到強森家的電話，這讓他們每晚都會接到多達六、七通教練的來電，他們都想要和強森面談。強森對他們以禮相待，但儘管強森喜歡且渴望於受到這種關注，他們的關注還是很快就成為了一種困擾。

在他少年時期至關重要的兩個時刻，他都吞下了敗北。「現在佔據著我的腦海的，全是州冠軍的目標，」他承認，「我真的很想把它拿下。」

即使如此，他的生活並沒有全被籃球佔據。去年夏天，他在優質乳製品（Quality Dairy）這家當地販售牛奶、冰淇淋和甜甜圈的地區連鎖店得到了人生的第一份工作。他領到了當時時薪二點三美元左右的基本薪資，也很高興能靠自己賺到零用錢。

一九七六年夏天，他也開始為當地的商務人士兼他們家的友人葛瑞格·伊頓工作，伊頓做了很多生意，其中一門是為當地商家的辦公室提供清潔服務的葛瑞格清潔公司（Greg's Janitorial）。伊頓立刻就注意到，強森沒有想過打混摸魚，而是想靠著一分耕耘得到一分收獲。

「他是個踏實的孩子，」伊頓回憶道，「你要他做什麼，他都會笑著去做。」

強森日後承認，他常常在自己打掃完的辦公室裡，癱坐在豪華的辦公座椅上、把腳翹在辦公桌上做著白日夢，幻想著自己成為了一名像伊頓一樣成功的企業家。

在繁忙的行程中，強森擠出了空檔，和一支底特律的球隊參加一場AAU錦標賽。這支球隊中有伯明翰市萊斯兄弟高中（Birmingham Brother Rice）的凱文·史密斯（Kevin Smith），這所學校的球隊是一支在底特律天主教聯盟（Catholic League）中的強隊，而史密斯是一名備受矚目、即將升上高四的球員。比賽期間，強森就借住在史密斯家，兩人也開始萌生出一起簽下入學意向書去密西根大學的想法。等到秋天，他們在一個周末去安娜堡（Ann Arbor）看美式足球時，立誓要與彼此在剛打進錦標賽最後四強的密西根大學奮戰。

強森沒有公然表態，但他確實向記者們透露，他對密西根州大開除他的朋友、也就是蓋斯・加納卡斯教練感到不滿。「我認識蓋斯好幾年了，我非常尊敬他，」他告訴記者戴夫・馬修斯，「他被開除時，我就對密西根州大失去了興趣。」

就在強森為密西根大學打球的興趣日益濃厚時，喬治・法克斯對於將大把時間花在應付各校招攬強森上的生活也越來越厭煩了。現在，全國各地的知名教練每天晚上都會打電話給法克斯，跟他聊強森的事，並直呼他的名字，就好像他們是交情很好的老朋友一樣。從在一支鄉村的球隊成為明星球員並助隊贏得州冠軍，到在密西根州的各個高中球隊擔任教練，法克斯一直熱愛著籃球，但他並沒有熱愛到廢寢忘食的程度。他有很多興趣，除了陪伴妻子、家人、朋友、去教會，他還喜歡像是打獵和釣魚的戶外活動。為了保護自己也保護艾爾文，這位教練開始與他麾下的明星球員討論，將他有興趣的學校縮減到一個可控管的範圍內，希望能令一些滿腦子想著獵人頭的球探別再打電話來了。

同時，以強尼・歐爾（Johnny Orr）和助理教練比爾・弗里德（Bill Frieder）為首的密西根大學教練團以及其他人，都為了招攬艾爾文・強森的事宜而在蘭辛奔波著。肯塔基大學（Kentucky）的年輕助理教練里奧納德・漢米爾頓（Leonard Hamilton）給強森留下了深刻的印象，還有，聖母大學（Notre Dame）的狄格・菲爾普斯（Digger Phelps）教練、馬里蘭大學（Maryland）的萊夫提・德雷塞爾（Lefty Driesell）教練以及北卡州大的諾姆・史隆（Norm Sloan）教練，也讓強森有所印象。

當時的錄影帶正處於推廣階段，但還沒有被普及。教練們只能透過投影機播放紀錄比賽轉播的電影膠片，觀看這些解析度很低的黑白影像。然而，強森的比賽幾乎沒有留下影片，因為他的比賽沒有電視轉播，所以教練們只好在那年夏天與初秋親自登門拜訪、一探究竟。

法克斯記得，狄格·菲爾普斯在蘭辛市中心的一間辦公室與強森和塔克會面，萊夫提·德雷塞爾則在球隊訓練時把艾爾文拉到一邊與他攀談。「鮑比·奈特直接殺來學校。他告訴我他要來，然後我告訴他我們在教師休息室碰面，約三點。三點一到，我從走廊走到教師休息室，就看到他靠在走廊的一面牆上。沒有人跟他說話或進行任何互動。我走過去跟他說：『嘿，教練，你來得有點早。』他說：『我喜歡不聲不響地走進學校，站在走廊上觀察學生。』然後我們三個人就進了教師休息室，進行了一次愉快的面談。」

奈特領軍的山地人隊（Hoosiers）剛在那年春天贏得了驚人的三十三勝零敗，並在ＮＣＡＡ錦標賽中擊敗密西根大學奪冠。在那年夏天，他和歐爾是全國最熱門的教練。

「我認為鮑比·奈特覺得自己盡了全力，」法克斯回憶道，「一樣，艾爾文沒有直接回絕他，因為艾爾文就是這種人。你知道的，他就是稍微跟奈特聊聊並讚美了一番，事情大概就是這樣。」

《底特律自由新聞》的記者米克·麥凱布於二〇一九年回憶當時，在一切塵埃落定後，其中一位極力招攬強森的人很後悔他們沒有接觸查爾斯·塔克並賄賂他。塔克對於類似的評論嗤之以鼻，並指出招生人員真正應該尋找的對象是老艾爾文。當然，很少有人能像塔克一樣，揭開老艾爾文的神祕面紗。

相較之下，原本在蒙大拿大學（University of Montana）執教、在春天被密西根州大聘來取代蓋斯·加納卡斯擔任總教練的賈德·希斯科特（Jud Heathcote），在來到蘭辛市時還對艾爾文·強森一無所知。很快，就有人建議他最好趕快搞清楚狀況。

但衡量這些考量的情緒，很快就被悲傷所淹沒了。那年八月，就在強森生日的兩天後，傳來了恐怖的噩耗。戴爾·比爾德說，當時他的母親叫醒他，告訴他瑞吉·查斯汀在附近的密西根州傑克森市被一名酒駕的司機撞死了。比爾德立刻想到，一名與艾爾文．強森約會的女性就住在傑克森市，他原本打算與查斯汀一起去那裡，但因為計畫臨時有變而不得不在最後一刻打消念頭。那天早上，在從查斯汀的兄弟那裡得知這件事後，強森衝出家門在街上奔跑著。不敢相信的他一邊跑、一邊哭，一邊試著接受這個現實。他記得，他好像跑了好幾個小時都沒有停下來。

就這樣，所有人的生活突然結了凍，並往截然不同的方向轉變。艾弗雷特維京人隊的隊員們突然發現自己接到了一個超現實的任務，那就是幫朋友抬棺。他們陷入了極度的悲痛中，令此前在季後賽災難般的落敗都顯得微不足道。

查斯汀死於內傷，在大家瞻仰遺容時，他看起來是那麼地年輕有勁，就好像可以從棺材中站起來去打球一樣。「這真是令人痛心。」派特．霍蘭德回憶道。

就在畢業前，查斯汀曾告訴強森，他知道艾弗雷特高中在下個球季會贏得州冠軍，屆時他會回來分享慶祝的喜悅。

「他和瑞吉的關係很親密，老兄，」戴爾．比爾德在幾十年後如此說明，「瑞吉比較年長，他是艾爾文的心靈導師。他是個在高中時就在下巴蓄鬍並留了八字鬍的傢伙，看起來比實際年齡還要大。」

「瑞吉覺得自己的朋友不多，」強森在那星期接受《州紀事報》採訪時說，「他不知道喜歡他的人有多少。從他被選為『返校節之王』時，就看得出來他有多受歡迎了。」

光是這個榮銜，便能夠顯示出學校在種族融合方面取得了多少進步。強森很欣賞查斯汀的許多特質，他的清晰思路是其中之一。「他會不停地和我們球隊中的每個人說話，試著讓我們在每場比賽中都隨時保持著警覺，」從強森說的這番話中，流露出他從這位年長的隊友身上學到多少領導統御的心法。

雖然在外人眼中，查斯汀是個沉默寡言的人，但事實證明，他是個競爭意識有如熊熊烈火般火熱的人，那也一直是強森和其他隊友們的榜樣。過去兩年以來，強森的生活發生了天翻地覆般的變化，他也成為了一名越來越廣為人知的公眾人物。從每天早上搭公車到艾弗雷特高中，到與強森一起在蘭辛市的大街小巷奔跑，再到球隊一步一步地成功打造出快打旋風般的球風，這些過程中的每一步，查斯汀幾乎都在強森的身邊。這名矮小的後衛以他的好鬥與勇氣推動著球隊的發展，同時也不停地讚美強森是一名多麼優秀的球員，訴說著強森還沒完全明白自己有多大的天賦，並鼓勵他成為更好的自己，還說他絕對能成為一名NBA球員。在蘭辛市進行的校車實驗所引發的糾紛中，查斯汀也曾和他有過一樣的經歷、以黑人之姿闖進了以白人為主的球隊。

查斯汀是一名受到塔克認可的球員，對於這個沉痛的打擊，塔克和強森一樣吃驚。「我們私下常常聊天，」塔克在當時對《州紀事報》表示，「瑞吉是個特別的人。有時候人們會覺得他好像常常對某事耿耿於懷的樣子，但其實並沒有。在他不理解某些事情的時候，像是法克斯可能因為某些事情責備他，他會說他有多麼不喜歡法克斯。但五分鐘後，他又會說自己有多愛這個人。你必須認識瑞吉這個人，才能瞭解他。他是一個超級堅強、不斷追尋著某些事物、尊重每個人的人。」

查斯汀的經歷顯示了成為強森的隊友要面對哪些挑戰，也就是必須按照教練和強森本人設定的計畫打球。「他投籃的次數不多，因為那與我們的籃球理念不符，」法克斯承認，並補充，沒多少投籃機會，似乎並沒有造成他的困擾，「他像個男子漢一樣接受了這個現實。他知道自己該做出什麼貢獻，而他的貢獻也很有價值。」

在接到噩耗後，深陷絕望之中、淚流滿面的強森發誓永遠不會忘記他。而強森確實做到了，在他接下來取得卓越成就的職業生涯中，每遇到一個重大時刻，他都會習慣性地暫緩思緒，回想查斯汀以及他過往所做的一切。

「瑞吉·查斯汀是他最好的朋友。」米希·法克斯說。

接下來的一星期，仍然覺得無法置信的比爾德，一直在想著一張刊登在當地報紙上的照片。「那是一張照到他和瑞吉的照片，」比爾德說明，「他們在半場討論些什麼。報紙上當時把他們稱為『馬特和傑夫』。艾爾文彎著腰，聽著瑞吉想跟他說的話。艾爾文很尊重這位前輩。瑞吉比他早兩年加入球隊，他們一起打了兩個球季，所以他們非常瞭解對方。」

「瑞吉可能是艾爾文最好的朋友，」喬治·福克斯說，「他是被殺死的。在他讀完高四、剛畢業的暑假，他和他的女朋友在密西根州傑克森市的街上開著車，被醉漢開車撞死了。」

「他硬是闖過了禁止通行的標誌。他的車上沒有煞車。」派特·霍蘭德回憶道。

「所以我們打算把下個球季用來告慰瑞吉·查斯汀的在天之靈，」法克斯說，「我們只是想藉此安慰艾爾文和球隊中的每個人，因為這實在是個很大的打擊。」

以車代步

在那年八月年滿十七歲的艾爾文，似乎很快就能開著車到處跑了。戴爾·比爾德很清楚，因為他就坐在副駕駛座上。再過十五年左右，他不僅還是會繼續坐在副駕駛座上，還會成為艾爾文婚禮上的伴郎。這提醒了一件他和強森都心知肚明但從未討論過的事。

如果瑞吉·查斯汀還活著，伴郎應該就是他了。如果查斯汀和他的熱情依然留在這個世界上，比爾德會很樂意讓出這份風光的工作。

比爾德比強森晚一年加入球隊，他在一九七六—七七球季開始在艾弗雷特高中的一軍當替補。他很幸運，因為喬治·法克斯差點在那年秋天試訓時把他刷掉。隔年，在強森畢業後，比爾德會獲得戲劇性的大幅進步，入選全州年度第一隊，並於日後在他就讀的大學成為校史名列前茅的得分好手，然後在海外成為一名職業籃球員。

然而從許多方面來看，他永遠都是艾爾文·強森團體中的備案人選，這不是在貶低他，而是在稱讚他。從一九七六年那個悲傷的夏末開始，比爾德就一直陪在強森身邊，試著填補他心靈和生活中出現的巨大空洞。比爾德和塔克都在他的身邊，幫助他重新找回在籃球場上輕鬆愉快、無憂無慮的時光。

畢竟，在艾弗雷特高中二軍打球的比爾德，也是一名身高較矮的非裔美籍後衛，因此，他也將查斯汀視為一個重要的榜樣。在這個越來越多非裔美籍人士加入的高中籃球隊中，被他景仰著的查斯汀，是他建立信心的泉源。

除了震驚和悲痛等因素之外，戴爾·比爾德與強森的友情是自然而然地加深的，他們後來也成為了知心好友。在高二時，還是二軍成員的他，就已經和強森相處了一段時間，也很欣賞這個人的許多特質。當時的強森已經是校園裡的風雲人物，但就像他對待史托克斯的方式一樣，他也沒有因為比爾德只是一名二軍球員就看輕他，而是把他當成一個值得交往和尊重的人。比爾德記得，他和強森的友情很快就在那個夏末秋初打鬥牛時加速升溫。強森現在在詹尼森體育館已經累積了點聲望，因為當地一些有天分的球員若也想上場展現自己的才華，和他同隊是最有效的途徑之一。「他和我去球場或是密西根州大的詹尼森體育館打球時，會找某個人組隊，」比爾德回憶道，「他會看看有誰在，並挑選他想要的隊友。然後，我們就會在場上連戰連勝、根本沒辦法休息，老兄。」

現在他去打鬥牛不用再搭查爾斯·塔克的賓士了。艾爾文現在自己有車。

「他爸爸買了一輛別克Electra二二五給他，」比爾德再次回想起這段回憶時笑了出來。「人稱這台車為

『deuce and a quarter』。對，老兄，我跟你說，他現在有輛咖啡色的大車了。」

父親把一輛自己愛車的二手版本給了兒子，而強森也像父親一樣，會在車道上洗車、擦車、打蠟。如果父親把自己的車開回來了，強森就會拿出鑰匙，把自己的車開出來，把車道上最好的位置留給父親。

在那年剛進入秋天時，有一天，球隊進行公開訓練，比爾德有禮貌地、幾乎可以說是不好意思地問了強森一個問題。「我印象中是說：『嘿，老兄，你覺得我可以搭個便車回家嗎？』」

「沒問題，來吧，兄弟。」強森回答。

「我們住在鎮上的兩端，開車大概要十分鐘，但他還是會送我回家，」比爾德回憶道，「我們會在訓練結束後，開著車經過麥當勞然後回家，他會把我送到家門口。」

「明天學校見，老哥，」比爾德下車時會這麼說著。「從那一刻起，我們開始變得越來越親密，」比爾德補充，「每天訓練結束後，他都會送我回家。」

隨著他們建立了親密的友誼，比爾德也更有機會能全盤見識到，強森在球場上有多厲害。「這傢伙是個狠角色，」比爾德說，「他去公園打球，有時去的只是個普通的公園，但還是會吸引來滿滿的人潮，大家都是來看他打球的。當時的球場簡直變成了我們專用的場地，艾爾文很愛來這種街頭球場打球，所以我們每天都來打。」

他們的足跡遍布這座城市的各個角落，從曼恩街道學校到運動場、再到一座當時在西區被稱為青少年收容中心的公園，甚至還會跨越到東區，和傑・文森與他的同伴對決。

與文森在鬥牛時對決，成為強森的一大樂事。這兩個宿敵已經成為朋友一段時間了，但他們在更小的時候幾乎沒怎麼和對手打過鬥牛，文森回憶道：「因為他在城鎮的西區，而我們在東區。直到我們在高中開始交手之前，他大多待在西區那邊。後來他開始帶著他的大隊人馬，不是整隊啦，大概五、六或七個人，來我們這邊的公園打球。我們在高二、高三成為明星球員後，他就會帶著一群人來我們這邊的公園打球，我也會帶我的夥伴們去他們那邊的公園打球，天啊，每次打球，大概都有五百人圍觀吧。」

比爾德從這些在街頭球場打球的時光之中，看到了強森的強勢個性。「他總是在指揮隊友，他希望球在自己手裡，」比爾德說明，「他覺得每場球自己都非贏不可。要做到這一點，他覺得自己應該要把球拿在手裡、讓每個人參與他組織的攻勢，就能贏得比賽。而他確實做到了。」

「順其自然就好。」強森會跟球隊中的每個人這麼說，讓他們適應自己用全速打球的風格，並控制比賽節奏。

強森會毫不猶豫地將自己的意志施加在他們身上，日後，他不管在場上遇到什麼人，也幾乎都要對方順從自己的意志。這從他喜歡喊犯規的習性就能初步看得出來，就像塔克所教他的。

正如傑．文森邊笑邊分析的那樣，那時候的強森根本碰不得，尤其是在弗雷德．史塔布利給他取了魔術這個稱號之後，鬥牛時的他簡直在喊對手犯規的領域中成為了大師。

鎮上新來的孩子

最先發現他的人是蓋瑞．法克斯，他是個六呎三吋、即將升高四的後衛，在密西根州D等級、一些小學校組成的聯賽中獲得了年度第一隊的榮譽。法克斯在讀大一去鬥牛時注意到了這孩子，他叫傑米．霍夫曼（Jamie Huffman），身上的每一件特質，都符合蓋瑞．法克斯之父對於後衛的要求。他希望能找到另一名後衛來幫助艾弗雷特高中與艾爾文．強森贏得極其珍貴的密西根州A級高中聯賽冠軍。蓋瑞．法克斯對父親說，霍夫曼身材高大、運動能力優異、能防守、在場上的整體表現也不錯，非常適合艾弗雷特高中不斷加強的陣容。

更巧的是，霍夫曼有位哥哥正在蘭辛市讀法學院，而霍夫曼很想搬去和他的哥哥一起住，並試著挑戰A級聯賽、在更高等級的球賽中測試自己的球技。

「我覺得和艾爾文一起打球的感覺會很棒，」在回顧球季時，霍夫曼對《底特律自由新聞》的記者米克．麥凱布說，「我知道他們缺後衛，他們陣中的球員並沒有特別高大。但我不確定自己的實力是否足以應付這個層級的賽事。畢竟我可是從一個只有兩座路燈的小鎮來的。」

他記得，在那個夏天的一次球隊公開訓練中，他和球員們一起投籃。大家顯然都在等著當時逐漸有了「不管做什麼事都會遲到」風評的強森。

「艾爾文喜歡隆重登場的感覺，」霍夫曼說，「當時很流行爆炸頭。艾爾文雖然當時只有六呎八吋，但那頂爆炸頭讓他看起來高達七呎。我看到他的時候不禁心想：『我的老天！』」

不久後，強森便為霍夫曼獻上了一首《老鷹合唱團》（**Eagles**）的搖滾樂曲，用自己改編的方式唱了曲風感傷的《鎮上新來的孩子》（**New Kid in Town**）。當時這首歌常常在廣播上播出。而在球員們進行訓練或熱身時，強森也常常突然開始唱這首歌。

「新來的傢伙，鎮上新來的孩子，」他哼唱，「每個人都愛你，所以別讓大家失望。」

強森唱歌的畫面和聲音，讓教練團和全體球員都笑了出來。「鎮上新來的孩子，」派特．霍蘭德回憶道，「艾爾文只是想藉由這種方式，讓他感覺到大家歡迎自己的到來。」

這也是一種提醒霍夫曼最好皮要繃緊一點的巧妙手段。

潛藏在此之下的，是學校進入了種族融合的下一個階段。回過頭來看，這個階段就像是平靜的海面下默默湧動的潮水，畢竟，他們即將迎接艾爾文．強森爭奪冠軍的最後一次機會。這才是眼前的大事。所以，這個新來的小子是何方神聖？強森有搞清楚這一點的必要。

儘管如此，考量到進行這件事的同時，強森都展現著他的微笑與熱情，令這段過程充滿著趣味。這兩年來，他都在走廊周邊努力地做著制止大家打架和緩和氣氛的工作。

現在，隨著霍夫曼加入球隊，強森轉而致力於讓黑白兩族在社交場合中融入彼此，這是一項看起來很艱鉅的任務，因為白人和黑人的世界依然像是兩道永不相交的平行線，雙方幾乎一點都不瞭解彼此，也不知道雙方之間的文化鴻溝到底有多寬。

「我們在學習，」里昂．史托克斯回憶著艾弗雷特高中的氛圍時說，「這是個新事物。我們在搞清楚要怎麼和對方相處。」

每個群體都傾向於和同類混在一起。

白人高中生們生活在一個很像《年少輕狂》（Dazed and Confused）這部電影裡的世界，他們會在離家遠一點的地方，或是父母蠢到在周末留下青少年獨自看家時，在家裡偷偷舉辦飲酒作樂的派對。這些派對通常早早開始，大概在晚上八點左右，白人學生們就會帶著大量的冰啤酒聚集起來。

另一方面，黑人學生直到十點左右才開始活動，而且他們更喜歡喝愛葡萄酒，並在放鬆的氛圍中跳著七〇年代中期特有的非洲風舞蹈。強森當下便決定帶霍夫曼跨越種族的界線去參加派對和打籃球，當時，這被視為一種大方的舉動。

查爾斯．塔克於二〇一九年說明，他對霍夫曼的第一印象，是他在與黑人球員競爭和相處時都很自在。但強森必須對他進行壓力測試，以確定他能否應對來自底特律和弗林特市那批強硬的競爭對手？在比賽中，他將不斷地面對到垃圾話與他人的輕視，這些攻擊不僅在比賽中築起了人與人之間心靈上的高牆，在某種程度上，也以另一種方式展現出文化上的差異。而他能否對此視若無睹？傑夫．霍夫曼能夠在這些挑戰中堅持下來嗎？

「我帶他在西區和兄弟們一起打球，」強森對米克．麥凱布說，「每個人都知道他是艾爾文的夥伴，我得讓他習慣和那些愛說垃圾話、在市內打球的傢伙們打球是什麼感覺，我必須讓他做好準備。我和他一起努力，因為他是我們球隊的關鍵。」

強森記得，在參加黑人為主的派對中，他指示女孩們讓霍夫曼起來跳舞，這讓人們對霍夫曼和強森都有了更多的認識。艾弗雷特高中的魔術，就像是《歡樂時光》（Happy Days）影集中的方茲（Fonzie）一樣，廣受歡迎、極具魅力。正如弗雷德．史塔布利所觀察到的，不論是女性還是男性，都會被強森的魅力給迷倒。「他長得帥又才華洋溢，笑容燦爛且魅力四射，就連男人都會被他吸引。他不是個浪漫的人，但他是那種散發出領袖氣息的男性。」

其他白人隊友們也很快找到方法加入這些黑人的派對，並開始邀請強森和他的朋友們來參加白人的派對。

「我的工作就是跨越這道障礙，」強森在二十年後說，「一開始，我努力扮演中間的那道橋梁。我們一起做到了很多事。」

他為自己扮演了將學校中的每個人凝聚在一起的角色感到驕傲，他推動了午餐時間播放的音樂類型的融合，也讓黑人學生能夠加入啦啦隊。

而他也不希望在人們眼中的自己只是一名籃球員。他還加入了校刊編輯部。「我成為了編輯，幫忙製作校園日報，」他說，「我只是個普通的學生，我盡情地過著學生的生活，並盡可能地參與每一個活動。」

隨著球季即將在秋天展開，他做的這些努力，令隊友們以他為中心、更緊密地結合在一起。

「他是個愛開玩笑的人，」曾在中學時期與強森交手過、後來在艾弗雷特高中的一軍和他一起當了三年先發球員的賴瑞．杭特，在一九九七年接受《底特律自由新聞》訪問時回憶道。「他從各方面來看都是個很好的人。」

「他是個很棒的朋友，」隊友汀恩．哈特利（Dean Hartley）附和，「在大家一起出去玩、一起行動的時候，他顯然是我們這群人的領袖。」

在那年初秋準備升上艾弗雷特高中一軍時，布魯斯．菲爾茲記得，強森會開車到他家，順路帶他和他的弟弟一起搭上Electra二二五去探索夜生活，他們也去了密西根州大的派對。

「我媽媽很愛艾爾文，她愛死他了，」菲爾茲在二〇二〇年時回憶道，「他會走進我們家，親她的臉頰並說：『他們有我罩，我會照顧他們，相信我。』」

接下來，他們會擠在這台車上，在音樂的伴奏下展開嗨翻天的冒險。

「而我媽媽覺得沒問題，」菲爾茲說，「讚啦。」

當然，他們開車時絕對都沒有喝酒。強森在開車時格外小心，也絕對不會在任何一個社交場合中讓任何一個年輕的夥伴落單。

「艾爾文開車載我們去參加派對，」菲爾茲說明，「他知道他要對我們負責。我們是他的夥伴，他一直在照顧我們，也確定我們都能平平安安、快快樂樂地回家。」

強森就是這麼平易近人、魅力十足。但他覺得自己必須搞清楚傑米．霍夫曼是個怎麼樣的人。最終，唯一能瞭解他的方式，就像在打籃球時要怎麼瞭解自己的投籃一樣，你必須把球投向籃框，給它一個機會。

「他不在乎你是黑人還是白人，尤其是涉及到體育競賽和我們的勝利之路的時候，」布魯斯．菲爾茲談到強森時這麼說，「他的態度就像是在說：『如果你能幫我們贏得勝利，就跟我一起走吧。』我們需要傑米．霍夫曼。」

最後，問題還是在教練喬治．法克斯身上。傑米．霍夫曼不是問題。正如查爾斯．塔克所指出，霍夫曼很快就證明自己準備好了，沒有浪費時間在不安上。他只想著上場比賽。

問題是從喬治．法克斯對於上個球季戛然而止的憤怒中萌發出來的。撇開強森自己的掙扎不談，法克斯一直堅信艾弗雷特高中的後衛太矮小，隨著競賽水準的提高，就很容易被對手壓垮。他對戴爾．比爾德的整體印象是，他是從二軍來的另一個小個子。對，比爾德一直是派特．霍蘭德歷來最喜歡的球員之一，而霍蘭德也努力在改變法克斯的看法，指出比爾德已經不矮了，現在已經有六呎高，而且還在繼續成長。他能投籃，並且已經證明自己能在壓力下得分，還有一手防守功夫。

直到強森介入後，風向似乎才有所轉變。

「這幾乎全是艾爾文的功勞，」比爾德談到自己在總教練心中獲得另一次機會時說，「我是從二軍來參加選拔的，他們基本上已經決定好要把誰留在球隊裡了。」

派特．霍蘭德並不認為法克斯最終會讓比爾德落選。法克斯與艾爾文．強森在前兩個球季間建立了信任，也建立了心理與情感層面的夥伴關係。加上在執教強森以及探索如何將他引領到應許之地的挑戰中，教練團深切感受到的快樂。但儘管如此，情況依然不容樂觀。

「這取決於艾爾文在我身上看到了什麼，」談到教練團的決定時，比爾德如此表示，「我本來很可能不會入選，你永遠不知道我的人生會因此走向何方，我甚至可能上不了大學。」

「他一開始不打算選我，我本來沒辦法擠進球隊名單，但艾爾文說：『聽我說，我們得留下這傢伙。』他在我身上看到了某些才華。」

比爾德說明，強森在他身上發現的特質，最終法克斯也看得到。就這樣，強森與另一名重要夥伴的連結就此展開。而隨著他們的關係越來越好，他們也會發現他們奇妙的共通點。首先，他們的家族都來自密西西比州的同一個郡縣中的同一座小城鎮，這個動盪不安的地方，名叫林肯縣布魯克哈芬市（Brookhaven, Lincoln County）。一九五四年，這裡有一位黑人農民因為想登記投票，而在法院的草坪上遭到射殺。

比爾德解釋，雙方的家庭在搬到蘭辛市的過程中經歷過一樣的事。「他和我一樣，我們兩家都是個大家庭，來自同一個家鄉。你知道的，我們都看到了我們的父母有多麼努力。」

和老艾爾文一樣，比爾德的父母也在通用汽車有一份較為穩定且長期的工作。正如同強森尊敬他的父親，比爾德也尊敬他的父母，兩人對這份感受惺惺相惜。

更特別的是，他們的長相和表情有著驚人的相似度，他們隨和的舉止和微笑的樣子，也一樣相像。比爾德給很多人的印象，就像是較為矮小的強森，但他們的魅力，卻沒有因為身高的差異而有落差。

儘管強森的背書並未幫比爾德在先發陣容贏得一席之地，但這是個開始，也讓強森得到了指導年輕後輩的機會。

「我們有過交流，」比爾德回憶道，「他給了我一些提點，因為我比他小一歲，所以加入一軍的這些眉角對我來說都很陌生。他只是告訴我，一軍的比賽節奏有多快、有多激烈，以及他對我有什麼期望，而我做到了。從那時起，我們就逐漸變得越來越親近。」

但這並不代表在戰況激烈時，比爾德就不會與強森發生激烈的爭執。有時他們會大聲爭吵。比爾德解釋，強森是個領導者，他知道自己要的是什麼，也會毫不猶豫地要求別人聽命行事。

比爾德指出，透過近距離的觀察和他們花時間討論比賽的過程，更讓他覺得強森這麼年輕就有這麼敏銳的洞察力，實在是不可思議。「關鍵在於他的籃球智商。你懂吧，他知道自己不是最快的球員，但他總是會想方設法地靠著智慧戰勝對手。我認為，身為一名球員，這是他與其他人相比最不一樣的地方。」

隨著觀察強森的機會越來越多，比爾德便開始察覺到這位高個子是如何把整支球隊組織得井然有序。

「光是看他如何讓球員移動到定位，你知道的，看起來就像個教練一樣，你懂我的意思嗎？」

動力

二〇一九年，提姆・史陶德喜迎自己在蘭辛市擔任主播的第五十年，他是當地在電視與廣播主持體育播報的教父，在該領域的豐富經歷，讓他有機會從近距離見證體育界在密西根州的疆域有多麼廣袤。從在十大聯盟（Big Ten Conference）中經歷千錘百鍊的美式足球與籃球校隊著稱的兩所名校，到一系列令人難忘的高中體育賽季和選手，再到密西根州各式各樣的職業隊伍。史陶德在播報生涯中，見證密西根州大在湯姆・伊佐（Tom Izzo）教練的領軍下，連續二十幾次打進NCAA錦標賽，也看著密西根大學和密西根州大多次晉級最後四強與拿下全國冠軍。

史陶德見證了密西根州競技體育的一切。

「我總是告訴人們，迄今我最享受的三年，說來有趣，是艾爾文在艾弗雷特高中的那三年。」史陶德在二〇一九年受訪時說。

儘管強森的大學生涯對史陶德來說也很重要，但那些年並沒有被列入這三個最被他重視的球季之中。史陶德解釋，畢竟，有數百萬的人們看過強森在大學和NBA打球的樣子。「看過這孩子在高中打球、看到他對這個社區帶來多大影響的人沒有那麼多。」

史陶德說，蘭辛市在一九七四年到一九七七年間並沒有成為廣受全國矚目的焦點。「回顧這四十年來，我一直覺得我再也無法遇到能與艾弗雷特高中的他相提並論的事蹟或人物了。在我五十年來的播報生涯中，這是段最令我樂在其中的時光，因為它讓這裡充滿了活力。」

史陶德會對強森產生這種想法，起因在於強森高二球季的季後賽。這位主播在比賽開始前看著一支來自本頓港、體能條件優異的球隊熱身，並心想：「我的天，他們看起來簡直就像紐約尼克隊。」然而，比賽開始後，強森立刻取得了大量的分數，艾弗雷特高中最終也以壓倒性的優勢取勝。

在那之後，史陶德在強森接下來兩個球季的每一場比賽中，都一定會攬下負責現場直播的任務。體育媒體需要有所成長，才能讓強森成為一個更加遠近馳名的存在。在這段過程中，史陶德扮演了一個重要的角色。

「由於強森的形象日益鮮明且不斷提升，這讓當時的社區呈現出前所未見的風貌，每天都有新鮮感，」史陶德說明，「我的意思是，你看，這實在是不得了。我們不管到了哪裡，都像是來到了搖滾音樂會的現場。跟現在不一樣，沒有人群在比賽中隨意走動，球場也不會有一半是空著的。」

這位主播記得，到達比賽現場時，他最擔心的就是架設廣播設備時會不會和人群起衝突。

「我們會祈禱我們到達比賽現場時，不會被安排在某個奇怪的地方或是人群中間播報賽事，不會在播報比賽時因為受到太多人干擾而遇到問題，」他回憶道，「那時的媒體環境與現在不同。那時還沒有有線電視。我們的廣播就是密西根州唯一的節目。而且，你知道的，他的綽號在那時已經深植人心，所以每個聽說過他的大名的人都想看他打球。因此，我要說的是，如果你想看他打球，就必須去比賽現場，而且他就是好到值得一看。毫無疑問，他在高中時就有這麼出眾。」

他那愛秀且能夠娛樂大眾的球風，在他高中的前兩個球季逐漸成形，然後在高四那年達到了另一個高峰。

戴爾．比爾德能夠體會魔術強森帶給史陶德怎麼樣的感受，因為他對那個高四球季也有著一樣的感觸。「他和我有時候會聊起那段在艾弗雷特高中的時光，」比爾德談到強森時說，「老兄，我跟你說，我們到現在都還是覺得很興奮，你懂吧，都過四十年了。我們聊到這些事情的時候，彷彿覺得自己回到了高中時代。」

這麼多年來，強森自己也常常提到，他的高中經歷甚至比他後來取得的所有成就都更有影響力。「那時候是如此純真，」他曾對米克．麥凱布說，「你是出於對比賽的熱愛而打球、為身邊的人而戰。這些人，你甚至連他們的父母與手足都認識。高中生活很特別，我的記憶力就像大象一樣好，我永遠不會忘記那段時光。」

「對於還是高中生的孩子們來說，那一年有如童話故事，」布魯斯．菲爾茲在談到強森的高四球季時曾如此說明，「我們都知道艾爾文有多強。艾爾文能做到其他高中生做不到的事。我覺得他甚至在高中畢業後就能直接跳級挑戰ＮＢＡ了。」

「一九七五、七六、七七年的記憶，對我來說就像昨日一樣清晰，」史陶德回憶道，「他那時打球的體育館，現在還是保留著原樣，只不過現在叫做艾爾文．強森體育館了。它看起來跟以前一模一樣、幾乎沒什麼變化。我仍然記得坐在這裡、身邊擠滿了人的情形。每場比賽總是需要加派警力支援，因為外面一直有人想進來。我這麼說吧，就連警察也想進來看比賽。」

「每一場比賽都很特別，」強森在二十年後對《自由新聞》表示，「如果你沒有趕在二軍的比賽開始前就先來佔位，那你就沒有位子了。如果我在二軍的比賽開打後才開車到體育館，就根本找不到停車位。就好像整個蘭辛市都來看我們的比賽。我以前在準備上場時，看到父母坐在那裡、聞到爆米花的香味，便會情不自禁地感到興奮。當我聞到爆米花的味道時，就知道是時候上場打球了。」

菲爾茲在二〇二〇年時回憶道，身為他的隊友，在場上奔跑並快攻上籃時的感覺是多麼地有趣，那是一種幾乎無法形容的快感。他還補充，在客場比賽，能以另一種方式為整支球隊提升自信心。「我們去客場打球，在他們的體育館裡和他們的球隊比賽，最後連他們的球迷都會幫我們加油。這太瘋狂了，我們從一開始就把對手打得落花流水，然後他們的球迷就會開始為艾爾文歡呼。我們帶著五十分以上的大勝揚長而去，但他們會很高興能有這個機會看到我們的表演與實力。」

如果人們沒辦法親眼目睹他帶來的影響，就很難理解這一切的意義。因為從很多方面來看，如果你當時對青少年強森的觀察僅止於表面，可能很難搞清楚這到底有什麼了不起的。

「我記得在高中採訪他時，他的發音有問題，語調也有問題。他很害羞，」史陶德在二〇一九年時說，「如果你看過他高中時受訪的模樣，他是那麼的天真和幼稚，一個做什麼事都不加修飾的孩子。我覺得他在高中畢業時的詞彙量非常有限。」

史陶德指出，看著當時的強森在日後成為了能在大眾面前侃侃而談的演講者、媒體人物和商人，實在令人感到驚奇和印象深刻。

然而儘管有人提出了這類觀點，強森的整體表現顯然還有許多特質，讓即使還是個高中生的他，依然能成為一名出色的領導者和公眾人物。首先，他一直以來都在情緒管理和社交方面展現出很高的智慧，就是這番智慧，讓他在九年級時決定騎腳踏車直奔喬治·法克斯的家。

「有時候，」查爾斯·塔克分析，「你會遇到一種情況。大家發現到你擅長某件事後，你會變得越來越擅長。」

顯然，不管強森的發音有沒有問題，蘭辛社區都發生了一些變化，而這些都是由艾爾文·強森和被他獨特魅力所吸引的人們所推動的。

戴爾·比爾德記得，在強森的高四球季，艾弗雷特高中內的種族動盪已經明顯平息了不少。就算有涉及種族方面的問題，也沒有攤在陽光下大肆爭吵，只有在竊竊私語中默默地討論。里昂·史托克斯、喬治·法克斯、派特·霍蘭德和其他人都證實了這類問題引發的爭執已經歸於平靜。

傑·文森在回首往事時指出，這個影響擴及了整個蘭辛社區。「這是我們在打籃球時，把我們凝聚在一起的原因。這很重要，因為當時在艾弗雷特高中、整個蘭辛社區的種族關係都很緊張。種族之間的矛盾永遠不會消失，但在當時，種族之間的對立比現在緊張很多。」

文森指出，儘管他自己就讀的東區高中，白人、黑人和拉丁裔的學生們都很好地融入了彼此的圈子，但問題還是存在。畢竟，文森說，一九六〇年代的底特律騷亂事件才剛過去不久而已。

「某些校長，甚至每個人，都想要魔術來讓大家冷靜下來，而他也的確將很多人團結在一起。」文森說，「那時候很多人，黑人、白人、墨西哥人，都只想去看魔術表演。」

他記得，艾弗雷特高中與東區高中的較量「將整個蘭辛市團結在一起。我們很清楚，我們在打籃球時，種族之間劍拔弩張的問題依然存在。但在我們上場打球的那兩個小時，這一切都被遺忘了。」

強森在高四那年弭平了多少圍繞著球隊、學校和城市的種族衝突，才是該拿來衡量他在各方面取得多少成就的標準，而不是他年輕時的發音問題。

「他們讓自己成為了超脫外界紛擾的存在，」談到強森與他的隊友們時，查爾斯・塔克說，「高四那年，他們有很多追隨者，每個人都關注著這些孩子。沒有人把注意力放在負面情緒上。他們是密西根州最棒的球隊，在那個時候，他們藉由這支球隊孕育出了許多成就。如果不是這支球隊如此出色，當時可能會出現更多的衝突。這支球隊幫了大忙，因為整座城市在那三、四年間，都把心力鎖定在他們身上。」

布魯斯・菲爾茲在二〇二〇年時回憶，仍然有一些教職員不認同強森的存在和影響力。

「老師們在適應上遇到了最多的難關，」塔克回憶道，「這就是問題所在。像是校長、教練、部分輔導人員，這些非教師的基層員工，他們在某種程度上都融入彼此了。而孩子們社交的範圍則集中在體育館，他們專注於勝利與享受比賽的樂趣。」

顯然，贏得勝利和享受樂趣一直是衡量球隊化學效應的指標。提姆・史陶德認為，強森身邊的艾弗雷特高中隊友們並不是天賦出眾到令人印象深刻的球員。儘管球隊中有幾名球員，日後在體育方面取得了更高的成就，像是布魯斯．菲爾茲就在大聯盟打棒球。他被底特律老虎選中，度過了一段當球員後再當教練的職業生涯。其他陣中的球員，像是比爾德、保羅．道森、賴瑞等人，後來都上了大學繼續打球。但只要拿密西根州其他優秀的高中球隊與他們一比，他們的天賦相形之下就沒那麼亮眼了。

然而，史陶德的觀點，正好符合日後人們在強森參加各個層級的比賽中不斷提及的觀點。也就是，他讓所有的隊友都變得更好。

當然，其中一個關鍵是在這些高中隊友們身上，他們非常樂於接受改變。

「記住，艾爾文曾一度是唯一的黑人先發球員，」塔克說，「球隊中有四個年紀稍微大一點的白人小子，他們是不同類型的孩子，每個人都不受種族偏見的影響。賴瑞．杭特是個街頭小子，是個像賴瑞．柏德的傢伙。他不會刻意融入圈子的核心，也不會管種族的問題。六呎七吋的保羅．道森，也不在乎種族之分。還有傑米．霍夫曼，他以前就和黑人打過球，和黑人打球的經驗可多了。整支隊伍都追隨著艾爾文，所以這支球隊中沒有那種背景雄厚的菁英，身後還有父母告訴他：『你是個更好的球員。』或告訴教練：『讓我的孩子多打一點。』他們沒有這些情形。」

據喬治．法克斯所說，在這支球隊的替補球員中，也有著可靠的領袖。如入選了美國國家高中榮譽生會、在該校擔任主席的里昂．史托克斯，他因為上了場都會全力以赴、幫助事情往好的方向發展並穩定軍心而深受信任。

史陶德說，當然，戴爾．比爾德也不容忽視。他從未因追求明星光環而迷失自我，總是與強森坦誠相待，也和強森成為了一輩子的朋友。

「你感覺得到艾爾文對他的信任，」史陶德說，「我覺得在艾爾文回顧自己的一生與陪伴在自己身邊的人們時，能在這些童年好友、高中時期的夥伴之中，看到像戴爾這種在待人接物上備受讚譽的人，實在是件再好不過的事。」

史陶德指出，艾弗雷特高中之所以能夠成功，還有各種其他的因素，首先，是一個毀譽參半的因素：教練團。

這或許是因為賴瑞・強森的陰霾依然揮之不去，而且在某種程度上將永遠存在著。艾爾文的哥哥從艾弗雷特高中畢業後，和他的父親一樣去了費雪車身工廠工作，但顯然他的腦海全被憤恨不平給佔據了，那也將他拖入了藥物濫用和毒品的地獄。而或許這正是強森家族發揮最大力量的時候，在父母、手足以及日後來到洛杉磯的艾爾文幫助下，賴瑞・強森找到了戰勝心魔的方法。這是個內心需要有強大精神力才能從中生存下來的考驗，而他做到了。他後來成為了弟弟在洛杉磯商業事務上的經理，在朋友們口中，他是個願意為了家庭付出一切的男人。後來他回到蘭辛市，照顧八十幾歲還頗為硬朗的雙親。

這些年來，賴瑞曾多次公開露面，談論自己在年輕時不受教、不愛學習新知的心路歷程。

在晚年生活中，人們會常常看到他陪同父親去看密西根州大的比賽，或者一次接一次地參加蘭辛市的聚會，聽人們分享他們與魔術強森之間有過什麼故事。在這些聚會中，他有時會遇到派特・霍蘭德或喬治・法克斯，儘管他們清楚，永遠不要在對方面前提起過去那段艱辛的日子，也還是會熱情地招呼對方。

賴瑞後來成為一位知名人物，在毒品藥物成癮或其他問題的公共事務上推動募資。在蘭辛市的一次聚會中，派特・霍蘭德記得有次賴瑞來與他敘舊的情形，霍蘭德說自己問過賴瑞，需不需要幫他的事業出一份心力，但艾爾文的這位兄長拒絕了，說自己的事業在經濟上沒有問題，請為他們祝福即可。

隨著日子一天天過去，那些可能被視為過錯的行為顯然早已獲得原諒，但不難感覺到，仍有一絲絲深沉、久遠的傷痛留了下來。

二〇二〇年，得知查爾斯・塔克曾針對是否開除他哥哥一事對教練團提出意見時，艾爾文・強森感到十分震驚。顯然，塔克從來沒有向強森一家人透露過這個事實。強森在得知這件事後的反應，或許也表明了他們家人仍默默地關注著是什麼原因令賴瑞和他家喻戶曉的弟弟過著如此大相逕庭的人生。

在艾爾文・強森的青少年時代，從球場上的樂趣中成長並獲得的許多成就中，賴瑞與艾弗雷特高中教練團之間最終取得了和解，或許是最珍貴的成果之一，儘管他們沒有明顯地重歸於好。

與艾爾文・強森相仿，喬治・法克斯也是個總是面露微笑、和藹可親的人。對某些人來說，圓滾滾的他是個像「你好杜迪」（Howdy Doody）*的人，也像強森一樣，掩藏著他的好勝心與對比賽的執著。

戴爾・比爾德自己也承認，身為球隊中較年輕的球員，他對法克斯有些誤解。

是的，這位教練的傳言，讓人覺得他有點像是個鄉巴佬。比爾德說，在他和球員們一起看著法克斯怎麼透過影片分析對手的戰術，並看著教練的區域盯人防守是怎麼在強森高四那年、尤其是一九九七年季後賽期間把眾多的對手吃乾抹淨後，他很快就打消了這種想法。

「法克斯教練是一名很棒、很棒的教練，老兄。」在強森畢業後的隔年，名氣比強森小得多的比爾德，差點率領改頭換面的艾弗雷特高中贏得州冠軍。基於這個角度，他提出了自己的意見，「很多人沒有給他足夠的認可……大家都不瞭解這傢伙在當教練時有多厲害，直到你和他打交道、聽他說話，才會感受到：『嘿，你知道嗎？這傢伙知道自己在做什麼。』我們打區域盯人防守，而我們的盯人防守摧毀了對手。他們沒辦法破解這個戰術，因為這些高中球隊大多只有一名射手。我們的對手通常都被我們壓得死死的，我們會一直擋在他們面前，就算球轉移到另一側，我們也不會讓任何人溜進底線。」

弗雷德・史塔布利將教練團的成功歸於他們的遠見，「喬治比其他人更早就知道他手上的球員有什麼能耐，」這位體育記者解釋，「他讓艾爾文做自己，他知道他有什麼本領，也讓他放手去做。」

里昂・史托克斯記得，自己在強森的高四球季感到有些灰心，因為他不覺得像自己這種五呎十一吋的大前鋒能在球隊中發揮什麼作用。他的心灰意冷與日俱增，後來的某天，他沒有通知教練便翹掉了訓練。

「你在高中時，會覺得自己應該要一直待在場上才對。」史托克斯談及當時的心態時說。

史托克斯記得，回到球隊後，他和法克斯討論了這個狀況。「我喜歡他的一點，是他會傾聽。至少對我來說，他有把我的話聽進去，他給了我發言權。在那之後，我們之間的關係變得更沒有隔閡了。」

史托克斯感受到法克斯重視球隊化學效應、知道替補球員的角色在化學效應中十分關鍵。事後，史托克斯決定，他要努力訓練、盡一切可能幫助球隊提升整體戰力，這將是他之於這支球隊的最大價值。

「我發現他是一位很有條理的教練，」後來在通用汽車的凱特林大學（Kettering University）畢業，並在該汽車製造公司工作了四十一年、晉升為產品開發部門總監的史托克斯說。

「喬治有點特別，」塔克回憶道，「他的打球經驗夠多，這對他也很有幫助。然後他還有派特・霍蘭德幫忙，他是個好人。」

霍蘭德和法克斯一樣，專注於比賽的細節，而他低調的個性似乎和強森很合得來。

史陶德說，教練團之所以能成功，有個很重要的基礎，就是法克斯很尊重強森的父母。「喬治非常謹慎地在確定自己有和艾爾文的父母達成共識。」

隨著暮去朝來，人們逐漸發現強森家的堅韌讓白人喜歡他們，甚至想取悅他們。現在回想起來，這在當時是件遠遠超出了人們想像的事。

「他和他的一家人對我來說很重要，」喬治・法克斯在一九八〇年對《體育內幕》說明，「如果他的父母都是那種狡猾的商人，那我就不會那麼在乎他們了。」

---

* 譯註：一九五〇年代美國電視兒童節目的主角。

但事實上法克斯就像強森的教父母達特夫婦，以及蘭辛社區中的很多人一樣，都很關心強森一家人，而且早在他們變得有錢或有名之前就很關心他們了。他們的關心是因為這家人的人品，這是一股幾乎讓所有他們遇到的人都能感受到的力量。

從本質上說，強森一家可以當作那個時代數百萬黑人家庭的代表，他們與他們的信仰緊密地連結在一起，生性保守，決心以有色人種之姿取得成功。然而在很大的程度上，他們不僅大多沒被任何人看見，並且在主流文化中遭到過於偏頗的輕視，甚至成為受害者。

然而，由於兒子的名氣越來越大，強森一家很快就進入了公眾的視野。他們並沒有特別張揚，只是在他們去體育館看兒子打球時，許多人都會注意到他們。

不久後，社區中的許多人，不論是黑人還是白人，似乎都開始關心並欽佩強森一家。其中有很多人對賴瑞被球隊開除的事一無所知，不過，幾乎所有人都知道，強森夫婦是一對相當了不起的夫妻。

「我覺得他是那種沉默寡言、但一開口會讓人願意去聽的那種人。」弗雷德．史塔布利在談到老艾爾文以及他們家人互動的情形時說。

「你最好希望他不會發表意見，」塔克談到這位父親時說，「一旦他開口，他嘴裡的話將有重如泰山的份量。」

「供你參考，他們家通常是由媽媽做主，」史塔布利在二〇一九年受訪時表示，「但你別把爸爸逼急了。因為一旦事情從小事變成大事，他便會讓你知道他會採取什麼行動。他一直是幕後的關鍵人物。」

史塔布利說明，克莉絲汀．強森的性格令她非常適合待在幕前。「她出現時，會讓你感受到她的出現，因為她會微笑，展現出她的友善與健談。老艾爾文不怎麼笑，是個比較嚴肅的人。我不是說克莉絲汀不嚴肅，她是個非常快樂的人。老艾爾文可能也是，但他不像這位媽媽一樣展現出這一點。老艾爾文曾對我透露，他年輕時也是一位籃球好手。」

正如喬治．法克斯自己說明的那樣，他怎麼能不對克莉絲汀與老艾爾文．強森抱有真誠且深厚的敬意呢？

史陶德說，商人葛瑞格．伊頓和喬爾．佛格森的存在，也是魔術強森故事中的一個重要因素，也對該州不同種族間相互體諒產生了巨大的影響。「這些傢伙在以白人為中心的商業世界中取得了成功。如果艾爾文是在底特律長大的，誰知道他會因為被什麼事情干擾而分心？而蘭辛市實在太完美了。」

正如同強森的成長歷程。查爾斯．塔克觀察到，在強森長大成人的過程中，年輕的他會察覺到，自己在做的事情將人們聚集在一起。「我們知道他是一名很優秀的運動員，」這位心理學家說，「人們喜歡他、跟隨他，他將一切聚集到了這裡，因此這也令整個社區在某種層面上不得不團結在一起。隨著他的出現，並把自己與艾弗雷特高中的名聲傳播得越來越遠、讓球隊越來越具競爭力，這令整個社區更積極地參與其中。」

「艾爾文有將人們聚集在一起的能力，」里昂．史托克斯分析，「因為他常常能把人們吸引過去，人們也的確常常應他的要求行事。我確實認為艾弗雷特高中的氣氛，因為他的比賽和受歡迎程度而變得更好了。」

「我現在常常會聽到有人說『某某球員是和艾爾文．強森同類型的球員』或是『這個球員就像艾爾文．強森一樣』的話，」提姆．史陶德以這番話作為總結，「顯然，任何說這種話的人，四十年前都不在這裡。所以不要跟我講這種話，因為我在這裡，也親眼目睹了一切。現在的密西根州是個非常優秀的籃球社群，現在的高中非常具有競爭力，但沒有任何人的成就能和他相提並論，甚至沒有人能看得到他的車尾燈。對我來說，他是個你一輩子只會遇見一次的運動選手。」

幾十年後，在他們回首往事時，這一切確實都聽起來令人印象深刻。但在一九七六年的當下，唯一最重要的問題是：他們到底能不能贏得一座冠軍？

第十二章「打板！」

在以正確的方式打球之前，艾爾文．強森必須打理出正確的儀容。戴爾．比爾德笑著回憶，這要從他的爆炸頭開始說起，而這也轉而導致了強森與他的教練一開始因對彼此文化的理解不足而產生的裂縫之一。

這名明星球員有時候會令喬治．法克斯惱怒不已，因為他有時候會固執地戴著針織帽參加訓練。法克斯也會擺出一樣的堅決態度，要強森上了場就把帽子脫下來，最後，強森只能苦笑退到場邊，摘下他的帽子。教練並沒有發現，他們會因為帽子而起爭執，是因為這與爆炸頭的準備工作有關。在那個時代，這個髮型仍然是黑人青少年的一種象徵，這代表著他們的驕傲。

「比賽日是星期二和星期五，」比爾德解釋，「我們絕不希望我們的爆炸頭在比賽日看起來是亂七八糟的樣子，所以我們總是會把這些調皮的頭髮們編成辮子，而艾爾文會戴帽子，是因為他的姊妹們會在比賽前一天編他的頭髮，這件事通常是由珍珠操刀。然後在比賽日，他就會把他的辮子解開。」

經過把頭髮編成辮子然後解開，會讓彈出來的爆炸頭變得像是光彩奪目的光環。對黑人青少年來說，這就是一種酷。「你知道的，他和我會在休息室裡整理我們的爆炸頭，確定它們清爽又漂亮，」比爾德回憶道，「在那個年代，頭髮就是你的資產，你得好好投資它們。」

頭髮只是艾爾文在一九七六—七七球季投資的眾多事物之一。另外他還將更多的精力投入在跑動上。還有灌籃，因為現在規則修改後，球員終於可以重新在比賽中灌籃了。但最重要的是，他要全力為贏得更多的勝利而戰。

艾弗雷特高中維京人隊在該季的前十四場比賽就好好做到了這一點，體育記者們在報導球隊連番勝利的同時，也指出強森每場比賽都扣籃兩、三次，讓球迷們大呼過癮。這讓他的傳球秀帶來的樂趣提升到了另一個層次，因為維京人幾乎到了哪裡都是所向披靡，能將大量的分數掛上計分板。那個球季，在每場比賽三十二分鐘的高中賽事，他們在三場比賽中都攻下超過一百分，另有六場得到九十分以上，還有八場比賽，他們的得分達到八十大關。這讓它們平均攻下八十一點九分，雖然沒能在密西根州悠久的高中籃球歷史中創下紀錄，但它們展現出了驚人的速度和效率。整個球季，全隊的投籃命中率高達百分之四十九點二。

當艾爾文沒有在場上與他們一起奔跑時，維京人隊會用他們的區域盯人防守讓對手窒息，每場比賽，他們只讓對手得到四十五分，這代表他們那個球季幾乎每場比賽都能得到將近對手兩倍的分數。

「法克斯教練和城裡幾位教練的關係很好，」里昂．史托克斯回憶道，「他常常告訴他們：『我知道你們都率領著一支不錯的球隊，但我得告訴你們，我們會把你們打得屁滾尿流。』」

在他傳遞出這則訊息時，他的眼中帶有他一慣的笑意。讓教練感到驚艷的是，他發現對手甚至很難在每一波持球中找到能好好出手的機會。就算他們好不容易得分了，強森也會準備好另一個驚喜給他們。

在蘭辛市當商人的喬爾．佛格森一直認為，強森帶給籃球比賽最大的演進之一，是在對手得分後迅速反擊的概念，也就是快快地把球傳進場內後迅速將球推進到前場，為防守方施加壓力。這一趨勢在強森於高中一軍效力的最後一個球季中萌芽並蓬勃發展。很快，他就會讓這種球風成為ＮＢＡ中的一種藝術。

想起當年，戴爾．比爾德指出，艾弗雷特高中成為了「迷你版的表演時刻」，也就是日後把快攻玩到出神入化、由強森領軍的洛杉磯湖人。顯然，他們的運動能力遠遠不及優秀的職業球隊，但憑藉著他們合作了幾個球季的經驗，維京人隊會在強森的戰術中各司其職，並取得巨大的成果。他們將成為第一個能證明強森在他的籃球生涯中，有著能讓身邊隊友變得更好的偉大天賦，隊友的運動能力越是出色，產生的效益也會跟著逐級增加。

投籃

艾爾文．強森在艾弗雷特高中的三個球季，平均出手次數呈現出穩定成長的趨勢，而這也正如人們的預期。他在高二時平均出手約十六次、在高三時約十八次，而在高四時則多達二十二點五次。

這其中有部分得歸因於他在抓進攻籃板時補扣或是把球點進去，另一部分，看看他在高四時的持球比例有多高就知道了。

還有一部分的原因是全體球員的心態。在他的高四球季，艾弗雷特維京人隊平均可送出十七點八次助攻，強森一個人平均送出七次助攻左右，這代表儘管還有兩名先發球員也是身材高大並具有得分能力的高四球員，而且在三個一軍球季中都名列於先發名單中、與強森並肩作戰，他的隊友們似乎還是很希望把球傳給他。

強森在高四球季平均出手二十二點五次，佔全隊總出手數百分之三十二。喬治．法克斯和派特．霍蘭德認為這一點更令人驚嘆，因為那一年有很多比賽都早早取得大幅領先，強森打了三節或大概二十四分鐘後就坐回板凳了，這代表著在許多個夜晚中，他在這段相對較短的時間內就平均出手了近二十三球。

首先，從數據分析的角度來看，如此大量的出手是合理的。數據分析主要是在二十一世紀才在體育界中興起的概念，而在強森的高中與大學生涯中，數據分析很少被納入考量。當時的教練們通常都是依據他們在場上看到的情況進行調度，偶爾才會看個一、兩眼數據表當作參考。

不用太常看數據，教練就能注意到強森的投籃命中率高達百分之五十三，這得益於另外兩個因素。首先，強森在夏天苦練外線投籃，這讓他有信心在球季更常出手，也投進更多球。另外，正如他在艾弗雷特高中的隊友里昂・史托克斯指出，強森完全掌握了左右手的勾射技術，也常常靠它們得分。日後有人宣稱強森是當了職業球員後才「開發」出勾射技巧時，史托克斯都不禁覺得荒唐可笑。

「他在高中時就會了。」史托克斯說。

最讓人興奮的是灌籃，規則剛好在他的高四球季修改成允許球員在比賽中灌籃了。

「開始可以扣籃了，」弗雷德・史塔布利回憶道，「我記得艾爾文半開玩笑地說他得進行跳躍訓練了。」

如果他的笑容還有辦法更燦爛的話，那他想到這件事一定會笑得更開心。籃球界擔憂敗壞風氣的糾察隊已經禁止了這個動作超過十年，甚至連熱身時都禁止球員灌籃，而這項禁令終於在現在結束了。很快，他和另外兩位同是後衛的隊友布魯斯・菲爾茲、傑米・霍夫曼開始練起了「打板」，這在現代籃球中已經演變出五花八門的動作且越來越常見，但在一九七六—七七球季，這還是個新奇的花招，新奇到《蘭辛州紀事報》覺得有必要向讀者解釋，如果菲爾茲或另一位隊友正準備切入上籃，強森從他們背後跟進並喊一聲「打板」，就代表持球者不會上籃，而是會直接將球傳到籃板上，這樣強森就能在他的身後跳起來，接著將從籃板反彈回來的球直接扣進籃框。這無疑是個招搖的動作，但它很有娛樂效果，強森的粉絲們也愛死它了。

霍夫曼在一九九七年回憶時表示，他自己和一名隊友對對手的後衛進行包夾，往往是秀出這一招的起點。「我有一招，是在對方剛過半場時，我就開始讓他轉身、讓他用側身四十五度角的角度背對我。如果他打算用背後運球、跨下運球或轉身甩開我，我就會抓準時機繞過去把球抄走。艾爾文知道我在幹什麼，我一拿到球，他就會跑起來。我會把球傳給他，然後他就會扣籃。如果我跑在前面，他緊跟在後，我就會把球扔到籃板上，接著他就會把球扣進去。」

派特．霍蘭德記得，教練團並不愛這種打板空中接力灌籃，但他也承認，在這個球季的某些關鍵時刻中，這些扣籃能夠提振球隊的士氣。

強森的投籃次數之所以上升的另一個重要因素，是身為高四球星與社區寵兒的他幾乎完全統治了這支高中球隊。隨著球季進行，他會花越來越多的時間在控球和要求隊友跑到定位上。

「他總是在指揮，」戴爾．比爾德說明，「他覺得如果把球拿在他手上，並讓其他人都在他的指揮之下發揮作用，他就能贏得比賽，而他確實做到了。」

比爾德補充，這反過來讓其他其他隊友更想和他一起打球。「他之所以有著這麼大的魅力，是因為你從來不會看到他吹噓或自吹自擂，或者染上大頭症，我可不是因為我和他是朋友才這麼說的。他就是那種『勝利才是唯一』的人，而且他把籃球打得很有趣，每一場比賽都很有趣。」

弗雷德．史塔布利在那個球季的一篇報導中，特別提到了同為高四球員的保羅．道森和賴瑞．杭特。兩人都馬上毫不諱言地說自己很享受在強森的巨大庇蔭下打球的時光。「如果沒有艾爾文，我們就不會享受到他的庇蔭，也不會得到這麼大的知名度了，」道森說，「和他一起打球的感覺很棒，這個球季結束後，我會想念它的。」

的確，隨著高四賽季的展開，教練和球員們似乎都非常清楚，在頂級水準的比賽中獲勝，是一份多麼珍貴和難得的經歷。而且時間不等人，他們想在一切結束之前，好好地把握機會。

前兩個球季的季後賽失利令他們痛苦不已，而其中一個能讓他們快樂打球的主因，是他們全隊都不在乎數據。而最不在乎數據的人，還是強森，儘管這對一個平均出手近二十三次的球員來說可能是件不可思議的事。

查爾斯．塔克日後在二〇一九年指出，在他效力一軍的第三個球季，強森越來越依照本能在打球，越來越少聽從教練的指揮。派特・霍蘭德表示，這也情有可原，畢竟身為教練的他們，怎麼能不信任像艾爾文・強森這樣的球員？事實上，他在那個球季的投籃次數之所以會增加，有很大一部分是在教練團授意之下進行的。「在比賽中，如果有某個打法發揮了效果，那我們就會盡可能地讓它發揮最大的功效，」法克斯說明，「艾爾文在場上就是這麼打球的。為了贏球，他會不惜一切代價，毫不保留。」

由於他們早在強森高二時就同意讓他可以照自己的想法、在他覺得適當的時機進行突破，而他的特殊技能將會推動球隊的節奏。教練們便採取了特殊的策略，他們打算加速球的流動，而不是堵住或控制它。雖然過程中並不是事事完美，但在進入第三個球季時，他們明顯感覺到一切都在朝著正確的方向發展。

除了心智發展得越來越成熟之外，強森的身體已經完全是個成熟的大人，法克斯也常常說，這對一名籃球選手而言是個完美的身材。他現在已經長到將近六呎九吋，且健壯的他有兩百零二磅重。喬治・法克斯在那個球季一開始，便在談論他的球員們變得更加強壯有力。這在很大的程度上，指的是強森自己變成了一名多強壯的球員。儘管那個年代，球員很少、甚至根本沒有在進行重量訓練。

結合他的機動、流暢、革命性的球風與掌握節奏的能力，加上一再被球評們指出他極具自信心的風範，強森正一步步走向成為史上最偉大球員的目標。

六呎七吋、有著一雙長臂的保羅・道森，他那兩隻手的應變能力每季都在進步，這既歸功於他自己的努力，也有部分是強森的功勞。但是，這不代表道森能夠擺脫持續不斷的雜音。他聽過觀眾在抱怨應該讓別人代替他上場。然而，他的身材、他的長臂、他的籃板和防守，以及他在場上的跑動與快攻的終結能力，成為了球隊能成功的重要因素，並在日後為道森贏得了大學獎學金。

「即使保羅有這些狀況，艾爾文也從來不會傳給他一個『好』到無法處理的球，」派特・霍蘭德指出，「在保羅從艾爾文手上接到球時，球通常會落在他能接住並進一步能有所表現的地方。這就是艾爾文。人們在討論優秀的傳球者時，會討論最偉大的傳球者。而這種人，就是能把球傳到球員能夠真正發揮作用、接到球後就能直接投籃的位置。如果你把一記妙傳傳給錯誤的對象，也就是說，一個接不住這記妙傳的人，那這就不算是傳出了好球。要是艾爾文把球傳給保羅、賴瑞．杭特或是任何一個處在不適合接球的位置的人，而他們沒有把球處理好，那艾爾文也會生自己的氣。」

如果他有隊友沒能接住他傳的球，如同比爾德所說，強森就會很快且尖刻地流露出失望的情緒。然而，這種情緒的流露往往不會太明顯，霍蘭德說，通常他的情緒剛好足以傳達出他的挫折感，又不會太過張揚。

然而在大多數情況下，他豐富的情感成為了隊友們獲得意見回饋的來源。強森現在的球風比以往更加注重比賽的流動，每一次訓練、每一場比賽，都教會了他越來越懂得如何讓場上的每件事都朝著正確的方向發展。

圓滑的男人

查爾斯．塔克在忙碌的夏天中，設法參加了費城七六人在休賽季期間舉辦的試訓，還差點入選，考慮到他已經過了三十歲的生日，這是相當了不起的表現。體育記者們對於他聲稱在費城給球隊留下了深刻印象的說法提出了質疑，但後來他們從時任七六人總教練的吉恩．許（Gene Shue）教練口中得知，塔克雖然身高的確較為矮小，但他的速度非常快，也確實因為他的防守和壓迫持球者的能力而差點入選。

就像他參加過的其他試訓一樣，這次的經歷加深了他與職業球員之間的聯繫，因此他剛開始在蘭辛市舉辦的夏季活動中才能請到七六人隊的史帝夫．米克斯和達瑞爾．道金斯，這回過頭來也幫助塔克推廣了強森的知名度。

就在這個球季開始前，這位心理學者對《底特律自由新聞》表示，強森在夏天一場與職業球員交手的街頭比賽中得到了二十八分。首先，誰會統計街頭比賽的得分？但塔克不僅提出了這個印象深刻的事實，還引用了拉爾夫・山普森的話來烘托強森的表現。「拉爾夫告訴我，艾爾文是他在密西根州所見過最強的高中球員。」塔克對報社記者表示。

然後塔克引用了喬治・葛文的話說：「他現在的水準已經可以和我們一起打球了。」此言一出，便激發了人們的想像空間，思考強森是否有考慮在高中畢業後就轉往職業聯盟發展的可能性，就像兩個球季前的摩西・馬龍（Moses Malone）一樣。

儘管傳出這個消息後，令該地區的大學教練們坐立難安，但強森自己也覺得這個想法過於天馬行空。《自由新聞》的體育記者米克・麥凱布在二〇一九年表示，這些評論和塔克的高曝光度也讓人們更好奇這位心理學者是什麼來頭。「你知道的，他是個很難被分辨出他是什麼立場的人。他是想當艾爾文的經紀人嗎？還是扮演其他類似的角色？我一直在等，想看看他到底想從中獲得什麼？」

麥凱布注意到塔克在比賽中常常和老艾爾文坐在一起，而其他人就連要與強森之父聊個天都有困難，但塔克似乎完全沒有這個困擾。

麥凱布得到的結論是，塔克不是個要搶教練風頭的人。「他沒有坐在教練後面對著艾爾文大聲地喊出指令，艾爾文也不會望向人群中的他、尋求塔克的建議，你在其他球隊中的球員家長身上常常看得到這種行為。塔克總是在幕後默默地大力支持球隊，他是個形象非常正面的人，不僅能對球隊產生好的作用，也對整個蘭辛市提供了莫大的助益。」

塔克在蘭辛市、底特律及日後在洛杉磯的報紙上，總是能在需要時展現出吸引大眾的驚人能力。隨著強森在不同的階段效力不同的球隊，塔克也一路展現出在這方面上的巧妙手法。

「塔克喜歡在幕後行動。」派特．霍蘭德在二〇二〇年分析道。

他也總是在默默地指導自己的明星弟子強森。「他總是能讓艾爾文把自己的話聽進去，」弗雷德．史塔布利在二〇二〇年說明，「他從一開始就以艾爾文的最佳利益為優先，他很早就看出艾爾文將來必成大器。在很多方面來說，艾爾文會遵守規矩並能遠離麻煩，都是因為他。」

然而，史塔布利說，毫無疑問，他的影響力是源自於籃球。「塔克一直到他老了都還在打籃球，他的籃球水準相當不錯，這就是為什麼艾爾文一開始會聽他的話。」

里昂．史托克斯記得，早在中學時期，塔克就出現在他們的生活圈，並會「對黑人學生講述種族與社會議題。因為他會和我們一起打球，所以能和我們打成一片。」

這位心理學者在引導強森方面所做的，大多是透過與他不斷地對話，在各個階段探討比賽與人生。日後，在美國文化中，關於密集輔導的概念裡將出現所謂的「職涯教練」與「人生教練」，藉此幫助一個人瞭解如何規劃自己的職業生涯。早在人們知道這個術語的涵義之前，塔克早已在幕後擔任強森的人生教練好多年了。

儘管如此，他的存在和所做的事情都過於特別，令身邊的旁觀者們都認為塔克心懷鬼胎。隨著強森的球技越來越好，他在強森人生中所扮演的角色也越來越重大，從學校的心理學家、球友、他們家的朋友，再到像個叔伯般帶強森去看職業比賽並安排他與頂尖的球員見面、成為他應對學校種族難題的顧問、職業生涯的嚮導，這一切似乎都在塔克的計畫之中。而且他致力於將籃球、教育與自己不斷在增加的媒體界人脈連結在一起，在這方面，他顯然領先了其他人好幾步。

他能為記者和媒體工作者們找來難得一見的教練和職業球員。在安排道金斯來蘭辛市參加塔克訓練營的計畫時，這位心理學家特地為史塔布利安排了電話採訪「巧克力雷霆」的時間。而且這位七六人中鋒不僅在電話中保證他會在來訪時灌碎一片籃板，也在第二年的活動中說到做到，在蘭辛市民中心施展了他的雷霆灌籃，讓全社區的人們震驚且激動不已。這同時也令塔克的名聲水漲船高。

塔克的人脈顯然足以讓自己成為記者們的頭號消息來源。隨著強森嶄露頭角，這位心理學者也成為了體育記者獲取各種籃球界內幕的首選。畢竟，他瞭解這項運動，在各個層級的賽事中都打過球，也對自己的知識充滿信心。有時候，他們可能會覺得他說不定是在「膨風」、球技其實沒那麼厲害，但在他們親眼看到球場上的表現後，就會知道塔克是真的有一手。

問題在於，他依然是個神祕的人。

「很多人都有點懷疑塔克的為人，」喬治・法克斯在二〇一九年說明，「我聽說、讀過也看過一些有關他的負面評論。你懂吧，他們覺得他接近艾爾文，可能是想藉此成為他的經紀人。而他一開始的確有點像他的經紀人。」

弗雷德・史塔布利認為這位心理學家是一名令人好奇且不同凡響的人物。這名體育記者記得，當年在一個嚴寒的日子裡，他在蘭辛機場與塔克偶遇，而當時這名心理學家正在停車場處理車子的爆胎。

「你應該打電話找人來幫你修。」這名體育記者對他說。

「不要，」塔克回答，「我喜歡自己的事情由自己處理。」

令人驚訝的是，沒有一個大學教練試圖透過塔克聯絡強森或他的父親，希望能藉此達成某些協議，即使這麼做對他們有好處。另一方面，塔克似乎也沒有主動接觸大學教練，這方面的事務他大多留給了法克斯來接洽。

「塔克的立意很好，」史塔布利得到這個結論，「他關心了許多球員和學生，而不是只聚焦在艾爾文身上。」

但對強森來說，塔克在最完美的時間、地點，最完美地做到了這件事。

無論是塔克還是任何人，都無法想像接下來的幾十年裡，籃球會發展到什麼程度。但在一九七六年末的當下，大學籃球及其日益壯大的賺錢機器，也就是簽下了一份電視轉播合約的最後四強賽，正開始在大眾心中蔚為熱潮，且將逐漸成為人氣爆炸般成長的賽事。

北卡大學總教練汀恩・史密斯在一九八七年受訪時指出，在一九七七年於亞特蘭大舉行的最後四強賽之前，這還是項相當古板且封閉的賽事。這一現象很快就會過去，因為那一年馬奎特大學（Marquette）與總教練艾爾・馬奎爾（Al McGuire）在一場激盪人心的冠軍戰中，戰勝了史密斯的柏油腳跟隊（Tar Heels），讓大學賽事及其轉播的吸引力更上一層樓。

大學籃球在成為一個商業體並開始運作後，令大量資金湧入了各個大學與學院的金庫，這也很快地形成了許多誘因，誘使教練在業餘球員的相關規範下做一些造假或鑽漏洞的事。

儘管如此，在一九七六年年底，強森要選擇哪所大學的話題，相較之下似乎沒有引起多少討論。舉例來說，北卡大學的教練團似乎對強森不屑一顧、視若無睹，令這名艾弗雷特高中的明星球員百思不得其解。

麥凱布記得一件事，當年十二月初，柏油腳跟隊作客蘭辛市，在詹尼森體育館痛擊了斯巴達人隊。「艾爾文在那裡碰巧遇到了汀恩・史密斯，」這位《自由新聞》的體育記者說明，「他們在聊些什麼，然後艾爾文說：『我很好奇，你們到底會不會聯絡我。』」

麥凱布的結論是，北卡大學的教練團之所以在一開始忽略了強森，是因為他們非常依賴霍華德・加芬克爾（Howard Garfinkel）舉辦的五星級籃球訓練營。他們的主要招攬對象，都是獲邀參加該訓練營的高中明星球員。儘管強森頗負盛名，但他並沒有參加五星級訓練營。

史密斯顯然立刻改變了主意，不久之後，柏油腳跟隊就和北卡大學一起進入了強森選校的最終決定名單。

強森的許多姑姑、阿姨、叔伯、舅父和堂親、表親都還住在北卡州的菸草路上，他一直想在那裡大顯身手。

隨著他的高四球季展開，且強森的表現越來越亮眼，便有許多教練會在比賽開始前打電話給他，祝他好運，並延續招攬他的話題。幾乎所有人都預期他在大學會成為一名大前鋒，畢竟他是一個大個子。然而強森明確地表示，自己不打算為了配合他們而改變自己在艾弗雷特高中的打法。事實將證明，他的確沒必要這麼做。

華特・佩林（Walt Perrin）是在那個球季親眼看過強森打球的大學教練之一，他在西北大學擔任助教，後來在NBA成為了資歷豐富、專門評估球員的高階主管。

佩林記得，他們的球隊來密西根州大比賽時，西北大學的全體工作人員都特意挑了某天晚上去艾弗雷特高中看強森打球。「他在高中水準的比賽中，就像是個魔法般的存在。他不僅比球場上的其他人都還要高，而且極具天賦，擁有絕佳的傳球能力，能讓隊友變得更好。沒有人預料得到有人做得到這種事，沒有人想得到會有這種球員。魔術出現了，他在某種程度上改變了所有人的認知。」

然而，佩林記得，他對當晚所見的情形有些失望。「我覺得他沒有打得很出色，我眼中的他是一名與眾不同的球員，他沒有把他的特別之處展現出來。」

佩林表示，強森控球時處理得有點隨便。「我們的體育資訊總監離開後表示：『這傢伙永遠成不了大器。』」

焦點

艾弗雷特高中在球季的前兩場比賽中大獲全勝，得分和抓籃板對強森而言幾乎有如探囊取物般輕鬆。第三場比賽，他們的對手是東區高中和傑・文森，比賽在東區高中校內一座剛整修、可容納四千五百人的體育館舉行。強森的老對手文森在九年級後就沒有再擊敗過他，而從許多方面來看，兩隊在本季的交手，將是更引人注目的精彩好戲。

事實上，這兩個對手在中學時期就因為一起打街頭籃球而成為了好朋友。「我的確去過他家好幾次，如果我餓了，他的家人就會做三明治給我吃，」文森在二〇一九年笑著說道，「所以我很瞭解強森女士。她是一位善良且安靜的人。她安靜得出奇，就連強森先生也是個安靜的人。」然而，文森說，他們倆卻生出了「魔術這小子，他真的，你知道的，與他們完全不同。他不僅會打球、打得非常好，還是個很會打嘴砲的人。」

的確，強森就是那種能以各種方式展現嘴上功夫的人，尤其是對上文森和東區高中時更是如此。

文森表示，儘管他們兩個大個子在高中時屢次針鋒相對，但他們之間的競爭從未影響到他們的情誼。「我們在高中時是非常要好的朋友。雖然我的知名度已經很高了，但他的知名度是我的兩倍，當然，這是因為他的名字，以及他的球風的關係。我更像是一個在低位進攻的得分手，他則是個球風更加華麗的傢伙，但我們之間完全沒有發生過任何衝突。」

從他們在那個球季的第一次交手開始，整個社區便狂熱地關注著他們的戰鬥。東區高中的新體育館裡擠滿了球迷，他們都願意花上一塊五美金買票進場來看這兩個大個子的得分秀。

法克斯與東區高中的教練保羅．庫克（Paul Cook）是好友，日後的庫克將成為一名傳奇教練。他的球隊是向密西根州大輸送人才的管道，而庫克將在未來贏得一座屬於自己的冠軍。

那天晚上，東區高中很快就控制了比賽的節奏，這讓板凳上的法克斯很納悶，為什麼強森在上半場似乎沒什麼活力、呆呆地站在那裡，而文森則頻頻靠著在籃下的精湛技術為東區高中取得領先。教練在中場休息時解決這個問題後，強森隨後有如打通任督二脈般爆發開來，加快比賽節奏並持續對東區高中的區域聯防施壓，將比賽逼進延長賽，並幫助艾弗雷特高中以八分之差勝出。

為了完成這項逆轉勝的任務，強森攻下了四十五分，如果沒有他的這些貢獻，維京人沒辦法從逆境中逃過一劫。

幾天後，就在聖誕節前夕，法克斯提出了一個想法，認為強森應該減少一點花在得分上的力氣，控制在平均二十八或二十九分左右。教練這麼說的原因，是強森主導戰局的比例可能太高了。如果他打得不好或站著不動，整個隊伍也往往有這麼做的傾向。

法克斯記得，強森沒有拒絕這個建議。「他說『別擔心我。我還是有辦法繳出好看的成績。就算我的數據不亮眼，我也不在乎。』他就是這種人。他做出了犧牲，讓其他人參與到比賽之中，而不是自己一個人單場獨得四十、四十五分。他減少了用這種方式打球的頻率，也讓我們真正地成為了一支團隊。艾爾文在打球時總是會考慮到其他人，我對此深信不疑。對艾爾文來說，讓隊友們開心是一件很重要的事。隨著他年齡的增長並成為一名高四球員，我相信這對他而言非常重要。」

一月初，《自由新聞》發布了第一次的全州排名投票結果。結果顯示，排名第一的是底特律天主教高中。過了一星期，艾弗雷特高中在與另一支不敗球隊尼爾斯高中（Niles High School）交手，並在多達四千兩百名球迷的見證下，在上半場就取得了四十三比十七的大幅領先、將他們打得落花流水後，便登上了榜首的寶座。

在那之後，在這個冰天雪地的冬季，維京人隊維持了好幾個星期的不敗之身，直到該月的最後一天再次與排名上升至全州第八的東區高中和傑．文森再次對決。這在蘭辛市的歷史中是一場空前絕後的比賽，也因為這場比賽如此重要，為了滿足球迷的需求，比賽被改在有一萬個座位的詹尼森體育館舉行。以一場當地兩支高中球隊交鋒的比賽而言，這實在是令人震驚的賽事規模。

「密西根州大的比賽能引來兩千名球迷，」塔克回憶道，「但這場被改在詹尼森體育館舉行、艾爾文與傑交手的比賽……吸引了一萬人前來觀賽。這是不是很神奇？人們把體育館擠得水洩不通，觀眾根本擠不進去。」

「你想想看，」戴爾．比爾德說，「在高中的我們基本上是這裡最熱門的球隊，因為密西根州大太糟糕了。這麼說吧，就算他們免費贈票，也沒辦法將觀眾塞滿詹尼森體育館。所以，我們比賽的票是這裡最搶手的。」

維京人隊在兩天前以一百零三比五十二大勝韋佛利高中為這場比賽熱身，全隊都展現出了極高的投籃準度。得到最高分的強森攻下三十分、十三籃板與九助攻，這是強森在該季的前十四場比賽中，第十度攻下三十分以上。

但這場對決將有著完全不同的基調和節奏。保羅．庫克領軍的球隊藉由一個針對強森的區域聯防將他團團包圍，在罰球線附近給了對手極大的空檔。他們在賭維京人隊不敢在肘區跳投。「這麼說好了，他們針對強森進行的區域聯防，嚴密到聯防的隊友們幾乎能碰到彼此的手的程度。」戴爾．比爾德回憶道。

法克斯見狀，讓比爾德上場針對這個空檔來破解這個戰術，他得到了十四分。身為一名替補球員，他的表現很亮眼，但這還不夠。強森十四投六中，也得到了十四分，然後在比賽還有三分四十五秒、東區高中以六十二比四十八領先時犯滿離場。隨著最後的激烈對決落下帷幕，庫克的球隊以七十比六十二歡慶勝利的到來。

「我們已經連續六次敗給他們了，這些孩子們拚盡了全力。」庫克在賽後表示。

「我們打了一點區域防守，但他們犯了個錯誤，就是讓魔術在低位，」文森在二〇一九年回憶時說道，「所以我們就對他雙人包夾，如果他拿不到球，就沒辦法變『魔術』了。」

在輸掉這場比賽後，艾弗雷特高中的戰績變為十四勝一敗。法克斯和霍蘭德決定，他們不能再讓強森在半場陣地戰中專打低位。法克斯在那天晚上對記者們說，他打算把強森移到高位，這樣他就能更常持球。艾弗雷特高中的教練團不再讓他待在低位了，因為他這樣在關鍵時刻可能拿不到球。

霍蘭德和法克斯在二〇一九年時都同意，這只是改變的一小步，卻是讓強森成為球隊中全職控衛的一大步。儘管別人不會說他是控衛，他也不會把自己當成控球後衛，但這個變動把球更頻繁地交給他處理，讓他全權負責指揮球隊的半場進攻。

「隔天，」比爾德說，「法克斯教練和霍蘭德教練跟我說：『嘿，下一場比賽我們要讓你先發。』」

他記得教練們告訴他，他們已經和強森談過，他告訴他們：「你們也清楚吧，我們得讓這小子當先發。」

在州季後賽於二月中開始前，法克斯帶他的球隊去底特律東北高中打了一場熱身賽，這對維京人隊來說是一次大開眼界的體驗。直到放學、熱身賽開始前，他們都被限制在一個地方、不能隨意行動。

「噢我的天，那裡塞滿了人。」米克・麥凱布回憶道。

超過七百人和一票媒體，與包括底特律大學（University of Detroit）教練迪克・維塔勒（Dick Vitale）在內的大學教練們來到現場，而這只不過是一場熱身賽而已。看到強森穿著一雙密西根州大的襪子走上球場時，觀眾們都吃了一驚。

「我記得法克斯教練想讓我們和一支底特律的球隊交手，」強森在一九九七年對麥凱布說，「我們到那裡後，他們把我們關在一個地方，大家都看著我說：『我們現在要幹嘛，大個子？』然後學校的鐘聲響起，在大家離開後，他們開了鎖，我們就去熱身了。這支底特律球隊的球員們都在場上扣籃，大夥便慫恿我：『上吧，艾爾文，你也扣幾球。』我告訴他們，好酒沉甕底。最後，我們把他們打得體無完膚。」

在輸掉對決東區高中的那場球後，強森和艾弗雷特高中連續贏得九場大勝，其中包括一場作客葛蘭德利奇高中（Grand Ledge）的比賽，強森在該役攻下三十二分與二十九個籃板，並在比賽時獲得了對手球迷長達兩分鐘的鼓掌致敬，這讓他震撼得不禁起了滿身的雞皮疙瘩。

「這真是太美妙了，」強森在賽後喝著汽水慶祝時說。賽前，就有一大群孩子和成人熱烈地歡迎他、要求他簽名。這場勝利讓維京人隊該季在例行賽最終贏得十九勝一負的戰績。

巧的是，季後賽的抽籤結果，讓他們又要和東區高中再度碰頭。這場比賽一樣是在詹尼森體育館舉行，也再次出現了爆滿的人潮。

在強森高中生涯的最後兩個球季都是透過廣播進行賽事直播的提姆．史陶德，這一次要在電視上直播這場蘭辛雙星的最後對決。史陶德記得，在這之前，蘭辛市從來沒有發生過藉由電視直播高中賽事的先例。「這是直播業界的史上第一次，我們還得從托雷多市（Toledo）租設備來播比賽。托雷多市有一家負責播報底特律老虎隊賽事的製片公司，我們不僅租用了他們的設備、借來了他們的員工，也自己準備了幾台攝影機，這樣還可以重播。」

廣告銷售也賣得很火熱。從電台廣播到這次的電視實驗，強森證明了他是那種能夠自行引發媒體熱潮、不斷突破歷史的高中明星球員。「我們基本上是用很克難的方式在面對這項挑戰，」史陶德回憶道，「我的意思是，我們只是想盡辦法在播這場比賽。因為我們的工作室雖然離比賽現場只有三個街區，但到處都擠滿了人，到處都是大學教練。而艾爾文在那天晚上真的打得很棒。」

那時，東區高中的控衛因傷缺陣，維京人隊輕鬆獲勝，終結了傑．文森的高中生涯。史陶德在二〇一九年分析，要不是強森和艾弗雷特高中這麼出色，那支東區高中的球隊很可能會被認為是這座城市歷史上最優秀的球隊之一。「他們就是有那麼厲害。」

在強森巨大的個人魅力包裹之下，艾弗雷特高中在季後賽一路前進。而喬治．法克斯的嚴格管束，也讓球隊在季後賽的征途中不會脫軌。他要求大家一定要準時，球隊巴士會在每場比賽的晚上五點出發，如果你遲到了，就不能上場比賽。儘管強森幾乎遲到了一輩子，但他還是奇蹟般地遵守了這項規定。

在他們的季後賽之旅中，強森有一天沒有準時出現，隨著時間一分一秒地接近五點，車上每個人的表情都變得越來越焦慮。就在一切看起來毫無轉圜空間時，隊醫傑米森醫生突然表示自己有個東西忘在學校的急救包裡，要回去拿，這又爭取到了幾分鐘的時間。然而，在他回來時，艾爾文還是沒有出現。

法克斯無奈地請巴士司機發動引擎。印象中，在他們離開學校大約一英里後，傑米森醫生站了起來，跑到巴士的後面，並開始興奮地大叫說有輛車跟在他們後面。

那是一輛Electra。

他們停了下來，看到駕駛座上的老艾爾文看著他們。其中一個版本的說法是，他在工作時有事耽擱了。而隨著艾爾文從車上跳下來並搭上巴士，這也免除了一場災難，並且為每個人留下了一段能笑談好幾十年的回憶。

就這樣，艾弗雷特高中趁勢又連贏了五場季後賽。晉級州準決賽的他們，將在詹尼森體育館迎戰薩吉諾高中。這場在星期六舉行的比賽，地面上積了五英吋的濕濡積雪，停車場也滿是泥濘，但這絲毫沒有阻止球迷們的熱情，他們不想錯過魔術強森在追逐冠軍之路上的結局。

薩吉諾高中在那個時代是一支勁旅，常常在州錦標賽中打進最後階段的賽事。特洛伊人隊（Trojans）按照慣例放慢了比賽的節奏，並派上六呎三吋的防守者麥克．布克（Mike Booker）來阻止強森拿球，讓他只得到本季第三低的十六分。

比賽進入第四節，艾弗雷特高中取得微幅領先，派特．霍蘭德回憶當時，強森沒有和教練團商量就突然喊出暫停。霍蘭德當下嚇了一跳，覺得現在喊暫停太早了，於是他轉頭看向法克斯。法克斯說：「靜觀其變吧，讓我們看看會發生什麼事。」

霍蘭德記得，這一戲劇性的舉動讓維京人隊接下來連進四球，最終以四十八比四十擊敗了薩吉諾高中。

「他實在太聰明了，籃球智商實在高得不得了，」談起青少年時代的艾爾文．強森，戴爾．比爾德讚不絕口，「這麼多年過後，回顧他當年的表現，我現在依然會想：『哇，老兄，你知道嗎，那時我們還只是高中生，他竟然就已經打得出這種表現了。』」

贏得勝利的維京人隊晉級了州冠軍賽，對手出乎意料地是由凱文．史密斯領軍的伯明翰市萊斯兄弟高中，他們在另一場準決賽爆冷擊敗了衛冕冠軍底特律天主教中央高中。

「我們用整整一周的時間來準備這場比賽。」陣中的高四球員汀恩．哈特利回憶道。

尤其下星期六將在州冠軍賽與好友對決的強森更是如此。這場比賽將在安娜堡舉行，比賽地點是密西根大學的克里斯勒中心（Crisler Center）。

同時，蘭辛市和艾弗雷特高中都在興高采烈地迎接這場比賽，舉辦了許多加油大會、校園祈禱大會、社區活動，並在許多建築物和商店都貼上了各種標語。

在強森三年的一軍生涯中，搶票一直是件困難的任務，而在他的第三個球季，門票又比之前更難搶了。每位球員在每場比賽都能拿到十張公關票，但這根本不夠用，許多外地的遠房親戚都會特地打電話來要票，試圖爭奪這班魔術列車上的座位。

在準備前往安娜堡之前的最後一次訓練，教練們坐下來，欣賞著強森在訓練中的一舉一動，並對這位進入他們生命中的年輕人讚嘆不已。想到他一開始是在不情不願之下來到還充滿著種族糾紛的艾弗雷特高中，更是讓這一切的峰迴路轉顯得更加驚奇。他們看著他進行最後幾小時的訓練，回想著他在這三個球季所做的努力，以及他從隊友和社區間得到的回應。

考量到一開始的情形，現在能走到這一步，讓人覺得很不真實。「在那些孩子們……這麼說吧，對著公車丟石頭時，」派特．霍蘭德回憶道，「那時的我心想：『噢，老天爺，我們要怎麼度過這個難關？』我們還把學校關閉了一星期，試圖平息這個事態。」

宛如有人施展了魔術一般，黑暗被驅散了。

「我覺得這對兩個種族來說都是一次學習的經驗，」戴爾．比爾德說，「隨著球季開始、我們開始打球，老兄，大家開始忙正事，就不會再想著黑白有別。大家都會說：『這是我們的球隊。你我都是隊友、都是同學。』在這座城市裡，人們敞開雙臂地接受了這件事，我認為那個時代之所以美好，就是因為這個緣故。」

「我認為這讓他們放下了許多事，專注於沉浸在樂趣之中。」查爾斯．塔克說。

「他希望大家和平共處。」派特．霍蘭德回憶道。

現在，獲得了眾人的加油與社區的熱情支持、品嘗了三個球季間的高潮迭起，強森最想做的，只有一件事，就是全隊提前一晚去安娜堡為大賽做準備。

「我們說服了法克斯先生讓我們星期五就住進飯店，」強森說，「我們一起度過了一段美好的時光。」

「於是我們去那裡住了一晚，」派特．霍蘭德回憶道，「喬治和我住同一個房間，我們聽到有人敲門。開門一看，全隊的黑人孩子們都穿著全新的西裝走了進來。然後，其中一個叫東尼．丹尼爾（Tony Daniel）的孩子說：『好的，法克斯先生，現在你看到了球隊中住在市內的黑人少年們的真實模樣了，有什麼感想嗎？』他們跟我們開了這個玩笑。」

然而這個輕鬆的時刻也反映出一個悲傷的註腳。本季擔任替補、發揮出色的高四球員詹姆斯．「波波」．勞德戴爾（James "Bobo" Lauderdale）在冠軍賽前一周離開了球隊。

「喬治說，他後來聽說波波沒有錢買西裝，」霍蘭德說，「我們根本不知道這些傢伙要買西裝的事，要是知情，我們會買一套給他，這樣他就不會落單。我們根本不知道原因，不知道他為什麼要離隊，而他已經打了一整個球季了。」

戴爾．比爾德回憶起在安娜堡的時光，這是全隊第一次見識到這麼大的場面、第一次感受到成為一名大學球員是什麼滋味、第一次在比賽前一晚住進飯店。

「來到密西根大學的感覺很酷，」比爾德說，「前一天晚上，我們去體育館進行訓練，那裡很安靜。然後我們去吃晚餐，接著大家在大廳閒逛了一下。法克斯要求大家要在晚上九點半或十點的時候熄燈，結果大家都準時回到房間。老兄，我們這些孩子真是守規矩。」

「我們後來聚在一個房間裡玩牌，增進彼此的情誼，」強森後來對米克・麥凱布這麼說，「我們都在聊天，法克斯先生還讓我們訂披薩。後來我們起床去吃早餐，這段經歷讓每件事都變得很特別。」

帶著此前在州錦標賽潰敗的記憶與將這個球季獻給瑞吉・查斯汀的決心，強森和隊友們不需要任何人提醒，就能將注意力集中在星期六傍晚的比賽中。

喬治・法克斯記得，有一萬三千名球迷被吸引到克里斯勒中心來看魔術強森打球。而在他踏上球場時，他們也做出了回應。「艾爾文引爆了觀眾的情緒……他們被他感染了。」

他的隊友們也沉浸在球迷的這種反應中。

「我們純粹覺得那是屬於我們的時刻，」戴爾・比爾德說。

遺憾的是，這並沒有讓他們在這場比賽打得輕鬆寫意，魔術強森也打出了一次令人費解的表現。首先，他送出了四次助攻，但也犯下了六次失誤。

最令人擔憂的是，他在比賽中出手多達令人瞠目結舌的三十四次，比其他隊友的出手總和還多十次。而在這幾次出手中，他只投進十四球，這代表他大量的投籃落空浪費了大多數的進攻機會，維京人隊在比賽中的大部分時間都落後給伯明翰市萊斯兄弟高中。

「他在那場比賽的出手次數可能比平常的兩場比賽加起來還多，」派特・霍蘭德在二〇一九年懊惱地說道，「不過話說回來，他們對我們採取了一對一盯人防守，這麼一來情況就不一樣了。在同樣是被一個人防守的情境中，你希望是誰來出手呢？」

維京人隊大多只落後一、兩分而已，但時間一分一秒地過去，在比賽只剩五分多鐘時，局勢越來越刻不容緩。喬治．法克斯陷入了絕望。「我們到底怎麼做才能贏得冠軍啊？」他問派特．霍蘭德。

比賽還沒有結束，這名助理教練回答。

的確如此。據霍蘭德回憶，萊斯兄弟高中在第四節還剩五分二十秒時將領先優勢擴大到七分，教練團要求維京人隊針對凱文．史密斯持球時增加防守壓力。

隨後，強森跳投得分，接著戴爾．比爾德罰球命中，然後強森突破灌籃得手。萊斯兄弟高中回敬了一記上籃，但霍夫曼也以上籃還以顏色，幫助球隊在比賽還剩兩分二十七秒時將比數追到四十三比四十五。

萊斯兄弟高中再次得分並喊出暫停後，強森又靠著跳投和兩罰全中將比數在時間剩不到一分鐘時追成四十七比四十七平手。艾弗雷特高中再度喊出暫停，並在比賽還剩四十五秒時握有球權。強森將時間拖到最後五秒，然後再次跳投出手。

球沒進，但有著一雙長臂的保羅．道森在籃下卡好了位置，他搶到籃板球後立刻補籃，令維京人隊以四十九比四十七領先。

球迷陷入了一陣瘋狂，此時比賽只剩最後三秒，萊斯兄弟高中立刻把球傳進場內、交到凱文．史密斯手上。他快速運球推進到半場線內，然後把球投出。

球打到籃板後，彈進籃框。這是一記四十七呎遠的好球！

隨著體育館爆出一陣歡呼，傑米．霍夫曼一臉震驚地倒在地上，無法動彈。

後來有些看台上的觀眾說，他們還以為他死了。

第十三章　亮眼表現後的重傷

凱文．史密斯數十年來時常回想起一九七七年的籃球比賽還沒有三分球的規則。如果當時採用有三分球的規則，那麼他的壓哨球將會令魔術強森的偉大事蹟大打折扣。

自一九六〇年代起，三分球成為了ＡＢＡ以及另一個只在一九六二年打了一季的美國籃球聯盟（American Basketball League）中的一大特色，但在ＮＢＡ與ＡＢＡ合併的一九七七年，美國籃球最頂級的籃球聯賽與其他級別的籃球賽事，都沒有訂定三分球的規則。

直到一九七九—八〇球季，ＮＢＡ才引進了三分球，而大學籃球和高中籃球則是到了一九八〇年代後期才全面採用這項規則。

這代表凱文．史密斯奇蹟般的進球只算兩分，而艾弗雷特高中與萊斯兄弟高中的冠軍賽則進入延長賽。宛如撿回一條命般的傑米．霍夫曼從地上爬了起來，他原本以為自己的球隊只領先一分，才因此在難以置信與絕望的情緒中崩潰，以為他和維京人隊輸了。

在兩隊走上場迎接延長賽時，強森與他的好友史密斯短暫地看了看彼此，臉上掛著不可思議的表情。那一刻，他的內心深處有個聲音在說：「不會吧，又來了。」無論強森最終贏得多少勝利，這似乎都是個他永遠無法擺脫的恐怖話語。沒錯，他現在正在學習如何在關鍵時刻終結比賽，他在日後開始自豪地將這種大場面稱呼為「迎接勝利的時刻」。但要贏得勝利很少有這麼簡單，而且只有在他學會如何在比賽最關鍵的時刻防止自己被巨大的情緒淹沒、展現他一貫的沉著後，他才有辦法突破這道難關。

那天在克里斯勒中心，戴爾．比爾德在延長賽中先得四分，考量到強森在那天下午的出手次數，他能拿到球似乎是件滿幸運的事。在延長賽還剩一分多鐘時，魔術犯滿離場。此時，球隊手握七分領先。

在通常情況下，取得這種幅度的領先應該勝券在握了。然而，在前幾次州錦標賽的關鍵戰役中，不管取得了多大的領先，強森的球隊都曾讓煮熟的鴨子飛走過。

三十四投十四中的強森攻下三十四分，並抓下十四個籃板。

此後的多年以來，體育記者們回憶起強森犯滿離場後在球隊暫停時的表現，都不禁會露出笑容。狂熱的魔術立刻在艾弗雷特高中圍成一圈時接過主導權，激動地告訴所有人該做什麼。

「他簡直是瘋了，」喬治．法克斯回憶道，「真情流露的他情緒十分激動。」

教練堅定地把強森拉到一旁讓他冷靜下來，然後轉向球員們，對他們提出指示。接著，法克斯留了一點時間給強森，讓他有機會暢所欲言。他用長長的手臂拉住隊友，說出最後的鼓勵和指示。

然而，這場比賽顯然已經由不得他來掌握了，他必須依靠隊友。與許多比賽的最後關頭相仿，罰球成為了關鍵。維京人隊在暫停回來後的前幾秒就搞砸了兩次「有一才有二」的罰球機會，讓艾弗雷特高中的替補席和觀眾越來越緊張。但傑米．霍夫曼挺身而出，最後靠著他的五罰全中，讓球隊最終以六十二比五十六保住勝利，大家旋即開始欣喜若狂地大肆慶祝著這個奪冠時刻。

法克斯在賽後興奮地告訴記者們，霍夫曼和隊友們為艾爾文．強森贏得了這座冠軍。

事實上，他們幾乎沒什麼時間可以慶祝，因為法克斯和強森很快就要前往華盛頓特區參加麥當勞高中全明星賽，和吉恩．班克斯（Gene Banks）及亞伯特．金恩（Albert King）等新星一同在這項盛事中登台亮相。

「我覺得他、班克斯和金恩被公認是最佳的三名球員，」首屈一指的籃球文字工作者迪克．魏斯（Dick

Weiss）回憶道，「這是魔術在籃球世界的初登場。我的意思是，大家都知道他是在密西根州呼風喚雨的球員，但這是人們第一次親眼見到他。來到馬里蘭州蘭多弗區（Landover, Maryland）首都中心（Capital Centre）的他，在大約一萬八千人面前展現自己的球技，我記得，你能想像得到的籃球動作，他幾乎都做得出來。」

尤其是把球傳到需要的位置上。

「最棒的是，場上的孩子們都尊重他、和他一起配合彼此，」回憶起那場明星賽的喬治・法克斯說，「這種聚集了明星球員的賽事，常常出現球員一對一或打得太自私的情形，因為運動員們都想展示自己的個人能力。「他們簡直不敢相信有人傳得出這種球。一位教練走過來說：『教練，球隊中有這種球員，你們是怎麼輸掉比賽的啊？』我回答：『好問題。這個責任我來扛。』那些孩子們完全無法想像他能傳出這種球。這就是艾爾文逐漸成為公認的控球後衛的過程。我甚至記得，在七〇年代的籃球界中甚至還沒有『控球後衛』這個詞吧？』」

其實有。在那個時代，許多教練把這個位置稱為「主導後衛」（Lead Guard）。然而，對當時的普羅大眾而言，兩種後衛幾乎沒什麼不同。一九七一—七二球季，湖人總教練比爾・夏曼要求三十三歲的傑瑞・威斯特轉打控衛時，幾乎沒有媒體注意到這個改變，也沒有媒體注意到如此高齡的威斯特為此而做了多大的調整。

六年後，魔術邁出了第一步，將他前所未見的技巧帶到更大的舞台上。隨著日子一天天過去，他將不再只是個到了蘭辛市和密西根州之外便沒沒無聞的地區性名人，人們也不再把他當成一名前鋒，儘管強森早就不把自己視為一名鋒線球員了。

在麥當勞全明星賽結束後，他從華盛頓飛到歐洲，加入一支美國高中明星隊，參加在德國曼海姆市（Mannheim, Germany）舉行的亞伯特・史懷哲錦標賽（Albert Schweitzer Games）。他的表現傳回了家鄉，並成為了頭條新聞。強森在關鍵戰役攻下二十分，幫助球隊贏得金牌。對密西根州的球迷來說，這當然是件好事，但他們真正想知道的是魔術到底他媽的會去哪所學校打球？密西根大學還是密西根州大？每個人都很想知道這個問題的答案，就連強森自己也是。他在回國後從家人、鄉親們那裡得知的訊息，將影響他的決定。凱文．史密斯已經和迪克．維塔勒、底特律大學簽下入學意向書，不可能和他一起去密西根大學了。

強森的母親已經明確表示她的偏好。她還是希望強森去密西根大學。人們猜測他的父親希望他去密西根州大，但老艾爾文拒絕透露。

查爾斯．塔克說明，密西根大學的成就、塞滿了球迷的體育館，以及名門大學球隊的光環令強森心嚮往之。「他覺得自己可以加入一支名聲顯赫的球隊、在滿滿球迷的體育館裡打球。」

此外，密西根大學在招攬強森方面所下的功夫，也是其他球隊的教練團無法匹敵的。

「密西根大學如影隨形般地跟著強森，」塔克回憶道，「他們無時無刻都有人出現在籃球場、壘球場，只要他人到哪裡，他們的人就跟到哪裡。他們還會帶來各種重量級人馬，像是密西根大學體育史中的傳奇明星或是大人物。很多人都在關注他。」

其實，賈德．希斯科特招攬球員的能力並不出眾，老艾爾文在乎的也並不是密西根州大，而是它位於東蘭辛的事實。

「留在蘭辛市對他兒子來說有些方便之處，」塔克解釋，「而且你在某種程度上，可以掌握某些事的主導權。」

有人懷疑，更想要主導權的不是老艾爾文，而是塔克。但強森並不想去密西根州大。

「他的心思絕對是在別的地方。」塔克說。

密西根大學的教練團逐漸焦急了起來，因為原本一直在等待著與魔術一同在安娜堡並肩作戰的招攬對象，已經有幾位去了別的學校，而不是去這個位於蘭辛市東南方約一小時車程的地方。同時，密西根州大的教練團則沒什麼信心，也並不期待自己的團隊能在招攬球員方面做出亮眼的表現，因為賈德・希斯科特在執教這支球隊的第一年並沒有招攬到什麼出色的人才。另外，斯巴達人隊剛經歷了一個失敗的球季，而密西根大學則剛在出戰印第安納大學的全國冠軍賽中勝出。

就在強森準備做出決定時，密西根州大的資深助理教練弗農・佩恩（Vernon Payne）在那星期接下了韋恩州大（Wayne State）總教練一職，人們認為這對密西根州大是進一步的打擊。在密西根州大的教練團中，佩恩與強森最親近，也最受他的信任。

「弗農去了蘭辛市的艾弗雷特高中，並在他上課時把他叫出來。」記者米克・麥凱布回憶道。「我跟你說，」據信佩恩對強森這麼說，「我明天要接下韋恩州大開給我的職缺了。」

「然後艾爾文就說：『噢，我的天。』」麥凱布說，「弗農接著說：『聽著，你應該去密西根州大，那是最適合你的地方。我已經不是那支球隊的教練團成員了，但那裡最適合你。賈德會是你遇過最棒的教練。』我認為這番話也影響了他。」

其他的選擇一個個地被拋諸腦後。肯塔基大學的助教里奧納德・漢米爾頓曾對法克斯透露，他覺得自己和強森的關係很不錯。法克斯笑著建議漢米爾頓不要被強森的人格特質給誤導了。

「里奧納德，大部分的教練在與他相處後，都會產生這種印象，」法克斯記得自己對漢米爾頓這麼說，「他只是不想跟你說『不要』，但他也不會說『好』。」

「我一直覺得他會去密西根州大，」法克斯回憶道，「這和他的個性以及他在蘭辛市的朋友們有很大的關係，他希望那些朋友們看得到他的比賽。」

儘管他是個開朗友善的人，但強森在球隊的招生過程中還是有被惹毛過。他原先安排過造訪UCLA的計畫，然而該校的教練團卻在最後一刻聯絡他，要求他重新排時間。據說他們會這麼做，是因為他們現在有機會得到亞伯特．金恩了，人們認為此舉侮辱並激怒了強森。

「他一直告訴我他的首選是UCLA，」後來成為他的多年好友兼經紀人的朗．羅森說，「但在他準備踏上原先訂好的招生之旅時，他們取消了行程，因為他們想先招攬亞伯特．金恩，因此想重新安排他來訪的時間。艾爾文說那就算了。他有過去UCLA打球的夢想，這是他告訴我的。」

強森當然有能力幫助學校延續自一九六四年至一九七五年在NCAA籃球界中的主宰地位。米克．麥凱布和其他業界的內部人士常常和他開玩笑，說他暗地裡有著證明自己不遜於金恩和吉恩．班克斯的企圖心，這兩位球員在招生過程中的排名都比他還高。

強森在四月十七日星期日結束了在德國的賽事後回到家中，發現整個密西根州的球迷都在關注著他會做出什麼決定，這從當天傍晚在蘭辛機場前所未聞地聚集了一千五百名熱情的群眾就能略知一二，其中不乏手裡舉著狼獾隊（Wolverines）和斯巴達人隊標語的人群在互相較勁。所有人都在等他下飛機，卻發現他的行程因為轉機而延誤了。

結果，他直到兩小時後，也就是大約晚上十一點才抵達。那時，人群已經減少到剩四百名左右的死忠粉絲，看起來絕對不會混在這群人中的喬治．法克斯和派特．霍蘭德也在這裡，希斯科特和市長也來了。強森與他的決定就像一塊強大的磁鐵，把所有人都吸到他的身邊。

舟車勞頓的強森看到這樣的人群感到震驚不已，更令他驚訝的是，之前到場的人數是現在的三倍。

「我原本以為機場應該只會出現幾名記者和我的家人，但沒想到會有這麼多人，」他一邊抹掉眼淚，一邊對聚集在他身邊的記者們說，「看到這麼多人是真心在乎我，對我而言意義重大。」

的確，許多人都在尋找答案，但連他自己都還沒有答案。他的幾個朋友們對此會微笑表示，艾爾文總是知道如何享受眾人的矚目。

「艾爾文在做這個決定時，內心中的掙扎遠超過了人們的想像。」塔克回憶道。

然而，正與多數情況相仿，招攬運動選手的工作，重要的是幕後的準備。當地商業領域的領袖喬爾・佛格森和葛瑞格・伊頓早已摩拳擦掌，等待著在推動招攬的過程中伸出援手的機會。首先，他們在那年季後賽期間對傑・文森提出了建議。

「賈德・希斯科特在招攬球員時找上了我，跟我說：『幫我招到他。』」佛格森回憶道。「有一天，希斯科特告訴我傑・文森要去明尼蘇達大學，而艾爾文則要去密西根大學了。所以我打電話給葛瑞格・伊頓。艾爾文總是說他和我是他的兩位導師。於是我們在某個星期天邀傑・文森共進晚餐，然後我跟他說，他不能去明尼蘇達大學，那支球隊有凱文・麥克海爾（Kevin McHale）和麥可・湯普森了。」

「如果你想進NBA，就不能坐在板凳上看其他人打球。所以你得去密西根州大。」佛格森記得自己對文森這麼說。

這頓晚餐的時間點，是在文森與強森於州季後賽最後一次交手那星期。

「如果你和艾爾文對決而且輸了，你得立刻宣布你要去密西根州大，這樣才不會顯得像是艾爾文的跟屁蟲。」佛格森記得自己跟文森說了這些話。

「他們是宿敵，」佛格森在二〇一九年受訪時說。「他對艾爾文的關注超過了艾爾文對他的關注。所以我說：『你得先宣布自己的動向，這樣看起來才不會像是你在跟著艾爾文。』」

有了文森加入，希斯科特又接著請佛格森幫另一個忙。

「在傑宣布自己的動向後，賈德找上了我並說：『嘿，現在你得幫幫我處理艾爾文的事。』」佛格森說。

希斯科特預定在那星期去強森家中拜訪。這名教練詢問佛格森，他在談話時應該注意些什麼。

「首先，是克莉絲汀。」佛格森回答。

希斯科特困惑地問為什麼。

「她是基督復臨安息日會的教徒，」佛格森記得自己這麼說，並補述自己的妻子和強森的母親有共同的信仰。「我常常看到她；她是我妻子最好的朋友，而且常常來我們家。」

佛格森告訴教練，這個信仰對現代家庭的生活而言有不少挑戰。「我的孩子們每逢星期五晚上，都盼著我早點回家，因為直到星期六的太陽下山之前，他們都得待在家裡。」

佛格森指出，密西根大學所有的主客場比賽都被排在星期六下午。

「對她保證，你們星期六只有晚上才會安排比賽。」佛格森建議，並解釋這事讓強森太太既能遵守安息日教義，又能看到兒子的比賽。由於州冠軍賽被排定在星期六下午進行，這讓克莉絲汀·強森沒能親眼看到兒子的英姿。

當時教練在球隊的賽程安排上還有著很大的控制權，而不像日後受到了那麼多來自電視台高層的影響。這種訴求也會得到強森家中許多人的支持，尤其是和他母親一樣接受了新的信仰的姊妹們。佛格森指出，強森在那個四月要做出決定時，有很多利弊得失需要他來權衡，而這是其中一個重要的因素。

塔克在確立希斯科特與老艾爾文之間的交流管道時，希斯科特好相處的個性也成了一個加分的要素。而且依然深受強森喜愛的前密西根州大總教練蓋斯·加納卡斯如今也還在這所學校，並遊說他加入希斯科特的球隊。

然而，有個極大但基本上未被明說的障礙擋在眼前，那就是強森在上個球季觀看密西根州大的比賽時，也觀察到了希斯科特在場邊的一舉一動。希斯科特的滑稽行為，像是打自己的頭、跺腳和對球員大吼大叫，對某些人來說可能是好笑甚至可愛的舉動。但對強森而言，這些行為常常令他感到反感，也懷疑自己是否該為他打球。

這些事在那年四月都壓在強森的心頭上，以一種他不喜歡的方式推動著他。「他不喜歡這種情況，」查爾斯．塔克回憶道，並補充說，這一切在四月中的某天凌晨達到了高潮，當時老艾爾文和心理學家正在深夜中加班。

「那天晚上我們正在一家商店外面打掃，」塔克在二〇一九年回憶道，「他在某種程度上知道我們在想什麼，但也知道我們不會逼他做自己不想做的事。我們當時正在他父親剛清理過的地方做一些別的工作，突然看到有一輛車停在附近。在將近凌晨一點的時間，開著那輛大車來到這裡的他走了出來。他的父親很聰明，明白兒子的意圖。隨後，他開始探討自己的決定、想要怎麼做，然後說完這些話時，他問我們：『你們覺得呢？』我們不會要他做不想做的事。他跟他爸爸說：『你不希望我去密西根大學吧。』他爸回答：『不、沒有，我可沒這麼說，但讓我來跟你分享我的想法吧。』於是他就開始聆聽父親怎麼說，因為他一直將父親擺在第一位。」

這名心理學家驚奇地注視著這一刻。兒子顯然有一個他想做的選擇。他的父親不告訴他應該怎麼做，這給了魔術強森一個機會，可以順從自己的渴望。然而出於對父親的尊重，兒子並沒有不顧一切地說出自己的願望。「這個人幾乎就像我的父親一樣，真的，」塔克在回憶老艾爾文的為人時說，「儘管他現在顯得有些固執，但他是個非常有耐心且值得信賴的人。他可能看起來不好親近，但他其實是個隨時有笑話可講的人。他只是不太與人打交道，而且從來不會向別人伸手索要任何事物，你知道的，你必須與他坦誠相待。真正瞭解這家人和他父親的人都知道，強森真的很尊重他的父親，也會把他的話聽進去。」

當時年僅十七歲的強森就已經知道，要怎麼做能讓身邊的成年人屈服於他的意志，但在對父親這麼做之前，他停下了腳步。

「強森真的很不想做出這個選擇，」塔克回憶道，「所以他可以說是用衝的跑出商店，然後說：『好啦，我明天就會昭告天下。我打算明天就宣布我的選擇，現在就打電話給教練吧，我想要立刻行動。』他突然這麼說：『我現在就要這麼做。』」

「他決定去密西根州大時，他其實想去別的學校，」塔克說明，「我不確定是密西根大學還是哪所學校，但他在宣布決定的前一晚告訴了他的爸爸和我：『我決定了，因為我知道你們都希望我去那所學校，你們都是這麼想的。』他的父親與我都沒有直接說出我們的想法，但他相信父親，也相信我。」

儘管老艾爾文沒有直接用說的告訴他應該怎麼做，強森也清楚父親希望自己怎麼做，「這不用他父親明說，」塔克解釋，「他沒有留在蘭辛的必要，但做出這個決定是有合理的理由的，你懂嗎？去一個能上場打球的地方吧。在這裡，你會受到比在外地更多一點的保護。」

這一幕展現出強森在成長為獨立個體的過程中的一個特別畫面，他沒有透過反對父親的意願來證明自己已經是個大人，而是花時間去理解這個意願背後的邏輯。

「他那時候不常向別人傾訴心聲，」塔克在二〇一九年談到那個年紀的強森時說，「而這一、兩個受到強森如此信任的人所提出的意見，強森會認真聽。他也有自己的看法，但他會傾聽。他在當時和現在都是個很棒的傾聽者。他會做自己想做的事，但他會好好地聽你陳述意見，我認為這是他的成功之處。他會聽你說話，也可能會同意你的部分觀點，但接著他還是會回去找別人商量，然後才採取行動。最終，做決定的人還是他自己。」

當時，強森正試圖衡量加入這兩支球隊的利弊，這兩支在州內與彼此競爭的球隊都期望能將他招入陣中。「他的思緒已經到了另一個地方，」塔克說明，「但他的心還留在蘭辛。他聽從了父親的想法。儘管他對自己的決定有些失望，但這種失望的感覺轉瞬即逝。他不知道自己真正想做的是什麼，但他已經決定好要怎麼做了。」

縫合

就在整個密西根州似乎再也無法克制不知道魔術強森到底要去哪所大學打球的好奇心時，他安排了一場在四月二十二日星期五早上舉行的記者會，並直接切入正題。

《底特律自由新聞》在一則新聞的標題中如此寫道：「感謝上帝，終於沒有懸念了。」

希斯科特教練在辦公室喜笑顏開地收下了香檳和巧克力棒等禮物。

「我們的籃球隊有了新的重心、新的吸引力以及新的刺激，因為現在我們有艾爾文了。」教練對記者們說。的確如此，提姆．史陶德正在醞釀一個在斯巴達人隊所有主場賽事進行電視轉播的計畫，這是此前從未有過的事。而球隊比賽門票的銷售量也立即飆升。不久後，州議會的一個當地議員宣布，他將開始尋找資金，為密西根州大蓋一座新的籃球館。《自由新聞》也悄悄開始報導斯巴達人隊的客場比賽了，這支球隊的比賽在前幾個球季乏人問津時，他們都覺得這種報導既麻煩又不值得。

當天晚上，強森與文森一起參加了一場由蘭辛地區全明星隊對抗底特律地區全明星隊的慈善比賽。在比賽快結束時，強森衝進籃下灌籃，不慎讓手卡在籃框上，讓他受到了從小指與其他四指之間撕開的撕裂傷，撕裂的傷口一直延伸到他的手腕。

「那真是太可怕了，」當時在看台上、接著馬上為強森處理傷口的湯姆．傑米森醫師回憶，「想像一下，有人把你的小指從與無名指相連處往下撕，而且一直撕到手腕附近。」

在日後，這種傷勢需要進行X光檢查並立刻進行手術。然而，此時的傑米森只能把他的手包紮起來，並思考接下來該怎麼處理。「我把他帶到我的辦公室，縫合了傷口，」醫師在二〇一九年時回憶道。「我必須在深處縫好幾針。我記得我為了修復那個傷口，在深層縫了十八針、淺層縫了十六針。」

醫師記得，儘管那年重新開放大家灌籃，球賽本身與球員們都還在適應這種打法的強度，令密西根州出現多起受到重傷的案例，他也沒有看過這麼嚴重的傷。這種情形，也很快地令製造商開始設計更安全的籃框。

在二〇一九年回顧當年的傷勢紀錄時，傑米森醫師注意到自己寫了一個註記，指出賈德．希斯科特教練在事故發生後的隔天早上打來詢問強森的狀況。

「他想知道這會對他造成什麼影響，」醫師談到希斯科特時說，「我為他包紮，讓縫了這麼多針的他能繼續打球。我每天為他進行兩次檢查。」

醫師指出，運動醫學在不久後就會發生劇烈的變化。「如今在高水準的運動賽事中，那怕是拐到一下、受了一點小傷，他們也會立刻進行MRI和CAT掃描。」

傑米森也提到，強森對疼痛的忍耐力非同小可。

「有件事你不能再做了，」醫生告訴他，「不要再灌籃了，老弟。這段時間，你只能上籃。」

值得一提的是，職業籃球很快就會進入黃金時代，而開創了這個時代的強森和他的宿敵賴瑞．柏德都沒有致力於成為一名灌籃高手。儘管他們同時也為日後像麥可．喬丹、文斯．卡特（Vince Carter）和科比．布萊恩這樣的花式灌籃好手鋪出了一條康莊大道，他們自己卻很少在比賽中灌籃。

他即將用一記又一記的好球，餵養那些兼具力量與優異體能、水準遠高於高中隊友的灌籃好手。

右手帶著某種護具的強森，很快就加入密西根州大，在詹尼森體育館舉行的非正式比賽中露面。

「右手打上石膏的他用左手投籃和打球，」那年春天成為密西根州大新鮮人的榮恩．查爾斯（Ron Charles）回憶道，「他用左手跳投，這讓他的右手可以好好休整，而且他百發百中。」

查爾斯還記得，強森在與未來隊友們相處時也絲毫沒有客氣。「他馬上扛下了領袖的重任，他總是在大家圍成一圈時站在中間，毫無懼色。」

第十四章　斯巴達人

艾爾文・強森的手傷很快就痊癒了，然後他便再次迎接了一個瘋狂忙碌的夏天。期間，他率領一支球隊贏得同齡組別的全國AAU冠軍。而在其他的行程中，他還參加了一場在加州舉行的錦標賽，這也讓比爾・達菲（Bill Duffy）有機會與強森這位傳聞中的明星球員正面交鋒。即將前往明尼蘇達大學打球的達菲，本身也是該屆的頂尖球員之一，日後加入該校的他，也會在十大聯盟的比賽中與強森交手。達菲後來在NBA中成為了一名著名的經紀人，姚明、史帝夫・奈許（Steve Nash）、盧卡・東契奇（Luka Doncic）等球員都是他的客戶。

「我們在奧克蘭參加陽光經典賽（Sunshine Classic），」達菲在二〇一九年回憶道，「我加入的是一支南加州的代表隊，我們的控球後衛是個叫羅素・布朗（Russell Brown）的傢伙，他至今仍是亞利桑那大學（Arizona）的隊史助攻王。後來在NBA打球的山姆・威廉斯（Sam Williams），是我們的中鋒。所以，我們在那個錦標賽中表現得不錯。我們一直都聽說艾爾文・強森會出場，我們也很好奇他是何方神聖。但在這五、六天的錦標賽中，他第一天沒有出現，第二天也沒來。後來終於出現的他，被安排到一支還沒開胡的球隊中。那支球隊的控球後衛是伊森・馬丁（Ethan Martin），後來在LSU打球的他，也是一名狠角色。」

強森以他一貫的酷炫姿態，又一次威風八面地走進了體育館。將來，這種酷炫會成為他的招牌。「我們不知道他是一名後衛，」達菲回憶道，「在《Street & Smith》的體育年鑑或某份刊物中，他被列為前鋒，所以我們以為他是前鋒。我去看了他的第一場比賽，主打控衛的是伊森．馬丁。」

達菲說，強森並沒有進入先發名單，因為他加入的球隊「已經有他們習慣的打法」。「對，他被派上場後，就一直想要拿球。但身為一名六呎控衛的伊森．馬丁並不想把球交出去。」

因此，強森一開始並沒有什麼表現，這令達菲開始懷疑：「他真的有本事嗎？」

「大約一分鐘後，」達菲回憶道，「他抓到防守籃板，伊森．馬丁跑來要球，但魔術直接運球狂奔。他從這個半場衝到對面的半場，直闖籃下，把球從腦後傳給了跟進的隊友，後者接到球後直接灌籃得分。我心想：『有一套。』接著，他又抓到一記防守籃板，不斷揮手示意，要伊森．馬丁離開，並再次直接衝到對面的半場上籃得分。當時的我忍不住也在心裡喊了一聲：『哇。』全場觀眾也都為之瘋狂，大家都在討論：『這傢伙不但能胯下運球、背後運球，還正確地執行了戰術。此外，不斷對大家喊話、指揮隊友跑位的他，還送出橫越了整個半場的低手傳球和隊友完成空中接力。這傢伙是誰啊？』我們則心想：『我的天，他不是前鋒，而是一名後衛。』」

隔天，達菲的球隊和強森的球隊正面碰頭，達菲發現自己要和強森對位。

「六呎四吋的我當時心想：『我守得住這傢伙，對吧？』」他回想著，「我試著在防守時擋在他面前，並想著：『看看我能不能從他手裡把球抄走。』而他會讓這麼想的對手出糗。他身材高大，手長腳也長，所以如果你想干擾他運球，他就會用胯下運球或背後運球把你甩在後頭。你會明白，你必須與這傢伙保持距離。我第一次見到這麼高大的後衛，在罰球線收球的他，只要跨一步，就能殺進籃下。進入心臟地帶的他可以把球回傳給射手，也可以把球傳給鋒線球員或是空手切入的隊友。這麼高大的他還能做得到這種事，實在是太神奇了，對不對？」

「兩場比賽打完後，奧克蘭的所有人都知道了他的大名。人們從四面八方來到現場看他的比賽。」

隔天，達菲的隊伍再度和強森的球隊對決。賽後，達菲對強森說：「嘿，老兄，你太厲害了。我會去明尼蘇達大學，我相信以後還會再與你狹路相逢。」

校園風雲人物

在強森於密西根州大華麗登場時，米希・法克斯已經在這所大學待了一年了。「我偶爾會與他巧遇，」她回憶道，「他身邊總是圍著一群人，因為他就是那種非常友善、總是面帶笑容並熱情的人。他是團隊裡的領袖。」

強森的叔叔、克莉絲汀的弟弟吉姆・波特（Jim Porter）也在這所學校工作，並和米希・法克斯成為了朋友。她和吉姆・波特都喜歡慢跑，常常一起跑步。

「吉姆總是充滿活力，」米希・法克斯說，「我們和吉姆很熟，常常一起看比賽，他也常常和我們分享艾爾文的生活中又發生了什麼大小事。」

對想瞭解強森生活的旁觀者而言，這件事的本身就像是一項運動，而且是項相當辛苦的運動。因為儘管在這位身材高大、笑容滿面的年輕人走進校園時，成千上萬的學生們對他只有粗淺的認識，但隨著籃球季日漸臨近，這種情況也將迅速地有所轉變。

伊爾麗莎・「餅乾」・凱莉（Earlitha “Cookie” Kelly）也在那年八月與強森和其他許多同學們成為了同屆的大一新生。這名來自底特律、年輕亮麗、將主修時尚產業行銷的女子，很快就注意到魔術強森在女孩們間引起了巨大的轟動。校園裡成千上萬的年輕女子們似乎都很快就被強森給迷倒了。他那股隨興閒散發出優雅、酷炫的氛圍、笑容與氣質，也從遠方吸引了凱莉。

多年後，凱莉在她的回憶錄中寫到，當時的校園裡存在著明顯的種族隔閡，白人學生們似乎不太想和黑人學生打交道，這讓在學校裡是少數派的非裔美籍族群建立了自己的社交組織和學生會，並聚在一起。儘管有許多年輕女孩爭相在吸引強森的注意，凱莉和強森沒花多久時間就發現了彼此。不久後，他便會時常來到她的寢室，甚至在練完球後來這裡睡午覺，因為她和她的室友都已經成為他的朋友了。

「我投籃的時候，她會幫我抓籃板球。」強森在二〇二二年回憶兩人剛認識時的日常互動時表示。

很快，強森就明白，自己要的不只是友情而已。他送上了十二朵黃玫瑰，對她展開追求。在那段純真的日子裡，她那時可能還沒有察覺到她的新男友在人群中的吸引力，會對她的生活造成多大的影響。

同時，強森也逐漸融入了這支新球隊。在這群新隊友中，即將升上大三的葛瑞格里．凱爾塞（Gregory Kelser），將成為強森人生中另一個偉大的對手。凱爾塞是一名基礎紮實、跳躍能力出眾的球員，還入選了全美學術第一隊（Academic All-American）。和其他球隊陣中的球隊領袖一樣，他也有在教練團招攬強森時幫忙。早在幾年前，也就是一九七五年，在一場於底特律著名的聖則濟利亞體育館（St. Cecilia’s Gym）舉行的夏季高中錦標賽中，兩人便認識彼此了。

兩位年輕球員在那天寒暄過幾句，而在凱爾塞從高中畢業後，便來到密西根州大打球，這讓他們有了變得更熟的機會。「他很瞭解我，我也很瞭解他，」凱爾塞是一名身材修長、六呎七吋的前鋒，他在二〇一九年回首當年時說，「他看過我在大學賽事中的表現，也很喜歡我的打法。他覺得我們在球場上能彼此配合地非常好，我的表現會因他而受益，反之亦然。當時我入選了十大聯盟年度第一隊，還獲得了全美第一隊的榮譽提名，也已經累積了一些獎項。我是全聯盟的頂尖球員之一，甚至在全國的球員中也稱得上是一流的。我們陣中還有其他幾位優秀的球員，像是包柏．查普曼（Bob Chapman），就是我們隊中一名很成熟的後衛，還有其他幾名年輕球員也都滿不錯的。所以他並不是加入一支平庸的球隊，而是有一群好球員的球隊。」

凱爾塞記得，在這支球隊得到了傑．文森後，前景便多了許多值得樂觀以待的看點。儘管球隊陣中並沒有多少高大的球員，但大家的體能條件都很優異。

「從帳面上來看，我們會是一支非常、非常好的球隊。」凱爾塞表示。

蘭辛市之外的人們似乎不怎麼在乎。畢竟，這是密西根州大的籃球隊。然而從球季正式開始前的非正式練習以及分組對抗賽中，強森即將用他電力飽滿的影響力來改變這支球隊。

躲避球時間

在與新加入的魔術磨合的過程中，榮恩．查爾斯的第一個反應是閃避。強森的不看人傳球雖然精彩絕倫，但也可能會砸中你的腦門，到時候可不只尷尬，還很痛。這些球都傳得很快。這個高個子會看著完全不同的方向，但卻讓球直直地朝著你飛過來。

「我記得他剛開始和我們一起打球時，有一場比賽，我在大多時間都得低著頭打球，」查爾斯在二〇一九年回憶道，「然後他傳了一個球過來，如果我沒躲開的話，鼻子就要被打斷了。球朝著我飛來，飛得實在太快了，我的手根本沒準備好接球，所以我就躲開了。」

查爾斯是一名體能優異的灌籃好手，他以前從來沒有真正地重視過在比賽中隨時舉起雙手的重要。但在和強森一起打球後，這很快就成為了他在打球時想到的第一件事。

「他推動著每個人，激勵每個人表現得更好，」查爾斯回憶起強森剛加入這支球隊的情形時說，「他是個令人感到愉快的人，幾乎沒有垂頭喪氣過，而且他熱愛勝利。」

「他是個真的很棒的人，」凱爾塞同意，「和他聊天、相處都很開心。他總是面帶微笑。他喜歡開開心心地過日子。無論是坐下來閒聊還是參加校園中的派對，他總是在享受快樂時光。他喜歡跳舞，喜歡唱歌，愛打籃球，喜歡與人相處。」

他少數不擅長的可能就是音樂了。

「他唱歌不行，」凱爾塞說明，「但沒人能阻止他挑戰唱歌。那是他少數不擅長的事情之一。在那個年代，所有的音樂都是節奏藍調，那時候還沒有什麼饒舌或搖滾樂，只有節奏藍調。一九七〇年代是節奏藍調樂團的天下，我們也都很喜歡。」

似乎沒有一首歌曲在強森的演唱下不會變得一團糟。這也是為什麼他很適合當ＤＪ。他負責播放音樂，而不是親自唱歌。留在蘭辛市的一大好處，是他可以繼續拓展他的ＤＪ事業，像是在當地熱門地點之一的巴士站（Bus Stop）演出。

至於他日益成熟的球技，則讓他的打法與理念逐漸被球隊中的每個人接受了。

「艾爾文在大一時就讓大夥們對他另眼相待，」當時剛被提拔為在《州紀事報》專門負責報導密西根州大新聞的弗雷德．史塔布利回憶道，「凱爾塞馬上就知道這傢伙有多厲害，知道他能讓每個人都打出亮眼的表現。」

大二後衛泰瑞．唐納利（Terry Donnelly）也注意到了這一點。「我從他還在艾弗雷特高中時就聽說過他，」唐納利日後回憶道，「我甚至親眼看過他打球。但直到我在訓練的第一天與他一起擔任後衛時，我才真正領會到他的能耐。你在球場上跑出空檔時，大多數人都無法在彼此之間隔著兩、三個人時把球傳到你手上，但他就是有辦法在突然間讓你拿到球，得到一個上籃的機會。」

不過這並不表示球隊中沒有暗潮洶湧的現象。就像強森在艾弗雷特高中二年級時遇到了丹尼．帕克斯，斯巴達人隊中也有留隊的大四球員包柏．查普曼。他是個強壯、肌肉發達的後衛，而他當然不想被一個新生搶去自己的鋒頭。而且儘管賈德・希斯科特在招攬強森時把話說得天花亂墜，但他似乎並不太想把球交到這個大個子手裡。

喬治・法克斯在球隊剛開始訓練時便察覺到了這個跡象。在招攬強森期間，這兩名教練變得越來越熟，後來希斯科特常常公開邀請法克斯來觀看球隊訓練。

希斯科特曾當過好幾年高中教練，也會果斷地向法克斯請教強森的球風有哪些特別之處。

法克斯一眼就注意到，強森不是在快攻中持球奔跑的人，而是被派去在兩翼擔任終結者。但法克斯沒有越俎代庖，沒有向希斯科特提出這個問題。

「你知道的，賈德會讓每個人在球場上受到一些限制，」法克斯回憶道，「賈德有自己的執教方式，我尊重這一點。」

法克斯對強森的表現印象深刻，尤其是看到這名之前在他麾下的球員如此輕易且迅速地便成為一支大學球隊的領袖，讓他感到非常驚訝。更何況，他還只是一名大一新生。

「他和那些大學生相處得很融洽，就像他之前在我們隊上和其他高中球員相處的情形一樣，」法克斯回憶道，「我心想：『哇，真是不可思議，還是個大一新生的他居然要扛起一支大學球隊了。』我喜歡他做人處事的態度、和他人相處的方式，他會在球場上和他們開玩笑，然後，你懂的，享受著快樂的時光。和艾爾文打球有個重點，那就是只要他拿得到球，你也拿得到球。如果有個外線投籃能力很差的球員一個人呆呆地站在三分線外，那他當然不會把球傳給他。但如果這個球員切到籃下，他就會把球傳過去。」

榮恩・查爾斯觀察到，強森到了每個層級，都能在他加入的球隊中獲得主導權。但他沒有以任何一種扭曲的形式操縱球隊，「而是用傳球引導所有人。」

「這就是艾爾文在場上的打球方式，和他一起打球的每個人都發現了這一點，」喬治・法克斯分析，並補充說，強森之所以能努力不懈並在比賽中表現出色，正是出於對籃球的熱愛。

不幸的是，他的大一球季並沒有這麼順利地展開，這時，他必須凝聚所有對籃球的熱愛來面對挑戰。

跑起來

榮恩．查爾斯出生於美屬維京群島的聖克羅伊島（St. Croix），在那裡度過了他的童年時光，然後他們家搬到了紐約市。在查爾斯口中，這是一座文化非常多元且讓人感到舒適的城市。身為一名六呎七吋、體能優異的前鋒，他在這裡成為了一名籃球明星。這些年來，沒有人用「黑」開頭的那個詞叫過他。直到一九七六年年底，他在加入密西根州大的大一球季，才在一場斯巴達人隊作客中密西根大學（Central Michigan）的比賽中嚐到這個滋味。在那場比賽，觀眾的態度極為惡劣，會有這種氣氛，很可能是受到當時州內種族分裂的影響，幾個月前密西根州大鬧得沸沸揚揚的禁賽事件，就是受此影響而引發的。

幸好，一個球季後，斯巴達人隊在強森的大一球季展開時再度與中密西根大學交手的比賽，是在親切的詹尼森體育館舉行。雖然強森在那天的比賽中還是因為緊張而表現不佳就是了。派特．霍蘭德和喬治．法克斯說，強森在大學的初登場，讓他們想起了他在三個球季前的第一場高中比賽中也是表現得很緊張。

教練們堅稱，他們從來沒見過比這兩個時刻更令強森緊張的事。斯巴達人隊贏了，但這場比賽與其結果卻令賈德．希斯科特心有餘悸。

「我記得艾爾文打的第一場比賽，」希斯科特在近十年後對主播比利．派克（Billy Packer）說，「我記得他得了七分，但犯下八次失誤。每個人都在說：『希斯科特瘋了。他讓艾爾文在快攻時持球。他讓他在進攻時打後衛、負責發動快攻，他指派了這麼多不同的任務給他，沒有人能兼顧這麼多事。』」

榮恩．查爾斯也記得在那場比賽後，媒體是怎麼批評的。對於像賈德．希斯科特這樣的硬派教練來說，在蘭辛這個過去三季把魔術強森視為寵兒的城鎮，自己正站在將決定其職業生涯走向的重要十字路口前，這絕對是個艱難的起步。

教練和球隊都面對到突如其來的劇烈調整。值得注意的是，希斯科特和強森的大學隊友都沒叫過他「魔術」。除了他在當地認識多年的老友傑．文森之外，大家都直接叫他「E」。對文森來說，他在一邊看著某個方向而把球傳向另一邊時，是最像在變魔術的時候。

然而，並不是每個人都全盤接納強森的這種打法。在希斯科特的憂心逐漸明顯地轉變成不悅，與包柏．查普曼的強烈不滿下，強森剛登上大學球壇的前幾個月受到了許多正反兩面的讚美與批評。

接下來，斯巴達人隊前往雪城大學（Syracuse）的曼利體育館（Manley Field House）參加一場錦標賽，他們在第一場比賽擊敗了羅德島大學（Rhode Island），然後在冠軍賽中以八分之差敗給雪城大學。弗雷德．史塔布利記得，儘管強森是落敗球隊的一員，卻還是被選為錦標賽的最傑出球員，這令當時還年輕的雪城大學總教練吉姆．博伊罕（Jim Boeheim）在比賽結束後非常惱火。

「他顯然是場上表現最好的球員，」史塔布利回憶道，「這是我記得的最重要的事。」

魔術上了大學後還是那個魔術嗎？這似乎是令蘭辛市的每個人都感到好奇的問題。在那個周末，史塔布利找到了答案。

「我覺得如果有什麼事能讓我感到驚訝，那就是，他在大學的表現也是那麼出色，你懂吧，」史塔布利在二〇一九年時回憶道，「他在高中做得到的事，上了大學還是做得到。也許沒有那麼自由奔放，但他當然還是有辦法得分，也還是能傳出精彩好球。」

這個「自由奔放」的打法，得在過一陣子後才能實現。希斯科特對於強森該在何時以及如何控球，顯然有著五味雜陳的想法。這在很大程度上與教練希望球隊打出什麼風格有關。首先，希斯科特和當時與日後的許多教練一樣，喜歡制定好許多戰術，並在比賽中輪番執行，這讓他能夠控制比賽，在他看來，這也能讓球隊贏得勝利。

「賈德習慣在場邊打暗號下達戰術指令，」派特．霍蘭德回憶希斯科特站在場邊時常常做出的手勢，「他會藉此告訴大家接下來要執行什麼戰術，但艾爾文對這些戰術都很陌生。」

在高中，他的教練們曾執行過一些半場戰術，不過他們很快就開始信任以強森不停地跑動、持球推進並靠著不停地快攻得分的打法，這成為了球隊的戰術核心。

強森籃球生涯中的進攻風格，就是不斷藉由朝著籃框高速地運球推進的同時，發揮出不可思議的傳球能力。派特．霍蘭德指出，這是強森籃球天賦的核心所在。「艾爾文能夠表現得很出色。他持球推進的技術十分高明。他會在瞬息萬變的球場中察覺『這個瞬間我把球傳過去的話，那個人就會得分。』」

強森在一開始頻繁地發生失誤的情形，似乎讓希斯科特的心中確信強森需要放慢腳步、站穩腳跟，及時地暫停他的高難度表演。

在球季的第四場比賽，他取得了某種突破，在出戰威奇塔州大（Wichita State）的比賽中攻下二十分、十九個籃板。

「他表現得越來越好，」榮恩．查爾斯一邊回想著強森的大一球季一邊說，「但我認為我們是在跟他打球的同時，學習怎麼跟他配合。我記得他在前幾場比賽中的失誤很多，這你也知道吧。但其實這些失誤不是他的問題，而是因為我們沒有準備好接球，也沒有預料到他會傳球。有時候他會傳出一些很驚人的球，最後卻以失誤收場，但那其實不是他的錯。」

在查爾斯因強森的傳球而措手不及的同時，失誤的原因卻被歸咎於強森身上。「失誤沒有計在我的身上，」查爾斯回憶起統計數據的紀錄過程時說，「而是被計在艾爾文身上。但你看，我們從中學習到了一些東西，於是，你知道的，失誤次數降低了，而且隨著我們和他打球的時間越來越長，我們也逐漸瞭解他會做出什麼動作，因為比賽和訓練的情形是不一樣的。」

強森獨特的球風，正是到了實際比賽中才能展現出來。

這種情況將導致教練和強森在他們攜手作戰的兩個球季中不斷地出現問題。從現在回過頭來看，這是一個創新的天才與傳統的碰撞，前者是一個黑人在這項運動中全新而獨特的視角、才剛開始在大眾面前撥開神祕面紗的打法，後者是一個傳統派教練重視與宣揚的「基本功」。在一九七〇年代籃球界中的社會科學實驗裡，這或許是許多文化發生的碰撞中，最有趣也最微妙的案例。

「只要他在運球的時候傳球，就會惹火賈德。」查爾斯回憶道，並指出希斯科特希望看到的是當時被認為是「基本功」的雙手傳球。

日後，在運球行進間傳球會被視為強森的天賦。但當時在他的新教練眼中並非如此。一九七七年，剛滿五十歲的希斯科特已經有了一段很長的執教生涯，他先在高中當了十四個球季的教練，然後在西北地區當了十四個球季的助教*，接著在蒙大拿大學（University of Montana）擔任了六年的總教練。在這支球隊陣中，他執教的球員大多都是白人，只有一個著名的例外，那就是球風驚人地全能且華麗的米歇爾・雷・理察森（Micheal Ray Richardson）。在教練與強森打交道時，他可能稍微誇大地強調過自己培養出一名優秀球員的事實。

「兩種情形不能一概而論，」榮恩・查爾斯說，「因為那時的賈德沒有這麼多有天賦的可用之兵，跟現在在密西根州大有我們的情形不同。所以艾爾文的打法之所以沒這麼快被眾人接納，可能是因為他的風格與當時的傳統有些衝突。」

喬治・法克斯記得，前總教練蓋斯・加納卡斯和球隊中的幾位學長曾與強森交流，試圖緩解雙方的矛盾。「我認為他們說服了艾爾文，讓他知道賈德在基本功方面是有多厲害的教練。賈德重視紀律，這對艾爾文來說不是問題，但我確實認為艾爾文因為賈德的背景、出身以及大喊大叫、疾言厲色、什麼都要管的執教風格對他抱持著疑慮。但同時，他也非常尊重重視基礎的賈德，艾爾文會盡可能地從他身上學習。」

至於運球行進間傳球呢？

「除了米歇爾・雷，沒有人能傳得出那種球，」查爾斯記得希斯科特對強森這麼說，「我們從來沒聽過米歇爾・雷這個人。他一直掛在嘴邊的米歇爾・雷到底是誰啊？真有這麼厲害嗎？」

查爾斯記得，後來，他們看到了理察森在尼克打球的情形，這令他們印象深刻。「他不是魔術。他很厲害，但他不是魔術。」

與那個時代的多數教練相仿，希斯科特可能會先擺出嚴厲的態度，然後又放軟姿態，如同強森的隊友麥克・布爾科維奇（Mike Brkovich）曾對麥凱布解釋過的說法，這製造出一種讓情緒如溜溜球般擺動的效應。「布爾科維奇說他喜歡賈德的一點是，儘管他在訓練時會嚴詞批評，把你罵得狗血淋頭。但在你離開體育館前，他會說一些鼓勵你的話，這樣你就不會帶著非常難堪的情緒離開。」

查爾斯觀察到，強森和他的教練之間會有這麼多的被動攻擊型行為衝突，是因為「他們都是瘋狂的人」，令兩股強硬的意志你來我往地碰撞著。「賈德肯定不會做出多少妥協，所以我認為艾爾文讓步比較多。我們需要艾爾文，而艾爾文尊重教練們。」

畢竟，強森已經習慣教練團圍繞他獨特的天賦來制定戰術的方式了。查爾斯說，在希斯科特麾下，這種情況不會是常態。「艾爾文有時候會照自己的習慣打球。他們都需要彼此。教練是個優秀的導師，如果你想

＊ 譯註：原文擔任助教十四季的時間可能有誤，應為在華盛頓州大擔任七季的助理教練。

要進步的話，那就要聽從賈德教練的指導。艾爾文確實有聽教練的話，也不是事事都按自己的想法行動，他不是個為所欲為的球員。在比賽打得正激烈的時候，有時他還是會在運球的同時傳球，或秀一些花招，但他現在控制得很好。現在，助理教練們可能不會像賈德一樣一直告誡艾爾文或挑他的毛病。但賈德是個很有影響力、很有存在感的人。」

就像在艾弗雷特高中時一樣，塔克也在幕後默默地扮演了一個重要的角色。他一邊在與強森竊竊私語、一邊與老艾爾文保持親近、一邊與教練團拉近距離並支持他們。因此，在很多時候，他都能巧妙地站在希斯科特這一邊，向強森解釋為什麼他們會這麼做、他們想做什麼。

塔克記得，作為回報，希斯科特罕見地允許他能自由地進出球隊的設施。「因為我瞭解賈德想要什麼。」這個契機給了教練與強森能夠順利合作的機會，因為這名大一新生還有很多事情需要學習。「對像艾爾文這樣的孩子來說，你必須搞清楚傳球的路線。對手不再是慢吞吞的球員了，他們會讓傳球的路徑瞬間消失，你也不能跳起來後才思考要往哪裡傳。因為他打球的方式總是把球拿在手上，所以他得明白，自己必須習慣對手在防守你時總是緊貼著你，迫使你轉身背對他們，讓你看不到突然從弱邊殺出來的防守球員。」

即使有塔克的調解，強森和他的教練之間的關係在遠離公眾視線時，就像不穩定的化學效應一樣岌岌可危。

「有一次艾爾文直接罷練，」塔克想起一樁顯然從未洩漏給媒體的戲劇性事件，「這件事發生在他的大一球季，延續了好幾天。他在底線錯過了一次掩護的機會，賈德便對他大喊：『下去坐好！』賈德就是這樣的人，你搞砸了幾個戰術後，他就會要你坐板凳。『你還沒準備好參加訓練，還沒準備好上場比賽。』然後，我就接到一位助理教練打來的電話說：『艾爾文離開了，還說他不會回來了。』我沒有跟艾爾文說什麼，我唯一做的，就是去找他的父親，跟他說：『你得出面處理了。』於是，他爸告訴他回去練球。」

強森的罷練顯然發出了一個成功的信號，而且似乎讓情勢變得對他稍微有利了起來。希斯科特察覺，如果他趕走了他的明星球員，他希望實現的所有目標將會馬上崩塌。

「幾乎每個被賈德教過的人都會被他挑毛病，」榮恩．查爾斯回憶道，「他常常挑我們毛病，無一例外。」

在這之後，希斯科特轉而更頻繁地找「出氣筒」的麻煩，這是一種常見的執教方式，也就是在明星球員犯錯時，找替補球員或較弱球員的毛病，而不是冒著令明星球員生氣或退隊的風險去斥責他。

希斯科特開始對強森敬而遠之，開始更頻繁地把他的不滿發洩在其他球員身上。

「我就是一直被他找麻煩的人之一，」查爾斯說，「所以有時候我會因為艾爾文一有什麼風吹草動就承受到壓力。」

傑．文森也默默地累積了些不滿，他在二〇一九年回憶起這種作法時說：「我覺得自己也是個相當不錯的球員。每次魔術和葛瑞格．凱爾塞犯錯時，希斯科特教練都會對我大吼大叫。所以我都會想：『哇，犯錯的人是他們，不是我。』每個人都覺得這種情形荒謬可笑。你也知道，魔術有時確實比較容易賭氣。但他可是超級巨星耶？教練能拿他怎麼樣？對球隊第八人或第十二人大吼大叫也許沒什麼，但對超級巨星可不能這麼做。你可以對他嚴格一點，但不能對他過於嚴厲。為什麼？因為他是魔術。每個人總愛說人人平等，但對一支球隊的超級球星而言，根本沒有平等。而魔術，就是一個超級球星。」

最終，這兩個球季以來，強森和他的教練在某些時候都持續在以這種奇怪但相對正常的模式與對方互動。許多見證者表示，這種互動讓兩人在拿捏與彼此合作的尺度上都逐步取得了進展。希斯科特確實在一定程度上成功減少了強森邊運球邊傳球的頻率，也讓他避免在高速運球並離地起跳後，才決定下一步要做什麼動作。

「我不認為是艾爾文選擇了屈從，」查爾斯分析，「我認為他們找到了快樂的平衡點。」

或許如此，但在時間從一九七七年來到一九七八年的期間，儘管斯巴達人隊的連勝紀錄不斷增加，但球隊中的氣氛既不快樂也不平衡。然而，以長遠的角度來看，也因為這些鬥爭，掀起了一場獨特且激昂革命的強森，會在人們的心中成為一個更特別的球員。同時，人們也不會覺得希斯科特是個太過固執與守舊的教練了。隨著時間過去，這位教練也和強森一樣，贏得該地區球迷的喜愛。

「我來自蒙大拿州，那裡的男人都是男子漢，就連女人也是男子漢。」米克．麥凱布回憶起希斯科特在密西根州大的首次記者會中的政治不正確言論。「他其實是個很好笑的人，因為他常常會說這種話，很有幽默感。而且，他也非常擅於讚美別人。」

許多年後，即使希斯科特已經搬離密西根州好長一段時間了，麥凱布還是很喜歡打電話祝他母親節快樂，因為正如這名記者在二〇一九年回首往事時說明的那般，教練真的很像一位偉大的母親。

喬治．法克斯自然也對強森第一個球季的發展格外關注。

「對喬治．法克斯而言，重要的是賈德怎麼讓艾爾文買單，」麥凱布回憶道，「你懂吧，怎麼讓艾爾文覺得能相信他。」

在強森與他的教練和大學籃球之間的扭曲關係中，一個早期的轉捩點出現在一場於十二月作客底特律大學的比賽。迪克．維塔勒將這支球隊打造成一支以約翰．隆恩為首、經得起考驗的強隊。然而在休賽季期間，維塔勒突然辭職，將球隊交給曾打過哈林籃球隊、時任助理教練的史莫基．蓋恩斯（Smokey Gaines）。底特律大學在那星期的全國排名是第十五名，儘管斯巴達人隊在兵敗雪城後連贏四場，許多人還是認為他們會在底特律踢到鐵板。

史莫基．蓋恩斯本人卻沒這麼篤定。去年夏天，他親眼目睹了強森和傑．文森在底特律聖則濟利亞體育館的比賽中大殺四方。「人們都說艾爾文．強森和傑．文森是大一菜鳥，」這位教練對《底特律自由新聞》的查理．文森（Charlie Vincent）說，「他們不是菜鳥。這個夏天，他們在聖則濟利亞體育館打了大概五十五場比賽，對手都很強。他們其實就像是大二或大三的球員。」教練一語成讖，強森以出色的表現帶領斯巴達人隊在客場以一百零三比七十四大勝才華洋溢的底特律大學。這場球季初的代表作，讓許多密切關注著密西根州大的人們認為，他們很快就能越過早先所面臨的難關了。

「我記得包柏．查普曼在回休息室時經過了我，」弗雷德．史塔布利說，「他看著我，停了下來跟我說：『這一定是一場魔術。』這句話幾乎就像在說他已經接受艾爾文了，像是在說他認同這個人有真材實料。」

時間很快就證明事態並不會如預期中那般發展，喬治．法克斯對希斯科特態度變化的正面看法也並非完全正確。

「在艾爾文大一時的聖誕節，賈德私下告訴我：『教練，我明白你的意思了。我們必須確保他在我們打出高速攻守轉換的風格時儘早拿球。』」法克斯回憶道，「於是賈德稍微調整了球隊的快攻打法，開始讓艾爾文還在後場時就把球傳給他，而不是到了前場後才找傳球給他的機會，這造成了很大的變化。所以，我知道賈德在這方面接受了艾爾文。」

法克斯記得，他想過要建議希斯科特給強森更多的發揮空間。「我從來沒有這麼做過。我不想淌混水，因為我不想失去任何一方的友誼，你知道的。你不會想過度發表意見的。賈德告訴我，在大一的聖誕節之前，他都沒發現艾爾文的控球技術有那麼好。他終於明白他有多大的能耐。在那之前，他們都是依照傳統的模式在執行快攻。他說：『好，我現在注意到了。』也就是從那時起，他開始讓艾爾文控球和主導球隊跑快攻了。」

凱爾塞認為這支球隊正在迅速地從長期平庸的狀態中成長為一支優秀球隊，在這個過程中承受的壓力，是引發出這些問題的更大原因。「我認為追求成功的過程總是伴隨著壓力，」凱爾塞在二〇一九年談到強森的大一球季時說，「壓力當然存在。我們的教練賈德．希斯科特從媒體和大眾的期望中保護了球隊，他在這方面應該做得不錯。他在這支籃球隊的四周設下了很好的掩護力場，我們只要努力訓練、接受教練指導、精進球技就好，結果自會說明一切，這正是在球隊中實際發生的情形。」

對所有球隊中的一員來說，有一點從一開始便顯而易見，那就是無論強森用什麼方式打球，在大家越來越適應他的球風後，每個人的表現都將隨之顯著提升。

「他讓凱爾塞和其他球員都變得更好了，因為他們都不是控球後衛，」查爾斯．塔克回憶道，「他們能靠體能展現出各種球技，尤其是葛瑞格．凱爾塞。還有傑．文森，他人高馬大，也有不少技術。榮恩．查爾斯也是那種很會跳的球員。」

強森比任何人都清楚自己對這支球隊能夠帶來什麼影響。畢竟從他還只是個少年時，就一直在詹尼森體育館和密西根州大的球員交手了。

「他覺得自己是最棒的球員，事實上也是如此。」塔克說，「但你不會一進入十大聯盟，就立刻成為最優秀的球員。你會發現，歷年來密西根州大會輸球，只是因為他們需要更多的天賦。他們有些球員有天賦，但還不足以贏得勝利，因為他們都是前鋒。如果他們之中有一個人是後衛，那麼這支球隊在他加入之前，或許會贏得更多勝利。」

到了一月初，在斯巴達人隊的賽程進入最重要的部分、也就是進行十大聯盟的賽事時，他的影響力會變得更加明顯。在那個時代，只有聯盟冠軍才能打進NCAA錦標賽。有些聯盟會在例行賽結束後舉辦季後錦標賽，但十大聯盟不會，例行賽便決定了一切，這使一些非常優秀的球隊年年無法打進這項日後被稱為「三月瘋」的大賽。一九七五年，隨著約翰．伍登（John Wooden）退休和UCLA王朝於一九七五年落幕，十大聯盟開始在大學籃球界中重新奠定自己的地位，成為一個以人才濟濟、肢體碰撞強硬而聞名的大聯盟。

在明尼蘇達大學與他的新朋友比爾．達菲造訪東蘭辛時，強森第一次嘗到了這種競爭的滋味。或者更精確地說，聯盟首次見識到強森的風采。

「我們在那個球季，也就是我們大一球季的第一場十大聯盟賽事中和他們對決，」比爾．達菲在二〇一九年回憶道，「我們在去密西根州大打十大聯盟開幕戰的三天前，進行了一次影像分析。」

在這次分析會議中，達菲警告了比較年長、日後在NBA都有著亮眼的職業生涯的隊友麥可．湯普森和凱文．麥克海爾：「看好了，你們不知道這個叫魔術強森的傢伙有多厲害。」

「我記得麥可說：『他只是個大一菜鳥。』」達菲說，「然後我告訴他：『不、不、不，你們不知道他有多厲害，相信我，這傢伙很能打。」

顯然，明尼蘇達大學的領袖球員們並沒有對他留下特別深刻的印象。

達菲和那些持懷疑態度的學長隊友在一月來到密西根州大時，在這裡看到了與過去幾年截然不同的全新風貌。

「我們來到了密西根州蘭辛市，」達菲回憶道，「我們坐飛機過去，就在剛下飛機、坐上巴士前往酒店的路上，我便看到了一個寫上『歡迎來到魔術王國』的告示牌。我指給他們看然後說：『看到了嗎？你們快看。』我覺得麥克海爾和湯普森沒怎麼仔細看球探報告。他們好像不把這當一回事。總之，我們來到詹尼森體育館和密西根州大交手，在他們走上球場進行上籃練習時，學生們都圍在場邊屈膝跪拜、呼喊著『魔術……魔術……魔術……！』我們的球員一邊四處張望，一邊說：『現在是什麼情況？』我告訴他們：『你們很快就會知道了。』然後，魔術登場，並打敗了我們。魔術完全控制住了比賽。中場休息時，我跟大家說：『我告訴過你們了，這傢伙很有一套。』這實在是不可思議。」

強森在那天攻下球季最高的三十一分並抓下九個籃板，證明了達菲的觀點，並帶領斯巴達人隊取得七連勝，寫下九勝一敗的戰績。接下來，他們又在十大聯盟拿下了六場重要的勝利，讓他們佔據聯盟龍頭的寶座，並在大學籃球界中引起眾人的關注。

這波連勝中，他們在造訪伊利諾州時贏得了客場的首勝，令伊利諾大學總教練盧・韓森（Lou Henson）印象深刻。「密西根州大是一支優秀的球隊，」他對記者們說，「要突破他們的區域聯防並減緩他們快攻的步伐是件困難的事，我從來沒見過有一名大一球員像艾爾文・強森、那名密西根州大六呎八吋的大一球員一樣十項全能，他現在就有能夠成為職業球員的水準了。」

到了一月下旬，在斯巴達人隊作客俄亥俄州大並以十分之差獲勝後，他們的戰績來到了十五勝一敗，並在《美聯社》前二十五名的排名投票中名列第七。全美國開始注意到魔術強森的球迷越來越多了。

在這場比賽結束後，米克・麥凱布走出球員休息室時，強森從淋浴間走出來跟上他的腳步，偷偷對他提出一個請求。

「嘿，」這名大一球員說，「何不寫一篇我們隊長的報導呢？」

他和大四的包柏・查普曼在這個球季間時有摩擦。

「你確定？」麥凱布說。

「對啊，可以的話就太好了，」強森回答。「真的再好不過了。」

從強森的角度來看，他會這麼做是有道理的。他已經獲得了太多的關注和讚譽。壯碩的查普曼有在美式足球成為強力安全衛的完美體格。他曾有機會在大三球季結束後轉戰職業球壇，但他拒絕了，選擇回到學校幫助希斯科特教練打造這支球隊。

「艾爾文覺得這對需要被打氣以提升自信心的孩子來說，是個很棒的刺激，」麥凱布回憶起他日後寫的那篇文章，「因為他期待在回歸球隊後能在大四打出很好的成績、成為球隊的老大，但顯然，他沒有當上老大。」

強森不僅在大一的時候打過前鋒、中鋒和後衛，現在還以專業水準扮演了媒體公關。他知道，如果讓查普曼得到應有的關注，將有益於球隊的化學效應。他十分謹慎地傳達了這個訊息，因此球隊中的其他人都沒有注意到這件事。

榮恩．查爾斯說，那個球季的官方隊長是查普曼和凱爾塞，但顯然強森才是實質的領袖。

「他是一名領袖，教練也允許他來帶領球隊。」榮恩．查爾斯說明。

強森似乎對每個回合中的細節都有著無窮的熱情，在場上不停地為隊友傳出的好球、抓下的籃板和投進的球加油打氣。不論是希斯科特還是哪一位教練，都不可能掩蓋強森散發出的領袖魅力。

查普曼和凱爾塞當然不會做這種事，相較於沉穩冷靜的查普曼，凱爾塞開朗得多，但他的個性和強森差太多了，沒辦法和他一樣當一名能點燃大家激情的領導者。

「葛瑞格一直是個平易近人的好人，」傑．文森在二〇一九年回憶道，「我的意思是，他有能跳出體育館的跳躍力，是我見過最厲害的灌籃高手之一。在灌籃和展示個人能力的方面上，他堪稱獨領風騷。但他是一名偉大的領袖嗎？有想要試著主宰比賽嗎？不是、沒有，葛瑞格是個踏實、沉穩的傢伙，他現在也是這樣的人。」

和希斯科特一樣，凱爾塞也願意放手讓這名大一球員來帶領球隊。

球隊的化學效應與彼此間的情誼仍需盡可能地提升，因為斯巴達人隊的歡樂之旅在強森對麥凱布提出了寫篇報導的構想後戛然而止。他們先是在作客時敗給了重建中的印第安納大學。

後來，他們又在回到詹尼森體育館迎戰密西根大學時受到了另一次打擊。這一場比賽，擔任波士頓塞爾提克助教的K. C.瓊斯（K. C. Jones）也來到現場觀看強森的表現。在即將到來的一九七八年選秀中，塞爾提克擁有一個高順位選秀權，球隊大老「紅頭」奧拜克已經有一些想法了，但他們還是想先從近距離觀察一下強森。

瓊斯在塞爾提克於羅素時代建立了十三季奪得十一冠的王朝時，是球隊的核心之一。一名記者問瓊斯看到強森後有什麼感覺時，他馬上回答，就像是看到了比爾．羅素或是卡里姆一樣。強森後來在看到這些話時非常高興。

然而，強森和越來越多的斯巴達人球迷因為在最後一秒敗給密西根大學而被潑了一盆冷水。密西根州大在與這支宿敵球隊交手時已經吞下了六連敗，且在過去十二次對決時更只贏了一場。

媒體上出現了強森太愛出風頭、希斯科特可能聰明反被聰明誤的批評。

「這就是學習的必經歷程，」塔克回憶道，「因為當時的十大聯盟真的是競爭激烈，每晚的比賽都是一場挑戰。密西根大學、普度大學（Purdue），還有當時也不錯的西北大學、伊利諾大學（Illinois）、威斯康辛大學（Wisconsin）也都滿強的。這十支球隊都有未來能成為職業球員的人，愛荷華大學（Iowa）有羅尼・雷斯特（Ronnie Lester），每支球隊都至少有一名未來的職業球員。印第安納大學有兩個、密西根大學有兩個……而且每支球隊都有一名赫赫有名的總教練。像是強尼・歐爾、鮑比・奈特等人，還有泰克斯・溫特、普度大學的金恩・基迪（Gene Keady），你遇到的都是能針對你用戰術出招或反制的教練。」

回顧這次初嘗十大聯盟的經驗，證明了這是強森邁向偉大的訓練場。「大多數球員來到十大聯盟後，都必須學會一些關鍵的技能，」塔克說，「一切都會變得比以往更加困難，你會常常與對手碰撞、在空中被對手扯下來，因為他們就是這麼對付控球後衛的。你以為你有足夠的空間，然而一旦你想採取任何行動，這些空間就會馬上消失。你想要傳球的時候，原本看起來很多的空檔，也會馬上被封殺。你想要切入的時候，在你朝著那個方向前進時，切入路線便隨即會被鎖死。你可能會被吹進攻犯規或是被絆倒之類的。」

一個球季前，在高中時看起來原本能成為妙傳的球，現在在十大聯盟卻成了失誤。

「對他來說，要做的就是適應這個層級的強度，」塔克說，「適應不同層級的球員天賦、不同水準的教練，這些教練會針對你下達戰術、安排比賽計畫，他們不只會針對你們整支球隊安排戰術，也會針對你設計戰術。」

這些球隊不僅請來非常優秀的教練，在這個分區的知名學府更都擁有著研究影片的各項資源，以及越來越進步的錄影技術。他們一次又一次地觀看他在回防時的表現，看到他不停用右手高高地運球並跨出驚人、大幅度的步伐。他們試圖分析強森不斷成長和演化的籃球戲法，這是籃球歷史中從未有過的表現，就算有，也沒有人像強森一樣用它們釋放出如此巨大的能量。

「一旦他開始融會貫通，」回想著這些美好時刻的塔克說，「他的腦海中就沒有任何干擾他的雜念了。這就是一個學習的過程。」

「他很難守，」榮恩・查爾斯記得，「我以前常常在隨機分隊的練習賽中防守艾爾文、想搞清楚他在做什麼。我知道他大部分都會往右切，但你還是阻止不了他，他很強壯。」

強森和隊友們在這兩場失利中反彈，先是戰勝了印第安納大學，緊接著又以些微的差距擊敗愛荷華大學，然後又以十一分之差在客場戰勝密西根大學。強森在這場令人欣慰的勝利中獨得二十五分，這令狼獾隊教練強尼・歐爾抱怨魔術應該離開這個聯盟、直接去打職業聯賽。這番話與其他人的言論，令強森開始做起了美夢，並思考這些話語中的意涵。

在對上普度大學時吞下十九分的慘敗後，令強森很快地回到了現實。斯巴達人隊的防守讓對手得到了九十九分，但事後證明，這是他們需要的刺激，成為了幫助他們在四場苦戰中贏得勝利的最後一股推力，讓他們在作客威斯康辛大學時贏得聯盟冠軍。在這一連串的比賽中，強森在出戰俄亥俄州大時攻下三十二分，並以驚人的大局觀頻頻為凱爾塞和查爾斯製造機會，讓他們掀起一陣又一陣的扣籃旋風。

首先，正如榮恩・查爾斯所說明的，他的身材夠高夠壯也夠靈活，能夠藉由製造對手後衛的對位噩夢改變整個聯盟的局勢。十大聯盟的後衛都是體型與力量兼具的球員，但強森能從他們的頭頂上掌握全局，而密西根州大的快攻，令他能夠送出各種傳球或空中接力，讓凱爾塞得分。

在半場陣地戰中，強森練就了掌握機會攻擊弱邊的視野，在弱邊的防守自然而然地放鬆的一瞬間，他就會用一個火燙的不看人傳球懲罰對手。查爾斯記得，在那時，他的隊友們都已經知道要隨時舉起雙手、在執行自己任務的同時，用眼角餘光緊緊鎖定他的動向，這樣才能在他以各種方式送出子彈般的傳球時把球接好，而不是躲開。

「他能夠眼明手快地搶下籃板，然後迅速持球推進，」查爾斯說，「如果對手開始壓迫，他就會用背後運球甩開他們。他很喜歡轉身運球的動作，儘管這可能也會把賈德氣瘋，但對手搶不到艾爾文的球。想困住他簡直太難了，因為他有五花八門的招式，他可能會用胯下運球躲開陷阱。這段時間，也足以令葛瑞格・凱爾塞跑到前場，讓他能在接到球後用灌籃輕鬆拿下兩分。」

查爾斯表示，就算對手成功回防並站穩防守陣腳、將比賽拖進半場陣地戰，也要時時保持警覺。「和他打了幾場比賽後，你就知道他會使出什麼招式、打算做什麼。你最好做好準備，因為他可能會在沒有看著你的時候把球傳給你。因為他會朝著某一邊進攻，然後在不看人的同時把球傳給另一邊的你，簡直就像腦袋後面有長眼睛。」

查爾斯解釋，他會讓大家的視線從你身上移開，藉此讓防守球員鬆懈，這時他就會出擊。「防守者會在一瞬間鬆懈下來，就在那瞬間，球就會朝你飛來，他們根本來不及反應。」

隨著男女同校、性解放運動開始蔓延的年代到來，球隊也進入了狂熱的新時代。在這般甜蜜美好的大學生活中，勝利最終鞏固了他們的化學效應。在東蘭辛，這也代表每個比賽的夜晚，詹尼森體育館都會擠滿喧鬧的人群。此前的好幾個球季，這座老舊的場館頂多只有半滿的上座率。而克莉絲汀・強森那正在長大成人的兒子，在這場盛大的宴會中，便是編舞者與主持人一般的角色。

「我們每個人都玩在一起，」榮恩・查爾斯在談到球隊間的氛圍時說，「我們一起做了很多事情，每個人都玩得很開心。大家都是大學生，你知道的，我們喜歡打籃球，也喜歡玩樂。」

強森很少把自己置於隊友之上，很少得罪或冒犯別人，總是幫他們在球場上繳出亮眼的表現。在大多數時間都親眼見證了強森成長的喬治．法克斯，對他的每一步成長都感到驚艷不已。就連強森的艾弗雷特高中學弟們也深受他的影響，這支由戴爾．比爾德率領的球隊，也將強森傳承給他們的勝利祕訣謹記在心，急切地想證明即使沒有他的帶領，他們也能贏得另一座州冠軍。一九七八年的春天，他們也和其他人一樣，在蘭辛市初次見識到強森的本事、目睹他在最高水準的賽場上定義並主宰這項運動。

「正是因為他的自我要求和他的打球方式，令每個人都想和他一起打球，」法克斯回憶起在那年春天看到他的表現時有多麼驚訝，「他如何施展魔法讓孩子們都想和他一起打球，就是我對艾爾文．強森的主要印象。」

這代表那年春天在密西根州大蓬勃發展的化學效應中，沒有人在搞破壞。包柏．查普曼沒有、艾爾文．強森沒有，就連賈德．希斯科特也沒有。

「我們球隊中沒有人覺得自己比較了不起，」榮恩．查爾斯說明，「沒有人破壞球隊的化學效應。這裡得再次向希斯科特教練致敬，因為他讓這支球隊有了化學效應。魔術和教練都是這支球隊的領袖。」

「強森不怎麼會讓外在因素影響自己，因為他不會捲入太多狗屁倒灶的風波，」塔克回憶起當時的情形，「有時候，會有外面的人想要影響球隊的成員。那時候這種情況不像現在這麼多，但還是時有所聞。他們會告訴你什麼時候投籃、什麼時候不要投籃，會告訴你應該接受或不要接受什麼樣的指導。他們根本對這項運動一竅不通，但不管什麼事，他們都會告訴你應該要怎麼做。這些行為有時候會讓人失去方向。人人都有朋友和尊敬的人，但有時候，靠得太近的他們會用錯誤的方式影響到你。」塔克說，艾爾文身邊沒有那些可能會毀了一個球季甚至職業生涯的紛紛擾擾。「因為他的父親就在身邊，後面還有我。艾爾文一直是個聰明人，某些事情，他只會跟特定人士溝通。他是那種無論對方說了什麼話，都會直視你的雙眼、告訴你

『好，我明白了』的人。」

然後，強森會回過頭來，和他信任的親朋好友重新審視你告訴他的事情。

「如果有必要，我們可能會做出回應。」塔克回憶道，「我和他爸常常待在一起，他爸十分熱愛運動。我也每天都在打球，一天打兩、三次。他從小看到家人們是多麼虔誠的教徒，看著爸媽上教堂。看著身邊這一切的他，就是在這種良好的環境中長大的。而我是那種老派的人，沒有任何不良嗜好。我不抽菸、不喝酒，沒有這些壞習慣。我一直在打球，每天都會去上班，所以他身邊有個很好的環境。」

塔克記得，他自己也在努力與希斯科特保持密切的關係，事態在那年春天發展得非常順利。「賈德知道他能做什麼，他也夠聰明，知道自己必須做出調整，而艾爾文也做出了調整。」

例行賽的最後一場，是來明尼蘇達大學作客。在這場斯巴達人隊以一分險勝的比賽中，強森又遇到了他的新朋友比爾．達菲。

「我在比賽時告訴他：『嘿，我們在比賽結束後要在我的公寓裡開派對。』」達菲回憶道，「在那個年代，球隊在比賽結束後不會直接搭機回家，要留宿一晚。因此他來到我的公寓當起了ＤＪ，整個晚上，要播什麼音樂，都是由他全權負責、一手掌握。我們都在討論：『哇，看看這傢伙，一到場就完全接管了我們的派對。』」

強森的確有慶祝的理由。身為大一新生，他剛剛才帶領了此前成績不盡如人意的密西根州大籃球隊，以十大聯盟十五勝三負、總成績二十五勝五負的戰績，贏得二十年來第一座在十大聯盟的冠軍，他也因此成為首位獲選為聯盟第一隊的大一球員。贏得這項殊榮的他，平均攻下了十七分、七點九籃板和七點四助攻。

現在，他即將登上真正的大舞台了。

第十五章　另一個應許之地

在三月初於明尼蘇達大學進行的例行賽最後一戰贏得勝利後，艾爾文．強森在蘭辛機場受到了一群年輕球迷的熱烈歡迎，他們都想要他的簽名。他驚訝地環顧四周，看到所有的紙筆都被塞進他的懷裡。球迷們伸出的手臂、急切的臉龐連綿不絕，彷彿連成了一片海洋。他只能盡其所能地簽幾張，然後從後門逃走。

十九年前，密西根州大靠著退伍的強尼．葛林（Johnny Green）的天賦贏得了十大聯盟的冠軍。弗雷德．史塔布利說明，他會出現在這所學校，就像是天上掉下來的禮物。「強尼．葛林是名很棒的球員。他曾在海軍服役。有個有趣的故事是，當他在詹尼森體育館的樓上打球時，有個助理教練正好看到他的表現。儘管打斷密西根州大總教練福迪．安德森（Forddy Anderson）的訓練在當時是不能觸犯的禁忌，他還是下樓走進球場內，把他的驚人表現告訴了福迪。」

「福迪，」據說這名助理教練小心翼翼地打斷了安德森的訓練，「你得上樓來親自瞧瞧。」

史塔布利說，安德森上樓到了體育館的副球場，「然後就看到了大概六呎五吋高、來自俄亥俄州代頓市（Dayton, Ohio）的強尼．葛林，他不斷把球丟到籃板上然後把球扣進去，一次接一次。當然，這把福迪看得目瞪口呆。」

不久後，密西根州大就得到了一名非裔美籍、年僅二十二歲的大一明星球員。日後，葛林帶領斯巴達人隊贏得聯盟冠軍與參加NCAA錦標賽的資格。求學期間，他在東蘭辛擔任實習教師，接著在畢業後以二十六歲的新秀球員之姿加入紐約尼克。在長達十四年的職業生涯中，他效力過許多球隊，平均得分達到兩位數。

此後，密西根州大籃球隊的表現一直都維持平庸，直到二十年後，強森接下了葛林的火炬，帶領球隊贏得校史第二座十大聯盟的冠軍。這個新的成就，在一九七八年的春天，為球隊突然增加的球迷帶來了激勵人心的全新體驗。但這也讓人們逐漸察覺，儘管強森總是展現出一派輕鬆、臉上掛著微笑的樣子，背後其實藏著許多的不安。

對於能就近觀察到他的人們來說，在笑容背後，有些通常會出現在眼睛四周的緊繃表情，是唯一能流露出他內心掙扎的跡象。他一直是個充滿活力且外向的樂觀主義者，然而他開始逐漸感受到要負起讓大家安心的責任，感受到成為魔術與幾乎時時刻刻都在照耀著他人的光芒的重擔，這種壓力，怎麼可能在他的臉上不留痕跡？就算他的臉上只有一絲陰影，也會令隊友和其他人憂心不已。幸好，就算他的情緒有所波動，通常也不會維持太久。

「他是個表演者，」他的多年好友戴爾．比爾德在回憶當年時，如此談論著年僅十八歲、試著在更大的世界中掌握主導權的強森，「無論他在哪裡，都想好好表現。他想贏。我的意思是，老兄，在這傢伙的燦爛微笑、輕鬆愉快的心情之下，滿是求勝的渴望。」

他的回報是激發了越來越多的人對他的愛、喜悅和渴望，這在他的生活中成為一種帶來連鎖反應的精神糧食，隨著時間的累積，他對這份滋養的渴望會日益強烈。他與記者和專欄作家的互動中，也能體現出這一點。這些記者和作者幾乎都是白人，因此對運動員、尤其是黑人運動員來說，與媒體的互動往往需要格外謹慎，因為雙方的來往之間通常有一道鴻溝。但強森不一樣，他總是面帶微笑，用他的魅力讓記者們放鬆、用他的發言填滿他們的筆記本並令報導更加豐富。在那個體育記者提出問題就相當於跨越種族間壁壘的年代，他能讓人感到自在的天賦發揮了極大的作用。

棒球界的傑基·羅賓森（Jackie Robinson）、籃球界的比爾·羅素和威爾特·張伯倫，以及美式足球界的吉姆·布朗（Jim Brown）等人，是美國體育種族融合第一波浪潮中的先驅，他們常常得面對蔑視他們的媒體，這些媒體也讓他們與大眾之間產生了更大的隔閡。強森所處的時代正好遇到第二波種族融合的浪潮，這也有助於他的成功。

到了強森出現在大眾視野的一九七八年，黑人體育明星融入體育聯盟的整合已經進行了數十年。儘管如此，種族融合、黑人選手與媒體間的關係仍然任重而道遠，而艾爾文·強森很快就成為了默默引領這個過程的最重要人物之一。多年以來，來自蘭辛、底特律以及整個密西根州的記者和媒體人，都發現自己不由自主地被吸引到了他的身邊。現在，隨著他登上全國的大舞台，強森發現自己的魅力在這個舞台上也一樣有效。

正如資深大學籃球主播比利·派克在回顧當年時所觀察到的：「魔術有一種不可思議的個人特質，你懂吧，就算他沒有得分，你還是會喜歡他這個人。」

同時，強森的生活也正在邁向另一個階段，日益增長的名氣將令避開人群成為越來越大的挑戰，尤其是他還非常享受在成名的快感中。畢竟，這也是一種彰顯自己影響力日益增長的方式，他也透過與各地人們熱情地交流與互動來展現這一點。

然而，這時的他其實在某種意義上也還只是個主修電信的大學生而已。在NCAA錦標賽期間，他得接連在星期一、星期二參加四場考試。正如提姆·史陶德所觀察到的，在青少年時期深受口語表達和發音問題所苦的強森，已經在這兩方面上取得了一些進步。

儘管才剛在比爾·達菲位於明尼蘇達的住處狂歡，強森告訴記者，他更喜歡籃球的客場之旅的原因，其實是他能遠離校園裡各種來自朋友的干擾，讓他有時間好好學習。他後來也承認，雖然他與「餅乾」·凱莉的關係正在逐漸升溫，女粉絲日益增加的他，還是會與不少對象發展更深入的關係。「他是個花花公子，」

他的朋友兼隊友榮恩．查爾斯在談到強森在密西根州大過著怎麼樣的生活時，用了形容渴望與女性群體建立關係的男性的這個詞彙，並承認自己也是這種人，「老實說，所有籃球選手都可能會成為花花公子，而且也會很享受於當花花公子的感覺。那個時代，你知道的，如果你贏球了，就會有女人敲你的房門來找你。在七〇年代末，他們才不管你是黑人、白人還是西班牙裔，只要你是運動員就好了……他們就是想找點樂子，對吧？這是我的個人看法。」

隨著強森和斯巴達人隊贏球的次數越來越多，敲他們房門的女性也隨之增加。在那個性氾濫的後果還沒有對美國文化造成沉重打擊的時代，他們在這個擁有四萬五千名學生的校園裡能享受到的樂趣實在太多了。事實上，這常常被稱為是「正統的美國樂趣」。

其實，即使這段無憂無慮的大學生活還沒有結束，強森就已經為這段時光可能稍縱即逝而開始感嘆了。在他的第一個球季，就看到新聞報導指出職籃球隊的高層們對他讚譽有加，並表示希望他能申請清寒特例，在一九七八年春天參加NBA選秀。*只要一想到這件事、想到白花花的鈔票、想到在NBA和世界上最好的籃球選手交鋒的巨大挑戰，就足以令他的腦海在午夜夢迴之際產生萬千思緒。他還是個與老艾爾文一起看球的小學生時，就在心中種下了打進NBA的夢想。現在，就如同朋友與家人們早已預料的那般，隨著他每多打一場比賽，這個夢想就離實現又更近了一點。

基於這些夢想，他以為自己能預見未來會發生什麼事，但其實他根本就對未來一無所知。

三月瘋

儘管職業球壇的高階管理層都很瞭解強森了，但他對球迷而言還沒有建立全國等級的知名度，不過那年春天的NCAA錦標賽將開始扭轉這一點。在那個時候，媒體正開始以「三月瘋」的稱號來宣傳這項賽事，這個名稱很快就流傳開來，並為大學籃球在人氣與收入上帶來了巨大的成長。

艾爾文剛踏出邁向聚光燈下的一小步，就正好遇上三月瘋開始掀起狂潮之際，這不只是偶然，他很快就會被視為推動這股浪潮的重要推手之一。

就在強森承諾加入密西根州大的那年四月，提姆．史陶德走進了哥倫比亞廣播公司（CBS）蘭辛分部老闆的辦公室，建議電視台拿下轉播斯巴達人隊賽事的權利。由於該分部還有同公司的廣播電台，因此老闆一開始以為史陶德說的是廣播。

「不，我說的是電視，」史陶德記得他對老闆這麼說，「在那個時代，密西根州大籃球隊還沒有電視轉播。」

當時，當地的電視每星期都會播一場十大聯盟的比賽，但很少會挑斯巴達人隊的比賽，因為密西根大學、印第安納大學和其他的聯盟強隊才是焦點。

「而且那時候沒有有線電視，」史陶德說明，「也沒有ESPN。基本上，每星期只有一場十大聯盟的比賽可看。」

回想起來，當時的媒體規模與日後相比實在太小了，但在當時，這些新的做法帶來的新鮮和刺激，對像提姆．史陶德這類的人來說，尤其令人興奮。

---

*譯註：NBA早期有著要完成大學學業後才能與NBA球隊簽約或投入選秀的規則，但後來出現了史賓瑟．海伍德（Spencer Haywood）提前離開大學加入當時NBA的競爭對手ABA、一年後離開ABA加入了NBA超音速隊這個不符該項規則的案例，NBA原本要禁止球隊與他簽約並制裁超音速，但海伍德隨即提出訴訟並勝訴，因此讓NBA在一九七一年起允許球員在提出經濟困難證明後提前加入聯盟。

史陶德記得，由於詹尼森體育館的座位才快一萬個，但想看強森打球的人已經遠超這個數字，因此被這個構想說服的電視台用每場比賽一百美元左右的權利金，和密西根州大體育部門針對轉播權進行交涉，後者很快就同意了。「他們接受了這個條件。」

球迷們不僅能夠一睹魔術的風采，也將見證他在當時被許多人認為是大學籃球中最強硬的聯盟裡，與其他頂尖球員交手。毫無疑問，強森第一個球季的表現沒有讓人失望。

史陶德指出，那個時代的十大聯盟強到誇張，「因為聯盟中還有很多大四球員，這是你在現在看不到的現象。當今大學籃壇的好手早在大四之前就去打NBA了。」

頂尖球員可以提前離校去和職業球隊簽約的構想，在當時還沒有很普及。

一九七八年春天，美國電視台也還沒有開始開拓大學籃球轉播的領域。當時還沒有多少業內人士注意到，藉由開發大學體育的廣播，能夠賺到多麼驚人的財富。幾乎只有NBC電視台在進行大學賽事的全國轉播，他們也將獨家轉播NCAA錦標賽的權利握在手中，日後，這項賽事也將為NCAA及頂尖大學球隊在三月瘋時帶來數十億的收入。

因此，一九七八年的錦標賽中東賽區決賽，將是強森登上全國電視轉播的處女秀。事實上，這也是湖人隊的傑瑞．威斯特第一次看到強森，而他對這位與眾不同的年輕球員有著褒貶格外分明的評價。

當時能參加錦標賽的球隊只有三十二支，排名第七的密西根州大只要贏三場，就能進入夢寐以求的最後四強，這是大學籃球的聖域。首先，斯巴達人隊展示了他們風馳電掣的球風，在印第安納波利斯的市場廣場體育館（Market Square Arena）擊敗了戴夫．賈維特（Dave Gavitt）執教的普羅維登斯大學（Providence），晉級在俄亥俄州代頓市舉行的分區賽。三月中旬，他們在分區賽中與西肯塔基大學（Western Kentucky）交手，這支球隊在一月之前的戰績還勝少敗多，但隨後贏得了一波連勝。

斯巴達人在這場大勝山頂人隊（Hilltoppers）的比賽中攻下九十分，而強森則繳出了令人費解的表現。一方面，他十七次出手只命中三球，但另一方面，他送出了十四次助攻，締造當時的生涯最高紀錄。

「這不重要，」強森談到他失手的十四記投籃時說，「我今晚不需要它們。」

也許是這樣沒錯，但現在正在進行的是有信心者才能生存的錦標賽，而過去在這種淘汰賽中，總是有不同的情況讓他與球隊陷入命懸一線的時刻。平心而論，這就是籃球的本質。不過，兩天後的分區冠軍賽中，如果他有更好的投籃表現，絕對能帶給球隊更大的幫助。在這場排名第七的斯巴達人隊與全美第一的肯塔基大學野貓隊交手的比賽，是他第一次真正在全國轉播的熱門賽事中登場。對手的教練是喬・B・霍爾（Joe B. Hall），他是個身材高大、戴眼鏡、看起來總是背負著某種無形壓力的人。如果說魔術強森象徵著迪斯可時代中的歡樂與浮華，那麼喬・B・霍爾便像是一種難以言喻的苦難，舉例來說，就像是一個保險業務員在煩惱業績還差很多才能達標的樣子。

在全國轉播中，站在場邊介紹強森的是精明、信心滿滿的布萊恩・岡堡（Bryant Gumbel），這名二十九歲的主持人本身也是美國大眾對種族的看法逐漸改變的重要象徵之一。*

這場比賽的播報團隊由傳奇主播科特・高迪（Curt Gowdy）領銜，他曾在一九四〇年代初期在懷俄明大學（Wyoming）打球，之後數十年來一直是促使錦標賽登上電視轉播的倡導者和先驅。在那個星期六下午，擔任球評的是講評內容豐富的比利・派克，他曾在一九六二年代表威克森林大學（Wake Forest）出戰最後四強的比賽。這兩位先生是體育界的權威，憑藉著轉播重大體育賽事而步步高升。派克在接下來的幾十年裡，

* 譯註：NBC史上第一位非裔美籍主持人。他日後主持的《布萊恩・岡堡的真實體育》（Real Sports with Bryant Gumbel）節目極受歡迎，曾在二〇一二年獲得皮博迪獎。

都是冠軍賽的首席球評。兩人都早已迫不及待地想把口中這位「十八歲的小子」介紹給大家，他顯然已經是這個時代最獨特、最吸引人的球員之一。不過有個問題，整個球季都負責播報的高迪和派克，竟然剛好都沒有看到這位密西根州大後衛的比賽，連一分鐘都沒看過。儘管業界內已經開始在用錄影帶了，他們也沒有看過他的任何錄影畫面。當時，美國體育電視台也還沒有製作剪輯精彩時刻的節目。

「我基本上只有讀過關於他的報導，但在他大一那年，直到NCAA錦標賽開打，我才看過他打球，」被視為當代大學籃球專家之一的派克回憶道，「我被派去播報他們與肯塔基大學交手的分區決賽。當時我並不怎麼瞭解這個人，聽到的大多是有關他球風華麗的風評。除了傳得一手好球、球風有一種獨特且顯而易見的華麗，以及作為密西根州大的大一球員在場上表現得十分出色之外，對他的個人技術特色幾乎毫無概念。」

派克倒是對賈德．希斯科特有些瞭解。這位教練在一九七五年的NCAA錦標賽中獲得了一定的知名度，他領軍的蒙大拿大學差點爆出冷門、在UCLA王朝的最後一季擊敗傳奇教練約翰．伍登執教的棕熊隊。身為一名賓州球隊教練的兒子，派克在人們心中是一位言詞激烈、極富主見的球評，常常以教練的角度出發分析賽事。他這麼做很合理，因為在那個時代的大學籃球賽事，大多都是由高知名度的教練一手主導。

在大一球季成為當地的焦點時，強森的球風和身材已經引起一些質疑了。在派克準備轉播分區決賽時，他很想知道像希斯科特這種強硬的教練，是怎麼和這個球風浮誇的十八歲球員共存的。強森在出戰西肯塔基大學時的糟糕投籃表現引起了一些人的注意，派克也是其中之一。

肯塔基大學是一支高大、強壯、頑強、老練的球隊，因此這場比賽被蘭辛當地的報紙稱為「魔術與肌肉之戰」。身為一名主修電信的學生，強森非常清楚全國性的曝光有什麼意義。在那個有線電視尚未普及的年代，全國轉播的比賽並不多，因此往往能吸引大量球迷的關注。

據NBC報導，在肯塔基大學的狂熱球迷與密西根州大的新生信徒聚集的體育館外，當天的黃牛票賣到了一百美元的高價。

「肯塔基大學是一支經驗豐富的球隊，而且訓練有素，」派克在二〇一九年時說明，「他們也是一支很緊繃的球隊，背負了很大的壓力。」

派克記得，霍爾被選為肯塔基大學傳奇教練阿道夫．魯普（Adolph Rupp）的接班人，雖然霍爾在東南聯盟（Southeastern Conference）奪冠多次，但這還不夠。「在肯塔基州，只要沒拿到全國冠軍，就是無法接受的成績，因此霍爾承受著很大的壓力。」

所以，這支老牌球隊在霍爾的領軍之下幾乎總是做足了準備。這支球隊在一九七八年的明星球員傑克．「大鵝」．吉文斯（Jack "Goose" Givens）回憶道：「我們大部分的對話都是在談魔術，確保我們能壓制住他、壓制住他的切入和為隊友製造投籃機會的能力。我們也談了很多他們的配對式區域聯防以及這可能會帶給我們多大的問題。當然，魔術常常出現在區域聯防的前端。」

的確，儘管強森也花了很多時間在內線防守，但人高馬大、手長腳長的強森出現在區域聯防的前端，就像是有個極具威脅的大蜘蛛，這常常迫使對手放慢腳步。

多年以後，人們在討論這場比賽時，時常會談到希斯科特保守的風格，讓斯巴達人隊在那天付出了沉重的代價。然而，當時的大學籃球是以慢節奏戰術為主的時代，汀恩．史密斯在北卡大學發揚光大的「四角戰術」曾讓對手苦惱不已，也激怒了各處的球迷。許多人聲稱史密斯正在毀掉籃球，而事實上，這種「讓籃球死氣沉沉」的慢節奏打法，不久之後就讓大學籃球也引進了進攻時限的規則。

在這之前，教練們都能夠放手運用這個戰術。儘管喬．B．霍爾的球隊能夠藉由製造對手失誤並連續得分，但他決心在與密西根州大交手的那天控制住比賽的節奏。在上半場的某個時刻，野貓隊在一個進攻回合中，為了對抗密西根州大的區域防守，在投籃之前足足花了兩分鐘的時間在傳導、製造機會。

儘管NBC並沒有花太多時間和精力宣傳這場賽事，這場不同風格的對決還是令人們對強森在星期六下午於全國電視上的初次亮相產生了更多興趣。當時雖然沒有人公開討論，但對許多教練和球迷來說，強森就像是一個巨大的希望，能夠遏止扼殺了大學籃球樂趣的慢節奏戰術、消滅這些令人步履蹣跚的葛藤。

高迪和派克適度地介紹了強森的來歷，令強森的登場引發了球迷的期待，這點值得肯定。然而，那天下午，大家只看到了絕望，而越來越多的絕望累積而成的，就是一場慘敗。

「人都會有表現不佳的比賽。」查爾斯．塔克在二〇一九年說。

那天，轉播單位與普羅大眾都滿懷希望能看到那個高大、面帶笑容、拍手慶祝、為比賽帶來樂趣、如傳聞中好勝的球員。他致力於將更多活力注入於籃球之中，他能將這項運動帶入全新的時代，帶入一個被令人眼花撩亂的傳球、驚人的得分方式、無窮的能量、無拘無束的情感流露以及令人目不轉睛的戲劇張力所驅動的時代。

他們那時無緣見到完整版的魔術強森，但他即將現身。

奇怪的是，希斯科特那天先是把控球的任務交給了包柏．查普曼和泰瑞．唐納利，而不是交給強森。也許他覺得這是件小事，也或許教練已經感覺到或相信強森能在重大比賽中激發出重大的潛能，與其讓他一開始便火力全開、主導比賽，不如讓他先慢慢適應。

當強森終於在上半場拿到球時，他的投籃既倉促又笨拙，還在試圖展現他神奇的傳球魔法時出現了幾次失誤。

「我們打出了緊迫的人盯人防守，」吉文斯回憶道，「這是我們作戰策略的重點，也是我們擅長的打法。」

然而，強森和他的隊友們在逐漸適應肯塔基大學的人盯人防守後，找到了應對的方法，並在上半場打完時取得五分領先。考量到比賽的攻守節奏，這個領先優勢已經對肯塔基大學的錦標賽之旅產生了威脅。隨後，斯巴達人隊在下半場開打時就成功執行戰術並得到了分數。

中場休息時間，霍爾已經明白，他的球隊在打盯人防守時，無論守得有多好，都跟不上密西根州大的靈活腳步。因此，他放棄了人盯人，在最後一節的大多時間中改用了一—三—一區域聯防。

「在一—三—一區域聯防中，我們能夠進行大量的雙人包夾，尤其是球在前場的時候，」吉文斯在二〇一九年回憶道，「我們會迫使魔術往某一側移動，我們不會讓他從弧頂發動進攻，如此一來，藉由把他逼往某一側，既讓我們有很多機會能進行雙人包夾，逼他把球傳出去、逼他失誤連連。我們迫使他傳出很多糟糕的傳球，藉此控制住他們。」

突然之間，陷入肯塔基大學的區域聯防後，密西根州大在每一波進攻中都得經歷一番千辛萬苦才能找到投籃的機會。不過，查普曼和凱爾塞慢慢地證明了他們還是有辦法把球投進籃框，這也令雙方的比數十分膠著。

真正的關鍵點出現在下半場中段，強森吞下了個人第四次犯規。「我們知道如果他坐在板凳上的話，我們就沒辦法贏球了，」希斯科特在一九八六年回憶道，「所以他得繼續待在場上，而且得非常保守、謹慎地打球。」

這場比賽或許比任何事都能更清楚地展示出，強森在當時大學籃球的規則下，要推進比賽節奏會面臨到的巨大挑戰。當時沒有進攻時限的規則，也沒有三分球。後來，到了二十一世紀，修改籃球規則的人為了加快比賽節奏，會把過半場的時間從十秒縮短為八秒、把抓到進攻籃板後的進攻時間從二十四秒縮短為十四秒，為此減少球隊進行半場陣地戰的頻率。

這些改變都是為了讓明星球員能夠得到更高分。在數據分析開始盛行後，藉由數據算出球員應該怎麼打球、比賽應該怎麼進行，這代表除了上籃和灌籃之外，幾乎所有兩分球的得分方式都被三分球取代了。一九七八年，籃球才剛開始要朝著這種全新刺激的比賽模式邁出變革的腳步，但在背後推動這個改變的理念，已經存在好幾十年了。

職業籃球從一開始就知道，要打造成功的商業模式，就要推廣高得分的明星球員。費城勇士的老闆艾迪・戈提列布（Eddie Gottlieb）在NBA成立的一九四六年，便為一開幕旋即面對生存危機的聯盟奠定了這個基調。早年，戈提列布讓來自肯塔基州鄉下的「跳跳人」・喬・佛克斯（"Jumpin' Joe" Fulks）自由發揮，他用跳投這種創新的投籃方式令球迷們吃驚不已，並成為史上第一位平均得分達到二十分的球員。戈提列布確保佛克斯能獲得大量的上場時間，這樣他就能得到高分，並藉此吸引球迷。一九五九年，戈提列布也用一樣的方式對待中鋒威爾特・張伯倫，讓他一直待在場上、得到大量的分數，從而賣出足夠的門票，讓他的球隊和聯盟在常常有球隊關門大吉的年代生存下來。戈提列布知道，為了激發球迷的興趣和賣票，數據非常重要。

可以說，在一九七八年三月的那個星期六，十八歲的艾爾文・「魔術」・強森就像是一位孤立無援的先驅。這是個還沒有找到該往哪個方向發展的運動，大學籃球在教練的大權在握之下，仍在努力尋找新的節奏和刺激，職業聯盟在經歷了三十年的低迷後還在苦尋成功的商業模式。

那天，強森似乎被比賽結成的網給困住了，就像是一個長著薄翼的生物試圖破繭而出。

他出手十次，只命中兩球，使他在中東分區的賽事中留下了悽慘的命中率，二十七投一共只進了五球。他送出四次助攻，但也犯下了六次失誤。而且強森還因為與對手肢體接觸而被吹了不少犯規，這也讓負責轉播的高迪和派克對吹了這些犯規的其中一名裁判大為不滿。儘管如此，他的球隊仍然緊咬著對手。在下半場的大部分時間，強森都在背負著四次犯規的情況下與對手奮戰。密西根州大另外兩名可以控球的人，查普曼與唐納利，都因犯滿離場。斯巴達人隊還是奮戰到了最後一刻，最終才在肯塔基大學後衛凱爾・麥西（Kyle Macy）把握住一連串的罰球機會後，以四十九比五十二落敗。

許多看完比賽的業界專家表示，斯巴達人隊當天落敗，是因為麥西靠著中鋒瑞克・羅比（Rick Robey）連連幫他掩護、讓他得到空檔，但希斯科特總是把落敗的原因指向球隊在下半場面對肯塔基大學的區域聯防時，在進攻端打得無比掙扎。

「我和我的助理教練們後來也會討論這場比賽，」希斯科特在一九八六年對比利・派克承認，「我們覺得，如果我們在執教方面表現得更好一點，就能在那一年贏得全國冠軍。」

將近十年後，喬・B・霍爾告訴派克，密西根州大是球隊那年在贏得全國冠軍之路上遇到的最大挑戰。「對我們而言，這場淘汰賽著實是一場苦戰，」吉文斯回憶道，「就算強森沒有打出自己的風格，我們還是打得很辛苦。我們盡可能地讓他覺得不舒服。面對一名這般天賦異稟的球員，沒有人能靠自己的力量阻止他，我們在比賽前就很清楚這件事了。」

九年級未能奪冠、前兩個高中球季在季後賽中以莫名其妙的方式潰敗、後來在球隊終於贏得州冠軍的最後時刻被迫在板凳上當觀眾，現在又加上了敗給肯塔基大學的這場比賽，在這種時刻留下遺憾，對十八歲的魔術強森而言，儼然成了一種慣例。多年來，在以偉大勝利者為主的角度撰寫自己的人生故事時，他都不願意承認這一點。但在那一天，強森坦然面對了。

「他打得很糟，」成為他的粉絲多年的媒體人米克・麥凱布回憶道，「在賽後的記者會中，他扛下了全部的責任。艾爾文說：『我打得爛透了。』然後凱爾塞站了起來說：『我完全不同意艾爾文的說法。這不是他的問題，是我們所有人的問題。他沒有打得那麼爛，你知道的，他為球隊做了許多數據無法顯示的事。』然而，他還是為此負起全責。」

最重要的是，強森察覺到自己想要結束大學籃球生涯的心情，他已經把心思放在等待著他的更重要事物上了。

愛之國度

事實上，強森在打完這場比賽後，與喬・B・霍爾、整支肯塔基大學球隊甚至比利・派克的緣分都還沒有就此結束。這位球評和體育媒體製作人艾迪・愛因宏（Eddie Einhorn）合作，在最後四強賽後籌備了一場電視直播的賽事。這是一場在美國的三個城市舉辦的循環賽，有三支外國球隊會參賽，其中一隊是身材高大、在國際賽場上經驗豐富的俄羅斯國家隊，他們要和由喬・B・霍爾執教、以肯塔基大學為主體的美國大學明星隊交手。

在這支球隊極具深度的替補名單中，除了艾爾文・強森，還有一位六呎九吋、來自印第安納州大（Indiana State）、名叫賴瑞・柏德的金髮前鋒。喬治・法克斯曾警告過強森，總有一天，他會遇到一個和他一樣高、一樣渴望成功的人。強森記得，他第一次見到柏德時，便知道柏德就是這個人。法克斯沒告訴他的是，「這傢伙」也會以華麗的方式控球和傳球，也沒告訴他這傢伙是個白人，當然也沒告訴他，他們兩人將會永遠地改變籃球這項運動。不過，法克斯也沒告訴他，在他們相遇時，他們會在一場名為世界邀請錦標賽的盛會中，坐在板凳上看著其他實力不如他們的球員打球。強森注意到，這個沉默的白人小子真的很懂得怎麼搶籃板。

強森已經有過和俄羅斯球隊交手的經驗了，一年前，身為高中明星隊一員的他在出戰蘇聯隊時攻下了四十一分。

「喬將擔任這支美國隊的教練，肯塔基大學的先發五虎也都會參賽。」派克回憶道。

在這三場比賽中，柏德和強森都固定擔任替補球員，而每到不同的城市，球隊還會找當地大學的明星球員加入球隊，藉此刺激售票率，這也進一步限制了柏德和強森的上場時間，他們主要是透過有限的練習時間來瞭解彼此的球風。

「比賽對手有蘇聯、古巴和南斯拉夫，」派克回憶道，「這是古巴第一次實際來到美國境內比賽，因此我們對他們的球員一無所知。但蘇聯和南斯拉夫都是國際籃壇的勁旅。南斯拉夫的選手或許是除了ＮＢＡ球員之外的世界最強球員，所以比賽將會非常激烈。我們的第一場比賽在亞特蘭大舉行，第二場在北卡羅萊納州的教堂山（Chapel Hill），最後一場則在肯塔基州的列星頓（Lexington）。」

派克曾建議球隊在整個巡迴賽中都將強森和柏德納入上場名單。「即將回到校園展開第五個大學球季的柏德，現在已經頗具名氣。」這名主播回憶道。事實上，柏德會在那年春天的首輪選秀被波士頓塞爾提克利用規則的意外漏洞選中，後來，在印第安納州大打完大四球季後，他就與波士頓簽約了。他曾在大一球季加入印第安納大學，但後來退學，回到印第安納州弗倫奇利克（French Lick）的家鄉，在小鎮的垃圾車上收了一段時間的垃圾，然後才進入印第安納州大。*

在這支球隊中的球員，還有來自阿肯色大學的西德尼．蒙克里夫（Sidney Moncrief），他和強森住同一

* 譯註：在當時的規則，就算球員沒有宣布參加選秀，在本應能從大學畢業的學年也會自動得到選秀資格。但大多數球隊不願意冒險用高順位選秀權挑選這種球員，因為這不僅代表他這一年沒辦法加入球隊，而且如果最後簽不下這名球員，他就會在新一屆的選秀中回到待選名單。

個房間。「他比我年輕，」蒙克里夫在二〇一九年回憶道，「我記得他喜歡音樂，我也喜歡音樂。他喜歡唱歌，一直在重複播放同一首歌。」

這首歌是Floaters樂隊的《Float On》，這個團體是隸屬於摩城唱片的四重唱團體，他們會輕聲細語地唱歌、踩出迴旋的舞步。強森會在播放這首歌的同時跟著唱，一遍又一遍地邊播邊唱。

「牽著我的手，寶貝，跟我走，去愛的國度，」強森會唱著，並飆出高音，「讓我告訴你那裡會有多甜蜜，和我分享你的愛吧……」

「他太常播這首歌了，搞得我現在都還記得，」蒙克里夫笑著說，「可以看得出來魔術很有教養，也看得出他很重視籃球。他的成熟、對於籃球的知識以及在球場上的洞察力總是令我感到印象深刻。這是教不出來的。他能用本能對身邊發生的事做出反應，這就是為什麼他能成為一名這麼厲害的傳球者。」

「他的身材和直覺最令我印象深刻，」蒙克里夫補充，「通常不會在這個年齡層的球員身上看到這些特質。而且他打球時都全力以赴，你可以看到他的求勝意志。」

派克說明，這批美國大學球員在與其他國家的球隊交手前，並沒有進行共同訓練的時間。這位主播在一九七八球季播報了許多場肯塔基大學的比賽，也因為柏德是個得分能力很強的白人球星而聽說過這名球員。

「我從來沒看過賴瑞．柏德，所以我對他一無所知。」派克回憶道，「那是我第一次有機會同時看到柏德和魔術打球，但喬．B．霍爾都沒怎麼讓他們上場。我記得他們每場比賽大概只打三分鐘而已。賴瑞．柏德很生氣，他十分惱怒。我根本不知道他有多大的本事，他看起來就像個根本不想來打球的孩子。他沒有給我留下任何印象，因為他根本沒有得到上場打球的機會，而且他在訓練時也沒有展現出任何東西。」

柏德後來駁斥了這個說法，他說，自己和強森在訓練中讓先發球員們吃不消，這讓霍爾抱怨，如果第二陣容一直跑來跑去和傳出這麼多奇葩的球，他要怎麼訓練這支球隊？

至於強森，派克還是認為他是一個「聰明的孩子，球風很華麗，但你不知道他是一名多麼全能的球員。直到現在，賴瑞和魔術依然對他們在世界邀請賽中只得到一點點機會而耿耿於懷。我聽說，如果有人提起這件事，賴瑞還是會抱怨連連。」

兩人沒有機會上場的現象從第一場開始就十分明顯了，美國隊在這場比賽輕鬆擊潰了古巴，留下了大量的垃圾時間，但霍爾還是不願意給柏德或強森太多的上場時間。肯塔基大學的「大鵝」．吉文斯擔任先發球員，幫助這支大學生組成的球隊擊敗了經驗豐富的外國球隊，但在蘭辛，媒體都在報導強森得到的上場時間少得可憐。

「我知道魔術和賴瑞．柏德對此有些不滿，」吉文斯在二〇一九年時說道，「但我不知道他們對霍爾教練有什麼期待，尤其是我們才剛贏得NCAA冠軍。我覺得他想要派出他調度起來最順手的組合。我不認為他有為自己的決定做出任何辯解的必要，因為我覺得他做了每個教練在這種情況下都會做的事。」

在強森與柏德的宿敵對決於日後重新定義籃球、甚至許多人認為是拯救籃球這項運動後，他們在這時為什麼會受到這種待遇才引起了人們的好奇。

專欄作者杰姬．麥克馬蘭（Jackie MacMullan）捕捉到他們在那時互動的一個瞬間。在賽事展開的第六天後，他們終於在場上有了起死回生的活躍表現。最後一場在魯普體育館（Rupp Arena）的比賽，柏德搶下防守籃板後迅速持球推進，在中場發動快攻，在右側往前衝的強森一副就是很想拿到球的樣子，此時柏德假裝不看他、讓強森以為自己拿不到球了，緊接著，柏德突然不看人傳出了一記背後傳球、把球穩穩送到了強森的右手上。強森馬上回禮，送出一記不看人傳球，接著柏德立刻把球點回給魔術，讓他得分。觀眾都愛死這一球了，強森回想起這一球時也說：「天哪，我真的是好享受和這傢伙一起打球的感覺！」

在完成這記好球的當下，魔術也用他經典的慶祝方式，向後場奔去和這位陌生、白皮膚的搭檔擊掌慶祝。總是面無表情的柏德，則回以一副未來可能要去火葬場當業務的表情。

派克說，考量到日後發生的一切，在這非比尋常的一星期，他們也的確是個非比尋常的組合。「但我還不能斷言這個組合是否值得人們的關注。」

這位主播表示，從好的方向看，這兩位未來能在大學和職業球壇引領世代改革的先驅，能夠在這一星期度過一段安閒的時光，一起旅行、一起訓練，還有一起坐在板凳上。

當時沒有人知道柏德有什麼感受。「我不清楚，因為賴瑞不是那種會敞開心胸跟你交談的人。」強森也試著對他施展過自己的魅力，但幾乎沒能成功地和柏德進行多少交談（儘管柏德後來承認他默默地被強森吸引了）。然而，他回到印第安納的家鄉後，便告訴隊友們說，自己剛剛見識到了大學籃球界最強球員的風采，那個人就是魔術強森。

前進堪薩斯市？

據說，這場「淘金熱」，就是在這通打給老艾爾文的電話後正式開啟的。在電話中，他得知如果魔術強森在一九七八年四月之前宣布申請清寒特例並參加選秀，堪薩斯市國王便很有意願在選秀中選擇他。在拋硬幣之爭敗給波特蘭拓荒者隊的國王，在即將到來的選秀中擁有第二順位選秀權。*

不久後，強森便聽說其他球隊也有興趣把他引進職業聯賽，不過最認真在報價的球隊還是堪薩斯市。強森本人也非常認真在考慮這件事，認真到幾個星期前在密西根州大球隊宴會中談及這個話題時公然表態。在這場宴會中，有超過一千五百名球迷花了十二美元的高價參加，會場擠滿了人。他告訴記者，如果價碼合理，「我可能就不得不去了。」

這可能是為了激起更多球隊的興趣而放出來的消息。一名很可能是查爾斯・塔克的不具名人士對《蘭辛州紀事報》透露，強森「幾乎有百分之七十確定自己想去……但他不會為了小利小惠而去。」

顯然這不會是一筆小錢。近幾個球季，NBA球員的薪資開始產生了重大的變化，儘管強森在中東分區的表現不穩定，但還是有機會得到一筆把銀行帳戶塞滿的錢。

國王隊高層喬・艾賽爾森（Joe Axelson）十分確信這個名叫魔術的男人是個貨真價實的好手，也想親自面對面與他認真談談。因此強森和塔克在申請清寒特例截止前的前一個星期六，飛往堪薩斯市與對方會面。「在他大一球季結束時，本來應該要去職業聯盟的，」塔克在二〇一九年回憶道，「所以他和我一起去了堪薩斯市，看看成為職業球員的這條路是否可行。他們邀我們過去，所以我們就去了，我們和教練無所不談。」

然而，球隊不能以利誘的方式吸引大學球員轉戰職業聯盟。儘管如此，現在顯然沒剩多少時間了，所以雙方立刻開始交涉。「我們在離開蘭辛時，我能感覺到他父親對於他當時想進軍職業的想法不太放心，」塔克回憶道，「所以他秉持著不促成也不反對的態度。我也沒有在促成這件事，只有艾爾文想讓它成真。他這麼做不是為了錢，而是想去下一個層級打球。」

事實上，強森後來透露，他也對錢很有興趣。有人認為，他可以獲得一份總額一百萬美元的複數年合約，這在一九七八年是一大筆錢。當時剛從大學畢業的公立學校教師的起薪為年薪一萬美元，而且沒有健保。

---

* 譯註：在一九六六到一九八四年間，分別在東西區墊底的兩支球隊將獲得爭奪狀元籤的資格，NBA會透過拋硬幣決定哪一隊能獲得狀元籤。

儘管在費雪車身工廠做著工時很長的工作，還在深夜經營垃圾清運事業，老艾爾文一年也只賺到兩萬美元左右。塔克說，儘管如此，這位父親顯然也沒有興趣靠兒子的財富過活。「所以我心中的打算是，去一趟堪薩斯市，坐一坐、聽聽他們怎麼說。他們提出了一份報價，但這份報價跟我們當時的預期不符，儘管那已經是一份很不錯、值得接受的提案了。」

塔克記得，一開始的報價是一份「年薪二十五萬或三十萬美金左右的複數年合約」。合約總額超過一百萬美金。

「我告訴他們必須提出更好的報價，」塔克說，並補充國王最終在隔天他和強森回到蘭辛市後，於一通電話中「大幅提高了報價」。塔克在二〇一九年暗示，跟強森和柏德在日後成為職業球員時收到的合約相比，這份報價可能毫不遜色，甚至更高。強森很想接受這份合約提案。

「他們那天晚上打電話來的意思，語氣有點像是在說這已經是他們最大的誠意，接受最好，不接受就只能告吹了。」

不久後，強森打電話給塔克，急切地想知道合約是否談成了。

「他們打電話來了嗎？他們打電話來了嗎？」塔克記得他這麼問，「我說：『對啊。』我先和他的老爸談過了，他爸說：『不用，他沒有去的必要。』我也不支持他簽約，但他讓艾爾文自己做決定。」

從根本上來說，這個過程與強森在決定去密西根州大時經歷的一番掙扎如出一轍。他的父親不會告訴他該怎麼做，但強森知道他的父親想要什麼。最終，他不會在沒有得到父親同意的情況下採取行動，無論他有多想去。

「在他六年級時，我就把我的想法告訴過他了，」這位父親日後表示，「只要是牽涉到是否要成為職業球員的決定，我沒辦法告訴他我希望他留下還是前進。」

日後將會證明這個決定對籃球的發展帶來了多麼重大的影響。如果強森當時選擇成為職業球員，就不會在下個球季與柏德在球場上留下那場經典的對決。這場比賽將籃球運動推向前所未見的高度，回過頭來又讓大家對他們在職業舞台上的宿敵對決抱持著高度的興趣，可以說，人們對他們的興趣，從各方面改變了這項運動。以事後諸葛的角度來看，這名父親在一九七八年四月默默地反對兒子簽約拿錢的舉動，改變了整個籃球界的未來。

一如往常，塔克參與了塑造出魔術強森的每一件人生大事，自從兩人在強森九年級的春天相識以來，塔克對他的影響力就一直穩定地增加。而塔克與老艾爾文建立的關係，也讓他能在這些事件中扮演一個有份量的角色。

「艾爾文對此不太高興，」塔克在二〇一九年回憶時說道，指出強森覺得最終沒能談妥這筆交易，有部分原因是這位心理學家的影響，也因此在心中對他產生了一些疑問。「他看著我的眼神有點不滿。」

「他們提出了五年一百二十萬美金的報價。」幾個月後，希斯科特驚嘆地說著。

「塔克對他的影響很大，」提姆．史陶德回憶道，「和艾爾文的父親在一起，讓他一直能發揮巨大的影響力。」

在考量不同選擇間的利弊得失的三個星期中，強森都沒有和賈德．希斯科特說過話。這位教練後來解釋，他相信強森的父母加上從幕後默默發揮影響力的塔克會幫助他做出選擇。這名心理學家因為在強森大一球季期間中途罷練一事中展現出精明的手腕，讓他與希斯科特的關係更加緊密，就像他以前和喬治．法克斯的關係也很密切一樣。

在強森青少年時期的每個階段，這名心理學家一直都在，為這位年輕球星的職業生涯一步步打好基礎。無論塔克多麼熱愛籃球、參加過多少次職業球隊的試訓，他都沒辦法決定自己在職業籃球中的命運。他只能選擇獲得研究生的學位，讓他能夠用自己的智慧來影響其他的事件。

米克・麥凱布持續在觀察這些事，並思考「塔克到底想要什麼？」

「這是我這輩子做過最困難的決定，」強森在決定回絕堪薩斯市的報價、回到密西根州大繼續打大二球季的那星期告訴弗雷德・史塔布利，「跟我過去幾星期所經歷的事情相比，選擇要去哪所大學根本只是小事。這個決定關係到我的未來、我的人生。他們談到要給我一大筆錢，甚至還有個教練在午夜前二十分鐘打電話給我。我真的很想申請清寒特例。」

和不願意告訴他該怎麼做的父親完全相反，社區中的其他人會打電話給他，或者在街上遇到他時抓住他，告訴他一定要留下來。他因此感受到了巨大的壓力，但對他來說，真正重要的只有父親的默默支持。那個星期二下午，他在詹尼森體育館和葛瑞格・凱爾塞、泰瑞・唐納利一起鬥牛，他們都在探詢他有沒有留下來的可能，但他沒辦法向他們保證自己不會離開。

強森指出，這個決定關係到他一生的夢想，也就是打進ＮＢＡ。直到四月二十五日星期二午夜前的十分鐘，他依然猶豫不決。這個時刻和這個決定有多麼重大？多年後，在二〇二三年，強森在父親的葬禮中談到這件事時，透露老艾爾文曾經跟他說：「我們已經窮很久了，再窮一段時間也沒關係。」

放棄大學資格的信已經寫好了，他要做的只剩同意轉戰職業聯盟。當年成為強森雇用律師的喬治・安德魯斯認為，如果堪薩斯市沒有「低價買進」強森的打算，他就可能真的會成為職業球員。

希斯科特似乎十分篤定強森不會離開，因為他在敗給肯塔基大學的比賽中表現得太爛了，這個恥辱還沒有洗刷掉。

在做出決定之後，戴爾・比爾德發現他朋友的思緒變得更加清晰。「我覺得他在過完第一個球季後變得更成熟了，」比爾德回憶道，「因為他知道自己追求的是什麼，那就是全國大學冠軍。」

然而在這之前，廣大的世界還有很多地方等著強森來探索。那年夏天，強森參加了美國國家隊的試訓。球隊的教練是比爾．懷寧（Bill Vining），他在阿肯色州的小學校——浸會大學（Ouachita Baptist）當教練。而這支球隊將會在八月參加一場在莫斯科舉辦的錦標賽，也會是美國隊在一九八〇年奧運的主要班底。

強森和國家隊為了準備海外之行，先找了一批美國的NBA球員當靶子隊，這讓強森能藉此檢驗自己的球技，也讓他再次思考自己婉拒那筆錢的決定。在丹佛與職業球員交手時，他送出平生涯最高紀錄的十四次助攻。他喜歡開放式進攻和職業比賽的節奏、喜歡這裡的天賦水準，同時也在思考自己能在多大的程度上融入其中。

比爾．懷寧教練對麥凱布透露了一件事，吉恩．班克斯和麥克．戈明斯基（Mike Gminski）也是球隊中的一員。兩人都是杜克大學的球員，不久前，他們在全國冠軍賽中敗給了肯塔基大學。

「他們在海外備戰時，教練跟我說，杜克大學的吉恩．班克斯因為沒有擔任先發而大發雷霆。」麥凱布回憶道，「他說他要當先發，不然他就要回家。他非常生氣。艾爾文聽到了這段對話，所以在班克斯離開後，他馬上走到教練面前說：『教練，我不當先發也無所謂，你不必讓我當先發，我只想在決定勝負的時刻待在場上。』」

懷寧「本來就喜歡艾爾文，」麥凱布說，「在那之後更是愛死他了。」

莫斯科之旅進一步證明了強森的能耐，證明他在與頂尖的對手交手時，也能給對手在對位上帶來極大的麻煩。美國豪取四連勝，在出戰捷克隊的比賽中，他攻下二十七分，幫助美國隊打進與俄羅斯交手的冠軍賽。

「在俄羅斯都看不到黑人，」強森返家後表示，「我們都很高，所以我們走到哪裡都很顯眼。走在人行道上，會有人直接走到我們面前、停下來盯著我們看，我們就會一邊微笑，一邊繞過他們。我們就像是馬戲團，走到哪裡都有人盯著我們看。有會說英語的人，但懂英語的人是少數。不過我們想去哪裡都暢行無阻，沒有人會阻攔我們。」

儘管許多當地人公開為美國隊加油，他們的這趟旅程還是以失利告終，在冠軍賽中以些微的差距落敗。「在錦標賽結束後的頒獎典禮中，他們起立為我們拍手了至少五分鐘。」強森對弗雷德．史塔布利說，「比賽結束後，實在有太多人圍著我們的巴士了，讓我們一時之間無法離開。」

這次的經歷顯然讓強森非常開心，他驕傲地說：「我不用花一毛錢就可以環遊世界了。幾年前我很少嘗到旅行的滋味，就算有，也不是什麼快樂的回憶。但現在我已經去過很多地方，也迫不及待地想要再次出發了。」

他的心願很快就會達成。從莫斯科回來後，強森只在蘭辛待了幾天，便隨即要和密西根州大展開一趟巴西十二日之旅。筋疲力盡的強森私下跟希斯科特說他不想去。

但在公開場合中，他提到這趟旅行時，卻說他覺得一定會是趟有趣的旅程。「我們會直接衝去海灘，我想我們會玩得很開心。」

希斯科特說他可以直接取消這趟行程，如果強森不去，全隊都不用去。強森勉強同意參加，而他很快發現，迎接自己的不只是兩場大賽，還有許多可以在聖保羅迪斯可夜總會玩到深夜的機會。

「我們在那裡一起玩了兩週左右，」榮恩．查爾斯回憶道，「我們玩得很開心，大家都玩在一起。我們一起去看電影，做什麼都一起行動。我們晚上會一起出去玩。我們的關係本來就很好，在這趟旅行後，又變得更親近了。比賽場場是苦戰，遇上了劍拔弩張的球迷和對手，這也幫我們為下個球季做好了準備。」

斯巴達人隊在他們參加的第一場錦標賽中獲得亞軍，隨後在聖保羅的州長盃戰勝手感火熱、攻下三十二分的奧斯卡．施密特（Oscar Schmidt）領軍的球隊。強森拿到大三元，攻下十八分、十個籃板與生涯新高的十五次助攻。

「我終於拿到第十五次助攻了，」賽後他在巴士上大喊，「隊友們，謝謝你們。隊友們，謝謝你們。」

他現在在用助攻來衡量自己的價值，這表明他在心態上已經開始並逐漸完全成為一名控球後衛。而且，在拒絕了職業球隊的報價後，他顯然看起來更勇於站出來以各種方式帶領球隊。

「球員們都跟隨在他的帶領之下，說真的，我覺得他讓希斯科特變得寬鬆了不少，」擔任籃球記者多年的迪克．魏斯回憶說，「希斯科特總是要求球員們在吃早餐時穿著正式服裝，但有一次魔術穿著排汗衫就下來用餐，希斯科特什麼也沒說，這就變成一個被默許的行為了。魔術喜歡找樂子，我的意思是，他從高中開始就喜歡出去玩。這趟去巴西的旅行，希斯科特有訂下門禁時間，但魔術和其他幾個人卻在外面玩到凌晨兩點，而隔天他們在大廳遇到希斯科特時，他也沒說什麼。我想希斯科特也是個聰明人，他知道這用不著大驚小怪。」

那年初秋，強森回到家後，發現妹妹伊芙琳正在蘭辛的籃球界呼風喚雨。她在一場比賽中攻下了五十六分，打破她哥所保持的市內最高紀錄五十四分，將來也有機會拿到大學籃球獎學金。「能被拿來和他相提並論的感覺很棒，」她對記者們說，「誰不想成為像艾爾文這樣的人？但我也希望大家知道我是伊芙琳，而不是一直叫我『艾爾文的妹妹』。」

有空的時候，強森會去看她的比賽，甚至在上個球季被說服到艾弗雷特高中體育館，參加一場為了募資活動而舉辦的「**H-O-R-S-E**」花式投籃賽。在創下新的市內紀錄後，她在籃球界有了一點聲望，而強森也一樣在尋求方法，以提高自己在籃球界中的地位。他當時並沒有想到，這會以一種多麼瘋狂的方式實現。

第十六章　大鹽湖城

一九七八年，在沒沒無聞的印第安納州大平均攻下三十分的賴瑞．柏德，被一致評選為全美第一隊的成員。同時，強森則在大多數名單中被列入全美第三隊，這無疑足以讓這整件事變得更加轟動。

據說許多球迷和其他大學球隊的球員原本以為柏德是黑人，考慮到那個時代有電視轉播的體育賽事很少，會有這種想法或許也可以理解。

然而在柏德於那年秋天重返大學賽場時，情況開始發生了劇烈的變化。去年春天，柏德在首輪第六順位被塞爾提克選中，這令球迷和媒體對他的故事產生了極大的興趣。對一個來自極度貧困的家庭、有六個兄弟姊妹的孩子來說，回絕了立刻成為職業球員的機會似乎是一個非常不尋常的舉動。柏德一家之所以過著貧困的生活，有部分原因是他的父親。他的父親是打過朝鮮戰爭的退伍軍人，他於柏德即將在印第安納州大打球的兩年前自殺了。柏德在印第安納州一個叫拜登泉（Biden Springs）的小社區中長大，這個社區在另一個名為弗倫奇利克的小社區旁邊，這也是為什麼他後來會有個綽號叫「來自弗倫奇利克的土包子」。隨著人們越來越清楚他的情況，這也讓球迷和媒體都提出了這個疑問：一名出身貧寒、將在那年十二月滿二十二歲的球員，為什麼要回絕名門球隊波士頓塞爾提克的數百萬美金，而選擇繼續在某支名叫梧桐樹隊（Sycamores）的大學球隊打球？

由於這個問題基本上無解，於是這位來自印第安納州的窮小子帶領一所名不見經傳的學校，在一九七八

—七九球季獲得三十三勝零敗的成績、獲得在多數大學中排行第一的肯定後，讓柏德的事蹟在更廣泛的文化層面上激發了更多的迴響。

靠著柏德在那個球季一次又一次地扛起球隊、贏得勝利，梧桐樹隊也逐漸受到眾人的關注，他成為了一名英雄，事實上，他不只是一名英雄，隨著球迷逐漸清楚他是哪個種族的人後，他更成為了一名白人英雄。其中許多人是在人口暴增的嬰兒潮世代出生的球迷，多年來一直對籃球興趣缺缺，因為越來越多黑人投入了這項運動，現在，他們突然對賴瑞．柏德產生了濃厚的興趣。他們開始藉由美國各地的當地和地區性報紙發布的各種新聞報導來關注他與他的比賽數據，並透過各種管道得到他的消息。

由於柏德拒絕與前來他的比賽報導的報社記者們對話，這讓大眾對他更有興趣了。考量到那個時代的廣播不多，他不願和報社記者交談，基本上就代表他讓前來採訪這支球隊的所有記者吃了閉門羹，這也加深了他的神祕感，也讓他的人氣更加高漲，以至於被賈德．希斯科特稱為「大鳥」的他，知名度遠超過「魔術」。

並不是說沒有報導強森的媒體，畢竟他曾帶領球隊在NCAA錦標賽中殺進有全國轉播的分區決賽，而柏德的梧桐樹隊只能參加知名度更低的NIT錦標賽，而且前幾輪就落敗了。

更讚的是，一九七八年秋天，美國主流體育雜誌《運動畫刊》造訪東蘭辛，為他拍攝封面人物照，並放在大學籃球季前分析的特刊上。將在新球季開始前的十一月底出刊的季前分析，每年都有數百萬球迷在熱切期待並細細品味，這讓他的人氣像添了一對翅膀，越衝越高。

《運動畫刊》讓強森穿上正式服裝、戴上大禮帽，讓他在籃框下跳了快兩百次，攝影師一邊拍，一而再、再而三地要求盛裝打扮的強森再跳一次。他沒有抱怨，甚至沒有嘆氣過。他反而一直在微笑，讓自己的微笑一次又一次地綻放開來。在某種程度上，這張封面照片可能促成了即將出現的文化分歧。柏德絕對不會穿著這種服裝拍照，也沒有人會要求他這麼做，更不會被冠以「魔術」的綽號。

雖然大眾還沒有開始進行這類的比較，但這種氛圍正在逐漸成形。

強森知道這期封面一定很棒，他在學校的商店裡找到這期雜誌後，也見識到成品一如預期地精彩。似乎每個人都在讀這期的季前分析特刊，加上《花花公子》（*Playboy*）雜誌在季前預測也將他列入全美第一隊，讓他再次有機會在全國觀眾面前隆重登場。

然而，即使有了這些助力，強森在那個球季的全國知名度與球迷數還是無法與賴瑞・柏德相比。造成這種差異的原因很明顯也很簡單，就是賴瑞・柏德被視為某種「偉大的白人希望」，這引起了人們的共鳴。「偉大的白人希望」一詞源於一齣在一九六九年獲得普立茲獎的戲劇，以及一部於一九七〇年拍攝的電影，講述非裔美籍拳擊傳奇傑克・強森（**Jack Johnson**）和試圖擊敗他的白人拳擊手之間的故事。

在那個球季，很少有人把柏德稱為「偉大的白人希望」，但這顯然是正在逐漸形成的趨勢，這也在他日後當上職業球員時成為了他的形象。一九七八—七九球季，似乎發生了許多讓柏德覺得不舒服的事。比如說，他不喜歡記者們進到休息室後只和他交談而忽視他的隊友，當然，這某種程度上也是把他當成了「偉大的白人希望」。

直到這個球季的尾聲，這些因素才會與強森的生活產生直接的影響。他會以柏德這位白人希望的黑人勁敵之姿，出現在全國等級的聚光燈下。幾乎沒有什麼事，能比即將到來的賴瑞・柏德與魔術強森之戰更能代表美國的時代精神了。

後衛

對密西根州大斯巴達人隊來說，這個球季的確有個不錯的開始。「我們覺得我們很強，」榮恩・查爾斯回憶道，「大家都覺得這個球季能打得很輕鬆。」

希斯科特也有信心，但隨著其他因素一件件浮出水面，他的信心很快就會隨之消退。其中一個最大的因素，是過去的成果反而對現在造成了影響。強森在大一球季並沒有受到媒體的關注，這對斯巴達人隊能以十五勝三敗在十大聯盟奪冠有很大的幫助，因為這有部分得益於對手不怎麼瞭解強森和文森的實力，不知道這兩名新生將如何為密西根州大扭轉乾坤。

事實上，就連希斯科特本人也沒有料到。當時他最大的問題是強森到底有多強，而諸如包柏．查普曼和葛瑞格．凱爾塞等學長們在他巨大的存在感和領導力之下會有什麼反應？更重要的是，這支球隊該怎麼做好進攻和防守？現在，在第二個球季，希斯科特更瞭解自己的球隊了，但十大聯盟的所有對手也是如此。他們已經有了和球風獨特的強森交手過的經驗，有了他的比賽錄影畫面，那些仔細研究他的人會發現，他每晚的表現有起有落，有些球隊能夠讓他慢下來。更有甚者，對手的教練們已經看到肯塔基大學在NCAA錦標賽中是怎麼對付他的了，這一切都會令強森在十大聯盟的第二個球季遇到更多難關。

第二個球季，也讓他得到了許多明顯的優勢。希斯科特對他與他的天賦有了更多的認知，這代表強森的大二球季在球場上的定位將更加明確。米克．麥凱布記得，在強森的第一個大學球季前，曾和他討論過讓他擔任控球後衛的話題。強森似乎不急於接受這個角色，但他告訴麥凱布，希斯科特建議他考慮一下，因為打這個位置或許能為他的職業籃球生涯帶來很大的價值。

在夏季忙碌的行程，促使強森有了更多想主打這個位置的念頭，也因此在官方名單中，他不再被列為前鋒了。在一九七八—七九球季，他將被列為後衛。這是他在籃球生涯至今的大多時間中扮演的角色，只是還沒有如此明確地被標註過。

隨著身分的轉變，在一九七八年的休賽季期間，強森在國際賽中的表現有了顯著的提升。此外，他還勤於練習外線長射，並努力提升自己在切入籃下後投籃或傳球時保持平衡的能力。同時，他也不斷地在長大、成為更成熟的男人，他的態度現在更加堅定，不再輕易受到隊友建議的影響。一如既往，他對於如何帶領球隊有自己的看法，並只聽取包括父親、希斯科特及其教練團和塔克在內這一小部分人的意見，其他人的意見就不怎麼在乎了。簡而言之，他正在成為一個更加獨立自主的人。

這代表，身為一名後衛，強森希望並需要更多的控制權，也需要追求這些控制權的自由，這一情形本身就會使他與教練產生新的衝突。

在那年秋天的訓練營中，對希斯科特與教練團而言，最令他們憂心的或許是這支球隊明顯缺乏活力，尤其是強森。當然，休賽季的賽程確實讓他的球技成長不少，也讓他更加清楚自己在球場上的定位，然而，儘管他只有十九歲，來回奔波與接連不斷的賽事還是讓他付出了不少代價。他會恢復，但這種失去活力的狀態和不再是焦點的事實讓他受到了一定程度的挫折。現在，他帶給人們的新鮮感已經不若剛登台亮相的時期。但是，正如對手現在更瞭解他主打的位置和實力，強森自己也是如此。

十一月的幾場隊內對抗賽，把球迷帶回了詹尼森體育館。在一場比賽中，強森送出了十七次助攻，這讓他的教練觀察到，魔術不僅變得更強壯、更厲害，而且儘管他打球時通常會將比賽帶入高速攻守轉換的狀態，他依然能在轉瞬即逝的機會中，耐心地找到通往勝利的正確道路。

接下來，強森又要和俄羅斯國家隊對決了，當時俄羅斯隊正在進行一場與美國大學球隊交手的巡迴賽。「我們必須不停地跑、跑、跑，因為他們很強，」如此警告的強森，隨後在詹尼森體育館上演了一場精彩的表演，以十三分、十三助攻的貢獻，帶領球隊以七十六比六十華麗地戰勝對手，這讓蘇聯的著名教練亞歷山大・戈梅爾斯基（Alexander Gomelsky）只能微笑地說他的球隊被賽程給拖垮了。

「我喜歡強森，」戈梅爾斯基在賽後用腔調很重的英語宣稱，「他打球的樣子實在太美了。他就像場上的指揮家。」

然而，《州紀事報》的專欄作家林恩・亨寧（Lynn Henning）卻不這麼認為，他因為強森在出戰俄羅斯時做出了激情滿滿的慶祝動作，抨擊他「愛出風頭」。「他有愛出風頭的傾向……會揮舞著手臂跳起舞來，」這位名叫亨寧的專欄作家如此抱怨之餘，還批評希斯科特在場邊太過專橫、什麼都要管。

這番突如其來的攻擊令弗雷德・史塔布利在專欄中為強森出言辯護，幾位球迷也寫信給這位報社編輯以示支持。「你能想像艾爾文・強森送出一記堪稱不可思議的傳球，讓葛瑞格・凱爾塞完成灌籃後，什麼都不做，只有慢慢地跑回去回防嗎？」史塔布利問，「沒有跳舞？沒有擊掌？沒有在空中揮舞著拳頭？」

史塔布利說，他曾多次在空無一人的體育館裡，看到強森在訓練時的投籃比賽中做出一樣的慶祝動作。這位體育記者表示，他的慶祝純粹出於他對比賽的熱愛，而不是想炫耀的欲望。

一天後，史塔布利撰寫了一篇新聞報導，稱希斯科特其實在帶領球隊時沒那麼嚴厲了。強森明確地表示不同意這個看法，而凱爾塞則認為教練的嚴苛作風的確在某些程度上變得有些溫和。「沒這回事。」希斯科特自己出面回答，並指出這支球隊現在缺乏了去年的那種緊迫感，因此需要他的鞭策。

斯巴達人隊是一支在情緒方面微妙地取得平衡的球隊，他們有一位在球場上盡情地將快樂的天性揮灑出來的明星球員，卻有一位經常在場邊大肆宣洩憤怒與挫折的教練。他們之間怎麼可能不引發某種衝突？

可能是因為察覺了這種情況，凱爾塞對希斯科特的作風提出了一個較為溫和的看法。這位大四前鋒表示，球員們已經習慣了教練不斷地斥責他們，並說明，正是因為他們必須團結起來撐過他的怒吼，才讓隊友之間變得更加親密。

在幕後，塔克默默地支持著教練。這位心理學家也在訓練中看到了所有的狀況。二〇一九年時他指出，影響球隊情緒平衡的一大關鍵是老艾爾文，他的影響力讓希斯科特有了更多施展的空間。「大家都和強森先生相處得很好，因為只要你與他坦誠相待，他就不會干涉你，」塔克解釋，「只要你與他坦誠相待，就不會和他產生摩擦。但你不能騙他，只要你越過了這條細細的界線，他就會一直盯著你。賈德也是個直來直往的人，但他有彈性，不是對什麼事都有彈性，而是在管理球隊的某些事上有彈性。他是那種，他可以批評自己的球員，但不會讓別人來批評的人。不管球員是對是錯，都沒有你發表意見的空間。」

除此之外，老艾爾文一家也有一套能增進球隊化學效應的辦法，他們是熱情好客、平易近人的一家人，只有在老艾爾文和兒子的隊友們打撞球時例外。他們正是從撞球比賽中見識到他兒子的競爭天性來自何處。「老兄，強森先生打起撞球來就像條鯊魚一樣猛，」榮恩．查爾斯回憶道，「他是個高手。強森先生喜歡打撞球，根本打不贏他。」

查爾斯說明，對兒子的隊友們來說，父親不是這家人中唯一一個能讓人感受到溫暖的人。「這一家人，包括艾爾文的兄弟姐妹們都是。而強森夫人呢？噢，我的天，她實在是個好媽媽。」

克莉絲汀．強森知道兒子有不少隊友來自離蘭辛很遠的地方，因此她把讓他們感受到家庭的溫暖當成了自己的任務。「過來吃飯。」她常常這樣邀請大家。「他的姊妹們也全都是很好的人。」查爾斯微笑著回憶道，「但媽媽才是做飯的人。我和葛瑞格以及所有的隊友們都會去艾爾文在蘭辛的家吃飯。我們總是說：『大家可以吃飯啦。可以吃到綠葉甘藍和黑眼豌豆了。』這些都是大家平常吃不到的東西。她會做飯給我們吃，我們會邊吃邊坐著和他的姊妹們聊天，真有趣。」

葛瑞格．凱爾塞在二〇一九年回憶道，這些作為不僅促進了球隊的化學效應，也促進了人與人之間的化學效應。「我們的家人都很熟。我會去艾爾文家吃飯，他的媽媽是個很棒的廚師。他來底特律時也會來我家吃飯。我們常常討論希望效力哪支球隊、想開什麼車，基本上可說無所不談。年輕人都是這樣。我們都喜歡賓士，還說如果有機會的話就要買一輛。還會討論說想住在哪裡。當時的我只有二十一歲，他只有十九歲，這些都是每個孩子會有的憧憬和夢想。」

強森表示，強森家的所有人都特別友善，尤其是珍珠更是和艾爾文一樣開朗熱情。「珍珠真是個甜美的女孩，因為她既友善又甜美。實在是個好人。」

強森一家在很多方面都體現出艾爾文與球隊成員間的相處作風，這和他的教練形成了強烈的對比。強森希望隊友們能夠放輕鬆、察覺比賽中的風吹草動並樂在其中，而這種方法似乎與希斯科特的不斷咆哮南轅北轍，這種做法也不能帶給大家樂趣。

在過去的兩個球季中，凱爾塞發現教練的出發點是有話直說，儘管他的語氣可能很嚴厲，但這是推動球隊前進的根本因素。而凱爾塞的觀點將有助於緩解強森或其他球員日漸升溫的不滿情緒。

在與俄羅斯對決的幾天後，希斯科特明確地表達了自己對強森的看法。「我認為艾爾文是各級籃球賽事在開放式進攻中最強的籃球選手，不論是職業聯盟、國際賽還是大學賽事都一樣，」他說，「他的控球技術是任何人都比不上的。」

儘管亨寧的專欄引起了軒然大波，也擋不住體育界正在形成一股人們須認真看待的趨勢。儘管球探、教練和其他專業人士還沒完全看清這一點，但強森正在藉由不斷讓最優秀的球員們看得目不暇給的球技，在美國籃球掀起一場革命，也改變了國際籃球。強森的出現，為各國的籃球隊教練們，尤其是那些從小就在栽培高大球員的教練們，在突然之間帶來了新的啟發。日後，籃球會出現「不分位置」的新潮流，也就是高大球員的功能不再只是站在籃下，而是可以持球為隊友製造機會。

在球季開幕戰擊敗中密西根大學後，斯巴達人隊迎戰排名第十七的加州州立大學富勒頓分校（Cal State Fullerton），這是一支在一九七八年NCAA錦標賽中表現出色的老牌勁旅。強森和隊友們很快就取得了大幅領先，不過最終僅以九十二比八十九險勝。

四天後，密西根州大輕鬆拿下了西密西根大學，然後準備飛往教堂山，在卡邁克爾體育館（Carmichael Auditorium）與北卡大學交手。比賽的前一天晚上，強森在訓練後坐在體育館內，環顧著這座莊嚴的建築，微笑著宣稱這將是一場「能讓全國沸騰」的比賽。

也許是這樣，但這場比賽在密西根州甚至沒有電視轉播。這場比賽展現出不同教練風格的經典對決。汀恩．史密斯的麾下有一批身材高大、球技純熟的球員，像是六呎六吋的大二球員艾爾．伍德（Al Wood），就是一名運動能力能與排名第三的斯巴達人隊抗衡的球員，他還只是一名替補球員而已。柏油腳跟隊也注意到他們能在搶抓進攻籃板的全美第一隊前鋒麥克．歐克倫（Mike O'Koren）帶領下，懲罰密西根州大的區域聯防和鬆懈的卡位態度，獲得一次又一次的第二波進攻機會。

汀恩．史密斯也很想看看密西根州大那位高塔般的控衛，在他充滿了賭博、陷阱、不斷換防並對持球者施加巨大壓力的防守策略之下，會做出什麼反應。

「強森打得比我以往看過的表現還要好，」對於強森只有六次助攻卻有八次失誤的表現，史密斯在賽後語帶一絲輕蔑地說。在史密斯嚴謹的進攻體系中，實在難以想像強森這種推動高速攻守節奏再隨機應變的球員加入的畫面。

在比賽剛開始時，強森展現出了一些亮點。在某個回合中，他先是在弧頂持球時往左看，然後突然向右傳出了一記噴射火焰般的球，穿越了史密斯防守陣式的核心，讓隊友灌籃得分。不久後，負責在密西根州大的配對與區域防守中鞏固右側區域的強森彷彿像睡著般漏了人，被一名切入的對手輕鬆甩開、上籃得分。他很快就清醒了過來，展示了他的身高和速度在防守外線投射時的非凡封阻能力，只不過當天的柏油腳跟隊並沒有太過於依賴跳投就是了。

北卡大學在半場防守中設置了陷阱，通常能夠在強森持球時對他進行包夾。靠著進攻籃板，北卡大學取得了幅度不小的領先，也令希斯科特對裁判的怒火越燒越旺。那個時代一場比賽負責吹判的裁判只有兩人，比賽的錄影畫面中顯示，要跟上這場比賽的節奏與動向對他們來說頗有難度。

下半場，密西根州大在內線與北卡大學鬥力也鬥智，展開了激烈的肉搏戰。面對密西根州大的區域聯防，柏油腳跟隊也靠著聰明地傳球將領先擴大為三十六比二十九，並繼續在半場防守中對強森施加壓力。史密斯隨即要球隊啟動四角戰術，把球高舉、拉開球場空間，並在斯巴達人隊過於站前防守時開後門得分。

然而，由於希斯科特的用兵保守，因此這個較為緩慢的節奏，也讓密西根州大得到了喘息的機會。

儘管柏油腳跟隊採取了壓迫性的賭博式防守，但在下半場陷入犯規麻煩的卻是斯巴達人隊。在比賽剩不到五分鐘時，希斯科特對裁判大發雷霆，指出他的球隊在十五分鐘內只得到兩次罰球機會，但柏油腳跟隊卻頻頻走上罰球線。他們全場在罰球線上十七罰十二中，密西根州大則是八罰七中。

希斯科特的怒火讓他吃了一次技術犯規，也讓北卡大學連得五分，這讓柏油腳跟隊在面對斯巴達人隊試圖藉由壓迫防守加快比賽節奏時，依然能保持領先。比賽還剩四十五秒時，領先的還是柏油腳跟隊，七十比六十五，但強森和文森接連在近距離跳投命中，將差距縮小為一分。斯巴達人隊甚至把對手從界外發進來的球給抄了下來，這讓文森有了執行最後一擊的絕佳機會。這是一記八英呎的跳投，但這有機會反敗為勝的一球未能命中，他們最終也以六十九比七十落敗。而這場比賽，也讓人們產生了他們可能會在錦標賽中再次與北卡大學交手的預感。

在吞下這場敗仗後，他們在聖誕節前夕來到了龐蒂亞克銀蛋球場（Pontiac Silverdome），這是這座才落成四年的美式足球場第一次舉辦大學籃球賽。他們在擠爆球場、渴望著看到強森展現出非凡球技的三萬一千六百名熱情觀眾面前，戰勝了辛辛那提大學。

在防守端，他是一名抓籃板的前鋒，會在搶下籃板後立即像賽馬一樣、邁出又快又大的步伐朝著前場運球狂奔。他還是幾乎只用右手運球，也沒有跳得特別高，也大多是在用笨拙的單手推射進行外線投籃。

然而，在教練們試圖找出如何防守他的方法時，即使看的是畫質最粗糙的球探影片，也能看出他令人眼前一亮的特質。他就像一頭長頸鹿或一台賽車般地滿場飛奔，他甩尾後加速前進的樣子，就像是從短跑的準備姿勢中迅速啟動向前衝。隨著他的跑動，他會慢慢挺起胸膛、抬起頭，用雙眼觀察四周。他的身高足以讓他的視線越過防守者的頂端，清楚地看到球場上的一切。

這一切都發生得太快了，根本讓人們的目光來不及捕捉，更別說有所反應了。

他在球場上的長傳總是讓對手十分苦惱，通常他能在一瞬間像變魔術般把球傳出去，有時是用像投手般的上肩投法把球甩出去，有時是雙手拋傳，或是那完美地穿過回防的防守者的長距離地板傳球。這些球，他都是在全速行進中傳出來的，它們能完美地穿越驚慌的對手，找到在前方飛奔的隊友，讓他們輕鬆上籃或灌籃。

這些輕鬆得分的結果，能直擊對手的心臟，讓他們的士氣崩潰、重新思考該在轉換防守上進行什麼調整。艾爾文．強森能在搶下籃板的第一秒起就在防守端帶給對手壓力，這已經成為賈德．希斯科特在球場上最喜歡的場面之一。他的大腦就像有一個處理器，能夠在一奈秒內解讀場上的局勢並做出精準的判斷。

強森幾乎在一夜之間重新定義了籃球的架構，也立即讓比賽的節奏變得更快，並令許多業界人士完完全全地措手不及。

至少在斯巴達人狀態火熱時，情況就是這樣。越來越多對手的教練發現，當防守者設法在強森秀中搞破壞時，斯巴達人隊就會碰到麻煩。最重要的是，他們必須找到方法不讓球落到他的手中。

他的出現讓對手做出的第一個合理調整，是在防守時開始針對攻守轉換制定更好的策略，這代表對手發現他們為了防守強森的傳球，不得不減少投入於進攻中的資源。

因此，他們在快速回防時繳出了更好的表現。遺憾的是，這通常也沒什麼效果。強森沒有因此放慢腳步，在多數的比賽中，他彷彿下定決心要衝破早已嚴陣以待的半場防守。在球場上游動自如的他就像是從山頂往下流的水，總有辦法穿越或繞過任何障礙。

對，他十分仰仗他的右手，整座體育館裡的每個人都知道，他在朝為了隨時向兩側橫移而半蹲著的防守者奔去時，會從右邊切入。然而，在強森全速前進時，他會將重心稍稍偏往左側，而這一點點偏移正好足以騙到防守者。防守者們一次又一次地咬住了這個誘餌，最後只能看著他在最後一刻轉向右方，然後揚長而去。

這讓他幾乎能夠找到突破任何防線的縫隙，一旦切入成功，在深入敵陣的那瞬間，強森就能用各種方法展現出他真實的喜悅。他的身高、他的視野、他富有創造力的傳球，讓他掌控全局。無論是不看人傳球、背後傳球、肩上傳球、突然改變方向的傳球還是各種能讓球迷、隊友和對手驚訝得目瞪口呆的傳球，他都能以前無古人、後無來者的方式傳到定位。

在籃球比賽的歷史中，這個表現成為了他獨一無二的特色，完全沒有人能夠將其複製。如果他因為某種原因沒辦法把球傳出去，他會重新調整節奏，利用他人高手長的優勢穿越對手的最後一道防線，輕鬆地用右手上籃。即使他順勢切入到左側，也常常轉身後用右手進攻。

其實十大聯盟的教練們已經著手研究他在進攻時有哪些弱點，藉此找出能阻止他持球的方法，然而要做到這件事需要投入大量的心力並做出調整。

聖誕節後，斯巴達人隊飛往波特蘭參加遠西經典賽（Far West Classic），強森召集了隊友們，進行了一次會談。「我們決定把過去幾場比賽的結果拋諸腦後，重新出發。」他後來解釋。

顯然，這一招有效。他們在第一輪比賽中摧毀了喬治．瑞維林（George Raveling）執教的華盛頓州大，這讓瑞維林很後悔沒有試著控制比賽的節奏。這場比賽對希斯科特而言是一場對老東家盛大的火力展示，因為他曾在華盛頓州大擔任馬夫・哈什曼（Marv Harshman）的助理教練長達十二年*，但後來與總教練的職位擦肩而過。

下一場的對手是奧勒岡州大海狸隊（Oregon State Beavers），他們整場比賽都在緊迫盯人，這使得斯巴達人隊經歷了一番苦戰，僅以八分之差勝出。這場勝利，讓他們打進冠軍賽與鮑比・奈特和印第安納大學交鋒。奈特拿他們毫無辦法，他執教的山地人隊以五十七比七十四落敗。

賽後，奈特稱密西根州大是「全國最強的球隊之一」。

在《斯波坎紀事報》（Spokane Chronicle）擔任專欄作家多年的查理・范・西克爾（Charlie Van Sickel）把他們捧得更高：「在比爾・華頓巔峰時期領軍的UCLA、甚至可以追溯到二十二年前艾爾金・貝勒（Elgin Baylor）在西雅圖大學酋長隊（Seattle Chieftains）打出的精彩表現之後，斯巴達人隊是讓我看得最興奮的球隊，而這全是因為強森一個人的關係。」

接著，這位專欄作家話鋒一轉，在談到強森與教練之間的關係時，講出了一個鐵一般的事實。「因為有了強森，希斯科特從一名好教練變成了優秀的教練。」范・西克爾寫道。

在快樂地搭機返航的途中，因為天氣不佳，他們被迫滯留於丹佛。此時，希斯科特告訴全員一個好消息，他們在排名投票中攀升至第二了，這是學校史上第一次獲得這樣的殊榮。

奇怪的是，球迷、媒體和球員自己都有一種緊張感，覺得球隊似乎常常打得像是在夢遊、缺乏活力。

「我很擔心這件事，」強森坦白地對弗雷德・史塔布利說，「我們甚至稱不上在打球，只是出現在球場上而已。這不是一、兩個球員的問題，而是每個人的問題。我有時候在球場上的情緒十分激昂，但很能讓其他人也跟著熱血起來。去年我們在每場比賽開始時都很飢渴，我只是想試著讓大家保持這種狀態，讓我們士氣高漲，而不是死氣沉沉。」

他停頓了一下，然後補充：「如果繼續這樣下去，在和十大聯盟的其他球隊交手時，我們的表現會很令人失望。」

和聯盟其他球隊交手的時間很快就到了，他們先在主場與威斯康辛大學及明尼蘇達大學交手時順利收下兩勝，然而卻在客場踢到兩塊大鐵板，先是以兩分之差敗給了羅尼・雷斯特（Ronnie Lester）與愛荷華大學，緊接著又輸給了喬・貝瑞・凱羅（Joe Barry Carroll）與普度大學。回到主場後，他們在希斯科特的怒火中，於訓練時從這兩次受挫中振作，在詹尼森體育館再次將奈特執教的印第安納大學打得落花流水，贏得了一場八十二比五十八的大勝。下一場比賽，儘管被愛荷華大學和雷斯特把比賽逼進延長賽，斯巴達人隊最終還是贏得了勝利。然而，雙腿疲憊的他們在克萊斯勒中心（Crisler Center）被密西根大學投進致勝一擊而吞敗，這讓他們在聯盟的戰績變成了四勝三敗。強森的預測不幸言中。一九七九年，NCAA錦標賽的參賽資格擴大為四十隊，但這絲毫沒有減少他們的壓力。因為在十大聯盟，要取得參賽資格，還是只有在例行賽稱霸一途，否則就無法參賽。

事態很快就演變成斯巴達人隊好像要錯過錦標賽的地步。

不知道自己是不是因為運氣不佳而接連以些微差距失利的他們，在隔天搭上了巴士，冒著大雪、長途跋涉來到了芝加哥，和四勝十二敗、目前七連敗，尚未在十大聯盟賽事中開胡的西北大學交手。曾在強森高中時期觀察評估過強森的前西北大學助理教練華特・佩林（Walt Perrin）記得，在球季中進入如此狀態的西北大學，的確是該煩惱要怎麼對付他。佩林說，強森變得更高更壯，也逐漸全盤瞭解自己的優勢所在。「他是一個即使不能投籃也能主宰比賽的傢伙。除了得分，他還能透過搶籃板和傳球來主宰全場。」

---

* 譯註：應為七年。

然而那天晚上的表現卻不是這樣。上半場結束時，密西根州大落後十分，令他們決定加強壓迫防守。在隊友們一個接一個犯滿離場時，強森試著一個人扛起比賽，結果僅繳出二十二投七中的表現。

前一個球季在西北大學執教的泰克斯．溫特在談論快節奏籃球時曾說過一句名言：「你越急，就越有可能被反咬一口。」這句話在斯巴達人隊身上應驗了。他們以十八分之差敗給了近期處於低潮的野貓隊（Wiltcats）。

「我們真的在這場比賽中打得非常棒，」華特．佩林在二〇一九年時回憶道，「魔術的投籃手感不佳，葛瑞格．凱爾塞也沒有拿出好表現，我們在防守和戰術執行上做得很棒，在各方面都打得比他們還好。他們上場時可能在想：『對手是西北大學，我們根本不用擔心他們。』他們那陣子有點掙扎，我們的勝利可能喚醒了他們。」

榮恩．查爾斯記得，希斯科特再次以咆哮展現了他的憤怒。「賽後他對每個人發飆。」

接著，球隊要搭上深夜巴士，進行一次漫長且充滿怒氣的回家之旅。而在這趟旅程中，一場傳奇的球隊會議、一場叛亂，由此展開。

「我們通常會在打完比賽的回程途中停下來吃點東西，」榮恩．查爾斯說明，「但教練這次沒有停車。他沒有讓我們在回去的路上吃任何東西。」

查爾斯記得，球員們在賽前通常都只吃輕量的餐點，他們都餓了。「我們就這樣一路開回家，沒有停下來。回到家後，我們開了一場小會議。」

「在他們輸給西北大學的那天晚上，我和他爸都在體育館等球隊從芝加哥回來，」查爾斯．塔克記得，「他們在不對的時間點輸了一場比賽。那天晚上，球隊亂成一團。因為輸球，每個人都對教練有意見、每個人都對其他人不滿。我們，也就是我和他父親，待在那裡等他們回來。因為他們那天晚上搭巴士，所以大概凌晨三點才到，然後我們就迎接他們。」

本來開始覺得球隊可能會淪落到要去打ＮＩＴ錦標賽的希斯科特後來透露，在這個淒涼的清晨看到塔克和老艾爾文迎接他們，讓他的心情十分激動。然而，這個溫暖的情況沒有維持太久。接下來，表定的兩場球隊會議將如期展開，而這兩場會議的情形也會在日後被揭露出來。

「我的報導就是在講這件事，」米克．麥凱布說，他在《自由報》上撰寫的獨家新聞，揭露了強森和其他球員對教練處理球隊問題的方式，以及他在管束球隊時沒有必要這麼嚴格的問題和教練發生衝突。「賈德對我很不爽，非常不爽。」強森後來對麥凱布透露當時情況時這麼說。

「我們開了一場只有球員參加的會議，」查爾斯回憶道，「我們覺得教練對我們太嚴苛了。他對艾爾文大喊大叫，總是說這個不能做、那個不能做。每一球都一定要打高低位配合的戰術。」

查爾斯說，問題不在於戰術本身。「我們現在的戰術很棒。我們的高低位配合可以把你吃乾抹淨，但十大聯盟已經見識過我們的高低位打法，球員的身材也足以抵擋這個戰術、守住魔術。」

如果你太常喝同一口井裡的水，那不管它再甜，也會有讓你覺得不甜的一天。

查爾斯說明，希斯科特有自己的戰術小卡，他常常一邊舉起卡片、一邊喊出接下來要打什麼戰術，而現在他幾乎每次喊的都是高低位戰術。「我們有戰術卡，而他幾乎每一球都會要我們打高低位，然後我們就得像機器人一樣打球。你懂我的意思吧，我們並沒有放開來打，一切都得按部就班。」

尤其是強森，他似乎覺得自己沒辦法發揮在比賽中的直覺。的確，這種情況常常發生。

「我們在休息室開會，」查爾斯回憶道，「每個人都在說『教練這裡不好』和『教練那裡不好』。我們要團結起來，我們要召開另一次讓教練來參加的球隊會議，讓每個人都說出自己的不滿。」

「當時每個人都覺得這只是一場普通的球隊會議，」米克．麥凱布在二〇一九年回憶道，「現在看來，這一場只有球員的會議，是一場多棒的會議啊。好的，在開完這場會後，他們找上了教練說：『我們想開個會。』然後，他們在那時告訴賈德：『你不要把我們管得死死的。』」

麥凱布記得，希斯科特回答，他們要打得更好。「他們說：『你別管這麼嚴，我們就會打得更好了。』」

「第一個發言的人是葛瑞格，因為他是隊長，」查爾斯指的是凱爾塞。「第二個是艾爾文，第三個是傑。我記得我是第四個，第五個是泰瑞・唐納利。」

查爾斯補充說，其他人沒有發言。「提出不滿的人只有我、艾爾文、葛瑞格和傑。我記得是這樣。其他人沒有發牢騷也沒有抱怨。我記得很多人都沒有提出自己的怨言，但我覺得這很重要，我們要把我們對於賈德對待我們的方式有多麼不滿、不爽、不快傾吐出來。」

雖然沒有完整且明確地將這個訊息傳遞出去，但似乎已足以令希斯科特接收到了。

「在那場會議之後，我覺得教練重新讓我們找回了打球的感覺，你懂吧，他讓我們能再次放開手腳去打球，也讓魔術可以重新展現魔術的風采。」榮恩・查爾斯回憶道。

希斯科特後來將這場會議描述為一場破除心結、讓大家團結一心的會議，但麥凱布堅持他的觀點，認為強森和其他球員們傳遞出的訊息比這種說法形容得更加尖銳。而麥凱布的看法，成為了讓這個事件變得更有傳奇色彩的重要推手。

希斯科特在一九八六年解釋，替補球員麥克・隆加克（Mike Longaker）的發言，將會議的焦點轉向到球員們需要做什麼來扭轉這個局面。這名球員備受強森和所有球隊成員敬重。

「他是唯一一個能讓艾爾文聽取建議的人，」希斯科特在談到隆加克時說，「大家有『我們還不夠努力，我們還不夠拚命』的共識。」

「賈德的版本不是事實，」如此說道的麥凱布補充，希斯科特的說法，把這場會議解釋成了「我們只是跟他們說：『你們必須打得更好。』」

雖然這位教練和這位體育記者是多年好友，但麥凱布說，希斯科特從未直面這場會議的真相。「他再也沒有提起過這件事，但他很不爽，」麥凱布說明，「他認為這讓他顯得很糟糕。」

麥凱布笑著補充，諷刺的是，這次會議的消息洩露出來後，讓一部分正被招攬的準高中畢業生產生為希斯科特打球的意願，因為這件事讓他看起來是個願意與球員溝通並讓步的人。

這件事進一步顯示出塔克是個很懂得什麼時候該介入、什麼時候該放手的人。「從我問到的蛛絲馬跡來看，我沒問太多，這是個『放手讓我們打球』的事件。」這位心理學家回憶道，並補充希斯科特顯然是這麼回應他們：「我會讓你們放手打球，但你們要把這些和那些事做好。」

「我認為雙方都做出了調整。」塔克說。

然而，榮恩·查爾斯認為這場會議象徵著兩種截然不同的領導風格在試著與彼此磨合。

「我從來不會怕艾爾文，完全不怕，」查爾斯在談到強森時說，「他不喜歡靠恐懼來統御大家。」

這似乎與同時代另一位偉大的球隊領袖麥可·喬丹形成了鮮明對比，喬丹日後以用盡一切手段、包括激發恐懼來驅動隊友而聞名。

查爾斯說明，與喬丹的例子相仿，強森熱愛競爭的驅動力也一直在推動著大家加速前進。「他喜歡從背後推你一把。這麼說吧，有些人不喜歡被別人推著走，或是被他人看到有人在推著自己前進的感覺，但我們不會懼怕艾爾文。首先，他不會把你帶進小房間，用讓你心生恐懼的方式鞭笞你。賈德會用一副想揍人的樣子把你帶進小房間，他就是用這種方式來讓你恐懼。艾爾文不會用這種咒罵或是貶低你的做法來恐嚇你，他不會這麼做，但艾爾文在當老大方面是頂尖的，他討厭輸球。」

綽號叫「波波」（Bobo）的查爾斯和強森常常在球隊遠征客場時成為室友，而在比賽的前一天晚上，強森會給他一些熱切且急切的提醒。

「加油，波波，」他會這麼說，「我們必須贏得這場比賽，我們辦得到。」

然而，查爾斯說，無論強森有多麼想贏，他幾乎從來不會展現出負面的態度。「他不會生氣，你知道的，也不會像個幼兒一樣鬧脾氣。他想贏，但不會用這種方式呈現他對贏球的渴望。」

在一九七八—七九球季，傑．文森減下不少體重，改打前鋒，這讓他更能有效地發揮他的內線得分能力。同時，以一名六呎七吋的球員來說顯得過瘦的查爾斯則在球季開始時改打中鋒，儘管他的彈性和體能都不錯，但在十大聯盟中，他還是時常在與對手陣中身材和力量都十分優異的前場球員交鋒時，面對到不少的挑戰。

在遭遇這些難關時，強森從來沒有對他說過任何喪氣話，而是不斷地鼓勵他的朋友：「下次會更好，波波。加油，波波。」

「艾爾文是一名獨特的球員，他在訓練時很認真，」希斯科特後來對比利．派克說，「他和葛瑞格．凱爾塞是在我們訓練時最努力的球員。傑．文森和榮恩．查爾斯的話，我不想說他們比較懶，但他們有時候就是不想練球。最後，為了對付他們，我只好用了這個方法。與其讓助理教練或我去督促他們訓練，我乾脆另尋出路：『艾爾文，今天叫傑和波波練球時認真一點。』」

希斯科特承認，強森的本質是一名教練。從高中到職業生涯等不同層級，他在所有效力過的球隊中，一直都在用自己的行為舉止扮演這種角色、發揮這樣的影響力。他能發揮這種統御力，主要當然是因為他靠著傳球為隊友創造好機會和樂趣的球風。而他駕馭這一切的動機，都與他更大的目標連結在一起。這個目標，能讓他體會到無比渴望的樂趣。

他從這一切中得到多少樂趣，就會露出多少笑容。而在一九七九年的球季中期，強森實在笑不出來。

然而，整體來看，這幾場會議揭示了一個重大的發展，那就是艾爾文正在成為魔術。他在沒有諮詢或依靠父親或塔克的引導下，採取了一項重大的行動。

在這些會議結束後，希斯科特做出的主要調整之一，是在先發球員中，將查爾斯這位體能優異且球風高效的前場球員兼籃板好手換成鋒線球員麥克·布爾科維奇。因為對手們現在都派出人高手長的防守者來阻止強森拿球，像是把他卡住、不讓他搶到籃板球，或是讓他沒辦法接到隊友的長傳。斯巴達人隊得派上泰瑞·唐納利，讓場上多一名持球者來帶球推進，並在第一時間把球交到強森手上。

「他做了很多改變，」查爾斯日後談起希斯科特的作為時說，「他讓我回去當第六人。他說我們需要另一名持球點，因為對手會包夾艾爾文並讓他拿不到球。」

在敗給西北大學之後，斯巴達人隊回到主場迎戰俄亥俄州大。在赫伯·威廉斯（Herb Williams）和凱爾文·蘭西（Kelvin Ransey）的率領下，這支球隊在聯盟中取得八勝零負的戰績。

「若想晉級錦標賽，他們需要拿下這場比賽。」塔克說明。

密西根州大在上半場還剩兩分半鐘時領先九分，但這時強森因腳踝受傷而倒下，而且必須在有人攙扶的情況下才能回到休息室，這讓原本喧囂的詹尼森體育館陷入了沉默。隨後，一位訓練師回到板凳區告訴希斯科特，說他的腳踝看起來沒有骨折，而是嚴重扭傷。教練同意，強森不該回來比賽了。下半場，強森留在休息室，而斯巴達人隊失去了領先，凱爾塞也因身陷犯規麻煩坐在板凳上。

「他躺在擔架上，」塔克回憶道，「我回去休息室裡面。訓練師告訴他不能上場，應該休息。艾爾文無法下定決心，他抬頭，看到我站在那裡。訓練師回到外面把現況傳達給希斯科特，說他的傷勢還不明朗。艾爾文看著我說：『我要出去，我要上場比賽。』最後他自己做出了決定。」

接下來的場面，將成為密西根州大籃球史上的傳奇。在強森一拐一拐地走出休息室並走向板凳區時，詹尼森體育館的觀眾爆出一陣歡呼。很多人說，他們從來沒有在這座老舊的體育館裡聽到這麼響亮的聲音。

「於是他回到了場上，」塔克說，「那時俄亥俄州大領先兩、三分。」

在強森坐回板凳區時，文森連續兩次得分，幫助密西根州大要回領先。

「我可以打，」強森對希斯科特說。隨後，七葉樹隊（Buckeyes）奪回了領先。

希斯科特在比賽還剩八分二十三秒時把他重新派上場。

「他帶著受傷的腳踝，步履蹣跚地回到場上打球。」查爾斯回憶道。

接下來，強森帶領斯巴達人隊將比賽逼進延長賽。全場攻下二十三分的他有其中十五分是在比賽的最後五分鐘拿下的。

「他在下半場打了一場精彩的比賽，」塔克回憶道，「他簡直人來瘋，他們擊敗了俄亥俄州大。」

「他打出了幾個好球，我們最後贏得了勝利，」查爾斯說，「艾爾文，他對密西根州大而言極其重要。」

他又讓密西根州大打進錦標賽的微薄希望延長了一天，不過，接下來他們將在詹尼森體育館迎戰西北大學，這是可以扭轉命運的機會。儘管強森因為腳踝傷勢沒能上場，斯巴達人隊還是取得了不小的領先，只是，他們又在比賽後段遇到了對手逐漸迎頭趕上的情形。

希斯科特轉過頭來對強森說：「艾爾文，是時候上場了。」

「沒問題，教練，」強森回答，「上場的時候到了。」希斯科特記得，儘管腳踝有傷，強森還是為球隊帶回了勝利。「他根本不在乎這個時候才上場，會讓他的平均得分降低多少。他最不在乎的就是自己得幾分。」

緊接著，他們要在詹尼森體育館面對堪薩斯大學的挑戰，這場比賽引起了NBC的注意。在一九七九年的冬天，擔任球評、時常激烈地爭辯的比利．派克和前馬奎特教練艾爾．馬奎爾，與擔任逐球播報主播的資深主播迪克．恩柏格（Dick Enberg）成為了該電視台熱門的大學籃球轉播團隊。

「我們被指定去轉播這場在蘭辛的重要比賽，」派克回憶道，並補充，三人組按照慣例，參加了密西根州大為迎戰堪薩斯大學所進行的訓練。「賈德一直都很願意配合。我們坐在那裡，看到他走進來。那時的他們真的處在一個很掙扎的狀態中。」

派克回憶道，希斯科特接下來的舉動讓轉播人員們大吃一驚，因為他說他們只能坐在頂層的看台。「他不希望我們靠近球場。」

「然後他對球員們大發雷霆，」派克說，這大概是他印象中一位教練把球員罵得最慘的案例之一。然後，他補充說，希斯科特接著把注意力轉向了坐在上方的轉播人員們，「因此在訓練進行到大概一半時，即使我知道我們沒有造成任何問題，他還是要我們離開體育館。對他們球隊來說，這是個嚴肅的時刻。」

就這樣，希斯科特顯然是因為全國首屈一指的大學籃球轉播團隊目睹了他的咆哮，而把他們趕出了體育館。然而，如果你覺得希斯科特至少在訓練時的態度會比較輕鬆一點，那就大錯特錯了。

「現在是每個人都能發表意見的時代，」塔克在二〇一九年分析道，「教練們往往會受到他人的言語影響，試圖做出政治正確的言行。賈德不會。即使在那時也是如此。我覺得這是他的人格特質中最強烈的一點。要是有人想挑戰他，他不會忍氣吞聲，會立刻跟你說：『你懂什麼？真是愚蠢的問題。』在一艘船上，你必須有成為船長的擔當，他就有這種擔當，這讓他非常受其他教練歡迎。他什麼都不怕。」

即使只看了那短短一小時的訓練，也足以令比利・派克對艾爾文・強森有更深入的理解。關鍵「不在於他的投籃風格或是其他籃球方面的技能，而是他的求勝意志讓我眼前一亮。就連在情況混亂、很輕易就能把責任推卸給別人的時候，他的這項特質依然耀眼。他真的很專注於比賽上。」

無論是靠什麼魔力，總之，斯巴達人隊在二月四日出戰堪薩斯大學的比賽中贏得了一場八十五比六十一的大勝。「他打得非常好，」派克說，「再說一次，他沒有突然做到那些我原本覺得他做不到的事，但他的競爭天性與控球和搶籃板的能力都非常出色。」

儘管在慘敗給西北大學後暴露了斯巴達人隊的內部危機，但不知何故，隨後他們彷彿清醒了過來，讓他們取得了十連勝，並在例行賽進入最後兩場客場賽事的階段，與普度大學和愛荷華大學並列十大聯盟冠軍，獲得了NCAA錦標賽的門票。

「我們擊敗了明尼蘇達大學，普度和愛荷華大學也都在同一天輸球，我們便在突然之間打進了錦標賽。」希斯科特回憶道。斯巴達人隊在這個球季中奇蹟般地扭轉乾坤，不過，他們還是在十大聯盟的最終戰吞下了一場於最後關頭飲恨的敗仗。這場比賽，他們來到威斯康辛大學作客，被對方在最後一秒投進了五十英呎的超遠距離投籃。這是他們在十大聯盟賽事中的第五敗，而這五場輸掉的比賽中，有其中四場是輸給對手的壓哨球。但這已經無所謂了。他們以在分區贏得二十一勝六敗*的戰績晉級錦標賽，雖然這樣的戰績通常不足以激發出人們對他們贏得全國冠軍的信心就是了。

塔克說，賈德・希斯科特一直保持著堅定。「他在對的時間來到這支球隊，並得到艾爾文的加入。這一切都是他栽培出來的，最終達成了目標，贏得了聯盟冠軍。他有他的一套，他在執教方面的確是真材實料，而這正是球隊需要的。」

「他有聽我們的話，」榮恩・查爾斯說，「他有聽進去，並放寬了他對我們的控制。我們重新找回了打球的感覺，在球場上自由發揮，也重新開始贏球了。」

馳騁在愛的高速公路上

賴瑞・柏德和印第安納州大也同樣晉級到了錦標賽，儘管他們到達這裡的過程更為風平浪靜，但也並非毫無波瀾。當年一月底，暫居全國第一的是杜克大學，但他們在一場由派克、馬奎爾和恩柏格負責轉播的比賽中遭到馬奎特大學爆冷擊敗。在轉播尾聲，恩柏格詢問現在哪支球隊才應該是全國第一的球隊。馬奎爾指出當下排名第三的印第安納州大應該成為新的第一，但原訂在印第安納州大接下來的主場賽事中負責播報的派克不同意，並指出梧桐樹隊目前的賽程碰上的大多都是排名很低的球隊，這番言論激怒了球迷。

「有人寄出了死亡威脅，警告我最好不要去印第安納州大轉播他們出戰威奇塔州大的比賽，」派克回憶道，「所以我就被派去播別場比賽了。」

直到梧桐樹隊在三月迎戰維吉尼亞理工（Virginia Tech）的NCAA錦標賽首輪賽事，他才再次得到了轉播該校比賽的機會。儘管時間已經過去了幾星期，但顯然還是有不少人看他不順眼。「我永遠不會忘記，」派克說，「比賽開始前，我來到球場上。球員們在半場、弧頂兩處排成一列，每個人手裡都拿著球。然後在我經過時，他們都把球往我這裡丟。我覺得有點好笑，但他們的態度完全不是在開玩笑。」

當時大學籃球粉絲的膨脹速度也沒在開玩笑，他們都是被賴瑞・柏德吸引過來的。

除了這天印第安納州大最終贏球的比賽，他們接下來的兩場賽事也是由派克播報。「我現在已經看過他打球了，還看了不少，」派克回憶起柏德的表現時說，「他動作很慢，跳得不高，基本上大多在內線攪和，不常在外線跳投。他能得分，能搶籃板，但並不是那種能讓人大吃一驚的球員。」

這位主播觀察得越多，疑問也越多。「他怎麼有可能成為一名NBA球員？因為他的身材不足以打中鋒，而且他的速度太慢了。依我之見，他根本沒有辦法成為一名優秀的球員。他的技術或許不錯，但他太老了，是一名大五的球員。所以我起初對他並沒有太大的興趣，直到我看到他們和奧克拉荷馬大學及阿肯色大學交手的比賽。」

派克回憶道，事實證明，印第安納州大與阿肯色大學和西德尼・蒙克里夫對決的比賽是一場精彩的分區

---

* 譯註：應為二十二勝六敗。

決賽。「這是我第三次看他打球，而我明白到他雖然還是一名動作很慢的球員，但他的雙手十分靈巧，他能傳出很棒的球。他有很棒的領袖特質，而且他打球夠狠，熱愛競爭。」

派克強調，柏德能擊敗阿肯色大學，靠的是妙傳而不是火熱的投籃手感。「他在場下依然是個低調的人，但在場上你一眼就能看出他的籃球智商和熱愛競爭的動力。大家都喜歡和他一起打球。」

同時，強森也在他們的賽程上不斷地大展身手。在首輪輪空後，他們出戰比利．塔布斯（Billy Tubbs）執教的拉瑪大學（Lamar），並贏得一場大勝，因此在賽後記者會中，塔布斯一進來就問，剛剛他們被一輛車或什麼機器給輾過去，有沒有人記得它的車牌號碼，這令麥凱布和其他負責報導這場賽事的記者們印象深刻。

幽默之餘，真正重要的新聞是傑．文森因腳傷離場，這個困擾著他的傷勢將使他在錦標賽的大部分時間中都只能高掛免戰牌。第三得分點遇上了這個狀況，對球隊而言是個隱憂。

當時，「大三元」這個術語，也就是代表三項數據達到兩位數的詞彙，才逐漸在籃球界中普及。這個概念能夠推廣，主要是因為強森的表現推了一把。在強森經教練票選為大十聯盟年度最佳球員後，他在這場與拉瑪大學交鋒的比賽中攻下十七籃板、十三分和十助攻。

但在媒體票選的十大聯盟年度球隊中，全票入選的只有普度大學的喬．貝瑞．凱羅和俄亥俄州大的凱爾文．蘭西，這代表平均得分依然是入選的主要標準。愛荷華大學的羅尼．雷斯特的得票數也比強森還高，但強森並不在意十大聯盟眾家媒體對他的輕視。談到這些個人榮譽時，他說：「能得到這些獎項是好事。我是更重視團隊的人，但如果能獲獎，當然也很棒。」

接著出爐的是合眾國際社的全美年度球隊，這次輪到柏德的得票計分超越了強森。「柏德成為職業球員的第一年，就會成為頂尖好手，」突沙大學（Tulsa）總教練吉姆．金恩（Jim King）在合眾國際社公布年度第一隊名單時預測，「與其他的大學球員相比，他遙遙領先，真是不可思議。」

儘管在錦標賽開幕時，《洛杉磯時報》在全國發行的報紙中刊登了強森的特別報導，柏德這非凡的一年還是讓他的知名度明顯地壓過了強森。「魔術從高中二年級開始就一直是個超級明星。」蘭辛市的企業家保羅・亞伯拉罕（Paul Abraham）告訴記者彼特・唐諾萬（Pete Donovan）。

當唐諾萬問強森，對於自己在籃球運動中的成長有什麼看法時，他給出了一個從日後回頭審視的角度來看，既發自內心又真實到幾乎令人不寒而慄的答案：「我熱愛籃球，它是我生命中最重要的部分。我從來沒有厭倦過籃球，其他人，包括女孩們在內，都必須明白籃球是我生命中的第一。」

「包括女孩們」這句話，透露出這正逐漸在他生命中成為第二重要的待辦事項。

在接受唐諾萬的採訪時，強森形容自己是個「非常放鬆且熱情，喜歡跳上跳下、讓球迷興奮的人。我想，我的表現能令觀眾看得血脈賁張。我最喜歡的是打全場開放式進攻，然後把球拿在手上。我就是喜歡這種持球推進、看看會發生什麼事的感覺。」

而現在發生的事，則讓錦標賽演變成對斯巴達人隊有利的局面。首先，北卡大學和杜克大學在東區的賽事中遭到爆冷淘汰。擊敗北卡大學的，是來自長春藤聯盟（Ivy League）、由包柏・溫豪爾（Bob Weinhauer）執教的賓州大學。「我們完全沒在怕任何對手。」溫豪爾在這場大勝之後如此宣稱。

在十大聯盟中表現活躍的斯巴達人隊也沒在怕任何對手。他們接下來以八十七比七十一打敗了實力不俗的路易斯安那州立大學，儘管強森在這場比賽中的十六次出手失手了十一球，但聖母大學的比爾・漢茲利克（Bill Hanzlik）表示這無關緊要。仔細研究這場比賽的他表示：「你必須看進攻的大局。他在出戰路易斯安那州立大學時送出了多少助攻？十二次對吧？那麼，這代表他讓其他球員得了二十四分。艾爾文實在是一名非常厲害的球員，我不知道要怎麼做才能全盤封鎖他。」

漢茲利克的教練狄格・菲爾普斯也認真鑽研了斯巴達人隊的比賽，他驚嘆道：「我從未見過有球員做得到他在做的事。而且大家都很聽他的話，有時候，比起聽從賈德的指揮，他們更願意聽他的話。」

斯巴達人隊的勝利讓他們進入了中東賽區的決賽，他們要在印第安納波利斯的市場廣場體育館迎戰狄格領軍的愛爾蘭戰士隊（Fighting Irish），他們擁有奧蘭多・伍德瑞奇（Orlando Woolridge）、比爾・藍比爾（Bill Laimbeer）、凱利・崔普卡（Kelly Tripucka）、崔西・傑克森（Tracy Jackson）和漢茲利克這五位未來的NBA球星。有人說，這場比賽是實質意義的全國冠軍賽。然而，斯巴達人隊在一九七九年錦標賽的每場比賽中都狠狠地修理了對手，所以很難看出這場比賽跟其他場比賽有什麼區別。

事實上，這場比賽讓全國觀眾清楚地看到了強森和凱爾塞在空中接力方面的配合有多麼驚人，驚人到將這個打法的概念在所有籃球人的心中留下了不可磨滅的印記。遺憾的是，凱爾塞後來在NBA選秀首輪第四順位被底特律活塞選中，強森當下便指出，活塞並不是一支主打跑動的球隊，這代表體能勁爆的凱爾塞沒辦法發揮出他在接到球後，總是能想辦法把球放進籃框的洞察力與滯空能力。NCAA日後總是用「閃耀的一刻」（one shining moment）一詞在宣傳錦標賽中留下的經典畫面，而在當年的閃耀一刻，葛瑞格・凱爾塞和強森憑藉著他們神奇的連線能力成為焦點，並讓聖母大學愛爾蘭戰士隊苦不堪言，因為他們只能眼睜睜地看著強森和接獲傳球並得分的隊友打出了他們根本無法企及的水準。

記者們幾乎記不清斯巴達人隊的雙人組完成了多少次空中接力。到底是六次還是八次？

「我總是在看葛瑞格在哪，因為他通常比防守他的人敏捷得多，」強森在賽後向媒體說明，「如果防守者太過趨前，那就要小心了。」

「我們已經合作一段時間了，」凱爾塞對聚集過來的記者們說，「我知道他在找什麼機會，他也知道我在找什麼機會。我們只需要用眼神交流，不用做手勢，不用打暗號。他知道如果他把球丟到籃框附近，我就會把球灌進去。不一定要傳得多好，但他通常都能傳出好球。」

凱爾塞說的「無須暗號，不用手勢」，並不是在暗示球員對教練管太多的不滿。他們之間沒有不和，凱爾塞還是希斯科特的支持者。然而，這句話不僅勾勒出他們在球季間的掙扎，更象徵著這個時代有越來越多球員展現出在球場上的直覺與創造力，因此與教練的傳統思維發生碰撞。這一趨勢正逐漸讓籃球運動受到黑人文化的薰陶。

擁有許多未來NBA球員的聖母大學只能束手無策地看著。在比賽中，凱爾塞一度在四分鐘內攻下了十四分。

「艾爾文可能會成為史上最偉大的球員之一。」狄格．菲爾普斯在彷彿預見強森未來也將如此主宰球場後分析道。

強森承認，他在賽前曾試圖刺激凱爾塞，告訴他UCLA的大衛．葛林伍德（David Greenwood）是比他更厲害的灌籃高手。

「我覺得這激怒他了，」強森笑容滿面地說，「他今天站上球場證明自己。我喜歡看他扣籃，看得我熱血沸騰。他在空中停留得有夠久，在空中創造了無限可能，就像是一部卡通一樣。」

來自籃球狂熱的肯塔基州、《列星頓先驅報》（Lexington Herald）的約翰．A．麥吉爾（John A. McGill）問強森會怎麼防守自己時，凱爾塞打岔，表示他會「說一些關於他母親的壞話，希望能惹得他動手打我，這樣他就會被趕出去了。」

分區決賽的這個時刻與強森賽後的生動回應，開始讓全國觀眾深刻地理解到他為什麼會有這個綽號。不只是因為場上的表現，也因為他在場下的為人。當時，全國觀眾還不怎麼瞭解強森是個怎麼樣的人，隨著時間過去，他們會越來越瞭解他，而這個時刻，代表著人們在這個決定命運的春天，第一次清楚地見識到他的個人魅力。

「他們以前所未見的方式主宰了NCAA錦標賽，一路大勝對手。除了UCLA之類的球隊，沒有其他球隊做到過。」轉播了數十年NCAA冠軍賽的派克在二〇一九年回憶道，「密西根州大在十大聯盟輸了五場，但在進入NCAA錦標賽後，他們顯然從一開始就把每個對手打得落花流水。」

派克記得，強森和凱爾塞這對雙人組的崛起，立刻讓人們開始爭論誰是更好的球員，在整個錦標賽的大多時間中與賽事結束後，人人都為此爭論不休。「凱爾塞是他們的得分王和籃板王。魔術，再一次因為他的華麗球風和『魔術強森』的名號得到了很多人的關注。」

作為進攻端的終結者，凱爾塞當天攻下三十四分，強森則只得到十九分，這幫助凱爾塞贏得了分區的MVP。正如派克所指出的，人們對於籃球的傳統思維，令許多人覺得凱爾塞是在下一個層級中更有價值的球員。當時的傳統思維並沒有完全察覺到這個偏差，而現在，這種思維面臨著巨大的挑戰。

預賽

這是個更關乎媒體，而非籃球、甚至冠軍賽本身的故事。一九七九年三月底，密西根州大準備前往鹽湖城參加最後四強賽，蘭辛的社區幾乎到處都掛滿了綠色和白色、上面有許多幸運物與愛心的裝飾。人們對他們寄予了滿滿的愛。所有能獲得比賽門票的人，也都很快地和他們一起踏上了旅途，老艾爾文和克莉絲汀也不例外，不過據說她因為信仰的緣故而沒看星期六的準決賽。

在錦標賽中氣勢如虹的斯巴達人隊，帶著他們比天高的信心來到了猶他州。等著他們的，是另一支即將被他們大快朵頤的球隊，也就是由包柏．溫豪爾執教、「沒在怕任何對手」的賓州大學。真是天真。他們站在球場上看得瞠目結舌的模樣，就像是一塊甜美的蛋糕般任人宰割，而且堪稱是錦標賽四十年歷史中最沒有還手之力的球隊。上半場打完，比數是五十比十七，就像是AAU聯賽中兩支等級完全不同的球隊，在因緣際會下遇上了彼此。強森再一次繳出了大三元，也讓比利・派克進行了一番更深入的思考。

「現在你看到魔術展現出高人一等的華麗球技，這就是他的風采，」這位主播回憶道，「他吸引了觀眾的目光。大家都喜歡他的表現，他對陣賓州大學拿下大三元，而且，再次強調，他們打的不是人盯人防守。面對對手的區域防守，儘管凱爾塞單場十九投十二中，得到二十八分、四阻攻，打得真是棒極了，但說真的，魔術也打得很棒，得了二十九分。這是他展示自己有多少能耐的時刻，因為他的球技中充滿了亮點。」

在中場休息時，迪克・恩柏格要派克交給艾爾・馬奎爾發揮，讓他在下半場剩餘的大量垃圾時間分享故事。

派克說明，儘管魔術正在全國觀眾面前秀出各種精彩表現，馬奎爾卻在利用這段時間讚美著凱爾塞那任誰都看得出來的長處。他指出，強森在下半場更頻繁地進攻內線並抓籃板。派克早已清楚強森擁有搶下籃板並隨即帶領球隊由守轉攻的能力，因為希斯科特總是不斷跟派克和任何願意傾聽的人討論他在這方面有多厲害。

「他帶球橫越全場的能力，在我見過的人之中是首屈一指的，」派克在二〇一九年表示，「但我不覺得他在下一個層級還能做到這一點，因為他球運得太高了，離地大概有三呎高。」

派克說明，在NBA中也不乏身材較矮小、人球合一、能直接運球一條龍殺進對手陣地的後衛，但強森是不同的案例。「但有人在這裡看過一個六呎九吋的傢伙用和他一樣的方式運球、穿針引線，而且想的是助攻而不是得分嗎？這看起來很有趣，但如果他升上下一個層級還繼續這麼打的話，可能不太合理。NBA各隊可能要煩惱他是什麼類型的球員？要把他放在什麼位置？所以就算這場他拿到大三元，球隊也輕鬆獲勝，葛瑞格・凱爾塞打出的表現，會讓人覺得他更能契合地融入一支NBA球隊。」

在另一個對戰組合中，也出現了這種讓人得苦心思考的謎團。柏德領軍的球隊出戰雷・麥爾（Ray Meyer）

執教的德保羅大學（DePaul），後者陣中有一名大一球星馬克．阿奎爾（Mark Aguirre）。事實上，斯巴達人隊有點失望，因為他們想挑戰德保羅大學，而不是輕鬆解決一支來自長春藤聯盟的球隊。他們在電視上看過幾次德保羅大學的比賽，知道如果遇到這支對手，會有一場樂趣十足的考驗。

查爾斯記得，斯巴達人隊的球員們直到前幾輪的一場分區賽事中，才好不容易親眼看到柏德和印第安納州大的表現，但那場比賽並沒有讓他們看清他的真正實力，直到這場他們與德保羅大學交手的比賽，才終於見識到。「賴瑞．柏德隻手解決了他們。你懂吧，他幾乎怎麼投怎麼進，籃框對他來說簡直像大海一樣寬。看了會讓人不禁驚呼一聲：『哇！』」

查爾斯回憶道，斯巴達人隊對比賽結果有點失望。「我和艾爾文是室友。我們真的很想和德保羅大學打一場，因為我覺得那會是一場更棒、更刺激的比賽。」

「面對強了不少的對手，柏德打出了難以想像的表現，」派克在二〇一九年談到那場準決賽時說，「那是一場競爭異常激烈的比賽，一直到最後一刻才分出勝負。賴瑞．柏德打出了準決賽史上最精彩的表現之一，攻下三十五分、十六籃板和九助攻。」

儘管打出了這番表現，派克對他依然有所質疑，他回憶道：「他在這場比賽中令我印象深刻的亮點，都是我之前就已經見識過的特質。他是一個難以置信的硬漢，有出色的手感以及極佳的球場空間感，但他的進攻手段有限。當時的你絕對無法想像，他在日後會成為史上最偉大的外線射手之一。他依然是個跑得慢、跳不高的球員，但他很會利用卡位來搶籃板，而他也是個很懂得用腦打球的球員和領袖。」

在隔天的訓練中，希斯科特要找一個人來扮演柏德，這樣斯巴達人隊才能找出適合的盯人區域聯防陣形來阻止他。教練最後選擇了魔術，讓他來模仿柏德打球。

「你去加入我們的靶子隊，」查爾斯回憶希斯科特對強森說，「你來當賴瑞．柏德，你可以從任何地方投籃。」

「當然，艾爾文就如他所願地在球場上放手去打了，而他打得非常、非常好，幾乎百發百中，」查爾斯回憶道，並補充，在和其他先發球員們交手時，強森得的分數越多，希斯科特就越生氣。「我們心裡都在想：『別笑了，閉嘴。』我們對他一肚子火，因為教練對我們的表現很不滿。」

「你們就不能擋下他嗎？」希斯科特一遍又一遍地問，「你們做不到嗎？做不到嗎？」

「我們真的很努力了，但艾爾文簡直進入無我的境界，怎麼投怎麼進，」查爾斯說，「他投到笑出來，因為教練在狂罵我們。」

笑歸笑，訓練結束後，斯巴達人隊對於如何對付柏德有了明確的想法。「我們沒在怕。」葛瑞格・凱爾塞在二〇一九年回憶時這麼說。

查爾斯和強森在訓練結束回到飯店房間後，都打了電話給女朋友，不過，強森還帶了「餅乾」之外的女孩來鹽湖城，這讓「餅乾」非常難過。儘管如此，這依然算是個無憂無慮的夜晚。畢竟，正如查爾斯解釋：「我們身材與體能兼具，而且前一天也讓艾爾文模仿過柏德的打法了。所以隔天和他們的比賽，就可以輕鬆搞定。我們不怕印第安納州大，我們覺得我們比他們強，我們是更好的球隊。」

守在電視機前的一刻

在最後四強賽周末的星期天上午，ＮＢＣ召開了一場製作會議，為星期一晚上的冠軍賽制定轉播方針。由於負責這場轉播的執行製片人唐・歐梅耶（Don Ohlmeyer）遲遲沒有現身，因此轉播團隊先行討論了他們對於賽前特別節目的規劃。馬奎爾覺得把重點放在印第安納州大的教練比爾・哈吉斯（Bill Hodges）身上會很棒，他一直在這支球隊擔任前總教練包柏・金恩（Bob King）麾下的助理教練，而由於後者在球季開始前生了重病，讓哈吉斯被拔擢為總教練。在他執教的第一個球季，就帶領球隊繳出了三十三勝零敗的戰績，還打進全國冠軍賽。

「歐梅耶此時走了進來，」派克回憶當時，「他說：『好，我遲到了，所以你們一開始打算做什麼？』我永遠不會忘記他們把這個構想說明給他聽後，他這麼說：『這是我聽過最他媽蠢的事。你們根本不知道自己在講什麼。這場比賽真正有看頭的是柏德和強森，這會成為籃球歷史的一部分。』」

派克承認，他和馬奎爾對歐梅耶的言論有點驚訝。「他根本不懂籃球。」然而歐梅耶曾在ABC的《體育大世界》（Wide World of Sports）與魯恩・阿利奇（Roone Arledge）*共事了十年。正如體育記者塞斯・戴維斯（Seth Davis）在他撰寫的《當三月陷入瘋狂》（*When March Went Mad*）一書中所述，歐梅耶是個對故事看點在哪瞭若指掌的人。

「他真的很清楚什麼東西最有戲劇性。」派克承認。

問題是，轉播團隊在那個星期天的球隊訓練時無法與他們接觸。派克不得不帶著攝影組趕到體育館，努力捕捉兩位年輕球星來來去去時的鏡頭。

「我們希望能捕捉到他們從巴士上走下來的畫面，而不得不趕去體育館，」派克在四十年後回憶起這件事，聲音中仍然透露著明顯的厭惡和不快。「剛好，我們完成了這件事，我們拍到了他們兩個人，假裝在跟他們進行一段有意義的對話，但我們沒辦法和他們坐下來長談籃球，這讓我覺得很蠢。」

派克會懷疑柏德會不會跟他說話也是合情合理，但儘管與這位印第安納州大的明星球員進行眼神上的交流依然十分困難，柏德還是接受了訪問。

在被問及對這場重要比賽有什麼看法時，柏德簡明扼要地回答：「嗯，這可能是我一生中最重要的比賽。」

正如強森在乎蘭辛的社區，柏德也對學校所在的印第安納州特雷霍特市（Terre Haute）有著極高的評價，他告訴帕克：「我覺得這場比賽不只是為我自己和球隊而戰，更是在為我們的學校與我們所在的特雷霍特而戰。光是能來到這裡，對我來說就有著很大的意義，我們會全力以赴，盡其所能地贏得勝利。」

「你知道嗎，」派克回應，「賴瑞，你昨天說在世界邀請錦標賽中和魔術強森一起打過球，讓很多人吃了一驚。」

「對，如你所說，我和魔術一起參加過那場比賽，」柏德說，「你知道嗎，諷刺的是，魔術是個厲害的傳球高手，但他不把球傳給我，而你也知道，我需要有球在手。」

在柏德的球隊離開後，派克和工作人員接下來就和強森進行了簡短的交談。

「對我來說，這真的是夢想成真，」強森告訴這位轉播員，「我在家鄉贏得了州冠軍，而現在我達成了另一個成就，進入NCAA，並在像今晚的冠軍賽般的大舞台上打球。我只希望我們能發揮出平日的水準，拿下這場比賽。」

派克把柏德說強森沒有在世界邀請賽傳球給自己的言論轉告強森後，他笑了出來。

「好吧，那我希望他也不會以為我今晚會傳球給他，」強森說，「不過我記得我當時有把球傳給他，他可能忘了。」

在準備比賽轉播的工作過程中，兩人之間的對比變得更加明顯。派克表示，強森是那種會「過來打招呼

---

* 譯註：魯恩．阿利奇曾在ABC電視台製作過包括《體育大世界》在內的許多著名體育節目，曾被《運動畫刊》評為對美國體壇的影響力僅次於拳王阿里（Muhammad Ali）和麥可．喬丹，迪士尼前執行長羅伯特．艾格(Robert Iger)也在自傳中說自己深受他的影響。

說：『嘿，你們好嗎？』」的人，而「賴瑞．柏德？我從來沒和他打過招呼，也根本沒有和他進行過一段完整的對話，更不知道有誰和他聊過天。這種人不存在。在冠軍賽的那天晚上，如果你有看這場比賽，你他媽絕不會想到『我在這裡看到了兩個將會改變籃球世界的人。』」

派克記得，在球季結束後過了一個月左右，他終於在印第安納州弗倫奇利克舉辦的賴瑞．柏德日活動，和柏德有了另一次較多的接觸，但在那裡「他看起來又更自閉了，這讓人更加沮喪。」

至於冠軍賽之夜，最令人震驚的不是比賽本身，而是觀眾的規模。柏德對決魔術吸引了二十四點一、創紀錄的尼爾森收視率（Nielsen rating），這代表全美約四分之一的電視機都在收看這場比賽，收看人數達到創紀錄的三千五百一十萬人。隨後的四十年中，沒有一場大學或職業籃球聯盟的冠軍賽能夠達到這個收視率。一九九八年的總冠軍賽第六戰，麥可．喬丹的最後一場冠軍賽，吸引了二十二點三的收視率，代表在當時的觀看人數大約有三千五百九十萬人。這反映出美國人對籃球的興趣以及人口，在這兩場比賽之間的二十年來都有所增長。

「回過頭來看，這是一場難看的比賽，」派克在二〇一九年指出，「大家都說這是史上最多人收看的最後四強賽，我想也的確是這樣。我的意思是，統計數據會說話。然而，儘管傑．文森因為受傷只打了一下子，這幾乎從一開始就是一場一面倒的比賽。」

最終，密西根州大以七十五比六十四獲勝。從一開始，印第安納州大就拿斯巴達人隊的盯人區域聯防毫無辦法，隨著比賽進行，這一趨勢就變得越來越明顯。

「我們會調整我們的區域聯防來阻止某個特定的球員，」榮恩．查爾斯解釋，「所以如果你的球隊中只有一個或兩個高手，我們就會把整個區域聯防的壓力集中在他們身上，盡可能地壓制他們。如果這樣，他還有辦法破解，就算他厲害。」

柏德不只是梧桐樹隊的領袖，更是得分王與驅動全隊的力量。

「其他人根本不是我們的對手，」查爾斯說，「而他沒辦法隻手擊敗我們，對吧？因為整支球隊都在靠賴瑞・柏德一個人撐。」

「密西根州大對柏德來說是個太強的對手了，你懂吧，」派克回憶道，「這場比賽對他而言真的是個極具挑戰性的難關，那個區域防守完全在針對他。」

柏德一度移動到左側底角，在日後會被判定為三分線外的區域出手了幾次。他命中了一球。另外，他還移動到右側區域，試圖在那裡尋找出路，但那裡擠得就像是年貨大街。

結果？柏德出手二十一次，失手十四次，最終得到十九分，比之前的平均得分低了九分，另外抓下十三個籃板。更大的問題是，他只送出兩次助攻，他以傳球能力著稱，而就連這項特點也被對手的區域聯防封印住了。

「在柏德運球時，我們不只有一個人在防守他，還有另一個人會把一半的心力放在他身上，」比賽結束後，在吵雜的體育館中，強森得用吼的才能讓採訪他的記者聽到他的回答，「後衛也會滑步過來幫前鋒協防。我覺得我們對賴瑞施加了很大的壓力。」

柏德還是能在某些時刻創造出令人驚訝的表現。在一次迅雷不及掩耳的快攻中，強森就像是嗅到了血腥味的鯊魚，從半場把球往空中一拋，長傳給朝著籃框高高躍起的凱爾塞，然而，卻只見回防的柏德把球給蓋了下來。還有一球，強森在接到發進場內的邊線球後背框單打，但在華麗地轉身出手後被柏德一掌搧飛。儘管如此，這場比賽還是屬於強森的秀，他秀出各種傳球、得分、背框進攻的手段，甚至還在全速跑動中投進一球讓對手猝不及防的擦板投籃。

在冠軍之夜的當下與前後，全美終於能從頭到腳地審視這個叫魔術強森的小夥子，這個年輕人的微笑是如此燦爛，讓他的臉頰肌肉要很拚命，才能讓笑容不至於從臉上炸出來。事實證明，他臉上絢麗多變的快樂表情很能感染全國的觀眾。對許多球迷來說，他就像是半路殺出來的程咬金，帶領球隊擊敗了賴瑞・柏德。

在美國的體育歷史，大眾或許從未在這麼為人們津津樂道的場景中，見過如此具有感染力的面容。在一九六〇年代，有不久後成為穆罕默德・阿里的卡修斯・克萊（Cassius Clay），但這位拳擊手說話沒在客氣的，而且他公然挑戰被白人建立的社會秩序，因此令雙方在許多場合中成為極端對立的勢力。新出現的魔術強森完全不同。

他細長的脖子與六呎九吋的瘦長身軀上掛滿了笑容，讓人覺得他彷彿是某種重於生命、甚至能夠扭轉生命的事物，就如同透過魚眼鏡頭呈現在公眾面前的景象，流露出超脫世俗的感覺。

強森樂開懷的笑容與面無表情的柏德形成了鮮明的對比，不過，不輕易透露自己情緒的柏德，在一切結束後淚流滿面。比賽結束後，球場上的柏德臉色陰沉地從強森身邊走過，甚至沒有說任何一句祝賀的話。即使在時隔多年後，人們也沒有忘記比賽前柏德坐在球隊訓練室裡說：「我今晚就是沒有比賽的感覺。」雖然他後來說不記得自己說過這句話，但其他人指證歷歷，他也沒有否定這些言論。

他的拇指也受了傷，但讓他傷得最重的，顯然是密西根州大的區域聯防。柏德的數據與葛瑞格・凱爾塞形成了巨大的反差，後者攻下十九分與九助攻，而他的表現也在下半場激起了斯巴達人的氣勢。「我覺得如果我沒有陷入犯規麻煩，我們也會痛宰印第安納州大，」凱爾塞在一九八九年對《自由新聞》說，「我們在上半場打完時領先九分，並在下半場開始後連得七分，讓我們的領先達到十六分。然而我遇到了犯規麻煩，然後我們就打得有點保守了。」

比賽還剩十分鐘時，柏德和隊友們將對手的領先縮小到剩六分。「我覺得我們的節奏有點亂了，」強森在賽後解釋，「所以我決定多投幾球。」

在希斯科特的敦促下，強森一舉打破了令人們對他的球風產生錯誤認知的刻板印象。他強勢地展現出自己想得分就能得分的能力，投進了幾球，為球隊擴大領先。這其中包括了一次與凱爾塞的切傳配合灌籃，他被對手「坐飛機」，因此靠著這次犯規獲得兩次罰球、完成四分打。而在比賽的最後兩秒，強森從界外發出邊線球，傳出了一記飛越全場的長傳給凱爾塞，讓他完成強而有力的最後一擊。

強森得到了全場最高的二十四分，並獲選為錦標賽的最傑出球員。他在賽後誤以為被評為最傑出球員的是柏德時，臉上浮現了一抹烏雲，這是他在這場比賽唯一一次笑不出來的時刻。但很快地，隨著官方修正得主，他又重新點亮了那一百瓦特的笑容。

「魔術打出了他的風格，凱爾塞也展現出他的優點，」派克在二〇一九年時說道，「他們兩個都打得非常好，而且從頭到尾控制住了這場比賽。魔術攻下二十四分、五助攻，而凱爾塞在那場比賽中攻下了九助攻和十九分。他十三投七中，還送出兩記阻攻。」

派克說，凱爾塞不斷打出十分關鍵的表現，所以要是最終錦標賽的最傑出球員是他而不是強森，也是很合情合理的事。「凱爾塞也有很多得獎的理由。」

派克指出，儘管強森繳出了這張成績單，許多思想古板的球探和球隊高層在看比賽時，仍然認為凱爾塞才是無庸置疑的未來之星。「如果你從傳統角度來思考，他具備了所有能在NBA中擔任小前鋒的技能。」

而且，就算強森在錦標賽中拿出了優異的表現，人們的質疑仍然緊跟著他不放。「他到底要打什麼位置？你也知道，他沒有高到足以打中鋒，他的背框技術沒有好到可以當大前鋒，你也不能讓他當得分後衛，因為他的投籃不準，而且即使他展現出了瘋狂的控球技術，他也沒辦法在NBA靠這招吃飯，因為那些『貨真價實的』後衛會把球輕鬆地從他手裡抄走。所以，你懂吧，就算他在最後四強賽中打得很棒，讓所有人眼前為之一亮……我在看著他，試圖分析他這名球員有什麼優缺點時，也會這麼說：『他熱愛競爭，他人高手長，但是，老天，他的球技中有某些實在難以克服的地方，讓他還與優秀一詞相距甚遠。』」派克回憶道。

在斯巴達人隊於下半場穩定地領先對手時，恩柏格曾問哪位球員是NBA總經理在選秀中比較想要的人選。馬奎爾回答是凱爾塞。派克記得，他當下評論馬奎爾誤解了恩柏格的問題，他想問的是，在人們的心目中，是強森還是柏德的價值比較高？派克說，他對兩者都持保留意見，柏德的體能條件受限，而強森的球風太獨樹一格了。派克回憶自己這麼解釋，雖然這兩人都有令他欣賞的鬥志和無形資產，但柏德跳不高、魔術投不準。「我覺得雖然魔術能在大學的比賽中抓下籃板，並在球運得這麼高的情況下發動快攻，但到了NBA，他還能這麼搞嗎？」

派克認為，他和馬奎爾在籃球世界打滾的數十年以來，已經讓他們產生了許多傳統的籃球觀念。日後，傑瑞．威斯特也承認自己有這種傳統思維。

「我們兩個應該還算對比賽略知一二啦，」派克在談到自己和馬奎爾時說，「在這場稱得上是史上最精彩的最後四強賽中，柏德與強森展現出他們的優異表現，而我們也對此進行了分析。我們以最誠實的角度分析這兩名球員。」

「他們擁有怎麼樣的心……是我們不理解、不知道且永遠無法判斷的。」派克說。

同時，日後與強森在職業球隊成為隊友的吉姆．瓊恩斯（Jim Chones）說明，NBA球隊高層在看著柏德和強森時，看到了截然不同的面向。「聯盟中的人們看了魔術與賴瑞打的這場NCAA錦標賽後，表示：『你知道嗎？這種比賽風格更刺激。』魔術是個會和任何人一較高下、遇到每個對手都會鬥志高昂的人。柏德剛好可以成為他的對手。換句話說，柏德和魔術一樣，都是用實力贏得他人尊敬的人。魔術從不畏懼競爭，也不怕任何對手。無論前方有什麼挑戰，他都會努力克服。他就是個超級好勝的人，而柏德是他求勝之路上的障礙。」

「他們都展現出生命中堅強的一面，」榮恩．查爾斯在談到強森和柏德時說，「所有的球員都會永遠記住他們的大名。」

PART II

好萊塢

第十七章　奇怪的日子，真的怪

一九七九年六月，一個大型氣壓系統出現在德州，這代表將從洛杉磯東側沙漠吹來的聖塔安那風將一路西行，橫掃整個地區，並令白天的最高氣溫高達華氏一百零五度，打破了這座城市的百年高溫紀錄。這可不是什麼好事，尤其是你把一具屍體藏在一輛勞斯萊斯的行李箱、遺棄在環球喜來登飯店停車場的時候更是如此。

那是個還在用報紙頭條把重大事件昭告天下的時代，大大的粗體字，專門用來描寫那些真正的災難事件，像是約翰・韋恩（John Wayne）也在這個月過世了。他當時是電影業史上票房吸引力最高的明星，對電影公司林立的好萊塢來說是非常大的事件。這也讓人感覺到，隨著七〇年代的這十年即將結束，整個世界本身也在走進更大的不確定與變革之中。

畢竟，一九八〇年就在眼前，而喬治・歐威爾（George Orwell）預言的一九八四年也馬上就要到了。*因此一九七九年的一切看起來都充滿了不祥的預感。

如果有人注意到的話，美國職業籃球的世界也是如此，雖然注意到的人其實不多，但這一點在洛杉磯尤

* 譯註：歐威爾是《動物農莊》的作者，他在一九四九年出版了《一九八四》一書，描繪人們在假想的未來世界中生活於政府的監控之下，過得十分壓抑，探討專政與極權主義帶來的後果。

其嚴重。即使擁有卡里姆・阿布都—賈霸和深受眾人喜愛的傑瑞・威斯特擔任教練，且湖人近兩季都打進季後賽*，湖人隊的門票銷售量還是在過去四個球季中急劇下滑。

有一句話說，在洛杉磯最悲哀的事，莫過於一個明星的時代已經過去，或者正看著屬於自己的時光逝去，卻沒有實現任何事情。確實如此。這代表著，無論職業籃球之於這座城市有什麼意義，它現在都不足以激發出任何人的熱情。包括日益減少的球迷，與那位被視為聰明、有天賦但看起來滿腹憂思的巨人，也就是三十二歲的卡里姆・阿布都・賈霸。

「在抬棺材的人臉上看到的表情都比他們還開心。」《洛杉磯時報》的傳奇專欄作家吉姆・莫瑞（Jim Murray）曾這麼形容一九七九年的湖人隊。這支球隊在一九七〇年代末傳出了許多球員吸食古柯鹼的謠言，因此時任總經理的彼特・紐威爾（Pete Newell）在一九九二年受訪時透露，管理層曾經聘請了一名休假的洛杉磯警局副警探，來追蹤球員在場外的活動。

然而，將職業籃球的衰退歸咎在賈霸身上並不公平。如同這位中鋒時常指出的那樣，他在任何時候都是人們在宣洩情緒和指責時可以針對的最大目標。

此外，職業籃球聯盟的問題似乎遠超過湖人或任何球隊。聯盟的轉播合作夥伴哥倫比亞廣播公司不久前的報告指出，該公司轉播NBA比賽的收視率驟降了百分之二十六，並已經開始計劃將一九八〇年的NBA總冠軍賽的部分場次以錄影的方式延後播出，這顯然是個衰退的跡象，表明了這個三十年來一直在苦苦掙扎的行業已經遇到了嚴重的問題。

坦白說，一九七九年六月，洛杉磯根本沒有人關心隔年總冠軍賽的電視轉播問題，因為人們不覺得這支在地球隊能有多少機會打進總冠軍賽。

總而言之，一九七九年是洛杉磯湖人隊史中，扭曲、恐怖、悲慘和令人憤怒的一年。更糟糕的是，對球隊的教練或想在這支球隊執教的人們來說，這絕對是段令人毛骨悚然的時期。

作為NBA標誌的剪影，傑瑞．威斯特在板凳席上帶領球隊的這三年過得十分煎熬，現在的他已經無計可施。事實證明，他在教練生涯中經歷的痛苦，堪稱與球員生涯經歷的痛苦無縫接軌。在當球員的那十四年，他在湖人嘗過七次於冠軍賽中落敗的滋味，直到一九七二年才贏得唯一的一座冠軍。

威斯特在一九七四年訓練營期間突然結束了他的球員生涯，因為他和球隊老闆傑克．肯特．庫克（**Jack Kent Cooke**）發生了惡性的財務糾紛，令威斯特對球隊提起訴訟。許多人眼中的庫克是個極度傲慢和沒耐心的人。「他是史上最混蛋的傢伙。」前湖人球員羅德．亨德利（**Hot Rod Hundley**）在提到這位前老闆時曾這麼說。而在ABA即將倒台之際，先前已經得到賈霸的湖人，有機會從紐澤西籃網獲得他們陣中的朱利葉斯．厄文。

卡里姆和「J博士」在同一隊打球？

對在籃球生涯中受盡折磨的威斯特來說，這個在球場上終結對手的完美方案、這個機運出現的時機簡直恰到好處。

但傑克．肯特．庫克拒絕採取行動，這注定了威斯特的執教生涯將充滿悲劇，只能眼睜睜地看著自己的球隊在一樁又一樁的挫敗中掙扎，並在同一時間看著厄文來到費城七六人後打出令人驚嘆的表現。

完美主義的天性加上扛下重任執教一支戰力不如人的球隊，令威斯特心力交瘁，他在一九七八—七九球季間多次表示他打算在球季結束後辭去教練一職。在一場來到波士頓吞下敗仗的比賽後，他差點在這塊令自己失望多年的土地上當場辭職。但奇怪的是，在下台的一刻真的近在眼前時，威斯特卻猶豫了，這可能是因

* 譯註：應是近三季。

為同時發生了幾件事。首先，正因為離婚而鬧得很難看的庫克，這幾年一直試圖出售球隊。

庫克的離婚案最終在那年三月塵埃落定，這代表他多了一筆四千九百萬美金的巨額支出。為了補償與他結婚四十年的前妻，他出售球隊和其他資產的計畫突然在加速前進。

另一個事件，是即將在四月份舉行的擲硬幣，這將決定他們與芝加哥公牛隊之間，哪一方能在六月的選秀中獲得狀元籤。庫克和當地一位名叫傑瑞．巴斯（Jerry Buss）的房地產開發商、花花公子兼化學博士對此事件充滿了興趣。巴斯出的價雖然不是最高的，但也在眾多收購球隊的候選人中名列前茅。

巴斯是一位在南加州房地產市場賺了數百萬美元的金融奇才，因此在爭奪收購庫克的西海岸體育帝國的行列中，這讓他佔據了先機，因為他提議與庫克交換房產，而不是完全以現金支付，這樣就可以讓現任球隊老闆少繳幾百萬的稅。多年以來，人們一直有個疑問，為什麼一個工作了二十年、賺到了數百萬美金的人，會冒這個險，將一切投入於當時正虧損數百萬的職業籃球事業中？

在斡旋這樁將成為當代美國職業體育史上最大的一筆交易時，兩人成為了一對有趣的買賣組合。當時年僅四十六歲的巴斯對未來充滿熱情，而六十六歲的庫克則是對任何事都容易厭倦，也已經想與過去的時光告別了。在被問及與籃球隊相關的問題時，這位老闆回答：「無聊透頂。一言以蔽之，他們過去兩三年的表現就是無聊透頂。」

庫克承認，在成為湖人隊的老闆將近二十年後，他已經對職業籃球完全失去了興趣。他說：「巴斯博士和我對球隊未來的潛力有不同的看法。他看到了我看不到的東西。」

事實上，巴斯已經計算了這支球隊各種尚未開發的潛在利潤，包括付費從電視上收看直播能帶來巨大收入的構想。當時幾乎沒有人考慮過這件事。

兩人共同放眼的目標，是即將在那年四月進行的擲硬幣。

儘管湖人隊有打進季後賽，他們還是有機會獲得狀元籤，因為在一九七六年，他們的明星球員之一、三十三歲的蓋爾·古德瑞奇（Gail Goodrich）在與湖人的合約到期後，和紐奧良爵士簽約。正如本書作者我在一九九三年出版的《湖人：一段籃球之旅》（*The Lakers: A Basketball Journey*）一書中所述，根據當時的聯盟規則，挖角古德瑞奇的爵士欠湖人一筆補償金，因此庫克命令律師與紐奧良展開一場殺到見血的討價還價。湖人要求，並獲得了爵士隊在一九七七、一九七九年的首輪選秀權與一九八〇年的一個第二輪選秀權，作為古德瑞奇的補償，這份要價顯然不合理，因為他後來在爵士只打了三個球季，而且一直深受傷病困擾。但庫克明白，如果兩支球隊不能在補償問題上達成共識，那聯盟總裁賴瑞·歐布萊恩（Larry O'Brien）就會出面幫他們擺平這件事。因為歐布萊恩不喜歡一支球隊挖走另一支球隊的球員，所以爵士擔心會被他施加嚴厲的懲罰，於是同意了這筆瘋狂的交易。

事後回首，這證明是魔術強森的第一個幸運事件。

然而得意忘形的湖人似乎是覺得這一切進行得太順利，所以提出了將這三個選秀權送到爵士，換回老將大前鋒悉德尼·威克斯（Sidney Wicks）的交易。日後證明，這是魔術強森的第二個幸運事件，因為爵士拒絕交易威克斯，而且在一九七九年成為聯盟爐主。這幫了湖人一個大忙，為他們確保了在擲硬幣儀式的一席之地，能與東區戰績最差的芝加哥爭取該年六月選秀的狀元籤。而這次的擲硬幣，也將為職業籃球的歷史帶來深遠的影響。

於是，這場複雜的鬧劇似乎終於要落下帷幕。近三年以來，庫克一直是個在各種場合中缺席的老闆，為了避開妻子對他提起鉅額賠償的離婚訴訟，他躲到拉斯維加斯。這讓他遠離了湖人隊，但也讓他住在了一個離婚法對他更有利的地方。

庫克顯然是個積極的賣家，儘管如此，他和巴斯都對這次擲硬幣有著濃厚的興趣。這不僅將決定魔術強森的命運，也將決定整個職業籃球的命運，還將決定美國兩個最大、最著名城市的命運，當然，你也可以說這將決定全美甚至全球的時代潮流走向何方。

「當時的機制就是這麼運作的，」擔任NBA高層多年的派特・威廉斯（Pat Williams）說明，「你的未來全都取決於一枚硬幣是正是反，這就是當時的情況。」

當時，湖人的傳奇主播齊克・赫恩也兼任球隊的助理總經理。NBA總裁歐布萊恩在紐約的辦公室擲硬幣，湖人隊和公牛隊則在電話會議中收聽結果。庫克非常緊張，緊張到不敢進去齊克・赫恩正接聽歐布萊恩電話的小辦公室。

「當時芝加哥的總經理是羅德・索恩（Rod Thorn），」一九九二年，在湖人隊管理層任職多年的比爾・夏曼回憶道，「他說他們辦了一個大型宣傳活動，因此在NBA官方擲硬幣時，有很多人聚集在一個會場裡。他說：『我們這裡有這麼多人，讓我們來選哪一面，可以嗎？』我說：『我是無所謂，反正結果不是正面就是反面，沒什麼太大的差別。』」

就如同湖人已經摩拳擦掌地想賣出「魔術」門票一般，公牛隊也很期待能夠得到強森，所以安排了一場大型活動，讓球迷決定擲硬幣時要選正面還是反面。

依照芝加哥球迷的指示，索恩選了正面。

結果是反面。

「大概整個洛杉磯市中心都聽得到齊克的大吼。」傑克・肯特・庫克在一九九二年受訪時回憶道。

「我還記得湖人隊贏得選擇魔術的機會那天我也在場，在那裡的人除了我，還有齊克・赫恩和比爾・夏曼。」長年在洛杉磯擔任體育主播的吉姆・希爾說，「我們站在一個免持聽筒旁邊，有攝影機在拍攝我們，NBA高層則在紐約擲硬幣。」

強森當時的律師喬治・安德魯斯表示，強森曾覺得為芝加哥效力是件不錯的事，因為這座城市離他心愛的密西根州很近，而且公牛有一個正規中鋒阿提斯・吉爾摩（Artis Gilmore）。「吉爾摩當時打得很好，而相較之下，賈霸已經三十二歲了，表現得也沒這麼好。湖人的勝率只有五成出頭，而且只有一萬一千名觀眾。加上傑瑞・威斯特即將辭職，看起來情況並不理想。阿提斯是個十分堅強的人、加上離家很近的因素，要我說的話，我認為強森如果沒有更喜歡芝加哥，那至少也是五五波。」

儘管結果令人興奮，擲硬幣的勝利帶來了一個最後的難題。湖人隊應該選強森還是阿肯色大學的西德尼・蒙克里夫？在當時從籃球的角度來看，這看起來的確是個問題，但對庫克和巴斯來說，這不難解決，因為這兩個人更關注魔術強森這名新秀能帶來多少門票銷售的收入。

畢竟，巴斯和庫克都是白手起家的代表人物，尤其是在加拿大的庫克，他在經濟大蕭條時期挨家挨戶地推銷百科全書，然後又為乏人問津的小型電台賣廣告。「他有一種堅韌的特質，」派特・威廉斯在二〇一九年回憶道，「他在多倫多接觸到三A的棒球隊後投入了體育圈，然後他搬到了洛杉磯。他是一個曲棍球愛好者，也想過要把曲棍球的風氣帶來洛杉磯。後來在湖人隊要出售時，儘管他不懂籃球，但他注意到南加州四處的車道上都有籃球架。最終，他在一個恰到好處的時機買下了湖人，你知道的，艾爾金・貝勒和傑瑞・威斯特在那時剛好正要嶄露頭角。」

派特・威廉斯在二〇一九年說明，庫克在擔任湖人老闆的近二十年，佔有了許多籃球界的最強大腦，像是彼特・紐威爾、比爾・夏曼和曾擔任湖人教練的弗雷德・紹斯（Fred Schaus）與傑瑞・威斯特，但都對他們很苛刻。「他只會讓他們身心俱疲。」

威廉斯先後在芝加哥公牛、七六人和奧蘭多魔術擔任總經理一職，而他早年這段在球隊管理層任職的日子中，他很驚訝地發現到湖人隊的管理層有多麼地畏首畏尾。

「我永遠不會忘記，弗雷德．紹斯和傳奇人物彼特．紐威爾，籃球界的兩大巨頭，」威廉斯回憶道，「你在和他們討論彼此的球員時，他們會說：『那我得和庫克先生談談，這完全取決於庫克先生的想法。我先離開，我剛剛聽說庫克先生想要見我。』我跟你說，他們真的怕死他了。他們都是在籃球歷史上取得卓越成就的大人物，但傑克．肯特．庫克把他們嚇得要死。他們總是把『庫克先生這麼說』、『庫克先生那麼說』掛在嘴邊，在他的面前顯得非常懦弱。庫克就是在靠恐懼來統治他們的，他只是非常擅於粉飾太平而已。」

約翰．瑞德克里夫（John RadCliffe）自一九六〇年代初起開始擔任湖人隊的記分員，並一直做這份工作做了五十年，這讓他能對這支球隊發生的許多事取得第一手的資訊。他非常清楚庫克如何支配球隊的教練與管理層。

「他對弗雷德．紹斯大吼大叫，」瑞德克里夫回憶著這位湖人教練兼管理層人員的經歷。「弗雷德真的常常被他修理。他會當面大聲斥責對方，讓大家每天都過得如履薄冰。」

派特．威廉斯補充，每個湖人隊的隊職員都害怕著同一件事。「誰都不想被叫進他的辦公室，誰都不想接到他的祕書打來說『庫克先生想見你』的電話。」

威廉斯繼續說，庫克的個性和傑瑞．威斯特的激進混在一起，簡直是火上加油的組合。「傑瑞或許是這個世界上最複雜的人之一，你打電話給他，還沒開始問問題，他就會開始說個不停，傾訴他心中的一切、聯盟中發生的一切並跟你討論你的球隊中的一切，而這還只是前十五分鐘而已。」

至於在選秀中要決定選誰，蒙克里夫是傳統、安全的選擇，他在日後也是一名入選名人堂的偉大後衛，但湖人隊管理層甚至根本沒跟他面談過。那些渴望得到耀眼的明星潛力和票房收入的人，認為應該選強森。不管是好是壞，湖人都是支在好萊塢這個熱愛明星的城市中的球隊。

「傑瑞．克勞斯（Jerry Krause）當時是我們的球探，他非常看好魔術這孩子，」前湖人隊行銷公關羅伊・英加伯西特（Roy Englebrecht）回憶道。（克勞斯後來成為芝加哥公牛隊在喬丹時代的總經理。）

「在我心中，我們應該選魔術強森，無庸置疑。」庫克在一九九二年的一次採訪中說。

主播吉姆・希爾想到，這位老闆曾宣稱：「『魔術』這個名字就說明了一切！」

傑瑞・巴斯也明確表示出他更喜歡強森。「我父親看他打過NCAA錦標賽，是他的超級球迷。」在一次於二〇二〇年進行的採訪中，珍妮・巴斯（Jeanie Buss）回憶道。

就這樣，在選秀中挑選魔術強森，基本上是兩個不怎麼瞭解籃球、憑藉著商業直覺行事的人決定的。而這些年來，這種情況曾導致許多浪費高價值選秀權的案例。

在因擲硬幣的結果失去狀元籤後，公牛隊提出了一個交易方案，用他們的首輪選秀權加上另一位有著耀眼天賦的球員瑞吉・席亞斯（Reggie Theus）來換挑選魔術的選秀權。湖人拒絕了這個交易，這也是在這段期間中發生在魔術身上的第三起幸運事件。

因此，在老闆對於現在和未來的權衡下，確定了狀元誰屬。他們當時並沒有察覺，屬於表演時刻的時代即將到來，而他們即將簽下引領這個時代的男人。

太平洋副棘鮃

就在擲硬幣的幾天後，強森、他的父親、查爾斯・塔克，和包括喬治・安德魯斯與他的叔叔哈羅德（Harold）、來自芝加哥的律師團隊，一起前往洛杉磯瞭解簽約詳情。

強森曾聘請過一位喬治亞州的律師傑克・曼頓一段時間，但之後突然開除了他。「我為他談成了一份每年可賺六十萬美金的五年合約，」曼頓後來對《運動畫刊》表示，「魔術和他的人馬白白放跑了一百五十萬，真可惜。」

強森還飛往費城，和他的偶像朱利葉斯・厄文度過了一個周末，諮詢關於職業籃球這門生意中的眉眉角角。喬治・安德魯斯回憶並補充，強森還拜訪了厄文的經紀人，發現他不是適合自己的合作對象。

在那個時代，對經紀人的抽成比例幾乎沒有限制。有些經紀人的抽成高達百分之三十。蓋斯・加納卡斯建議，讓安德魯斯和他的叔叔哈羅德擔任律師而非經紀人，這樣計酬方式就是以小時計費而不是按比例抽成，強森的直覺讓他採納了這個提議。雖然安德魯斯夫婦的律師業務主要集中在其他的領域，像是擔任數家麥當勞加盟店的法務代表，但他們也有一些體育圈的客戶。

喬治・安德魯斯和他的叔叔立即著手處理這份與湖人隊的合約。

回過頭來看，這看起來是件很奇怪的事。在簽下魔術強森的過程中，一位即將出售球隊的老闆居然在這麼多的相關事項握有權限。但出售球隊是個錯綜複雜、撲朔迷離的過程，這件事能否成真，直到最後一刻似乎都還有懸念。一直等到聯盟理事會在六月底投票批准這筆交易前，這件事都處在懸而未決的狀態。

在首次談約會議中，自負傲慢的庫克很快就和有著中西部謙遜風格的強森一行人產生了衝突。

「稱不上是無禮，只能說非常有趣，」喬治・安德魯斯在二〇一九年回憶道，「我叔叔和傑克・肯特・庫克在討論上限時，花了二十分鐘爭論上限一詞的發音。我們都見到了傑克・肯特・庫克，因為他當時還是老闆，我們不知道他正在與傑瑞・巴斯交涉。後來，庫克帶魔術參觀了論壇球場。」

庫克之心，洛杉磯的路人皆知。他對於這座球場無比自豪，這位老闆在一九六五年打造了這座堪稱建築奇觀的體育館，也常常將它稱為「夢幻般的」論壇球場。

據喬治・安德魯斯回憶：「庫克問：『艾爾文，你覺得怎麼樣？跟其他球場比起來如何呢？』艾爾文說：『嗯，我們十大聯盟有三、四座球場跟它一樣好，甚至更好。』我以為庫克聽了會超級傻眼，因為這在當時基本上已經是最先進的體育館了。」

安德魯斯記得，這場會議開了兩天，在第一天，庫克提議為了談成交易，大家應該去一家很有名的餐廳用餐。但同時，他也說這家餐廳「真的有夠貴」。「傑克．肯特．庫克當時剛處理完離婚手續，給了前妻四千九百萬美金。強森先生說：『我不予置評，庫克先生，但如果你剛給了前妻四千九百萬美金，而且覺得那家餐廳很貴，那我想我們吃不起這家店。』我覺得這真的太搞笑了。」

在這兩次會議的其中一次，庫克為他們點了一道當時被認為是異國料理的菜餚，一種太平洋的條鰭魚。「在他們開始談判前，庫克先生點了太平洋副棘鮃，」洛杉磯體育主播吉姆．希爾回憶道，「魔術說：『太平洋副棘鮃是啥？』然後轉頭對父親說：『我不想吃太平洋副棘鮃，我根本不知道這是什麼東西。』庫克先生說：『你知道一條太平洋副棘鮃要多少錢嗎？』他說：『我才不管它多少錢咧，我只想吃漢堡和薯條。』語畢，哄堂大笑。」

儘管出現了笑聲，仍然難以打破山雨欲來風滿樓的氛圍。在二〇〇二年接受節目主持人賴瑞．柏奈特（Larry Burnett）在廣播上的採訪中，齊克．赫恩回憶起這次雙方見面與談判的過程時說：「庫克先生說：『好吧，魔術強森，我該叫你魔術還是艾爾文？』魔術說：『庫克先生，你怎麼叫我並不重要，重要的是，如果你要我為你的球隊打球，那我們要先談妥這件事。』庫克先生說：『這我明白。』然後拿出一張黃色的大便條紙和他的筆，對魔術的父親說：『強森先生，你覺得要讓你兒子成為湖人隊一員的話，我應該付他多少錢？』」

「這超出我的能力範圍了，」老艾爾文對這位老闆說，「我沒辦法回答這個問題。」

以記憶力驚人聞名的赫恩記得，強森打斷了他們的對話並說：「我來回答這個問題。」

赫恩說，老闆要強森繼續說。「於是魔術告訴庫克先生：『這是我認為我第一年應該拿到的薪水。』他給出了一個很大的數目，真的是個大數目！然後魔術又說，他還應該因為能做這個和那個而得到這些補貼。他說了一大堆。」

「講完了嗎？」庫克問。

「我現在就只能想到這些了。」強森說。

「於是，」赫恩繼續跟賴瑞．柏奈特分享他的記憶，「庫克先生在這些數字下畫了一條線，把它們加起來然後說：『我的老天爺，魔術！這真是一筆不得了的大數目！』魔術很冷靜地告訴他：『庫克先生，我也是一名不得了的球員。』」

赫恩在二〇〇二年說這個故事時笑了出來。

「這就是他們簽約的經過，」這位傳奇主播回憶道，「非常特別。」

喬治．安德魯斯記得，另外一件有趣的事，是當時擔任赫恩廣播助理的派特．萊里也參加了其中一場會議。「我們在第一次拜會他們時，和傑克．肯特．庫克、齊克、傑瑞．威斯特共進午餐。當時在房間裡的派特只是個無關緊要的人，真是有趣。當時的派特是齊克．赫恩的廣播助理，他在這裡的作用基本上就是幫大家倒咖啡。」

在各式各樣的討論中，參加會議的人們最終討論出了一個明確的數字。

「庫克先生提出了大約四十萬美金的報價，」強森的多年知己吉姆．希爾記得，「魔術說：『我不太確定這是個怎麼樣的報價。』坐在他旁邊的父親拍了拍他的膝蓋，然後說：『跟我來。』他們走到外面，據魔術表示，父親告訴他：『噢，很棒了，你該接受那四十萬美金。』於是他們回到房間，魔術說：『庫克先生，我們重新考慮了一下……』」

這時，安德魯斯記得，「庫克說：『讓我回去睡個覺，好好考慮我們達成的協議。』而強森先生告訴他：『好吧，但你也知道吧，我要回去上班了，不然我會被扣錢。』」安德魯斯指出，他和他的叔叔都是強森的律師，而不是他的經紀人，「因為艾爾文想保留重返校園的資格。所以庫克說：『別擔心，這值得你等待。』然後我們隔天就談成了合約，接下來庫克就回去找傑瑞．巴斯，也得到了巴斯的同意。」

後來，各家媒體都在報導他們對於強森第一份合約的估價。強森一直在密切關注著柏德能得到怎麼樣的合約，而在報導出柏德的年薪可達六十萬美金之譜後，他覺得自己每年少賺了十五萬。柏德的這份合約還在協商中，最後還會加上一筆三十七萬五千美元的簽約金。

在二〇一九年回憶強森談合約的過程時，查爾斯．塔克指出，在新秀薪資上限出現之前，大眾並不能掌握多少NBA合約的詳情。塔克說，庫克有時會提供檯面下的額外獎金，這在某種程度上有助於他與各個球員談約時的進度。塔克說明，若你不能信任庫克的口頭保證，就不會同意這種檯面下的協議，而他也補充，庫克都有信守承諾，支付這些款項。

新秀球員的薪水在一九七九年不斷上升，部分原因是柏德的經紀人包柏．烏爾福（Bob Woolf）在波士頓與「紅頭」奧拜克及塞爾提克斡旋時，費盡千辛萬苦談成了一筆大合約。畢竟，柏德是一位人人想要的白人球星，而塞爾提克則背負著必須簽下他，否則會立即讓他投入自由市場的壓力。

同時，據報導，湖人隊當時支付給賈莫．威克斯（Jamaal Wilkes）這般奠定起自身身價的明星球員的年薪是三十萬美金。和一個新秀簽下超過這份薪水的合約，或甚至超過當時賈霸的年薪六十五萬美金，可能會帶來很大的麻煩。

「有知情人士透露，魔術簽下一份每年可領三十萬美金、為期四年的合約，還有一筆十萬美金的簽約金。」在這次談判結束很久之後，《運動畫刊》在當年秋天的報導中如此指稱。

由於有至少十萬美金的簽約金能馬上進到口袋，強森簽下了這份與庫克談判達成共識的合約。不過，這位新秀在回到蘭辛後，又顯得有些躊躇。

在他正式成為湖人的一員前，他必須宣布申請清寒特例並參加選秀，這讓他受到了許多外力的干擾，讓他煩惱自己到底該怎麼做。

《運動畫刊》的特約作者道格拉斯．S．魯尼（Douglas S. Looney）前去探究緣由時，發現魔術在位於東蘭辛的公寓裡，幾乎不斷地會接到女性打來的電話，表示希望能與他見面。

「唐娜（Donna）？」強森會如此回答，「唐娜是哪位？」

「麗莎（Lisa）？」不久後接到另一通電話的他又會這麼問，「麗莎又是誰？」

整個採訪過程中，來電鈴聲一直沒有停過。

對一位明星來說，尤其是一位公開自己電話號碼、簡直像藉此「招蜂引蝶」的明星來說，大學生活就是如此。但在密西根州大的校園，只會遇到四萬五千名學生的強森，此時完全不知道會有多麼巨大的轟動在洛杉磯等著他。

「魔術必須在蘭辛舉辦記者會，」喬治．安德魯斯回憶道，「他徹夜難眠。他說：『我沒辦法做決定。』但這個人早就已經決定要走了，合約都已經簽了。我沒有參加記者會。顯然，他是一個很厲害的演員。這時的他本來就沒有選擇的餘地。」

直到宣布申請清寒特例的截止日，也就是五月十二日到來前，強森都遲遲沒有公布他要轉向職業球壇發展的訊息。他拖到最後一刻才公布了這個決定，這使他早已有所預料的事情發生了，也就是他讓蘭辛市的每個人為此心碎，還讓希斯科特私下開玩笑說自己會難過地在某個地方吐出來。

這一次，老艾爾文沒有無言地表示反對。「那裡似乎沒有什麼還需要他達成的事了，」這位父親說，「他們在十大聯盟封王，又在NCAA奪冠，在這之後，留在這裡好像也沒有什麼事情可做了。」

同時，就在幾天前的五月三日，記者們來到了宣佈印第安納溜馬新任老闆的記者會現場。他們原本全都以為這位新老闆會是帶了一個集團來收購球隊的傑瑞・巴斯，然而，由於他突然很有可能買下湖人，所以馬上退出了這場發表會。取而代之的，是巴斯的商業夥伴山姆・納西（Sam Nassi）以及近二十年都與他有生意上往來的法蘭克・馬里亞尼（Frank Mariani），他們出現在印第安納波利斯接管了溜馬。巴斯雖然退出了爭取球隊經營權的行列，但他還是與溜馬主場、市場廣場體育館簽下長期租約的主要承租人。

這一瘋狂的時刻只是這一系列事件中的一部分，這些事件讓關心這件事的人們困惑不已，也留下了許多長年沒有答案的問題。事實上，強森與湖人的未來，注定將與兩個永遠無法完全解開的巨大謎團緊密相連，其中一個是前文提及、藏在環球喜來登酒店的勞斯萊斯行李箱裡的屍體，另一個是傑瑞・巴斯收購傑克・肯特・庫克的西海岸體育帝國一事，在突然間如火如荼地進行著。

巴斯從庫克手中買下湖人的協商，似乎已經像好萊塢的劇本一樣上演，而且這還是在謀殺案發生前就已經在進行的事。巴斯本人逐漸成為了聚光燈的焦點，大多時候，只要不是談論謀殺案，他都樂於接受。

「我記得，就在他買下球隊之後，」同時擔任湖人公關總監與行銷經理的羅伊・英加伯西特回憶道，「我們和一些高階主管開會。我記得他說：『到了下午再幫我安排會議，我不想在上午開會。』他是個喜歡參加派對的人。這是個有趣的對比，因為西裝筆挺的傑克・肯特・庫克總是扣好每一顆釦子，把領帶打得整整齊齊，而到了中午，巴斯博士才會出現在走廊上，這可是八〇年代，他居然穿著釦子只扣了一半的襯衫、皮外套和破牛仔褲。然後過了五分鐘左右，就會有個牽著一隻小狗、看起來很有活力的小女孩跟著走來。庫克先生要是看到一定會瘋掉，但巴斯博士就是這種人。他為他的管理方式以及我們的工作模式帶來了一百八十度的轉變，也讓我們享受到截然不同的樂趣。這就像是『表演時刻』的前奏曲。」

巴斯本人有著相當特別的經歷。他有著都是會計師但離異的雙親，成長過程先後在南加州和懷俄明州度過。在他的生命歷程中，有一個嚴厲的繼父、貧窮、在冰天雪地中走好幾英哩才能到學校的路途以及叛逆。巴斯曾因在求學路中受挫，而從高中輟學去做苦工，然後才回到校園並順利畢業。從這種背景出發的他，進入了懷俄明大學，在兩年內獲得學位，並一鼓作氣在南加州大學攻讀化學博士。累積了這些學歷後，他找到了一份航太工業的工作，並偶爾回到南加州大學教化學。這些都是他成長的重要經歷，但巴斯的渴望永遠沒有滿足的一天。他想要更多的財富、更多的權力、更多的樂趣。

在此期間，巴斯和在航天工業工作認識的朋友法蘭克．馬里亞尼存了一筆錢，並在一九八九年買下一棟公寓大樓，當上了房東。他們自己做了很多修繕工作，也花時間策劃如何累積更多錢、買下更多的大樓。在接下來的二十年裡，兩人經營了馬里亞尼─巴斯聯合公司，並藉此建立了一個擁有數百戶公寓與幾間酒店和渡假村的小帝國。

就像巴斯喜歡玩的「大富翁」一樣，在南加州房地產市場繁榮的推動下，這些房產在完美的時機下迅速增值。

在這段時間裡，他居然還能抽空生了四個孩子（後來又添了兩個）。後來與妻子喬安（JoAnn）分居的他，有了新興房地產大亨和花花公子的新形象。在和迷人的年輕女性約會時，他還會收集她們的相片，就像在收藏他心愛的硬幣和郵票一樣。巴斯身上的時髦氣質中也有一絲疑雲，他常常戴著有變色鏡片的大框眼鏡，那個時代的癮君子都很喜歡戴這種眼鏡（儘管在這方面的文化中他似乎什麼都試過了，但從他的發言中，沒有任何跡象表明他是個常吸大麻的人）。最重要的是，他臉上的酒窩，讓他俊俏面容上的每一個線條都長對了地方，加上外向、熱情的個性，也讓大部分的人似乎都會喜歡上傑瑞．巴斯。

他的休閒娛樂還包括賭上重注的撲克牌遊戲。然而，不論是郵票、錢幣和年輕貌美的模特兒，最終都滿足不了傑瑞．巴斯。他也並沒有因為成為房東就以此自滿。

他喜歡看各種比賽和競技，像是拳擊、賽馬和南加州大學的橄欖球比賽，他都愛看。這讓他察覺，自己想擁有一支球隊，並促使他在一九七二年合資買下了世界團體網球賽的洛杉磯網球拍線隊（L.A. Strings）。結果，試圖在洛杉磯紀念體育競技場（Memorial Sports Arena）推廣網球運動的他損失慘重，這也讓他來到論壇球場，尋求一個更好的交易。他也因此在這裡認識了傑克．肯特．庫克，讓兩人的相識產生了化學效應，最終讓湖人的交易有了可能。儘管網球讓巴斯損失慘重，但沒有打消他在職業體育聯盟中擁有一支球隊的決心，他開始四處尋找棒球、美式足球和籃球的選擇。究竟什麼運動，能讓他見縫插針，找到自己在體育界的一席之地？

「這正是真正地拉近了傑克．肯特．庫克和我父親之間距離的因素，」擔任湖人高階主管的珍妮．巴斯在二〇二〇年回憶道，「他的出發點一直是擁有一支體育隊伍。如果當時道奇或是公羊也在出售，那或許他就會買下這兩隊中的其中一隊。而他真正的願望就是買下一支體育球隊，哪一隊都可以。」

因此，他才會離奇地與印第安納溜馬搭上線。

「他注意到庫克沒有去看湖人的比賽，覺得這是個機會，於是非常努力地促成這件事。」珍妮．巴斯回憶道。

庫克和巴斯在生意上成為了一對有趣的買家與賣家。一個語氣溫和但態度強硬，另一個大聲、霸道，總是急於在每個情況下獲得最大的利益。他們一起策劃了當時被稱為「史上最大體育交易案」的這筆買賣。然而，他們的談判始於一些友善的交流，巴斯渴望從庫克身上學會如何經營球隊。

「有一天，在我們眾多對話中的其中一次，庫克提到他有想賣掉論壇球場的可能，」巴斯在一九九二年回憶道，「我跳了起來，這正是我想要的機會，但他很會故弄玄虛。於是我大概每六個星期就會飛一次拉斯維加斯，和他討論這件事。」

大多時候，巴斯都在聽庫克講他經營湖人和洛杉磯國王這兩支球隊的故事。從事後的角度來看，庫克在某種程度上似乎是在慢慢培養自己的買家。

「那是一段令人備感挫折的時光，」巴斯在一九九二年回憶道，「我想儘管這看起來是一條永遠不會抵達終點的漫漫長路，但我一直覺得這終究會成真。我時而沮喪、時而消沉，然後我又有時會覺得這會成真，並為此欣喜若狂。隨著他離婚訴訟的進展，出售球隊的談判也逐漸升溫。」

然而，這筆交易本身的狀況仍然不甚明確。

「有時候我覺得自己有點不自量力，」巴斯回憶當初時說，「傑克．肯特．庫克可以是個非常迷人的人，這取決於他想不想，但他是個意念非常、非常堅定的人，可能是我見過最堅定的人，就像鐵一般難以動搖。而他很快就能在協商中抓住扭轉局面的機會。」

然後，事情就這樣進行著。現在看起來，巴斯好像有機會完成一筆看似奇蹟的不可能的交易了，也就是從傑克．肯特．庫克手中買下包括湖人和國王在內的西海岸體育帝國。

「他問我：『你想不想把它們全部買下來？』」巴斯回憶道，「我的心又跳了一下。交易的規模加倍了。我告訴他，我很想買下這些球隊，但我說我需要時間看看這是否可行。」

為了增加手頭上的流動資金，巴斯急忙開始翻找他累積起來的所有房產，評估能在市場上賣多少錢。

「這是一筆無論如何都會談成的交易，」庫克在一九九二年回憶道，「他就是有這麼渴望於得到它。問題只在於成交價是多少而已。」

「他對於這件事的狂熱、對論壇球場的熱愛以及為此投入的一切，」珍妮．巴斯回憶著她的父親，「你可以看到他為了這個目的而展現出的激情，為了實現這個目標，他會不惜一切代價。」

幸運的是，一九七九年的房地產市場看漲，巴斯很快地察覺到是他行動的機會了。就在他準備破釜沉舟、大幹一場時，庫克又改變了主意。他想要紐約的克萊斯勒大廈，而不是巴斯的房產。巴斯笑了，然後趕忙為他的房產尋找買家，搞定這些事後，再設法用他的高樓大廈和數名持有克萊斯勒大廈的買家們進行交易，藉此減輕稅務負擔。

「然後庫克決定，他也想在交易中把位於內華達山脈、一萬三千畝的拉爾瓊牧場賣給我，」巴斯回憶道，「我開車去了牧場，看了看，回來報價給他。我覺得他當時並不確定自己是不是真的想賣掉它，但一旦他下定決心，事情就進行得很順利了。」

某種程度上是。

一九七九年五月初，一切準備就緒時，庫克告訴他：「傑瑞，我們要達成交易了。」據報導，巴斯將支付六千七百五十萬美金購買論壇球場、湖人隊、國王隊和庫克的牧場。庫克則將獲得克萊斯勒大廈和三個州的房產。那些高樓就將歸原克萊斯勒大廈的所有者們所有。

然後在五月十七日半夜，巴斯得知克萊斯勒大廈交易中的一個買家退出了。突然間，在多年來努力地把庫克哄到點頭後，他發現自己還差大約二百七十萬美元才能完成交易，這在一九七九年可不是小數目。巴斯匆忙地湊齊了這筆錢，這很快引起了人們對他的關注、好奇他是怎麼在這麼短的時間內湊齊這麼多現金的。

最終，巴斯趕在隔天十二點半的交易終止時限前，設法處理好了一切。

在所有事情終於塵埃落定的幾個小時後，筋疲力盡的巴斯得榨出體內的最後一絲力氣，才能挪動身體、坐在空蕩蕩的論壇球場場邊。然後他上樓，沿著掛滿湖人隊和國王隊照片的走廊漫步。「他們都是我的球員。」他驕傲地想。

「這宣告了我房地產生涯的結束和我的體育老闆生涯就此展開。」巴斯在一九九二年回憶道。

並不盡然。巴斯仍然是個房地產奇才。事實上，正如與巴斯合作多年的夥伴榮恩・卡特（Ron Carter）回憶，湖人隊本身以及他們在論壇球場的比賽，長期以來都是巴斯吸引投資客花大錢投入他的房地產的重要因素。在這裡，新的老闆既能實現自己的夢想，又能為自己的企業找到有錢的合作夥伴。

顯然，他是個強欲之人，但他懷抱的夢想比欲望更加宏大。

鯊魚

在五月底宣布交易之後，庫克和巴斯就開始著手進行另一項例行公事，也就是聘請一名教練來接替傑瑞・威斯特，他拒絕了巴斯希望他留在板凳席坐鎮的熱切請求，以及擔任球員人事的職位。

庫克不是正在賣球隊嗎？為什麼還要管誰來當教練？事實上，這筆交易距離完成還很遙遠，還需要聯盟的批准。另外，庫克一直想挖角執教著名的內華達大學拉斯維加斯分校奔跑反叛者隊（**Runnin' Rebels**）的傑瑞・塔卡尼恩（**Jerry Tarkanian**）來執掌湖人。庫克曾在一九七六年嘗試過聘請塔卡尼恩，但這位在拉斯維加斯執教的教練卻在談判中因為受到了一些陌生人的恐嚇而退出談判。然而，在這次與強森談約時，庫克卻急於畫出了塔卡尼恩和初至湖人的魔術配對的大餅，此舉顯然是為了保護他的投資，並提升他作為球隊老闆所留下的功績。

而且，塔卡尼恩這一次向庫克保證，他已經準備好加入了，尤其是球隊中有了魔術。這一發展立刻讓巴斯、強森和他所有的顧問們都興奮了起來。

一九七六年，讓塔卡尼恩擔任湖人教練的計畫被毀，是因為內華達大學拉斯維加斯分校的支持者發現了，並向他施壓、逼迫他留在拉斯維加斯。在一九九三年出版的《湖人：一段籃球之旅》一書中詳細地記載了這件事。

「這次我們守口如瓶，」塔卡尼恩在一九九三年的一次採訪中回憶道，「我這次真的想要這份工作。」庫克和這位教練的第一次會面進行得很順利，因此塔卡尼恩找來了他的多年好友兼經紀人維克・魏斯（Vic Weiss），與巴斯和庫克一起商討細節。

由於出售湖人的交易終於朝著完成的方向前進，庫克在一九九二年說，他邀請巴斯參加一場在六月初於比佛利山的康斯托克會議中心飯店與魏斯進行的會議。事實上，巴斯收購庫克體育帝國的消息在大約一星期前就已經公開了。

根據新聞報導，魏斯是一名五十一歲、來自聖費爾南多谷（San Fernando Valley）的汽車經銷商、拳擊經紀人和賭客，那天他開著一輛白色的勞斯萊斯來參加會議。

庫克在一九九二年受訪時回憶道：「我們剛談沒多久，維克・魏斯就拿出了一卷厚到足以讓一頭牛噎死的鈔票。他漫不經心地告訴我，他總是隨身攜帶五千到一萬美元。我被他的這一舉動分散了注意力，而他平淡地把錢放回口袋。我確定他這麼做，是為了向我們展示他多有錢。」

在洛杉磯擔任體育記者多年、和巴斯關係融洽的史帝夫・史普林格（Steve Springer）記得，這位老闆常常談起這次會議和魏斯的鈔票夾。「那夾子裡塞滿了百元鈔。」史普林格記得巴斯這麼說。

老闆們和魏斯草擬了一份五年、一百萬美金的合約，聘請塔卡尼恩擔任湖人總教練。但還有一些小問題要解決，像是要給塔卡尼恩家人們的季票和汽車。所以，為了完成合約，魏斯同意隔天再和塔卡尼恩回來開最後一次會。

隔天早上，魏斯沒有出現，庫克便打電話到塔卡尼恩在紐波特海灘酒店的房間。這位教練回答，他也不在這裡。然後，魏斯的妻子也打電話給塔卡尼恩了，因為他的丈夫在前一天晚上就沒有回家。

魏斯在這種情況下失蹤的消息，引起了南加州所有運動迷的震驚和關注，查爾斯．塔克和強森也不例外。為了在即將於六月到來的選秀上做好萬無一失的準備，他們在那星期造訪洛杉磯，並從《洛杉磯時報》上讀到了這篇報導。

答案在五天後揭曉，環球喜來登酒店停車場的工作人員聞到了一股難聞的氣味，最終發現魏斯嚴重腐爛的屍體被塞在他那台勞斯萊斯的行李箱裡。報導指出，他當時還帶著塔卡尼恩的教練草約。

據說，洛杉磯警探在調查中發現，魏斯幾乎就在與庫克和巴斯開完會後，馬上被幾名共乘一台車的男子們攔下。有證據指出，這位經紀人在離開會場的一小時內就死了，而雙手反綁的屍體則被塞進後行李箱，車子則被整整齊齊地停進酒店的車庫裡。這手法，有像是被黑幫謀殺的味道。

球鞋業務高階主管桑尼．瓦卡羅（Sonny Vaccaro）與塔卡尼恩和魏斯相識多年，他記得，自己因為這起兇殘的謀殺案震驚不已。「他們在某個地方射殺了他，然後把他丟到酒店的停車場？哇。」瓦卡羅在二〇一六年的一次採訪中說，「他們沒有奪走其他東西，只奪走了他的生命。這真是一件令人非常震驚的事，因為他是塔卡尼恩非常好的好友。維克是塔卡尼恩的牽線人，在那個時代，每個教練都有牽線人。維克把每件事都辦得很妥當，沒有維克，塔卡尼恩什麼事情都做不了。」

瓦卡羅記得，其中一個和魏斯往來密切的商業夥伴因為這起謀殺案而感到非常不安，因此他馬上收拾家當搬到夏威夷去了。

魏斯在拉斯維加斯的人面很廣，且認識的人個個位高權重，瓦卡羅記得，他曾經辦了一場為了法蘭克．辛納屈（Frank Sinatra）而舉辦的宴會，每個座位要一千美元。以一毛不拔聞名的塔卡尼恩本來不想花一千美元參加這場宴會，但在道奇隊總教練湯米．拉索達（Tommy Lasorda）的遊說下，他還是付錢參加了。

塔卡尼恩因為朋友的死而六神無主。「我當時並不知情，但維克顯然涉及了與公羊隊老闆卡羅．羅森布魯姆（Carroll Rosenbloom）之間的不正當交易，」這位教練在一九九三年回憶道，「我聽說他在幫羅森布魯姆洗錢。」

羅森布魯姆有個有名的興趣，是喜歡在海中游泳，而在維克·魏斯被殺的幾星期前，他就在佛羅里達州因不明原因溺斃了。多年以來，羅森布魯姆一直被懷疑因參與高賭注的賭博而和黑社會有關係。據報導，聯邦調查局一直在調查表面上是為了提供羅森布魯姆賭資，而把現金運送到拉斯維加斯的魏斯，調查人員甚至監看到魏斯在拉斯維加斯機場的洗手間和某人交換公事包，但無法證明這之間有什麼關聯。

警方辦案的另一個角度，是認為魏斯在幫黑道轉移資金時被抓到挪用錢款。

「沒有多少人知道傑瑞·塔卡尼恩和那名經紀人的事，」珍妮·巴斯在二〇二〇年回憶道，「我知道我爸爸被這件事嚇到了，因為他開的車和那輛勞斯萊斯很像。魏斯的屍體就是在勞斯萊斯裡被發現的。」

事實上，據說在這起案件發生後，巴斯尋求警察保護他的家人。

巴斯是在擔心這是起認錯人而誤殺的案件，覺得兇手其實是要衝著他來嗎？還是有其他的原因？在謀殺案發生後，過了一段時間，有人悄悄地在暗中放出風聲，指出巴斯和這起謀殺案有些許關聯。舉例來說，巴斯的長期合夥人（兼前湖人球員）榮恩·卡特曾在二〇一五年回憶道，巴斯當時對維克「大嘴巴」說巴斯沒有買下庫克帝國的財力感到非常憤怒。巴斯本人曾告訴幾位記者，馬里亞尼—巴斯公司的資產大約有三億五千萬美金，而他個人的資產則約有五千萬美金，但記者們不清楚的是，這些所謂的資產大部分是以書面形式存在的產權契約，而不是現金。

傑瑞·巴斯在一九九二年接受了關於收購球隊的採訪，在回憶這筆交易時，把每個細節描述得栩栩如生，但他堅稱自己完全不記得魏斯在這場會議中做了什麼事，甚至還質疑他有沒有參加這場會議。巴斯表示，他幾乎不記得關於魏斯遭殺害的任何前因後果。

考量到警方的報告中指出，在當時曾針對案件審訊過他和庫克，因為他們是魏斯生前見過的最後幾個人，所以巴斯在一九九二年會這麼說顯得有點奇怪。

在一九九二年的一次採訪中，庫克說巴斯顯然有參加這場魏斯也有與會的會議。眾多新聞報導也都說巴斯人在現場，當時巴斯並未試圖指證這些說法。然而，這些年來，巴斯開始否認自己在場。

「他們兩個都對這個話題避而不談，」史帝夫．史普林格在二〇一九年談到巴斯和庫克在討論此案時露出的不安態度時表示，「但事實是，在巴斯接手球隊時，總教練目標人選是傑瑞．塔卡尼恩，他們也因此開始與魏斯進行交涉。」

「我聽說過這件事，」一位與該校相關、認識塔卡尼恩和魏斯、消息來源可靠的知情人士說。這位知情人士表示只有少數人知道這件與巴斯有關的謠言。「這不合常理。」

洛杉磯警方始終拿不出證據證明這起謀殺案還有除了受到黑幫奇襲之外的原因，在洛杉磯警方調查了這麼多年以來，也從未改變過這個立場。該單位承認，直到二〇一五年，他們還在針對這個案件在進行DNA檢測。

「調查真的就此遇到了瓶頸，」桑尼．瓦卡羅在二〇一六年說，「我認為傑瑞．巴斯絕對幹不出這種事。巴斯永遠不會動手傷害任何人。」

儘管如此，長期在拉斯維加斯賭博界裡打滾的瓦卡羅也不相信魏斯挪用黑幫資金的說法，他解釋，黑幫不太可能會讓像魏斯這種從洛杉磯來的人經手他們的錢。

「維克很喜歡塔卡尼恩，」瓦卡羅說，「他們已經是多年的朋友了，但塔卡尼恩一直有點怕維克。」

兩人從還在加州帕沙第納（Pasadena, California）讀高中的時代就很熟了。在那個時代，大學籃球教練要搶人的話，需要有人來做「把信封推到桌子對面」的工作，也就是說，要用非法手段把錢提供給珍貴的延攬目標。瓦卡羅說，魏斯一直就是塔卡尼恩身邊的這個人。

雖然巴斯否認自己出現在這場會議中的態度似乎並不尋常，但從各個角度來看，巴斯也就是和其他人一樣，對事態的演變感到震驚和恐懼。這位球隊的新老闆很快就會成為一個在洛杉磯受到大家喜愛的人物。他是為湖人帶來總冠軍的人，也因此成為人們極為愛戴和尊敬的對象。同時，他也因為毫不遮掩地享受著與年輕女子約會的樂趣，並將她們的照片收集在相簿裡、還公開討論這件事的行為，成為了令大家心生好奇的人物。在不同的時空背景下，這種行為可能是個醜聞，但在二十世紀末的洛杉磯，沒有人、團體或甚至媒體會對此大作文章（除了NBC電視台的《今日秀》短暫討論過），就像巴斯的偶像之一、《花花公子》雜誌出版人休・海夫納（Hugh Hefner）和他那棟已在這座城市成為一個景點的花花公子大廈，也沒有令他們大驚小怪一樣。

儘管巴斯常常和年輕女性約會，還向負責報導該隊的記者們炫耀此事，但在巴斯幾十年來曝光在大眾面前的生活中，除了因為魏斯遭謀殺而感到不安之外，沒有任何證據表明他可能與這樁謀殺案有任何牽連。然而，與之相關的謠言還是靜靜地持續散播著。上述因素綜合起來，給巴斯帶來了一種不好惹的氣場。顯然，這種光環也來自於他非常聰明、成功和富有的事實，這些特質讓他走到哪座城市都很吃得開，不只是在洛杉磯而已。

「和別人簽下一份白紙黑字的合約，對我而言，還不如與傑瑞・巴斯用握手達成的協議。」喬治・安德魯斯曾在二〇一九年如此表示。多年來，在職業籃球圈內或相關業界中，常常有人提出過類似的說法。

查爾斯・塔克也深受巴斯的真誠與同理心吸引，他和這位老闆的關係很快地就變親近了起來，甚至當強森在多年後與塔克切割時，巴斯還聘請他擔任湖人的球探。至於魏斯遭謀殺一案，這位心理學家一直都沒有發現到任何指出庫克或巴斯涉及此事的跡象。「這個時間點太瘋狂了，」塔克在二〇一九年說，「有些傳言說當時就連拉斯維加斯都動盪不安，在拉斯維加斯發生了很多事，那是個動盪的時期，他們會不分青紅皂白地就把一個人處理掉。」

然而，巴斯買下球隊的這一系列事件也讓人們拿起放大鏡細細檢視，以洛杉磯為主的《運動畫刊》記者保羅・齊默曼（Paul Zimmerman）後來在一九九二年的一次採訪中回憶道，庫克與巴斯之間的交易非常複雜，因此雜誌社在接獲了關於他們的資金有黑社會介入的線索後，還特地雇了一名會計師，想查個水落石出。

這條線索很有可能來自於聯盟高層內部，畢竟，湖人隊出售前後發生的事件一定讓ＮＢＡ深感不安，因為在那個時代，ＮＢＡ經營不善、根基不穩，很多球隊都在賠錢。這些情況給ＮＢＡ理事會帶來了很大的壓力，他們現在必須在魏斯遭殺害且巴斯還跟溜馬隊有一些不合常理的連結下，決定是否要批准庫克和巴斯之間的交易。

如果聯盟公開質疑巴斯和庫克，可能無法承擔隨之而來的訴訟風險。所以ＮＢＡ內部的某人把線索交由《運動畫刊》進行調查，似乎是合情合理的發展。該雜誌隸屬於時代公司（Time Inc.），他們肯定有足夠的資源來調查某事。

保羅・齊默曼在一九九二年回憶道，雜誌社在公司的會計師也搞不清楚這筆交易的細節時，找來了更多的會計師幫忙。這位記者說明，最終雜誌社放棄了，因為這件事實在太過複雜。

「對我來說完全不複雜，」庫克在一九九二年如此回應此事。

「沒有人搞得清楚，」那位來自拉斯維加斯的知情人士解釋，「巴斯的錢是從哪來的？」人們似乎擔心黑社會以某種方式在這筆交易中洗錢。最終的紀錄顯示，巴斯藉由向後來成為湖人財務主管的合夥人法蘭克・馬里亞尼、山姆・納西，和另一位後來買下了聖地牙哥快艇的合夥人唐納・史特林

（Donald Sterling）借錢，彌補了短缺的資金。

尤其是納西，很快就被《紐約時報》盯上，該報在一篇人物報導中說他是「企業送行者」，指出他用大量現金收購破產的連鎖百貨公司，並將這些不良資產賣出，從中獲取大量的利潤。在一九七〇年代，有很多連鎖店倒閉，而納西花了超過十億美金收購它們。

在一九七〇年代，十億美元是一筆巨款。

由於調查沒有成果，《運動畫刊》發表了一篇人物故事，報導了傑瑞．巴斯的華麗人生。這篇報導沒有作者署名，只寫了編輯部報導。在這篇文章中，編輯部如此描述巴斯：「一名和藹可親且聰明睿智的洛杉磯大富翁，他非常喜歡M&M糖果、南加州大學歷代的美式足球隊、每一位《花花公子》的封面女郎與稀有的硬幣、郵票、名車和可殺價幅度難得一見的房地產。」

該雜誌還提到，在巴斯的書架上，有一本爾文．華勒斯（Irving Wallace）所著的《性愛成癮的女人和其他的瘋子們》（*The Nympho and Other Maniacs*）。

就這樣，NBA理事會在六月批准了傑瑞．巴斯和傑克．肯特．庫克的交易。

榮恩．卡特當時已經開始在馬里亞尼—巴斯聯合公司工作，他在二〇二二年的一次採訪中表示，他在那時並沒有看到任何明顯的惡意，也沒有看到顯然心懷不軌的人，不過他也指出，在球隊售出後不久，馬里亞尼—巴斯聯合公司在聖塔莫尼卡的辦公室便神祕地失火了，讓許多記錄因此遭到燒毀。

卡特記得，納西和法蘭克．馬里亞尼與巴斯一樣，都是好人。

卡特也記得，馬里亞尼—巴斯聯合公司很快就開始經營了兩支NBA球隊，而NBA也隨即要求對巴斯、納西、馬里亞尼和唐納．史特林的場外活動和商業關係進行調查。

然而，NBA的每一項調查都沒能觸及行李箱內屍體的謎團。桑尼．瓦卡羅認為，某人用這種黑幫手法殺害魏斯，是在傳遞一個訊息。在籃球歷史中，在教練及其代理人的歷史中，地下世界的人們很少明目張膽地把事情鬧得這麼大，甚至就連在眾多操縱比數的醜聞中也沒有發生過能與之比擬的大事。四年前，在洛杉磯發生過前NBA球員傑克・莫里納斯（Jack Molinas）在大學比賽中操盤而遭到殺害的案例，但現在，居然有一位剛和球隊老闆見完面的教練代理人被殺了？不明白內情的人不知道能怎麼解釋，知道內情的人，也會選擇保持沉默。

繁星點點的夜空

在大多數人還沒搞清楚魏斯謀殺案的來龍去脈時，NBA選秀在六月二十六日到來了。強森和他的父母前往紐約參加這場大會。

「那時的選秀不像現在這麼受人矚目，」在大會中和強森在外頭玩得很開心的西德尼・蒙克里夫回憶道，「沒有人把選秀放在心上。那時候的選秀沒什麼大動靜，也沒什麼人來採訪。我記得媒體工作者大概就十五到二十人左右，當時印象中被邀去受訪的球員也只有六、七名而已。那時沒有社群網站，沒有人推文，沒有這種東西。我們當時背負的壓力也沒有現在這麼大，我們都很冷靜，這不是什麼大不了的事。」

強森身穿套裝、面帶燦爛的微笑，對著鏡頭比了一個OK的手勢。隨後，他的母親給了他一個大大的擁抱，兩人咧到臉邊的微笑幾乎可以連成一線了。不久後，他又飛往洛杉磯與傑瑞・巴斯見面，為自己的新生活做打算。

「他從密西根飛過來，然後比爾・夏曼帶他來見我爸，」珍妮・巴斯在二〇二〇年受訪時回憶道，「那時我和他住在貝萊爾（Bel Air）。」

門鈴一響，傑瑞．巴斯就跳了起來，要他的女兒去開門並為客人倒飲料，因為他要上樓換衣服。「我過幾分鐘就下來，」他對女兒說。

「我打開門，這是我永遠不會忘記的一刻，」珍妮回憶道，「那時我十七歲左右，魔術十九歲，我們基本上是同齡。我打開門，就看到他那如星光般燦爛的笑容從門縫中透出來。那是個令人驚豔的笑容。打開門，看到他，真的讓我震撼到了。」

強森在湖人隊總經理比爾．夏曼的陪同下出現。

「比爾．夏曼人很好，」珍妮．巴斯回想，「我帶他們進來，和他們稍微聊聊，問他們想喝什麼，然後拿飲料給他們。接著，我們就展開了這個對話。艾爾文說：『能被湖人隊選中，我真的很高興，真的很棒。但我只會在這裡待三年，因為我真的很想回底特律加入活塞隊。』我一聽到這句話，心想：『噢不。』然後說：『請稍等一下。』我跑上樓，跟我爸爸說：『爸，你不會相信我要說什麼，但他說他只會在這裡待三年。』我爸爸一點都不緊張，他只說：『妳懂的，等他穿上湖人隊的球衣，踏上論壇球場的地板後，就永遠不會離開了。』而事情的確如此發展。」

史帝夫．史普林格後來和珍妮．巴斯合寫了一本書，他指出，這位老闆還提到，這座城市充滿了許多被好萊塢吸引而來的美麗年輕女性，這也將使強森長留湖人。

「一旦他來到這裡，就會全心全意地投入了，」喬治．安德魯斯談到強森時說，「在傑克．肯特．庫克把球隊賣給巴斯後，我們就見到了巴斯。幾乎從一開始，巴斯就在魔術的生活中發揮了非常重要的作用。」

查爾斯．塔克一直以來都覺得在遇到白人時，有必要迅速且默默地判斷他是個怎麼樣的人、對黑人的接受度如何？而在觀察巴斯時，他很輕鬆地就能做出判斷。「在與人相處及處理人際關係問題上，他的心態遙遙領先了當代。」塔克在二〇一九年說，「他一點都不在乎。他才懶得管黑人和白人之間的關係，他只在乎要怎麼和對方相處。他是個真誠的人。有些人在與人相處時會先考慮很多問題。我應該這麼做嗎？有誰在看、在聽嗎？我能離開現場嗎？我有充分的理由不做這件事嗎？你知道的，很多人都會想東想西，但巴斯不會這麼做，他甚至什麼都沒在想。」

強森在蘭辛市有個這麼好的父親，在洛杉磯卻把巴斯當作自己的第二位父親，有些人會覺得這是件怪事。然而，儘管兩人在許多方面都截然不同，但在與人相處上的真心誠意卻是如此相似。

「他總是叫他魔術，從來沒叫過他艾爾文，」珍妮・巴斯回憶著父親時說，「而他們一見面，就像有人施展了魔術一樣，一拍即合。他擁抱了他，並對魔術強森成為球隊的一員感到興奮不已。他們從見面的第一分鐘起到最後一刻都無比親近。他們之間有一種特殊的連結，在某種程度上，他們是彼此的靈魂伴侶。」

強森來到他在籃球世界的新家，主播吉姆・希爾也是那星期在論壇球場迎接他的媒體工作者之一。「選秀結束後，他們把魔術帶出來，」希爾回憶道，「然後我們就開始採訪他。他和我坐在論壇球場的看台上。我記得他說：『我現在就能看到自己在這座球場上來回奔跑、為了爭搶球權跳進看台並嘶吼的模樣。』他當時眼中的熱情告訴我，一些意義非凡的事將會在此處發生。」

在二〇〇四年被問及那段湖人生涯剛展開的日子時，強森記得，自己在初次穿上湖人球衣時掉下了眼淚。

撇開情感層面不談，當時最緊迫的是住所的問題，強森和他的父親都對密西根州和加州之間巨大的房價差異感到震驚。

「巴斯有很多公寓，於是我們進到他的公寓和他見面，」喬治・安德魯斯回憶道，「他穿著牛仔靴和藍色牛仔褲，他是個非常好的人。球隊能獲得魔術，讓他開心到極點。」

「我會幫你找個地方。」巴斯告訴強森。

「他最後把他安排到卡爾弗城（Culver City）的某處，」安德魯斯回憶道，「艾爾文的名字和電話號碼登記在電話簿上，這讓女孩們前仆後繼地來到他的公寓，我們後來把這件事處理好了。」

或者他們以為處理好了。

當時在謀殺案帶來的震撼以及交易緊鑼密鼓地進行下，所有的主事者仍然抱有著塔卡尼恩會成為球隊教練的希望。但很快，他就告訴他們他不得不拒絕這份工作。情況急轉直下，令強森錯過了由篤信跑轟的塔卡尼恩執教球隊的機會。謀殺案的新聞報導，令內華達大學拉斯維加斯分校的球迷們知道教練正打算離開球隊。

「一群球迷找上門，從情感上對我施加了很大的壓力，」塔卡尼恩在一九九三年受訪時回憶道，「這讓我備受煎熬，真的很煎熬，所以我拒絕了。我告訴傑瑞．巴斯，拒絕這次執教的機會，會成為我的一大憾事，和魔術並肩作戰能幹出一番大事業。」

「傑瑞聽到後慌得六神無主，」桑尼．瓦卡羅談到塔卡尼恩在親信遭殺害後做出的決定時說，「每個人都是。」

湖人在威斯特拒絕繼續當教練後，轉往洽詢了傑克．麥金尼（Jack McKinney）。雖然麥金尼從來沒有當過職業球隊的總教練，但他曾在費城的一所大學當過總教練，之後又在NBA當了五個球季的助理教練。巴斯比較想要聘一位戰功彪炳的教練，麥金尼的資歷並不足以令他信服，但麥金尼獲得了各方的大力推薦。麥金尼找來保羅．威斯特海（Paul Westhead）擔任助理教練，這兩位教練曾在好幾年的夏天中於波多黎各的籃球聯盟合作過，這是個非常重視跑轟的聯盟，也為兩人帶來了深遠的影響。

於是，魔術強森在一九七九年來到了繁忙又看起來有些異樣的南加州，此時這個地區正與一股巨大而強烈的負面情緒緊密相連。

「他是剛在大學結束了一個精彩球季的狀元，」強森在洛杉磯的隊友吉姆．瓊恩斯於二〇一九年回顧，「他剛和賴瑞．柏德打了一場有史以來最受矚目的籃球比賽。每個人都很興奮。當時只有十九歲的魔術是這座城市的大紅人，儘管他才剛從大學畢業，但每個人都知道他很會打球，只是不知道他能變得多優秀。」

他第一次讓湖人見識到自己的厲害，是在洛杉磯的夏季聯賽，不過那時麥金尼和威斯特海都還沒有加入球隊，執教的任務交給了曾擔任傑瑞．威斯特助教的傑克．麥克羅斯基（Jack McCloskey）。那年夏天，強森錯過了湖人在夏季聯賽的前兩場比賽，但趕上了第三場。在加州州立大學洛杉磯分校（Cal State Los Angeles）舒適的體育館中舉行的夏季聯賽，氣氛通常很輕鬆，也沒什麼人來看。

他在明尼蘇達大學打球的朋友比爾．達菲決定過來看看艾爾文的表現。「這是身為狀元的他要打的第一場比賽，這也成了這場賽事炒作的看點，」達菲在二〇一九年回憶道，「我去看比賽的時候，我跟你說，人們幾乎要把門給撞開了，毫不誇張。大門在底線附近，有人從館內開門後，人群就像潮水般湧入。他們真的是把門給撞開然後湧進體育館裡面的。」

喬治．安德魯斯記得，麥克羅斯基在前兩天的晚上都把另一名首輪新秀布萊德．霍蘭德（Brad Holland）放進先發名單，這一天，他也要求強森在他唯一一場的夏季聯賽中從板凳出發。「他說：『艾爾文，你只打這一場比賽，而布萊德每晚都在。你介意不先發，讓布萊德當先發球員嗎？』體育館裡擠得水洩不通，他們都是為了艾爾文而來的。在其他場比賽，觀眾幾乎不到十人。艾爾文說：『好吧，我是無所謂，既然布萊德在，就讓他打吧。』於是他就先當替補。而在他上場時，洛杉磯的人們都瘋了。他在場上來去自如。」

防守者並沒有因此抄不到強森過高的運球，抄到球後，對手直接完成了一次輕鬆的快攻得分。但他並沒有因此受到影響，而是繼續照常打球。

「體育館裡塞滿了人，」比爾．達菲回憶當時情況，「球場四周站滿了人，他做出了和兩年前與我在奧克蘭交手時一樣精彩的動作，傳出了背後傳球和其他只有魔術才做得到的事。這場比賽，他們和底特律交手，而魔術把每個對手都擊潰了。」

《洛杉磯時報》報導，這座小型體育館內聚集了三千六百名觀眾，創下聯賽九年歷史中的上座人數紀錄。而在這場吸引他們到來的比賽中，魔術以二十四分、八助攻與四抄截的成績帶領湖人擊敗底特律。賽後，強森還特意邀請球迷在球季開始後也來看湖人的比賽，並保證會帶來更多的樂趣。

一個將滿二十歲、憨厚地咧嘴大笑的年輕人，有可能在短短幾個月內拯救一座大城市嗎？尤其這座大城市還是這麼憤世嫉俗的洛杉磯。

「他為洛杉磯湖人帶來了他們迫切需要的東西。一個微笑。」《洛杉磯時報》專欄作家吉姆．莫瑞在下個星期的文章中寫道，「有些球隊需要大前鋒，有些球隊需要外線射手或能持球推進的人。湖人的需要很單純，就是一個能驅散陰霾的人。」

光是那一次在夏季聯賽的登場，球隊的粉絲群就已經充滿了新的活力。但陰霾尚未完全散去，而對那些勇敢地承擔了執教湖人重任的人們來說，讓他們的苦難撥雲見日的一天也還沒有來臨。

第十八章　我們是幸福的少數

錯過了幾乎所有夏季聯賽賽事的保羅・威斯特海在那年八月來到洛杉磯，而在訓練營開始前，某次在英格塢高中（Inglewood High School）進行的湖人新秀訓練中，他馬上得到了艾爾文・強森的熱情歡迎。他跑過球場，給了教練一個大大的擁抱。威斯特海有點吃驚，他甚至還不認識這小子，這也令這種打招呼的方式顯得過頭到幾乎可說是不切實際的程度。

威斯特海也對職業籃球所知不多，此前與這個非常封閉的世界毫無交集。他是一名大學教練，來自費城，曾帶領拉塞爾大學（La Salle）和科比的爸爸喬・「豆豆糖」・布萊恩（Joe "Jellybean" Bryant）打進一九七五年的NCAA錦標賽。

「他會是你見過最討喜的人之一，」前費城七六人總經理派特・威廉斯在一次二〇一九年的採訪中論及威斯特海時表示，「他因為對莎士比亞的熱愛而聞名。這對我來說一直是件很酷的事，你懂吧，原本是大學教練，現在是一支職業球隊教練的人，居然這麼熱愛並瞭解莎士比亞。」

威斯特海自己會提醒任何介紹他的人，不要只說他喜歡莎士比亞。他也喜歡羅伯特・佛洛斯特（Robert Frost）的詩句。事實上，他深愛語言的精妙之處，還教過英語。這方面的熱愛和他在籃球中熱切的實驗思維，擦出了什麼火花？

「我要說，這是個絕妙的組合，」派特・威廉斯說，「這讓他的執教風格變得更加多采多姿，威斯特海是個將一生都投入在籃球中的人。」

無論他有沒有將一生投入在籃球中，在NBA引用莎士比亞的名言都被證明是個不明智的作法，還在日後被拿來當成指責他不適合在職業聯盟執教的佐證。

「我是個有點怪異的傢伙，」威斯特海在二〇一九年回顧他漫長的執教歷程時承認。

老派的費城人通常覺得強隊就是要精通動態進攻，在出手投籃前都要傳五次球以上、掌控節奏、慢慢地尋找空檔。但威斯特海和他的益友兼良師、新任湖人總教練麥金尼在快節奏的波多黎各聯盟中當了好幾年夏天的教練，那個聯盟顛覆了他們對跑轟的看法。

一九七二年，身為拉塞爾大學的總教練，威斯特海目睹了身高將近六呎十吋的喬・「豆豆糖」・布萊恩為費城的約翰・巴特拉姆高中（John Bartram High）抓下防守籃板後強勢地運球，並以一種富有躍動感、充滿樂趣和秀味十足的球風推進到前場。喬・布萊恩在當時是一名獨特的球員，而威斯特海也是一名獨特的教練，就算在那個人們認為包含布萊恩在內的大個子都不適合控球的時代，也還是完全願意讓他自由發揮天生的球風。

許多教練在多年後因為鼓勵麾下的球員在抓下籃板後強力運球推進而獲得肯定，當然，這在一九七九年已經是魔術強森的招牌動作，威斯特海這時才剛認識他。然而，「豆豆糖」布萊恩才是最早展現出這種能耐的長人之一。

在那場新秀訓練後，強森解釋了他為什麼會以這種異於常人的方式歡迎他，他透露他們之間有個共同好友叫查克・戴利（Chuck Daly），他是另一位偉大的費城教練，日後以執教底特律的壞孩子軍團和一九九二年的夢幻隊而名聞遐邇。

「查克・戴利曾和他聊過我的事，說他會喜歡我，說我是個好人，我們應該可以相處愉快。」威斯特海在二〇一九年說。

這個歡迎方式看起來的確像是一段美好關係的起點。值得注意的是，湖人隊的新任總教練麥金尼，以及後來接任的威斯特海，都曾在聖約瑟夫大學（St. Joe's）為另一位費城人、人稱「傑克博士」（Dr. Jack）的傑克．萊姆錫（Jack Ramsay）效力，他在當時因為執教波特蘭拓荒者隊而成了籃球界公認的智者。

傑克．麥金尼曾在波特蘭拓荒者擔任萊姆錫的助教，更妙的是，麥金尼也在卡里姆．阿布都—賈霸為公鹿效力時在密爾瓦基擔任過助理教練，這段關係幫助他在湖人隊獲得了這份工作。

那年秋天，看著自己眼前的任務，麥金尼曾向他的前主管萊姆錫請教過關於這個不凡新秀的問題，讓這名教練界的頂尖人物得以評估這名剛入行的年輕天才。

「我不認為魔術能當控球後衛，但傑克．麥金尼覺得他可以。」萊姆錫在二〇〇四年的採訪中表示。

麥金尼在那年秋天告訴萊姆錫，自己不同意他的看法，並打算把控球後衛的任務交給強森。

「那麼，祝你好運。」傑克博士回應。

「我以為他會成為更像小前鋒的球員，」萊姆錫在二〇〇四年承認，「但是，你也看到了，魔術致力於精進自己的球技。在剛進聯盟的第一年，他沒辦法用左手運球。我記得一場在波特蘭進行的比賽中，我們逼他失誤了九次，就是因為我們把他逼到左側，讓他被迫只能用左手運球。」

萊姆錫和波特蘭為強森安排的這種針對性策略，正是為什麼許多有球星潛力的年輕人早早化為墜落流星的原因。他們無法適應這種針對，成為了選秀的失敗品。

的確，在接下來的幾個月裡，這個問題一直困擾著強森，他一直在依循自己的直覺和經驗，摸索著在職業聯盟生存的竅門。綜合來看，這將使強森在NBA展開一個有些複雜甚至令人摸不著頭緒的新秀球季。

首先，強森加入了一支陣中充滿才華的球隊，然而帶領這支球隊的兩人把全部的心思放在從理智方面勝過對手上，希望把情感方面造成的影響降到最低。因此麥金尼和威斯特海在大多數情況下都避免讓球員與教練之間的關係變成任何形式的友誼，這代表魔術強森這位被視為史上最熱情洋溢的球員，現在要和兩個作法與他南轅北轍的人合作。他們在和球員相處時都很努力在當個好人，但他們不希望與球員成為好朋友。

這也代表他與威斯特海的擁抱很可能既是第一次也是最後一次。

威斯特海透露，強森在第一年努力適應這種狀況的同時，也保持著自己的步調。強森試圖默默地把比賽的攻守變化控制在自己喜歡的節奏下。好消息是職業籃球有進攻計時器，這正好符合強森的球風，就像是他越來越多的女朋友們身上穿著的緊身衣一樣，正對他的胃口。

少年仔

傑瑞．巴斯很興奮，他即將在奧柯洛蒂山莊這個高檔的棕櫚泉度假村中，為他剛買下的湖人隊舉辦訓練營，這家旅館是他和法蘭克．馬里亞尼在一九六九年從影視兼歌唱巨星金．奧崔（Gene Autry）手中買下的。巴斯曾在這家旅館舉辦了許多精心策畫的活動、名人派對，藉此提高自己的聲望。現在，他將湖人隊帶來這座山莊，這將使他的聲望劇烈地攀升。球隊將在附近的沙漠學院（College of the Desert）舉辦訓練營，對棕櫚泉這個巴斯最喜歡的去處來說，這無疑是個貼金的時刻。

他已經計畫在那裡進行一個大型的零售商區開發計畫，這是一場會花費他數百萬美金的豪賭。他認為隨著湖人而來的形象提升，將對他的生意大有裨益。

而隨著《紐約時報》和《華盛頓郵報》等媒體紛紛匆忙趕到洛杉磯來瞭解這個花花公子和他耀眼的玩物，這位球隊新老闆自己的聲望，也已經突破天際。

《華盛頓郵報》的曲棍球記者傑佛瑞・凱伊（Jeffrey Kaye）發現，巴斯在自己的豪宅裡與一位名叫歐藤・哈吉斯（Autumn Hargis）的漂亮「長腿派」年輕模特兒共度，她在他乘坐公司那輛淡藍色的林肯車時，細心地為他擦拭額頭，並確保他精心打理的髮型固定在原位。

巴斯毫不遮掩地炫耀自己收藏的相簿，裡面都是與年輕漂亮的女性約會的照片。「漂亮，」他告訴凱伊，「就是我喜歡的類型。」

「我對曲棍球知之甚少。」巴斯向國王隊總經理喬治・麥奎爾（George Maguire）坦言，而他也對湖人的總經理比爾・夏曼說過類似的話。

然而，他是真的懂錢，也懂房地產，並且他自信滿滿地表示他一定會搞懂要如何經營他的球隊。

同時，強森在那年九月來到棕櫚泉時，仍對自己該怎麼融入ＮＢＡ的職場抱有相當大的疑慮。他的新教練麥金尼已經明確表示，他的計畫是讓他擔任球隊主要的控球後衛，這是個複雜的局面，因為湖人已經有諾姆・尼克森（Norm Nixon）這名出色的控衛了。六呎二吋的他運球穩健、投籃手感也很柔順。此外，《美聯社》更曾指出，尼克森在來到聯盟的兩年內就已經大放異彩。「尼克森已經成長為聯盟中的頂尖後衛之一，在後場球員中，他百分之五十四點二的投籃命中率領先群雄，並在抄截與助攻方面排名第三。」

尼克森不僅是個自尊心很強的人，也有著優秀的領袖特質與充滿魅力的磁場。隊友們稱他為「大人物先生」（Mr. Big）。「湖人隊在這個球季將會在後場擺上一個有趣的組合，」《洛杉磯時報》的史考特・歐斯特勒（Scott Ostler）在季前賽進行時指出，「尼克森已經在這兩個ＮＢＡ球季證明了自己的技術，而強森也已經偶爾能在季前賽秀出震撼的表現，而且他的一舉一動都很有娛樂效果。」

與大多數新秀的經歷相仿，強森發現其他的老將也很想給他一點教訓，尤其是榮恩・布恩（Ron Boone）這名在職業生涯十一個球季打好打滿、連續出賽九百零八場的強壯後衛，這是當時的ＮＢＡ最高紀錄。來自愛荷華州大的這名球員，在一九六八年ＮＢＡ選秀第十一輪被選中。鮮少被外人看重的布恩，是個自尊心很高的球員，在訓練營剛開始的某次交手中，他就狠狠地打了強森的後腦勺，把他打倒在地。強森當然也做出了反擊，在隨後回敬了他。原本在那年球季被排定為湖人第三後衛的布恩，在該月月底前就被送到了猶他。

這名新秀可是傑瑞．巴斯的寶貝，豈容他人霸凌。

面對這些眼前的挑戰，強森需要一個盟友，而他很快就發現了來自新墨西哥大學（University of New Mexico）的二年級搖擺人麥可．庫柏，這位尚未打開知名度的球員正在訓練營為自己的籃球生涯打拚。他的競爭對手可能不只一人，至少另一位二年級搖擺人、來自維吉尼亞軍校（Virginia Military Institute）的榮恩．卡特，就被認定是其中之一。強森很快就注意到，庫柏雖然在新秀球季因傷只打了一場比賽，但他不僅是個灌籃高手，也有著尚待開發的體能條件與防守能量。庫柏的身形瘦長，六呎七吋高的他，體重僅有一百八十五磅。

同時，強森也在把自己過往對艾弗雷特高中與密西根州大建立的教條，傳達給現在的隊友們。「在訓練營中，他總是對新秀們說：『只要你到了籃下，就要把手舉起來。』不然他傳的球可能會把你的頭打掉，因為他就是有辦法把球傳到你意想不到的地方。」庫柏在二〇〇四年回憶道。

隨著訓練營的競爭越演越烈，據說強森曾與庫柏共進早餐，告訴他不要擔心，事情會往好的方向發展，就像強森也曾經在艾弗雷特高中鼓勵過戴爾．比爾德一樣。

庫柏成功進入了正式名單。卡特沒有，而且有很長一段時間他都堅稱，強森之所以會在訓練營中與他發生衝突，唯一的目的是讓他失去競爭的資格。在印第安納溜馬短暫打了一段時間後（這是巴斯靠關係迅速為他做出的安排），卡特接著在傑瑞．巴斯的房地產事業中工作了將近十年，因此開始從事這份工作幾年後的某天，他不得不去強森的住處，讓強森簽署一些房地產交易的文件。

「我以為我已經讓你被裁掉了。」卡特記得自己帶著文件出現在強森的住處時，他說了這句話。

即使強森還只是一名新秀，但看起來也已經把球隊的人事權掌握在自己手中了，就像他在蘭辛市的室外球場一樣，比起那些自以為是球星的傢伙，他更信任優秀的角色球員。角色球員能營造致勝的化學反應。「你把那些很注重得分或單挑的球員找來的話，就會把比賽給毀了，」強森在新秀球季對記者約瑟夫・道爾頓說明，「只要有一個人想在女人們面前賣弄自己的表現，就會激怒所有人。只有團結一心的球隊才能常勝不敗，而我的球隊就是這種常勝軍。」

庫柏的存在，讓強森找到了一個代替葛瑞格・凱爾塞的空中接力夥伴。魔術與這位在訓練營中奮戰的球員搭上線，兩人日後被稱為「Coop-a-Loops」的連線將以精彩的得分方式點燃論壇球場觀眾們的火花，並成為湖人在歷史長河中的珍寶。

然而，強森在訓練營中最關注的人，是總是難以捉摸的卡里姆・阿布都—賈霸。強森很早就感覺到，自己的作法可能會讓這名中鋒覺得這小子只是個新秀就有了想接管球隊的野心，這種感覺敦促著強森向他保證事情並非如此。

「我在季前賽和球季期間努力瞭解每一名球員想在哪裡要球、在哪個位置能打出最好的表現，」在洛杉磯的第一個球季結束後，強森在幾個月後的某天回憶道，「比起其他人，要怎麼搞懂和那個『大個子』配合花了更多時間，因為他只在場上的某個特定區域活動，也就是低位。你必須仔細觀察他、看他把手放在哪裡。一旦他舉起手來，就代表他到達想要球的位置了。」

強森整個新秀球季都在學這件事。

訓練營中還有一個值得注意的地方是，麥金尼制定了一種進攻策略，要求兩名控球後衛共享場上的空間和球權。每個人抓下防守籃板後，想傳給強森或尼克森都可以。當然，強森靠著他出色的籃板技術，常常將球掌握在自己的手裡。

「我不希望他們之中有人獨佔了球權。」麥金尼對記者們說。

儘管這讓兩人之間的關係變得有點緊張，但這個主意發揮了不錯的效果，而且從十月的第一場季前賽開始就奏效。這也是各隊初次得以就近觀察魔術的機會。

凱文・史達科姆（Kevin Stacom）是一名六呎三吋、擅於壓迫持球者的後衛，他正為了能在聯盟中生存而奮力拚搏，而在他新秀球季的一場季前賽中，便與強森正面交鋒。「我記得我負責全場壓迫他，這讓我非常緊張，」史達科姆在二〇一九年說明，「通常我都能找到讓對手困擾的方法，在這個層級的賽事中，這就是我的工作。但我防守的這個人，讓我的大腦就像是一個不堪負荷的軟體、無法運轉，因為他就像我身邊的中鋒一樣高大……而且他還正在控球。」

在那個球季，NBA決定試行為時一年的三分球規則，而湖人在季前賽迎戰丹佛時，便初次嘗到了三分球的教訓。比賽還剩四秒，湖人領先三分，而他們選擇在防守端忽略大衛・湯普森（David Thompson），這讓他拔起來投進了一記二十五呎的三分球追平比數。大吃一驚的湖人喊了一個暫停，但這時他們已經沒暫停可用了，所以讓丹佛得到了技術犯規的罰球機會，最終贏得勝利。

在季前賽期間，尼克森和賈霸都開始稱強森為「小少年仔」（Young Buck），後來簡稱為「少年仔」，因為他有著幾乎前所未見的精力和熱情。這是在他少年時期偶爾出現過的綽號，如今，在他那非比尋常的新秀球季，這成為了他的標記。

他的精力與熱情，也讓他與賈霸之間的情誼越來越緊密。這一點在他們例行賽首戰作客聖地牙哥出戰快艇的比賽中便顯示出來，並成為經典的一幕。對手在攻下四十六分的沃爾德・B・佛里（World B. Free）領軍之下，與湖人糾纏到最後一刻，庫柏在比賽還剩兩秒時抄到球，幫助卡里姆投進一記十八呎的壓哨天勾，才讓比賽分出了勝負。

「每個人都在大笑、尖叫和跳上跳下，而魔術跑過去並跳到賈霸身上，緊抱著他的脖子，事實上，有點像在場上勒住了他。」主播吉姆．希爾在一九九二年回憶道，「他們到了場下，賈霸把魔術師拉到一邊並告訴他：『嘿，我們還有八十一場比賽，用不著這麼激動地抱住我。』語帶熱情和激情的魔術說：『我跟你說，要是你再投進八十一球致勝天勾，我還會抱你八十一次。』總是板著一張臉的賈霸，最後也忍不住笑了出來。」

這場比賽在十月十二日星期五晚上由哥倫比亞廣播公司進行全美直播，足以證明聯盟對於魔術的影響力寄予了多大的希望。「我在聖地牙哥負責播報魔術的第一場NBA賽事，那一夜，他跳進了賈霸的懷中，」擔任轉播主播多年的布蘭特．馬斯伯格（Brent Musburger）在二〇〇四年回憶道，「我們一直在拍他的特寫，而他的臉上總是綻放出燦爛的微笑，那是個永遠不會褪色的笑容。」

「每個人都對此感到很驚訝，但我已經習慣於展現我的情緒了。」強森後來如此解釋。

也許對從威斯特海到卡里姆這些強森身邊的人來說，他們要做的最大調整，就是學會應對他自由流露的情感。在這些戲劇性的事件中，人們貌似忽略了強森在他來到職業聯盟的第一場比賽就攻下了二十六分、八籃板與四助攻，但對手們都默默地注意到了這件事，且對此極其關注。

在他們的新秀帶領下，湖人隊似乎準備好在一九七九年全速衝刺，並謹慎地迎接光明的未來。新助理教練威斯特海對他在球季初期所見的一切都感到十分驚奇。「他就像一位藝術家，」他對一名記者如此誇讚道，「他一邊打球，一邊揮灑他的創意。」

剛被交易到湖人的吉姆．瓊恩斯立刻注意到，球隊有了隨時能把球和樂趣都傳出來的這位新秀，幾乎讓所有的隊友更期待與他並肩作戰。

然而，在來到西雅圖作客的例行賽第三戰，現實突然來襲。強森扭傷了膝蓋，被擔架抬出場，臉上滿是明顯的痛苦表情。在醫生檢查並宣布他可能要錯過六個星期的比賽時，他十分驚訝，也被這個消息嚇壞了。球隊很快地包機將他送回洛杉磯。

羅伊．英加伯西特記得，強森受傷也讓湖人隊的工作人員們慌了手腳。多年以來，這支球隊一直有許多個人色彩強烈的人們，這也讓大家很難做事。昔日的總教練傑瑞．威斯特一心只想贏球，所以他在輸球後根本不可能跟媒體打交道。英加伯西特記得，有好幾個夜晚，他幾乎是用求的拜託威斯特來走廊上跟記者說話。至於賈霸呢？只要你苦口婆心地勸他，他就會出來受訪，但他並不熱衷於此。問題是，除了這兩人之外，媒體對其他人毫無興趣。

與他們相反，強森則是跟誰都聊得起來，包括記者。他聊天就像跑快攻一樣自由奔放。但現在，他看起來要因傷而缺席很長一段時間了。

幸好，隊醫羅伯特．克蘭（Robert Kerlan）為這位新秀進行檢查後，告訴他不用擔心，傷勢並不嚴重。他將錯過九天的比賽，這段時間足以讓他思考，NBA有八十二場例行賽與飛往全美各地的客場之旅，這會帶給他的體能多麼截然不同的挑戰。

「老天啊，我發誓我一直在受傷。」強森在那個球季進行一段時間後對《體育內幕》說，「我以前都沒在受傷的，現在卻一直受傷。我可能有點容易受傷，但我的打法就是拚盡全力，承受什麼衝撞都沒有關係。」

另一次單車之旅

在強森回歸戰線後，悲劇又在第十三場例行賽發生了。湖人在球季開始後取得了九勝四敗的戰績，看起來氣勢正旺。傑克．麥金尼的進攻戰術讓每個人都能參與其中。強森記得，球和球員都在流動。儘管戰術顯然還有調整的空間，但球隊內部產生了開放的風氣，而且每場比賽都越打越好。

然而，教練不知為何，騎了自行車去參加一場離他在帕洛斯弗迪斯（Palos Verdes）租的公寓不遠處舉辦的網球賽，途中發生了頭部受到重傷的車禍。

就這樣，威斯特海這個還沒怎麼在NBA打滾過的前大學教練，就在一支非常優秀的職業球隊當上了代理總教練。

「大家一開始覺得威斯特海在這個位置上的時間應該很短，麥金尼很快就回來了，」湖人隨隊記者史帝夫·史普林格回憶道，「後來大家覺得，他可能還是會回來，只是時間早晚的問題。又過了一段時間後，大家發現他顯然要等好幾個月才能康復。」

有段時間，人們甚至擔心麥金尼可能會因傷不治。

在百般思量中，威斯特海考慮找派特·萊里來當助理教練，當時後者是在齊克·赫恩負責播報時與他配合的球評。

「萊里是個很棒的球評，我喜歡他，」赫恩在二〇〇二年的一次廣播採訪中告訴負責主持的賴瑞·柏奈特，「我不得不說服他答應。他不想去。我說：『他們想和你談談，去談吧！』『不、不、不，我不想去。我想留在轉播台，和你待在一起。』我說：『天啊，你隨時都可以待在這裡，但在你如此熱愛的運動中得到這麼好的機會，可說是千載難逢。去吧，試試看。』」

威斯特海記得，傑瑞·巴斯當時反對萊里加入教練團，但在考慮將近一星期後，這位代理總教練還是選擇了他。畢竟，萊里是威斯特海在NBA裡唯一認識的人。而且在他們短暫相處的時間內，威斯特海觀察到萊里很瞭解職業球員在比賽中的情緒面。另外，在NBA剛開始借重影像的時代，萊里就已經展現出快速剪輯影片的技術。日後證明，這項技能對於在中場休息時間解釋大家犯了什麼錯以及進行球探報告時很有幫助，也是一項遙遙領先多數對手的革新。

萊里當然需要錢，但不論是在湖人當助理教練或者播報助理的薪水都不多。多年以來，湖人一直是支在對待員工方面小氣出名的球隊。

羅伊・英加伯西特記得，萊里在那段時間常常來他的辦公室，尋求各種演講或小型活動的機會，藉此賺取一點收入。他曾在聯盟中擔任多年的配角型球員，而這在那個時代並不是能發財的途徑。

於是，父親在小聯盟執教多年的萊里走馬上任，也立刻成為了威斯特海處理面前重擔的助力。

「這從各方面來看都是個困難的任務，」威斯特海在二〇〇四年談到球隊失去麥金尼的處境時說，「我會來湖人，就是因為傑克，是他帶我來這裡加入這支球隊的。這是他從訓練營開始一手打造的球隊。這支球隊全部的基礎、所有在進攻與防守端的根基，都是由他親手奠定。然後我們開始照著他的打法打球，也打出了不錯的成績。他出了這場嚴重的車禍，有好幾個星期都沒辦法工作。所以，這對傑克來說真的是件超級倒霉的事，他跟不上球隊的步調了。」

在發生了這起事故後，威斯特海根據麥金尼的計畫制定了自己的方針，湖人也很快就重回正軌。正如包括傑克・萊姆錫在內的眾人所抱持的疑慮，強森的表現證明了他也無可避免地要承受新秀成長時必經的磨難。他需要在攻防兩端都做出調整，才能適應NBA後衛的速度。

儘管如此，強森還是從膝傷和失去新教練的陰霾中走了出來，在這個球季點燃了充滿戲劇性與喜悅的變化，並讓它們成為人們腦海裡最深刻的記憶。

「他的熱情是世間少有，我在看到他之前和之後都未曾見過的，」先發陣容中的小前鋒賈莫・威克斯在一九九二年受訪時回憶道，「這在每個人的手臂上注入了一劑強心針。」

「對我們來說，魔術就是魔術，」吉姆・瓊恩斯在二〇一九年談到他的新秀球季時說，「他從來沒有變過。他總是積極向上、總是很開心。他有一種偉大的精神，你在他身邊時，就會感受到。這與他的成就無關。你看著他的眼睛，他也會看著你的眼睛。他有著挺拔的站姿。在你說話時，他也會傾聽。他就是這樣的人。對他來說，沒有任何控制不住的場面或事件。」

人們長期以來遺忘了一件事，前湖人市場行銷總監羅伊・英加伯西特分析，在強森到來之前，那個年代的湖人是一支勝率五成左右的球隊，在一個可容納一萬七千五百名觀眾的球場中打球的他們，就連要吸引到一萬名觀眾入場都有點勉強。

「魔術來了，事情就不一樣了。」英加伯西特說。

他帶給湖人隊迫切需要的活力與激情，遠遠超過專欄作家吉姆・莫瑞所謂的「微笑」。那年秋天，在訓練營剛開始的前幾分鐘，艾爾文・強森就展現出了這兩項特質。以前沒有、以後也不會有球員能像他一樣，將這兩項特質揮灑得如此淋漓盡致了。

日後，麥可・喬丹在感嘆自己的人生時會宣稱：「最重要的是時勢。」強森身邊的人在談到他的人生時，也會發表類似的感言，認為他在蘭辛做足準備後，剛好在一九七九年加入了陣容非常出色、換了新老闆的湖人，並身處一座渴望、深愛他的大城市。這裡的人們竭盡所能、超乎想像地取悅他，程度遠超過已經付出了很多的蘭辛人們。

「人們因你而興奮。」強森在談到新秀球季時說道。

他們的所見所聞

那個球季，身為中鋒的湯姆・麥克米連（Tom McMillen）在亞特蘭大老鷹與湖人交手時注意到的第一件事，就是這位新秀怎麼把整場比賽的節奏，流暢且迅速地控制在自己的手中。

「哇。」麥克米連記得當時自己只有這個念頭。

「他掌控比賽的能力非常強，」他在二〇一九年受訪時回憶道，「他們打球的節奏很快，這都是由魔術率領並精心打造出來的。他是他們的指揮家，而這又是一支非凡的球隊。」

瑞吉．席亞斯也有注意到他的主宰力。效力於芝加哥公牛、六呎七吋的席亞斯本身也是控球後衛，他自己就能提供更多關於身材在這個位置上有多重要的真實案例。

「就和他一樣，我也是一名大型後衛，」席亞斯在二〇一九年接受採訪時回憶道，「身高能讓你在球場上看到一般小個子控衛看不到的東西。這讓你能夠預判對手要做什麼，讓你能夠在對手發動攻勢的三或甚至四秒前就預測到對手要打什麼戰術……你能在他們啟動之前就知道他們這一球要怎麼打。在你把球帶過半場時，你就能清楚地知道局勢會怎麼發展。在快攻中，只要你一碰到球，就能馬上掌握場上的全局，而且攻勢會完全按照你預期的方向發展。」

在強森二十歲時，他的身材令他能發揮一種野性，也就是「小少年仔」的元素，就好像他已經在追逐一個他知道其他人無法企及的位置。而在這個追逐的過程中，也包括要解決他和尼克森誰來負責掌控比賽的棘手問題。

幸運的是，正如賈德．希斯科特預期，強森也能很好地在職業聯盟扮演前鋒的角色，這有助於緩解他與尼克森之間的緊繃關係。

「他和諾姆．尼克森這兩名後衛的組合，就像是兩匹馬在拉這頭馬車，」威斯特海在二〇一九年回憶起強森初入聯盟的第一季時說，「如果你有看到我們的球隊是怎麼進攻的，就看得出來我們幾乎就像是在用丟硬幣決定的。這次讓魔術主導，下次輪到尼克森主導。第一個球季，兩人就像是在共同分擔這個責任。他們都是後衛，而無論球是怎麼到他們手上的，他們都能根據情況進行因應。關於魔術強森在這一年的表現，我要強調的是，他在新秀球季表現得非常突出，但這不是因為他展現出了成為球隊未來控衛的潛力。他在禁區內用格外強壯的身材取得優勢，而在這個摸索自己該扮演什麼角色的新秀球季中，他抓下了比我們預期中還要多的籃板球。在我們需要他上場並為球隊爭取第二波進攻機會時，他時常為球隊完成重任。所以，他為我們球隊帶來了很大的助益，但一開始不是因為他後來成為經典的傳球，而是他強硬的籃板球。」

在強森擔任控球後衛時，老將們開始抱怨他太常把球權握在手裡，所以得進行一些調整。而且，他的不看人傳球總是讓隊友措手不及，還讓某些隊友生氣，覺得這讓他們出醜。在大學裡這麼做是一回事，但在職業聯盟這麼做，就有可能讓隊友因為這些傳接球上的失態，而在談合約時受到收入方面的損失。從這個角度來看，打前鋒為他提供了一個更安全的領域。「我不知道他是否有意為之，但這是一種贏得全隊信任的好方法，」威斯特海回憶道，「因為我們有能把球投進籃框的人，像是諾姆・尼克森、賈莫・威克斯或卡里姆。魔術會在他們投籃失手後去搶下籃板，然後把球補進或是回傳給他們，每個人都喜歡有人去搶進攻籃板，彌補你沒投進的球。」

即使這麼做，也無法掩蓋他的傳球和華麗的球風。有時，他能馬上把球傳出去，接著在隊友回傳給他後，馬上在全場快攻中找到隊友，在球幾乎沒有碰到地板的情況下完成進攻。而在這時，光是球迷們的反應和隊友們的肢體語言，幾乎就能闡明球隊打得有多麼流暢。藉由這些表現，強森彷彿很快地就讓整個洛杉磯都興奮地跳了起來。在度過了論壇球場多年的沉悶後，球迷們很快就愛上了他的魔術，彷彿將生活變成了一場盛大且歡樂的迪斯可舞會、一趟灌籃一個接著一個出現的旅程。

「我永遠不會忘記和他一起走過機場的情景，」諾姆・尼克森日後回憶道，「他打開隨身聽，然後你會突然聽到有人在唱歌，接著就看到他站在機場中央，自己唱起歌、跳起舞來。」

有時候，他可能會以一種奢華的方式展現他的年輕魅力，比如說穿著全長的皮草大衣、租一台直升機當成私人豪華轎車。但通常，他只用臉上的簡單表情，就足以展現他的魅力。

密爾瓦基公鹿的名人堂主播艾迪・杜塞特（Eddie Doucette）是密西根州大的畢業生，他很想追蹤強森是怎麼適應職業聯盟的整個過程。「我只想看看這傢伙到底會變得有多厲害，」杜塞特在二〇一九年的採訪中回憶道，「以及他如何扮演領袖、吸引隊友們跟隨他。他來到了一支充滿資深球員的球隊。要把自己的影響力與風格施加在他人身上時一向並非易事，當你還是一名年輕人的時候，真的必須展現出一些領袖氣質，並且要把場上的一切結合起來。他做到了這一切，因此，正如我所希望的，他表現得如此出色，球隊中的老將們、資深的前輩們，幾乎立刻把手中的領導權讓給了他。」

「他能讓自己的一舉一動大放光明，」杜塞特說。「他上場打球時，一切都亮了起來。他接受採訪時，也會光芒四射。他的人格特質十分罕見，沒有傲慢、自以為比對方厲害的優越感。我第一次採訪他時，便心想：『嘿，我想更瞭解這傢伙。他是個有趣的小子，我想待他的身邊。』」

自從湖人在一九六〇年從明尼亞波利斯搬到洛杉磯以來，就受到一小部分電影明星和名人的喜愛，他們也受到吸引、來到場邊席觀戰。然而，即使如此，比賽過程也總是有種讓人昏昏欲睡的感覺。

「那時的名人有自己專屬的前排座位，」羅伊・英加伯西特回憶道，「傑克・尼克遜（Jack Nicholson）有他的座位，但那時情況不同。他們來現場，沒有人會真的打擾到他們。那時沒有TMZ*，沒有湊熱鬧的人和跟蹤狂等怪人。我的意思是，傑克能安然地坐在他的位子上，桃樂絲・黛（Doris Day）和比利・克里斯托（Billy Crystal）也能好好地坐在位子上看球，就這麼單純。」中場休息時，他們都會起身慢慢地走到攤販買

* 譯註：名人八卦新聞網站。

一杯飲料來喝。尼克遜更是常常躲到他在這棟體育館裡最喜歡的隱密處抽菸。

回首當年，幾乎只用了一奈秒的時間，強森這名新秀讓湖人的比賽氣氛充滿活力的消息就傳開了。很快，來自三教九流的人們都注意到這是個不容錯過的機會，他們不僅能觀看比賽，也會被大家看見。

「魔術微笑的那一刻，我猜，洛杉磯也會跟著微笑，」世界著名的唱片製作人兼尼克遜的好友盧・阿德勒（Lou Adler）在二〇〇四年的採訪中回憶道，「儘管這支球隊在一九七二年贏得了總冠軍，但這座城市之前並沒有真的全心愛上這支球隊。然而，隨著這些更年輕、更外向的人們出現在城市中並四處走動，也把這座城市的人們帶進了比賽現場。」

另一位觀察湖人多年的體育記者道格・克里寇利安在二〇〇四年的採訪中也認同這個看法。「在魔術來到這裡時，人們從好萊塢湧向湖人，也讓這支球隊成為了洛杉磯的新潮流。我的天，在論壇球場的媒體休息室裡，你能看到西恩・潘（Sean Penn）、羅伯・勞（Rob Lowe）、法蘭西斯・福特・科波拉（Francis Ford Coppola）、《唐人街》（Chinatown）的編劇羅伯特・唐恩（Robert Towne），你會在這裡看到眾星雲集。這很吸引人，而且跨越了界限。當時的運動真的發揮了跨界的影響力。籃球就是在表演時刻的時代，以作為一種娛樂的方式引發了震撼。」

那個秋天，它很快就引爆了一股熱潮。無論強森是不是球隊正牌的控衛，他還是常常能在快攻時找到方法持球，並指揮隊友、完成球迷們此前從未見過的得分方式。

「他會把球向前推進，他是一個在殺入敵陣時傳球第一、得分第二的後衛，」隊友吉姆・瓊恩斯在二〇一九年解釋，「他的熱情不容任何人質疑，還擁有各種不可或缺的無形特質。他在訓練時十分努力，總是面帶微笑，因為他熱愛比賽。他肯拚肯搶，會為了贏球而不惜一切代價。我一直記得他在某次接受齊克・赫恩的採訪時說：『齊克，我只想要贏。我不在乎我自己，我只在乎勝利。』」

「把籃球當作娛樂」這句話，在強森剛走入鎂光燈之下時，才剛剛開始在職業籃球中蔚為話題。波士頓的「紅頭」奧拜克是聯盟的守舊派，他鄙視這種作法。他拒絕接受任何娛樂的包裝，當然也不接受跳舞的啦啦隊或任何類似的愚蠢行為。對奧拜克來說，籃球應該是純粹的，也應該是沒有其他雜質的運動。傑克．肯特．庫克最多就是允許場中出現音樂，但僅限於管風琴音樂，行進樂隊或搖滾樂隊是絕對不可能出現的。傑瑞．巴斯當然打算改變這一切，而他採取行動的時間，剛好就是表演時刻因那個新來的小夥子而展開的球季。

加州之星

在最初那段充滿幻想和不安的日子，強森也深受思鄉之情所苦。他試圖藉由打電話來緩解他的思鄉病，每個月也因此產生了將近四百美元的高額電話費，這在當時簡直是天文數字。但他還是個需要克莉絲汀的媽寶，而且他已經離家整整四個月了，這是他此前從未有過的經歷。對蘭辛的思念令他感到痛苦，他也承認這一點。他懷念著無憂無慮的青春、懷念那些在街角唱著走調的歌曲，或開著他的車去密西根州大參加派對並為女大學生們露出微笑的夜晚。

他把自己的這種感受稱為「灼熱的鄉愁」。

強森很快就從擔任湖人隊行政助理多年的瑪莉．盧．里貝奇（Mary Lou Liebich）的辦公桌前，找到了些許緩解鄉愁的慰藉。多年來，對許多新秀而言，她一直扮演著母親般的角色。

在一九九二年的採訪中，里貝奇想不到有哪位新秀比強森在她的辦公桌前待得更久。「艾爾文總是笑著走進來，然後像個連珠炮似地一直講話，」她笑著回憶道，「他總是說：『妳好嗎，甜心？』」

強森會在造訪此處後，再到公關部閒聊。那時湖人沒有球員休息廳，所以孤獨的球員和為這支球隊做著各種不同工作的人們，就會聚集在羅伊．英加伯西特的辦公室。

最重要的或許是，強森就是在這間辦公室認識了朗．羅森。即使在那時，談到自己是怎麼來到湖人實習時，他也會說自己當年在偷偷溜進一場湖人的比賽時被抓到，結果陰錯陽差地得到了這個機會。這聽起來十分沒有可信度，從紐澤西來的羅森是個廣告企劃主管的兒子，他有偷溜進來的必要嗎？但這個故事是真的，羅伊．英加伯西特多年後證實了這件事。他的確逮到了偷溜進來的羅森，然後讓他當了好幾年的實習生。畢竟，當時球隊的行銷與公關部門完全沒有工作人員。

這代表羅森也在完美的時機點來到了這支球隊，完美地碰上了強森來到這支球隊的時間點。

英加伯西特記得，這一切都從爆米花開始的。「這件事發生在球季剛展開的時候，魔術喜歡在上場前吃爆米花。他因為某些原因一定要吃爆米花，朗就成為被他指定去拿爆米花的人。」

在小吃攤於比賽前開啟爆米花機的時候，強森就希望拿到剛出爐的爆米花，而且他不只吃一次，他需要不斷補充。當時，羅森在比賽前還有很多其他的任務，而在英加伯西特找不到他時，通常都是因為他在幫強森拿爆米花。

羅森後來對這段回憶提出異議，他在二〇二三年時聲稱他從來沒有扛下幫強森拿爆米花的工作。英加伯西特當時覺得他手下的實習生應該很清楚強森對他來說很重要。事實上，羅森在當實習生的期間，主要在做的事就是一直認識各式各樣的人、處理每位好萊塢明星的索票或其他需求。不過，儘管重要的人物很多，但強森的事顯然才是最重要的事。

「朗當時還是南加州大學（USC）的大學生，」英加伯西特說，「他和魔術建立了彼此間的情誼，成為了他在論壇體育館的好友，為他四處奔走。他專門幫他處理雜事。」

剛好，強森的律師喬治·安德魯斯也特意結識了英加伯西特，部分原因是為了協調他的客戶在日益增加的宣傳活動中亮相的需求，而這些活動的規模也很快地變得越來越大。

因此，羅森自然而然地成為陪伴這位年輕球星參加這些宣傳活動的人選。羅森與強森的年紀相仿，而且很瞭解這座城市。在強森要去某個地方時，英加伯西特常常派羅森帶他去。

被送作堆的兩人，正如羅森常說的那樣，「我們一個是來自密西根州的黑人小子，一個是來自洛杉磯的猶太少年，既沒有共通點，卻又全是共通點。」

在情感上，強森就像是一本打開的書一樣毫無隱瞞，而羅森雖然心思細膩，但在坦率方面也與前者相去不遠。「艾爾文真的不知道自己一個人的時候可以做什麼。」羅森回憶道。

強森在一瞬間成了百萬富翁，但他在沒有錢的時候也一直過得很開心。現在的他依然穿著大學時期常穿的運動服、T恤和牛仔褲，但在這座廣大的城市中，他感到自己不知所措。

顯然，他沒有什麼事情可以做。

羅森知道熱門的去處，知道怎麼找樂子，知道要用什麼獨門祕方來應對這座城市裡壅塞的交通。他們一起去看南加大的美式足球賽和道奇隊的棒球賽、看電影、去夜店，從中獲得一些輕鬆愉快的樂趣。

「那時的我們並不知道表演時刻即將到來，」英加伯西特回憶道，「我認為這段他們剛認識彼此的日子，是魔術人生中最幸福的時光之一，因為這是他職業生涯的開始。我認為那時他並沒有太大的壓力。這是一段單純地充滿了樂趣的時間。賽前，你知道的，他在湖人更衣室裡吃著爆米花，而後來他和朗·羅森做了很多偉大的事情。」

儘管每一個小確幸似乎都能讓強森感到滿足，但他在新秀球季需要更多的支持。他需要的主要是來自家鄉的陪伴。吉姆與葛麗塔·達特欣然接受這個為此來訪的機會。這些年來，吉姆·達特沒有錯過他的每一場比賽，然而他卻突然被拋進了彷彿廣播無法觸及的地帶，因此吉姆只好寄望於周末能看到全美直播的湖人賽事，否則就只能在報紙上小小的欄位中查閱兩天前的比賽數據。湖人的比賽結束得太晚了，東部的報紙只能延後報導比賽的結果。就某方面而言，強森就像在月球上打球。這確實是個奇特的比喻，但從蘭辛的角度來看，西岸就像是異國，不僅有時間與空間的差異，甚至本質上也不一樣。

以前常和自己年幼的兒子緊靠在一起看NBA比賽的老艾爾文，現在只能寄望於在彩色電視上好好地看兒子的比賽，然後在通電話時和兒子聊比賽。這些年來，強森會告訴媒體：「我不在乎你們說什麼，我不在乎球迷們說什麼，比賽結束後，我會走進休息室後面打電話給我爸，我只想知道他是怎麼想的。」

沒過多久，強森就幫他的父母買了一棟又好又舒適的新家。現在他們有了一個有錢且一夕成名的兒子，和其他九個沒有和他一樣名利雙收的孩子，他們必須在孩子們之間尋求平衡。當然，強森一家人用時間證明了他們能夠應對這種挑戰。

被問及出名的兒子在那季賺到的錢時，老艾爾文指出：「你知道的，這的確讓有些事情變得不一樣了，但我們這麼說吧，我還是原本的我，它沒有讓我因此自我膨脹。」

至於達特夫婦，膝下無子的他們一直希望強森在大學時期能留在蘭辛。強森一直對他們很好，在轟轟烈烈的NCAA最後四強賽期間，為他們在飛往猶他州的包機上保留了座位。而在脖子上掛著籃網的他走下球場時，他們也突然領會到他要離開的時候到了，這是他在高中畢業後同意進入密西根州大時就告訴過他們的未來。

在新秀球季，他歡迎達特夫婦加入自己的新生活，據報導，這讓他們既驚訝又有些傷感。

其他來自蘭辛的人們也曾來到洛杉磯探望他，但這是達特夫婦在他成為一名迅速爆紅的加州年輕明星後第一次見到他。「他邀請我們過去，」當時的吉姆．達特表示，「我們待在他家。有多少這種球員會這麼做？

又有多少球員會覺得自己應該這麼做？不過，總有一天，他會長大，那時他就不需要我們陪伴了。」

強森總有一天會長大到離家鄉越來越遠，但這並不會讓他不再珍惜那段時光，因此他有兩套衣服，一套放在加州、一套放在家裡的衣櫃，這樣他就可以不用帶行李，隨意地依照賽程安排在兩地之間來回。

他在那年一月的某個星期四，為了準備星期五出戰活塞的比賽而初次回家，這很快就讓當地為之瘋狂。查爾斯·塔克到機場把他接回蘭辛，但突然想到他還有在底特律接受媒體採訪的任務，後來一家電視台派出一架直升機把他接回去，才解決了這個遲到五小時的尷尬狀況。不過這並不是什麼要緊事，他在龐蒂亞克銀蛋球場的返鄉之旅，吸引了兩萬八千名爭睹他風采的球迷，是活塞之前單場入場球迷最高人次紀錄的兩倍以上。強森受限於鼠蹊部拉傷帶來的劇痛，只能慢慢地移動，但不管怎樣，就算他在場上只能一拐一拐地來回走動，也不減觀眾對他的喜愛，最終，湖人隊也輕鬆獲勝。

儘管強森在大學畢業後去了西區，離美東媒體的報導範圍隔了三個時區，他的臉孔還是很快地出現在全美放送的七喜廣告中。不久後，賴瑞·柏德也會在這家氣泡飲料公司的廣告上露臉。強森生活在好萊塢，讓他很快就有了參加《邁克·道格拉斯秀》（The Mike Douglas Show）的機會，在那裡，他參加了一場滑稽的籃球比賽，和海倫·瑞迪（Helen Reddy）、尼爾·薩達卡（Neil Sedaka）、丹尼·湯瑪斯（Danny Thomas）等來賓一起比賽、玩得不亦樂乎。

不過，大多時間，NBA的生活就是在這裡打完球後，再接著到那裡打球。同時，球隊安排的商業航班還要進行一系列瘋狂的轉機，讓他們不斷在機場的人群中進進出出。

正如傑克博士預期，各個球隊們都迫不及待地在每個夜晚中測試這名新秀到底有什麼能耐。「如果你看過當年魔術和湖人的一些比賽片段，他在運球時大多會把球稍稍放在身後，」一名前NBA浪人朱諾·布里吉曼（Junior Bridgeman）在二〇一九年回憶道，「而且慣用右手的他，傳球時，手大多會從身體的一側擺動到另一側、傳出動作幅度很大的球。所以，我們會試著把左手抬起來，這樣一來，就可能會讓他改變主意、甚至可以干擾到他的球。對他施壓、全場盯防他、讓他疲於奔命……我們做了諸如此類的小事，希望能讓他找不到狀態，這些都是球探報告上的一部分。」

顯然強森覺得自己的左手派得上用場，但與職業等級的球員交手，代表他不管做什麼事，都會面對到難度最大的考驗。在一季要打八十二場比賽的NBA，這個考驗遠比大學或高中更為嚴苛。

「相同的招數在隔年就失效了，」萊姆錫談及球隊在迎戰新秀時期的強森時，為了逼迫他往左切而在執教方面下的苦功，「每年他都會精進自己的技術，魔術是個很有企圖心的對手，他知道自己有哪些地方尚待磨練，也會實際去做。」

然而，強森才剛踏上職業聯盟的球場上，大家都還不知道他有這種特質。當時他的教練們正在努力地想找出如何發揮他獨特天賦的方法，而對手的教練們也一樣在努力地尋找如何防守他的方法。

朱諾・布里吉曼表示，強森的鬥志無須進行任何調整。「即使臉上掛著燦爛的笑容、內心懷抱著對比賽的熱愛，他還是會在球場上讓你撕心裂肺。想要成功，你必須有這種心態，而他就有這種殺手本能。」

他的這種鬥志從一開始就對其他球隊構成了巨大挑戰。

十月底，強森便用一次罕見的大三元昭告整個聯盟，自己會給大家帶來多大的難題。在這個新秀球季，他攻下了七次大三元。

布里吉曼說明，他在做到這一切時，都讓球賽壟罩在一種獨特的喜樂氛圍之中，這讓對手感到困惑。「他不是一個愛說垃圾話的人，他不會做這種事。但他真的熱愛自己在做的每件事、熱愛打籃球。你每次在球場上和他對壘時，都能感受到或看到這一點，就好像你的對手是一個孩子，就好像這是他第一次打籃球。」

「自信。他非常有自信。」他的隊友吉姆・瓊恩斯談到強森新秀時期的風采時說，「他很無私，也很努力在鍛鍊自己的球技。他每天都在認真訓練。他不是個好射手，但是在每次訓練結束後，他都會額外練習自己的投籃。他在訓練前會練習運球，在球場上來回運球、變速運球、變向運球，他都會練，而且是每天都練。比賽的肢體碰撞越激烈、越粗暴，他的表現就越好。他是個勇士，老兄。他是我們隊上最會搶籃板的人，也是最不畏肢體對抗的人。」

二月，明星賽在馬里蘭州蘭多弗的首都中心舉行，強森成為繼十餘年前的艾文・海斯（Elvin Hayes）之後，第一位以新秀之姿獲選為先發的球員。他打得不錯，但柏德才是舞台上最華麗的焦點。他在場上的一端從籃框前緣抓下籃板球後，直直衝向球場中央，然後傳出不看人的背後傳球。當天晚上，他傳出了許多令人眼花撩亂的球，這就是其中之一。

被問及該季強森的表現時，柏德毫不猶豫地肯定了他展現出的高水準。「他是一名優異、全能的球員，而且他傳球比我好，這點毫無疑問。」他說，「他有成為史上最偉大球員的熱情和拚勁。」

兩人都以十分火熱的方式展開了職業生涯，但現在輪到穿著綠衫的柏德奪走眾人的目光。他和強森一直透過數據表在追蹤彼此的表現。

這些數據也呈現了兩支球隊正在崛起，他們的新秀球星在驟然間從深處提升了球隊的實力，讓這兩隊似乎走上了在冠軍戰再次碰頭的軌道。「那會讓人多麼期待啊？」全美的籃球迷們如此詢問著彼此。

同樣在二月，湖人來到麥迪遜廣場花園與尼克對決，強森用大三元的成績慶祝自己在這座球場的初登場。賽後，他回答了每一個問題，此舉展現了他的年輕魅力與耐心，也贏得了紐約媒體的青睞，更預示了他會多次入選聯盟年度好訪問球隊的未來，而那時的NBA正處於急需球員發表言論，並不斷推廣這項運動的狀態。顯然，被強森注入了那特別魔力的對象不只湖人。在強森的笑聲與魅力和柏德樸實無華的風格交錯之下，這兩位前所未有的新秀令整個聯盟煥然一新。

兩人在前四十場職業生涯的比賽中，都在防守時遇到了極大的挑戰。「一開始，他們把他吃得死死的，」柏德的教練比爾．費區（Bill Fitch）在評論強森時直言不諱，「但從今年年初開始，他進行了調整，讓他在防守上能繳出更好的表現。」

柏德在整個職業生涯中時常出言為強森辯護，這一次在回應這個議題時也不例外。「啊，人們總是談論新秀和他們的防守，但我們每個人都會犯錯。而就算他在防守時犯了錯，也有辦法在進攻時還以顏色，讓一個在聯盟打滾九年的老油條丟臉。」

由於波士頓在柏德的帶領下展現出了前所未有的轉變，兩人之間的年度最佳新秀爭奪戰隨著球季進行逐漸升溫。已經成為意見領袖的亞特蘭大總教練休比．布朗（Hubie Brown）很快就發表了意見，認為這個獎項應該頒給柏德，因為強森加入了一支更有天賦的球隊，陣中有著像是賈霸、賈莫．威克斯、諾姆．尼克森、瓊恩斯等夥伴們。聽聞這一連串的意見，強森總是微笑以對。

「我們變得如此密不可分，老兄，」在被問及有關他與湖人的問題時，他對紐約的媒體這麼說，「你不會相信的。大家現在都展現出了自己的情緒，當然也包括了激動地拍手的卡里姆。我們下了很多功夫，這是我想要置身其中的球隊。」

在處理完與紐約媒體的交際後，強森穿上他的長皮草大衣，前往著名的五四俱樂部（Studio 54），讓隨行的查爾斯．塔克處理更多的庶務。不論是當跑腿、打籃球的陪練、職業生涯的規劃師還是顧問，對這位心理學者來說，都是願意拉下臉來做的事。因為他深深地喜愛這位明星球員，顯然，也喜愛他們一家人。

畢竟，塔克會說，就算現在的場面轉移到了更大的世界，但他的工作還是沒變，就是把一切打理好。

史帝夫．史普林格在洛杉磯當了幾十年的體育記者，其中大部分時間都在《洛杉磯時報》工作，但在史普林格於強森的新秀球季初次報導湖人賽事時，他還只是一份地方報的記者。湖人隊會私下支付這些地方報社記者的機票費用，作為一種擴大宣傳的手段，這讓史普林格能在強森剛成為職業球員的階段就近觀察他，而他的觀察，從搭乘球隊巴士展開客場之旅時便會開始。「他會帶著他的巨大音響，」史普林格回憶道，「他會坐在最後一排的正中央，大聲地播放音樂，化身為『EJ是DJ』，假想自己在主持電台節目、播放音樂。在巴士上，他的聲音顯然是最大的，但每個人都會跟著他唱。就一個二十歲的孩子而言，他非常放得開，很快就成為了一個群體中的領頭羊。」

史普林格在二〇一九年解釋，這有部分得歸因於強森在應對記者上的從容態度。「他總是有空接受採訪，總是保持在能受訪的狀態，你懂吧，他的笑容好像永遠沒有從他的臉上離開過。他從不迴避任何問題。他有時在回答時可能會說一些不該說出來的話，但他是個真的很好相處的傢伙。有些人看到體育記者就會閉口不言，他則會笑著說一些『你好嗎？』之類的話。總之，他遠比卡里姆平易近人。對我們來說，後者就像個怪咖，和艾爾文相處起來就輕鬆多了。」

在那個時代，球隊和媒體人員會搭同一班商務航班、住同一家飯店，還常常一起用餐。因此他的好相處在這些一起行動的情況中也幫了不少忙。

「我們是媒體，他們是球員，但在旅途中，我們都是一起旅行的旅客，」史普林格回憶道，「一起出去吃飯的感覺很奇妙。我記得我們去了可能在波特蘭的一家俱樂部，在鎂光燈之下，艾爾文拿起了麥克風介紹球員，就像在唱饒舌歌曲一樣。而介紹完球員後，他還介紹了記者。『這位是史帝夫．史普林格。』『這是史考特．歐斯特勒。』我們就像是團隊的一部分。這並沒有影響我們身為體育記者的本職，也沒有讓我們在撰寫必須寫的報導時停筆不寫，但他們能夠理解。他能很輕鬆地把我們吸引到他的圈子裡。」

尤其是坐在記者席上，看著他一如既往地施展他驚人的球技時更是如此。

「我們在麥迪遜廣場花園，」史普林格記得，「艾爾文搶下籃板球，而他看著己方陣地的籃板，然後將球從頭頂上用力地往背後甩出去。此時，諾姆．尼克森已經先發動快攻。球越過整座球場，只在地上彈跳了一次，諾姆就接到球然後上籃得分了。於是，我在休息室裡跟艾爾文說：『你怎麼發現的？你怎麼知道諾姆偷跑了？』他說：『我看到他跑了。』我說：『才怪，你沒看到吧。』他說：『有啊，我看到他快攻了。』」

「你的頭根本沒有動，」史普林格記得自己跟強森這麼說，「你直直地看著己方的籃框。你的頭根本沒有轉過去，然後你就把球從頭上丟了過去。你怎麼知道他在哪裡？」

「我猜我用心眼看到他了。」強森回答。

「你怎麼知道的？你怎麼做到的？」史普林格在二〇一九年說，「令人不禁這麼讚嘆的好球，將會不斷上演。」

第十九章　第六戰

艾爾文·強森在整個籃球生涯中主宰了他所待過的每支球隊，因此他的隊友們都不得不按照強森要求的方式打球。終於，在洛杉磯，他遇到了一名不會屈服於他強大意志與魅力的球員。

「不用多久，魔術便對此了然於心，」前湖人球員榮恩·卡特談到卡里姆·阿布都—賈霸的巨大存在感時說，「一旦他瞭解狀況，就不再施壓了，因為卡里姆是不會屈服的。魔術和其他人一樣明白了這一點。卡里姆叫你跳的時候，你唯一能問的就是要跳多高。沒有人會以任何方式糾正或責備卡里姆。」

就連湖人隊的教練也不例外。

賈霸是籃球界第一位實質意義上的童星，到了一九八〇年，成名甚早的他在江湖打滾多年後，最終成了一個覺得他人的關心並不真誠的人。很高也很害羞的他早早便發現，用冷漠、空洞的眼神可以有效地讓對他提出各種問題的人們閉上嘴巴。包括隊友。

這份冷漠似乎會一輩子跟著他到天涯海角。

原名是費迪南·路易士·艾辛道（Ferdinand Lewis Alcindor, Jr.）的賈霸出生於一九四七年四月十六日，是艾爾與柯拉·艾辛道（Al” and Cora Alcindor）的獨生子。他的母親是一名歌手，父親則在茱莉亞音樂學院（The Juilliard School of Music）學長號，並且在公共運輸局擔任警察等工作來養家糊口。

從表面上看，在個性迥異的賈霸和強森身上可能找不到什麼共通點，但事實上，他們的共通點不少，其中最重要的，或許就是他們都非常重視自己與父親的關係。

「我的職業態度是承襲自我的父親，」賈霸在二〇〇四年受訪時說明，「我從上小學到上高中的期間都住在家裡，我爸只請過一次假。他得了流感，整整一個星期臥病在床，還不得不把代領薪資的工作交給我。這是他唯一一次在工作上缺席。他很堅強，總是說：『我還有工作要做。』」

身為一名公共運輸局的警察，他大可走上旁門左道，藉由睜一眼、閉一眼來賺錢。

「很多人可能會被貪腐誘惑，」賈霸回顧著父親的一生時說，「有人想要買他的警徽，但他沒有同意。他是個十分正直的人，而這是我非常崇拜的特質。」

根據本書作者在二〇〇六年出版的《好戲上演：見證者們口中的湖人內幕》（*The Show: The Inside Story of the Spectacular Los Angeles Lakers in the Words of Those Who Lived It*）一書中所述，年幼的路易士在年僅十三歲時已經有六呎八吋高，並在首次接受報紙採訪時成了紐約籃球文化的寵兒。沉默且散發出書香氣息的他，立下了成為工程師的志向。「我知道我不可能打一輩子的籃球。」他向記者說明。

在就讀鮑爾紀念高中（Power Memorial High）的那幾年，他帶領球隊贏得兩座全國高中冠軍，並寫下七十一連勝的紀錄。在他高四的那年春天，他成為了來自四面八方的大學教練爭取的對象，甚至更高層級的球隊也對他垂涎三尺。「我現在就願意拿出兩個首輪選秀權把他交易過來。」當時巴爾的摩子彈隊總教練吉恩・許曾如此表示。

而最終中了這個樂透的是ＵＣＬＡ的約翰・伍登，兩人共同構築了棕熊隊（Bruins）稱霸大學籃球的王朝核心。「我總是能與他產生共鳴，」賈霸談到伍登時說，「他滿腦子都在想著要做什麼才能贏得勝利。」

當然，這也是他與強森共有的另一個重要特質。

約翰・伍登和他麾下的偉大中鋒贏得了無數的勝利，完成ＮＣＡＡ三連霸，這使大學規則委員會制定了荒謬的「艾辛道條款」，在他的最後兩個球季禁止了灌籃，這個規則將為整個籃球界留下十年的汙點。

正如伍登時常指出的，艾辛道是史上最有價值的球員。這名教練強調，最有價值代表的不一定只是最有天賦。這個稱號代表著艾辛道不僅是一位才華洋溢的全能中鋒，還能讓全隊發揮出超越個人能力的水準，這也是他與強森共有的另一個重要特質。兩人在職業生涯中都扮演了隊友實力增幅機的角色。

在結束UCLA的大學生涯後，他旋即加入了密爾瓦基公鹿，這是剛成軍一年的擴編球隊。即使在NBA那些資歷豐富、見過大風大浪的悍將們眼中，剛加入的他也馬上成為了一個充滿謎團的人物。他們會問，他到底有多高？大學時期的答案是七呎一吋。公鹿隊的官方說法則是七呎二吋，但沒人相信。「真要猜的話，可以從七呎四吋開始猜，」尼克隊的內特・鮑曼（Nate Bowman）說，「而他的手臂似乎更長達八呎。」

無論他到底有多高，都足以讓他在新秀球季率領公鹿打進東區冠軍賽。他們輸給了紐約，但在一九七〇—七一球季，密爾瓦基獲得了另一名高手羅伯森，兩人整頓了球隊，並帶領球隊一步一腳印地在剛成軍的第三個球季便奪得總冠軍。

這個冠軍球季還有另一個註腳，他完成了改變信仰、皈依伊斯蘭教的大事，他從一九六八年便開始進行此事。在一九七一年明星賽前，他默默地改了名字，並與名為哈比巴（Habiba）的女子結婚。

卡里姆・阿布都—賈霸這個新名字代表著高尚、慷慨、強力的真主侍奉者，然而，要活得「名副其實」似乎是個不小的考驗。一九七二年十月，他因涉嫌持有大麻在丹佛短暫入獄，直到隊友盧修斯・艾倫（Lucius Allen）被起訴後才被釋放。三個月後，一九七三年一月，有七個人在賈霸位於華盛頓特區的住處遭到殺害，其中有五人是兒童。這些被害者是他的好友兼顧問哈瑪斯（Hamaas）的家人，他們都是正統哈乃斐派的穆斯林。這起事件源於該教派內部的衝突，與賈霸並沒有直接關係（據說他們只是住在他名下提供給他們居住的透天大樓），但這起事件很快就產生了令他震驚的餘波，就是與他妻子分居，讓他只能在密爾瓦基的公寓過著隱居的生活。

同時，公鹿持續在交易或釋出幫助球隊在一九七一年奪冠的主力球員，這些行動導致了他們在一九七二與一九七三年於季後賽中鎩羽而歸。一九七四年，他們曾在冠軍賽中努力地向塞爾提克挑戰，但在激烈、逼出七戰的系列賽中敗下陣來。下一個球季，也就是他在密爾瓦基的最後一個球季，他因為憤怒地用手砸籃框而讓手骨折，並因此缺席了很長的時間，而公鹿在一九七四—七五球季的戰績也沉淪到三十八勝四十四敗。隨後，他們完成了他的要求，將他交易到湖人。

他在密爾瓦基的這些年來贏得了三次的MVP，也贏得了一個美稱。公鹿的實況主播艾迪．杜塞特將他的看家本領命名為「天勾」，對一名高尚、慷慨、強力的真主侍奉者來說，的確是個適合的武器。

他在一九七五年來到加州時，此處的毒品文化正越來越興盛。他曾在大學時期試過古柯鹼和海洛因，但他表示，他對這些找他加入吸食古柯鹼小圈圈的人們沒什麼興趣。儘管沒有墮入此道，他還是很快地成為了一九七〇年代職業籃球衰敗氛圍的象徵。當時，ABA已經快要撐不住了，NBA則被視為沒有方向、第二等的運動。身為NBA的頂尖球星，他那悶悶不樂的形象對這種狀況實在沒什麼幫助。在密爾瓦基的最後一個球季，他首次體會到輸家的滋味，而許多體育記者也將他對此毫無情緒起伏的反應解讀為毫不在乎。然而，湖人隊的球迷大多還記得「大路」（Big Lew）在UCLA有著統治者（The Dominator）的威名，他們歡迎他的到來，也對他寄予厚望。

當然，麻煩事也幾乎立刻就來了。如同球隊總經理彼特．紐威爾所述，湖人為了得到他，割捨了大部分年輕有天分的球員和選秀權，只留下一個七拼八湊的陣容迎接他。

他以平均十六點九個籃板贏得籃板王，另攻下二十七點七分，這番表現足以令他贏得第四座MVP。

然而，湖人在一九七五—七六球季來到客場時頻頻陷入苦戰，這讓他們最終以四十勝四十二敗的成績結束球季，連續兩季錯過季後賽。一九七六—七七球季，他收下了第五座MVP，但運氣不佳和單薄的陣容，讓湖人沒能在季後賽中成為最後的勝利者。「湖人隊如果沒有他，在一九七〇年代末的那幾個球季能贏得二十勝都算幸運了，」談起賈霸時，傑瑞．威斯特如此說道，「但我們總是能打進季後賽，我們只是欠缺足夠的拼圖。」

「我記得自己當時成了代罪羔羊，」賈霸在二〇〇四年時說明，「我是球隊中最好的球員，很多事情都是我在做的，所以他們就覺得我是湖人之所以沒能成功的主要原因。這很令人沮喪。這是我籃球生涯中最悽慘的時期之一，因為我沒辦法贏球。我曾是聯盟中最具主宰力的球員，我在那段時間贏得三次MVP。這還不夠好，但問題不在於我。人們對我不滿的地方，在於我不喜歡接受採訪或多花時間和媒體打交道。他們不喜歡這樣。我和……這些寫文章的人，陷入了一場意氣之爭。」

一九八〇年春天，賈霸即將迎接自己的三十三歲生日，但他依然是比賽中最強大的進攻武器，並在成為NBA歷史得分王的路上直線前進。

數十年來，他難以跨越的生涯總得分與他得到這些分數的方式都令人印象深刻，他似乎能用對手難以觸及的天勾從場上的任何位置把球投進籃框。這還不夠。

「卡里姆的形象看起來非常冷漠、陰沉，他也以此著稱，」當時負責湖人市場行銷和公關工作的羅伊．英加伯西特如此說明，並補充，他個人覺得這位偉大中鋒其實很願意配合。然而，許多為了採訪需求而不得不訪問過他的媒體卻不這麼認為。

「當時，卡里姆似乎正經歷著人生中一次特別的自我質疑歷程，」《洛杉磯時報》體育記者泰德．葛林（Ted Green）在一九九二年被採訪時說，「他似乎在懷疑自己是否想繼續打籃球。他在場上常常顯得昏昏欲睡、無精打采。在許多個夜晚中，他就像處在巡航定速的狀態下打球。有天晚上在麥迪遜廣場花園，他攻下二十四分，居然只抓下一記籃板球，所以我寫了一篇報導，稱他為卡里姆・阿布都—夢遊者（Kareem Abdul-Sleepwalker）。他非常生氣，有好幾個月都沒和我說過話。」

「這些記者所謂的『理解我』，代表我應該接受他們的觀點。」賈霸在一九九二年解釋。

與羅伯森相仿，許多業界人士也認為賈霸的處境有很大部分是自己造成的。

強森的到來引發了一種新的說法，將燃起這位偉大中鋒的競爭之火的功勞歸給這名新秀，而這種說法很快就激怒了賈霸。他承認強森有所影響，但另一個重要的因素是，他所在的湖人在強森到來前缺一名大前鋒，這使他總是得和兩名小前鋒搭配，這是個致命的缺陷。

除了強森在那個新秀球季帶來的影響，賈霸指出，重要的是球隊找來了史賓賽・海伍德（Spencer Haywood）和吉姆・瓊恩斯這兩名力量型球員來幫他力扛前場。不過即使是論及這方面，強森也為球隊帶來了助益，因為在湖人隊也能當前鋒的他抓了很多籃板球。

儘管如此，在評估湖人隊內誰比較重要時，對手在一定的程度上都看得清清楚楚。首先，另一名NBA浪人洛伊德・華頓（Lloyd Walton）在二〇一九年被採訪時解釋，其他球隊並沒有為了阻止還是新秀的強森而設計對策。「他和卡里姆一起上場，我們更在乎的是如何阻止卡里姆。魔術是一名偉大的球員，但大家還沒這麼注意他，他在新秀球季的確沒有從對手身上得到這麼大的注意力。魔術能讓每個人都變得更好，但他不會像卡里姆那樣得到大量的分數。」

就算是這樣，整個聯盟在這個球季都感覺到這個巨人已經被喚醒了。

領取羅德獎學金的湯姆・麥克米連在一九七四年從馬里蘭大學畢業，在歐洲求學一年後，回到家鄉展開了十一年的NBA生涯，然後進入了政治界並在國會任職。高大且好學的麥克米連和卡里姆有些相似，這讓他好奇和強森一起打球會對這名大個子帶來什麼影響。

「現在的湖人與魔術還沒來、只有卡里姆在的湖人完全不同，」麥克米連回憶道，「那時的湖人打得更慢，節奏不像現在這麼快。魔術一來，就讓整支球隊都快了起來。我認為他們能夠與彼此攜手作戰是件很幸運的事。顯然，卡里姆是一名才華洋溢到不可思議的球員，但有了魔術，讓他的肩上少了些壓力，魔術總是能把球傳到他的手上。這就像是上天的禮物。魔術一來，湖人就有了顯著的改變。」

同時，強森的夥伴喬治．安德魯斯和查爾斯．塔克也非常清楚他與賈霸的關係很重要，而這將是一個挑戰，因為這位中鋒有時很難相處且難以捉摸。在球季進行間，克莉絲汀．強森也加入了這個作戰，默默地與這位中鋒建立了友誼，並藉由經營他們之間良好的相處氛圍以維繫暢行無阻的溝通管道。她常常會應卡里姆的要求，烤她抓住了許多人的胃的甜薯派，而據說提出這個要求的頻率相當頻繁。

時間會讓人們逐漸瞭解到，卡里姆和魔術的合作關係存在著多年來鮮少有人提及的棘手之處，但吉姆．瓊恩斯選擇看向兩人之間的相似之處，這些也是他們最終能合作得如此順利的原因。「他是我開始打球後，配合過的球員中最聰明的一個，」瓊恩斯在二〇一九年談到強森時說，「而我認為卡里姆望其項背，是第二。他們的思考方式不同，我覺得，強森會思考更多細節的層面，更從貼近常人的角度思考，也更清楚事情原本的運作方式與該怎麼做會更好的方法。」

在強森成為湖人一員的當下，查爾斯．塔克也愜意地融入了這個新環境，他抽出時間參加訓練營，不斷在洛杉磯與蘭辛之間往返。他在蘭辛做自己的工作，來到美國西岸時，則與巴斯、比爾．夏曼、傑瑞．威斯特和其他球隊內部人士建立了令人意外的親密關係，他們會一起玩、一起參加說打就打的街頭籃球賽、一起做各式各樣的事，但最重要的是，他可以坐在幕後，靜靜地觀察這個新環境中的人物關係。此處的內部文化與過去經歷過的截然不同，他的年輕夥伴必須盡快適應。而在這份新環境的人物列表中，卡里姆是要搞定的第一個對象。

「他是個特立獨行的人，但是個好人，」塔克在二〇一九年分析道，並補充，如果不是因為個性的關係，這位大個子會得到更多的讚譽。卡里姆在那個時代的主要形象之一，就是坐在休息室的椅子上，背對著隊友們讀書。

幸運的是，塔克指出，強森的魅力分給兩個人共用還很夠。

喬治・安德魯斯也好奇事態會怎麼發展，而隨著他觀察下去，便理解到強森對勝利的強烈欲望，會推動他找出能機智地破解卡里姆謎團的方法。安德魯斯在二〇一九年分析道，一個球員若沒有把全部的心力放在贏球上，就可能會有壞事發生。「但艾爾文一心想贏，他有著『我願意為勝利付出任何代價』的心態，且以卡里姆為重、克制著自我。對一個二十歲的孩子來說，這是非常成熟的舉動。他非常敬重前輩，而這並不是一件做了會時常獲得讚美的事。」

安德魯斯說明，賈霸在球員生涯結束後就沒有這麼難以捉摸了，但那時的他對強森來說是一個挑戰。這個球季剛開始不久，強森就選擇了順著毛摸。

「卡里姆就是這支球隊的象徵，」他在接受《運動畫刊》採訪時說，「所以我比任何人都更想被他接受。我聽說過他沒有情感、沒有投入在比賽中的傳聞，但這些傳聞並不是真的，他會開玩笑、會生氣，也很努力訓練，他是個有血有肉的人。」

正如吉姆・莫瑞所言，光是一個微笑就能發揮很大的作用，強森在接受《運動畫刊》採訪時也同意了這一點。

「我會繼續微笑，因為這就是我的生活方式，」他保證，「早上起床時，看到太陽，就會讓我心懷感激。我會繼續當那個總是快樂的艾爾文，因為人們似乎也喜歡這樣的我。而且，被人喜歡是一件很有趣的事，沒有任何事比這更有趣了。」

最終，這匯聚起來的一切產生了令人滿意的成果。卡里姆獲得了第六座MVP，締造史上最多獲獎次數記錄（波士頓的比爾．羅素曾獲獎五次），而湖人也以六十勝二十二敗的戰績拿下西區第一種子。

「我認為帶領我們的人是魔術，」這位中鋒在球季尾聲承認，「他的球風沒有變，但變得更聰明了，傳偏的次數越來越少。他就像我一樣，我一出道就不像個新人，魔術也從來沒有菜鳥的菜味。」

例行賽期間，他平均攻下十八分、七點七籃板與七點三助攻，投籃命中率達到百分之五十三。在一九八〇年春天的十六場季後賽中，他的表現提升到了平均十八點三分、十點五籃板與九點四助攻。

這足以讓傑克博士和傑瑞．威斯特等老派人物，以及其他秉持著傳統思維、曾懷疑強森能否在NBA找到適合定位的人們刮目相看。

「在這一季塵埃落定、他們打完那場與費城交手的第六戰時，」萊姆錫說，「魔術已經成為了無所不能的球員。」

新秀票選

因此，湖人在那年五月來勢洶洶地向前突進，也就不讓人意外了。賈霸打出多年以來的最佳表現，在湖人擊敗鳳凰城太陽的季後賽首輪中也體現了這一點。當時效力太陽的名人堂球員保羅．威斯特法（Paul Westphal）在那個系列賽中力抗湖人，甚至在關鍵的第三戰失利中攻下三十七分。在二〇一九年被採訪時，強森被問到了他覺得在第一個球季最難忘的是什麼，他回答：「就是看到他一馬當先地持球突破。他充滿了活力。從他的眼神中，你可以看出他在尋找用什麼方法打球最能令人激動不已，同時，也最有效率。」

威斯特法談到這段往事時笑了笑，然後補充說：「我只覺得他熱愛競爭、喜歡鎂光燈和這個舞台，熱愛勝利與上演一場好戲。他擁抱了NBA的大場面，我認為他在這方面表現得很特別，無人能比。」

充滿耀眼燈光與寬闊的大舞台，在球季的尾聲等待著強森，也盼望著他拿出最佳水準的表現。

在擊敗鳳凰城後，接下來他們要在西區冠軍賽迎戰衛冕冠軍西雅圖超音速。在蓋斯·威廉斯（Gus Williams）和丹尼斯·強森（Dennis Johnson）的聯手下，超音速已連續兩年奪得西區冠軍，而且這兩年都親手淘汰了湖人與他們的中鋒。

西雅圖很快就在論壇球場舉行的首戰中奪下勝利，但賈霸決心向令他難堪的超音速復仇，湖人奮力反撲。在系列賽關門戰中，賈霸令人意外地在休息室中真情流露。而儘管發著華氏一百零一度的高燒，強森還是繳出了大三元，幫助球隊掌握了比賽的主導權。他從一開始就把球塞到卡里姆手上，而且不停地把球餵給卡里姆（他在這五場比賽平均攻下三十點六分、十一點六籃板、三點八助攻、一點六抄截與驚人的四點二阻攻），為湖人打出氣勢，連續在四場緊湊的比賽中贏得勝利，令西雅圖球迷只能一直抱怨為什麼裁判幾乎放過了強森所有的二次運球。

在這之後，湖人邁向爭奪聯盟桂冠的大賽，也就是正式名稱為NBA總冠軍賽的系列賽。

同時，在總冠軍賽開幕前，聯盟公布了賴瑞·柏德被票選為年度最佳新秀的結果。柏德冷冰冰的態度與強森燦爛的個人魅力形成了鮮明的對比。在現實生活中，他們以不同的口音說著一樣不流利的英文，但他們都有著高超的籃球智商，這令球員們宛如球迷一般，也關注著柏德的成長，尤其是他和強森看起來又要上演另一場史詩般的對決了。這一次，他們要為了初入聯盟的第一座NBA冠軍而戰。許多人在那年春天就覺得，柏德與強森這組令人翹首以盼的對戰組合有實現的可能，柏德帶領塞爾提克取得六十一勝二十一敗的戰績，這位平均攻下二十一點五分的波士頓前鋒為球隊寫下了當時聯盟史上最大的翻身紀錄。在柏德到來的前一年，波士頓的戰績是二十九勝五十三敗，而他幫球隊在這個球季比上季多贏了三十二場球，也因此獲得了年度最佳新秀獎。這個結果對強森而言是一種侮辱，也為強森帶來許多的動力。

尤其是他得知票數結果時更是如此。二十三歲的柏德得到了壓倒性領先的六十三票，遠勝只拿到三票的他。而這還不是唯一一個侮辱到他的地方，柏德被票選為年度第一隊，而且還得到了第三高的票數。（在一百三十二人票選第一隊時，賈霸獲得了一百三十人的提名，領先所有候選人。）

有兩位強森入選了年度第二隊，但他們都沒有綽號。入選的這兩位，是超音速的丹尼斯．強森和公鹿的馬克斯．強森（Marques Johnson）。

魔術則沒有入選任何一隊。

巴斯的公關包柏．施泰納（Bob Steiner）在一九九一年透露，湖人管理層私下認為柏德年長兩歲，因此能用更成熟的身體和打法迎接新秀球季。巴斯確定，只要再給強森一點時間，他很快就能讓柏德黯然失色。強森本人則是急於向全國觀眾展示自己才是比較優秀的一方。

這種情況本應創造一場由柏德的塞爾提克與湖人交手的精彩對決，這也將有如一九七九年他們在鹽湖城相遇那般點燃強森內心的熊熊烈火。可惜，柏德沒能讓這個對戰組合成真。隨著波士頓在東區冠軍賽以一比四敗給朱利葉斯．厄文與七六人，他的希望便破滅了。

比利．康寧漢（Billy Cunningham）執教的七六人在例行賽贏得五十九勝二十三敗、僅落後波士頓兩場勝差。他們帶著許多有天賦的球員與仍處於巔峰、依然能飛擅扣的資深戰將「J博士」揮軍總冠軍賽。「我不擔心我能不能灌籃，」在與波士頓交鋒的系列賽中，厄文曾這麼說，「我要做的是確定我有可以著陸的地方。」

七六人

傑克博士曾警告過萊昂內爾·霍林斯（Lionel Hollins），說他會在一九八〇年二月遭到交易，而且他的預言成真了。接著後者就在某個星期六晚上搭了紅眼航班，趕在星期天下午和他的新球隊費城七六人一起參加一場全美直播的比賽。

四十年後，在這段曲折的事件中，他只記得自己先發出戰，七六人也贏得了勝利，讓他在新球隊的生涯有了個好的開始。

一九七七年的總冠軍賽，已經足以讓費城見識到霍林斯有多少能耐，當時七六人在費城先拿兩勝後，卻眼睜睜地看著比爾·華頓、霍林斯與拓荒者連贏四場，從他們手中奪走了冠軍。因為華頓的傷病麻煩，拓荒者在一九七九—八〇球季開始前將他交易到快艇，現在也正在進行打散那支冠軍隊的陣容並重建的工程。

隨著七六人在一九七七年遭遇了這場災難般的潰敗，總經理派特·威廉斯想出了一句口號給球迷——「我們欠你們一座冠軍」，球隊努力地兌現這個承諾，但過了三年還沒有成功，這也是為什麼派特·威廉斯會把萊昂內爾·霍林斯交易過來。

七六人後衛道格·柯林斯（Doug Collins）的膝蓋受了傷，而霍林斯就成為了這個困境的解答。他有著六呎三吋的身高，以控球後衛而言，這在那個時代是個不錯的身材。他也是個一輩子都在打籃球的人，大學時期在亞利桑那州大打球，接著在NBA度過了一段長久且貢獻良多的職業生涯。日後，這名聰明的球員先後在大學和職業球隊中執教，成為了一名備受敬重的教練。

才華洋溢的七六人將在四年內三度與魔術強森和湖人在冠軍賽中交手，日後證明，兩隊的交鋒也將成為強森傳奇生涯的基礎。而在一九八〇年二月，霍林斯剛來到這支由前北卡大與NBA明星球員比利·康寧漢執教的球隊時，他一眼就看出了球隊內部的問題。

「我們在星期一練球時，很多人沒有全力以赴，」霍林斯回憶起他來到費城最初的四十八小時，「我記得我在練球時出了全力，達瑞爾・道金斯對著我大喊：『幹嘛這麼拚？這只是訓練而已。』和『練球拚成這樣，也不會頒一座冠軍給你。』」

「這就是為什麼我們打敗了你們這些傢伙，」霍林斯用那座一九七七年的總冠軍回擊道金斯，「我們每天都拚盡全力，不是等到要爭冠軍的時候才開始拚。」

霍金斯回憶道，道金斯的態度反映了這支有著名聞遐邇的「J博士」朱利葉斯・厄文的七六人的價值觀。「這支球隊能打出贏球所需的水準，也贏得了很多場比賽。我們是一支非常好的球隊，但對這支球隊而言，致力於攀登到更高處、奠定更卓越的水準並不是驅動著球隊前進的最主要動力。朱利葉斯有職業操守，他來到這裡努力訓練，而這並不全是朱利葉斯的問題。這支球隊有太多個性鮮明的人了。」

康寧漢因採取一種老派執教風格而著稱，他在練球時往往只是把球拋出來、讓這些成年人自己決定該做什麼。「從很多方面來看，比利・康寧漢就像是個來自不同時代的人，」霍林斯解釋，「他不會在訓練時把大家逼得太緊，我們常常在贏球之後就不練球了。」

至於為傑克博士打球的感覺，霍林斯說明，儘管他有著學者、教授的形象，但在這層光環之下存在著一股堅毅。他也回憶起有一次要去華盛頓特區進行訓練，「但巴士司機在開車去進行投籃訓練的路上迷路了。」

霍林斯記得，傑克博士於是要司機在一所小學停車，然後讓全隊在戶外的水泥地上進行訓練。「所以，那時候每個教練的個性和執教哲學都很不一樣，在傑克博士麾下，我們就連在星期天下午從紐約或其他地方飛回來後，都還會直接去一所高中練球。」

在上半季為波特蘭效力時，霍林斯曾有一些和強森對壘的經驗，但和傑克博士一樣，他也不覺得這是什麼特別的回憶。「我的意思是，當時的魔術不是魔術，」霍林斯回憶道，並補充說強森有時在場上會轉身用屁股頂著你，「在職業生涯的那個階段，他還沒有對你產生太大的攻擊性，但他很有天賦，也很高大，而且他的視野遍及全場，擅於傳球。」

湖人教練團很清楚傑克博士的看法，但儘管他們也以謹慎的態度在觀察強森，當他在某些晚上展現出未來成為偉大球員的潛力時，還是會讓他們激動不已。

「比賽到了最後關頭時，魔術會想接管戰局，」威斯特海在球季進入最後幾個星期時指出，「他會想在底線把沒人掌握住的球搶下來，他會想要爭搶進攻籃板把球補進，他會強硬地在防守者的面前把球放進籃框。他已經告別了新秀的生澀。」

同時，聯盟中的其他人對強森的評價則沒有這麼保守。首先，從強森還是青少年時就與他交手並觀察他的喬治．葛文說了這些話。「他會打出這種表現並沒有讓我感到意外，」人稱「冰人」（The Iceman）的他說，「他有飆出高分的能耐，看他想不想要而已，他讓整支球隊看起來很犀利。」

艾文．海斯甚至將這位新秀與史上最偉大的球員們相提並論，他說：「他讓球隊發揮出最強實力的方式，讓我想起了戴夫．狄博學、比爾．羅素、包柏．庫西、華特．弗雷澤……」

在來到塞爾提克之前的丹尼斯．強森，在當時是西區較為高大的後衛之一。他曾宣稱：「魔術能做出令人興奮的表現，像是運球跳步、不看人傳球、變速過人……」

丹尼斯．強森還提到魔術在球場上的觀念，然後補充：「最讓我印象深刻的是他的籃球智商。他非常瞭解場上的情況。能像他這樣一進聯盟就能理解比賽中的局勢，對一名年輕球員來說是很了不起的事。」

儘管如此，從球季開始到現在，魔術的打法還是一直無法和諾姆．尼克森的打法找到一個舒適的平衡點，後者放棄了部分控球後衛的任務，並有至少一半的時間改打得分後衛。有些人甚至形容尼克森的存在就像是幫強森在這個球季中適應環境的拐杖。

「在魔術的新秀球季，尼克森的助攻數比他還多。」傑克博士指出此事。

「若要說有誰是沒有得到應有認可的人，那就是在控球方面與艾爾文不相上下的諾姆，」賈霸在一九九二年說道，「諾姆在球場上的速度很快，他的視野也很出色，但諾姆沒辦法和艾爾文一樣殺到籃下，因為他沒有那麼高大。但在其他球隊試圖對艾爾文施壓，而他把球交給諾姆並讓後者來推動快攻時，諾姆和賈莫就能上演精彩好戲。如果其他球隊想要阻止艾爾文，那就給了諾姆和賈莫開闊的空間，他們為我們得到了很多分數，我們也因此贏得了兩次總冠軍。」

榮恩．卡特是尼克森的朋友，他早在訓練營和季前賽就看出了他們的關係，然後透過尼克森持續追蹤著兩人的互動。「魔術和諾姆合不來，」卡特在二〇〇四年的一次採訪中回憶道，「我的意思是，他們相處得很好，但在場上就是合不來。所以，他們之間總是有些內部的小問題……就是一些激怒對方的小事，在諾姆與魔術之間，每天都會有類似的情形發生，這讓場面變得很難看……問題是，這間休息室是歸諾姆管的，只要諾姆．尼克森還在，只要諾姆在這裡有影響力，那就是歸諾姆管的休息室。這一直是『你要站在誰的那一邊，我還是諾姆？』的問題，而不只是誰來控球的問題。卡里姆用一種非常慎重、甚至可說隱晦的方式表明諾姆是他的夥伴。在威斯特海說：『好，跑這個戰術。』的時候，魔術就會抓起球來執行戰術，然後卡里姆會從他的手裡把球拍掉，交給諾姆。就是這類的小事情，能讓你看得出來這惹惱了魔術，最終產生了裂痕。你能預見未來會發生這樣的情形。」

並不是每個人都把這段關係描繪得那麼針鋒相對。

「魔術必須學會讓每個人都融入比賽，」尼克森在強森的菜鳥球季尾聲對《紐約時報》表示，「他當時正在與他們漸行漸遠。他必須為此付出努力，而他也的確做到了。我現在更喜歡和他一起打球，我們能夠互補。」

儘管關係緊張，但對手的教練們清楚地看到湖人擁有著聯盟最強的後場組合，再加上一名在進攻端最具主宰力的中鋒，他們成為了對手巨大的挑戰。

「傑克・麥金尼認為他們應該共享後衛的職責，」威斯特海在二〇〇四年強調，「這樣他們就能互相配合。這是一種公平的安排，尼克森至少有一半的時間可以自由地指揮球隊。」

錄影延播

萊昂內爾・霍林斯記得，這是七六人於一九七七年潰敗後首次重返總冠軍賽。「在一九八〇年我們打進總冠軍賽時，每個人都覺得我們會贏得冠軍。沒有人把洛杉磯視為一支超級強隊。」

七六人知道他們在與強森的對位上會面臨著非比尋常的對決。「我們當時心想：『不能讓湖人在比賽中邁步狂奔。』」

畢竟，他們會這麼想也有其道理：「有多少六呎九吋的球員能把球運得這麼好、這麼快，讓你守不住他？」

答案只有一個。萊昂內爾・霍林斯表示，很快就會出現更多身材高大的球員在運球的情形，但他們都會在持球推進時遇到難關。「魔術從來沒有在推進時掙扎過。你必須把魔術擋在面前，一旦他把球運到你的側面，人高腿長的他就會趁勢把你甩開。他絕對是個讓人頭痛的對手。」

瑞吉・席亞斯在二〇一九年闡釋，正是強森的球技有著如此別樹一幟的組合，將他提高到另一個層次。「魔術不好對付的地方在於，你必須在他過半場前就緊盯著他。如果你沒有在他過半場前壓制他，他就會朝你衝來，這時就根本沒有阻止他的辦法了。如果他到達了弧頂，那就完蛋了，這等於已經把分數放進了口袋。」

席亞斯補充，強森在控球時一旦過了半場，就會製造與防守者的肢體接觸。「在那個年代，你會想用肢體碰撞給對方壓力。然而你越是施壓，肢體碰撞得越頻繁，魔術就越開心。然後，他就會在你面前轉身，為自己創造得分機會。洞察全場的能力、用身高持球推進的能力、攻擊籃框的能力都是他的優勢，但魔術最重要的特質是他的領袖魅力、他的好勝心。而這些特質的總和，造就了魔術。」

日後也沒有一名新秀能像那年春天的強森一樣，展現出帶領大家完成一件事的獨特能力。

儘管人們都把注意力放在強森與眾不同的球風上，但隨著系列賽展開，賈霸看起來才是令七六人無解的人。他很快地展現出遠超過對手中鋒卡德威．瓊斯（Caldwell Jones）與達瑞爾．道金斯的戰力，這也讓洛杉磯在爭奪冠軍的較量中佔得先機。五月四日，在論壇球場舉行的第一戰，卡里姆攻下三十三分之餘，還得到十四籃板、六阻攻與五助攻，幫助湖人以一百零九比一百零二獲勝。尼克森得到二十三分，威克斯也攻下二十分，而兩人除了得分，也在包夾厄文方面表現得十分優異。「每當我接到球，都會有兩個人盯著我。」這名七六人的明星球員在賽後表示。

強森則以十六分、九助攻與十籃板的表現，低調地發揮了幾乎沒人注意到的影響力。

在球季的尾聲，威斯特海開始讓強森在進攻端打大前鋒，而讓尼克森與第六人麥可．庫柏負責後場。「這是我們的最佳陣容。」這名教練對記者們說。

長期接受籃球訓練的賈霸，早就熟知自己的球技有哪些巨大的優勢，他在第二戰攻下三十八分。然而，七六人在這場比賽設法限制了湖人的快攻，而且沒有犯規，讓他們在第四節時一度領先多達二十分。不過湖人此時急起直追，在比賽後段將比數追至一百零四比一百零五。只是七六人的鮑比．瓊斯（Bobby Jones）在比賽最後七秒時命中關鍵跳投，幫助球隊以一百零七比一百零四勝出，也為費城扳平系列賽並奪回主場優勢。

這場失利的部分原因被歸咎於史賓塞．海伍德的「分心」，這位前ＡＢＡ明星球員在這個球季的大部分時間都擔任湖人的替補球員，他在一次伸展訓練中睡著了，並做出了一些奇怪的舉動。海伍德公開表示，威斯特海不讓他上場的理由是「謊言」。論壇球場的球迷很愛海伍德，他曾經用揮舞毛巾的方式激起球迷的熱情、鼓勵他們呼喊自己的名字。日後，人們才發現海伍德因濫用古柯鹼而毀了自己的人生。不過，終結他湖人生涯的原因另有其事，據說在第二場比賽結束後，他和新秀隊友布萊德．霍蘭德大打出手，於是威斯特海便將海伍德禁賽，就此不讓他參加本季剩餘的所有賽事。這使得湖人的前場在正需援手的時候，反而變得更加薄弱。

在那個年代，聯盟制定了嚴格的規則，要求各隊只能進行盯人防守。湖人花了很多時間研究出一種精心偽裝成盯人防守的全場緊迫防守，這也讓對手紛紛抱怨此舉違反規則。而在第三戰中，威斯特海在防守端做出了兩個關鍵的調整。首先，他讓吉姆．瓊恩斯負責防守道金斯，把欠缺投籃能力的卡德威．瓊斯交給卡里姆來防守，這樣就可以讓高大的後者留在底線保護籃框。然後，威斯特海把強森轉移到外線去防守霍林斯，抑制了費城的外線。結果，湖人在費城舉行的第三戰以一百一十一比一百零一獲勝，又讓湖人重新取得主場優勢，並以二勝一負在季後賽七戰四勝制的系列賽中領先。賈霸再一次成了七六人的麻煩，攻下三十三分、十四籃板、四阻攻與三助攻。而且這名中鋒也再次獲得了尼克森、強森、威克斯等隊友的奧援。

正如一九九三年出版的《湖人：一段籃球之旅》一書所述，費城在第四戰中激烈地反擊。在前三節比賽中，雙方不斷互換領先，然後七六人在比賽快結束時控制了局面。朱利葉斯．厄文留下了他令人難忘的一幕、他加速甩開了湖人的替補球員馬克．蘭斯伯格（Mark Landsberger），然後從右側起飛。半空中，朝著籃框飛去時，「J博士」遇上了宛如塔一般聳立的禁區守護者。然而，「J博士」神乎其技地飄移到了籃板後方，從卡里姆背後伸出他的右臂將球放進籃框。在底線附近的板凳區上，坐在庫柏旁邊的強森，不禁為偶像的優雅動作感到痴狂。這一個動作成了費城施展的魔法，最終七六人以一百零五比一百零二贏得勝利，又讓系列賽回到二比二的平手局面。

這些事件鋪陳出了波瀾壯闊的第五戰。這場比賽在論壇球場舉行，在洛杉磯緊緊守住兩分領先的第三節尾聲，賈霸扭傷了左腳踝、走回休息室。當時，他攻下了二十六分，扛住了湖人與表現不如人意的強森。不過，就在這時，這名新秀連得六分並送出一次助攻，幫助湖人取得八分的領先。

這剛好為賈霸爭取了時間，他在第四節剛開始時一拐一拐地回到場上。他的登場令洛杉磯觀眾血脈賁張，儘管腳踝有傷，他仍在最後關頭回應了觀眾對他的歡迎，在比賽的最後階段攻下十四分。比賽最後三十三秒，雙方戰成平手，這位偉大的中鋒得分，製造對手犯規，並藉由完成這記三分打給予費城致命一擊。比數是一百零八比一百零三，洛杉磯獲勝，並帶著系列賽三比二的領先前往費城迎接第六戰。

這名中鋒拿出既非凡且勇敢的表現，但也很快為此付出了代價。湖人全員抵達洛杉磯國際機場並準備飛往費城時，卻得知賈霸無法成行。他的腳踝受了重傷，醫生建議他應該在第六戰休兵，留在家中，並期望若系列賽被逼進第七戰時他能上場。如果這名中鋒錯過了系列賽的最後兩場比賽，湖人幾乎必敗無疑。無怪乎威斯特海擔心這則消息會影響到球隊。

不過，強森已經準備好對策了。

那天，隊友們未見其人、先聞其聲，他肩膀上扛著的音響，發出了響亮的音樂聲。他登上了聯合航空飛往費城的航班，直接坐在一直是專屬於賈霸的頭等艙座位上。

「坐在卡里姆的位子上就像是在褻瀆聖地。」《洛杉磯時報》的泰德．葛林回憶道。

「人們都覺得他瘋了，」主播吉姆．希爾回憶當時並笑稱，「他回頭看著大家說：『別怕，EJ在此。我們會拿下這一場。』」

事實上，有幾個人說他說的是：「艾爾文．魔術．操你媽的強森在這裡。」

「他坐在卡里姆的椅子上開始大笑，」吉姆．希爾回憶道，「有些事情是做不得的，那是卡里姆的領域。

他們說：『小少年仔，你不知道自己在說什麼。』」

「你能想像一個二十歲的孩子有做這種事的膽量嗎？」朗・羅森在二〇二二年問道，四十年後，他仍能把強森的反應敘述得栩栩如生。

在飛機上，他們要面對的大問題是要怎麼排先發五虎。

二〇二二年，齊克・赫恩在廣播中接受主持人賴瑞・柏奈特採訪，他在回憶這件事時如此說道：「那時我們搭商業航班，我和總教練保羅・威斯特海坐在一起，魔術走過來說：『教練，我想拜託你一件事。』」

「可以啊，」威斯特海說，「你想做什麼？」

「魔術說：『我想當先發中鋒。』」赫恩回憶道，「教練說：『你說啥？』」

赫恩笑著說，威斯特海一開始拒絕了讓強森打中鋒的構想。

「魔術離開然後走回自己的位子上，」赫恩回憶當時的情景，「威斯特海對我說：『你能想像嗎？他拜託我讓他當先發中鋒？』我說：『我覺得這是個超好的主意。』」

無論這件事是怎麼開始的，要怎麼處理的答案已經越來越明朗了。

隨後，威斯特海找了傑瑞・巴斯，坐在他旁邊並徵詢他的意見。威斯特海後來表示，老闆堅決反對讓強森以中鋒之姿上場跳球或是擔任中鋒。而在教練說他很有可能會採用這個策略時，巴斯說他不會試圖阻止，但如果威斯特海這麼做卻偷雞不著蝕把米，還讓湖人輸掉系列賽，那要知道會有什麼後果。

一到費城，他們又在練球時討論了這件事。「我在練球時問他，你會打中鋒嗎？」威斯特海在二〇一九年回想。

「我會，」強森回答，「我在高中時就打過中鋒，那只不過是幾年前的事而已。」

「保羅擔心我們無法與道金斯和卡德威・瓊斯抗衡，」強森在二〇〇四年回憶道，「我跟他說我可以應付卡德威．瓊斯，而他用一種『老天爺，他有七呎高！』的表情看著我，他不相信我能和他對抗。我跟他說：『教練，想想看，在另一端他們要怎麼防守我們？他們要怎麼防守我們在場上的球員？』」

「他讓他先發上場，剩下的就是歷史了。」赫恩對柏奈特說。

費城的球迷一直都沒有完全相信湖人把他們的明星中鋒留在洛杉磯的報導。一家廣播電台說，一直有人表示他們在機場看到了賈霸，還有一名計程車司機說他確定自己把這名中鋒載到了飯店。

由於當晚的比賽並不會進行現場直播，而是錄影後在全美延播，因此讓很多人感到失望。「這正好顯示了聯盟現在的處境，」派特．威廉斯在二〇一九年說，「屬於這個聯盟的時代還沒有到來，你懂吧，意思就是它在體育媒體的世界中還排不上最重要的程度。」

威廉斯解釋，CBS不願意在黃金時段播職業籃球的比賽。「電視台就是沒有這麼做的打算，他們就是沒有意願，不想為了播NBA而取消晚間新聞。那時沒有ESPN也沒有福斯體育台（Fox Sports），什麼都沒有。大家都覺得湖人死定了，費城會把他們拿下，這就是當時的氛圍，你明白吧。我們都覺得：『天啊，真幸運，我們得到了扭轉局勢的大好機會。』整座城市都這麼想。那天晚上來看比賽的費城球迷都是準備來慶祝的。」

派特．威廉斯說，首先，大眾已經知道強森是一名很有娛樂效果的球員，但是電視台高層並沒有參透他的影響力和明星效應的遠見。「魔術有個亮眼的新秀球季，他是名好球員，但真的沒有人能事先預測到那天晚上會在費城發生什麼事，因為關鍵的卡里姆在第五戰因扭傷腳踝而倒下了，來訪的湖人可說是處處掣肘。」

回顧那個夜晚，可以從心理學的角度來解釋。「不管你是球迷還是球員，如果你到了比賽現場，聽說他們的最佳球員今晚不上場，」這名前七六人總經理補充，「這種好康有多常發生？這種情況只要一出現，你的第一反應就會是『今晚我們會輕鬆不少了吧？』不論球員們是否有察覺到，他們在心理上都會鬆懈一點。『噢，老天，今天晚上的比賽，輕鬆啦。』」

同時，湖人的教練擔心，球隊本身幾乎可說是太放鬆了。強森一如既往地是那個興奮地手舞足蹈的新秀，唯一能破壞他情緒的，是問他怎麼看第七戰的記者們。

「他們都認為，如果他們輸了這場比賽，卡里姆會做好在下一場主場賽事披掛上陣的準備，」齊克・赫恩說，「事實並非如此。卡里姆的腳踝扭傷得很嚴重。」

強森對隊友們說，一切都很完美。沒有人指望我們會在這裡贏球，事實上，大多數的湖人球員也都曾有所疑慮。但在他們於星期五晚上抵達光譜球場（Spectrum）時，看到了幾位木匠們正在搭建頒獎台。依NBA規定，費城必須準備一些設備，這樣萬一湖人贏球了，才有辦法頒獎。

「這應該會很有趣，」威斯特海在賽前對球員們說，「人人有機會。我們要用小個子陣容來打這場比賽。」

這代表他們將派出由強森、瓊恩斯與威克斯組成的前場，後場則交給尼克森和庫柏處理。賈霸則躺在位於貝萊爾的家中，據說，他也趕在比賽開始前的最後時刻傳來了祝福的訊息。在那個沒有手機因此沒辦法傳簡訊、甚至沒有電子郵件的年代，人們一直不清楚這名中鋒到底是怎麼把祝福傳達給隊友們的。也許他是去打附近的公共電話，也或許他是生了狼煙。

在比賽正要開始時，湖人的奇招幾乎已經不是祕密了。在邊線接受前湖人球員羅德・亨德利訪問時，強森對著電視機前的觀眾宣布了這個計畫。

「根據不同的戰術，我有時會打中鋒和前鋒。」強森一邊說，一邊開懷地微笑著。

而在湖人隊上場後，意外發現這招造成更多人的困惑，甚至稱得上手忙腳亂。

「我們準備進行中場跳球，」威斯特海回憶道，「在我們說完『上吧！』後，跳球前，吉姆・瓊恩斯還看著我問：『教練，跳球的人是我嗎？』我回答：『不是，讓魔術來跳球。』我們想讓人覺得他是中鋒。」

「我記得，」吉姆．希爾後來說，「布蘭特．馬斯伯格正在播報。他開始大笑：『來自密西根州大的新秀魔術強森將在中場進行跳球。』」

據說，強森在走向中場準備和道金斯跳球時露出了微笑。他沒跳到球，但七六人似乎亂了陣腳。洛杉磯先打出一波七比零的攻勢，然後取得十一比四的領先。

「在第一次進攻時，他來到低位後翻身勾射，」威斯特海回憶道，「他投出了一記卡里姆風格的勾射。接下來的比賽，他打出了無所不在的表現。他打後衛，也打前鋒，而每個人都覺得他是在打中鋒，這是一種心理戰，大家都只把注意力放在魔術打中鋒上，這幫到了我們，大家都忘了賈莫．威克斯在這場比賽中攻下三十七分。」

「比賽一開始，我心裡想：『沒有人會覺得這個年輕人能夠填補卡里姆的空缺，也不會覺得他能打得和卡里姆一樣出眾，』」NBA浪人洛伊德．華頓回憶道，「但隨著比賽進行，我的眼睛越睜越大。」

強森從一開始就手感火熱，他不斷地出手，球也不斷地破網，他先是在弧頂右側投進一記跳投，接著又在突破厄文的防守後用左手投進勾射。接著，他又在左側背框單打厄文，然後在這名費城的明星球員想要跳起來干擾傳球路徑並伺機抄截時，強森進攻並得到分數，還製造了道金斯的犯規。

接著，他又在右側背框單打，在吸引包夾後傳球給瓊恩斯跳投得分。不久後，他又先做了一個假動作騙過防守者，然後從右側切入，在近距離命中一記急停跳投。然後，他再次回到了右側的低位，完成一記驚人且優美的勾射。

面對他的表現，七六人明顯顯得猝不及防，這讓他又藉由一次變速運球凍結了防守，使對手的防線門戶洞開，然後輕鬆地殺進禁區，在毫無對抗的情況下得分。

而現在還沒講到他在快攻中的表現。

「魔術進入了心流的狀態，」萊昂內爾．霍林斯在二〇一九年表示，並指出卡里姆高掛免戰牌反而讓費城在對位上出現了棘手的問題。「大部分時間，他在跑動時都沒人跟得上。」

霍林斯解釋，如果比賽慢下來進入半場陣地戰，通常會有某個在強森附近的人在防守他。「但他就是有辦法技壓群雄，然後打出好球。你知道的，他一直在搶籃板，他在這場比賽搶了十五個籃板球。而且他還能傳助攻，也得到了大量的分數。我覺得大家可能忽略了一件事，就是魔術在外線的得分能力，他不是一名只能在低位得分的球員。」

而讓他佔盡優勢之處，主要還是快攻方面。

「我們一拿到球就跑，」強森在一九九二年回想當年時說，「我們在轉換進攻中打敗了費城，因為他們跟不上我們。」

霍林斯回憶道，會出現這種情形的部分原因，是受到了比利．康寧漢對於比賽中對位預測的影響。「由於卡里姆不會上場，比利認為魔術會更常背框單打，然後尼克森會得到更多的控球機會。所以一開始他派我去守別人，讓朱利葉斯防守他。然而魔術控球與持球推進的頻率還是和卡里姆有上場的時候一樣高，因此這對我們來說不是適合的對位。因為朱利葉斯在試圖搶分時大多會深入低位，而你也知道，魔術一拿到籃板後就會往前衝，此時朱利葉斯就會落在艾爾文的身後。這就是個糟糕的對位。魔術是後衛，而厄文是前鋒。」

強森獨特技能的結合，讓七六人在那晚陷入了混亂，當然，也讓美國職業籃球的輝煌十年，從這一晚、從一場延播的比賽中開始啟動。

除了快攻，強森也進行了大量的背框進攻，在禁區以向左或向右的轉身發動攻擊。霍林斯說，湖人以此先發制人，並早早取得不小的領先。不過，他補充，替補上陣的鮑比．瓊斯幫助七六人壓制了湖人的氣焰。

「我們一落後就會努力追分，並試著找出最有利的對位。」

費城在第二節反擊，並取得五十二比四十四的領先。威斯特海喊暫停，要球員們在防守時往內線收縮，因為史帝夫．米克斯從費城的板凳上挺身而出，像一把刀一般切入內線，攻下十六分。湖人繃緊神經，把握時間追分，在上半場打完時將比數追成六十比六十平手，接著在第三節一開始打出一波十四比零的攻勢。在這一節，威克斯扮演了關鍵人物，攻下十六分。在湖人以六十六比六十領先時，強森察覺威克斯在他的左側，於是他向右跨了一步，藉此將防守者引開，這使底線有了空間，讓威克斯能在弱邊接到他的傳球後直接得分。

在第三節前段，強森在底線命中一記跳投，幫助湖人領先六分。緊接著，又傳出一記地板傳球給從弱邊切入的庫柏得分。

然而，湖人能打出一波猛烈的得分潮，靠的不全是進攻。強森的速度讓他能在費城快攻時及時回防，他先是抄下了亨利．畢比（Henry Bibby）傳出的球，緊接著又在對手的另一次進攻中抓下防守籃板，然後傳出一記橫越全場的長傳給飛奔的布萊德．霍蘭德，幫助他輕鬆上籃得分。

不僅如此，強森還投進了一記遠距離跳投，將領先擴大為七十二比六十。

強大的費城並沒有如此輕易地崩潰，他們在第四節開始時重新追回比數。暫停過後，康寧漢重新讓鮑比．瓊斯防守強森，而這位新秀在他的面前用一記定點跳投回擊了這位瘦長的防守者。

另一個代表性的時刻，是強森在弧頂運球，從他的右肩與背上俯視瓊斯，並巧妙且耐心地等待著這位費城最好的防守者採取行動。在瓊斯終於有動作時，強森立即向左轉身，直接衝進禁區中央並輕鬆得分。

「艾爾文居功厥偉，」霍林斯說，「他打出一場精彩的比賽。他並沒有擔任實質意義上的中鋒，只有跳了個球。卡里姆缺席，他們其實讓誰來跳球都無關緊要。你知道的，他們還有吉姆．瓊恩斯。我的意思是，他們並不是沒有人可以跳球了。我覺得強森打中鋒這件事被放大了，這場比賽他其實打的是控衛。如果他甩開你，就會讓你再也追不上他。因為對位的關係，防守他的人是前鋒，而一名前鋒的速度不僅不足以跟上他的腳步，也沒辦法持續地擋在他的面前，這樣他就能夠攻進籃下得分並站上罰球線。他打得很具侵略性，也不斷在進攻，而這不是因為他打中鋒並從低位進攻，而是他讓隊友們打得風生水起。不過，最終跳出來幫他們贏得比賽的人是攻下三十七分的賈莫·威克斯。在第四節需要有人進球時，他在關鍵時刻的出手堪稱百發百中。來自UCLA的板凳球員布萊德·霍蘭德也投進了幾記重要的跳投，然後布奇·李（Butch Lee）也投進了幾球，還有吉姆·瓊恩斯也打出了精彩的比賽。別誤會，魔術打得很棒，他是他們的催化劑，幫助他們站了出來並打出這種跑動和進攻的球風。我的意思是，他在開放式進攻中很難對付，而到了比賽的最後關頭，他更在各方面都是個棘手的對手。」

霍林斯得出的結論是，湖人隊在這場比賽打出了與整個球季截然不同的風格。「魔術夠聰明，也想贏，更知道如何把握分寸、讓卡里姆做他擅長的事。但在那場比賽，卡里姆不在場上，於是魔術便攬下了全部的工作。」

比賽的最後五分鐘，湖人以一百零三比一百零一領先。威斯特海再次喊出暫停，最後一次試著讓疲憊的球員們振作起來。他們在接下來的七十六秒回應了教練的鼓勵，並取得七分領先。隨後，強森憑藉他的青春活力在最後關頭連得九分，最終幫助球隊以一百二十三比一百零一終結對手。

「他接管了比賽……而且對手是費城，」洛伊德·華頓總結，「這支球隊有『博士』，有鮑比·瓊斯，有一些真的很厲害的高手，像是大個子達瑞爾·道金斯，卡德威·瓊斯，而他就像已經在聯盟打了十年的老將般將他們玩弄於股掌間。這是一場堪稱傳奇的表現。無話可說……就是傳奇。老天，他主宰了這場比賽的戰局。」

湖人已經累得無法慶祝了。威克斯繳出了職業生涯的最佳表現，得到三十七分與十籃板。瓊恩斯則兌現了他要死守內線的承諾，在攻下十一分與十籃板之餘，還讓道金斯只拿下十四分和四籃板。

馬克．蘭斯伯格也為湖人抓下十記籃板球，庫柏則貢獻了十六分。

強森得到了驚人的四十二分，其中他十四次罰球全部命中。他還拿下十五個籃板、七次助攻、三次抄截和一次阻攻。

「這太驚人了，只能說實在驚人。」為費城攻下全隊最高的二十七分的厄文說。

「在一九八〇年與費城交手的系列賽中，魔術傳出了一記我永遠記得的傳球，」庫柏在一九九二年受訪時回憶道，「在跑動中，他從離籃框四分之三場遠的地方傳出了一記地板傳球給賈莫．威克斯。他傳出的這球穿越了五名球員，而直到今天，我還是不知道他是怎麼做到的。」

在《費城每日新聞》（Philadelphia Daily News）任職多年的籃球記者、已故的菲爾．賈斯納，在二〇〇四年的一次採訪中指出這場比賽是多麼重要的時刻。「那天晚上，看到魔術的表現，你就會知道自己見證了歷史……用不了多久，他的表現就會影響到眾人的心理層面。他接管了那場比賽，無論是帶球過半場、搶籃板還是蓋火鍋，都讓人看得入迷。」

在他的故鄉蘭辛，喬治．法克斯找到了一個收音不清楚的電台訊號，讓他能夠收聽比賽實況。

「我在聽這場比賽的轉播，」法克斯在二〇一九年回憶道，「我聽完後都快瘋了。於是我就打電話給艾爾文的爸爸。」

「老艾爾文，現在你有什麼感覺？」法克斯立刻開門見山地問了這個問題。

「你說啥？」老艾爾文回應。

「艾爾文贏得了MVP，」法克斯說，「而且他們贏得了總冠軍。」

「你認真？」艾爾文的父親回應。

「嗯，是啊。我一直在聽廣播。」法克斯告訴他。

「他說：『好吧，電視轉播的比賽還要過幾分鐘才會結束。』於是他回到房間叫醒了妻子克莉絲汀。這就是NBA在一九八〇年後開始改變的瞬間，故事就此展開。」

「他就此一飛衝天，」派特．威廉斯回憶道，「由於大多數的人們都在睡夢中錯過了比賽，因此隔天早上大家起來時，都忍不住驚訝地想：『這傢伙幹出了什麼大事？』和『這個年輕人做了什麼？』嗯，他得到了四十二分和十五籃板。『噢，我的天。噢，我的天啊。』我想，大家看到他的表現時，都可能會有這個反應。我覺得那些在家裡看錄影延播的人，都不相信自己看了什麼。」

比賽結束時，瑞克．貝瑞（Rick Barry）攔住了強森進行一次簡短的採訪，並對他說：「很多人不確定你有沒有在這個聯盟中立足的能耐。你讓我相信，你確實可以。」

「整個球季都棒極了，」強森回答，「太美妙了。」

派特．威廉斯說，強森之所以會爆發的部分原因是他與自己的偶像之一厄文交手。「他對朱利葉斯也有著十足的敬意。而且，你知道的，我覺得他也是出於這份心，讓他在場上想向童年的英雄致敬，也就是朱利葉斯。」

湖人隊的喜悅還沒有完全釋放，幕後的爭議便開始升溫。隨著比賽即將結束，轉播團隊宣布強森獲選為系列賽的MVP，這是NBA歷史上唯一一次把這個獎項頒給新秀。這一選擇似乎忽視了賈霸在前五場比賽中的巨大貢獻。

有人問強森，他的球隊是如何在失去頂梁柱的情況下取勝的。「沒有卡里姆，」他說，「我們就沒辦法打半場陣地戰和以保守的態度打球。我們必須用全場進攻，冒險一搏。」

賽後，在全美延播的採訪中，強森轉身面對鏡頭，對著留在洛杉磯的卡里姆喊話。「大個子，我們知道你受傷了。」他說，「但我們希望你今晚能站起來跳一下舞。」

事實上，傑瑞·巴斯已經在跳了。他成為職業籃球隊的老闆還未滿一年，就已經在全美直播的香檳雨中收下了冠軍獎盃。這是他長時間努力的成果，對ＣＢＳ這麼說的他引起了一陣笑聲。在聯盟不景氣的年代，有好幾個老闆對於嗜血的波士頓塞爾提克與偉大中鋒比爾·羅素束手無策，只能接受他們在十三個球季中贏得十一座冠軍的事實，忍受著總教練兼總經理「紅頭」奧拜克的吹噓，與他叼著雪茄、真的噴到他們臉上的煙。而現在，巴斯這傢伙當老闆的第一年就贏得了冠軍，居然好意思高談闊論自己的奪冠之路有多麼漫長與艱辛？

然而，對賈霸來說，這個ＭＶＰ獎項又是一種侮辱。他坐在家裡，目瞪口呆地看著強森被授予這個獎項時，他開始生悶氣，懷疑ＣＢＳ在投票時有動手腳，這樣在比賽結束後頒獎時才能頒給得主。強森後來也承認了這一點。

「他的ＭＶＰ被搶了，」強森的老友朗·羅森承認，「卡里姆才應該是ＭＶＰ。」而在一九九二年受訪時，卡里姆則說：「我不得不將ＭＶＰ拱手讓人。」

「我贏得了這座獎項。記者們把票投給了我，讓我成為ＭＶＰ，然後ＣＢＳ的某人出面要求他們改投別人，於是他們就投了艾爾文。艾爾文在事後馬上跟我說了這件事。他說：『嘿，我應該把這個獎項還給你，這不是我應得的獎。』但我並不打算和艾爾文計較這個。我和其他人一樣，也為他的表現感到興奮，而且我們終於贏得了世界冠軍。我放得下這件事，但這在我的職業生涯中，是最令我感到痛苦的事情之一。我會受到這樣的對待，都是因為我不受歡迎。」

「這是媒體的投票結果，」威斯特海在多年後回首往事時說，「這與我們的球隊或我們的感受無關。魔術在那天晚上表現得非常驚人。如果你要投的是那天晚上的MVP，那麼，他的確當之無愧。如果你是要投系列賽的MVP，那我只能說，沒有卡里姆的話，我們沒辦法走這麼遠。如果有哪次的總冠軍賽需要投出雙MVP，那就是這次。」

「我覺得這就像克萊斯勒大廈，」這位中鋒在十多年後說，「如果沒有奠定不可思議的地基，就蓋不出如此非凡的建築。我在比賽中做的事就是在打基礎，這讓……大家可以在我深入禁區開創一條活路後，在外線各司其職。這就是我們打球的基礎，也是團隊合作的意義。由於艾爾文特殊的魅力，讓人們以不同的方向在撰寫報導，都在寫他做了什麼。這讓我沒辦法對媒體的客觀度有太大的信心。我想，我的成就也令我受到了負面的影響，球隊的成就也令其受到了負面的影響，而艾爾文的成就也令他自己受到了負面的影響。我們讓彼此的成功更加輝煌，也讓彼此背負了更大的考驗。但我應該強調，我寧願處理這些問題，也不願面對沒辦法贏得世界冠軍的困擾。」

麥可・庫柏在二〇〇四年表示，很多人都做出了重要的貢獻，才有了這座冠軍。「你知道嗎？魔術得到四十二分、十五籃板並送出一堆助攻，但大家忘了賈莫・威克斯攻下了職業生涯最高的三十七分，麥可・庫柏也得到了個人季後賽新高的十六分，吉姆・瓊恩斯抓下了十四、十五個籃板球，也創下自己在季後賽的最高紀錄。*所以場上發生了很多事，但焦點全在魔術身上，因為他為每個人都帶來了樂趣。」

如同在《運動畫刊》擔任多年撰稿人、籃球考古專家艾力克斯・沃爾夫（Alex Wolff）在二〇二〇年指出的，那場第六戰，加上強森在一九七九年總冠軍賽的角色，成為了開創無分位籃球變革的關鍵時刻。

「這傢伙不受任何拘束，」沃爾夫說，「沒有極限。他可以隨心所欲地想怎麼做、就怎麼做。」

強森正在宣示，籃球在「跨過本世紀剩餘的時間進入二十一世紀後，並不一定要沿用舊時代的球風，可以用全新的方式打球。」

沃爾夫說，這場變革的重要推手，可能是結合了獨特人格、體型和球技的強森。「他有點像是在邀所有人參加派對的馬戲演出指揮。他對人們大多都很友善，就像是在對大家說：『嘿，我們可以一起做這件事。』這非常符合他的個性。」

「我真的相信這一點，」庫柏在過了四分之一世紀之後說，「如果我們沒有贏得那座冠軍，我不認為我們會取得日後的成就。我們可能會奪冠幾次，但沒辦法在十年內贏得五次冠軍，並在表演時刻落幕前九次打進總冠軍賽，沒辦法留下這麼令人印象深刻的紀錄。我不認為我們會那麼成功，因為這會留下精神上的傷害。這場勝利，讓我們看到自己在極為艱困的逆境中也能獲勝，這就是它為我們的精神層面帶來的影響。我們整個球季都是以卡里姆作為核心，而我們在卡里姆倒下時團結一心，拿下了這場勝利，而且對手還是有達瑞爾．道金斯、『博士』、鮑比．瓊斯坐鎮，天賦滿載的費城。理論上來說，我們沒有卡里姆，這場第六戰甚至整個系列賽都可能會落入他們的手中。但我們克服了難關，這證明了如果我們整支球隊可以團結一心、堅守團隊的信念，就能在這個聯盟中達成任何事。」

「這場第六戰絕對是我們日後所做的一切的基石，」強森在多年後表示，「它點燃了『表演時刻』。事實上，就是因為有這場比賽，『表演時刻』一詞才會誕生。因為我們最有主宰力的大個子、籃球比賽的最佳長人倒下了，而我們要在這種局勢下於客場面對東區最強大的球隊，最後還贏了。我們能贏球，是因為我們在球場上來回飛奔。考量當時的情況，這是我們所參與過最不可思議的一場比賽。我們知道我們必須打跑轟戰術，而我們也這麼做了。」

---

* 譯註：如之前作者所寫，瓊恩斯本場比賽抓下的籃板球數應為十球，瓊恩斯的季後賽籃板數最高紀錄應為一九七七年代表騎士出戰巫師時，在第二戰締造的十二球。

榮恩・查爾斯有印象，他當時在女友的公寓裡看這場比賽的重播，而他的女友剛好和「餅乾」・凱莉這位與強森分分合合的女友住在一起。

「我和他們一起坐著看比賽，」他回憶道，「我知道誰贏了，因為我已經在收音機上聽過了。此時，我聽到有人敲門。那是半夜十二點半，誰會在這種時間上門拜訪？我打開門。是艾爾文。比賽結束後，他當晚就飛回了蘭辛。」

強森真的悄悄離隊並於凌晨時分在此現身了嗎？強森在二〇二二年說，從來沒有發生過這種事。他並沒有在比賽後搭私人飛機飛往蘭辛，並與「餅乾」・凱莉相會了半小時後再飛回費城搭乘隔天早上的航班回去。

在這個完全是夢幻般的夜晚，顯然許多難以置信的事物在人們的腦海裡佔據了一席之地。巴斯的公關包柏・施泰納在一九九二年回首當年時說，事實上，這整個球季與其落幕的方式，在歷史上都是最不可思議的一次。沒有在NBA擔任過總教練的威斯特海臨時上任，沒有在任何層級留下執教經歷的萊里更是被「從廣播間拉出來」。

如果把其他的離奇事件也算進來，從有人遭到謀殺，到台柱卡里姆在關鍵一役前高掛免戰牌，那麼從頭到尾描述這一切的經過，就不知道要說多少次「難以置信」了。

傑克・麥金尼沒能享受這段奪冠的歡樂時光，頭部受傷的他恢復得很慢。他曾在一九八〇年不顧醫生反對嘗試復出，此舉遭湖人質疑是否明智，這令他沮喪不已，還在報紙上批評巴斯。總冠軍賽結束後，湖人通知麥金尼，威斯特海將繼續擔任總教練。這個決定令麥金尼對球隊和他的老朋友威斯特海感到不滿。巴斯悄悄安排麥金尼去馬里亞尼－巴斯聯合公司經營的「另一支」球隊，也就是印第安納溜馬（麥金尼在那裡贏得了一九八一年的NBA年度最佳教練）。多年之後，他才最終承認湖人做出了正確的決定。他在試著回歸球場時，身體還很虛弱。

「他有段時間失去了某部分的記憶，」前湖人總經理比爾・夏曼在一九九二年回憶道，「對球隊而言，這是個雙輸的局面。」

「在我們做的這一切之中，傑克是不可或缺的成員，因此從這一點來看，這是個困難的決定，」威斯特海在二〇〇四年回憶時說道，「在因緣際會之下，他就像是被拋下了一樣。」

在那個周末，唯一需要立即處理的問題，就剩如何慶祝了。羅伊・英加伯西特記得，球隊已經準備了一些通用的帽子和T恤，實習生們當晚就把它們送到當地的廣播台和電視台，以便球隊隨時可以開始發售。

英加伯西特說，他稍早去機場做了一些安排，為球隊萬一在第六戰中勝出要如何迎接他們進行了準備。「我被大家笑了十分鐘，他們都說：『別鬧了，卡里姆還坐在洛杉磯，不可能在費城打敗J博士和道金斯啦。』」

英加伯西特在二〇一九年笑著回憶道，突然間，湖人隊的基層員工們發現自己要臨時制定遊行計畫了。「我們有一群人在論壇球場迎接球隊。洛杉磯的市中心已經有好幾十年沒辦過遊行了。我們不知道怎麼為遊行排路線，也不知道怎麼排流程。我們找來了車，讓球員們坐上去。現在回想起來，當時的人們簡直是把車子給團團包圍了。我忘了我們是從哪條街進入洛杉磯市區的，應該是華盛頓大道（Washington Boulevard）或拉謝內加大道（La Cienega）。即使是現在，只是看幾張照片而已，都會覺得這是場讓人沒什麼安全感的遊行。我有一張很棒的照片，我走在卡里姆的車旁，還有魔術也在。卡里姆在第一輛車上，魔術在第二輛車上，我站在旁邊，手放在車上，然後人群就在我們的周圍。每個人都在笑，我則是抬著頭，不知道在想什麼，可能在想：『希望我們能平安結束這場遊行，這真是太瘋狂了。』當時卡里姆和他的女友都在車上，我們沒有巴士，沒有能用來隔絕球員和球迷的鉸接式卡車或平板卡車。當時我需要十五輛敞篷車。我找到了。

然後我們用一輛巴士把球員從論壇球場帶到市中心。我們讓每個人都上了一輛車，在每輛車前的擋風玻璃上放上名牌，寫著是誰坐在這輛車上。」

英加伯西特說明，在這最初的一年，球迷們只知道卡里姆、魔術和幾個球員的名字，但不認識所有球員。

這位公關與行銷人員笑著回憶道，魔術坐在卡里姆後方的第二輛車。「他臉上掛著最燦爛的笑容。要知道，他在來到洛杉磯的八個月後，就在市中心參加了世界冠軍的遊行。」

「在我出生之前，公羊隊就已經在洛杉磯了，他們是這裡的第一支職業球隊，」史帝夫．史普林格回憶著湖人在一九八〇年拿下的冠軍時說，「但在道奇隊搬到這裡後，在山迪．柯法斯（Sandy Koufax）和唐．德萊斯戴爾（Don Drysdale）叱吒風雲的那些年，整個洛杉磯都成了道奇隊的天下。在開創『表演時刻』的湖人出現之前，甚至沒聽過湖人在季後賽的收視率超過道奇春訓練習賽的事。我的意思是，道奇隊在這座城市呼風喚雨，完完全全地佔據了這座城市的心。儘管一九七二年的湖人締造了三十三連勝，引發了很大的轟動，但那也只是維持了一年的曇花一現。然而在一九八〇年後，這座城市就被湖人接管了。」

魔術是怎麼說的？為愛而採取行動？

果然，由大批球迷承載著的愛正朝他洶湧而來。事實證明，他既不想，也不願意回絕他們的熱情。

第二十章　風暴

考量到湖人沒有卡里姆，很可能在客場輸掉第六戰，許多重要的支持者都沒有前往費城參與這場賽事，但喬治．安德魯斯決定從芝加哥飛來，陪伴他的年輕客戶。

「在他的家人與其實為數不多的隨行人員中，只有我去了費城，」安德魯斯在二〇一九年回憶道，「他們從錄影延播中收看比賽。他們說：『好吧，沒有卡里姆我們打不贏，我們看這個就好了。』」

安德魯斯卻想：「我要去，因為輸球時的陪伴更重要。」

這位律師為此付出的心力，讓他得到了回報，留下了一段珍貴的時刻。賽後，他在休息室裡和強森舉杯慶祝冠軍，但杯裡裝的不是香檳，而是柳橙汁。對於慶祝奪冠的氛圍而言，此處顯得格外平靜，因為球員們都累斃了。

「他轉過身來面對著我，」安德魯斯回憶著當下的強森，「然後問：『你覺得我們會不會得到更多的邀約？你覺得我們現在能得到一些代言了嗎？』」

強森立刻察覺到，這個屬於他的偉大之夜代表他的生活將會有所改變，因此，他在想這是否會轉化為一連串豐厚的商機。

「可以啊。」律師微笑著輕聲回答。

「那真是個很棒的時刻，」安德魯斯在二〇一九年回憶道，「我為他感到高興，因為他盡情展現了他能做到的一切。」

當時，他們正踏進這個時代巨輪中的一場競爭，而這場競爭的結果，將讓他們多年來為此感到不快。這名律師與他的客戶或許都已經猜到，賴瑞·柏德會成為強森在球場上最大的競爭對手。但當時他們可能怎麼想都想不到，強森和安德魯斯在日後會一直在場外被拿來與一名來自北卡羅萊納州、剛讀完高三的球員比較，那就是當時名字還叫「麥克」、很快會在車上掛上「魔術麥克」車牌的喬丹。

這成為了美國籃球史上兩大偶像之間的較量，他們比的不是得分、籃板或助攻，甚至也不是勝敗。比的是代言合約、市場影響力和多年來最終獲得的財富。

「我們和別人不一樣，」安德魯斯在二〇一九年談到為強森尋找代言合約時投入的層面和策略，「我們精挑細選合作對象。」

當然，人們會反駁，喬丹也有在挑。他挑的合約都讓他比他的偶像更富有、更有影響力。

安德魯斯指出了造成這兩位明星在全球市場影響力上出現差距的另一個因素。

「他真的不想花那麼多時間在這上面，」談到強森在二十歲的想法時，這位律師說，「我的意思是，我們有辦法在洛杉磯為他安排到每小時出場費兩萬五千美金的活動，但他不想。他寧願回蘭辛和他的朋友們一起打壘球。」

事實上，紀錄顯示，年輕的喬丹在剛展開職業生涯時，也沒有那麼在意合約或代言的機會。喬丹在一九八四年與耐吉簽訂了那份具有里程碑意義的球鞋與服裝合約，其幕後推手是桑尼·瓦卡羅。而正如瓦卡羅在二〇一三年接受採訪時指出，能談成這份合約，也得歸功於喬丹的母親。因為她說服了兒子和她一起去波特蘭、簽下耐吉的合約，不然年輕的喬丹根本不想去。

因為這種特殊原因，這兩位超級明星之間的競爭最終取決於母親的影響。這兩位女性幾乎是在同一個時代長大，都是出身於一九五〇年代北卡羅萊納州極其艱辛的佃農文化之下。

不同的是，喬丹女士的父親愛德華·皮波斯（Edward Peoples）是個意志堅強的商人。在北卡羅萊納州的佃農，不論是黑人還是白人，要在這場完全不公平的農業遊戲中獲勝都是難上加難，而他就是從這般絕對劣勢中獲勝的極少數人之一。愛德華·皮波斯擁有自己的土地，為自己而不是為了別人工作，而且還從事各種副業，包括生產和銷售非法的「月光」酒。* 德羅莉絲·皮波斯·喬丹繼承了父親的商業頭腦和行動力，從兒子身後推了一把，讓他與耐吉簽下了合約。

瓦卡羅形容喬丹女士是「我所見過最令人印象深刻的人之一」。

克莉絲汀·強森顯然也在很多人心中留下了深刻的印象。然而，她似乎更關心兒子在心靈上的健康，而不是他的代言合約和投資事業。

誰又能斷定哪個女人的作法才是正確的呢？

平心而論，在一九七九年的球鞋產業中，沒有人會想圍繞一名年輕的黑人男子，建立一個全球行銷市場和服裝宣傳活動，而就在五年之後，瓦卡羅便推動耐吉為喬丹這麼做了。而他當時甚至還沒在NBA打過一分鐘，這件事讓魔術極為惱怒。

顯然，在一九七九年，沒有人提出這麼大膽創新的構想，認為一個黑人能和任何人一樣勝任這個任務。事實上，日後會證明黑人在這方面繳出來的成績更加亮眼。不過，其實這無關膚色，關鍵是球鞋代言合約在一九七九年還不興盛。

律師喬治·安德魯斯記得，強森在大學時穿Bata Wilson牌的鞋子，他喜歡那家公司的人，也想和他們簽

---

* 譯註：由於是非法生產，蒸餾工作通常在夜間進行，因此得名。

署球鞋合約。不幸的是，為強森處理職業生涯前八年所有代言合約的安德魯斯記得，Bata Wilson牌在一九七七年推出了約翰．伍登的簽名鞋，卻發現滯銷多達九萬雙。

Bata Wilson最後還是藉由在合約內加進裝備收入，提供了強森一份很有競爭力的合約，但Converse透過與斯伯丁（Spalding）進行裝備的合作，提出一份更好的合約。

一九七九年，NBA球員的球鞋合約都是幾萬美元左右，而且沒有一份合約會讓球員從賣球鞋的利潤中抽成。然而喬丹在一九八四年簽下的合約中有這個條件，這令他在日後賺進了數億美元的版權費，最終甚至有了自己的耐吉品牌。

安德魯斯在一九七九年為強森談成了一份球鞋和裝備的綜合合約，報導指出，這份合約的總額達到十萬美元，這使他成為了在球鞋代言人中收入最接近巔峰或達到巔峰的人。而安德魯斯在二〇二二年表示，這份合約的總額其實比報導中的還要多。不過不管真實價碼是多少，和喬丹在一九八四年簽下的合約相比，還是差得遠了。

這個問題在多年後變得越來越重要，因為全球籃球迷開始比較這兩位競爭者所累積的財富、權力和影響力。同時，隨著原本被認為乏人問津的美國職籃頂尖球星，因為媒體吸引力以及運動裝備和球鞋合約推動了時尚產業的發展，越來越多的人們注意到，他們突然躍為對文化有著重要影響力的人物。

很快，強森和喬丹之間的比較就不僅僅是比誰是更偉大的球員，而是比誰擁有更大的文化和市場影響力。這場競爭讓強森陣營感到無比沮喪，因為年輕的喬丹憑藉那份劃時代的耐吉合約在市場上佔據了明顯的優勢。畢竟，對這兩位天生好勝的球員來說，這種場外的競爭只是另一種用來一決勝負的手段。

這場競爭從二〇一七年起達到了荒誕的高度，因為強森編造了一個故事，指出耐吉其實提出過一份以股票支付球鞋合約的提案。當時的耐吉還是一家相對年輕的公司，因此股票還很便宜。強森說的這個故事被廣泛地報導，甚至被收錄在二〇二二年HBO拍攝的湖人影集《勝利時刻：湖人王朝的崛起》（Winning Time: The Rise of the Lakers Dynasty）之中。

喬治・安德魯斯在二〇二二年說，根本沒有和耐吉討論過這種合約，耐吉當然更沒有提出這種提案過。「我們從來沒有和耐吉交涉過，也從來沒有考慮過耐吉。沒有發生過這種事。」

「他只是記錯了，」談到強森斬釘截鐵地說耐吉曾提供給他一份未來將有著數十億美元價值的合約而被他回絕一事，安德魯斯說，「他一定是搞混了。耐吉在那個時候還不是什麼了不起的角色，他們是在幾年後才崛起的。」

當時是耐吉籃球部門重要人物的桑尼・瓦卡羅也同意，耐吉並沒有提出過這種合約給強森。

強森本人常常吹噓自己的記憶力超群，但事實證明他的記憶是選擇性的。他是不是在一廂情願地幻想耐吉其實有對自己提出過合約的提案？朗・羅森當時不是強森的經紀人，所以他說自己並不清楚此事。

藉由透過瓦卡羅私下付錢給大學教練，讓他們的球隊穿耐吉球鞋，耐吉在一九七〇年代尾聲進入大學籃球市場。「當時的耐吉很弱小，」瓦卡羅回憶著耐吉在一九七九年的方針時說，「他們沒錢做任何事，這根本不可能成功。我當時在耐吉是唯一一個瞭解籃球的人。」

直到一九八五年喬丹代言球鞋引發轟動，才出現了其他耐吉在籃球領域的代表人物。瓦卡羅說當時在耐吉負責籃球相關小型業務的羅布・史特拉瑟（Rob Strasser）並沒有考慮過提出合約給強森。「羅布・史特拉瑟從來沒有問過我『你覺得魔術強森怎麼樣？』之類的問題。如果有考慮的話，他們會問我的意見。」

而且瓦卡羅在當時和強森是朋友。

儘管強森並沒有獲得一份鉅額球鞋代言合約，但這並不表示他在一九八〇年沒有巨大的權力和影響力。事實上，強森在第一個NBA球季的例行賽打完後，他的信心成長了不少，並在季後賽中變得像暴風雨般強烈。儘管這還未完全顯現出來，但身邊的人們已經能夠感受到他自然而然流露出來的自信。

強森和日後的喬丹之所以具備特別的影響力，是因為擁有這股力量的他們，是身處於一九八〇年代的年輕黑人男子。這是美國白人文化從好幾個世紀前就恐懼並極力阻止的現象，而這兩個男人如何獲得、如何駕馭這股影響力的案例，將狠狠地甩數十年不斷的種族主義一個耳光，並為他們的成就賦予深刻的意義。

強森在一九八〇年春天迅速堆疊的影響力，也與他的隊友賈霸及早期體育界的風雲人物形成了鮮明的對比，像是他的兒時偶像威爾特・張伯倫和波士頓的偉大球員比爾・羅素，他們都是在有著嚴重種族主義的時期嶄露頭角的。賈霸和張伯倫以及體育界中眾多偉大的黑人明星，長久以來都渴望著像強森和喬丹一樣，引發眾人發自內心的擁戴。

在張伯倫打球的時代，不像強森有這麼多死忠的球迷。在一九六〇年代中期將張伯倫當成看板球星的舊金山勇士老闆富蘭克林・米厄利（Franklin Mieuli），日後也曾宣稱他發現這位中鋒在門票銷售方面並沒有展現出強大的吸引力。

這位老闆在後來將「擎天柱威爾特」（Wilt the Stilt）交易到費城七六人時，也宣稱張伯倫不太容易獲得人們的喜愛。在卡里姆與其他眾多早期的黑人體育先驅們成為偉大選手的道路上，他們也一樣為欠缺愛戴的情形所苦。與在一九六九年*成為湖人一員的張伯倫相仿，賈霸的確也得到了球迷的喜愛，但當然完全無法與強森所激發出的追捧相提並論。

儘管如此，強森和賈霸的組合會增加他們的共同影響力，隨著球季進行，這一點會越來越顯著。沒錯，強森會大幅提升賈霸的影響力，但這位中鋒日後的論斷是正確的。他巨大的存在感將為強森創造奇蹟，對這位年輕球員來說，這或許是更重要的恩賜。

瓦卡羅認定喬丹是第一個在一九八四年誕生的全球運動商品帝國中封神的黑人，並宣稱年輕的喬丹擁有那種無形的影響力，這是一種幾乎無法定義、結合了魅力與天賦的因素，無論你是什麼種族的人，都能讓大眾因此為你驚嘆不已。

瓦卡羅在二〇一九年的採訪中承認，強森顯然也擁有這種無形因素。然而，隨著日子一天天過去，最重要的問題還是沒有答案。喬丹的那種無形因素是否比強森的更吸引觀眾？還是兩人間有所差異，只是因為種族方面的文化在這五年間產生了劇烈的變化？或者喬丹只是受益於在全球不斷重複播放著的廣告？像是著名的開特力（Gatorade）廣告「如果我能成為一位像麥克一樣的人」（If I Could Be Like Mike）？

「你想談論的每一位偉大球員，我都見過。」傑瑞．威斯特在一九九二年說，「沒有人能擁有如艾爾文．強森般的魅力，差得遠了。」

顯然，喬丹被「包裝」得比強森更好，讓他成為了一位更為家喻戶曉的人物。同時，他也可以說被包裝得比歷史上任何一位運動員都好得多，這得益於喬丹的天時、天賦，以及許多人在這幾十年來為了美國職業籃球發展所做的投入，讓它在一九八〇、九〇年代蓬勃發展。

無論這些問題的答案是什麼，一九七九年進入NBA的強森與五年後到來的喬丹之間，差別在於累積的財富。根據各種統計，到了二〇二二年，喬丹擁有著粗估遠超過十億美元的身價，而強森則為六億美元，遠遠不到他的一半。

這種比較本身往往忽略了一個可能是最重要的因素，也就是兩人之所以能夠雙雙成為成功的企業家、累積如此多的財富，是因為他們的父母和親戚曾成功地經營過小本生意，這為喬丹和強森樹立了一個標準。這種比較還忽略了兩人都具備一個重要且鮮為人知的特質，事實證明，他們都是出色的傾聽者，因此他們都有

* 譯註：應為一九六八年。

敏銳的學習能力，能讓他們在通往成為偉大籃球員的道路上，吸收途中遇見的一切事物。

因此，時空背景讓這兩位球員獲得了大眾的愛戴與接納並從中獲得了影響力，這是其他前輩未能享有的。例如，派特．威廉斯在二〇一九年談到，如果朱利葉斯．厄文在十年或更久之後，甚至是在二十一世紀才在NBA中嶄露頭角，那麼這位極具天賦、球技又有娛樂效果加上個性也優雅的球星會有多大的影響力。

威廉斯分析，J博士會獲得巨大的曝光度與權力，並補充表示球迷在這幾十年來對NBA感興趣的程度產生了天翻地覆的變化，其中大部分是因為魔術、柏德和喬丹的崛起，加上媒體、科技與市場行銷的力量增長所推動的。

在一九七〇年代，就算有像厄文這樣的球星，「我們的球場在許多個夜晚也還是有很多空位，」威廉斯回憶起他擔任七六人總經理的日子，「熱門賽事的門票很好賣，你知道的，各隊碰上費城、波士頓、洛杉磯、紐約，票都賣得不錯。但有很多天，我們都要使出渾身解數，想方設法地把人們帶進光譜中心。假如有天你從時光機中醒來，看到費城籃球現在的榮景，你會驚訝得目瞪口呆。球賽場場爆滿，買季票的人甚至多到還有候補名單。『這是在開玩笑吧。』如果你剛從漫長的沉眠中清醒過來，看到這樣的情形，一定會有這種反應。」

強森的EQ之高，令這種時機、文化和家庭的奇妙組合所造成的影響，在他的新秀球季中將悄悄地被突顯出來。無論是在球隊巴士上、在練球時鼓勵隊友，還是在他突然想到的時候，他都會大聲或默默地對自己說出那句話。

「為愛而採取行動。」強森在那個球季一遍又一遍地對身邊的人這麼說。這句話有著比他自己、或者一九八〇年的任何人所理解的意涵都還要深遠的意義。

「在剛展開職業生涯時，他在旅途中都會播放傑克遜五人組和其他樂團的歌，因為他熱愛音樂，」吉姆・瓊恩斯回憶道，「他有節奏感和步調。他會播放他的音樂，而且播得很大聲，沒有人有意見。最瘋狂的是他會唱歌，或者說，稱之為唱歌的舉動。他知道我喜歡唱歌，當時我最喜歡的歌手之一是鮑比・考德威爾（Bobby Caldwell）。鮑比・考德威爾有一首歌叫《有些你不做的事，會為愛而採取行動》（What you won't do, you'll do for love.），我常常在休息室裡唱這首歌，後來，有時我們會看著彼此然後唱：『有些你不做的事』，然後指著對方，大家都會笑出來。」

隨著季後賽展開，「愛」隨著強森的自信心一起宛如風暴般激增。同時，他在大眾心中的地位也日益攀升。先後締造了擊敗賴瑞・柏德、在第六戰代替卡里姆打中鋒擊敗了朱利葉斯・厄文等壯舉的他，每達成一項成就，都讓人們更愛他。

洛杉磯資深體育媒體人道格・克里寇利安當時常常和巴斯坐在一起看比賽，並對這位老闆是怎麼讓身邊總是圍繞著一群年輕漂亮的女子和名人感到驚嘆不已。克里寇利安從一九六〇年代起便負責報導湖人隊的新聞，他發現，隨著強森在一九八〇年一夜成名，發生了一些變化。他在二〇〇四年的採訪中分析，湖人隊不再只是一支體育界的隊伍了。「湖人變得引人注目，而且發揮了跨領域的影響力。跨出了運動的範疇。別誤會，當時還是有像丹尼・凱伊（Danny Kaye）和卡萊・葛倫（Cary Grant）之類的演藝人員會去看道奇的比賽，但在魔術時代，好萊塢對競技體育的熱衷程度又更上一層樓了。籃球在表演時刻下爆發出了娛樂效果，他的球風極具娛樂性。每場比賽他都能上演一場精彩的演出。他引導比賽的方式真的充滿樂趣、值得一看。看他打球，就像在看約翰・伍登為比賽進行的布局，但相較於後者，魔術在球場上更像是隨興地點石成金。」

克里寇利安說明，強森的出現喚醒了湖人隊的某些特質。「他們位於世界娛樂之都的中心，所以能成為籃球界最迷人的球隊、讓好萊塢的明星們也來看比賽，並不是什麼令人意外的事。」

多年後，在一九九〇年一月的一場深夜對談中，強森應要求回顧了那個時刻。在一九八〇年季前的休賽季，他原本就是個很有信心的年輕人了。但在奪冠之後，他的自信又竄升到更高的層次。「這讓我相信自己，」他承認，「而不是相信他人對我的評價，那些都不是真的。我已經有信心了。基本上，我已經知道我能做什麼，因為我是個有自信的人。我在迫在眉睫的壓力下茁壯成長。人們認為我沒辦法在外線出手，覺得我做不到這個、做不到那個，而這場比賽讓他們看到，我能在壓力下做到這些事。」

事實上，他在艾弗雷特高中或甚至在一九七八年披上密西根州大球衣時，這些質疑他的人大多沒有出聲。質疑他最多的人，正是他自己，而他的表現便消弭了自我懷疑。

他說，讓隊友們看到他在那一刻的表現也很重要，因為這增加了他們對他的信賴。「這不僅是為了我自己，也是為了整支球隊。」

這種信賴很快地傳播到整個球隊之外，最終征服了南加州眾多熱愛體育的市民，當然，也征服了日益增長的湖人球迷，讓他們先是看得驚訝不已，然後滿心歡喜。他的自信心衝破了每一道障礙，讓每個人都成為這位二十歲神奇小子的信徒。

遺憾的是，他在一九九〇年說，他無法全心全意地享受那一刻太久，因為下一個球季一如往常地到來，而現在，球迷們都渴望能再一次體會到那樣的時刻。

「結果就是，他們希望我們再贏一次，」回顧當年時，他笑著說，「而且他們想要的更多了。」

當然，沒有人比強森自己更飢渴。從奪冠後的第一個晚上開始，他都會回到房間重看一遍這場比賽，這成為他多年來一直用來緩解飢渴的方法。

在一九九〇年的那天晚上，被問到過去十年來看了那場第六戰幾次時，他哈哈大笑到幾乎快失控了，然後承認他看了「數千次，很輕鬆就達到了這個數字。」

每當他需要提醒自己該如何滿足自己的飢渴時，這場比賽就是無時無刻陪在他身邊的良伴。「它讓我充滿能量，讓我做好準備。你會微笑、會大笑，會充滿信心。對！你會很激動。」仍在咯咯笑的他說，「你這一輩子都不會忘記那種美好的感覺。」

它會永遠是一件「美好的事」，但這種力量和信心也像是一陣暴風，在一九八〇年的秋天不斷增長、自我強化，在成長到了超乎想像的程度後，便成了一種更原始的力量。而就像所有的力量一樣，它尖銳的一面，很快就會明顯地顯現出來。

另一場比賽

在一九八〇到一九八一年間，強森在場下大多過著有點像隱士般的生活。在此期間，他與「餅乾」．凱莉有點疏遠，據說他開始與一名密西根州大教授的親戚交往，這位親戚在當時正在洛杉磯讀醫學院。不過，正如喬治．安德魯斯所說，無論強森是不是過著隱士的生活，都會和許多女性交往。他跟傑瑞．巴斯租的那間位於卡爾弗城的雙臥室公寓，為他提供了一個安靜的避風港。當然，在那些熱鬧到快要變成蜂窩的時候是例外。

他有兩個從密西根州大畢業的年輕女性朋友在這座城市工作，傑瑞．巴斯也在這棟大樓為她們提供了住所。作為回報，她們會幫助強森解決生活上的基本事務，尤其是大眾的壓力開始讓他不堪負荷的時候。強森的律師喬治．安德魯斯記得，強森和老艾爾文一樣喜歡在口袋裡塞一疊現金，而且他從湖人和許多商業活動得到多達數千美元的支票就散落在公寓裡。由於現在想和他交流的球迷已經多到讓他連去銀行都變成一件很麻煩的事，因此，這些來自密西根州大的朋友們就會幫他處理存款和其他的雜務。

「她們不是在做管家之類的工作，」朗．羅森回憶起這兩名女子時說，「他去客場比賽時，她們會幫他處理一些事情，她們真的幫了很大的忙。我想她們偶爾還會做一頓家常料理給他。但她們並非有求於人，她們都有工作，也什麼都不缺。他們只是跟彼此很熟。他和傑瑞．巴斯也很熟，而傑瑞也介紹了很多人給他認識，但艾爾文從來不是那種會和一大堆人打交道的人。他把很大的心力放在比賽上，真的非常專心。」

在這段時間，戴爾．比爾德來到洛杉磯，和他的朋友一起住。他驚訝地發現，強森似乎並未受到他那張笑臉幾乎無處不在的事實影響。在招牌、廣告和公車上，幾乎都能看到他的臉。

「他住在離論壇球場不遠的那間有兩間臥室的公寓，」朗．羅森回憶道，「他打完比賽，買了吃的東西後就回家。他不常外出，儘管他顯然會參加一些派對，但他是個喜歡待在家裡的人。他會坐在家裡看電視和比賽的錄影畫面。那是很早以前的事了。他一開始並沒有太多外務，並沒有常常出門去洛杉磯冒險。」

事實證明，這一切很快就會有所轉變了。

在魔術強森的帶領下，由傑瑞．巴斯擁有，後來由傑瑞．威斯特管理的湖人隊，很快就先後在洛杉磯與全美成為了酷的代名詞與象徵。在這個過程中，隨著他的傳球演變成一種帶來狂熱的現象，強森成為了引領這股「酷」的樂隊指揮，就像是新爵士樂的艾靈頓公爵（Duke Ellington）。

如果沒有他帶來的火花，加上大眾對他與賴瑞．柏德競爭的期待加溫，很難想像當時還有誰在球場上的演出，能以如此特別的方式提升人們對籃球的關注度。儘管還是有許多NBA球隊連年虧損，但強森、柏德甚至是傑瑞．巴斯的存在，讓這項運動看到了未來。

強森似乎是推動了這一切的人，他先後讓洛杉磯與更廣大的觀眾群體對美國職籃產生了越來越多的興趣。因此，他那隱含在洛杉磯的酷之中的影響力，變得前所未有的強大。他將成為第一道耀眼的光芒，憑藉他的魅力，幫助日後的喬丹及二十一世紀的許多球員憑藉著影響力綻放耀眼的光芒。他將為科比．布萊恩、勒布朗．詹姆斯（LeBron James）、史蒂芬．柯瑞（Stephen Curry）、凱文．杜蘭特（Kevin Durant）及同時代其他幾位重要球員奠定基礎，讓他們以球員和大眾人物之姿獲得前所未見的力量。

在一九八〇年代的大部分時間中，強森和喬丹因為他們驚人的能力而擁有相似的力量。喬丹從他的商業代言中獲得了更多的力量，而強森則透過他與巴斯前所未有的關係獲得了更高的地位，這位老闆對他十分喜愛。一九八〇年的冠軍，讓巴斯實現夢想、成為一名立即獲得成功的體育界老闆，也讓巴斯對他的愛無可動搖。

「魔術是他的愛將。」喬治．安德魯斯談到巴斯時說。

珍妮．巴斯在二〇二〇年分析，沒有人能和魔術一樣，與她的父親建立那麼緊密的關係。「就連科比也不行。」

「巴斯博士很平易近人，」吉姆．瓊恩斯回憶道，「他是個好人。他和魔術強森非常親近。我們以前從來沒看過一個老闆會這麼對待一名球員，這是前所未見的情形。」

瓊恩斯說，那個時代的老闆「總是很高傲，但魔術強森的成就讓自己從一名受雇的員工變成了資產，而他身為資產的價值並不僅體現在球場上而已。魔術強森融入了洛杉磯，他成為了他們的一部分。這個來自中西部的少年擁有的誠實本性讓人們完全接受了他，巴斯博士也注意到了這一點。」

「傑瑞在某種程度上把艾爾文當作是他們家的一分子，」朗．羅森回憶道，「他真的很照顧他。他和他談生意，帶他去不同的地方。不是每次，他們沒有天天都待在一起，但傑瑞帶艾爾文在洛杉磯開了眼界。他們這種老闆與球員的關係非常特別，這一直延續到了傑瑞去世的那天。」

不久後，巴斯還開始在論壇球場舉辦拳擊比賽，這為強森和老闆在南加大的美式足球賽和其他體育賽事之外，提供了另一個一起出遊和交流的機會。有時候，他們的活動也可能只是強森到巴斯的住處打撞球，聊著他們的雄心壯志，直到深夜。

「我有在猜他們當時在球場外成為了朋友，」保羅．威斯特海回憶道，「但我當時並不知情。巴斯是一位愛球隊、顯然對球隊充滿了熱情的老闆，但他並不會常常在訓練時出現、不會試圖關切球隊或任何球員的狀況，包括魔術強森。」

巴斯之所以能夠保持這種距離的部分原因，是因為他最信任的消息來源已經向他匯報了球隊的狀況。

隨著強森在湖人的故事篇章從一九八〇年展開，他與新老闆和球迷的連結所帶來的這種力量，讓這些在洛杉磯期間也從中嘗到一點甜頭的隊友們，分成了能接受強森地位的人，以及不能接受的人。

甚至在球隊奪冠之前，巴斯便已經早早表明他準備好開派對了。

「我記得我第一次採訪他的情形，」體育主播吉姆．希爾在二〇〇三年說明，「他說：『噢，對啊，吉姆，我們會玩得很開心。』」

他很快就從球員、媒體和所有圍繞著湖人的人們心中贏得了他們的喜愛。

「在傑瑞．巴斯買下球隊後，一切都變了，」在洛杉磯擔任廣播主持人多年、已故的喬．麥克唐納（Joe McDonnell）回憶道，「你會覺得當下的氛圍就像是去聽了一場搖滾樂。我已經數不清我們有多少次在比賽結束後和傑瑞．巴斯、包柏．施泰納及其他媒體人一起玩機智問答，一直玩到隔天早上七、八點。我們走出大門時，太陽都已經升起。每個人都喝了酒也玩得很開心。巴斯真的是個好人。」

身為老闆的他所設想的計畫，是基於他對名人效應及性吸引力的敏銳度來建立球隊的形象。年輕時，他很喜歡在南加州一家名為「號角」（The Horn）的夜店舉辦例行性表演。每晚燈光亮起後，歌手們就會從人群中站出來，高唱「現在是表演時刻！」

他和法蘭克．馬里亞尼在一九六八年一起買下奧柯洛蒂山莊，而之後他們開始在《沙漠太陽報》（The Desert Sun）佔據了一個以「傑瑞．巴斯的奧柯洛蒂山莊」為標題的篇幅，就像以前的「金．奧崔的奧柯洛蒂山莊」一樣，不斷宣傳在山莊舉辦的各種活動。一九七一年，巴斯開始在《沙漠太陽報》上刊登「傑瑞．巴斯推出『表演時刻』」的廣告，宣傳每星期一在山莊休息室舉辦的音樂表演。

買下湖人隊後，巴斯將他對「表演時刻」的憧憬與對名人的渴望提升到了新的高度。最能立即證明這一點的，莫過於比賽日當天。相較於傑克．肯特．庫克要論壇球場的工作人員在比賽時穿著俗氣的長袍，巴斯則引進了翩翩起舞、穿著暴露的「湖人女孩」（Laker Girls）。

「一切都不一樣了。我們在魔術到來的第一年推出湖人女孩，」羅伊．英加伯西特回憶道。「我們引進了現場的音樂。這是一切的開始。」

「巴斯就是這麼打造球隊的，」喬．麥克唐納回憶道，「他想要穿著制服的湖人女孩，並讓一個像魔術這樣擁有巨大感染力的人物在表演時刻中扮演主角。巴斯希望能打造出這種球隊，這就是湖人女孩的由來。成立啦啦隊是個創新的想法嗎？不是。但讓她們穿成那樣，並把她們當成球隊重要的一部分？就是一個非常新奇的想法了。如果你有在觀察，就會發現傑瑞．巴斯從來不做推銷的事，他把行銷的賣點都放在球場上了。他把性當成湖人的賣點。」

的確，巴斯為整個球隊營造出一種性感的新氛圍。這位四十六歲的老闆非常喜歡與那些年輕貌美的女性約會，她們的年紀大多不超過二十二歲。他通常只會和這些女性各約會一、兩次，但他喜歡把她們的照片留在相簿裡。在他剛接手球隊的時候，他會自豪地對包括媒體記者在內的訪客和朋友展示這些照片。

時任《洛杉磯時報》記者的史考特．歐斯特勒就曾被這位老闆邀請欣賞他的相簿。他後來說，巴斯是個好人，但顯然是個「心智發展停滯」的人。

「在談論自己的女人時，巴斯毫無保留，」記者史帝夫．史普林格在二〇一九年回憶道，「所以從一開始，他就被描寫成一個擁有球隊的花花公子，而你也知道，他對此從來沒有遮掩過。要報導這支球隊的新聞，媒體休息室是不能錯過的地方。這麼說吧，我們在比賽結束後都會去這裡，每個人都會待在這裡，一直待到凌晨三、四點。」

史普林格指出，巴斯會和兩、三個當時被形容為「胸大無腦」的女子待在角落。

「他喜歡女孩子，」日後為巴斯工作的前湖人球員榮恩．卡特回憶道，「他的身邊總是有群女孩，她們都很年輕。這可不是件簡單的事。」

卡特說，巴斯有時會帶著一小群隨行人員。「我們去過各式各樣的地方，做了各式各樣的事情。像是把妹、搭噴射機、找樂子。傑瑞隨時可能會說：『嘿，我覺得好熱，我們去拉斯維加斯吧。』然後要飛行員開噴射機飛到拉斯維加斯。我們過著這樣的生活，真的是一種瘋狂的生活。這就是『表演時刻』。無論我們走到哪裡，我們都是派對的焦點。」

人們也常常看到巴斯輕裝搭上商業航班前往拉斯維加斯，給人留下了他不一定要花大錢才能玩得盡興的印象。同時，根據一九九三年出版的那本《湖人》一書中所述，強森在一九七九年到達洛杉磯後，沒過多久就明白自己來到了一塊可以坐在沙發上盡情選妃的土地。好萊塢有大量的年輕女性，許多女性渴望於認識籃球明星或球隊老闆。這種現象並不只發生在強森或巴斯身上，遠遠不只如此。

當然，電影產業和影視明星們數十年來一直深陷於縱慾過度和性醜聞之中。好萊塢早期的電影傳奇人物梅蕙絲（Mae West）據稱就以旺盛的性欲聞名，她與包括卡萊．葛倫和喬治．拉夫特（George Raft）在內的數名男明星發生過性關係。據傳，另一位性解放的明星克拉拉．鮑（Clara Bow）的風流史甚至比梅蕙絲還豐富，與整支南加大的美式足球隊都發生過關係。許多好萊塢歷史學家對這種說法嗤之以鼻。不過，不管怎樣，在傑瑞．巴斯或魔術強森出現之前，這種遊戲人間的風氣就已經根深蒂固。

加州本身就是美國性解放運動的革命先驅。就如同是命運一般，湖人在一九六〇年從明尼亞波利斯搬到洛杉磯，正好碰到了這場革命的開端。

平心而論，在其他的競技體育、娛樂產業以及其他的城市中，也存在縱慾過度的現象。然而，洛杉磯顯然為此提供了特別的環境。

「道奇的風流軼事多到我可以講整整一年，而這種事情在明天還有比賽前都還是會繼續在俱樂部的小房間裡發生，這在所有運動賽事中都很普遍。」喬・麥克唐納在二〇〇四年說明，「在棒球界，這種事情偶爾會在比賽中發生。在籃球界，比賽結束後絕對會有這種情形出現。」

隨著時間來到一九七〇年代，湖人隊總經理彼特・紐威爾聘請了一名休假的洛杉磯警局副警探來監控球員使用毒品和可疑的行為，這個策略最早是由一九六〇年代初期的湖人隊總經理盧・莫斯（Lou Mohs）發起的。「儘管那些炫耀自己性史的女性令我們很吃驚，」紐威爾在一九九二年的採訪中回憶道，「但我們不怎麼想管太多。球員們就這樣把這些女孩們換來換去。那時候人們對愛滋病和性病還沒什麼警覺心。球員們並不擔心他們會有什麼損失。」

在傑瑞・巴斯的帶領下，性成為了湖人隊的形象和傳統，這也是球迷喜愛他們和他的部分原因。一九九五年，他的女兒珍妮・巴斯在球隊辦公室為《花花公子》拍裸照，在某種程度上也稱得上是延續了這個形象和傳統（這是她父親說他永遠不會看的唯一一期）。

榮恩・卡特說，他早在巴斯或強森之前的一九七八年就來到這支球隊了。當時，陣中資深球員的態度和性生活上的習慣令他很震驚。「所有的老派球員就像性成癮者，」卡特在二〇〇四年回憶道，「他們對這些事情熱衷到瘋狂的程度。女人對他們來說就像是呼之即來、揮之即去的物品。事實上，這種心態已經成為了他們的一部分，他們還會教你如何和女人相處。」

可以理解的是，這種情況讓其他球隊的球員也很想來洛杉磯作客。一些業界人士認為這是湖人真正的主場優勢，因為觀眾席上的美女和好萊塢明星們分散了球員的注意力。

「要去洛杉磯的時候，教練們都會很擔心這件事，」前NBA球員凱利．崔普卡在二〇〇四年回憶道，「這場比賽、準備迎戰『表演時刻』會讓你感到非常興奮，然後你坐在那裡，看著經過你身邊的人們，你的頭也會不停地轉動。你會沒辦法集中注意力，沒辦法全神貫注地投入在比賽中。你真的會需要像賽馬場上的馬一樣戴上眼罩。對教練來說，在這種特殊的環境下與湖人交手，真的會緊張到冒汗。如果你不能讓球隊在四十八分鐘內集中注意力，就可能會在那裡丟人現眼。」

赫伯．威廉斯談起這個令人生畏的地方與環境時表示，對客隊而言，來到這裡大多都預期可能會吞下一敗。「你連比數都不用看，就知道球隊正被打得落花流水，因為大家都在看著觀眾席或者場邊的人們。他們有一支不可思議的球隊。他們可以快攻，可以背框進攻。你想得到的，他們都做得到。而且在主導這場秀的人，可能是史上最佳的控球後衛。」

這正是巴斯想要營造的氛圍，而強森就是他需要的人，也就是一個魅力四射的領導者。日後，在強森的深層問題曝光時，他在蘭辛市的很多老朋友都認為他不幸受到了傑瑞．巴斯的影響。毫無疑問，這位老闆對強森的影響很大。然而，就如在強森正要展開第二個球季的一九八〇年秋天來到球隊的新秀布奇．卡特所見，影響到他的還有其他因素。

當時，最忙碌的湖人隊員還不是強森，這個稱號屬於諾姆．尼克森，強森或許是跟他學的。布奇．卡特記得，在一九八〇年秋天，尼克森的受歡迎程度令強森驚嘆不已。卡里姆或許是隊長，但「大人物先生」才是領袖。有一天，強森經過酒店大廳時，有三個女人拿出自己的電話號碼，請他到尼克森的房間轉交給他。

「當時，諾姆．尼克森是洛杉磯的王，」布奇．卡特在一九九二年笑著回味，「我們出去的時候，女人們都在問，『諾姆在哪裡？諾姆在哪裡？』」

然而，隨著球隊在一九八〇年奪冠，強森開始改變了這種態勢。甚至在這場大勝利之前，強森的體型、能量和獨特的球風就已經開始慢慢地將「大人物先生」從領導者的寶座擠下來。

更重要的是，正如榮恩・卡特所觀察，強森早就想好了自己到洛杉磯要怎麼把妹。事實上，他早在蘭辛市讀高中時，便發現他的球技所散發出的魅力對女孩們來說有磁吸效應，當時他和瑞吉・查斯汀常常偷偷觀察觀眾席上的美女，然後派人傳話給她們，約她們在比賽後見面。在搬到東蘭辛住進宿舍和公寓後，這種機會又增加了好幾倍。

洛杉磯，尤其是好萊塢，在這方面又呈現出不同的等級與無法相提並論的多樣性。「我的意思是，你會遇到沒穿內褲的女人，還會遇到上了女人的女人。」強森在一九九三年告訴記者查爾斯・皮爾斯（Charles Pierce）。

一九八〇年，美國進入了性解放運動的第三個十年，在青春期的探索之旅中，強森並不孤單，只不過因為他在五光十色的流行文化中是個高調的人物，令他的處境非比尋常。在洛杉磯這種情慾氾濫的地方，音樂、影視與運動明星，都是特別誘人的偶像。

「我想成為其中的一部分，」強森對查爾斯・皮爾斯說，「我的本質還是艾爾文，但身為魔術的這一面，想成為好萊塢生活的一部分。我心裡的魔術，想去好萊塢並過著好萊塢的生活。」

所謂的好萊塢生活，多年來產生了過量的「性成癮」案例，唯一的問題是心理健康專家似乎無法達成共識，去決定也被稱為「縱慾障礙」或性慾亢進的性成癮能否被歸類為真正的上癮。

世界衛生組織只將其歸類為一種衝動控制障礙。

要將其定下明確的定義，有一部分的麻煩在於人類性行為的複雜性。例如，有些人天生性慾就是比其他人更強。

一項研究指出，全美人口有百分之三到六受到了「縱慾障礙」的影響。無論這是否算不算真正的上癮，據說這種行為通常包含了某些負面的問題，舉例來說，可能對性病疏於防範，也可能會造成人際關係的問題。一些性成癮患者在描述他們忍耐的情形、講出了有如地獄般的經歷時，情況就與藥物、酒精或賭博成癮者類似。

有人推測，強森「上癮」的過程，可能受到他剛成為湖人球員時在洛杉磯的經歷，以及他與巴斯那段最特別的僱傭關係所影響。

這位老闆和他的年輕球星很快就成為了在洛杉磯遊玩的夥伴，他們常常在各種俱樂部的貴賓區暢聊人生。這個場所，恰好也有他們的共同興趣，也就是追求想在此處立足的年輕美女。而在好萊塢，這種女性會源源不絕地出現。

「我爸喜歡跳舞，他有一顆很年輕的心，」珍妮・巴斯回憶道，並補充說她父親常常「求」她和他們一起出門，但她當時對夜店生活並不感興趣。這就讓她的父親和強森一同前往各處找樂子。「他們就這樣一起走遍了全城，」她回憶道，「無論是去吃飯還是去跳舞，不管做什麼，我爸都會找他，邀他一起去。除了玩樂，那時我爸也常去看曲棍球比賽。」

巴斯不只買下了湖人隊，他也是國王隊的老闆，所以他必須出席。他們常常在巴斯看完曲棍球比賽或完成其他事務後才動身去夜店。

「他們都喜歡去夜店，」強森的律師喬治・安德魯斯說明，「結伴同行，讓他們都很開心。魔術有個偉大的父親，所以對他而言，巴斯並沒有扮演父親的角色，而是在他們討論事情的時候顯得更像他的叔叔。」

「這是自然且真實的關係，」珍妮・巴斯在二〇一九年談到父親和強森之間在她眼中是什麼樣的關係時說，「我父親就是這種人。他是真的喜歡他，而不是為了賺錢或剝削等理由。他們的羈絆很像師生、父子、摯友，隨便你怎麼稱呼，他們喜歡彼此。」

朗・羅森警告，不要將此過度解讀為這位老闆可能對這位年輕球星產生了什麼不良影響。「他展示並介紹了很多東西給他看，」羅森在二〇一九年的採訪中說，「但不只傑瑞・巴斯，也有其他人這麼做了。噢，傑瑞・巴斯，你瞭吧，就是他把他帶去花花公子大廈。很有趣，這種說法我已經聽了好幾年了。是，他的確有帶他去。他帶他去了這間夜店，又帶他去了那間夜店。但其他人也會帶他去夜店，而且他上大學時就有人帶他去夜店了。所以，夜店對他來說並不是什麼新鮮事。事實是，艾爾文在上大學時就去過夜店，對吧？他還是個DJ呢。」

羅森指出，強森一直是個有主見的人。「傑瑞・巴斯喜歡喝酒，但他不會喝太多。而艾爾文則是滴酒不沾……沒有人教艾爾文要如何思考，艾爾文是個天生就有思考能力的人。你可以把一些新事物推薦給他，但決定喜歡與否的權力還是在他自己的手上。」

值得喜愛的東西很多，並非侷限於女性的陪伴。

終其一生，他們都將不斷地對話。而他們的對話範疇遠遠不只是他們在性方面征服或想征服的對象。巴斯是一個熱衷於分享知識的生意人，這一點從他送前湖人隊員榮恩・卡特去佩珀代因大學（Pepperdine）讀研究所就能看出來。

強森有一對堅強的雙親，還擁有一個極具影響力的精神導師查爾斯・塔克，現在，巴斯成為了他生命中的第二位導師。而這位球隊老闆和塔克會惺惺相惜並非偶然，他們都一樣深愛著魔術強森。

而就像所有著名的指導關係一樣，學習並不是單向的。就像塔克從強森和他的家人那裡學到了東西一樣，巴斯也渴望從強森身上得到更多知識，讓這位老闆更瞭解自己剛獲得的玩具，也就是湖人隊。

巴斯和強森就像是剛同時搬來這個街區的孩子，他們只花了一個球季就震撼了職業籃球，攜手一路衝向總冠軍。在二〇一九年回首當年時，珍妮．巴斯表示，她父親與強森在轉瞬間取得的成就，在某種程度上讓他們成為了眾矢之的。

因此，儘管巴斯一接手球隊便贏得了冠軍，但他非常清楚自己是籃球界的新手。雖然他顯然對於把籃球推銷給球迷的方法很有一套，但他還是一個新手。強森瞭解這支球隊，也瞭解陣中球員，他想從強森身上吸收這些知識。兩人之間的這段情誼，在強森的職業生涯中成為了湖人的基礎，甚至在未來也仍然扮演著重要的角色。在二十一世紀，當菲爾．傑克森（Phil Jackson）和首席助理教練泰克斯．溫特擔任俠客．歐尼爾（Shaquille O'Neal）和科比．布萊恩的教練時，溫特就說明，教練團非常清楚強森「就在傑瑞．巴斯的耳邊」建議老闆該怎麼處理球隊的問題。

「他很早就成為了艾爾文很好的朋友，」記者凱莉．卡特（Kelly Carter）說，「所以他們兩個能一起做很多事，這有助於他掌握球隊的狀況，讓他獲得一些內部資訊。」

珍妮．巴斯說明了巴斯和強森的關係之所以這麼快就變得幾乎堅不可摧的原因。「看著魔術，我爸爸能有把握地說：『他會為了我做任何事情。我知道他會情義相挺。』他覺得他們倆是相輔相成的關係。他相信艾爾文給予他的資訊，你懂的，他會告訴他怎麼看待球隊的現況以及發展的方向。我父親覺得他和自己一樣渴望勝利。我爸爸相信艾爾文，也相信他給予的回饋訊息，因為這些訊息都是發自內心而不是見人說人話、見鬼說鬼話的說詞。這不是一段刻意促成的關係，他們都只是單純地希望湖人能成為一支偉大的球隊。」

由於巴斯自詡為一個優秀的舞者，這也成為了兩人能這麼快就結為好友的催化劑。在一九五〇年代，巴斯在學生時代就喜歡跳恰恰和波卡舞。「但當時最讓我瘋狂的是吉魯巴舞。我喜歡這種舞蹈，而且常常跳。」

在一九七〇年代末，《週末的狂熱》（Saturday Night Fever）的熱潮吸引了他。「我上了迪斯可的課，想模仿約翰．屈伏塔（John Travolta）。」他笑著說。

投入舞蹈的這些心力，讓他能在強森的年紀大到足以進入夜店時，和這位明星球員一起在夜晚的歡場中尋歡作樂。跟他的老闆一樣，強森也很快愛上了夜店的生活。

「他跳舞，我也跳舞。」巴斯說明。

一九八〇年，強森的隊友們很清楚地注意到，強森很快就和老闆建立了一種其他球員們無法建立的關係，並為此有些憂心。舉例來說，強森會在球隊的客場之旅中和諾姆．尼克森、麥可．庫柏一起玩，但在洛杉磯，強森把大部分的時間都留給了老闆。

「傑瑞和艾爾文的關係很特別，」史帝夫．史普林格在二〇一九年回憶道，「艾爾文和巴斯出門時，不會有別人。只有他們倆，不會讓諾姆和庫柏一起去。」

「我覺得艾爾文和巴斯博士之所以能變得如此親密，是因為他們的生活方式以及喜歡被許多女性包圍的共同愛好，」在去夜店時看到他們兩人同行的凱莉．卡特說明，他們顯然喜歡被數名女子簇擁的感覺。「一個不夠，要有很多個，所以他們身邊總是有很多女人，而我認為這就是把他們連結在一起的原因。因為這個共同興趣，他們有了一段非常特別的關係。」

各種報導指出，巴斯顯然雇用了一名年輕男子來當眼線，幫他考察和篩選潛在的「約會」對象。不過，基本上不會進行太多的強迫手段。

至於強森，他不需要眼線。

「他身處於洛杉磯，」律師喬治．安德魯斯目睹了強森在那個時代過著怎麼樣的場外生活，遙想當年的他如此說道，「他有名、有錢、長得帥，還是個精力充沛的年輕男子，有成千上萬的女性會對他投懷送抱。」

這些年輕女子們的確有著令人震驚的吸引力，不過，很快地在ＮＢＡ球員間傳開的傳聞，卻是強森沒在挑對象的玩笑。他似乎以不放過任何一個靠近他的女子、和這些為數眾多的女性上床視為己任。

「她們一個比一個漂亮，」安德魯斯回憶道，「這麼說吧，就如同他的『出手選擇』，簡直是一流的。」

不過，這位律師也承認強森「就像是球來就打的打者，你懂吧，這是真的。我覺得這是他的哲學，而我不會評判別人的價值觀，懂嗎？他單身，所以在我看來，這沒什麼問題，只不過我不會這麼做。我覺得有很多主動想跟我發生性關係的女孩，把我當作接近魔術的跳板。我會跟她們說：『不能這麼做，我已經結婚了，但還是謝謝妳。』總之，我的意思是，天啊，面對她們，要守住自己的底線真的很難。」

尤其在客場之旅時又更難了。女人們似乎能從各種地方找到你，甚至在強森入住飯店前就溜進他的房間。安德魯斯回憶著往事，並說明，他在球隊作客時，會在各式各樣的飯店與強森談生意，一進房間，「常常看到有裸女坐在床上等他，她們為了進門會付錢給服務生。」

有一次，安德魯斯問強森是不是應該晚點再過來，而強森回答他，不用，她可以等。

安德魯斯說，他們有時候可能會在比賽結束後來強森的房間談生意。「一整個晚上，都會有女孩子敲門、打電話給他。他得把話筒掛起來，才能讓我們把生意好好談完。他說：『沒事啦，如果她們真的有需要，就會再回來找我。』」

如同為巴斯工作的榮恩．卡特所說明，這位老闆開始把湖人隊和論壇球場當作誘餌，用來吸引有錢的投資者，邀請他們在比賽前來論壇球場共進晚餐，並讓他們在比賽時和他一起坐在保留席，讓被灌進迷湯的他們和他進行房地產交易。這就產生了一個問題，強森是不是也被他當成了一個誘餌，用來在夜店吸引年輕女性？

「年輕的女孩數不勝數，」榮恩．卡特在二〇二二年說，「我甚至不知道該怎麼開始算……你知道，這是遠在『MeToo』運動之前的時代。只要你是湖人的老闆或是湖人的球員，在這個時代，你只要一出現，女人就會從天而降，懂吧。你不用追求，只要負責選就好了。」

榮恩．卡特證實巴斯有時會派遣一位助手篩選年輕女性的報導，表示：「他的工作幾乎都是在做這件事，從砂礫中挑珍珠，挑選當天最符合老闆口味的女子。我不知道詳情，我沒有參與這方面的事。」「很多人不瞭解他，」記者凱莉．卡特回憶道，「你知道他是傑瑞．巴斯博士。你知道他是一個聰明的人。很多人看到他和這些年輕漂亮的女孩混在一起，可能會因此輕視他。但他可不是靠著身邊圍繞著年輕漂亮的女孩，才攀登到現在的地位。他是個聰明的商人，但他很安靜，你知道的，我不記得傑瑞有過太多話、多嘴的時候。」

凱莉．卡特後來寫了一篇關於巴斯和強森以及他們去夜店的報導，她回憶道：「我認識一個和他睡過的女人。她談到了這段時光、自己是個追星族、她的自尊以及各種事。」

後來，在強森的一切毀於一旦後，他估算自己在職業生涯中每年大約會和三到五百個女人上床，這和張伯倫宣稱自己在職業生涯中睡過數千名女性一樣是個驚人的數字。那麼問題來了，強森花了這麼多時間上場打球和進行訓練，還有各種在公開場合露面的行程與其他外務，他是怎麼做到的？光是安排行程和管理這一群人，可能就要開一間小公司、藉由組織的力量才有辦法搞定了。但正如安德魯斯所述，這群女子宛如憑空出現般前仆後繼地找上門來。

「我覺得在我講了和很多女人發生過關係後，人們就認為我只想和她們發生性關係，」強森在揭露了自己每年和三到五百位女性上床這般駭人聽聞的行為後，對查爾斯．皮爾斯說，「我沒有像威爾特．張伯倫那樣上過數千名女性，差得遠了。大家不明白，我和這些女人是朋友，而不是隨便挑的。我和她們聊天，是因為我想瞭解她們，聽好了，大家不明白這一點，所以他們就覺得這是一夜情，但其實根本不是這樣。」

後來，強森還表示他對這些尋求他陪伴的女性所做的事是在「助人為樂」，這番言論激怒了激進的女性主義者，尤其加上其他的事實也擺在眼前，會產生這樣的情形也不意外。

在這些年來發生了這麼多次的性行為，他都拒絕戴保險套或做任何的保護措施，而一位密友透露，長年以來為了對抗各種性病，他的對策就是不斷地找醫生們開出各式各樣的抗生素處方給他。

「魔術確實有梅毒和淋病的問題，」這位密友聲稱，「他從許多醫生那裡獲得大量的盤尼西林。」

朗．羅森否定了這個說法，並指出強森不喜歡看醫生。實話實說，使用大量抗生素的做法並非長久之計，就算真的有這種事，也很可能只持續了一陣子。就算強森曾經在某個時段嘗試過這種方法，這也不可能成為常態。

平心而論，那是個人們還不怎麼重視性病的時代，但他在一九八〇年代處處留情的同時還堅持未加防範的行為，在日後被揭露出來時，還是令人覺得不可思議。畢竟，數據顯示，在強森為湖人效力的前十二年，美國有十五萬人死於愛滋病，這個議題也常常成為頭條新聞。

另一個需要考慮的因素是，強森在青少年時期就成為了蘭辛社區的大人物，更在二十歲生日前的一個月就來到了洛杉磯。他後來承認，自己剛成為湖人隊員不久後，就展開了十分活躍的性生活。

有些人覺得他把自己的電話號碼公然登錄在電話簿上的行為很天真，也有一派人持相反的意見。很快，就如人們所說，洛杉磯變成了魔術的城市。更準確地說，正如查爾斯．皮爾斯和E．珍．卡羅（E. Jean Carroll）等記者指出，人們認為這裡成為了他的後宮。

當然，魔術，也就是那個每晚在大西部論壇球場上演精彩好戲的傢伙，是他日後用來面對大眾的形象。另一方面，身為艾爾文的這一面，那個在密西根州曾有著虔誠宗教信仰的克莉絲汀．強森的兒子，那個胖胖又可愛的少年，則是他的私人避風港。

艾爾文是好人。

魔術，假以時日，將如強森自己曾暗示及查爾斯．皮爾斯所寫的那樣，被視為大色鬼。

然而，在當時，人們認為這一切對堂堂正正的美國男性來說是正常的興趣。《運動畫刊》曾在報導中將傑瑞・巴斯寫成一個「風流成性」、只對年輕女性下手的人，但讀者們就連眉頭都沒挑一下。這位球隊老闆很快就在洛杉磯贏得了人們的景仰。對巴斯和強森來說，在他們剛開始展開冒險時，所做的每一件小事似乎都是一趟令人興奮的歡樂之旅。微笑會同時在他們的臉上綻放開來。

交易卡里姆？

無論是上場比賽還是開派對的時候，強森都想要成為中心。奇奇・范德維奇（Kiki Vandeweghe）解釋，不論是NBA還是早上去UCLA和路人組隊打球，他都用他的熱情影響著比賽。「無論是否在鎂光燈之下，他都很喜歡打籃球。」

時間會證明，正是這種獨特且旺盛、在他和喬丹身上都看得見的激情，驅使著全球觀眾接受了他們，也推動著聯賽的蓬勃發展。這種熱情，對許多在他們之後到來的後浪而言，是一種無法企及的基準。這也產生了一個問題：這項賽事能提升到前所未有的高度，是不是因為他們展現出了那種止不住的求勝意志？

在一九八〇年九月下旬的湖人訓練營中，布奇・卡特開始對此有了些許的認知。卡特出身於瘋狂的鮑比・奈特執教的印第安納大學，因此他自認已經完全瞭解什麼是頂尖運動員的定義，也是合情合理。

「我們在棕櫚泉的第一次訓練結束後，還必須跑一英哩，」日後卡特回味著當年，「我是一個想擠進正式名單的新秀，因此，我拚命地跑，想爭第一名，試著給教練留下深刻的印象。但我追不上魔術強森。剛贏得了總冠軍賽MVP的這傢伙領先其他人快四十碼。我不禁捫心自問：『要怎麼樣才能追得上他？』他的這件事，我永遠不會忘。他不僅是最有天賦的球員，還是最努力的。」

在一九八〇—八一球季開幕之際，CBS將強森、阿布都—賈霸和賈莫．威克斯集合在一起，與比爾．羅素進行了一次對談。羅素曾是波士頓的定海神針，幫助球隊在十三個球季贏得十一座總冠軍。在贏得最後兩座冠軍的一九六八和一九六九年，羅素甚至擔任了球員兼教練。

可以說，在一九八〇年的美國，沒有人比他更瞭解要奪冠的關鍵因子是什麼。羅素對這此議題的看法相當簡潔有力。

「化學反應是塑造一支強隊的關鍵。」他對這三名湖人球員說道。

顯然，這位塞爾提克名人堂中鋒興味盎然地觀看了表演時刻上演的第一個球季。在這支球隊身上，他看到了像當年他所效力的塞爾提克般統治聯盟的潛力，但因為他也看到了即將浮出水面的衝突，所以想測試一下他們的心態。

在金州於一九七五年奪冠時，威克斯曾在那支球隊中扮演了重要的角色，他很清楚在試圖挑戰衛冕時，身心方面會承受怎麼樣的挑戰，這在一九七六年壓垮了勇士。

「卡里姆是我們的老大，我們陣中有許多天賦異稟的球員圍繞在他身邊。」威克斯說。

隨後，羅素轉身面向強森，問他如何看待自己的任務。

「扮演好我自己的角色就好了，」強森回答，「上場搶籃板，得點分，拍拍他們的屁股或手，讓他們興奮起來。這就是我的角色。」

羅素接著問他，和賈霸攜手作戰了一百場比賽後學到了什麼。

「把球給他。」咧嘴而笑的強森馬上做出這個回答。

羅素口中爆出了他經典的呵呵笑聲。然後他指出，賈霸和威克斯都是安靜的人，而「安靜的人從不抱怨。」

「相信我，」強森說，「沒有人在想要球的時候會是安靜的。賈莫是那種一直能穩定地繳出好成績的球員，因為他願意跑。」

「在你跑動時，」威克斯插話，「然後在你想要拿球、球就會傳到你想要的位置，讓你可以有所發揮的時候，你就會想要多跑一點了。和艾爾文與諾姆同隊，我知道我只要跑在最前面，就很有可能拿得到球。」

這個回答讓羅素把這次對話的方向帶到了重點——探究賈霸看著隊友們拔足狂奔到球場的另一端而自己還在後頭的感受。卡里姆早就準備好回答這個問題的答案，他說他在鮑爾紀念高中的教練傑克・唐納修（Jack Donohue）曾帶著還是個青少年的他，去麥迪遜廣場花園看羅素和波士頓跑轟大隊的比賽，當時很年輕的艾辛道就問過教練，為什麼球隊在進攻時，羅素沒有和隊友一起跑到前場。

「別擔心，」唐納修回答，「有需要的時候，他就會跑了。」

「我在看你打球時學到了這一點，」賈霸告訴羅素，「不可能每次快攻都要跟進。」

賈霸指出，他的工作是搶下防守籃板，並把球傳出去，製造快攻的機會。接著他補充，這個時候他的隊友們早就跑到二十呎遠的前方了。

「他真的不需要跑到前場，因為我們會負責出手，」強森說，「總有人會投籃的。」

威克斯說，湖人隊很有機會衛冕。「我們有亮眼的天賦和一位優秀的教練。而且我們有整個球隊的組織在背後支持我們。」

羅素隨後看著強森說：「你覺得你們能一直贏下去對吧。」

「是的，當然。」強森說。「我認為我們做得到。」

在十月的時候坐在那裡聽著眾人侃侃而談，會覺得這件事聽起來很有希望。然後，對於接下來的球季，羅素說出了最篤定會發生的一件事：「整個球季，在介紹你們登場時，都會稱呼你們為世界冠軍。」

確實如此，例行賽一開始，新秀布奇．卡特在湖人隊展開客場之旅時都不禁瞪大了眼睛，因為每一趟旅程都像是一場冠軍巡迴派對。

「我們去的每個城市，都會為了身為衛冕軍的我們舉辦派對，」卡特回憶道，「他們會安排交通工具並把一切都打理好。每個城市都是這樣的氣氛。而我們的體力實在是有夠驚人。大家不知道這些被上天垂青的人有著多麼旺盛的體力，他們玩了一整晚後，隔天上場打球時也還是能全速前進。」

正如布奇．卡特在訓練營中所見，強森對於冠軍的自信和堅定的決心，為他在一九八〇年秋天鋪平了征服世界的道路，在第二個球季展開後的第一個月就獲得了單月最佳球員的獎項，並率領球隊打出九勝二敗的戰績，便證明了這一點。

當時最能形容強森的詞彙就是「一條龍」（coast-to-coast），從抓下防守籃板的那一刻起，他便會展現出不受束縛的奔放球風，從球場的這一端穿越人群來到另一端，最後完成一記扣籃。這一切令他看起來彷彿又回到了蘭辛市，在回防的塞克斯頓高中或其他不幸的對手面前呼嘯而過。在一場出戰快艇的比賽，他在半場打完就攻下了二十分。而在另一場與達拉斯交手的比賽，他也是在半場就獨得十八分，並在那場比賽中貢獻了八次抄截。

「艾爾文在第二年重返球場時，展現出了超高的自信心，」律師喬治．安德魯斯驚嘆道，「他一拿到球就會向前衝，會一條龍殺進禁區灌籃。」

威斯特海後來透露，儘管表面上看起來一帆風順，但在海面下已經開始出現了波濤。在聲明不會讓麥金尼回來擔任總教練後，巴斯勉強同意給了那位代理總教練三年的合約，這是因為強森表態：「如果你沒把他留下，我就會去他執教的球隊。」

這是他第一次展示自己獲得的新權力，他很喜歡這種感覺。

顯而易見，威斯特海很感謝強森這麼支持他，但他很快就認為強森的自負、固執與對於控制比賽節奏的慾望失控了。威斯特海曾想過硬逼他調整，但他打得既認真又出色，以至於教練決定順其自然。

結果是湖人隊變成了一輛奇怪的車，駕駛一隻腳踩著油門，另一隻腳踩剎車，讓這支球隊產生了一種既令人著迷又讓人煩躁的矛盾之美。

因此，比賽節奏的快慢在湖人隊內部悄悄地醞釀出了一種矛盾，卡里姆．阿布都—賈霸是當時史上最擅長半場進攻的神兵利器，然而包括年輕的艾爾文，幾乎其他的所有隊友都喜歡快攻。

「我們球隊中有三、四個人能快速衝到前場。」強森對比爾．羅素說。

據史帝夫．史普林格表示，一心想打快那一派的核心，是開始會一起在客場之旅時出去玩的強森、諾姆．尼克森和麥可．庫柏。史普林格記得，這三人甚至印製了一款火柴盒封套，用來表明他們不想再翻白眼等卡里姆慢慢跑到前場的心意。

「那時候的球員們抽煙都需要用打火機或火柴盒之類的東西，」史普林格在二〇一九年回憶道，「所以，包括艾爾文、諾姆和庫柏在內的這一群人，某種程度上還有賈莫，他們想要跑出史上最強的快攻。但現在，還有卡里姆在。」

在那個時代，不管是誰來當湖人的總教練，都不可能捨棄賈霸和他那能從遠處發射、在天空劃出一道優美弧線後涮過籃網的天勾，或者他直截了當且高效的扣籃。在每場比賽中，它們如雨滴般不斷落下且鏗鏘有力。

「他們不可能忽視那個擁有必殺技的男人。」史普林格如此評論這個用膝蓋想都能得出的結論。

史普林格說明，照邏輯上來看，教練們通常會想放慢節奏，選擇依靠卡里姆的高命中率投籃，這讓喜歡快攻的一派感到不滿。「我不知道是誰發起的，但開始出現了印有『交易卡里姆』字樣的火柴盒。這一派的人全都帶著這種火柴盒，我們去機場、飯店或其他地方的時候，他們有時會從口袋裡掏出這個火柴盒，看看我，還拿給我看，笑了笑後再放回口袋。我不知道卡里姆知不知情，但『交易卡里姆』火柴盒的確存在。每個熱衷於跑轟的年輕球員都帶著這種火柴盒。」

在那個時代，並沒有多少隨隊記者會公開討論這種會引起風波的話題。

被問及強森是否也有攜帶這種火柴盒時，史普林格回答：「他們那一掛的人都有帶，所以我相信他也帶了。我常常看到他們之中的某人帶著，尤其是尼克森和庫柏更是頻繁，但沒錯，我覺得他們都有。這些傢伙很親密，都想跑快攻，都討厭放慢進攻節奏。他們都有帶。」

只要有空在機場或休息室裡抽菸，他們就會拿出這種火柴盒。那個時代的球員喜歡抽煙，這種會讓你有罪惡感的樂趣，是從那些老派職業球員一脈相傳下來的。他們會偷偷地微笑著拿出這些火柴盒。卡里姆雖然是球隊的隊長，但他對凡事漠不關心，在大多時候顯得不太友善，這令他成為了這種惡趣味的靶子。這種情況延續了好幾個球季，也轉化成傑瑞．巴斯在和這位中鋒簽新合約時產生的衝突。

首先，在沒有卡里姆的情況下，總冠軍賽第六戰的結果似乎順理成章地助長了這種觀點。

儘管球隊內部明顯地存在著反卡里姆的情緒，但強森的多年好友兼經紀人朗．羅森在二〇一九年指出，事實證明，為了幫助湖人達成巨大的成就，強森在職業生涯的大部分時間中都以這位名人堂中鋒、歷史的總得分王為尊。

「在球場上的他和卡里姆一直是這樣的關係，」朗．羅森在二〇二〇年回憶道，「這很有趣，但更重要的是，他們都明白這對雙方都有好處。卡里姆年紀大得多，他的出身背景和艾爾文完全不同。但在艾爾文．強森來到湖人時，卡里姆本來可以親手扼殺他，卻沒有這麼做。讓我們面對現實，我親眼看到了身為名人堂球員的卡里姆是怎麼和剛加入球隊的這孩子互動的。卡里姆是個了不起的人，如果你把自我意識看得太重要，這件事本來很有可能會往壞的方向發展，然後衍伸出一個完全不同的故事。」

尤其是，對賈霸來說，強森是他以前從來沒有遇過的類型。他年紀輕輕就對於主導權有著強烈的渴望，卻又能把快樂分享給大家。

「在二十歲時，」羅森說，「艾爾文．強森幾乎一加入就馬上成為了領袖，對一個年輕小夥子來說，這是非常了不起的事。」

從強森加入球隊的第一分鐘起，這個適應彼此的過程也同時展開。

「卡里姆把艾爾文當新秀對待，」羅森談到NBA老將會作弄新秀的傳統慣例時表示，「在湖人的第一年，他會叫他：『好，幫我去機場買這個。』或是『買熱狗給我。』他是專門幫他跑腿的新人，艾爾文都照做了，他不在乎自己有著魔術強森的威名，他統統照辦。」

儘管卡里姆的個性不好相處，容易情緒低落，也很冷漠，常常會瞪著隊友或身邊的人，但強森還是做好了這些菜鳥們常常被指派的瑣碎任務。這些任務的過程並非總是輕鬆愉快，也顯然促成了關於交易這位隊長、這位籃球界代表人物的火柴盒玩笑。

不論是當時還是現在，這幾乎都是不可思議的事。

老將包柏．麥卡杜（Bob McAdoo）在一九八一年十二月底來到了湖人隊。多年後，他會證實在一九八二年確實有經歷過那種反卡里姆的情緒。「我到了這支球隊後，成為了很多球員的垃圾桶，」麥卡杜在二〇〇四年的採訪中說，「大家會向我傾訴他們對比賽風格的不滿。一切都慢得要命，慢吞吞地在球場上移動，然後把球傳給卡里姆。他們不想這麼打，他們想來回跑動。」

很明顯，這些火柴盒的封面並不代表他們真的想要掀起革命，只是想開一些幼稚的玩笑，而儘管傑瑞．巴斯在和賈霸簽新合約時似乎憂喜參半，但他最終沒有被交易的事實也進一步證明了這一點。考量到強森與巴斯的關係以及他日益增長的權力，如果強森希望卡里姆離開，那真的很有可能會發生。

強森專注於勝利是更重要的因素，在這方面，湖人在他的第二個球季表現得很好。在十一月中，他們贏得了十五勝五敗的成績，強森也繳出了領先全聯盟的平均八點六次助攻，這還是他和另一位控球後衛尼克森共享球權所交出來的成績單。強森在抄截方面也領先眾人，他用他的長臂平均能抄到三點四球。另外，他能以百分之五十三的命中率攻下平均二十一點四分並抓下八點二個籃板。

「他為球隊提供的助益，比我想得到的任何人都還多，」比爾．夏曼告訴《紐約時報》。

在成為湖人隊總經理之前，夏曼曾是比爾．羅素和包柏．庫西領軍的那支波士頓塞爾提克的先發球員，並在這支球隊贏得四次總冠軍。後來湖人也在夏曼的執教下，於一九七二年奪得總冠軍。他的言論頗具份量。

強森給對手們帶來了各種令人頭痛的新麻煩。

然而，突然間，正旺的氣勢全在煙霧瀰漫的混亂中戛然而止。

據官方說法，強森的左膝是在十一月十八日星期二晚上於論壇球場出戰堪薩斯市的比賽中受傷的，但在兩天前作客達拉斯的比賽，他就已經拐到了，甚至更早，據說在亞特蘭大那場有如肉搏般激烈的比賽，高大的湯姆．伯利森（Tom Burleson）在摔倒時壓到了強森的膝蓋，就埋下了未爆彈。這一連串的累積最終在一次防守對手的空手切入時爆發，受了傷的他隨即倒地。「我要跟上我的防守對象，」強森談到他的傷勢時說，「而我的膝蓋說：『我跟不上你了。』」

隊醫羅伯特．克蘭在隔天證實，強森的軟骨撕裂傷需要立刻動手術，可能要休兵兩個多月。

「我當時在場，」查爾斯．塔克在二〇一九年回憶道，「我陪他一起去醫院，在那裡坐了一整晚，直到他第二天早上進行手術。我在那裡待了兩星期，然後整整一個月為此來回奔波。」

威斯特海在手術前去看了強森，這位教練回憶道：「我推開門，偷偷往裡面看，看到半躺在病床上的魔術反戴著道奇球帽、嘴邊塞著一片蘋果派，看著美式足球比賽，大喊著要他父親和一群朋友玩牌時小聲一點。」

在那之後，每當他靜下心來思考他的第二個球季可能會如何發展時，就會感受到沮喪和挫折。

「我在這個球季打得更輕鬆了，」日後他如此說道，「我瞭解這個聯盟，知道該怎麼打，這個球季可能會是我有史以來打得最好的球季。」

「他受傷了，傷到膝蓋，」喬治・安德魯斯回憶道，「在那之後，他的跳躍能力就打了折扣，再也不像以前那麼會跳了。他曾經真的能飛天遁地。」

他缺席了四十五場比賽，在這段期間，他獲得的魔力和動力都消散了。「這讓我明白，你攀上高峰的時候有多快，跌下來的時候就可能有多快。」強森事後解釋道，「首先，他們不讓你碰球了，這很糟。然後，沒辦法陪在你的夥伴們身邊，這真的很讓人難過。我的意思是，這種感覺很孤獨，你懂吧。我原本過著和伙伴們同樂、打打嘴砲、在巴士上一起唱歌的生活，這對我來說就是一切。突然間，這一切都被奪走了。我覺得沒辦法打球沒那麼嚴重，沒辦法和夥伴們在一起比沒辦法打球的感覺更糟。」

塔克回憶道，事情很快就往糟糕的方向發展。「他說那是他人生中最糟糕的時刻。他沒有生氣，只是覺得失望和受傷。」

合約

就其他狀況而言，受了這個傷的時間點和狀況都很不利，尤其是塔克和喬治・安德魯斯正在為這個客戶談一份鉅額的新合約。

安德魯斯回憶道，談新合約的想法其實是巴斯在球隊奪冠後和強森出遊時提出的。「巴斯提出了一份一年一百萬美金的延長合約，這樣就能讓魔術的平均年薪超過柏德。」

「你比柏德強。」巴斯告訴強森。

「我會讓他們付更多錢給你。」強森的律師告訴他。

據塔克回憶，這番討論或許不適合用「談判」一詞來形容，因為巴斯似乎極其渴望於用一份合約將他的新天使鎖在這裡。這位老闆並沒有忘記，在他們初次見面的夜晚，強森告訴珍妮他只打算在洛杉磯打幾年球，然後就去底特律或芝加哥。

然而，這座冠軍迅速改變了他的想法。「從他們贏得冠軍的那一刻起，一切都變了。」安德魯斯在二〇一九年回想著。

他不再把要去別的地方掛在嘴邊。於是，強森、老艾爾文和塔克開始和安德魯斯討論這筆新合約。安德魯斯記得自己問道：「艾爾文，既然你想留下，你想要多少錢？」

「他說：『嗯，八年合約，每年一百萬，怎麼樣？』」安德魯斯回憶道，「然後他爸說：『我想要八年九百萬，我要放肆一點。』我說：『不，這還差得遠了，因為如果我們談到十年、每年兩百五十萬的合約，就可以拿兩千五百萬。這是我們應得的。』」

當然，這在當時是一筆非常龐大的金額。不過巴斯同時也注意到當時最高遠遠不只是百分之幾的高利率，用舌頭咂著嘴的他明白，如果能存下四、五百萬，光是利息就足以拿來支付強森很長一段時間的薪水了。

「這是我們最終能談到總額兩千五百萬美金合約的部分原因，」安德魯斯回憶道，「這份合約還有一個問題，那就是我們沒辦法拿到年薪超過百萬的合約，因為卡里姆一年就是賺一百萬，如果超過，就會造成混亂。」

看到強森藉由總冠軍賽的表現和MVP獲得了堆積如山的代言合約後，賈霸已經很不高興了。在這位中鋒眼中，這本應是他的權利。

如果卡里姆知道這份新合約的數字，他的頭一定會氣得爆炸。這是一份主要內容是二十五年、總額為二千五百萬美金的合約。在塔克和安德魯斯的記憶中，針對這份合約草案所進行的初次協商，雙方幾乎都沒有談不攏的問題。

安德魯斯回憶道：「巴斯和我就坐在那裡，你懂的，不能做筆記。他不希望我做任何筆記。我說：『沒關係，傑瑞。我可以為了兩千五百萬而全神貫注。』然後我們就同意了合約草案並簽字。」

但現在，突然出現的傷病讓老闆有了觀望的機會，這本來可能會威脅到這份新合約接下來的談判，甚至令談判中止。

「在我們敲定總額兩千五百萬美金合約的那天，艾爾文在手術後的恢復室裡。」喬治．安德魯斯回憶道，「我對傑瑞說：『你真的現在簽約嗎？』他說：『對，醫生說他會沒事的。我們簽吧。』」

然而，這筆簽約的消息可能會摧毀球隊本來就在破滅邊緣的化學反應，因為卡里姆是個極為敏感的人，所以這十分需要保密。大家一致認為，這份合約要等很長一段時間後才會公布，甚至可能根本不會宣布。在強森陣營中的任何人，尤其是強森本人，都不認為這筆交易的細節會被公開，但他們都低估了傑瑞．巴斯想要幹大事，以及讓所有人都知道他要幹大事的野心。

但奇怪的是，強森本人卻猶豫了。面對那筆能讓一生享盡榮華富貴的橫財，甚至只要在四月底前簽約還能獲得拒絕交易的條款，他還是遲遲沒有簽字同意。

同時，強森穿著便服坐在板凳席，看著湖人隊為此做出的調整。諾姆．尼克森重新擔任了全職控球後衛。起初，他們打得有些掙扎。

「有趣的是，球隊在克服了他缺席的難關後，在這個球季的大多數時間中打得相當不錯，」保羅．威斯特海回憶道，「他們找到了能贏得大把勝利的方法。在魔術不幸受傷且令我們缺了一名大將的狀況下，我們贏了五十四場球。這支球隊盡可能地重整旗鼓。」

終於，強森再也坐不住了。

「在他復出前的一個月左右，他回到蘭辛進行測試，」塔克回憶說道，「我們每天早上都在詹尼森體育館跑步，去裡面跑彎道或進行其他訓練。天啊，他變得比受傷前更快了。」

也許他跳躍力不若以往，但變得更快了。在他重返球場時，全場觀眾起立為他歡呼了長達四十五秒，卡里姆也和其他人一樣站了起來，拍著他的那雙巨手。

《運動畫刊》的約翰．帕帕納克（**John Papanek**）試圖對比其他案例來分析他的傷勢，列舉了從嚴重膝傷中復出的米奇．曼托（**Mickey Mantle**）、從手肘手術中復出的湯米．約翰（**Tommy John**）以及在越南被手榴彈炸傷腳的洛基．布萊爾（**Rocky Bleier**）。「魔術的手術只不過是從膝蓋上切除了一小塊軟骨，就膝蓋手術而言，是一個相對較小的手術，而且，老天，他只有二十一歲。」帕帕納克寫道。

然後他指出了在場所有人的共同感受，儘管他受了傷，但愛才是重點。

「我想我一直受到了保佑，」強森在那天告訴記者，「我承襲了父親的堅毅，繼承了母親的笑容……嗯，我不知道我為什麼有這個福氣，但就是這樣。」

湖人隊非常重視這件事，而且這還是一場全國轉播的比賽，引起了眾多媒體的關注，這立即造成了一些隊友的不滿。尤其是尼克森，他重新當上控球後衛後打得很舒服而且表現得很好。在強森缺席期間，他們繳出二十八勝十七負的戰績，還能與鳳凰城爭奪分組冠軍。

威斯特海日後指出，分組冠軍不是重點。強森可能太早復出了，但季後賽已經近在眼前，而且醫生們同意讓強森復出的時間，已經遠遠超過了強森想要復出的時間點。

「在艾爾文回來時，狀況有點尷尬，」史普林格回憶道，「諾姆本來是控球後衛，在艾爾文加入湖人後，他不意外地失去了這個位置。然後，他在艾爾文受傷時重新拿回了這個位置，現在又不得不在艾爾文回歸時勉強將它拱手讓人。至於艾爾文，我不確定剛回歸的他是否能以百分之百的狀態重返球場。」

「就我的觀察而言，」威斯特海回憶，「我不知道醫生怎麼說，但在例行賽尾聲和季後賽中，他一直沒有找回身體與打球的節奏。他一直在戰鬥，你知道的，與自己對抗。」

他們也在與彼此對抗。

「他們在媒體上放的話，導致了那季迷你系列賽的結局。」史普林格回憶著當時ＮＢＡ在首輪採用的三戰兩勝制系列賽。

這相對而言只算是輕微的衝突，卻對團隊氛圍造成了顯而易見的破壞。卡里姆與吉姆．瓊恩斯的衝突更嚴重，因為在威斯特海決定讓瓊恩斯坐板凳時，讓球隊中出現了不同的派系。尼克森、強森等人認為教練這麼做是為了讓卡里姆開心。「我們剛剛失去了我們的最佳內線球員。」尼克森對記者們說。

「球員受傷的狀況讓局勢變得有趣了起來，」威斯特海回憶道，「我們的問題是，我們在進入季後賽時還在適應魔術的回歸、重新進入比賽的節奏，進行我們將原本的先發陣容過渡為新先發組合的磨合。」

湖人以一勝二敗在系列賽中敗給了摩西．馬龍與麥克．鄧里維（Mike Dunleavy）領軍的休士頓火箭，鴨子划水的他們在例行賽的戰績只有四十勝四十二敗，還不到五成。在第三戰有機會靠著最後一擊扳平比數的局面，強森切入禁區，卻投出了一個麵包球。

威斯特海當時設計了一個把最後一擊交給卡里姆的戰術，但強森覺得他沒辦法把球傳到那位中鋒的手上，所以就自己投了。

「在出戰休士頓的比賽中，魔術在禁區上籃失手，」英加伯西特回憶道，「於是我們就在主場遭到淘汰。」

「每個人，」史普林格說，「都在責怪彼此。」

隨著球季提前結束，傑瑞・巴斯把炮口對準了聯盟，他覺得三戰兩勝的首輪賽制實在愚蠢。

「聯盟在那之後才明白，三戰兩勝制是在懲罰強隊。」威斯特海分析道。

珍妮・巴斯記得，由於憤怒的巴斯堅決要求修改這項規則，NBA才注意到這一點。

在此期間，那位老闆帶著他的兩名後衛進行了一場漫長的早餐會議，討論球隊的化學反應。「巴斯把諾姆和艾爾文帶去棕櫚泉，」史普林格說，「他們在那裡講開了。我覺得他們和好了。」

基本上，這次會議得到了尼克森的表態，他認為自己不需要被交易，可以和強森在後場合作無間。

現在還剩下合約的問題，那份價值整整兩千五百萬美金的合約仍然留在檯面上。這份全額保障的個人服務合約不只是一筆錢，還象徵著純粹的權力，它擁有著遠超任何普通人預想中的力量。

「艾爾文不願意簽，」安德魯斯回憶當時，「因為如果你還記得的話，他們在季後賽中早早遭到對手淘汰，他的表現也不佳，這令他很痛苦。他不想簽約。」

他的律師問他為什麼。

「嗯，」據說強森如此回答，「傑瑞・巴斯是要把這筆錢付給魔術強森的，但我打得像艾爾文・強森。」

第二十一章　權力展現

哈維・納克爾斯（Harvey Knuckles）在一九八一年NBA選秀中，於第二輪第三十九順位被湖人選中。他在秋天的訓練營中，第一次嘗到成為魔術強森隊友的滋味。

「他總是充滿活力，總是在推動著大家進步，」納克爾斯在二〇一九年的採訪中回憶道，「我記得有一次在訓練中，我舉起手要球，然後他的傳球就在下一秒飛過了我的身邊。」

「如果你沒有準備好，不想要球，就不要把手舉起來。」強森警告他。

「我很快就學到了，如果我舉手要球，最好接住它。」納克爾斯說。

克萊・強森（Clay Johnson）是另一名正在努力擠進球隊正式名單的隊員。有一天，他和納克爾斯在進行投籃訓練。

「魔術強森走過來，看著克萊說：『你姓強森，對吧？』停頓了一下後，魔術接著說：『嗯，你知道的，這支隊伍裡只能有一個強森，所以你也懂吧，你要離開了。』我們兩個聽到後都非常驚訝。」納克爾斯回憶道，「當然，魔術是用開玩笑的口吻在說的，其實有點好笑，但還是讓人心裡驚訝地『哇』一聲。而且，你知道嗎？最終，克萊也真的沒能進入正式名單。」

那年秋天，納克爾斯和克萊・強森見證了剛滿二十二歲的魔術身上，湧動著那股新獲得的權力，這股力量就像是有形體一般，有時看起來簡直像是還能放出靜電的火花，只要你靠得太近，就可能被電到。

儘管如此，在一九八一年的休賽季，強森的內心其實充滿著苦悶。輸給休士頓，令他第一次被人用揶揄的態度取了「悲劇強森」（Tragic Johnson）的綽號，儘管他是第一次被取這種綽號，但這種因尷尬的季後賽失利而帶來的苦悶，卻早已是他熟悉的感覺。似乎無論走到哪裡，都會遇到有話要說的人，有些人會拐彎抹角，有些人則會直截了當地提問：「怎麼會發生這種事？」有些人是真的想知道，但有些人似乎只是想讓他繼續痛苦、繼續沉浸在這種失敗的滋味中。無論如何，在輸球後的那段日子裡，他都因為這個公諸於世的結果活得像個「失敗者」。

是的，他打得像艾爾文而不是魔術，但喬治．安德魯斯還是一直在幫他處理那份巨額新合約。最終，隨著最後期限近在眼前，這名律師告訴他：「老弟，你該簽字了。」

於是，他簽了。然後，他只能不安地等待接下來的發展。因為他知道一些鮮為人知的事，一些他必須絕口不提的事情，一些他非常熱愛、完全享受著的事情。然而從另一個角度來看，這也是他永遠不想讓人知道的事。至少現在不想。可能幾年後會慢慢泄露出來，但不是現在。

每當他開始為這筆錢感到開心，就會有人問他，他們是怎麼敗給休士頓的。此外，還有一個更令人煩心的事。強森的籃外空心讓賴瑞．柏德和塞爾提克在擊敗休士頓後，獲得了他們在這個時期的第一座總冠軍。

「在過完一個不快樂的春天後，他又過了一個不快樂的夏天，」查爾斯．塔克在二〇一九年回憶道，「我和他一起度過了那個夏天。他都和我待在一起。那個夏天實在不好過。」

回到蘭辛，他開著新買的藍色賓士敞篷車，一邊回首往事，一邊沉思。他對遇到的人露出微笑，但同時在內心深處也滿懷著深深的憂慮。他的兒子安德烈（Andre）剛剛出生，生母是他們家的一個朋友，和強森有過短暫的關係。但是過了兩年多，強森才承認這個孩子，而且是在親子鑑定證明安德烈是他的孩子後才承認的。儘管如此，這對他來說還是個非常私人且複雜的狀況。

因此，一九八一年，他在家鄉開著敞篷車四處遊覽時，也一邊消化著這起事件。他開著藍色賓士穿過童年的街道、曼恩街小學，停下來欣賞曼恩街上那棟黃色房子，以一種新鮮、驚奇甚至比以往更清晰的角度再看著這一切。終其一生，他會一遍又一遍地看著它們，就像是他也會在日後的好幾年間，一遍又一遍地看著那場第六戰的錄影帶、感受著他在那一刻所展現出來的力量一樣。而又有誰不會沉浸在這種登上巔峰的感觸之中、細細品味著其中的每一處細節呢？他也會一遍又一遍地看著那棟黃色房子，幻想著他可以直接走進大門，回到正準備展開少年時期的一九七一年夏天，聆聽著蟋蟀有節奏地鳴叫、再次與朋友們在街頭漫步，尋找著它們還無法明白或理解的事物。一想到這些，他的內心就充滿了喜悅，也充滿了恐懼。這過去的一切都太美好了，然而，他可以開車環視著這一切，卻再也無法觸及這段過往。

「放學回家，做完作業，我就出門去玩了。」日後回憶著往事的他渴望著那些事物，忘卻了他的女人和財富。「噢，我多麼希望能再過著那樣的生活。你不知道我有多希望能這麼做。」

在一九八一年晚春的某個下午，在蘭辛市的他開著藍色賓士停在一個停車標誌前，遇到了和他的老朋友一起散步的「餅乾」．凱莉。兩人的關係才剛剛萌芽，他就前往了洛杉磯，也讓他在這段關係中放手了。此後的兩年，強森幾乎沒有再與凱莉來往，只有偶爾會在打電話時聊幾句，偶爾在某些地方見到一面。但現在，看到她和他的朋友走在一起，又激起了他內心中的某些感覺。

凱莉後來回憶，這兩個男人那天要去詹尼森體育館打球，接下來發生的事，就像是以前西部牛仔的某種決鬥。她的舊愛當天提出了一個少見的請求，要她來詹尼森體育館看比賽，她以前都沒有去過。她覺得很奇怪，但還是勉強答應了，結果看到強森在球場上完全摧毀了她的新歡。凱莉記得，看著新歡慘遭羞辱，也讓她的新戀情就在這一天劃下句點，隨後強森便來到她的公寓，兩人緊接著就在地板上纏綿了起來。

有一種誘惑，令他們的關係看起來有死灰復燃的跡象。某種程度上或許是如此，然而，從其他方面來看，日後證明這只是在他們漫長且曲折的旅程中的另一段路而已。

不久後，他趕回去洛杉磯參加一場重要的活動。

六月十九日，傑瑞・巴斯被希望之城勇氣分會授予人道主義者的稱號。這場頒獎儀式在璧克費大宅（Pickfair）舉行，它剛被這位球隊老闆買下並進行了翻修。這是一場眾星雲集的盛宴，是一九八〇年代最宏大的場面。歌手狄昂・華薇克（Dionne Warwick）上台表演、洛杉磯市長湯姆・布拉德利（Tom Bradley）上台致辭、雷吉斯・菲爾賓（Regis Philbin）為洛杉磯電視第七頻道的電視台進行直播、巴斯的偶像兼《花花公子》雜誌發行人休・海夫納攬著當月花花公子女郎的手臂出席、O. J.辛普森（O. J. Simpson）和妮可・布朗（Nicole Brown）也來了。還有莎莎・嘉寶（Zsa Zsa Gabor）和包括列・畢頓（Red Buttons）、加布・卡普蘭（Gabe Kaplan）和萊斯莉・奧加姆斯（Leslie Uggams）等眾多名人都現身了。

然而，在《洛杉磯時報》為這場盛會進行的大篇幅報導中指出，幾乎所有的明星都在年輕的魔術強森面前「俯首稱臣」。

曾經在名流薈萃的好萊塢中默默無聞的巴斯，如今沉浸在萬眾矚目的光環中。

「我正在享受這一切，」這位老闆在接受希望之城頒發的生命精神獎時對人群說道，「今晚我受到了這輩子最多的關注，我真的很享受這種感覺。」

成為這種鎂光燈的焦點，是有錢人們要買下體育隊伍的眾多原因中最重要的一個。除了巴斯的四個孩子，他的商業夥伴法蘭克・馬里亞尼和另一位在生意上有往來的朋友、被媒體稱為「洛杉磯王子」的唐納・史特林也來了。

「巴斯能成功是靠自己得來的，」強森對人們說道，「他靠自己賺到這些錢，」接著停頓了一下後補充，「還有這些女孩。」

此時，一架大型直升機在空中盤旋，蓋過了眾人的喧鬧並以閃爍的燈光秀出一句話：「我們向傑瑞・巴斯致敬。」

「閃亮的燕尾服在燈光下閃閃發光。」記者瑪莉路易斯・奧特斯（Marylouise Oates）說道。

接著，強森和巴斯再次前往蘭辛。塔克安排了一場參加者每人收二十美元的調侃強森大會，希望能幫他轉換心情。

一如既往，強森遲到了，擔任主持人的提姆・史陶德指出：「很幸運，艾爾文今晚有出席。我們跟他說活動開始的時間是中午──昨天中午。」

史陶德送了一塊磚頭給強森，上面附有火箭隊的感謝信，寫道「感謝你沒投進的最後一擊，以及你讓我們接下來賺到的錢。」這位主播直接戳中了他的敏感地帶。

葛瑞格・凱爾塞也來了，他說強森傳給他的空中接力，其實大多是失準的投籃，但剛好都被接到球的凱爾塞給救了。「我讓他的表現看起來比實際上還要好。」凱爾塞說的這句話似乎讓強森不太開心，顯然他還太纖細，禁不起這種調侃。

「啊不就好棒，」強森對著崇拜他的觀眾這麼說，又透露了一些祕辛。考量到凱爾塞曾經有著大好前途的職業生涯似乎走到了盡頭，這些事實似乎有點難以承受。「你想幫一個人賺個幾百萬，結果他卻在這裡把我講成這樣。巴斯博士本來考慮把你交易過來的，但現在，算了吧。你搞砸了。」

巴斯摟著自己的花花公子女郎出席這場活動，他告訴觀眾：「我想跟你們說魔術是怎麼影響了我的生活。論壇球場現在已經是魔術的地盤了，我的錢花光了，女孩們也都跑光了。現在我走在路上，每個人都會說：『魔術來了，他旁邊的那個人叫什麼名字去了。』但有人跟我說，我應該把注意力往好的方向看。例如，他的謙遜。有一天，我們去了迪士尼樂園，而我們到了神奇王國（Magic Kingdom）時，他說：『啊，他們蓋這個是多餘的，這裡已經有了。』」

撇開這些善意的玩笑不談，隨後幾天，強森那份合約的相關消息慢慢地被披露了出來，在洛杉磯的報紙上開始有人進行了一些推測。然後，大事發生了。在六月底的電視採訪中，巴斯扔出了這枚重磅炸彈。而這份合約令人震驚的不只是金額，還有合約時間長達四分之一世紀的事實。這不是一份典型的NBA合約，而是一份由巴斯親自擔保的個人服務合約。

喬治・安德魯斯馬上就知道發生了什麼事，因為一堆媒體要求他回電的訊息突然湧進了他的呼叫器。老闆過度的吹捧，讓事態變得更糟。他談到強森在球員生涯結束後會在球隊管理層得到一官半職，這些話以及強森簽下了一份大合約的消息成為了頭條新聞，被新聞通訊社傳播開來，出現在全國每家報紙、廣播和電視運動新聞上。

「他甚至可以當球隊的教練，」巴斯說。「或是總經理。也許讓他來管理球隊，我就坐在一旁觀看。魔術是個聰明的孩子，我打算讓他成為我的徒弟，教他運動方面的商業知識。我知道這是一份非同小可的合約，因為成為話題中心的只不過是個年紀等同於剛從大學畢業的孩子。但最重要的是，魔術是這個家庭的一份子。」

簽下這份合約，讓強森成為繼卡里姆與休士頓的摩西・馬龍之後，NBA第三位年薪百萬的球員。「我每年付一百萬美元讓他來打籃球，」巴斯說，「你算算看，這小子還能打十年，在這之後，你我都清楚他將會成為一名傳奇人物，而且他會知道很多籃球與商業方面的知識，因為我會教他。」

強森自己也很訝異老闆在當天說了那番話。通常，球隊在宣布這些事情時，不會提到財務中的細節。顯然，老闆自豪於能簽下這份合約，也對於他別出心裁的支付方式很滿意，因為這麼做幾乎不可能虧本。

「我知道每年付一百萬美金給退休球員聽起來很誇張，」巴斯告訴媒體。「但考慮一下：十四年後，普通的祕書，還不是優秀的，只是普通的祕書，每年能賺六萬美元。所以不管魔術接下來要做什麼，無論是當教練還是總經理，或者我們共同討論出來的方向，對我來說都值百萬年薪。」

不得了，《芝加哥論壇報》（Chicago Tribune）指出，他們論壇報最近花了兩千萬美元就買下了小熊隊。這份合約被評為體育史上最大與最長的合約。洋基隊的戴夫．溫菲爾德（Dave Winfield）最近簽了一份總額兩千四百萬的合約，巴斯承認，自己耍了心機，故意開了一份更大張的合約給強森，而且年限更長。

其他老闆可能對巴斯的舉動感到惱怒和火大，但這位湖人隊的新老闆卻很享受這種在大舞台上做大事的感覺。不過，有些業界人士認為這是個有問題的舉動。「巴斯用那份長期合約和洛杉磯奢靡的前景創造了一個怪物，」《運動畫刊》的安東尼．柯頓（Anthony Cotton）寫道，「在這個過程中，巴斯向卡里姆．阿布都─賈霸、賈莫．威克斯和其他湖人球員發出通知，告訴他們他有偏愛的球員。巴斯太過感情用事，給了強森一筆顯然超過他應得的鉅款，為湖人的崩潰埋下了伏筆。」

「這傷了卡里姆的心，而且我爸可能也聽到了聯盟和其他老闆的抱怨，說這是給他們難看。」珍妮．巴斯在二〇二〇年分析道。

考慮到之前有人擔心湖人的資金來源有黑道背景，這種反應是可以理解的。她補充說，在做出這麼大的動作後，過了不久，聯盟便訂定了薪資上限的制度。

一如預期，賈霸非常生氣，也讓老闆知道他的怒火，這讓傑瑞．巴斯流下了眼淚，查爾斯．塔克在二〇一九年回憶道：「艾爾文在拿到兩千五百萬美金的合約時，卡里姆對他有所怨言，這令巴斯有點難過，就落下了淚水。」

「我看得出來，我父親因為傷害到了卡里姆的感情而哭，」珍妮．巴斯在二〇二〇年表示，並指出她父親很少落淚。「他從來沒有做過傷害別人的事。因為他的成長經歷與出身，他是個很有同情心的人。他從來沒有想讓任何人覺得自己遭到輕視。但你也知道，就在我父親買下球隊後，他就和魔術成為了最好的朋友。」

也難怪，她說，像卡里姆等人會問：「怎麼會發生這種事？怎麼會這樣？」

「我們坐下來談了這件事，」塔克談到巴斯時說。「我只告訴他：『該死，大哥，你不用擔心這種事。你對每個人都很公平。』因為他不應該被這麼對待，巴斯是真心在幫助卡里姆的人，有很長一段時間，卡里姆根本沒辦法融入洛杉磯的環境，根本沒有他待得下去的地方。」

「魔術強森是他的繆思女神，你知道的，」珍妮．巴斯說，「所以我不覺得他會對自己為了他而做的任何事情感到愧疚。」

無論他是不是繆思女神，據說這件事很快就令球員們召開了一次會議，會中充滿了憤怒和許多問題，他們想搞清楚老闆和這位年輕明星之間的關係。強森再次努力向大家保證，他沒有試著掌控這支球隊的意圖。

賈霸等了一個月才冷靜下來，然後召開記者會，質疑強森是不是正如這筆合約的規模以及巴斯言論中的暗示，已經加入了球隊管理層。

「如果這會成為引發問題的根源，那我就把合約撕掉。」強森回應。

最終，巴斯回過頭來給賈霸一份平均年薪一百五十萬美金的新合約以平息怨言，但巴斯承認，在給出這份合約前，他考慮過交易這名中鋒。許多隊內人士都很好奇，這位控球後衛和這名中鋒之後要怎麼相處。賈霸曾明確地表示，他認為強森和老闆走得太近了。

「這有點像家庭問題，」十幾年後仍然有些話不吐不快的卡里姆，在一九九三年的採訪中表示，「艾爾文變成了最受寵的孩子。我覺得他們做了很多事來安撫我。直到我退休那年，我一直都是全聯盟收入最高的球員，所以我沒有任何怨言。他們付給我很優渥的薪水；他們欣賞我所做的一切。但我從來沒有成為這個家的一份子，因為巴斯博士覺得我個人的道德觀和他合不來。」

有些業界人士認為，賈霸在威嚇老闆，就像他也威嚇了球隊中的每個人。其他人則認為他們的為人從根本上就不一樣。巴斯渴望藉由成為湖人的老闆以及與強森之間的友誼得到高知名度，這對他的生意、性生活和社交生活都有好處。每個有比賽的夜晚，他都會在論壇球場高處的保留席為一群名人安排座位，這些人包括演員、律師、高階主管、知識分子等各界人士。

「這是傑瑞・巴斯的派對，傑瑞・巴斯的夜晚，」喬・麥克唐納回憶道，「你會常常想抬頭看他的包廂裡有誰。」

「那是個很有趣的地方，」道格・克里寇利安談到巴斯時說，「他會帶年輕的女孩過來，我當時還單身。在賽前和傑瑞在論壇球場與名人們共進晚餐，然後再進他的包廂，這真是不可思議的體驗。」

比賽結束後，老闆很喜歡帶一些他最喜愛的各界名流去休息室，和球隊的明星球員見面。賈霸完全沒有和他們閒聊和打哈哈的才能和興趣，反之，強森很喜歡巴斯帶來的貴客們，他會綻放笑容，讓他們感到輕鬆自在，讓每一個客人都感到賓至如歸，這也讓卡里姆可以快速地擺脫這種場合。

最終，這整份合約只不過成為老闆與他那擁有前所未有權力的年輕明星球員之間，一個龐大且棘手的象徵。不久之後，ＮＢＡ便基於法律問題對此提出了質疑。

「在我們簽下這筆兩千五百萬美金的合約時，大衛・史騰（David Stern）還不是總裁。」喬治・安德魯斯回想著。

當時，史騰是受ＮＢＡ重用的律師之一，負責娛樂部門。聯盟「駁回了這份合約，」安德魯斯回憶道，這令他和他的叔叔得和ＮＢＡ的法律團隊會面。

「來的人是史騰、拉斯・格拉尼克（Russ Granik）和蓋瑞・貝特曼（Gary Bettman），」安德魯斯回想當時的情況說道，「我們進到了一間房間，我叔叔對史騰說：『大衛，你好嗎？』」

「很好啊，」史騰回應，「我很好，問這個做什麼？」

「是這樣的，」老安德魯斯回答，「如果魔術被計程車撞了，我們就會對你個人提起訴訟，要求你賠償兩千五百萬，因為你違反了合約的條款。」

安德魯斯叔姪爭辯，根據ＮＢＡ自身的協定，這種情況需要進行仲裁。

「我還以為大衛會嚇得尿失禁，」喬治．安德魯斯笑著回憶道，「而在我們離開前，這份合約已經獲得了批准，之後的爭議都可透過仲裁來解決。」

有需要進行大幅修改的法律問題的確存在。首先，在加州，個人服務合約不能超過規定的年限，當然就不能長達二十五年。

朗．羅森指出，這份合約在他於一九八七年成為強森的經紀人後不久就被替換了。在此之前，它依舊賦予了強森在眾人眼中是有著兩千五百萬美金價值的男人和老闆寵兒的象徵意義。就如同每個被賦予了新權力的人，強森也很快地展現出他已經做好測試這股力量的準備。

改變

天啊，真是一團糟，事後在回顧一九八一年時，大家都會說這是混亂、流於意氣用事且醜陋的一年，以至於他們不得不花費大量心力來假裝根本沒有這回事，以及自己其實非常尷尬。想不到吧，他們甚至還明目張膽地要其他人也假裝這一切一點也不難看。這種假話說得太多，多到每個人都信以為真了。

「毫無疑問，魔術強森把總教練開除了。」珍妮．巴斯在二〇二〇年回首往事時笑著說道。

但當時沒有人笑得出來。

如果他們沒有贏球，或許再怎麼大肆地粉飾太平也沒有用，但他們贏了。而經驗早已三番兩次地證明，沒有什麼事情比贏球更有說服力，再加上，儘管一九八一年秋天發生的事件不太光彩，艾爾文・強森還是持續地讓南加州子民們成為他的忠實信徒。

「如果你是個運動員，而且是個贏家，你做的很多事都能得到原諒。」他的隊友科特・蘭比斯（Kurt Rambis）在二〇〇四年說。

最終，這一切證明了本能、天才和巨大才華的作用正是如此。它們將建立新的規則、樹立新的典範，而艾爾文・強森就是這些規定、典範的代表。

在一九七九年、那個充滿醜惡、悲傷、不安的洛杉磯呢？在強森完成他的傳奇時，這一切都會煙消雲散，被一種全新的氛圍取而代之。

「突然之間，魔術出現了，」長期撰寫ＮＢＡ報導的專欄作家麥克・懷斯（Mike Wise）在二〇〇四年說，「然後表演時刻也上演了。這就是實際情形。如果你是在星期五晚上走進論壇球場的客隊，就沒辦法帶著勝利離開這座球場。大家都做好了發生這種事的心理準備，不僅是因為有魔術，不僅是因為有卡里姆，而是因為表演時刻。這支球隊散發著一種光環，這道光環在某種程度上比球隊本身強大，這就是為什麼明星們都過來了，也是為什麼全城都開始在每場比賽結束後高唱蘭迪・紐曼（Randy Newman）的《我愛洛杉磯》（I Love L.A.）。這是一首老掉牙的歌，但如果你來洛杉磯作客，聽到這首歌的音樂在比賽結束後響起，你會不禁覺得：『哇，這是座很棒的城市。』」

珍妮・巴斯說，很少有人會對這些結果甚至背後的價值產生質疑，「尤其是讓這一切發生的人名叫『魔術』的時候。我的意思是，他這麼有天賦，又這麼能娛樂大眾。你在看他打球時，會讓你和其他球迷產生一種共鳴，你懂吧，你會成為球賽的一部分，會全心全意地在和大家擊掌時融入其中。你在看他打球時，就會體驗到這種特別的感覺。」

用一系列事件帶來改變的強森，就像是救活了這座城市的心臟電擊器。

「那時的湖人被注入了生命，」麥克．懷斯說。「你在機場租車時，艾維士租車公司（Avis）的駕駛可能會跟你說：『啊，湖人今晚有比賽。』這是洛杉磯的共通語言。洛杉磯的汽車文化盛行，人們都開著車四處奔走，你可能跟鄰居也不熟。但因為有湖人隊，讓這裡成為了一個緊密的城鎮、小鎮。」

即使是一九八一年的難關，也會成為重生的一部分。這段重生的過程始於那年秋天的訓練營，哈維．納爾克斯見證了一切。

「就我而言，魔術很好相處也很好教，」保羅．威斯特海在二〇一九年說，「唯一演變成問題的，是在他受傷並康復時出現的情形。在入秋之前的上個球季，他在例行賽尾聲與季後賽都打得很掙扎。我們早早被淘汰，現在有了兩、三個月可以想做什麼就做什麼的休息時間。我不知道他為了復健或康復而做了什麼事。在八〇年代初期，球季結束後，你可能直到訓練營開始前四天才會見到球員們。他們會消失，做他們自己的事，回到他們的家。」

威斯特海指出，在現代，球員們通常一整年都和球隊在一起，他們的復健情形也會被球隊密切地追蹤。但在一九八一年，情況並非如此。

「所以，你沒辦法知道某人的狀況，也不知道他在做什麼，」威斯特海表示，「我對魔術在下個球季重回球場的看法是，他的體能狀態、在球場上來回跑動、持球與空手切入的能力沒有顯著的改善，還沒有辦法能將以前自然而然就能施展的動作輕鬆自如地做出來。他似乎還沒有準備好上場比賽。」

至於那次訓練營中球隊的感受，威斯特海回憶道：「我不知道魔術和其他隊友之間平常是怎麼互動的，也不知道他們有什麼想法。我覺得每個人都期待我們這一年會打出很棒的表現，但我們開季卻打得有氣無力。」

球隊內部也滋長出了一些意見不合的糾紛。

隨著情況的發展，教練向湖人隊管理層解釋，他只是試圖在戰術體系中加入一個半場進攻的戰術，以便球隊在無法啟動快攻與放慢節奏時有一個進攻選擇，這種情況在季後賽中常常發生。但威斯特海沒有對從一九八一年季後賽以來就一直在抱怨教練團執教方針的球員們清楚地解釋這一點。

或許教練不明白，他正經歷的隊內分歧比他想像中還要大。他麾下的球員們都已經厭倦了賈霸，厭倦到會印製上面寫著交易他的火柴盒。諷刺的是，以事後諸葛的角度來看，表演時刻的湖人之所以受人尊敬，正是因為他們能同時做到這兩件事：一、像風一樣快攻。二、設置半場進攻並以像卡里姆這麼富有主宰力的球員從意志上擊敗對手。

「想瞭解人們在想什麼和做什麼真的很難，」在二〇〇四年被問及此事時，威斯特海說，「在那個球季開始時，魔術還在與手術後一些身體上的不適奮戰。他沒有以往的速度和移動能力，所以常常被防守者們擋下來。在正常情況下，這種局面他可以輕鬆解決。我覺得這個傷不僅讓他的身體不舒服，也讓他的心情很難受，因為他想成為最棒的球員。」

米奇．庫普恰克（Mitch Kupchak）在強森等人的支持下加入了球隊，但不久後，大家都清楚地看到庫普恰克讓球隊的問題變得更嚴重了。

「那年也是米奇．庫普恰克加入球隊的第一年，」前湖人球員艾迪．喬丹（Eddie Jordan）在二〇〇四年說明，「威斯特海想幫助米奇融入球隊的進攻體系。由於我們在場上跑動時，米奇跟不上，所以保羅想加入一些背框進攻的元素。我覺得，他認為半場陣地戰是控制戰局的關鍵。對大多數的球隊來說的確是這樣，但對於上演表演時刻的湖人來說並非如此。」

事實上，威斯特海也是在籃球界中力推開放式進攻的其中一人，但不論是誰來當湖人的教練，都會希望湖人能在半場陣地戰中打得更犀利一點。威斯特海日後承認，他沒有注意到球員們，尤其是強森，對於球隊慢下腳步的變化如此抗拒。光是想到湖人有可能變成一支節奏緩慢的球隊，就令強森難以忍受。即使多年之後談及此事，他的怒火也還是會湧上心頭，強森當時非常不開心。

多年來一直扮演著強森代言人的查爾斯．塔克似乎想盡辦法尋求可能的溝通方式，二〇一九年，在談起這起事件時，他的說法是「溝通失敗」。

「我們想要盡情發揮，」麥可．庫柏說，「我們是一支自由奔放的球隊。我們會跑動，而如果我們沒有跑起來，球也會在場上傳來傳去。但現在變成了：『把球傳進內線，傳給卡里姆。』」

事實是？這並不是新奇的發展，而是湖人本來一直就是這麼打球的。在一九八〇年的總冠軍賽，湖人對費城拿下的四勝，有其中三勝就是靠著賈霸一肩扛起球隊才贏下來的。

在這些事情發生後，記者們和其他能就近觀察的業界人士後來在回顧這個球季剛開始的幾星期時，會注意到他們錯過了一些蛛絲馬跡，但也有些線索顯而易見。

「有一場比賽，我記得是在休士頓，」史普林格在二〇一九年回憶道，「那是在鹽湖城贏得一場大勝的十天到幾星期前發生的事。那是一場典型的大家都站著不動的比賽。他們討厭這種進攻方式，打起來不自由，就像是戴著枷鎖之類的東西一樣。隔天早上，我們搭上停在飯店旁邊的球隊巴士，街上有個分隔島，上面有種草和幾棵樹，然後就連上高速公路的主幹道。戴著耳機、拿著一個手提音響的艾爾文在等其他球員們上車，此時的他沒有笑容，完全不像平常的那個『ＥＪ是ＤＪ』。然後，沉浸在自己的世界裡的他下了巴士，走到那個分隔島上坐了下來，背靠著樹，頭上下擺動，聽著音樂，就好像他迷失在異世界裡，不想再和這裡的人事物有任何的瓜葛。他直接從威斯特海身旁走過，威斯特海則看起來完全無感的樣子。我們其他人都望向窗外的他，大家都上了巴士，只有他在車外。他沒上車，球隊是不會拋下他的，但他就只是坐在那裡，好像完全不想再參與任何事了。如果你那時候還看不出有不好的事即將發生，那就太遲鈍無感了。最終他站了起來，慢慢地走回巴士上坐下，而這還只是第一個徵兆而已。」

由於強森和巴斯的關係如此密切，不久後，據說這位老闆就開始打算換教練了，不過這件事在後來也引發了問題。總經理比爾・夏曼曾求他多點耐心。據說，強森也是對威斯特海的新進攻戰術感到不滿的一眾球員之一，但就和教練告訴管理層的一樣，球隊正在甦醒。只需要一點耐心，球隊就能適應新的進攻體系。

「在他們去鹽湖城之前的星期天，巴斯、傑瑞・威斯特和比爾・夏曼開了一場會，」史普林格回憶著之後他得知的狀況，「巴斯想要開除威斯特海，但他們建議再給他一點時間。他們都同意此舉應該暫緩，但巴斯已經在積極籌劃這件事了，艾爾文逼他動手。」

從日後回過頭來看，巴斯當時有沒有在積極策劃此事仍有待商榷，但如果有，那麼時間會證明他在這件事上做得很糟糕，這非常不符合他的作風。

「我父親知道艾爾文對威斯特海不滿，」珍妮・巴斯回憶道，「他們討論過幾次，但他們在猶他還有一場比賽，所以我父親基本上的立場就是：『如你所知，我們在猶他還有一場比賽要打，回到洛杉磯後，我們再坐下來談。』而他們到了猶他後，他就在媒體面前說了現在你們都很清楚的那些話。」

十一月中旬，球隊在猶他的客場之旅中拿下一場勝利，也締造了五連勝。但強森和威斯特海在板凳上吵了起來。

「兩人的緊張關係在猶他到達了最緊繃的一刻，」比爾・夏曼在一九九二年的訪談中回憶道，「保羅和魔術之間的溝通出了點問題。樂隊在演奏著，而魔術在擦汗，似乎沒聽到保羅在說什麼，於是保羅看起來像是對他吼了些什麼，讓他很不高興。」

「我們不知道發生了什麼事，」史普林格提及當時有四名記者隨隊前往客場，「那只是一場普通的比賽。所以，我們走進休息室，走去找艾爾文然後問：『覺得今晚打得怎麼樣？』他就像個準備好演講的政治人物，起身發表他的言論。他站起來說：『我打得一點也不開心。我想被交易。』在人群之中，我問他：『艾爾文，你知道你在說什麼嗎？』」

「我當然知道我在說什麼。」史普林格記得強森如此回答。

「這就是當時在房間裡發生的事，」史普林格回憶道，「於是，我看向房間有其他球員衣櫃所在的另一端。每個球員都停下了手邊的事，看著我們這四個圍在艾爾文身邊的人。在我轉頭看他們的時候，他們就像排練過了一樣同時轉身背對著我，或者繼續穿衣服，他們都十分震驚。」

「我就坐在那裡，看著這些話像野火一樣在休息室裡延燒，」柯特・蘭比斯在二〇〇四年為《好戲上演》一書而受訪時回憶道，「真是太驚人了。」

「我是第一個聽到這件事的球員，」艾迪・喬丹在很久以後回憶道，「我穿過休息室，告訴諾姆：『諾姆，你和我要成為後場的先發組合了。』我從來沒聽說過有球員提出『開除教練，不然就交易自己』的要求。接著，我把這件事告訴了卡里姆，卡里姆說：『不會的，我們會解決這個問題。魔術不該這麼做。』」

當時，強森一心只想打公共電話給他的父親。事實上，這並不是強森第一次挑戰教練的權威。第一次是在艾弗雷特高中的時候，他為了啦啦隊選拔問題而號召罷練，第二次是在密西根州大時，他在訓練中憤而離開體育館。當時，塔克和強森的父親一起出面平息並協助這兩起事件重回正軌。然而這一次，這兩個人都遠在蘭辛，這起事件就像有生命般地自行蔓延開來了。塔克在事後接到電話才得知了這件事。強森當時很憤怒和激動，似乎下定決心要改變現在的局面。

他告訴記者，他想被交易，因為他覺得新的進攻戰術扼殺了球隊的創意。被問到有關威斯特海的問題時，強森告訴記者：「我們在很多事情上意見不合。」

記者們隨即趕去把強森的宣言告訴威斯特海。

「顯然，事情的經過是這樣，在一次暫停中，威斯特海在大家聚在一起時怒斥了他，因為他在看著一個往反方向走去的女孩，」史普林格回憶道，「他叫艾爾文把心思放在他們正在做的事情上。」

史普林格表示，據說他們後來在飯店的宴會廳發生了爭執。「我猜當時大家都對此毫不知情。他們在宴會廳對著彼此大吼大叫。」

隔天早上，記者們來到機場，其中一位名叫米奇．邱特卡夫（Mitch Chortkoff）的記者走到大家面前，說航空公司剛剛犯了一個大錯。

「什麼錯？」史普林格問。

「他們剛剛給威斯特海的登機證，上面的頭銜寫著教練。」邱特卡夫開了個玩笑。

但幾乎所有人都明白，這不是玩笑，這支球隊已經沒有威斯特海的容身之處了。

「如果你養了幾匹純種馬，就要讓牠們自由奔跑，」強森多年的知心好友、體育主播吉姆．希爾在多年後回憶道，「我記得那晚魔術告訴威斯特海：『你知道嗎？你還是交易我好了。』魔術不習慣這種打法，他是個習於自由奔跑、享受樂趣的年輕人，而不喜歡糾結於嚴肅的事務或他人的自我意識上。所以，當威斯特海現在對他擺出『你必須這麼做，我不希望你那麼做，坐下，閉嘴』的這種態度後，久而久之，就會讓魔術不禁想說：『呵呵，那你交易我好了。』而且他是認真的。」

「隔天早上走下飛機的感覺，就像是教練在飛機上被炒了魷魚，」前湖人球員艾迪．喬丹日後回憶時說道，「我們到達洛杉磯國際機場時，一下飛機就看到了記者們。在我們回家時，這個消息便正式公布了。

這很奇怪。你知道的，每一支球隊陣中都會有些怨言，有些需要被釋放的壓力，但我們沒想到會發生這種事。」

「隔天，我們在機場遇到了他們，」體育主播吉姆．希爾回憶道，「魔術下了飛機後，我問他想法是不是還和前一天晚上一樣。他很冷靜地回應每個問題，並說：『在與巴斯博士談過之前，我不想發表進一步的評論。』」

威斯特海記得，他被叫到巴斯的辦公室時，正在研究比賽的影片。

包柏．施泰納，據朗．羅森所說，是傑瑞．巴斯最忠實和熱心的顧問。事實上，施泰納也是羅森本人的好榜樣，羅森也把一樣的態度用在自己的職業生涯上，成為了強森最忠實的支持者。施泰納在一九九二年回顧這起發生在一九八一年的事件時，認為巴斯和威斯特海在那天開了一場特別的會，他們倆人順利地進行了交流，而巴斯也非常尊敬並欽佩威斯特海。

但回味起這一刻的教練本人並不這麼覺得。

「這是一次非常簡短的會面，」威斯特海在二〇一九年說，「老實說，我沒想到會演變成這樣，我猜這也顯示出我的智商水準了。我以為我們會談談如何在未來避免發生這種爭執，而他找到了另一種迴避這個風險的方法。我本來想坐下來好好討論要怎麼和包括魔術在內的球員們取得共識，不過他很爽快地說：『我們決定讓你捲舖蓋走人。』」

「這支球隊沒有打出該有的刺激表現，」當時的巴斯說，「我們坐在一輛我不喜歡它的前進方向的車裡，比起提議『我們找一條新的路來走』，我決定換人來開。」

比爾．夏曼的遺孀喬伊絲．夏曼（Joyce Sharman）清楚地記得這些在一九八一年十一月發生的事件，因為她和那位湖人隊總經理就是在那個月結婚的。然後，就在突然之間，球隊中的巨星居然做出了這個極不尋常的舉動，把威斯特海推上了被開除的砲口？

「他們那時已經有無論如何都要開除他的計畫了嗎？即使他不久前才為這支球隊贏了一座總冠軍？」喬伊絲．夏曼在二〇一九年說，她不相信湖人早就已經因為某些原因而安排好一連串行動的說法，「我必須告訴你真相，比爾對此感到有些抱歉。你想想看，他們贏得了總冠軍，還剛打出一波五連勝。為什麼要開除他？我覺得個性不合是更大的原因。」

強森後來為他的行為辯護。「我為我自己講話，難道有錯嗎？」他問道，「難道我應該閉嘴、把苦水往肚裡吞，然後等到雪球越滾越大、讓問題爆發後傷害球隊嗎？問問看過我們打球的大家吧，我們是聯盟中打得最沉悶的球隊。看著影片，連我都忍不住說：『打這什麼鬼？』我們在賽前換裝時都毫無熱情，沒有任何反應，真的就只是坐在那裡而已。」

「我們當時正贏得了五連勝，」威斯特海在二〇〇四年強調。「人們忘記了這件事，通常沒有教練會因為五連勝而被開除的。」

「他說的沒錯，」麥可．庫柏在多年後回憶道，「但這是贏得非常艱辛的五連勝。我們並沒有打出應有的球風來贏得勝利。」

球隊高層當時要在一陣兵荒馬亂中選出誰來擔任下一任總教練，並很快推出了巴斯早已計劃要開除威斯特海的說法，但考量到接下來記者會中的混亂情形，似乎透露出開除威斯特海是意料之外的事，管理層沒有準備好下一步的安排，令這一說法顯得非常沒有說服力。工作人員們都以為內部已經建立了派特．萊里將成為新教練的共識，但上台拿起麥克風的巴斯卻說是傑瑞．威斯特。

「他們決定讓威斯特海離開時，其實沒有制定好計畫，」珍妮．巴斯在二〇二〇年的訪談中說，「所以我父親只想先度過這個難關，因為他沒想到球隊會在十一月開除總教練。因此，他希望在他們想清楚接下來要怎麼做之前，由傑瑞擔任總教練。當然，傑瑞不想再當總教練了。所以在那場著名的記者會上，傑瑞才會說：『不，我不要再當教練了。教練是萊里才對。』」

威斯特反駁了老闆的說法，他得在未經準備的狀態下，在眾多攝影機前馬上做出調整。

「我當時在球隊中工作，所以我大概知道發生了什麼事，」朗・羅森在二〇二〇年解釋，「你知道的，傑瑞・威斯特、派特・萊里和傑瑞・巴斯沒有充分討論好接下來到底要做什麼。所以在那場記者會上，巴斯有點像是在沒怎麼事先準備的情況下想到什麼就說什麼。」

羅森還強調巴斯說：「好的，傑瑞將擔任掌管進攻端的教練，而萊里則將執掌防守端。」

「傑瑞・威斯特說：『不，我只是暫時協助一下。』」羅森回憶道，「因為他並不打算回到板凳席上執教球隊。他不想這麼做。」

巴斯一開始並不想聘請萊里當威斯特海的助理教練，而現在老闆在公開情境下的發言，似乎又對他投了一次不信任票。

「管理層的人們在想，誰最瞭解我們的球員陣容？」珍妮・巴斯回憶道，「那就是派特・萊里，因為他一直在當球評，和齊克一起分析賽況。他一直在看著他們，至少他知道我們的球員是誰。所以他們就這麼決定讓他成為助理教練，讓他坐上了板凳。」

珍妮・巴斯說，這也令他順理成章地成為接替威斯特海的人選。

當年四十三歲的威斯特事實上還是幫了他的前隊友、三十六歲的萊里的忙，當了兩個星期的助理教練，直到比爾・伯特卡（**Bill Bertka**）被聘用為止。促成表演時刻成功的因素有很多，但其中比「伯特」（**Bert**）還重要的因素很少。他擁有豐富的籃球智慧，並將在接下來的數十年被湖人球員們視為大祕寶。

朗・羅森記得，強森和萊里常常一起談論籃球，在這之後，他們與彼此成為了盟友。「在派特・萊里成為教練後，他們很快就成為了生命共同體，因為派特明白：『我最好和這個人配合得步調一致。』而我認為艾爾文也明白：『我最好和這個人配合得步調一致，因為，你也知道，我才剛結束了與威斯特海不愉快的合作關係。』派特需要輔助輪嗎？我覺得剛接手一份新工作時，就像第一次騎腳踏車，每個人都需要輔助輪。但如果說有誰能第一次上工就上手，那就是派特，這傢伙聰明絕頂。」

當時，萊里說他認為開除威斯特海是件糟糕的事。事實上，威斯特海認為萊里是一位優秀且忠誠的助理教練，這個看法在之後的幾年也沒有改變。首先，萊里已經很清楚在結合球隊兩大特點時，會在情感層面上遇到多大的難關，尤其是這兩大特點還一快一慢。

在湖人隊的下一場主場比賽中，強森被來自論壇球場觀眾的瘋狂噓聲洗禮。接下來的幾個月，他在客場之旅中也常常聽到大量的噓聲，尤其在宿敵西雅圖超音速隊的主場，每次他碰到球時都會被噓。「你要做的，」萊里告訴他，「就是堅持下去，不要分心。盡全力打球，你會讓觀眾回心轉意。」

「威斯特海被開除，令他第一次真正置身於被批判的情境，」史普林格在二〇一九年評析，「不管我們到哪打球，他都會被噓。我得說一個事實，這個年輕的黑人小子讓白人教練被炒了魷魚，這是部分原因。」

隨後的幾個星期，全國各地的專欄作家也進行了輪番譴責，稱巴斯是個喜歡插手的老闆，強森是個被寵壞、薪水超過實力的愛哭鬼。人們覺得他的新合約是造成問題的部分因素。《洛杉磯時報》說他是個「想獨佔榮光的人」，而《紐約每日新聞》（New York Daily News）稱他是個「被寵壞的龐克小子」。

就連巴斯最喜歡的報紙，棕櫚泉的《沙漠太陽報》，也稱這一舉動「怪異」。

也許是感覺到他需要支持，吉姆．達特在一九八二年一月初舉辦了一場由強森的前教練和朋友參加的聚會，喬治．法克斯和派特．霍蘭德等人都在湖人於客場與公牛交手時來到了芝加哥。強森很期待這次的重聚，而且，由於他的控制狂天性使然，他甚至已經在比賽結束後，先安排好大眾一起去吃飯時的座位，儘管在這場比賽中他還是承受著觀眾的大量噓聲。

這些教練和湖人隊住在同一家旅館，而他們在吃完飯後回到飯店繼續參觀時，他們驚訝地看到大廳、通往湖人隊球員房間的走廊和房間附近都擠滿了女人。其中一個人問強森這些女子是不是都是妓女，強森解釋，有些是，但大多人只是想和NBA球員發生親密關係。強森說，有些人是商人，甚至是律師或是其他專業人士。這一刻的畫面，會在強森於多年之後宣布自己的HIV檢測結果為陽性時，浮現在這些教練和朋友的腦海裡。回想起在芝加哥那家擠滿了女人的飯店，讓這些教練和朋友們明白強森是怎麼誤入歧途的。這甚至讓人們想到了一種可能性，就是強森因為害威斯特海被開除而突然變得不受歡迎，這加快了他沉淪的速度，令他變得更加沉迷於追星族的肉體，藉此緩解被這些之前熱愛他的球迷們打入冷宮的痛苦。然而，這只是個藉口，對於強森最大的疏忽所帶來的後果，似乎沒有任何藉口適合幫他開脫。

這一刻讓他認清現實。球迷可以輕易地選擇為他歡呼，當然也可以輕易地選擇嘲笑他。

「他在很多球場都遭到噓聲伺候，」柯特．蘭比斯在二〇〇四年回憶道，「人們都在譴責他，媒體也是。於是，他在那時從NBA最受歡迎的寵兒之一（如果不是唯一），變成了需要應對大量批評的人。在那之前，他走到哪裡都會得到人們正面的歡迎。現在的反應則是一半正面，一半負面。他必須從中成長和學習。」

那年的明星賽投票在二月展開時，強森的票數在西區後衛中排名第五，這是他唯一一次因為受傷之外的原因，而沒能在這個季中盛會擔任先發。他從聯盟中最受歡迎的球員之一，變成了最不可信的球員之一。

「從那以後，你會更加注意自己的言行，」回顧著當時他所受到的痛苦，以及曾經最崇拜他的大眾與他之間日漸增生的不信任，強森說，「你看著他們時，他們也在看著你。於是你便會問自己：『他們想要什麼東西？』」

「唯一令我遺憾的是，魔術陷入了一些個人的難關，這代表他沒辦法輕易地從傷勢中恢復，他知道自己是超級巨星，卻為了繳出超級巨星的表現而苦苦掙扎。」威斯特海在二〇一九年說，「因此就我的角度而言，這令他成為了一個不同的球員、不同的人、沒辦法再維持和以前一樣的人際關係。」

在威斯特海被開除後的幾個星期以來，萊里指出球隊的問題出在應變能力，這導致威斯特海最終下台。「每當你執行一個中鋒在低位的戰術，」這名新教練對《運動畫刊》表示，「你都會在半場陣地戰中遇到麻煩，這種打法缺少流動性，也會限制球員的自由發揮。就算我們贏得總冠軍，也會有人對這種戰術不滿。」

這種趨勢仍然會持續下去，即使現在執教的人是萊里。

為了保護強森，似乎出現了一種說法，那就是他只是在表達隊友們的共同意見，但他們卻拒絕在關鍵時刻站出來力挺他的主張。

「魔術把話說出來，不是因為他瘋了或怎麼了，」體育主播喬・麥克唐納在一九九二年指出，「而是因為沒有人願意發聲。這是個整個球季都沒有癒合、已經化膿的傷口。他們就是不喜歡威斯特海，結案。魔術不是笨蛋，他知道傑瑞・巴斯絕對不會交易他。他是在展現自己的權力，並把那個人趕走了。」

「後來，」史普林格回憶道，「我去問諾姆：『為什麼你不挺他？』他說：『因為我會被交易。』」

這顯然是尼克森在前一個球季與強森和巴斯會面後的感觸。如果尼克森有所不滿，就可能會被交易。尼克森馬上就向老闆保證，自己不想被交易。

的確，強森是唯一有權這麼做的球員，他也是唯一一位與老闆之間的關係極為密切的球員。對球員來說，得到在權力遊戲中大展拳腳的空間，是突然出現的全新領域。強森因此成為了預示球員的權力時代即將到來的先驅。

和魔術強森在一九八九年合著了一本書的記者羅伊・S・強森（Roy S. Johnson）在二〇二一年的採訪

中，對於當時年僅二十二歲的魔術強森是否刻意運用了自己的新權力，從個人的角度提出了懷疑，認為他只是在宣洩自己的沮喪，並試著擺脫這種他很不喜歡的打球方式。

這種觀點的確有其道理。然而，無論出於什麼原因，強森的這個舉動首度使球員可能擁有的巨大權力顯露無遺。

多年以來，職業球隊的老闆們都努力地不讓球員掌握這種權力。自聯盟在一九四六年成立以來，NBA的球隊老闆們便將這些權力牢牢地握在手中，但決策結果的好壞比例差距甚大，因為他們常常管理失當，令失敗的結果遠超過成功。在強森採取了這麼大動作的行動後，球員們日後會逐漸獲得自己的權力，並也在職業籃球這個複雜的商業環境中行使權力後，留下好壞參半的結果。

在這起一九八一年的事件後，過了不久，出現了另一種廣為流傳的說法，那就是威斯特海會失寵，是因為偶爾會引用莎士比亞的名言。

「有一次，我記得在某場比賽後，我在和麥可．庫柏聊天，」喬．麥克唐納在二〇〇四年說，「他跟我說：『你知道這個該死的白痴在比賽前做了什麼嗎？』我說：『做了什麼？』他說：『他居然想用莎士比亞的語錄跟我們交流。』他又接著說：『他難道不知道大夥根本不在乎莎士比亞嗎？』我想，這就是威斯特海和球隊其他人之間的裂痕。他們覺得他是個自以為很有文化素養的人，而他們只想打籃球，根本不在乎莎士比亞說了什麼狗屁。」

喬治．安德魯斯在二〇一九年指出，獲得了許多成就的菲爾．傑克森用一種不同、有點奇特的方式在運用這些知識，而在十年後，這在芝加哥公牛隊身上發揮了奇效。傑克森將美洲原住民的傳統文化引進了球隊，在賽前敲打筒鼓、在休息室燃燒香草辟邪，還教他的球員們冥想和心靈覺察的技巧，並利用訓練時間來發展這些技能，這些事就算不曾讓喬丹直接提出質疑，也曾令他眉頭一皺。

然而，傑克森和威斯特海之間有一個巨大的差異。傑克森自己也曾當過多年的職業球員。他非常瞭解球隊的階級結構，知道總教練必須很清楚誰才是球隊中的老大，並和老大建立良好的關係。傑克森做到了，他先是在芝加哥與喬丹交好，後來在來到湖人後與俠客．歐尼爾合作，最後與被他打壓多年的科比．布萊恩攜手作戰。

威斯特海沒有和球隊的老大魔術強森培養足夠的交情，或者更關鍵的是，他選錯了對象，反而與賈霸培養感情。這位教練和這名中鋒瞭解彼此，且威斯特海也試著在球隊中建立能幫助卡里姆也能幫助球隊的進攻體系。威斯特海犯的錯誤很明顯，畢竟儘管卡里姆的綽號是「隊長」，但從各個角度來看，魔術強森才是實質的領袖，而且從他來到的球隊第一天起就是了。在執教超級球星時，威斯特海或許應該要分清楚這些微妙之處，並清楚地向強森解釋他的計畫，透過詳細討論默默地徵求他的同意。

就算這樣，他也可能保不住自己的飯碗。在一個找不到明確箭靶的環境中，在這種情緒張力緊繃的時期，威斯特海就很容易成為這個靶子。

「他們都討厭威斯特海，」喬．麥克唐納在一九九二年說，「卡里姆是唯一一個很少在公開或私下場合中說他壞話的人。」

事實上，賈霸後來在接受《紐約時報》訪問時，便因教練遭開除而批評過強森。

「我的執教風格充滿樂趣，」威斯特海在二〇一九年說，「我一直覺得我是個以球員為本的教練，我從來不會讓球員不開心，不會想辦法讓他們難堪，比如說在場上的時候，你知道的，我很快就學到了，如果有球員失誤，不可以在下個回合就把他換下來，因為這會讓他難堪。所以我對我這方面的表現滿有信心的。但另一方面，我從來沒想過要和球員交朋友。我覺得自己是要引導他們的人，而不是和他們建立私交。因此，我不知道魔術是怎麼想的，但我並沒有打算成為他最好的朋友。」

對一名贏得總冠軍的教練而言，在NBA這個人際關係如此微妙的世界中，這可能是個致命的誤判。

「這不是為了『自己』，」麥可．庫柏說。「這不是為了『我』，魔術並不是為了『我想得更多分』或『我想要有更多表現』才這麼做的。在我們那一年贏得總冠軍後，我們並沒有繼續在球場上打出我們贏得那場第六戰的表現。我們在找回那時的感覺，在這個過程中也擺脫了很多讓我們沒辦法像以前那麼打的限制。」

的確，威斯特海是想複製球隊在一九八〇年總冠軍系列賽由卡里姆領軍贏得前三勝的打法，老實說，幾乎每個美國籃球教練在這種情況下都會這麼做。事實上，派特．萊里也會這麼做，只是它更善於感知並針對球隊的情緒做出反應。

幾年後，魔術強森在與羅伊．S．強森合著的書中寫到感謝的人時，提及了威斯特海和其他教練們的名字。但威斯特海在二〇一九年表示，自從他在一九八一年十一月的那個下午被開除後，就從來沒有和強森談過這個話題，甚至沒有和他好好聊過天。在強森的紀錄片於二〇二二年在Apple TV推出後，這位前教練才終於和強森在某個時間點重新聯繫了彼此，而強森也在這時表達了對威斯特海的感謝。不過，在這之前，兩人間的沉默無語已經延續了四十年。

「我知道我會被開除，但我必須面對，」強森在威斯特海被開除後的幾天說，「只要我問心無愧，知道自己沒有想要讓他失去工作就好了，我能夠面對。」

「我不怪他，但也不打算原諒他。」威斯特海在二〇〇四年說。

「我唯一想說的，」威斯特海後來說，「是我想要澄清、解釋，關於球隊跑動不夠多的說法。我說：『好吧，你可以用各種理由開除我，隨你挑，說我沒有和球隊建立情誼也可以，有各種理由的範本給你選。想說我太強硬、太不強硬，都可以。』但是，在我的執教生涯中，每一次訓練都是以跑動為主。所以，如果你把這當成理由，它其實就不是理由，不是真的理由。既然這樣，你就用別的原因來開除我吧，這是我唯一想澄清的事。但這都不重要了，被開除就是被開除了。最終，人們在回顧歷史時，會看到我是一個比任何一個教練都更常要求球員跑起來的瘋狂科學家，或許是這項運動史上第一多的。這個人儘管在籃球歷史上被開除的次數比其他人都還多，但沒有人比他更重視跑動。」

包柏．施泰納在回憶當年時指出，威斯特海顯然相信湖人能成為一支跑轟大隊，也有意讓球隊往這個方向發展，但因為某些原因，這在那年秋天沒能實現。

威斯特海在離開湖人後被芝加哥公牛聘為總教練，一個球季後，他又被炒了魷魚，儘管如此，他還是在教練生涯中留下了屬於自己的印記。

「派特．萊里非常能與球員產生共鳴，」喬伊絲．夏曼分析，「那是一個與派特共同展開的偉大時代，是個既偉大又美妙的時代。從現在回過頭來看，感謝老天，讓這一切成真了。」

然而，萊里在當時要處理很多情緒糾葛的問題，在時序從一九八一年進入一九八二年的這段期間，球隊表現得起起伏伏，但他給了球員一個在某種程度上明確易懂的訊息。

「我跟他們說，全看你們隨機應變了，就跟我一樣。」他當時如此表示。

最重要的是，強森就是隨機應變、臨場發揮的天才，而且他也樂在其中。他開心，就代表巴斯也會開心。這位以身為賭徒為傲的老闆，顯然十分樂於見機行事並放手一搏，把球隊的命運，也就是這座城市的命運，交給他年輕徒弟的情緒智商與直覺。

「我認為這是表演時刻的開端，」巴斯當時對《運動畫刊》的發言，展現出了非凡的洞察力，「至少堪稱拉開了序幕。」

第二十二章 萊里的兵法

那時，儘管珍妮．巴斯還是南加州大學的學生，還是個備受老闆疼愛的掌上明珠、青春洋溢的美少女（太平洋帕利塞德區的選美小姐），就已經在父親經營體育球隊的手法中摸索出自己的一條經營之道，並盡己所能地幫助父親管理球隊。

有一天，她在球隊辦公室的走廊巧遇了英俊的派特．萊里，當時的他也正在球隊中逐漸鞏固自己的地位。

「我遇到了小萊，也就是派特，」她在二〇二〇年回憶道，「他換了髮型，突然梳起了油頭。」像個少女般露出微笑的巴斯對他說：「嘿，小萊……」

「他把我攔下來，」她繼續說道，「他說：『我現在是教練了，要叫我教練。』他的語氣非常認真。」

引用莎士比亞的人離開了，現在上任的他引用的是《孫子兵法》，並將湖人打造成一個緊密、團結的整體。這位引用兵法的男人表示：「你必須完全拋下自我，融入團隊的整體。團結精神並不能保證你任何事，但沒有它，你不可能成功。」

就這樣，為派特．萊里帶來了奇蹟般轉變的旅程就此展開，從沒有出路到成為大師，從NBA多年的替補球員變成倒咖啡的跑腿、在公開場合努力推銷自己的人，再到廣播台的球評、助理教練，然後突然成為了NBA的總教練。日後，他會成為一個超級明星、一個文化的代表人物，然後成為紐約的寵兒，最終在邁阿密熱火成為一位富豪與總裁。

道格・克里寇利安記得，從一九八一年起，萊里個人轉變的過程成為表演時刻最引人入勝的演變之一。「我在他還是湖人陣中最低薪的球員時就報導過他了，那時的他是個極為謙虛的好人。在我從事體育報導的生涯中，從來沒有看過變化比派特・萊里更大的人。他變得像是個貴族、哲學家、莊重的人。他原本只是個平凡人，會喝啤酒、人很好、看起來體育比智育還發達的人，突然之間，他變成了一個動口不動手的書生，宣揚各種哲理與道義。」

珍妮・巴斯記得，萊里後來解釋了當時他為什麼會這麼說：「『我在人們的印象中，就是那個倒咖啡的人或是前球員。』他如此說道，並在談到自己得到這份工作時，問自己：『我要如何展現我的威嚴？』他想到了他的父親，想到父親如何在他的生命中成為一個最有威嚴的人。他的父親會抹百利（Brylcreem）髮蠟，所以他決定改變自己的髮型，讓自己更像父親，讓自己更有威嚴，改變人們以前對他的印象，讓人們看到一個嶄新的自我、把自己塑造成符合這個職位的形象。」

擔任芝加哥公牛公關總監多年的提姆・哈倫（Tim Hallam），想起萊里的勁敵菲爾・傑克森在一九八八年被提拔為總教練的情景。「你的執教方針必須有點料，才能讓麥可服氣，」哈倫分析，「而菲爾的確有搞得定他的真材實料。」

當然，同樣的話也適用於魔術強森。要當他的教練，你必須有點料。而萊里將會證明，他的確擁有在執教時能讓他服氣的特質。他和強森本人一樣，擁有著一個平凡的家庭背景中萌生的雄心壯志，而且實現了它。擔任教練的萊里很快就成為了魔術強森在NBA及其歷史中大放異彩的靈魂伴侶。不久後，萊里就採取每隔一段時間就打電話給老艾爾文閒話家常的行動。坦白說，這似乎是個對威斯特海或NBA大多數的教練而言都很陌生的行為，但這證明了萊里在情緒智商上的水準接近他的控球後衛。

與強森和賈霸相仿，萊里很尊敬他的父親。

萊里的父親里昂（Leon）多年來在小聯盟擔任總教練與助理教練，後來他投入商場，但經商失敗，因此晚年得靠在學校擔任保全維生。萊里記得，父親就連做這份工作時也表現得威風凜凜。萊里是家中的小兒子，在紐約州斯克內塔第縣（Schenectady）讀高中時擔任四分衛，貝爾．布萊恩（Bear Bryant）教練希望他去阿拉巴馬大學（Alabama）打美式足球，但肯塔基大學的阿道夫．魯普（Adolph Rupp）把他帶到了肯塔基州藍草地區的籃球場上，在魯普教練麾下的全白人球隊中，他以前鋒之姿入選了全美第一隊，而他們在一九六六年的NCAA錦標賽中敗給了先發五人全是黑人球員的西德州學院（Texas Western），留下歷史性的一刻。離開肯塔基大學後，萊里展開了九年的職業籃球生涯，繳出一份平均七點四分的成績單。

「派特用拚勁和衝勁彌補了速度的不足。」湖人隊在一九七〇年代的總經理彼特．紐威爾回憶道。

萊里的膝蓋在一九七五年受了傷後，被湖人交易到鳳凰城。「我覺得被背叛了，」他後來表示，「我的血液中只留著湖人這支職業球隊的血，他們是我唯一關心或能令我燃起熱情的球隊。」

現在，僅僅過了幾年，他發現自己在峰迴路轉之下成為了這支球隊的總教練，而且在傑瑞．巴斯的催促之下，他必須學會如何在這支球隊中貫徹自己的理念。這需要堅定的意志，也需要細膩的心思。

起初，萊里不確定自己該不該接下威斯特海的位置。畢竟，威斯特海給了他成為助理教練的機會，萊里不想顯得不忠。他向他的前隊友威斯特尋求建議。「做吧，」威斯特說。「接受這份工作。」

「我當時震驚得無法思考，」萊里日後說道，「我覺得開除他是個糟糕的舉動。」更不用說不公平了。「與人們的印象相反，保羅是個思路靈活的人。他開始在進攻戰術中做出改變。他注意到了問題，但他的功過太快被蓋棺論定了。媒體、球迷、球員和高層似乎都覺得他做的改變不夠快，我覺得這更像是個被情緒影響的決定。」

「改變已經發生了，」前湖人隊球員艾迪・喬丹回憶道。「這個結果，任何人都已經無能為力。萊里來到這支球隊後，表現得很棒，從一開始就很棒。我很喜歡他，因為他總說我是救火隊。我猜他在當球員時，也覺得自己是這樣的球員。不論是每個晚上都會被呼喚，還是每三個晚上才會被呼喚一次，救火隊都會隨時做好上場的準備。以當時的聯盟來說，他的激勵技巧非常新穎且有創意。」

「派特・萊里做到了一件事，那就是將超級明星們團結一心、融合成一體，」朗・羅森說明，「這是一項艱鉅的工作，而他做到了。」

這項工作並非總是這麼艱鉅。有時，萊里能做到這件事，就只是因為他喜歡在賽後到飯店的酒吧喝杯啤酒，這是多年以來老派職業球員的習慣，以前的教練和球員會在比賽後藉由一起喝啤酒來聯絡感情。對於當時的威斯特海來說，這是個陌生的想法，但對於一九八一—八二球季的湖人來說，這象徵著萊里帶來的自由。事實上，不只是強森覺得自己被解放了，他們全都有這種感受。或許從根本上而言，萊里與威斯特海的目標都一樣，但他靠著老派做法所營造出的親切感，讓他朝著這些目標更靠近了一點。

此外，正如諾姆・尼克森多年來喜歡強調的一點，這支球隊太優秀、太有天賦了，幾乎任何人來教都不會差到哪去。萊里自己很快就體悟到了這一點，有時他在場邊看到某些事而過於激動時，強森就會看過來示意：「放輕鬆，我來搞定。」

回首當年，萊里之所以會宣揚團結，似乎是為了針對「交易卡里姆」火柴盒的這種小動作所做出的回應，他知道他必須把這支面臨分崩離析的球隊團結起來。因此，他把心力放在小圈圈中，也就是十二名左右的球員和四、五名工作人員上，這讓他能夠專注於建立圈內的忠誠。

「他稱之為家庭。」極為崇拜萊里的羅森日後指出。

在接下來的幾十年裡，人們會把體育球隊形容成家庭或兄弟，而儘管萊里用的術語不同，但他是最早在闡述這種觀念的人之一。回過頭看，這似乎完全合理，但為了爭奪地位、數據和代言的球隊內部競爭，通常會比與其他球隊的外部競爭更激烈。

奇特的是，萊里以這種方式實現了團結，卻沒有公開地試圖以任何方式與傑瑞．巴斯建立交情。他精準地判斷到老闆早已把他的愛用在了魔術的王國上。

「他從來沒有和魔術之外的任何人這麼親密過。」珍妮．巴斯談及其父時表示。

這並不是說這位老闆和新教練之間沒有欣賞彼此，他們有，但萊里把重心放在球隊上。他從自己父親的經歷中深刻地體驗到，有些事情你無法控制，而你最好能牢牢地掌握那些能控制的事情。

在威斯特海被開除後，光靠著強森因此事而留存的情緒餘韻，他們在一開始就取得了不錯的成果。「之前我們都沒辦法製造出任何能輕鬆得分的機會，」這名球星在威斯特海垮台的幾天後對《運動畫刊》表示，「現在我們能輕鬆上籃、開後門、跑快攻，這才應該是我們的打法。如果我們沒辦法打出這樣的風格，就只是一支中庸的球隊。我覺得大家現在都覺得更自在輕鬆，不再擔心會犯下空手切入切錯邊或把球傳到不對的人手上的錯誤。我們能創造出這種輕鬆的得分機會。我們現在打得不錯，但我們會變得更好。在我們跑起來、打出我們的風格時，我們就會是聯盟前三強的球隊。」

同樣關鍵的是，他一開始就讓球員們打球打出激情，這也贏得了球隊成員的忠誠。

「派特在賽前做的準備工作無人能及，」當時剛高升為推廣部門總監的羅森在二〇一九年回憶道，「在研究優秀球員的優劣處方面，無人能出其右。在與人建立關係方面，他也無人能及。你說新觀念？我的天，在你還不知道這個詞的時候，他就已經在為這支球隊帶來新的觀念了。這傢伙從早到晚都在做準備，這就是為什麼這支球隊總是準備得萬事俱備。他們反映出了他的特點，他也反映出了他們的特點，因為他知道自己的團隊中有什麼類型的球員。」

湖人在剛開始打出表演時刻時，萊里對於錄影帶重播的重視，也讓人驚訝不已。他把錄影帶帶到了板凳上，甚至在暫停時播放，直到聯盟禁止他這麼做才罷休。

「他把一台電視螢幕帶來球場，」羅森回憶道，「聯盟要他把它拿走。他實在太前衛了。」

他有使出渾身解數的必要。

十二月，湖人花了一大筆錢引進的米奇・庫普恰克在聖地牙哥的一場比賽中傷到膝蓋，令他的球季就此報銷。庫普恰克受傷後過沒幾天，賈霸也扭傷了腳踝，形成嚴重的傷勢。這些傷病削弱了湖人的前場戰力，但球隊內部的風雨卻令他們對此渾然不覺。他們打出了一波短暫的連勝回應這一逆境，但很明顯，靠激情打球也只能帶他們走到這裡了。

就算賈霸回歸球隊，籃板的問題也還是一直存在，後來湖人隊助教戴夫・沃爾（Dave Wohl）提出了一個完美的補強方案，就是三十歲的自由球員包柏・麥卡杜。儘管麥卡杜在波士頓、水牛城和底特律打球時曾被貼上自私的標籤，但夏曼看中了他的天賦，麥卡杜曾拿過聯盟MVP和兩次得分王。

「我當時剛做完腳部手術，甚至還不確定能不能再打球，」麥卡杜回憶道，「我剛到這裡時，球隊每次介紹魔術登場的時候，他都會被噓。我心想：『哇，這支球隊在一年前才剛贏過總冠軍，現在他們就開始噓奪冠陣容中的其中一位明星球員了。』」

另一個意外之喜是大前鋒柯特・蘭比斯，這位被人們覺得長得很像克拉克・肯特（Clark Kent）、從自由市場簽下的球員冒出頭來了。在庫普恰克受傷後不久，蘭比斯出乎意料地被拔擢為先發球員，並用十四記籃板的表現回應。湖人需要他的拚勁、防守、籃板和肢體對抗。強森記得，在快攻中不能把球傳給蘭比斯，因為他幾乎每次都會走步。不過，其他的任務他都能完成。

萊里機智地將快攻作為球隊的進攻首選。不過，還是有很多問題。湖人的表現在一到三月間下滑了，只能勉強打出勝率五成左右的戰績。

「執教球隊時不要怕東怕西的。」傑瑞・巴斯在一場會議中對萊里說。

這聽起來是個誰都給得出來的解決方案，但威斯特海的離開，造成了某種真空狀態。

「我把太多責任放手給球員了，」萊里後來解釋他決定表現得更強勢的原因，這一點在球隊於三月十二日的主場敗給芝加哥後變得很明顯。

「我受夠了，」他說明，「我在接下這份工作時，不知道自己想做什麼。我看著球員們、尊重他們的打球方式與身為人的尊嚴，我給了他們太多的信任了。我心想：『這是他們的球隊。』這的確是他們的球隊，但他們需要方向，這就是我的工作。我花了三個月才明白，即使球隊的表現關乎於球員的表現，但我有一定的責任去督促和要求他們。他們必須上場打球，我必須在場邊運籌帷幄。他們在等我拿出堅定的態度，而我本來就是個強硬的人。」

球員們，甚至所有的球迷，似乎都如釋重負。

「派特雖然是新手，但他做足了功課，」尊敬萊里多年的麥卡杜在二〇〇四年說，「他瞭解他們有多少天賦，因為他一直在轉播間或板凳席上就近看著他們。他知道自己的球員有多少本領，但他大多時候不會限制球員的表現，他讓我們展現自己的天賦。他不會阻撓我們的發揮，跟我們說：『你們一定要站在球場上的這個位置。』他不會死守著戰術。他每個戰術都設計得井井有條，但我們還是能在場上打得自由奔放，因為這批球員的天賦實在太高了。現在回過頭來審視，我進了名人堂、詹姆斯・渥錫進了名人堂、魔術進了名人堂，還有卡里姆。有四位名人堂球員，在同一支球隊。」

在做出改變之後，他們以五十七勝二十五敗、西區第一的戰績結束例行賽。更棒的是，在季後賽開始時，他們展現出傑克・麥金尼昔日為這支球隊灌輸的彈性打法，也就是讓尼克森或強森來負責發動快攻，這讓他們有了加倍的進攻火力。

「能夠在抓下籃板球後就直接發動快攻的感覺很棒，」麥卡杜回憶道，「你不用把心力放在尋找控球後衛上，只要轉身然後把球往前傳就好。在前面的不是魔術就是諾姆，不論他們分別站在左側還是右側，或者你面向哪一側，你只管把球往前傳就好，我們的快攻就會從其中一人的手上開始發動。在洛杉磯，你要做的就是轉頭就跑。」

強森令教練被開除的情緒化舉動得到了回報，因為強森自己也在為了確保有所成績而努力。「球迷們的存在依然能讓我感到興奮，」他在例行賽快結束時說，「他們還是能讓我打起精神，我也依然熱愛著籃球比賽，我不覺得我會失去這種熱情。」

「魔術已經成為一名偉大的球員，」傑瑞．威斯特對記者們說，「我在今年看到他進步到了更高的層次。他變得更穩健了，這是最重要的。他在場上收放自如，清楚知道自己在球場上的每分每秒要做什麼。」

威斯特看著強森踏出了最後一步，他不僅成為一名專職的控球後衛，更成了一名偉大的控球後衛。在強森的帶領以及萊里重用麥卡杜的決定所推動下，湖人在最後二十四場比賽贏了二十一場。

「我們那年在季後賽中的表現簡直不可思議。」麥卡杜回憶道。

他們一路挺進，在季後賽連勝九場，最終以平最佳紀錄的十二勝二敗奪得總冠軍。

儘管在一九八二年例行賽取得六十三勝十九敗的戰績，但力求衛冕的上屆冠軍塞爾提克又敗給了費城，這一次是在廝殺七場的東區冠軍戰中敗下陣來，也讓人們期待已久的強森大戰柏德的總冠軍賽對戰組合再度延期。從電視上看著這場精彩好戲的強森和湖人，在季後賽中接連以四比零淘汰了鳳凰城和聖安東尼奧。

與馬刺交手的系列賽讓強森與他昔日在密西根時崇拜的偶像之一喬治．葛文交手，但這場對決很快就結束了，在打完馬刺的最後一場比賽，足足等了十二天，才等到費城和波士頓分出勝負。為了不讓身手生疏，他們藉由一天練兩次球與內部對抗賽來打發時間。

「這支球隊最棒的地方，」萊里說，「就是工作態度。」

前七六人球員萊昂內爾·霍林斯在二〇一九年回憶道，一九八二年的湖人顯然又比之前更強了。「我們第二度與湖人爭奪總冠軍時，他們變得比之前強很多。噢，我的天，這真是令人難以置信。我的意思是，在我們第二次交手的系列賽中，在球場上來回奔馳的他們快得只留下殘影。他們陣中增添了更多適合這種球風的球員，而且他們在這方面執行得更好了。」

朱利葉斯·厄文在一九八二年季後賽開始時已經三十二歲，這是他自一九七六年進入NBA以來第三次打進總冠軍賽。在一九八二年，厄文的體能也許還足以讓他幫助球隊戰勝柏德，但要他接下來馬上與動力十足的強森交手，他應付得來嗎？

費城在一九八二年總冠軍賽中擁有主場優勢，但湖人隊有助理教練比爾·伯特卡巧妙地設置了區域聯防的陷阱。總冠軍賽首戰在五月二十七日星期四於光譜球場開打，他們就適時地運用了這個陷阱。在那個年代，區域防守是違反規則的，所以這個陷阱必須偽裝得很巧妙，才能免於遭判技術犯規。事實上，這個陷阱非常適合人高手長的強森與湖人全方位的運動能力。

在第三節進行到一半之前，七六人都將他們的進攻執行得天衣無縫，但湖人隊在這時拿出了他們的對策。當時，費城領先十五分，但在接下來的十一分鐘左右，強森和隊友們打出一波四十比九的猛攻，被打得暈頭轉向的七六人最終以一百一十七比一百二十四敗下陣來。

賽後，比利·康寧漢抱怨湖人隊的防守陷阱是一種幾乎連演都不演的區域聯防。

在與對手較量的這場棋局中，不管是再怎麼不重要的評論，萊里都會留意。於是他決定在第二場比賽中稍微減少使用陷阱的頻率。「裁判也會看報紙。」他解釋。

「他們在使用這個區域聯防的陷阱時，常常能逃過裁判的法眼，」曾在職業球壇打滾多年兼強森老友的赫伯．威廉斯，在二〇〇四年的採訪中說明，「很多人對此感到憤怒，因為他們打的是區域聯防，而不是人盯人防守。裁判往往不會對他們的這種行為嚴格地吹判。他們有六呎九吋的魔術、六呎九吋的渥錫、七呎的卡里姆、六呎九或十吋的蘭比斯，這是一支人高馬大又有著出色運動能力的球隊。一旦他們製造了對手的失誤，大家都知道，球會交到三十二號的手中，然後他們馬上就會向前推進。」

因此，由於區域聯防的陷阱引起了不必要的關注，萊里改讓強森防守厄文。

「我一直是他的粉絲，」強森談到J博士時說。「我尊敬他，也敬畏他。」

厄文在第二戰的表現也無愧於他的這份敬意，他以二十四分、十六籃板的表現，帶領七六人以一百一十比九十四扳回一城，令系列賽形成一比一平手的局面。

湖人隨後在論壇球場宰制了接下來的兩場比賽。尼克森在第三戰以二十九分的表現引領球隊輕鬆寫意地贏得勝利。區域聯防的陷阱再一次困住了費城，湖人以一百二十九比一百零八勝出。事實上，它的效果很好，因此湖人在第四戰重施故技，並以一百一十一比一百零一再拿一勝。陷入一比三落後的局面，七六人看起來已經完蛋了。但他們在第五戰中成功地讓賈霸打得綁手綁腳，只讓他得到六分。這是他自一九七七—七八球季於比賽中揍了肯特．班森（Kent Benson）而遭驅逐出場後的單場最低分。賽後，賈霸沒有與記者交談便離開了球場。聯盟重視關於媒體的規定且會嚴格執行，但正如榮恩．卡特所說，沒有人敢刁難賈霸。

費城將系列賽追近到二比三，但接下來他們得回到論壇球場進行第六戰，而湖人在這場比賽中早早便取得了領先。七六人在第三節只讓洛杉磯得到二十分，並屢次將差距縮小到一分。「那時我有點緊張。」在有六名球員得到十分以上的湖人陣中，以二十七分領先全隊的賈莫．威克斯說。湖人穩住陣腳，然後在第四節發動攻勢，將領先擴大到十一分。費城再次反擊，在比賽時間剩不到四分鐘時追上，僅以一百比一百零三落後。不過賈霸跳出來完成一記三分打，為湖人確保六分的領先。最終在威克斯突破上籃得分後，為湖人鎖定了勝利，最終比數為一百一十四比一百零四。

強森在這個球季承受了巨大的壓力，他使球隊開除了教練，背負著數個月的罵聲，如今贏得總冠軍，將所有的陰霾一掃而空。

「在這次的總冠軍賽系列賽，出現了兩次球都沒有碰到地板，只靠傳球就直接從球場的這一端攻到另一端的情形，」史帝夫．史普林格回憶著自己親眼所見的表演時刻，用這句話一言蔽之，「對我來說，那是最棒的部分。我覺得這也是為什麼這會令對手受到重挫，因為他們還擁有史上最偉大的得分手與最難以阻擋的投籃手段。但要讓他發揮作用，就必須打半場陣地戰。萊里將這兩者發揮出最大的功用，他沒有捨棄賈霸，而你擁有兩種最佳的得分方式，就可以因應不同狀況選擇其中一種。」

MVP的票選結果，也再次凸顯出陰霾被掃得多徹底。

強森在第六戰中得到十三分、十三籃板和十三助攻，被票選為總冠軍賽MVP。

「在今年的前一段時間裡，我還覺得這是不可能的事，」被噴了滿臉香檳的威克斯說，「那時我們這裡不開心的人多到你不敢相信。」

在聯盟其他球隊的不信任中成為NBA球隊老闆的傑瑞．巴斯，在接手球隊的三個球季間贏得了兩次總冠軍。

在一九八二年，針對巴斯在馬里亞尼—巴斯聯合公司的辦公室裡經營兩支職籃球隊的狀況，聯盟正在尋找解決方案。《波士頓環球報》（The Boston Globe）發表了一系列的NBA深入報導，指出NBA儘管有柏德和強森的存在，虧損的球隊卻仍多得令人擔憂。這些文章也大力報導了一宗嚴重違反聯盟公平競爭原則的事件，並公開了法蘭克．馬里亞尼在任職湖人隊財務主管的同時，還擁有了印第安納溜馬一小部分的股權，甚至巴斯還是市場廣場體育館的主要承租人。

隨著《波士頓環球報》的系列報導引起了大眾矚目，NBA理事會立刻宣布對巴斯及其商業夥伴進行調查。不久之後，山姆．納西和馬里亞尼便把溜馬隊賣掉了。

長久以來，由於紐約、波士頓和費城一直是媒體與娛樂重鎮，NBA的重心都集中在東北部。但強森和巴斯正在改變這個格局，將焦點往西移動，跨越了時區。

撇開過程中有些混亂，強森的到來迅速地將洛杉磯從一個死氣沉沉的陵墓轉變成了派對現場。

富者更富

強森的笑容在再度奪冠、再度進行了遊行、再度享受了一輪狂歡等過程中再次閃耀，並成為了湖人歡樂列車的車頭燈，接著很快又到了巴斯讓球隊的軍容更加壯盛的時刻。

由於湖人在一九七九—八〇球季將唐．福特（**Don Ford**）交易到克里夫蘭，他們現在擁有騎士隊在一九八二年的首輪選秀權。有一段時間，夏曼和威斯特考慮過喬治亞大學的天行者多明尼克．威金斯（**Dominique Wilkins**）。他有著能令觀眾看得興奮不已的球風，但最終他們決定選擇北卡大學的詹姆斯．渥錫，因為他的技巧全面，而且除了大小前鋒雙挑之外還能打得分後衛，這讓他成為了更適合的人選。最重要的是他的速度和進攻手段，這使他成為魔術強森在傳出各種傳球時的終結者，也因此入選了名人堂。

「我們看起來最需要的是一名小前鋒，」傑瑞．威斯特回憶道，「我認為我們應該考慮的人選是詹姆斯與多明尼克。不選多明尼克．威金斯是個非常困難的選擇，真的非常困難。因為我們在打表演時刻的籃球，而他正是一名符合表演時刻風格的球員，而且是一名優秀的球員。」

「我一被選中就知道這會是個特別的結合，」渥錫在一九九二年回憶道，「這兩年，我一直看著艾爾文用他的傳球大殺四方。我常看著賈莫．威克斯和庫柏在兩翼向前狂奔，我知道艾爾文會幫我打得更好。我當時沒想到他會為我帶來多大的助益，但我知道和一個能在正確時間把球傳給你的人一起跑快攻的感覺會很棒。」

「詹姆斯．渥錫是另一名身高有六呎九吋，但打得像六呎二吋般靈活的球員，」麥可．庫柏說明。

一九八二—八三球季的湖人將因此擁有一支戰力厚實的陣容。後場有強森、尼克森和庫柏。前場有蘭比斯、威克斯、渥錫和麥卡杜。也許最棒的是，賈霸的合約在本季進入最後一年，他也打出了像是要拚年薪好幾百萬美元的表現，唯一的問題是，他的經紀人湯姆．柯林斯（Tom Collins）很快就會因為新合約的問題而和巴斯僵持不下。每天都有越來越多不同的說法，在猜測賈霸身穿湖人球衣的日子是否已經進入倒數計時，而那些寫著交易卡里姆的火柴盒可能會成為現實。

湖人以三十四勝九敗的戰績展開一九八二—八三球季，然而剛在波士頓敗給塞爾提克後，就傳來了壞消息。賈霸在貝萊爾的豪宅被燒成平地，他的個人體育紀念品與大量的中東地毯、爵士樂專輯和書籍也因此付之一炬。與他交往多年的女友雪莉．皮斯托諾（Cheryl Pistono）和他們的兒子阿米爾（Amir）逃過一劫，但損失了超過三百萬美金。這位隊長搭下一班飛機飛回洛杉磯，湖人則前往達拉斯。媒體立刻猜測，失去家園可能會讓賈霸更有機會離開洛杉磯。

萊里和威斯特認為，賈霸至少需要一個星期的時間重新安頓自己的生活。但他在那個星期三的比賽前就飛到了達拉斯，然後在比賽中得到了球季最高的三十四分。「他在這種情況下來到這裡，對我來說簡直難以置信，」隨隊前往客場的威斯特說，「你看到一名偉大球員的內心時，就會知道他之所以能一直這麼偉大的原因了。」

這名湖人中鋒的現身，代表他能立即獲知球迷在他遇到了這場災難後會有什麼反應。從在達拉斯比賽的那晚開始，有好幾個月的時間，會有許多人們來到他有出賽的城市送他唱片和書籍，以彌補他失去的事物。前湖人公關總監賈許．羅森菲爾德（Josh Rosenfeld）記得，在達拉斯的第一個晚上，有位年輕球迷送了他一張艾拉．費茲潔拉（Ella Fitzgerald）的唱片，讓賈霸驚訝得幾乎說不出話來。

「賈霸第一次在職業生涯中感受到這麼多的愛與真心的關懷，」萊里說，「我想他以前從來沒見過這種狀況。」

然而，這些支持並無法阻止湖人的氣勢在火災後下滑，最終他們以五十八勝四十二敗的戰績結束例行賽。儘管再次成為西區第一，但他們的連霸希望在季後賽的一個星期前遭到沉重的打擊，因為在出戰太陽的比賽中，渥錫的腿於跳起來補籃時骨折了，讓他的膝蓋下方受了重傷。

在沒有他的情況下，強森和湖人在西區季後賽中接連壓制了波特蘭與聖安東尼奧。在迎戰馬刺的系列賽中，他們取得三比一領先，本應能在論壇球場舉行的第五戰關門，但他們不僅輸球、得回到聖安東尼奧打第六戰，還在這場比賽傷了麥卡杜。這些累積起來的傷勢，影響了一九八三年出戰費城的總冠軍賽。下定決心要贏得總冠軍的七六人老闆哈羅德．卡茨（Harold Katz），從休士頓火箭引進得分與籃板機器摩西．馬龍。在得到這個人間凶器後，七六人在例行賽打出六十五勝十七敗的戰績。記者們問了馬龍，七六人會在季後賽打出怎麼樣的表現時，他做出了著名的「嘶勝、嘶勝、嘶勝」（fo, fo, and fo）預測。* 在季後賽之路中，他們在東區準決賽中橫掃了尼克，然後在分區冠軍賽中只輸了密爾瓦基公鹿一場，最終在總冠軍賽與湖人碰頭，這是兩隊近四年來第三次在這個舞台交手。

---

* 譯註：此處的 fo 為馬龍因口齒不清在說 four 時的發音，連說三個 four，代表他預測連續三輪四比零橫掃對手。

然而，總冠軍賽還有更多的麻煩在等著他們。尼克森因傷倒下，賈霸發現自己現在孤立無援的處境，有如一九七〇年代後期令他感到沮喪的狀況。在籃板拚搶方面，馬龍主宰了戰局，抓下七十二個籃板球，遠勝賈霸的三十個，也讓湖人和其他慘遭費城毒手的球隊一樣敗下陣來。

魔術和他的隊友無法避免被橫掃的結局，之後球隊決定交易諾姆．尼克森。傑瑞．威斯特有次在二〇〇八年的採訪中回顧自己的一生時，說這起交易是他做過最困難的決定。威斯特說，這代表尼克森和他的妻子、舞台與螢幕上的明星黛比．艾倫（Debbie Allen），將恨他一輩子。

正如那個時代的榮恩．卡特等人所記得，尼克森和艾倫似乎也覺得他們是因為有吸毒的嫌疑而被迫害。但威斯特表示，他覺得自己必須做出這筆交易，才能把控球重任交由強森全權負責，讓他發揮巨大的潛力。最終，強森成為了球隊的控球後衛，時機似乎恰到好處。

「諾姆．尼克森是一名非常優秀的控球後衛，」包柏．施泰納回顧強森和尼克森之間的角力時說，「那是一場僵局。兩個人都不得不在比賽中有所退讓，最終這影響到了諾姆。曾有報導指出諾姆說過：『看看我為了和魔術一起打球而不得不放棄了什麼。』而艾爾文從來沒說過『看看我不得不放棄什麼……』之類的發言。那是一個黑暗的時刻，而它與眾多事件一樣，成為了湖人在繼續前進時被擱置於歷史中的片段。諾姆和艾爾文是幫球隊奪得兩座冠軍的後場組合。」

這筆交易的重點，是強森沒有從中插手，他沒有動用他之於傑瑞．巴斯的影響力來阻止這筆交易。

夏日賽事

艾爾文．強森很快就證明了他不僅會控制湖人，這位來自蘭辛的年輕巨星更是幾乎從一到達洛杉磯，就開始在洛杉磯的街頭籃球文化的頂尖戰場中狩獵每個對手。不久之後，他也在這些球場上成為了主宰，接管了比賽。

「魔術是個非常難纏的對手。」瑞吉．席亞斯回憶道。他和許多生於或現居於洛杉磯的職業球員與大學球員開始在UCLA鬥牛時遇到強森，這種高水準的鬥牛，和少年時期的強森在詹尼森體育館與查爾斯．塔克較量的情形相似。強森原本想過在大學時期到UCLA打球，但後來他拜訪學校的招生行程被取消了。現在，他似乎無論如何都想把這裡納入自己的勢力範圍。

「對他來說，輸球是不可能的選項，」席亞斯回想著鬥牛場上的魔術，「他會為了勝利不擇手段。在這個沒有裁判、自己吹犯規的球場上，如果你呼出來的氣噴到他，就可能被他喊犯規。如果你想緊緊地守著他，就必須高舉雙手，這樣他就沒辦法說你犯規了。」

瑞吉．席亞斯分析，想用這種方式打球還不會惹人厭，需要一種難得一見的個人特質。「魔術強森是我這輩子遇過的人中，唯一一個在一走進房間時就能讓氣氛自動高漲起來的人。在他走進體育館時，正在進行的比賽就會立刻自動變得更激烈，他對每個人都能發揮這種影響力。」

「他有在UCLA打球，」奇奇．范德維奇回憶道，當年的他是職業球員，大學時期也曾是棕熊隊的一員。「我們在舊體育館裡打鬥牛，這是個延續至今的傳統……對洛杉磯的籃球選手來說，能在夏天來到這裡和幾位優秀球員對抗，是一段美好的時光。他在場上有一種能讓你馬上感受得到的存在感，這是第一點。第二點是，他能融入到大家之中，和每個人都有說有笑。顯然，他非常、非常喜歡打籃球，這也是你能立刻看出來的一點。他在打球以及置身於籃球之中時，會顯得十分快樂，但在比賽開始後，便會嚴肅以對。」

尤其如果你激怒了他，他就會讓你知道，他之所以是一名支配者中的支配者的原因。

「大多時候，他會選擇他的隊伍成員，」席亞斯笑著說道，「而如果你沒有按正確的方式打球，他就會把你踢出球隊，找另一個人加入。那些被他找來的人都是職業球員，都是有本事、有實力的球員。真是令人吃驚。」

范德維奇說明，儘管如此，與強森一起在夏天打過球的人，大多都認為這是一段特別的經歷。「除非你和他一起打過球，否則很難形容他對這項運動有多麼熱愛。許多看過他比賽的人們都能感受到他在打球時有多開心。他有一種特別的快樂，能讓每一個看過他比賽或者和他在比賽中交手的對手感受到。他對這項運動的熱情是有目共睹的。」

強森在洛杉磯還沒待多久，這座城市的籃球愛好者就已經知道在夏天時要去哪裡看他打球了。這些比賽的激烈程度不亞於NBA比賽，有時甚至更激烈。

「我們在保利體育館的男子運動場館打球時，裡頭都擠滿了觀眾，」席亞斯回憶道，「這些隨機報隊打的比賽最棒的地方，就是贏球才是唯一的重點。」

范德維奇指出，和強森對抗不僅要有與他不相上下的身材，還要有能與他抗衡的強度。「他每天都來打球……而且通常都帶著他自己組好的一隊人馬來，也就是他在湖人隊的隊友。他們打得很拚。他要求他們盡全力，並認真對待每一天的比賽。」

「每天，」席亞斯說，「有時一天兩次。大多時候，我們都會一起訓練。我們會重訓、在操場上跑步、跑台階、投籃、打球，然後一起吃飯，接著回來再重複一次剛剛的流程。並不是說魔術每次都在，但他常來。你會看到體育館裡擠滿了球員，其中大概有十五到二十名是真正的NBA球員。」

隨著強森的年齡增長，鬥牛對他而言就會越來越重要。葛瑞格·佛斯特（Greg Foster）在還是一名UCLA球員時，便第一次見識到他有多認真在打鬥牛，然後在接下來的十年裡，他會不斷地見證此事「我因為在UCLA而有幸在夏天與他們交手，」佛斯特在二〇一九年回憶道，「包括我在內的

ＵＣＬＡ先發五人會上場打球，然後魔術會帶著湖人隊的先發五虎上場。全聯盟的球員都會來到這裡。所以，對像我這樣的年輕人來說，便會不禁看得喊出『哇』的讚嘆聲。」

在ＮＢＡ打球與執教多年的佛斯特記得，從某些方面來看，這些在夏天進行的比賽，是能見識到強森將他的球技全部施展出來的地方，在ＮＢＡ的比賽中，他很少像一九八〇年的第六戰一樣，把自己所會的一切施展得淋漓盡致。

「每個人都覺得他是一名以傳球為優先的人，但我可以告訴你，在夏天打的那幾場比賽中，沒有人的得分火力比他還要旺盛。只要他想，就可以輕鬆地在一場比賽得到四十分。他的身體狀態無人能及。他下了極大的苦工，才能成為現在的他。我永遠記得，他總是在精進他某個面向的球技。像是有一年夏天，他拚命地練習跑動中的左手勾射。他在籃下大多是用左手出手，而且準得像鬼一樣。我很佩服他的訓練態度，他每天都在訓練，早上跑步，下午鍛鍊身體。」

對於那些尚在ＵＣＬＡ或剛進入聯盟的年輕人來說，與強森在夏天一起打球還有另一個很好的好處。

「他總是在夏天舉辦最盛大的泳池派對，」佛斯特回味著，「這些派對都棒極了。派對在他家舉辦，他會清空所有的家具。他的親朋好友都會到場，很多人會出現並聚在一起玩。」

這些派對可能看起來很瘋狂，但一直很有商業頭腦的強森，甚至還為他的這場美好時光找到了贊助。

「到處都是冷藏箱和毛巾，」佛斯特記得。「他們還發送了免費的百事可樂毛巾給我們……我只記得我在那些派對上玩得超級開心。再次強調，對一個剛進ＮＢＡ的年輕人來說，我覺得我簡直來到了天堂。」

第二十三章　關於賴瑞

人們已經期待這一刻長達四個NBA球季，它終於在一九八四年來臨了。一黑一白的兩人，這兩個看著彼此就像看到了鏡中倒影的對手，將再次展開他們的宿敵對決。這樁對決再次成為社會與文化層面的焦點，而且時機恰到好處，日後證明，這對籃球、NBA與一九八〇年代都有所助益，也讓全世界為此感到振奮。最重要的是，再次於完美時機出現的強森對決柏德戲碼，為美國那段長久、不堪入目、悲傷的種族歷史注入了新的活力。

在許多探討表演時刻這一時代的論點中，常常出現一種說法，指出這些人物宛如按照著劇本在行動，而這些劇本，恐怕連好萊塢都創造不出更完美的設定。

事實上，好萊塢早就上演過類似的劇情，在一九五八年由薛尼・鮑迪（Sidney Poitier）和湯尼・寇蒂斯（Tony Curtis）主演的電影《逃獄驚魂》（The Defiant Ones）中，便講述了一黑一白、被銬在一起的兩個逃犯被獵犬追捕，受到了極端的種族主義所審判的故事。這部劃時代的電影獲得了許多獎項。

多年來，人們在聊到柏德與強森為了爭奪冠軍而展開的一連串戰鬥時，常常說這是「剪不斷、理還亂的命運糾葛」。有人會說，他們彷彿被命運的鎖鏈綁在一起，而他們的命運將成為籃球發展的命運，甚至最終在一段重要的時期內牽動了美國的命運。

「我們將被永遠地連結在一起。」強森在二〇〇二年入選名人堂時重申了他們的誓言。

他們都來自美國中部。來自印第安納州這個籃球之鄉的柏德出身貧寒，而強森和他的家人則是從長達數世紀的貧困中翻身。他們代表了這個文化中，兩股為了機會、工作、認同和尊重等任何與美國廣大的底層勞工階層相關的微薄利益而發生衝突的力量。值得指出的是，這些黑人和白人之間的鬥爭，在美國的整個歷史中宛如無限迴圈般地以間歇性的暴亂、屠殺和暴力的形式發生。

在這種更大的緊張局勢中，這兩人在眾人的面前展開了一場激烈的、經典的、史無前例的對決。

強森的朋友們表示，他起初一定很恨柏德，而這位球星偶爾也會默默地承認自己有這種情感。最終，儘管他們有著極大的不同，他們之間的競爭讓他們從一開始不得不佩服彼此，逐漸演變成真摯且充滿了愛的友誼。

當了近五十年湖人隊計分員的約翰．瑞德克里夫見證了他們的多次交鋒。在回顧著柏德和強森的對壘時，他會說，籃球從未如此精彩。「他在場上是個很多話的人，」瑞德克里夫談到柏德時說，「我覺得魔術從這件事中得到了快感。他十分享受這種感覺，這令他更加振奮。」

他們的「連結」中的一個重要部分，就是他們給彼此帶來了永無止盡的煩惱。

在二〇〇二年入選名人堂時，強森回憶起在波士頓花園的一場比賽，他因傷不得不穿著便服坐在板凳上，這使他成為了一個完美的攻擊目標。

「他們在我們板凳旁邊熱身，」他回憶起柏德在排隊等著上籃時對他說的話，「在最後一次準備上籃時，他走過來對我說：『魔術，別擔心，我會為你帶來一場好戲。』他上場得了四十分，抓了二十還二十二個籃板，送出九、十次助攻，把我們吃乾抹淨，投籃好像只失手了三球。」

強森記得，柏德用一記空心入網的遠距離投射為這場好戲畫上句號。「他投進那球底角三分時，我就坐在他後面，你懂那種看著他投進三分球的感覺嗎？」

「魔術，這一球是送你的。」柏德轉身對他說。

那位波士頓的明星球員也很清楚這是多麼折磨人的痛。

「輸給湖人的感覺真的糟糕透頂，」柏德在強森入選名人堂的儀式中擔任引薦人時說道，「我記得在季後賽輸給他們後，坐飛機回去時，心情沮喪得根本睡不著，甚至覺得就算飛機墜毀也無所謂了。」

他記得波士頓在洛杉磯打贏對手後，也曾在經過停車場時看到強森陷入了類似的絕望情緒中。「我能從他的表情看出來他很痛苦，他那天的眼中流露出了深受打擊的神情，」柏德回憶道，「我在一旁冷眼旁觀，並心想：『受苦吧，寶貝，感受痛苦吧。』我知道他在回家後，可能會把所有的燈關掉，拉下百葉窗，在黑暗的房間裡坐著沉思好幾個小時。我懂，因為我也經歷過。」

就算他們顯然有著緊密的連結，但在這段痛苦的經歷中，他們的關係還是很緊張。

「我們是世界上最慢的兩個人，而且我們只能跳這麼高，」強森在入選名人堂儀式中說，用食指和拇指比了兩英吋左右的距離。「但我們知道怎麼用頭腦打球。我們是贏家。如果賴瑞和我在同一支球隊打球，其他人都拿不到冠軍了。」

他在將近二十年前的一九八四年總冠軍賽前也說過一樣的話，而他會因此承受這個錯誤所帶來的苦果。那時的他們還不是真心認可彼此的朋友，也還沒那麼瞭解對方。強森很快便悔不當初。

「現在賴瑞和我真的很欣賞對方，」強森在那年五月告訴記者，「這會是場非常激烈的對決。我們之間確實有些糾葛，但現在已經過去了。他是個有智慧的球員。」

這一刻給了強森一個機會提醒媒體，他和柏德曾在昔日那場乏人問津的國際表演賽中，在肯塔基大學的喬．B．霍爾教練執教的球隊裡當過隊友。「賴瑞和我當時沒有太多一起上場的機會，」在他與柏德即將展開首次爭奪NBA總冠軍的大戰前，強森如此回憶，「我們大部分時間都坐在板凳上。但在賴瑞和我一起上場時，我們在場上繳出了無所不能的表現。我們總是能幫助球隊取得領先或者擴大領先……如果我們現在能同隊打球，我想所有的總冠軍都會是我們的囊中物。」

時間快轉二十年後，柏德在強森入選名人堂的典禮中也回憶起這段經歷。他記得這段在喬治・B・霍爾的麾下毫無用武之地的賽事結束後，他回家告訴他的兄弟，他剛剛看到了史上最厲害的球員，而且那名球員還比他小兩歲。

「少來了。」他的弟弟回應道。

一年後，強森和柏德在NCAA冠軍賽上相遇時，柏德的弟弟也在場，在親眼看到哥哥口中的史上最厲害球員後，他告訴哥哥：「真的，他比你厲害多了。」

他們在NBA中只交手過三十八次，其中有十九場是季後賽。強森在這幾場比賽中平均得到二十點二分、七點三籃板和十二點三助攻。柏德則平均得到二十三點四分、十點八籃板和五點三助攻。他們各贏得了三次年度MVP獎項，但他們入選年度MVP排行榜前三名的次數，更能衡量他們的主宰力。

在十三個球季中，強森有九次排名前三。截至二〇二二年，他僅次於在二十季中十一度排名前三、領先群雄的勒布朗・詹姆斯，以及在十五季中十度排名前三的喬丹。

比爾・羅素和強森一樣，在十三個球季中有九次排名前三，卡里姆也是九次，不過他打了二十一個球季。

賴瑞・柏德在他征戰聯盟的十三個球季中，排行前三的次數則是八次。

對強森和柏德來說，真正重要的數字是贏得總冠軍的次數。

而無論他們之間存在著怎麼樣的宿敵關係，它都會成為NBA最偉大的球隊宿敵之爭的一部份。這場宿敵之爭在一九六〇年代一直由塞爾提克取得壓倒性的優勢，如今到了一九八〇年代，這一優勢將受到強森復興的湖人隊帶來考驗。

「這就是湖人和塞爾提克之間的差異。」強森在二〇〇四年說道。

前塞爾提克球員傑瑞・西斯廷（Jerry Sichting）在一九八五年成為柏德的隊友時，體會到了兩隊的競爭有多麼激烈。從古至今，再到未來，湖人和塞爾提克在季前賽中累積多年的交手經驗。這最早可以追溯到一九六〇年代，當時球隊們前往他處比賽時，搭乘的交通工具還是敞篷旅遊巴士。

「我來到波士頓的第一年，塞爾提克和湖人在季前賽中交手了四次，」西斯廷回憶道，「第二場比賽是在論壇球場進行。在那場比賽中，莫里斯・盧卡斯（Maurice Lucas）和羅伯特・派瑞許（Robert Parish）發生衝突。兩隊的板凳球員全部衝到場上。我記得在兩派人馬開始退開時，大家才看到被人群擋住的K.C.瓊斯在地板上鎖住了麥可・庫柏的頭。那是我第一次看到一名NBA教練和一名球員打架，但塞爾提克和湖人的宿敵對決就是這麼回事。」

「往好處想，塞爾提克打出了他們的風格，而我們也打出了我們的風格，」強森在二〇〇四年說。「這是好萊塢的風格，華麗、耀眼，但又很有內涵。我們想要奔跑、秀給大家看，而塞爾提克和賴瑞則用他們的方式建構和鑄造了籃球。」

在這場宿敵對決的中心是兩個男人，他們拖著一條連結著彼此、難以分離的鎖鏈。

「把他們分開來看，他們只是普通人，」在強森入選名人堂時，傑夫・雅各布斯（Jeff Jacobs）在《哈特福德新聞報》（Hartford Courant）這家長年以來在新英格蘭地區頌揚著塞爾提克神話的刊物上闡述觀點，「把他們放在一起時，就是運動之神。單獨來看，他們只是出色的籃球運動員。他們的相遇，讓他們成為聯盟的救世主。」

「你可以這麼寫，」強森說，「從來沒有籃球比賽打得像湖人和塞爾提克之戰一樣精彩。以前沒有，我也不知道以後會不會有。」

這一點在一九八〇年代中期、六月底的炎炎夏日中尤為明顯。

最棒的是，這一切都不是安排好的劇本。正如塞爾提克的老闆「紅頭」奧拜克多年以來所說的那樣，籃球的本質，就是因為光滑的地板、圓形的球、兩個籃框、九十四英呎長的球場而誕生的神祕之處。這是個心臟要非常大顆才能參與的聚會場所。而歷史會證明，柏德、強森和他們的隊友們都非常樂於提供此物。

如雨滴般落下的「一毛錢」

從好多年前開始，「一毛錢」（Dime）便成為了籃球界中助攻的俗語。*

在傑瑞．威斯特於一九八三年訓練營開始前將諾姆．尼克森交易到快艇後，便代表下個球季的艾爾文．強森將超越已故的約翰．D．洛克斐勒（John D. Rockefeller），送出更多嶄新、閃亮的「一毛錢」。†

更有幫助的是，把尼克森和艾迪．喬丹送到快艇隊的交易，讓他們獲得了拜倫．史考特的選秀權以及與他簽約的權利。史考特的控球能力不如尼克森，但他的存在不會讓球隊的進攻因為有兩名後衛爭奪球權而變得複雜。身為一名優秀的射手，史考特知道怎麼在無球跑動時做出貢獻，也因此在跑動時多次成為強森傳出助攻的目標。他很快就會以找尋定點投射的空間、等待強森切入吸引對手包夾後再把球傳出來的機會聞名。只要一接到球，他唯一要做的就只剩在空檔時把球投進就好，而史考特把這件事做得很好。

---

* 譯註：在美國打公共電話的費用是一毛錢，因此用一毛錢幫助有需要的人，便被引申為送了個助攻。

† 譯註：石油大王洛克斐勒在晚年常常在路上發放硬幣，給大人一毛錢、小孩五分錢。

然而，在這之前，湖人還有內部複雜的糾葛需要處理。是，強森和尼克森在球場上的關係很緊張，但儘管如此，尼克森仍然是深受隊友們愛戴的人物。

「我遇到了很多麻煩，」史考特在一九九二年回憶道，「洛杉磯的人們對於交易諾姆一事很不開心，球隊內部的人們似乎也不太高興，他們覺得自己遭到了背叛、失去了一個朋友。」

畢竟，尼克森和強森已經被視為整個籃球界最好的後場組合，他們在四年內三度打進NBA總冠軍賽並贏得了兩次冠軍。在當時來看，把這個成就如此輝煌的組合拆散，絕對是個瘋狂的作法。如果你把庫柏也加進來，等於湖人拆散了三個認為自己很特別的球員所組成的三人組。

「這一切都變成是我的問題，一個與此無關的新人，」史考特回憶道，「艾爾文和庫柏是最常找我麻煩的人，因為諾姆和他們兩個很熟。他們大多會對我做一些推擠之類的事情，有時對我挑釁或打嘴砲，想惹我生氣。」

身為新秀的史考特還要面對傳統的新秀惡作劇，他常常被老將們呼來喚去，幫忙跑腿或做事。強森和庫柏都很投入於捉弄史考特。

「我覺得他們做得有點過火，」史考特說，「但我從來沒有抱怨過，一直把我能做的事做好。這種情形一直延續到了某天，庫柏對我幹拐子。」

「你再幹我拐子，我就會幹回去。」史考特告訴他。

從那時起，強森和庫柏便開始對他展現出了一點尊重。

「艾爾文告訴我，他們之所以這麼做，第一，是想看看我有沒有料；第二，想看看我能不能硬起來；第三，是要看我能不能融入球隊。」史考特回憶道。

最終，強森宣佈史考特通過了考驗。

這些情況讓這位新秀明白了一件事，一件在那時與湖人隊接觸過的人都知道的事，也就是強森掌管了一切，不僅在球場上掌管了表演時刻的命脈，也在球隊中貫徹自己的行事作風。

史考特的到來以及強森現在成為球隊唯一主要持球者的改變，很快就帶來了一系列令人眼花繚亂的精彩表現。強森在十一月中旬於主場迎戰克里夫蘭的比賽中，創下了當時生涯最高的二十二次助攻並得到二十三分，還抓下全隊最高的九個籃板，使他在該季前四個星期的平均助攻以十四點一次領先全聯盟。

更重要的是，他送出的大量助攻，也代表著湖人連戰皆捷，取得了六連勝。在連續五場的主場比賽中，強森以高達百分之七十五的命中率平均得到二十點二分，並送出十六點六次助攻和抓下八點二個籃板。

「我不覺得魔術進步了，」萊里對記者們說，並傳達了他知道強森希望他傳達的訊息。「不要誤解我的意思。他在還是個新秀時就展現出他能打得這麼好的能耐。我們一直知道他是一個很棒的球員。他就是有這種知道該什麼時候啟動並挺身而出的能力，這正是他現在在球場上的表現。他扛起了責任。我們希望把球放在他的手上，他也樂於持球。NBA有很多球隊就是拿魔術沒辦法。」

「諾姆離開後，我知道我必須扛起更多責任，」在那個球季初期打出漂亮的成績時，強森表示，「派特明確地讓我知道這一點，我也覺得我可以做更多的事。我的主要角色是組織攻勢，這也是我最擅長的。我從不擔心自己能得多少分，但不管怎樣，我還是一直在得分。」

即使繳出華麗的數據並得到完全控制比賽的權限，強森還是發現尼克森的離開帶來一個巨大的障礙。「我不能再隨心所欲地跑動了，」談起剛進聯盟時的球風與現在的差別時，他這麼說著，「我不能去搶進攻籃板或者四處尋找接管比賽的方法。現在的這種情形讓人很沮喪，但希望能盡快好轉。」

他的挫折感也令他對史考特越來越不耐煩。「他進入狀況的進度有點慢，」強森承認，「但他會進入狀況的。這是每個球員進入聯盟時都要經歷的學習過程。我在這裡才待了四年，就學到了很多關於比賽的新知，這些都是我從來沒想過的事。這難度很高，我知道他必須經歷哪些考驗。」

史考特的存在開始慢慢地提高球隊的三分球命中率，這對當時的球隊而言不算什麼太困難的挑戰。前一年，湖人創下了NBA最低紀錄的單季三分球命中率，整季九十六次在三分線外出手僅投進十球，留下百分之十點四的命中率。這個紀錄之所以會誕生，也得歸因於強森的表現，他整季二十一次三分球出手全數槓龜。

可以確定的是，這些數據反映出籃球在二十一世紀如何隨著規則、比賽節奏和分析的使用而改變，迎來了一個由三分球主導的時代。

把時間拉回到一九八三年十一月，強森平均送出十五點一次助攻，這番好表現令他當選NBA該月的最佳球員。當時，聯盟的單季平均助攻紀錄是十三點四次，這是由底特律的凱文．波特（Kevin Porter）在一九七九年創下的紀錄。

在那年十一月，強森還平均攻下十八點一分、八籃板和二點四抄截。

然而，就在十二月的第一天，強森在出戰達拉斯的比賽中右手食指脫臼，是非常劇痛的重傷。這可能令他得缺席好幾個星期甚至長達兩個月的時間，也讓傑瑞．巴斯十分震驚。

「我記得很清楚，他受傷時，我爸爸把他帶回家，」珍妮．巴斯回憶道，「他說：『我們必須讓他振作起來，他很難過。』我爸爸非常在乎艾爾文，不僅在乎他的身體狀況，也在乎他的情感層面。他要確保他的頭腦保持理智，情緒不低落、不喪志，他把這當成自己的責任。你懂吧，我爸爸感受得到他的狀態。他知道什麼時候要鼓勵艾爾文，什麼時候要擁抱他，確保自己不會失去他。」

珍妮．巴斯在二〇二〇年回憶時表示，她的父親似乎感受到強森當時的脆弱。「我不認為我曾經聽過有人在提到艾爾文時，會把他跟不安這個詞彙連在一起，根本沒有人覺得他是個會不安的人。」

但她的父親，珍妮．巴斯說「總是能察覺到別人看不到的東西。他是個好爸爸，一個好老師，他知道什麼時候艾爾文需要有個肩膀可以依靠，而我的父親總是會在他的身邊。」

然而這種親密關係並不能阻止強森在幾天後做出情緒化的反應，在十二月底與湖人前往底特律時，手上還打著石膏的他被問及了合約的問題。當時，NBA迅速變化的財務結構，讓強森那份在一九八一年簽下、看起來是一筆天價的新合約黯然失色，儘管那份合約預定在一九八四年才開始生效。

「我領的薪水必須和其他頂尖球員一樣多。」強森對《底特律新聞報》（The Detroit News）表示。

根據當時的報紙等媒體報導，費城的摩西・馬龍現在的年薪是兩百一十六萬美金，賴瑞・柏德的年薪則為兩百一十四萬美金，而卡里姆的年薪是一百六十五萬美金。

「如果我能得到和他們一樣多的薪水，我會很高興，一切都會進行得很順利，」強森說，「我現在不想重新談合約。我只想贏得總冠軍，但我確實希望能得到我認為應得的報酬。」

很快，就傳出了巴斯和喬治・安德魯斯從十一月開始就已經在談合約的消息。「我不想顯得像是在惹事生非，」強森說，「我們的球隊已經有夠多需要解決的麻煩了，不需要再多一個麻煩。在這個時候，我不想挑起任何事端。」

他在底特律的發言登上了媒體版面，基於人們對於他在一九八一年簽下那份合約的印象，對大眾來說，湖人隊那位本來可以拿到「兩千五百萬」的明星球員，已經要到夠多錢了。

然而，巴斯很清楚理解當下的情形，也準備好為強森付出高薪。

那個時代的人們正開始探索更自由開放的思想，這就是一段存在於這個時代的友誼，而且不止是單向的友誼。後來在老闆要處理一些複雜的事情時，強森也很熱心地幫忙。這些事後來讓巴斯被冠上敲詐和勒索這些通常是針對黑道人物和幫派份子的罪名。傑瑞・巴斯這一生在人們的心中至少有三種不同的形象，此事也會加深人們對他的這些印象。第一，他是個擁有了一支極具天賦的球隊、非常在乎且投入的老闆。這與他是個花花公子、紙牌玩家、賭鬼、對於年輕女子偏好到幾乎突破人們認知程度的好色之徒的另一面形成強烈的對比。而另一種人們對他的印象，是認為他是個聰明的投資者與學者，這又與另一種形象互相輝映，那就是他身上散發著令人覺得有些強硬到冷酷甚至陰險，或對人們有威脅性的一股微妙氛圍，但人們對他的這種看法，又因為他大多對人們真誠以待的態度而大幅緩解。

如果說艾爾文．強森的人格特質令人費解，那麼他的老闆更是令人丈二金剛摸不著頭腦。

史帝夫．史普林格記得，在他開始接下負責追蹤報導球隊新聞的工作時，他從湖人隊內部的一個匿名知情人士那裡獲得了一些訊息。史普林格從未透露過這位提供他消息來源的知情人士叫什麼名字，而這位知情人士最早透露給他的重大消息，就是巴斯很快會在亞利桑那州被控勒索。史普林格揭露了此事，它也立刻被洛杉磯的一家電視台報導出來，這讓傑瑞．巴斯非常尷尬。

「這個人在湖人組織內部，」史普林格在二〇一九年受訪時談到他的消息來源，「我不知道他的動機是什麼。他從來沒有告訴我他這麼做到底是為了什麼，沒有人知道原因，我從未在任何地方透露過他的名字。他跟我說去調查傑瑞．巴斯在亞利桑那州的房地產。」

史普林格去了亞利桑那州，得知這是件涉及數百萬未繳房地產稅的大事。

這篇報導刊登後，巴斯的助理打電話跟史普林格說：「巴斯博士希望與你在璧克費大宅共進午餐。」

當時巴斯已經完成了對豪宅的翻修，就住在那裡。

這個邀請讓人覺得有點像鴻門宴，因此史普林格在去見巴斯之前還對他的妻子說：「不知道我能不能回來。」

「我當時有點像是在開玩笑地說這句話。」他回憶道。

這位記者抵達璧克費大宅後，在安排下坐到一張可容納三十五個人入座的大桌子前，但來吃這頓午餐的只有四個人：巴斯、他的助理、史普林格和一個戴著白手套的服務生。

「坐在桌子對面的他看著我說：『你知道嗎，如果我知道你寫得出這篇報導，我會為了讓它不要攤在陽光下而付你十萬美金。』」史普林格說。

「我不知道該說什麼。」史普林格回憶當時的情況表示。「嗯，傑瑞，」他最後這麼說，「如果這讓你損失了一百萬，但你只給我十萬，那就太便宜了。」

「他笑了，然後我們成了最好的朋友，」史普林格說。「他對我說：『做得好，你盡了你的職責，我欣賞這一點。你光明正大地擊敗了我，我不會忘記這件事。』」

而他真的沒有忘記。兩三年後，在史普林格和史考特・歐斯特勒合寫一本關於湖人隊的書時，巴斯給了他極大的幫助。多年後，巴斯還建議他的女兒珍妮在寫自己的書時可以找史普林格合著。

「他一直都在支持我，會在其他人不願接受採訪時，給我採訪的機會，」史普林格在二〇一九年說明。「這讓我很驚訝，真是難以想像。」

那麼敲詐勒索的事呢？這項指控很快就被撤銷了。巴斯的助理榮恩・卡特後來解釋，這起事件主要是他自己的錯，因為他在亞利桑那州擁有大量的住宅房地產貸款，卻得到太多的稅收減免，因此一名激進的檢察官便因此控告巴斯敲詐勒索，也引起了媒體的注意。但隨著巴斯把欠的稅款繳清，這項控告也隨之消失。

卡特說明，巴斯在被告之前甚至不清楚自己為什麼被告的細節，即使這位老闆因此感到非常尷尬，他還是力挺卡特。巴斯指出，卡特很努力，所以就算要支付稅款，公司還是有賺。

爆出這則新聞，也讓巴斯有了一種不好惹的形象。這位老闆日後會發現這種形象在某些時候還滿有用的。

不幸的是，只過了一年，在一九八五年二月，傑瑞・巴斯的公司遇到了嚴重金流問題的消息躍上了頭版頭條，他欠下了大約一億美金、以論壇球場和它的運動王國作為擔保的銀行貸款。後來，有人揭露出這筆欠款的嚴重程度被誇大了，但金流出問題的事實依然存在。有傳言指出，巴斯可能沒錢支付湖人的薪資，據說強森主動站出來提出讓巴斯暫緩支付他的薪水、等到金流問題有所緩解後再付的提議。日後，金流問題會有被解決的一天，而這起事件的主要意義，在於這給了強森一個支持朋友和老闆的機會。

甜蜜的失望之旅

時間從一九八三年來到一九八四年，強森因手指傷勢缺席十三場比賽後，在一月四日於寒冷的克里夫蘭復出，並攻下二十三分。

當時，負責為《華盛頓郵報》報導這場比賽的是記者大衛・雷姆尼克（David Remnick），他後來成為了一位著名的作家，也在《紐約客》（*The New Yorker*）雜誌當了多年的編輯。強森在比賽中做出了一個特別的動作，令雷姆尼克無比震撼。那是一記八十英呎的地板傳球，為向前奔跑的詹姆斯・渥錫送上了一記助攻。幾個月後，雷姆尼克問了強森關於那一刻的印象。

「我抓下籃板後，轉身看向球場另一端，」強森在雷姆尼克面前回憶，「看到對方的防守陣勢有點散亂，兩人在一邊，兩人在另一邊，但他們正在像一道布幕朝彼此靠攏，所以我做了我唯一能做的事，我必須把球從他們之間傳過去。」

雷姆尼克回憶道，強森實際上先看了左邊，看看有沒有更安全的選擇後，才傳出了這球。「電光石火間，強森把球傳向前場，完成了一記穿過防守球員之間、完美的八十英呎地板傳球。」

「我冒了一次險，」強森說。「比賽必定有風險，你只要知道什麼時候該冒險就好了。」

雷姆尼克在談到自己的觀點時，認為這一記傳球便能全盤解釋強森為什麼能得到那個綽號。他是貨真價實的魔術。不論走到哪，只要上場打球，他的特質都能為NBA注入巨大的生命力。在他再度因傷而休養的期間，讓許多就近觀察的業內人士能更深刻地感受到這個聯盟有沒有魔術的落差。每一場有他的比賽，都會變成舉足輕重的比賽。

當然，這種現象非常符合派特・萊里的心態。「這是我特有的症狀，」萊里在一九九〇年的某個夜晚，在他執教強森的時間進入尾聲時悄聲解釋，「我相信每場比賽都是重要的大賽。」

隨著一九八四年的展開，這場「魔術」變得相當受歡迎，他在全明星票選中以近八十萬票的總票數高居榜首，這也讓他能去丹佛度過一個難忘的全明星周末。

東區明星隊在延長賽中以一百五十四比一百四十五擊敗了強森與西區明星隊，而艾塞亞・湯瑪斯獲選為該場比賽的MVP。

那個周末，強森花了很多時間和湯瑪斯及馬克・阿奎爾一起度過，他們是他在職業籃球中最新結交的朋友，也是最快就萌生出友誼的朋友。他們和這一個團體中的另一個好友赫伯・威廉斯一樣，都是查爾斯・塔克和喬治・安德魯斯的客戶。「我們一起出去玩，什麼事都一起做，」強森談起那段在周末與湯瑪斯和阿奎爾共度的時光，「這是我們三個第一次一起來到這種場合，我們只想玩得開心、玩得盡興。」

喬治・安德魯斯在二〇一九年表示，很難描述阿奎爾和湯瑪斯當年對強森有多麼欽慕、有多麼想效仿他。強森就像是有一種將球隊導引至勝利的導航裝置，而他是多麼熱切地追求勝利，又是怎麼持續不懈地在這個過程中同時為人們帶來他們所能想像的最大樂趣，對於許多職業籃球界的選手來說是最難以想像的事。就彷佛強森對整個聯盟施了一種魔法。

在美國的團體運動中，要討論誰是最偉大的運動員時，通常只能得到一個不明確的答案，也沒有明確的比較標準。但在一九八四年春天，帶領球隊朝著五季內四度打進總冠軍賽的旅程邁進的強森，顯然已經讓自己置入了這個話題的中心。

在這段旅程中，他留下了一些值得讓人為此思考的里程碑。在二月份戰勝西雅圖的比賽中，強森傳出二十三次助攻給隊友，追平了傑瑞・威斯特創下的湖人隊史紀錄。強森在第一節就送出十二次助攻，追平了波士頓的包柏・庫西創下、曾被約翰・盧卡斯兩度追平的單節最多助攻紀錄。凱文・波特的單場二十九次助攻，在數據方面仍是橫亙在強森面前的大山。然而，提到數據的大山，人們現在關心的馬特洪峰，是威爾特・張伯倫驚人的職業生涯總得分紀錄。這年春天，這項紀錄正逐漸被賈霸逼近。

記者們問強森，他和隊友們是否會為了由誰來把關鍵一球傳給賈霸的榮譽而發生爭吵，強森堅決地說這根本沒什麼好爭的。「不會，不會，我是這支球隊的控球後衛，這是由我主導的一場秀。在其他隊友傳球給他之前，我會先喊暫停，或從他的手裡把球抄走。」

這一刻發生在一場罕見地在拉斯維加斯舉行的比賽中。這場在四月出戰爵士的比賽，卡里姆超越威爾特，成為歷史總得分王。靠著強森微笑送出的助攻，賈霸在猶他的馬克・伊頓（Mark Eaton）面前使出天勾，讓他的總得分達到三萬一千四百二十一分。「我要感謝偉大的真主賜予我的禮物，」賽後，他對球迷們說，「我還要感謝我的父母，他們今晚都在這裡，給了我啟發、大量的勇氣與奧援。」他沒有在當下提到強森，但這不重要。在另一個重要話題，也就是聯盟MVP爭奪戰中，和柏德一同在球季尾聲成為熱門候選人的他才是主角。

洛杉磯在例行賽中的兩次交手都擊敗了波士頓。在第二場戰勝波士頓的比賽中，強森貢獻了十八次助攻，令通常慵懶的洛杉磯球迷展現出一種新的活力，他們歡樂地慶祝、跺腳和歡呼，甚至因此陷入狂熱狀態，與過往昏昏欲睡的日子截然不同。

「也許今年我們還會再見面，」詹姆斯・渥錫在賽後的這個說法，暗示著他們可能會在NBA總冠軍賽交手，這是他們在例行賽結束後唯一能相遇的舞台。「現在他們一定滿腦子都在想著我們。」

這場勝利突顯了庫柏針對柏德的防守貢獻，這個對抗組合將成為一種常態，因為萊里一直把心力放在對付柏德上，他也鼓勵庫柏繼續扛下這個任務、對抗波士頓的這個進攻武器。

「其他球員都很喜歡他在這方面的資質，」約翰・瑞德克里夫談到庫柏根據研究比賽影片鑽研出來的防守技術時說，「麥可在防守某個球員時，他知道對手會做什麼。他會先讓對手自由行動，因為他很有自信。」

但在對手的動作進入一個關鍵的時間點時，庫柏總是能在那一刻出現在正確的位置，迫使對手投籃失手甚至直接蓋火鍋。

即使在本季第二次對決湖人的比賽中也敗下陣來，波士頓仍以四十四勝十四敗的戰績笑傲群雄，而湖人則以三十六勝十九敗緊追在後。隨著強森擺脫了手指傷勢的困擾，包括季後賽輕鬆過關的前幾輪在內，他們在近六十一場比賽中一共贏了五十六場。*

在終結鳳凰城太陽後，湖人在這個球季奪得了西區冠軍。好運再次站在這邊，他們在克服了傷病等問題後重返總冠軍賽。面對總冠軍賽，他們依然很有信心。儘管賈霸已經不再那麼有統治力，但他仍能在湖人隊有需要時，於半場陣地戰中做出巨大的貢獻。除此之外，渥錫也默默地成為了一名獨具特色的前鋒，他擁有出眾的速度，一旦強森把球傳給低位的他，他通常有辦法得分。他很喜歡先往某一邊做假動作，然後朝著另一邊衝過去。

他也不斷在拉長他的投籃距離，讓他在離籃框十五英呎外也能保持穩定的命中率。能扛下出賽時間與得

＊　譯註：強森在從手指傷勢復出後，湖人在剩餘例行賽的戰績應為三十五勝十七敗，並在季後賽前兩輪取得七勝一敗。

分火力的麥卡杜，再次為湖人的前場提供了不少助力。後場方面，麥可・庫柏多了一個三分球專家的特色，而三年級後衛麥克・麥基（Mike McGee）則平均能貢獻九點八分。

但是，光憑這樣，就能夠讓湖人擺脫一直以來在總冠軍賽與波士頓交手時所遭遇的厄運了嗎？

決戰開始

基本上，賴瑞・柏德和艾爾文・強森的欲望和野心所產生的碰撞，就像是一場從一九八四年春天開始、橫跨了四個NBA球季的重量級拳擊賽。

這次的對決不會進行錄影延播了。

在柏德和強森進入聯盟的前十二年，光是電視轉播權的收入，就從每年微不足道的一千四百萬美金飆升到超過一億美金。

在全美各地的體育酒吧、客廳和雞尾酒廊裡，這場競爭引發了一場永無休止的爭論，就是誰才是更偉大的球員。從一九八四年開始到一九八六年，柏德連續三個球季獲得聯盟MVP。隨後，「紅頭」奧拜克甚至宣稱柏德是有史以來最偉大的籃球選手，甚至比五度獲得MVP、曾帶領奧拜克的塞爾提克贏得大把冠軍的比爾・羅素還更偉大。柏德有多受大家的歡迎？在一九八四年總冠軍賽前夕，甚至連傑瑞・威斯特都出乎意料地對《運動畫刊》表示：「柏德讓你對比賽產生了更大的興趣。他是一名如此優秀的傳球好手，而且不會犯錯。魔術比較常控球，但也因為他更頻繁地持球，所以失誤也更多……我會建議年輕球員以柏德作為榜樣。他是籃球場上的天才。」

然而，即使柏德贏得了年度大獎，包括威爾特・張伯倫在內的許多業界人士都認為強森被低估了。「我不知道有誰比魔術更強。」張伯倫說。

柏德本人也不假思索地對此表示認同。「他是完美的球員。」在談到強森時，他這麼說道。

在強森剛展開職業生涯時，喬治・安德魯斯曾在一場UCLA的比賽中將他介紹給張伯倫。「你或許有所不知，但威爾特和魔術有著非常親密的關係。」安德魯斯在二〇一九年說道。

這段關係始於一九八一年，當時強森和他的律師正在保利體育館看比賽。

「我們在那裡看球，然後威爾特走了進來，」安德魯斯回憶道，「我知道威爾特是魔術的偶像，因為他總是說：『我的勾射就是從他身上學來的。』」

張伯倫也是安德魯斯個人最喜歡的球員，而強森曾多次告訴他的律師，他小時候在操場上打球時常常幻想自己是擎天柱威爾特。

「我們去跟他說聲哈囉，」安德魯斯在看到這位傳奇人物時提議，但強森突然害羞了起來，這在他的人生中是很難得的事。

「我做不到，」安德魯斯記得強森說，「他是我的英雄。」

「於是，我走過去，」安德魯斯回憶道，「我說：『張伯倫先生，我是喬治・安德魯斯，我是艾爾文・強森的律師。他很想來跟你打聲招呼。』」

「讓那小子過來吧。」張伯倫馬上回答。

安德魯斯說，強森過去跟張伯倫打了照面，兩人一拍即合。「在那之後，每當湖人贏球，威爾特就會說湖人能在季後賽勝出都是靠魔術。每次他們輸球，他就會說：『湖人隊會在季後賽輸球都是卡里姆害的。』因為卡里姆和威爾特曾經有過爭執，而他們從未修補過彼此之間的交情。」

在一九七九到一九八一年間擔任UCLA教練的賴瑞・布朗（Larry Brown）記得，不久之後，強森和張伯倫便將他們的情誼延伸到了球場上。「我在UCLA執教時，他與我們球隊的四名大一新生聯手對抗一支由四十幾歲的威爾特．張伯倫和詹姆斯．渥錫組成的球隊。威爾特蓋了一記火鍋後，魔術說是妨礙中籃。」

布朗後來對《美聯社》說明，這在當下引發了一場激烈的爭論。「魔術打贏了這場嘴上戰爭，但威爾特說，其他人別想在他的防守下得分了。隨後，威爾特打出了我見過最驚天動地的表現，魔術也只能閉上嘴巴。」

不過，喬治．安德魯斯記得道，強森和張伯倫仍然「非常親密」。

在一九八四年，張伯倫和全國的籃球迷都迫不及待地想看到柏德和強森在球場上爭奪總冠軍。而最期待的人，就是柏德和強森自己。

洛杉磯上一次在總冠軍賽中對上波士頓已經是十五年前的事了，然而老球迷們不需要藉由數字，就能回憶這段往事。傑瑞．威斯特在論壇球場中的緊繃神情，不斷地在提醒他們，湖人在七次與塞爾提克爭奪總冠軍時全數落敗。

擔任紀錄員的約翰．瑞德克里夫就近觀看了一九六〇年代的那幾場戰役，並強烈地感受到它們帶給湖人和球迷的影響。「以前，人們都會想：『波士頓會怎麼修理我們？』」瑞德克里夫在一九九二年說明，「但是在魔術來了之後，現在人們的心態變成：『我們會怎麼修理他們？』一切盡在他的掌握之中，他把讓隊友感受到的這種感覺，也帶給了球迷。」

「我們聽說過很多關於波士頓魔咒的事，」詹姆斯．渥錫日後回想，「但我們不擔心這種事。我們知道我們能贏。」

在打進總冠軍賽的路上，波士頓在首輪擊敗華盛頓，然後在東區準決賽與尼克大戰七場，最終在波士頓花園淘汰了他們。隨後，密爾瓦基在東區冠軍賽和他們對決時以一比四落敗。

塞爾提克在五月二十三日令東區冠軍賽劃下句點，而湖人則在五月二十五日的星期五晚上讓西區冠軍出爐，他們先後擊敗了堪薩斯市、達拉斯和鳳凰城。

由於總冠軍賽第一場比賽敲定於五月二十七日星期日在波士頓花園舉行，因此大家認為塞爾提克休息了四天會是一個重要的因素。

「這就像是一齣即將拉開序幕的好戲，」傑瑞．威斯特對記者們說。「大家都在等著看呢。」

自從聯盟在第二次世界大戰結束後幾個月創立以來，ＮＢＡ一直在爭取美國大眾的關注。

這是聯盟有史以來第一次能在媒體上面製造出可以炒作的話題。

正如許多媒體所指出，這場總冠軍賽將是一場象徵的碰撞。西區對東區，洛杉磯的酷與塞爾提克的驕傲之戰。但在所有象徵和媒體噱頭之下，正如ＮＢＣ的唐．歐梅耶在一九七九年的最後四強賽時所堅持的那樣，一切的核心，主要是以賴瑞和魔術為重。

「最重要的是渴望，」柏德說，「這讓你有能力去做每一件為了成為一名籃球選手所必須去做的事。我認為渴望是一種人們教不來的特質，這是一種天賦。我不知道為什麼我有，但我就是有。」

「對魔術來說，這是一種男子氣概，」威斯特說明，「他想比其他人更強。」

尤其是，要比那個惱人、有著一對冷酷的雙眼、一種印第安納州的傲慢與滿嘴垃圾話的柏德還更強。

詹姆斯．渥錫記得，柏德的嘴和他的球風一樣狠。「他總是會說『拿下了！』或是『在你面前搞定！』或是『你守不住我！』之類的話。只要能讓你心神不寧，他什麼話都說得出口。他闖蕩江湖這麼多年以來，這張嘴是他最強的武器。當時的我年輕不懂事，只覺得他是個混蛋。但回想起來，我明白到那是他打球方式的一部分。他從一踏上球場就開始在衡量和分析對手了。在你們排成一列上籃熱身時，他會從他們那邊看著你，觀察你的習慣、舉止和姿態。他能看出你有沒有自信。他感覺得出來。如果你上場打球時，沒有在碰撞時扛住他，或是積極地對他進攻，他就會知道你不是他的對手。如果你在面對賴瑞時表現出一絲遲疑的跡象，你就完蛋了。」

萊里幾乎在第一時間就注意到了柏德的個性。這位金髮前鋒是一個白人騎士，手裡拿著早已令洛杉磯球迷恨得牙癢癢的波士頓老派精神化成的武器。現在新一代的湖人隊在一開始可能不熟悉這段歷史，但沒過多久他們就會明白，波士頓會把一種由抽著雪茄的「紅頭」奧拜克所營造的「怪異氣氛」帶進總冠軍賽。

「旅館的火災警報都會在每晚的凌晨兩、三點響起，所以你根本睡不好。」渥錫回憶道，「而且波士頓花園的濕度非常糟糕。他們要讓你應付各種外界的干擾。」

多年以來，湖人一直懷疑這些事是出自於「紅頭」奧拜克之手。在第一場比賽前，拜倫・史考特在休息室伸手撿起地上的膠帶時，發現通風口吹出來的風是暖風，因此得出了塞爾提克把休息室變得更熱的結論。

「塞爾提克做了許多卑鄙的事情，」朗・羅森在一九九三年回憶道，並與大多湖人球員的看法相呼應，「這一切都是『紅頭』奧拜克搞的鬼。」

根據賽程安排，湖人要展開三次橫跨全美的客場之旅。每次來到這裡作客時，他們都會換不同的飯店，希望能避免被穿著綠色緞面夾克、宛如喪屍般的塞爾提克球迷騷擾。

「波士頓的報紙和電視台都在宣傳我們的飯店在哪裡。」前公關總監賈許・羅森菲爾德在一九九二年受訪時說道。

史普林格記得，在波士頓的每場比賽，派特・萊里都會要球隊換飯店，藉此躲開塞爾提克球迷。「他們會找到我們，然後在每天凌晨四點時，開始在窗戶下唱歌、大喊大叫，試圖把球員吵醒。即使球員們的電話上都貼了『請勿打擾』的標籤，電話還是會一直響。球迷們想把他們全部吵醒。」

這一切已經足以令賈霸在第一場比賽飽受偏頭痛的折磨，這是在職業生涯中一直困擾著他的病症。

包柏・施泰納記得，球隊在場外要處理的其中一個問題就是他的偏頭痛。球隊的訓練員傑克・庫蘭（Jack Curran）在比賽開始前的一個小時為賈霸的頸部和背部進行了治療，這似乎很有效，三十七歲的賈霸顯然感覺好多了，在被他憎恨至極的波士頓花園觀眾面前豪取三十二分、八籃板、五助攻、二阻攻與一抄截。他十七投十二中，並有九罰八中的表現。當然，在湖人放慢腳步進行半場陣地戰時，他能發揮極大的威脅。而這位中鋒沒完成的其他任務，跑轟大隊會幫他完成，也讓湖人最終以一百一十五比一百零九贏得了勝利。

波士頓的主場優勢消失了。聞到血腥味的詹姆斯・渥錫在第二場比賽挺身而出，以十二投十一中的表現攻下二十九分，幫助湖人在比賽最後十八秒以一百一十五比一百一十三逆轉比數。

在那個關頭，洛杉磯還沒有完全地掌握比賽的主導權，但隨著波士頓的前鋒凱文・麥克海爾走上罰球線後兩罰盡墨，令噩夢在這一刻籠罩在波士頓一萬四千八百九十名球迷的上空。

就在比賽握有了極大優勢的這時，魔術強森昔日的總冠軍魔咒醒了過來，並一如往常地以詭異的方式襲來。

一開始，又是比賽快結束前的暫停出了問題。據說萊里告訴強森，如果麥克海爾的罰球命中，就喊暫停。但強森聽錯了教練的指示，在他的罰球失手後叫了暫停。

如此一來，塞爾提克避免了計時器繼續倒數的巨大壓力。他們有時間可以佈署防守陣形並重新調整他們在最後幾秒的策略。強森的失誤顯然也成為引起渥錫失誤的源頭，他匆忙地想把球傳給前場的拜倫・史考特，然而波士頓伺機而動的傑拉德・韓德森（Gerald Henderson）迅速上前抄下了這球，然後衝到另一端上籃得分。就這樣，波士頓將比賽扳成平手。

接下來，又是強森，犯了一個將永遠被人們覺得既驚訝又神祕的失誤。湖人有執行最後一擊的機會，但強森卻沒有出手，而是任由時間流逝直到哨音響起。

「其他球員沒有幫忙，」萊里後來為強森辯護，「他們站在外線但沒有跑出空檔，卡里姆則在還剩十二秒時就開始走位，這代表他太早跑出空檔。最後，大家全把錯怪到魔術頭上。」

無論如何，這都將留下不可磨滅的印記。波士頓有機會逃過一劫，讓他們避免在主場連輸兩場的災難。在延長賽後段，波士頓的替補前鋒史考特．威德曼（Scott Wedman）在底線命中一記跳投，幫助波士頓以一百二十四比一百二十一獲勝，將系列賽追成一比一平手。

「這個系列賽最令我難忘的會是什麼？」萊里事後自問自答地說了這番話，「很簡單。第二戰。渥錫傳給史考特的那一球。這一球就像慢動作般在我腦海裡播放，我甚至還能看到它的縫線，但我卻對於這一球的結果無能為力。」

「那是我在職業生涯第一次犯下這麼大的失誤，」渥錫在一九九三年回憶時說道，「我把球傳給了傑拉德．韓德森。我們本來可以取得二比零領先的。那為他們定下了基調。」

憤怒和震驚的強森與湖人回到論壇球場後，很快就重新振作了起來。強森傳出二十一次助攻，創下總冠軍賽紀錄，幫助表演時刻以一百三十七比一百零四奏響凱歌，這令柏德對波士頓的低迷表現大為憤怒。

「我們打得像一群娘砲。」他在賽後表示。

塞爾提克全員在隔天早上起床時，就看見洛杉磯的報紙上寫著渥錫可能會成為系列賽MVP的報導。在這兩支球隊多年來相互爭奪總冠軍的歷史中，常常受到好萊塢無謂地猜測球隊能奪冠的行動影響。一九六九年，湖人在連年輸給稱霸籃壇的塞爾提克後，好不容易終於在總冠軍賽中握有主場優勢，並將在主場迎接第七戰。

傑克．肯特．庫克命令工作人員在論壇球場的天花板上掛滿了氣球，準備在他們贏得冠軍時把氣球放出來。

據說比爾．羅素在賽前走進球場，抬頭看到天花板的氣球後表示：「那些氣球會在上面掛很長一段時間。」

果然，波士頓在第七場比賽中險勝，這讓傑瑞．威斯特苦不堪言，就像在舊傷上又插了一把刀。

一九八四年的塞爾提克，也在這一刻產生了類似的覺醒，尤其是在第三戰中僅得四分的塞爾提克後衛丹尼斯．強森。昔日與羅素一同效力於波士頓多年的防守型後衛、現為總教練的K.C.瓊斯調整了波士頓的防守，將丹尼斯．強森調去防守洛杉磯的強森。這並沒有阻止湖人率先取得領先。再一次，他們似乎準備好要拿下這場比賽和系列賽的絕對優勢。

在波士頓的板凳席，替補球員M. L.卡爾（M. L. Carr）開始要求塞爾提克打得更硬一點，這導致比賽在第三節時發生了一起著名的衝突。科特．蘭比斯在一次快攻中被凱文．麥克海爾用鎖喉的方式狠狠地扯了下來，導致雙方在籃下發生衝突，場面一片混亂。

這起意外點燃了塞爾提克的鬥志。

賽後，萊里稱塞爾提克是「一群暴徒」。當然，他是在暴徒（thug）這個詞在流行文化中具有另一個涵義之前這麼說的。*

波士頓前鋒塞德瑞克．麥斯威爾（Cedric Maxwell）從這起事件中注意到了一個現象。「在凱文．麥克海爾重擊科特．蘭比斯之前，湖人想怎麼跑就怎麼跑，把打球當逛街一樣，」他對媒體說出了這段著名的發言，「現在，他們停在底角，要先按下紅綠燈的按鈕、等『停、看、聽』後才會行動。」

在蘭比斯被犯規後，柏德在右側區域的深處背框單打庫柏時，被渥錫撞倒在地，他也此被吹了犯規。賈

* 譯註：thug一詞在近代開始被用來當作貶低或歧視黑人等特定群體的詞彙。

霸對於裁判傑斯・柯西（Jess Kersey）的這次吹判十分不滿，因此在後來用大動作肘擊柏德的頭。湖人的大中鋒和大鳥對峙了起來，雙方也清空板凳、一擁而上，此時強森將賈霸推開，避免讓衝突繼續擴大。

在現代的比賽中，這種情況可能會導致球員立刻被驅逐出場。但在那個時代，NBA不會輕易在競爭張力如此高的總冠軍賽中，將柏德和賈霸這般的明星球員趕出球場。

隨後，柏德命中一記跳投，並在快攻跟進時再次得分，將湖人隊的領先縮小到一百零九比一百零六。後來，賈霸因在另一端爭搶籃板時推了柏德，被判第六次犯規。而柏德兩罰命中，將比數扳成一百一十三比一百一十三平手。

儘管在精神層面受到如此頻繁的干擾，洛杉磯仍然在比賽剩下不到一分鐘時握有五分的領先。這時，困擾著強森的昔日魔咒再次發動，這一次令他傳球失誤，被波士頓的羅伯特・派瑞許抄走。這還沒完，強森接著又在關鍵時刻兩罰失手，讓塞爾提克把比賽逼進延長。延長賽尾聲，在渥錫面對一次關鍵的罰球機會時，M. L.卡爾在板凳區高聲叫囂、嗆他投不進。這番嗆聲立刻應驗，也令麥斯威爾對著渥錫做出了代表怯場的窒息手勢。

柏德在右側背框單打強森，然後轉身投籃，幫助波士頓以一百二十五比一百二十三領先。這讓塞爾提克再次脫離險境，並以一百二十九比一百二十五獲勝，再次將系列賽追平且奪回了主場優勢。

罰球失手和他發生的失誤，注定會進入強森的個人心魔名人堂。「我認為罰球失手比傳球失誤更嚴重，」他後來表示，「那是我的責任，而不是球隊的責任。錯失了這些罰球，會讓你在回到家坐下時陷入黑暗之中。」

這正是柏德希望讓強森陷入的境地。這位塞爾提克的前鋒與他的隊友們發現，他們找到了讓湖人沒辦法華麗地打球的方法。「我們必須在場上做到某些事，」波士頓的傑拉德・韓德森在一九九一年回憶道，「如果能藉由肢體碰撞達成這個目的，那麼我們就必須這麼做。我記得這就是在第四戰的轉捩點。我們必須拿下這場比賽，不然我們就會以一比三落後。我們必須有所表現。」

「塞德瑞克・麥斯威爾和M. L.卡爾會試圖用言語讓你打不出應有的水準，」渥錫在多年後回憶道，「他們在這方面做得很好。他們用窒息手勢激怒了我。我真的沒說什麼，只說過『去你的』之類的話。而他們很擅長嘲諷對手，會讓你無法專心打球。」

現在，在波士頓舉行的第五戰成為了系列賽的關鍵，萊里有個在替補席準備氧氣瓶的豪邁計畫，這樣他的球員就能在花園球場的六月酷暑中恢復體力。

「人們在一九八四年將它稱為『火熱之戰』，」在波士頓擔任多年體育記者的包柏・萊恩（Bob Ryan）於一九八九年回憶道，「在與洛杉磯交手的第五戰，當時在波士頓花園的氣溫達到了華氏九十七度，有一名球員，能把這種情形轉變為比賽中的優勢，你也猜得到是誰，就是賴瑞・柏德。賴瑞・柏德就是有辦法做得到這種事的球員，在湖人球員們坐在那裡吸著氧氣瓶時，柏德見狀表示：『嘿，我們都曾在夏天的室外球場打過球、在柏油路上打過球，我們以前連這種球場都打過了，在這裡打球有差嗎？差別只有我們身穿球衣，而且是在全國電視機前的觀眾面前打球而已。』對我來說，這場比賽以及他的表現是柏德這名球員的最佳寫照。」

數據證明了這一點。柏德以二十投十五中的表現拿下三十四分，幫助波士頓以一百二十一比一百零三獲勝。另一方面，賈霸終於顯露出一個三十七歲老將在努力跟上年輕人的比賽節奏時的疲態。

有多熱？一名記者問了他這個問題。「我建議你去當地的蒸汽浴，穿著衣服做一百個伏地挺身，然後試著進行四十八分鐘的來回奔跑，」這名湖人中鋒回答，「比賽像是慢動作一樣。我們彷彿是在泥濘中奔跑。」

「我喜歡在炎熱的天氣下打球，」柏德微笑說著的同時，強森正氣得火冒三丈。「我只是跑得更快，能自已跑出風而已。」

柏德的每一個動作，再一次令萊里看得目不轉睛。

「他真是太厲害了，」這位湖人教練在賽後對記者表示，「一切都因為有他而順利進行著。」

唯一可以確定的是，這個系列賽會讓強森回想起被夢想從背後狠刺一刀的滋味。在你以為夢想即將實現時，它們可能會化為你最不願想起的噩夢。

系列賽的變化與強森期望的發展相去甚遠。他一直為這一刻而活，卻也感受到這些機會正在悄悄溜走，並因此陷入苦戰。他以前一直能努力地掌握局勢的主導地位，現在卻發現自己漸漸地不能如同過往一般掌控全場。

因此，他和湖人奮力一搏，在第六戰回到了有空調的論壇球場，他們對塞爾提克的侵略性打法做出因應。在第一節，渥錫把塞德瑞克．麥斯威爾推向籃架。接下來，賈霸也找回了年輕的狀態，攻下三十分，洛杉磯也在比賽後段拉開比數，最終以一百一十九比一百零八勝出，將系列賽扳平為三比三。在M. L.卡爾離開論壇球場時，一名球迷往他的臉上潑了一杯神祕的液體，此舉激怒了塞爾提克。卡爾在賽後表示，洛杉磯已經發表了「全面戰爭」的宣戰布告。

柏德建議湖人最好在第七戰來到花園球場時戴上安全帽，因為球迷們可能會失控。

記者史帝夫．史普林格回憶道，整個波士頓市都因為六月十二日星期二晚上的比賽而動力十足。「我記得我們坐上一輛媒體接駁車。不是球隊巴士，而是媒體接駁車。我們到達花園球場去看第七戰時，有人對我們的接駁車車窗扔了一塊磚頭，砸碎了玻璃。」

湖人隊在警方的護送之下才能從飯店到達花園球場。卡爾還戴上了護目鏡模仿當時也開始戴護目鏡的賈霸，並告訴湖人勝利不會屬於他們，在花園球場，這是不可能的事。

最後，為球隊抓住勝機的是塞德瑞克·麥斯威爾，他在進攻籃板上的表現打擊了湖人的士氣，最糟糕的是，他還頻頻造成對手的犯規。在中場休息時，他已經累積了十三罰十一中的表現。在湖人試圖對他採取雙人包夾時，他還在強森面前秀了一手傳球。麥斯威爾全場攻下二十四分、八助攻和八籃板。柏德貢獻了二十分和十二籃板，羅伯特·派瑞許則得到十四分和十六籃板。丹尼斯·強森再次在防守端守住了魔術強森的同時攻下了二十二分。

值得稱讚的是，湖人隊沒有被這一波攻勢擊倒，並追回了十四分的落後，在比賽還剩一分多鐘時追到只落後三分，這也成為了強森最後的噩夢。此時持球的他，被丹尼斯·強森從他的手裡將球打落，不過麥可·庫柏把球救了回來。然而，就在他準備用一記精彩的助攻結束這波進攻時，麥斯威爾又一次把他的球打掉了。渥錫在籃下有空檔的畫面，將成為接下來在這個既漫長又痛苦的夏天，不斷被強森提及的場面。

在另一端，丹尼斯·強森不僅投進還造成犯規，引領塞爾提克贏得他們的第十五座冠軍。柏德在系列賽中平均得到二十七點四分、十四籃板、三點二助攻和二抄截，獲選為總冠軍賽MVP。麥斯威爾在第七戰中的出色表現，也很值得共享這個獎項。這一切都使得花園球場的觀眾開始瘋狂地慶祝起來，與波士頓在一九六〇年代戰勝湖人時的情形別無二致。賈霸在哨音響起時還搶下了一個籃板，這是個錯誤，因為這令他被捲入了洶湧地湧進來的人群。「很多人想要搶走我的眼鏡。」他說。一名球迷跳上了蘭比斯的背，在被這名湖人前鋒甩下來後，還對他提起了訴訟。「沒有人對宛如發了瘋的群眾進行任何控管。」前湖人公關總監賈許·羅森菲爾德回憶道。

在聯盟總裁大衛·史騰頒發冠軍獎盃時，奧拜克在塞爾提克的休息室裡再次抽起了一根又粗又特別的雪茄，他以往也總會在湖人全員的面前捻起一根雪茄，讓球場瀰漫著他吹出的煙霧。多年以來，每當他的波士頓戰勝湖人奪冠，擔任教練的奧拜克總是會在比賽結束時點起雪茄。聯盟似乎沒有辦法能阻止他做出這種侮辱對手的行為。「有好幾次我都差點按捺不住把那支雪茄塞進他喉嚨裡的衝動。」前湖人隊教練弗雷德・紹斯在一九九〇年接受採訪時承認。

現為塞爾提克總裁的他，心滿意足地緊抓著獎盃問道：「我一直聽說有個湖人王朝，那個王朝怎麼了？」試圖寫出嗜血報導、繼續在傷口上灑鹽的記者們擠進了狹窄的客隊休息室，但他們等了很久，才終於等到了強森和庫柏。他們坐在淋浴室的地上，沮喪到不願面對。羅森菲爾德記得，魔術強森的朋友馬克・阿奎爾和艾塞亞・湯瑪斯也來為他加油，他們也在那裡等著。「最後他們回到艾爾文身邊，告訴他：『你怎麼不快點解決這件事，這樣我們就可以離開了？』」

湖人隊接下來還要試著擺脫球場外街道上的混亂場面，但人群看到他們的巴士正在開往出口坡道。「人們朝我們的巴士扔東西、敲打車窗，」在湖人隊擔任裝備經理多年的魯迪・加西杜納斯（Rudy Garciduenas）回憶道，「我記得有一個坐在輪椅上的人對我們比中指，那時大家在笑他，他便面帶微笑，對每個人比起了中指。他就坐在那裡，完全沉浸在這個屬於塞爾提克的時光。」「我們慢慢地從那個坡道離開球場，」渥錫回憶道，「一群人在搖晃和敲打我們的巴士。」

由於那時湖人隊仍要乘坐商業航班，因此他們在波士頓度過了一個不眠之夜，整個城市充滿了狂歡的慶祝氣氛。傑瑞・巴斯記得，那晚他一直在抽菸。承受著痛苦的麥可・庫柏則是和他的妻子旺達（Wanda）一起將大門深鎖，待在房間裡。

萊里原本準備了一件白色禮服，打算在慶祝奪冠時穿上。現在，他把禮服收了起來，將思緒放往下一個賽季。

艾塞亞・湯瑪斯和馬克・阿奎爾與強森一同度過了那個夜晚。強森的啜泣聲打破了令人不安的沉默。最後，他在那段令人痛苦的時間中變得侃侃而談，回憶著每一件出現在他意識中的事。音樂、汽車、過往，任何事，但不能提到塞爾提克。如果話題轉向了那邊，他的朋友們就會迅速地轉移話題。

律師喬治・安德魯斯回憶著自己和他們在一起的情形。「艾塞亞、馬克和我去波士頓看第七戰，陪在艾爾文身邊，」他回憶當時，「我們四個在飯店裡整晚沒睡、徹夜長談。」

話題轉向了一個更快樂的時刻——強森在艾弗雷特高中贏得州冠軍。強森和他的高中朋友們一起奪冠的經歷，似乎令湯瑪斯和阿奎爾都感到很新鮮，因為他們都沒有嘗過這個滋味。

「這是一段我永遠不會忘記的神奇對話，」喬治・安德魯斯在二〇一九年說，「我們熬了一整夜，在太陽升起時還在聊。」

艾塞亞・湯瑪斯後來說：「那一晚，我覺得我成為了他逃避現實的出口。」

但這幾乎不可能。這次的失敗與其他幾次縈繞在強森心頭的季後賽時刻一樣，是無法停止反覆思量、無法逃避的記憶。

史帝夫・史普林格記得，一九八四年總冠軍賽的每一場比賽都非常激烈。「儘管身為一名記者，你會努力不讓自己受到情緒的左右。但當時真的發生太多事了。」

史普林格說，湖人隊落敗的隔天，《波士頓先驅報》（Boston Herald）對這場勝利進行了大篇幅的報導。「頭版只寫了幾個字，我們贏了！我還記得我們要離開飯店去櫃台結帳時發生了什麼事。」

櫃台職員注意到了他來自何方。

「啊，洛杉磯。」她說。

「我們明年會回來的。」斯普林格告訴她。

「好啊，」她說。「回來啊，我們再狠狠修理你們一頓。」

第二十四章　君子報仇一年不晚

多年來在卡爾弗城的公寓生活對強森來說非常愜意。「他很喜歡那個小地方，」羅莎莉．麥特卡夫（Rosalie Metcalf）日後提起那個有兩間臥室的住所時說道。

強森聘請了麥特卡夫和潘．史密斯（Pam Smith）這兩位密西根州大的朋友來幫忙做飯和打掃，並為他準備花生醬餅乾和炸雞等他喜歡的食物。這樣的安排對兩位女子來說也是很棒的交易，她們不只能得到薪水，還能得到湖人隊的門票、在傑瑞．巴斯名下這棟大樓裡的公寓套房以及一點生活費。

他的公寓非常適合舉辦小型派對和親朋好友的聚會，這些親朋好友包括都在南加大打籃球的雙胞胎姊妹帕梅拉與寶拉．麥基（Pamela and Paula McGee）、被強森聘來打理各種事務的前密西根州大球隊經理達爾文．裴頓（Darwin Payton），以及偶爾會獲邀的葛瑞格．凱爾塞等人。

尤其是裴頓的到來，成為了他與心愛的蘭辛之間的生命線，使他能在剛到南加州的前幾年對抗思鄉之情。

然而，儘管這是個被安排得很甜蜜的公寓生活，隨著時間來到一九八四年，這個愉快的小天地已經沒辦法再滿足強森了。他希望能擁有一個配得上ＮＢＡ明星的住所，他想要有個宮殿，讓他可以自由地舉辦他早就想辦的大型派對、可以接待前來度假的手足（他希望一次不要超過兩位）或是讓像艾塞亞．湯瑪斯（他很快就會有一個自己專屬的臥室）和馬克．阿奎爾等新朋友可以隨時前來拜訪、一起玩樂、享受著快樂的生活。

時間來到一九八四年，強森確實擁有了他想要的這一切。正如喬治・安德魯斯說明，自從強森進入聯盟以來，他就一直在尋求代言合約，與斯伯丁、Converse、七喜等品牌合作，靠著這些合約過活。同時，他將為湖人隊效力的豐厚薪水存進銀行，分文不動。這種生活方式很符合他們家的保守觀念以及美國中西部的背景。儘管在日後與麥可・喬丹簽下的合約相比，這些代言合約顯得微不足道，但安德魯斯認為，強森實際上是第一位獲得這麼多大合約的NBA球員，他簽到的那一系列合約，報酬與當時的巨星J博士相比都更豐厚。

強森找到了一個他認為幾乎完美符合他地位的住所，這是一棟英國鄉村風格的建築，有一個他預計會改造成室內半場籃球場的壁球場，這樣他就可以隨時想打球就打球。據喬治・安德魯斯介紹，它位於貝萊爾的莫拉加車道（Moraga Drive）上，「就和傑瑞・威斯特的家在同一條路上。」

這座有十四個房間和十七部電話（那是還沒有手機的時代）的豪宅，當時的要價也是豪宅等級的兩百三十五萬美元。而這產生的唯一一個問題是，強森要在成交前讓父母飛來看房子，在徵求他們的同意後簽約，但他擔心父親看到這個價格後可能會中風（強森常常笑談父親很久以前曾認真地提醒他，在洛杉磯租一間公寓套房可能要花三百到四百美金的租金）。因此，強森讓安德魯斯帶老爸來參觀新家，緩解這個事實帶來的衝擊。

「我們四處走走，」安德魯斯回憶起與老艾爾文的對話，「然後坐在大廳的樓梯上。他爸爸似乎眼角泛著淚光，我就問：『怎麼了？』」

「我從來沒想過我的兒子能擁有這麼宏偉的東西。」安德魯斯記得這位父親靜靜地坐在空蕩蕩的豪宅中輕聲回應。

「這房子有一萬平方英呎，你知道的。還有一個可以俯瞰山丘的游泳池。」安德魯斯回憶道。

這座房子有實木地板（有位記者指出屋內地板的拼接方式與波士頓花園的鑲木地板有些相似）、高高的天花板，還有一個強大的音響系統，這讓每個房間都能播放音樂，也讓強森可以隨時在招待朋友或是享受獨處時進入「EJ是DJ」的模式。在比賽前的午後，他甚至會在家裡自己慢慢地跳著舞，隨著音樂、獨自一人在房間裡輕輕搖擺，《運動畫刊》的記者布魯斯．紐曼（Bruce Newman）就曾親眼目睹此事。

「你會把節奏和步伐融入到打球之中，」強森解釋他如何結合音樂與籃球，「有時，如果我一直在聽某首歌，它就會在比賽中浮現在我的腦海裡。我總是會在比賽前聽音樂，這會讓我興奮起來，讓我熱血沸騰。我在離開家時流下的汗水比熱身後流的還多。我在想著比賽的同時，也沉浸在音樂中。你如果整天都在想著比賽，會把自己逼得太緊。我會自然而然地想著它，但我不會全心全意地只想著這件事。放輕鬆。我上車時，會想要播放一些富有律動感的音樂，因為這會讓我的腎上腺素分泌出來。」

這座都鐸風格的房子有一個他夢寐以求的嵌入式按摩浴缸，在他還是個孩子時，從電視上的佳美香皂（Camay）廣告中看到一名女士悠閒地泡在浴缸裡後，便一直對此充滿了嚮往。現在，他可以泡在浴缸裡眺望下方的峽谷了。

在他於波士頓的敗北中遭到對手的羞辱、顯而易見地打斷了他藉由節奏、聲音與動感而驅動的狀態後，這幅風景和環境成為了一種撫慰。

這次的失敗也迅速地讓更多人大聲地批評他是「悲劇強森」，也讓他親身體會到一個綽號有可能成為一把兩面刃，並理解到他的父母在弗雷德．史塔布利想出這個綽號時之所以會這麼擔心的原因。「很多人因為他打球的方式而把他當成了超人，」達爾文．裴頓當時指出，「我和他去過很多地方，無論走到哪裡，他都是焦點。他在夜店時，明星們都會過來看他。」

的確，他確實是超人。

然而，NBA球員、朋友和共事者很快便就近觀察到這種天賦所帶來的負擔。在目睹了他過著怎麼樣的日常生活後，其他球員們有了個結論，就是他們並不想要這種魅力十足、過於誇張的綽號。事實上，如同艾塞亞．湯瑪斯所說，這幾乎讓人覺得他的卓越已經成為常態，讓球迷們把它視為理所當然。

在輸掉這場慘烈的戰役後，他越來越明白這個道理，就像他在一九八一年「炒掉」威斯特海後也引發了公眾憤怒一樣。儘管獲得過這麼多的成功，「魔術」的名號還是再次面臨了遭到嘲諷的危機。

從波士頓受到了災難般的重挫回來後，他搬進了豪宅，只是家具還沒到。他的宮殿空蕩蕩的，只有艾爾文自己和空空如也的牆面。因此，他在卡爾弗城的公寓裡躲了三天，他的母親還為此打電話來關心他的狀況。

「媽媽，我真的沒辦法討論這件事。」他回應。

討論這件事，等同於把許多極度負面和焦慮、曾讓他在波士頓痛哭的想法和畫面重新帶回到他的意識之中。此時此刻，他希望能將這些回憶燒得灰飛煙滅，希望再也不會回想起多年來在季後賽中踢到的種種鐵板。在他絢麗多彩的職業生涯中，這是最令他深刻地感受到失望的戰役之一，並與過去的每一次痛苦經歷產生共鳴，讓自我懷疑和厭惡湧上他的心頭。

他平常有讀報的習慣，這通常是一種被他拿來逃避現實的手段，但現在，這種逃避方式也變得無濟於事。《洛杉磯每日新聞》（Los Angeles Daily News）說他「黯然失色」，而《洛杉磯時報》則認為他在職業生涯最重要的時刻消失得無影無蹤。

強森注意到，紀錄顯示，他是在季後賽單一系列賽中最多助攻的紀錄保持者，在出戰塞爾提克的最後五場比賽，他平均送出超過十五次助攻。但這一點都不重要，他自己心裡明白什麼才重要，這也讓他的心裡有著無法迴避的空虛感。「我們犯了五個讓我們輸掉系列賽的錯誤。」他後來承認，「而其中三個是我造成的。」

這段經歷會像被轉得太緊的發條，在好幾個月間不時在意想不到的時刻突然回到他的腦海中。「有時我坐在某個地方休息，這些畫面就會突然出現在我的腦海裡，我還是能看到有空檔的渥錫。」他談到與波士頓對決的第七戰，那個被抄走而不是如魔術般送到隊友手中的球。這一球本應能讓他陶醉在喜悅之中，而不是讓他陷入深沉的自我厭惡。

過了一段時間，家具終於到了，但他的痛苦依然揮之不去。

無論他走到哪裡，似乎都看得到關於這件事的報導。塞爾提克正在享受屬於他們的勝利，甚至大膽地公然宣稱他是「悲劇強森」。

被問到即將到來的一九八四—八五球季，柏德也把握機會對強森說點垃圾話。在談到湖人時，他說：「我想給他們一個救贖自我的機會。我相信有些傢伙覺得自己沒有發揮出應有的水準。」

在被問到他指的是不是強森時，柏德回答說：「你難道覺得我們會不喜歡對他冷嘲熱諷嗎？讓魔術做噩夢去吧。」

強森反駁說他不需要救贖，但這個訊息在噪音中沒有傳達出來，就像在他新居四周的峽谷中環繞的回音一樣。

塞爾提克會講垃圾話，對他而言是意料之中，但本來似乎非常喜歡他的洛杉磯媒體們對他做的事，讓他十分不解。「在事態平靜下來後，我心想，『天啊，雖然我們輸了，但難道我們剛打完的不是季後賽史上最精彩的系列賽之一嗎？』這是一次足以名列史上最精彩的一輪系列賽，然而你們在報紙上都只看得到我打得有多糟。」

的確，回過頭來看，這些來自各方面的回顧都沒有完整地分析強森在生涯前五年於季後賽中的所有表現，尤其是他在一九八〇年的第一場季後賽就繳出了大三元。

在那之後，他幾乎打破了諸如威爾特．張伯倫、奧斯卡．羅伯森、包柏．庫西、傑瑞．威斯特和華特．弗雷澤等幾乎每一位偉大球員所擁有的季後賽助攻記錄。

然而，這些成就從未在大眾心中留下過深刻的印象，就算有，在一九八四年於季後賽失利之後，似乎也全被大家遺忘了。光是在一九八四年，他就在一場戰勝太陽隊的比賽中，用二十四次助攻創下了季後賽單場助攻記錄。

在與塞爾提克對決的第三戰，他送出二十一次助攻，創下了NBA總冠軍賽單場助攻記錄。他攻下十四分、十一籃板與二十一助攻，並僅犯下兩次失誤，是他第三次在總冠軍賽繳出大三元，成為史上第一人。在下一場輸給塞爾提克的比賽中，強森再次創下新紀錄，第四度在總冠軍賽中拿下大三元。儘管他犯下七次失誤，卻攻下二十分、十一籃板和十七助攻。只是，這一切都只能成為人們口中的「悲劇」。

他的偶像威爾特．張伯倫是此前除了他之外，唯一一個在總冠軍賽拿過兩次大三元的球員。

就好像沒有一個在關注NBA的人認可他所做的一切。

正如朗．羅森所記得的，強森以更全心投入於健身房的方式回應這種情形，用他的激情燃燒著圍繞在他身邊的負面情緒。

當時他正要準備迎接他的二十五歲生日，正要進入運動生涯的巔峰期和成熟期，也正好可以用一個答案回應所有質疑他的人。

強森的挑戰從湖人在那年秋天回到棕櫚泉展開訓練營時正式開始，而在這條面對挑戰的路上，他並不孤單。

「我們在訓練營第一天踏上球場時，便在每個人的眼中都看到了一樣的神情。」拜倫．史考特回憶道，

「這一年，我們要來真的。」

卡里姆・阿布都—賈霸日後回憶時說道，前一個球季落幕的方式，讓他們都感受到被烈焰燒灼般的痛苦。「我們在一九八四年第一次輸給他們的系列賽中，真的被上了一課。這讓我們獲得以前並沒有隨時展現出來的精神力與韌性。我們不可能每次都用跑轟戰勝對手，我們必須明白，有時候還能用其他方法解決問題。」

多麼痛的領悟。

在未來的媒體時代，保羅・威斯特海可能會隔空向四處放送：「我早就跟你們講過了。」但那種時代還沒到，這也不是威斯特海的作風。

然而，這一刻的經歷卻讓強森與萊里之間產生了更深刻的交集。「派特・萊里說他們會用肢體語言溝通。」朗・羅森在二〇二〇年回憶道，「艾爾文在球場上扮演著教練般的角色。」

因此，在強森逐步掌握實權之後，他們的關係幾乎演變成了教練與教練一般。一位穿著亞曼尼西裝、梳著整齊油亮的頭髮、交叉著雙手，常像個捕手般蹲在場邊。另一位則在球場上隨心所欲地發動戰術、指揮隊友。一個人在觀察球員，另一個人則在觀察球場上的局勢。

「艾爾文只要上了場，就不想被換下來，但他會觀察艾爾文，」朗・羅森談到萊里時說，「如果艾爾文看起來嘴唇發紫，他就會說：『我要把他換下來。』派特・萊里與艾爾文之間的關係就是如此獨特，他們似乎同為一體。這個感覺就像是兩人共用同一個大腦。」

如果說他們的默契在一九八四—八五球季開始前還沒有好到這個程度，那麼這個球季的訓練營，就是兩人的神經開始連結在一起的時刻。

訓練師蓋瑞・維蒂（Gary Vitti）是這支球隊中相對較新的成員，儘管已經在競技體育的世界之中打滾多年，但對於強森和其他成員要求的強度仍感到驚訝，尤其是萊里，更是讓他驚訝不已。

「派特把自己逼得很緊，就像是一根被緊緊壓住的彈簧，」維蒂在一九九二年的受訪時回憶道，「而且這種強度會越來越高。」

「萊里讓我們清楚地知道他想要什麼，」拜倫．史考特回憶道，「他從第一天起就讓我們知道：『我會從訓練營的第一天開始，一直督促你們到季後賽的最後一天。』他沒有鬆懈過，這是我們一整年都不斷在前進的主要原因，因為我們有一位不會讓我們停下來的教練。」

與維蒂相仿，日後在湖人工作了數十年的裝備經理魯迪．加西杜納斯現在也才剛加入球隊沒多久。然而，強森在生涯初期回擊失敗的方式，將成為令他印象深刻且格外重視的視角，日後他會把這一點當作基準，用來評估像是科比．布萊恩、俠客．歐尼爾和保羅．蓋索（Pau Gasol）這些在未來的幾十年間加入湖人的每一位球員。

這位裝備經理表示，日後會有許多偉大的球員加入這支球隊，但若純粹論及人格魅力與影響力，很難想到能與強森匹敵的人。

「他就是有一種想贏的動力，」加西杜納斯回憶道，「他有一種專注力。對當時的我來說，這真的是一段令我獲益良多的經驗。魔術是那種不會讓隊友失去專注度的球員，他全心全意地為了最終的獎項而戰，絕不妥協於其他的結果，沒有贏得NBA總冠軍就是失敗。你懂吧，第二名沒有任何意義。唯一的目標就是為了獲得那枚戒指並獲勝，除此之外，都是讓人失望的結果。」

加西杜納斯說明，強森不想再得到一個讓人失望的結果了。看著他在休息室中發揮的影響力，也不禁令前者為此著迷。「魔術影響了他遇到的每個人。他擁有絕對的人格魅力，也是人們仰望的對象。他知道這一點，也善加利用並培養自己的這種特質。他知道他代表了許多人心中的希望和夢想。」

NBA攝影師安德魯．柏恩斯坦是另一位場邊的見證人，他最常在籃框下見證湖人在球場上展現激情、被「重返季後賽並與塞爾提克對決」的目標所驅使。對他們來說，就算只有片刻的放鬆，都是不被允許的事。

「魔術，」柏恩斯坦回憶道，「無論是一月中和金州打一場無關緊要的比賽、迎接波士頓與湖人的宿敵對決，或是打總冠軍賽，都用一樣的心態在對待每一場比賽。」

的確，他日復一日地在每晚付出了極大的努力，顯示出他一貫的偉大。但是，在敗給波士頓後，強森在飯店房間裡流下的眼淚也證實了另一種角度的故事。萊里發現，這支球隊的精神力在輸球後很脆弱。他們靠著天賦贏得了兩次總冠軍，但塞爾提克用心理戰挑戰並戰勝了他們。現在，湖人若不能反擊，就只會走向潰敗的結局。

在二〇〇四年被問及一九八五年球季的成果時，強森指出，他和他的隊友們拋下了沮喪的情緒，團結一致地迎接挑戰。「這是支團結到爆的球隊，」他說，「我們的心智都非常堅強。我們在去客場比賽時會說：『好，讓我們看看接下來要作客幾場？』假如看到有六場，我們會接著說：『我們六場都要贏。』然後就真的把六場比賽都贏下來了。我們會互相督促、確保勝利。庫柏會跟我說：『少年仔，接管比賽吧。』我就會接管比賽。或者我會說：『卡里姆，輪到你統治全場了。主宰戰局吧。』然後他就會這麼做。或者我們會點出彼此的問題：『大哥，你剛剛直接被對手吃掉耶！怎麼搞的？』你聽了就會很憤怒，會想完全封鎖每一個對手。這就是我們對彼此的尊重。我們會激勵彼此，這是一支真正冠軍隊的象徵。」

在一九八五年季後賽，湖人隊每個人的臉上都顯現出一副他們已經完全恢復冷靜與活力的樣子。畢竟，他們的前場有米奇．庫普恰克回歸，加上賈莫．威克斯，搭配卡里姆、渥錫、蘭比斯、麥卡杜和賴瑞．史普里格斯（Larry Spriggs）。後場則有魔術、史考特、庫柏和麥克．麥基。不過，他們之中誰都沒辦法清楚地表達心中揮之不去的疑慮。

「去年六月留下的傷口，在整個夏天都未曾癒合，」萊里在季後賽前夕表示，「當時留下的痛，到了現在已經平復下來，但你絕對不會把這個傷忘得一乾二淨。魔術對於他人看待自己的看法很敏感，我覺得他在自己的心中重複不斷地聽到眾人的質疑，這直到他開始理智地思考後才有改善。他會說：『或許我確實需要更加專注。』我認為這段經歷讓他在很多方面得到了成長。」

強森在大多數職業球員才剛開始適應比賽的年紀，就已經有一段波瀾壯闊的生涯。只在ＮＢＡ待了六年，他就已經擁有兩枚冠軍戒指，並嘗過幾次驚心動魄的敗北。現在，他能夠為自己的故事中多添一個重要的篇章嗎？

毫無疑問，塞爾提克正沉浸於喜悅之中，但他們並未放鬆。在以六十三勝十九敗的成績結束例行賽後，他們再次獲得了季後賽的主場優勢。湖人隊則以六十二勝二十敗緊追在後。兩隊在季後賽中也打得十分強勢。波士頓迅速地接連擊敗克里夫蘭、底特律和費城。湖人隊則輕鬆跨越了鳳凰城、波特蘭和丹佛。在出戰波特蘭的一場比賽中，強森送出二十三次助攻，並在終結系列賽的第五戰繳出三十四分、十九助攻的表現。在西區冠軍賽的第一場比賽，丹佛在湖人主場爆冷獲勝，但最終仍在系列賽中節節敗退，最後只能眼睜睜地看著強森和他的隊友們火力全開，以一場一百五十三比一百零九的大勝拿下晉級門票。這場四十四分之差的勝利，也代表著洛杉磯已經做好了迎戰波士頓的準備。

在這段期間，強森超越了傑瑞．威斯特於季後賽一共送出九百七十次助攻的紀錄，成為季後賽總助攻王。當時的他，年僅二十五歲。

他展現出身材、力量、機智、視野、欲望和執行力的完美結合。然而，這些都不是問題，問題是有些心魔依然纏著他不放。

「我們真的對自己的表現有些不安，」詹姆斯．渥錫承認，「我們回到了總冠軍賽，然後心想：『天啊，我們又遇到塞爾提克了，該怎麼辦才好？』」

睽違多年之後，總冠軍賽首次恢復了二—三—二的賽制，前兩場在波士頓，中間三場在洛杉磯，如有需要，最後兩場再回到波士頓舉行。這給了湖人一個好機會，若是他們能在花園球場偷下一勝，就能在回到洛杉磯時帶給塞爾提克很大的壓力。

然而，他們有個大問題。

「我們一上場就……沒有打出一點侵略性，」詹姆斯．渥錫回憶道，「我們沒有展現出殺手本能，並為此付出了代價。」

第一場比賽在五月二十七日星期一的陣亡將士紀念日開打，兩隊都休息了五天，狀況正好。然而，湖人很快就打得像是在老艾爾文工作的「磨損之靴」加了一個星期的班。三十八歲的賈霸在球場上來回奔跑時顯得十分掙扎，而波士頓的羅伯特．派瑞許則在場上輕鬆地跑動，他經典的挺拔風采也很符合他的「酋長」（The Chief）綽號。卡里姆常常好不容易追上來、跑到了弧頂，攻守就在突然間轉換，派瑞許也馬上跑到了球場的另一端。賈霸當天僅攻下十二分與三籃板，強森也沒有好到哪裡去，只抓下一顆無關緊要的籃板球。在總冠軍賽的第一場比賽，這樣的表現實在令人失望。

萊里因此留下了一句在日後十分著名的話：「沒有籃板，沒有冠軍。」

由於沒有掌握住籃板球，著名的表演時刻跑轟被埋葬在緩慢的節奏中。這不僅是場慘敗，更是場能載入史冊的大敗，比數是一百四十八比一百一十四。整個球季，湖人都在撫平著一九八四年遺留至今的傷口，這場敗仗無疑是在傷口上灑鹽。

「有時候總會有那麼幾天，」波士頓總教練K.C.瓊斯說，「就算你背對著籃框、閉著眼睛出手，還是能把球投進的。」

原本「樂極」的塞爾提克，很快就察覺到這樣可能「生悲」，因此控制住了說垃圾話的嘴。「現在絕對該收斂一點了，」塞德瑞克．麥斯威爾警告，「這可不是雙陸棋或克里比奇牌，你贏得夠多就能計為兩勝。」

湖人方面，在隔天早上進行影片檢討會時，昔日的那些疑慮會再度湧上他們的心頭。而萊里就是天生要在這種場面中挺身解決問題的人。「在輸得這麼慘的比賽後，要看的影片一定不會好看到哪去，」詹姆斯．渥錫記得，「這是事實，也是真相，而且在呈現給我們看時，我們無法對此做出任何辯駁。」

賈霸不像往常一樣坐在後面，他走到最前排的座位，看著這場恐怖的回顧秀，這個動作顯示出他的在意。隨後，身為隊長的他走到每一位隊友面前，親自為自己的表現道歉。

「這是一場糟糕的比賽，簡直是陣亡將士紀念日大屠殺，」卡里姆在一九九二年說，「主要是我的錯。我記得我在看那場比賽的影片時注意到，鏡頭會跟著球跑，而我總是落在隊伍的後面。我總是在鏡頭之外，是最後一個趕上大家的人。我瞭解到自己根本沒有跟上比賽的節奏。我在季後賽的過程中已經筋疲力盡了。因此，在下一場比賽前，我們還有三天的時間……我進行了一個迷你訓練營。我把自己的心肺功能恢復到應有的狀態。我告訴大家，我保證，無論接下來的比賽發生什麼事，我都會盡我所能，執行任何交付給我的任務。派特試圖藉由控制我的出賽時間來配合我的體能，但如果我不上場調整狀態，就更沒辦法進入比賽的狀態，我必須上場。所以，我在板凳上的時間越長，就越沒辦法做好自己的工作。我們要用不同的方式來處理這件事。」

「很多人在討論敗因時都把矛頭指向賈霸，」渥錫後來回憶道，「但其實是我們所有人都有問題，因為我們每個人都沒打好。但他是我們的領袖，所以承擔了這一切。他和我們簽下了一份合約，保證這種情況再也不會發生，永遠不會。」

這些對話確實很有益處，因為它們為大家指明了下一步該怎麼做的方向。

「我們必須做點什麼來改變現狀。」渥錫說。

在星期四的第二戰前，就在球隊準備搭巴士時，賈霸帶著他的父親出現，並問萊里可不可以讓他的父親坐上球隊巴士一起去球場，老艾辛道那時有一些私人狀況。當時萊里有個規矩是不能讓家人搭球隊巴士，但這次他破例同意了，也改變了當下的整個氛圍。這件事讓萊里想起已故的父親，他也因此修改了當天要對球員們談話的內容。

「派特談到他小時候的事，」訓練師蓋瑞．維蒂回憶道，「他的哥哥們會帶他去操場。他是那裡最小的孩子，每天都會被欺負，然後哭著回家。他們把他帶回家後，他的父親說：『明天再帶派特過去。』哥哥們回答：『爸，他一直被欺負。』父親告訴他們：『把他帶回去。總有一天，他必須站起來，揍他們一頓，為自己挺身而出。』」

在他去世前與兒子的最後一次對話中，父親提醒兒子，想生存，就需要為自己挺身而出。萊里將這段回憶中的話告訴他的球員們。

「萊里是一個很能激勵人心的人，」維蒂在一九九二年說。「我想說，聽完他說的話，我也想上場去修理對手了。」

他們都想，尤其是賈霸，他在那場比賽中重新展現了自己的實力，砍下了三十分、十七籃板、八助攻和三阻攻。庫柏也以九投八中攻下二十二分。萬眾一心的他們以一百零九比一百零二贏得勝利，將系列賽扳平。

「這奠定了基調，」渥錫在一九九二年表示。「我認為這場比賽是湖人歷史的轉捩點。賈霸帶領我們強勢反擊。萊里也是，他站了出來，這也是他職業生涯的轉捩點。」

他們終於在可恨的花園球場偷下一場勝利，現在要回到論壇球場，迎接接下來的三場比賽。他們能否把握住這個機會，或是前方會有更多莫名其妙的事情在等待著他們？

坐在底線拍照的攝影師安德魯．伯恩斯坦，只要確定有設定好閃光燈，然後等待著戲劇性的大場面出現就好。但湖人，該做什麼來迎接這三場比賽？

「這幾場總冠軍賽真是傳奇般的戰役，」擁有數十年ＮＢＡ賽事拍攝資歷的伯恩斯坦回憶道，「每場比賽都很不可思議。那場發生在陣亡將士紀念日的慘案也令人難以置信。但他們從這場失利中找回了狀態。在經歷過波士頓三巨頭繳出非凡表現的一九八四年後，又吞下了這場敗仗的庫柏、魔術、賈霸、拜倫．史考特以及板凳上的派特．萊里揮別了陰霾。這是一場戰爭。賴瑞．柏德的嘴動個不停，他喜歡攻擊對手的心靈，而魔術不會讓他得逞。但賴瑞一直在背框單打庫柏時對他用出這招，每次都會。而庫柏會做好自己的事，也會讓自己保持冷靜。如果你回顧一九八五年的系列賽，就會發現庫柏是關鍵之一。他真的幫助球隊限制住賴瑞。他沒有完全封鎖賴瑞，但他也沒有讓自己受到賴瑞影響。」

「他們本來覺得我們會繼續當縮頭烏龜，」湖人助理教練戴夫．沃爾談到塞爾提克時說，「這就像是街上有個惡霸一直在搶你的午餐費，最後，你終於受不了了，就打了他一頓。」

「這場敗仗堪稱塞翁失馬，」萊里談到那場慘敗時說，「它讓球隊變得更有韌性。」

在那個星期天下午，湖人在主場迎戰塞爾提克，展開第三戰。這一場，他們以一百三十六比一百一十一的大勝報了第一戰的一箭之仇。強森再度繳出幾天前在西區冠軍賽中，戰勝丹佛金塊時所做的完美表現，全場送出十六次助攻，僅犯下一次失誤。再說一次。他在兩場季後賽，都送出十六次助攻，僅有一次失誤。這十六次助攻中有好幾球都是在全速跑動中完成的，比賽的節奏之快，遠超過任何電玩所能模仿的程度。

這一次，魔術強森大送助攻的主要受益者是詹姆斯．渥錫，他攻下二十九分。賈霸也貢獻了二十六分和十四個籃板。

波士頓曾以四十八比三十八領先，但渥錫在第二節開始發揮火力，讓湖人以六十五比五十九的領先進入下半場，隨後也一鼓作氣拉開比數。賈霸也在這場比賽將季後賽總得分累積到四千四百五十八分，成為NBA季後賽歷史得分王。

沒錯，湖人的處境常常引起人們的好奇，也因此讓火柴盒封面事件被揭露出來，但事實上，強森和賈霸這些年來的表現，讓他們生來就該成為搭檔的結論日益無可動搖。他們能激發出彼此的全力，這在某種程度上看起來是件最違背常理的事，因為他們的打球節奏完全不同，甚至風格也完全不同。強森就像是在用音響撥放著R&B，賈霸則像是陰柔的爵士樂。多年之後，這位中鋒在回首當年時表示，是強森讓他明白了打籃球的樂趣。

同時，柏德在那星期的兩場比賽中陷入了投籃低潮，四十二投僅十七中。他一直為右手肘與背部的疼痛所苦，不過，明眼人都看得出來，真正困擾著他的是庫柏。柏德打得越是掙扎，萊里就越希望庫柏能把更多力氣放在防守上。

和一九八四年一樣，這個系列賽也有很多身體碰撞，不過這一次湖人佔了上風。「我們並沒有打算讓他們的身體受傷，」賈霸對記者們說，「但我很樂於打擊他們的情緒。」

在第四戰之前，聯盟警告雙方的教練，只要有人打架或以過於粗暴的方式進行身體碰撞，就會被罰款和禁賽。萊里把聯盟下達的警告告知了他的球員們，但K.C.瓊斯選擇隱瞞。結果，塞爾提克打得如魚得水，比賽就這麼拉鋸到了最後一個回合。此時持球的柏德遭到雙人包夾，於是他把球傳出去，而接到球的丹尼斯·強森在比賽最後兩秒時投進了致勝球。

波士頓以一百零七比一百零五扳平了系列賽，並重新奪回主場優勢。

就算強森在四次失誤之餘攻下二十分、十一籃板、十二助攻，締造個人在總冠軍賽中的第五次大三元紀錄，但這並沒能讓他在失利的痛苦中得到多少安慰。

現在他們馬上面臨了一個問題，在兩天後於論壇球場舉行的第五戰，他們內心的疑慮會膨脹到什麼地步。

湖人在中場休息前打出一波十四比三的攻勢，將比數拉開到六十四比五十一。中場休息後，他們進一步把領先擴大到八十九比七十二。然而，不管強森和湖人打得多好，塞爾提克似乎總能找到對策。波士頓在比賽還剩六分鐘時，將差距縮小到一百零一比九十七。不過，強森投進三球，並助攻賈霸投進四球。最終賈霸在那天攻下三十六分，也讓湖人以一百二十比一百一十一勝出，在系列賽取得三比二領先。

「大家覺得我們沒辦法在膠著的比賽中贏得勝利。」強森在賽後談到了一九八四年的慘痛失利所帶來的苦果時說道。

接下來，系列賽將回到波士頓這個多年來帶給湖人許多噩夢的場地。傑瑞．威斯特甚至堅信自己不該過去，以免讓自己在出戰塞爾提克時的衰運影響比賽。威斯特的前隊友們以及其他屢遭波士頓毒手的前湖人球員們，也都屏住呼吸，目不轉睛地注視著這一切。畢竟，湖人隊曾在總冠軍賽中多次於塞爾提克手下嘗到苦澀的敗北，他們總是被波士頓壓著打，這次似乎是揮別這個局面的良機。而波士頓若想再次獲勝，就必須贏得最後的兩場比賽。然而，這次的賽程安排在這兩場比賽間只給了兩隊三十八小時的休息時間。

在這場關鍵的第六戰，強森再次打出了一場經典的表現，攻下十四分、十籃板和十四助攻，拿下個人在總冠軍賽中的第六次大三元，而且只有四次失誤。

賈霸再次挺身而出，用他的巨掌接下了強森的每一記傳球，並拿下二十九分，其中有十八分是在下半場貢獻的。在中場休息時，由於賈霸在第二節多數時間因為犯規麻煩只能坐在板凳上，讓庫普恰克暫代他的空缺，因此兩隊戰成五十五比五十五平手。塞爾提克在上半場只派上七名球員，強森能看出他們已經疲憊不堪。

萊里告訴他的控衛不要擔心失誤的問題，只管繼續推進比賽節奏，繼續施壓，就看他們還有多少餘力。強森非常清楚要怎麼做。

而塞爾提克因此讓出了金盃，也打破了他們三十年來悠久且引以為傲的傳統。在這段時間裡，他們從未在主場、在這個充滿了神聖氛圍但有些異味的波士頓花園的拼接地板上看著對手贏得總冠軍。

比賽很早就失去了懸念，也幾乎令全場鴉雀無聲，最終比數是一百一十一比一百。由於平常喧鬧的觀眾此時一片死寂，因此傳入傑瑞．巴斯耳中的，是球鞋在拼接地板上發出的摩擦聲。對他而言，這也成為了宣告比賽結束的美妙旋律。得到三十二分的凱文．麥克海爾為球隊維持了一線生機，但他在比賽還剩下五分多鐘時被吹了第六次犯規。另外，柏德在這個下午的二十九次出手僅命中十二球，這部份得歸功於庫柏的防守。這二十九次出手，就像是為了苦撐而做的孤注一擲。

「我以為今天我會打出一場精彩的表現。」柏德在賽後沮喪地說。

花園球場的觀眾默默地離開了，這些觀眾正是去年有如掀起暴動般衝進球場、推擠著湖人球員的那群人。

「我們讓他們輸了。」強森滿意地說。

「他們打得髒到不能再髒，直到他們明白自己要輸了，」賈霸在一九九三年回憶道，「然後他們只能說些塞爾提克的驕傲和其他有的沒的廢話。能夠讓波士頓花園的那些傢伙們閉嘴實在是太令人滿足了。儘管我們回到洛杉磯輸了一場比賽，但我們沒有失去氣勢。那是詹姆斯真正開始主宰戰局的第一年。他總是能在球場上帶來最壯觀與美妙的球技，能看到他有這種表現，真的很棒。他能完成快攻，也能背框單打。他實在是太多才多藝了。而我們的板凳上還有米奇．庫普恰克和包柏．麥卡杜。這真是太棒了。」

獲選為總冠軍賽MVP的是已經三十八歲的賈霸，他的表現，尤其是考量到這名湖人中鋒在這個系列賽一開始的狀態後，讓長年擔任塞爾提克隨隊記者的包柏．萊恩非常驚訝。

「他顛覆了邏輯，」萊里說，「他是我們這個時代最獨特且最具耐戰力的運動員，是你能見過最好的一位。你最好趁他還在時好好欣賞他的表現。」

強森的朋友赫伯．威廉斯在二〇〇四年的採訪中回憶道，與表面情況相反，強森很清楚這位中鋒的偉大之處。「魔術以前常常跟我說：『關鍵時刻要幹嘛？把球傳給那個大個子啊。』魔術能做出各種炫目的球技，享有各種名聲並成為眾人的焦點，但他會告訴你，在關鍵時刻，球一定會傳給三十三號。就是這樣。你早就心知肚明，如果你想要阻止湖人，就必須阻止卡里姆。然而，那個天勾？根本擋不住。他知道，如果他能轉動肩膀、把球高舉過頭，那基本上分數就會自動進帳。我銜命防守過他不只一次，真的只能抱著一線希望、祈禱他失手。你會希望他找不到手感，而如果你想跟他玩硬的，他似乎就會變得更加專注。他本來就已經很專心了，但感覺你惹得他越生氣，他就越不會失手。在他拿到球的時候，你會覺得自己根本守不住他，還不如直接跑回後場。」

對強森來說，這座冠軍填補了過去十二個月以來的空虛。「等了這麼久，才終於討了回來。」他後來承認，「等了整整一年，這是最困難的部分。但這也是這項運動有趣的地方，它讓我變得更堅強。」

沒有人比傑瑞．巴斯更興奮。「我爸爸當時也在場，他和波士頓的老闆一起坐在他們的包廂裡。」珍妮．巴斯在二〇二〇年受訪時回憶道，「在球隊獲勝時，我爸爸抓起夾克就衝去休息室，但他拿錯了夾克。所以他在被香檳噴得滿身都是時，穿的是別人的夾克，後來他還得將夾克物歸原主。」

這一切都讓勝利變得更加甜美。

「花園球場當時幾乎空無一人，只剩記者們在球員休息室裡寫筆記、撰寫報導。」這位老闆在一九九二年回想，「我的其中一位老友漢普頓．梅爾斯（Hampton Mears）和我悄悄溜到花園球場的中央，我們竊笑著擊掌慶祝。整個體育界中，最讓人厭惡的一句話就是湖人從未擊敗過塞爾提克。現在，這再也不是事實了。」

主播齊克．赫恩記得，強森在那個系列賽還帶了艾塞亞．湯瑪斯到波士頓，甚至邀請他參加湖人歡慶勝利的慶祝派對。赫恩記得，湯瑪斯似乎深受這個場景震撼，他站在陰影處，細細品味著在這個長年以來令聯盟各隊深受挫折與屈辱的球場舉辦的經典戰役中，拿下這座珍貴獎盃的每一個細節。

這座獎盃也令全國各地的前湖人球員們感到如釋重負，也令記者史帝夫．史普林格撰寫了一篇湯米．霍金斯（Tommy Hawkins）的報導。他穿著一九六〇年代的藍色湖人球衣，坐在電視機前看著系列賽的關鬥戰。

「毫無疑問，這是湖人最偉大的時刻。」強森在二〇〇四年回顧此事時說道。

空氣人喬丹

在強森和湖人沉浸於一九八四—八五球季復仇成功與喜悅的氛圍中時，有許多事件會逐一揭露，在同一時間有另一個不安的種子已經被悄悄種下。這一切始於那年二月在印第安納波利斯舉辦的明星賽，芝加哥公牛的新秀麥可．喬丹穿著那套全新酷炫、黑紅相間的 Air Jordan 鞋款亮相，他的衣著與配色顯然讓他成為聯盟中許多頂尖球員的眼中釘，據說，他們認為這些代表著他們從未得到過的一切。

運動鞋推廣者桑尼．瓦卡羅在二〇一二年回憶道，當時耐吉公司在印第安納波利斯的這場活動中大力推廣Air Jordan的產品。「我們做了各種紅黑配色的東西，腕帶、T恤，全都是公牛隊的配色。」

時間會證明，喬丹的表現配得上擁有這些東西，但在當時，他只是一名新秀，所屬球隊的戰績也不佳，所以在一些聯盟的老將們眼中，他竄紅的進度顯然不符常理。至少，人們認為這成為了艾塞亞・湯瑪斯與強森等人的刺激。

正如喬治・安德魯斯在二〇一九年解釋，湯瑪斯是驅動出這種情緒的關鍵人物，他曾是芝加哥當地高中的傳奇球星，現在成為了底特律活塞的一員，他對於自己在家鄉的地位，在短短幾個月內就被這位火爆的新秀所篡奪，感到十分火大。

湯瑪斯和馬克・阿奎爾都在一九八一年開始找查爾斯・塔克和安德魯斯當經紀人，當時這兩人的主要客戶強森驚人地竄紅，讓他們的事業蒸蒸日上，就像他也幫助傑瑞・巴斯的事業起飛一樣。

因此，這引發了一起惡名昭彰的事件，也就是湯瑪斯及東區明星隊的隊友策劃在明星賽上「凍結」喬丹，而且以強森為首的西區明星隊隊友們也將配合這項計畫，針對他加強防守。

朗・羅森在二〇一九年表示，這起「凍結」事件其實是湯瑪斯與喬丹之間的糾紛，跟強森沒有關係，但感受、接收到當時的氛圍與資訊的人們，卻不這麼解讀。

或許就如有些人所聲稱，根本不存在這種「凍結」某人的情形，但這些說法早在當年就已經難以辨別真偽，更何況是多年以後。強森的律師喬治・安德魯斯長年以來一直對這個刻意凍結某人的行為是否為早有計畫持懷疑態度，然而，安德魯斯在二〇二二年的一次訪談中承認，「那個周末，由於耐吉為他又做這個、又做那個，因此大家都對麥可有敵意。所有人都在針對麥可，大家都想挫挫他的銳氣。」

安德魯斯還說，喬丹的經紀人大衛・佛克（David Falk）「是個極其討厭的人」，這更是無助於緩解他的處境。

當時，喬丹似乎毫不遲疑就相信確實有人想「凍結」他的說法，這種看法後來成為了眾人眼中的現實，最終影響了強森，讓他的人生別生枝節，並使他與喬丹之間的關係有了個不平順的開始。在接下來的好幾個球季，強森會為了修補和改善這段關係付出相當大的努力。

這一事件給人留下了另一個印象，即這樣的行為對於參與其中的人來說的確有失身分。

據說，觸發了這一切的起因，是喬丹在印第安納波利斯的灌籃大賽熱身時穿上了全新的耐吉裝備。正如二〇一四年出版的《麥可喬丹傳》所述，在這場著名的大賽中，於決賽輸給了亞特蘭大的多明尼克．威金斯的喬丹，在比賽中戴著金項鍊。

喬丹在他人眼中的傲慢態度，據信引起了某些老將的不滿。人們認為，這些老將就是將代理與協調經紀事宜的任務交給查爾斯．塔克的那群人，他們在明星周末的主要賽事，也就是明星賽，讓喬丹嘗到被冷凍的待遇。

人們口中的這件陰謀進行得如此低調，因此一開始就連喬丹在聽說這件事時都感到驚訝。在明星賽中，喬丹打了二十二分鐘，全隊一共出手一百二十次，而他出手了九次。

由於塔克的言論，這起事件迅速地傳開了。塔克似乎公開談論過此事，而在報導中，他被寫為強森、湯瑪斯和喬治．葛文的智囊。《底特律自由新聞》的查理．文森在二〇一九年表示，塔克和他的某位同事在比賽進入中場休息時，首次在媒體接待室中提到了這些針對喬丹的所作所為。

後來，查理．文森又與塔克聊了一次，然後就報導了有關這件事的新聞。

「查爾斯．塔克博士散播了這起事件的傳言，他是湯瑪斯和魔術強森的顧問和心腹。」文森在《底特律自由新聞》如此報導。

「他還有得學呢，」資深專欄作家文森引入塔克對喬丹的評價，「他的態度有問題……像是，他在投進一球後，有時會對防守他的人搖手指。這麼做可不好。」

在明星賽結束後，文森只花了幾個小時就報導了這則新聞，當時塔克、湯瑪斯和喬治・葛文正準備登機。據當時的報導，他們似乎都在為這件事開懷大笑。

被問到在笑什麼時，塔克的回答後來被文森引用在報導中：「我們在說他們對喬丹有多『好』。我在星期六和一群人聚在一起時聊過這件事……但我覺得有些人認為我們做得有點過頭了。」

塔克說的這句話也被引用了：「他的態度讓大夥們不開心，他們決定給他上一課。在防守端，魔術和喬治讓他打得綁手綁腳，而在進攻端，其他人就是不把球傳給他。」

「這就是他們笑的原因，」站在等待飛機起飛的球員們附近的塔克解釋，「喬治問艾塞亞：『你覺得我們對他做得夠殘忍了嗎？』」

塔克還表示，老將們覺得這個新人看起來很傲慢和冷漠。據稱，湯瑪斯在明星周末的第一個晚上去開球員會議時，在電梯遇到了喬丹，而喬丹幾乎沒有開口，這讓湯瑪斯感到不悅。

這些報導顯然讓喬丹很震驚。

「我在那裡非常安靜，」喬丹後來說明，「我不想讓別人覺得我是個自以為是大人物、認為大家都該尊重我的新秀。」

喬丹的經紀人大衛・佛克說明，他的客戶會穿著Air Jordan的樣品裝備，是應耐吉的要求才這麼做的。「這讓我感到自己非常無力，」喬丹談到被冷落的感覺時說，「我想爬進一個洞裡，不要出來。」

在被記者詢問這件事時，湯瑪斯否認了任何有關冷凍喬丹的指控。「怎麼會有人做出這種事？」這名底特律的後衛說，「這非常幼稚。」

後來，喬丹在公牛隊的隊友威斯・馬修斯（Wes Matthews）在回應這起冷凍事件時說：「他擁有上帝賦予的天賦。他是神之子，讓他在場上當神之子吧。」

在報導了塔克為這起針對喬丹的行動居中牽線的幾天後，文森接到了這名心理學家在深夜打來的電話，他顯然想試著軟化之前的發言。「你知道的，他們並沒有要認真地對喬丹做什麼，」文森引述了塔克告訴他的話，「他們只是不打算特意為他讓路……他們從來沒打算刻意找他麻煩，只是不會讓他想做什麼就做什麼。他們很認真地在防守他，而他沒有打出好手感……他們可能覺得他有點自大。」

文森接著引用了塔克談到客戶們的話：「你知道艾塞亞和魔術是多麼自負的人。」

在文森報導塔克打來這通電話後，此舉被視為努力滅火的行動，但此時造成的傷害已經覆水難收。或許，人們的主觀印象正在此時逐漸轉化為現實。

喬丹日後會建立起一種名聲，不論他受到的輕視與冒犯是真有其事還是僅存於他的想像，他都能將它們轉化為強烈的鬥志。

回首當年，桑尼·瓦卡羅認為這件事是那些從Converse身上沒賺到那麼多錢的球員們對耐吉所做的反擊。「敵人是耐吉，」瓦卡羅說明，「是耐吉，因為我們創造了這個傢伙。關鍵是耐吉，而不只是他參加了灌籃大賽並成為粉絲的最愛。J博士也是粉絲的最愛，但沒有人對J博士不滿。是我們讓他成為了箭靶。」

這起事件對喬丹來說尤其痛苦，因為強森曾是他高中時期的偶像。喬丹那個浮誇的車牌，證明了他有著想讓自己不看人傳球的能力與強森一樣完美的願望。「這是從某天訓練時開始的，」喬丹在一九八一年對北卡羅萊納州威明頓的報社記者查克·卡里（Chuck Carree）說，「我開始像強森一樣做了一些瘋狂的動作。我傳出了一些與目光不同方向的傳球，於是某位隊友就開始叫我『魔術麥克』，他買了後車牌給我，我的女朋友則買了一件T恤和上面印著『魔術麥克』的前車牌。」

喬丹不只在高中時提到過強森的影響，在NBA，在他的芝加哥隊友們對教練道格·柯林斯的執教風格感到厭倦，並開始鼓勵喬丹站出來對這些問題發表意見時，他拒絕了，並指出強森在一九八一年挑戰威斯特海後引發的眾怒。

「總教練在與麥可・喬丹打交道時就像在走鋼索。」芝加哥公牛的約翰・派克森（John Paxson）在一九九五年表示，「並不是說他會做那種事，但我們都知道魔術強森和保羅・威斯特海在湖人隊的那段過往，當時威斯特海因和魔術意見不合而被開除。麥可也有這麼做的權力，如果他選擇這麼做的話。」

一九八五年的全明星週末還有另一件充滿苦澀的事，就是官方宣布公牛隊被賣給了傑瑞・蘭斯朵夫（Jerry Reinsdorf），而且被他用相對便宜的價格買到了。

芝加哥的球隊經營問題可以追溯到許多因素，但最重要的一個，是一九七九年決定誰有權在選秀中選到強森的擲硬幣，得到他，就代表能得到大把的ＮＢＡ總冠軍與數不清的利潤。根據《富比士》（Forbes）雜誌在一九九〇年代的報導，湖人的市值在魔術強森與這支球隊產生連結後的前十二年間，從三千萬美金增加到了兩億美金。

在一九七九年擲硬幣中，與狀元籤失之交臂後不久，公牛隊的老闆之一喬納森・科夫勒（Jonathan Kovler）曾無奈地笑稱「這次擲硬幣有兩千五百萬美金的價值」。

「結果證明，它有兩億美金的價值。」科夫勒日後表示。

事實上，這次擲硬幣的結果，對當時的公牛老闆們來說很可能是十億美元、甚至兩倍的損失。蘭斯朵夫用大約一千四百萬美金的價格從他們手中買下這支球隊，隨後看著這支球隊這些年來飆升到至少二十億美元的價值。在強森為巴斯家族及其合作夥伴們的球隊帶來類似的影響力時，這支球隊也會讓他們享受到這種市值飛漲的感覺。

至少，這次擲硬幣或許是影響ＮＢＡ歷史最深遠的事件之一。假設當時芝加哥贏得了挑選強森的選秀權，那麼喬丹最後是會在另一支球隊中展開職業生涯？還是說他們會成為隊友？無論這些問題的答案是什麼，顯然，整個聯盟的命運似乎在許多方面都與強森的命運息息相關。

在那段期間，強森敏銳地察覺到能把他的籃球生涯推上高峰以及推動職業籃球本身的神奇因子是什麼。「勝利者對人們來說很有吸引力，」他對《底特律自由新聞》表示，「如果我身處一支戰績低迷的球隊，就算我在運動方面的表現沒有兩樣，也永遠不會得到這種曝光率。贏球是一切的起點。如果沒有勝利，這一切都不可能發生。」

現在的強森不再是喬丹的偶像，而且很快成為了他不再喜歡的競爭對手。之所以會變成這樣，不只是因為現在兩人要為了勝利和球隊合約而競爭的關係。

「在聯盟裡，這並不是什麼祕密，即使擁有了總冠軍戒指，強森還是對喬丹懷有某種情感，而這似乎不只是職場表現上的嫉妒，」《運動畫刊》的柯瑞·科克派翠克（Curry Kirkpatrick）寫道，「至少從商業角度來看，魔術早該在七年前就成為現在的麥可·喬丹。那時的他在一九七九年為密西根州大贏得NCAA冠軍，又在一九八〇年的NBA總冠軍賽第六戰打出了令人驚嘆的表現，幫助湖人擊敗費城七六人。」

這本雜誌指出，喬丹的耐吉合約和耐吉在幕後為他所做的推廣，讓他的地位甚至超越了聯盟中功績最顯赫的明星球員們。顯然，強森和其他老將們看不慣這種事。

當時已經花了大量時間在幕後與這位芝加哥明星球員共事的桑尼·瓦卡羅說明，整體看來，一九八五年覺得自己受到冷凍的情緒，點燃了喬丹的鬥爭心。「這成為了支撐著他前進的支柱，」瓦卡羅在二〇一二年回憶道，「這就是為什麼我們會看到他變成殺手。他追殺每個冷落過他的人，他從來沒有忘記過那一天。就算現在的他看起來面帶笑容、對每個人都很友善，但其實他從未忘記過那一切。」

不久後，強森自己也承認，喬丹的表現正在推動聯盟火炬的交接。

「每個人都說未來的聯盟看板是我和賴瑞，」強森在幾個月後表示，「但事實上，麥可和其他人才是。」然而，喬丹累積成就的進度比強森和柏德慢得多。喬丹在聯盟中奮鬥了七個球季，才贏得他的第一座冠軍，這代表柏德和強森有時間在喬丹的公牛隊崛起之前，徹徹底底地分出勝負。

在此期間，一九八五年的明星賽將在強森的故事中扮演另一個重要角色。

當時，強森和艾塞亞．湯瑪斯常常高調地展示他們的私人情誼有多親密。在許多篇報導中，都把他們和阿奎爾寫成一個非常親密的三人組，而塔克則常常被寫成在他們的職業生涯中扮演了極具影響力的幕後推手。

「被人們冠上了導師、顧問、親信、支配者和冷酷的談判者等稱號的塔克，是職業籃球界中最有權力的人物之一，」在關鍵的一九八五年明星賽開打的幾天前，《洛杉磯時報》報導了這位在學校任職的心理學家之於許多頂尖球員的影響力。

「這是一個必要的角色，」傑瑞．巴斯對《洛杉磯時報》表示，「而塔克把這個角色扮演得非常出色。在來到籃球界之前，我是網球界的人，那個圈子的球員們似乎都會找一個意志堅強的人當成討論私生活和職業生涯的對象。無論是網球還是籃球，超級球星們的身邊都充滿了繁忙和熱鬧的各種行程與人際互動。塔克得到了球員們毫無疑問、百分之百的信任，而他值得被如此信賴。」

這篇報導指出塔克為許多球員提供建議，包括這個友情的三人組。

「我不會主動增加我的客源，」塔克告訴《洛杉磯時報》的記者湯瑪斯．邦克（Thomas Bonk），「我讓他們自己來找我。我只和那些和我的想法相似的人合作。每星期都有很多球員來找我幫忙。我得到的客戶都是不會嫉妒別人、不會嫉妒他人收入的人，我得到的客戶都是好人。」

巴斯並不是唯一一個稱讚塔克的人。底特律活塞的總經理傑克．麥克羅斯基和達拉斯小牛的共同創辦人諾姆・索尼歐（Norm Sonju）也在其他的報導中表達了對塔克的大力支持。

幾則新聞報導指出，塔克與安德魯斯一家的律師事務所合作，而他和合作對象常常只靠默契就能做事，而非簽署正式合約。

塔克解釋，他不會向來當他客戶的運動員按固定比例收費，而是他們想付多少就付多少。通常，他們會用豪車來表達感謝。至於強森，他曾讓安德魯斯從芝加哥把一輛新款賓士敞篷車開到蘭辛，直接開進塔克舉辦的夏季籃球訓練營，給他一個驚喜。

「在過去的一年裡，我退回了三輛賓士，艾爾文、艾塞雅和馬克都想送我一輛，」塔克對《洛杉磯時報》表示，「我不需要它們，因為我自己有車。一輛吉普車。」

《洛杉磯時報》指出，塔克還擁有一輛一九三二年的福特、一輛一九三四年的雪佛蘭和一輛一九七三年的捷豹，這輛捷豹正是當年這位心理學家借給強森「去參加艾弗里特高中舞會」的那輛車。

明星賽後，強森暗示自己對塔克有些不滿。塔克這幾年來常常說他們之間的關係「就像兄弟一樣」。但在這段時間裡，塔克對強森也有些不滿。「我不喜歡那些受到高度汙染的態度，」塔克告訴《運動畫刊》，暗示強森在南加州的這段時間裡沾染了某些「重利、重名」的好萊塢風格價值觀。「這不是艾爾文的本性。」

在某種程度上，這是塔克和強森這段長期情誼處在最高峰的時期。在一九八五年之後，因為很多原因，兩人間的關係明顯地開始降溫，以至於不到兩年後，這位湖人球星就不再讓塔克和安德魯斯當他的經紀人了。

首先，安德魯斯在二〇一九年解釋，他在那段時間因為一個嚴重的家庭問題而分身乏術。此外，距離也是一個因素。他住在芝加哥，而塔克仍在蘭辛的學校擔任心理學家。這位律師還說明，在塔克開始想成為一名球員經紀人而不只是當一名顧問時，這位心理學家也開始疏遠他們之間的關係。

另一個促使強森考慮換經紀人的因素，當然是賈霸因為前經紀人安排的錯誤投資而令財務蒙受了極大的損失，這讓強森真正地瞭解到許多美國優秀的運動員因為錯誤的建議與決策而失去財富的案例。

顯然，一九八五年的明星賽也是他開始考慮換人的原因之一，加上強森與塔克在蘭辛舉辦的夏季活動因為管理不善而在大眾面前難堪，進一步加劇了強森的想法。同時，關於冷凍事件的傳言也再次浮出水面。

「我聽到的各種謠言，大多出自於我以前的經紀人，」多年以後，強森說的這番話中所指的前經紀人就是塔克，「我知道我必須採取一些行動來澄清這一切。」

然而，要用來澄清謠言的「行動」是什麼，在一九八五年時還不明朗。答案需要一段時間才會揭曉。

第二十五章　人生

在這段期間，可能連強森自己也很難察覺到，象徵著另一場風暴到來的烏雲正開始在他的生活中聚集起來。如果說有什麼事物最能代表這場逐漸醞釀的風暴，那可能就是這座豪宅本身。一些業內人士認為，這座豪宅不僅是強森朋友和家人的度假勝地，更是成為了這位新屋主舉辦派對的宮殿。據數名知情人士日後所述，強森在這棟豪宅舉辦數次令人津津樂道的性愛派對，讓受邀參加的人和被強森吸引而來的女性們「辦事」。據說，強森有時也會在派對中巡視，確保他的賓客們確實有在忙著享樂。

朗．羅森後來挺身駁斥了這些說法，說自己多年以來也常常參加強森舉辦的派對，幾乎從未見過任何不體面的行為。

然而，與許多人相仿，強森的這位多年好友與經紀人也會隱晦、遺憾地承認這些複雜的人與人連結給強森的生活帶來的影響，而且他也親眼目睹了這些關係越變越複雜的過程。正如強森在球場上一心追求著勝利，他在場外追求這些關係的態度也一樣專注，這也逐漸令在他身邊感受到這一點的人們驚訝不已。

一九八六年，羅森被記者布魯斯．紐曼在無意間問到了強森和洛杉磯如雲的美女們之間的關係時，回憶起一件發生在一九八四年那段悲慘歲月中的故事。當時，羅森還在論壇球場擔任推廣部門總監，但他和強森的關係已經十分密切，密切到羅森的車子送修時，強森會借賓士給他開，只是沒想到這輛豪車竟然在羅森跑腿時發生了爆炸意外。

沒有受傷但受驚的羅森難以置信地從著火的車裡跳了出來，然後驚慌地打電話給強森說：「艾爾文，有個壞消息。你的車爆炸了！」

「你能把手套箱裡的電話號碼救出來嗎？」強森立刻問。

「艾爾文，聽我說，」羅森回答，「你那輛價值四萬美金的車燒了，現在停在路中央。」

強森說不用擔心車，他會找人來處理。

「他一直問我：『電話號碼保住了嗎？』」羅森回憶道。

這則笑話完美地詮釋出這位廣受全美女性歡迎的男子，其性慾有多麼旺盛。只是，這些累積下來的蛛絲馬跡，也讓這位朋友在多年以後會遺憾地承認這些關係對他造成的影響。

不只這些笑談與小故事，關於強森胃口越來越大的風聲與傳聞，早已在NBA圈內悄悄流傳開來。這些花邊新聞也讓強森成為聯盟性需求方面的傳奇人物，而在他的這種生活方式被戲劇性地公諸於世時，更是令他的母親及其他親人非常痛苦。

在兒子成名之後，克莉絲汀．強森也在這段時間裡開始出現在大眾的視野中。多年以前，她從來不認為自己會成為能影響他人的公眾人物。

「她有時會出席全明星周末的活動，」前NBA球員泰瑞．康明斯（Terry Cummings）回憶道，「我打過幾次明星賽，甚至有一次沒被選入球隊時，因為有人請我去演講或是參加其他活動的緣故，我也去了。」

非常重視信仰的康明斯很快便對強森女士產生了敬佩之情。「她用一顆純潔的心在對待神與人，」康明斯在二〇一九年的一次採訪中回憶說道，「我一直認為，她待人接物的熱情足以和強森對籃球的熱情相提並論，她在對待上帝的關係上也表現出了一樣的熱情。」

對於那些認識克莉絲汀．強森的人來說，她的個性幾乎能立刻解釋她兒子是從哪裡獲得異於常人的親和力和情感智商。「你一見到她就會發現，她像是大家的媽媽，」泰瑞·康明斯說明，「這會讓你難以忘懷，因為她不是裝出來的。這不是她刻意經營的形象，這也是我每次只要知道她會出席我都會過來的原因，因為我相信自己從她內心看到的真誠。」

馬克·阿奎爾在母親以四十一歲之齡去世時，也體驗到了一樣的深厚情感。當時陷入了絕望之情的阿奎爾發現，強森女士出乎意料地成為了他的慰藉之一。

她的影響力在兒子與卡里姆·阿布都—賈霸的關係中也發揮了巨大的作用。她能夠自然地在性格截然不同的兩人之間架起情感上的橋梁。

日後，強森會揭露出那個悲傷的事實，這也令越來越常藉由對福音音樂的熱愛與贊助等方式，在公開場合間表達信仰的母親，與他在NBA圈內因放縱甚至魯莽的場外行徑所累積的名聲，形成鮮明的對比。

得到這個教訓的強森後來才體會到，自己的生活方式對母親和其他自己所愛的人們帶來了多少痛苦和煩惱。

儘管強森在一九八四年夏天回到蘭辛時就顯示出這些問題的嚴重性，他以暗度陳倉的方式做了各式各樣的事，這已經敲響了一記警鐘。但在那時，克莉絲汀·強森顯然還沒有發現她與兒子的行事作風之間有多大的差異。

當時強森再次與「餅乾」·凱莉重修舊好，並在一九八四年夏天的某天把她帶到他為父母提供的豪宅。然而，他卻突然消失，然後又帶回來一個可愛的三歲男孩。

這是強森第一次帶著他的兒子安德烈去見父母，讓凱莉大吃一驚。她後來談到這個事件時透露，在那之前，她從未聽說過有關這孩子的隻字片語。

「這是我第一次自己一個人把他從家裡帶出來。」強森告訴她。

又過了三年，強森的好友葛瑞格・凱爾塞才知道安德烈的存在，他也嚇了一跳，也很驚訝強森的口風居然這麼緊，尤其他還是個這麼外向而且個性這麼引人注目的人。

另一方面，其他人則認為強森承認這個孩子，並開始將他納為生活中的一部分，是一個重要的進步。這段關係隨著強森在職業生涯向前邁進的同時也還在持續下去，後來，就連記者們在賽後的休息室看到安德烈在強森身邊玩耍，也都已經見怪不怪了。

在那個時代，從體育明星到娛樂界名人的公眾人物，都置身於有著激烈、不受拘束的性生活中，因此這個時代會出現一系列的認親事件也就不是什麼新鮮事，這些職業運動員與多名女性生子的事件也很快就會被媒體鉅細靡遺地報導出來。強森的保密功夫做得很到位，也讓自己免於成為這些報導中提及的人名之一。

不過，曾經指導過他的葛瑞格・伊頓也得知了安德烈的存在，並因此對強森提出警告。「我告訴他：『你一定要小心。你的一念之差就可能影響職業生涯和你的一切。人們不會希望你讓他們的姊妹和女兒懷孕，你的形象很重要。』」伊頓日後回憶道，「你必須搞清楚狀況。大多數的年輕女孩想要什麼？如果她們沒受過教育、想和你生個孩子……年輕人很可能因此鑄下大錯。」

當然，年輕女性也有鑄下大錯的可能，尤其是那些生活封閉的追星族與受到強森等名人吸引的人。

事實上，多年之後的媒體報導顯示，強森本人也是其他認親訴訟的目標。這並不會令人感到意外，畢竟他不愛用保險套，而且他不戴保險套的習慣持續了整整十年，直到安德烈出生後也沒有改變。不過，這些針對他的認親訴訟的過程和結果都被法院蓋了下來，不為大眾所知。

《華盛頓郵報》在一九九一年報導，光是在蘭辛一帶，強森就面臨了兩起認親訴訟，「他在密西根州英厄姆郡（Ingham County）巡迴法院被提告了兩起認親訴訟，而這些案件的細節都被封鎖了。」

在這段時間裡，強森知名的是他擁有許多豪車，包括勞斯萊斯、賓士，甚至還有一輛福特野馬。與他早前開著別克Electra的日子不同，有些人認為他在這段時間似乎疏遠了他在蘭辛的老朋友。而那些密切關注他的人們可以看到他熱衷於瘋狂購物，衣服也買，什麼都買。有報導指出，他在紐奧良一次買了七雙鱷魚鞋。不論買什麼，強森似乎都是一次買一堆。

一九八四年休賽季，在「餅乾」．凱莉見到安德烈後，這對情侶的關係似乎越來越好了，因此在一九八五年的一趟蘭辛之行中，強森在回洛杉磯準備一九八五─八六球季的訓練之前，邀請凱莉到塔克的家中共進晚餐。他們在用完餐後聊了一下天，然後在凱莉準備離開時，強森突然拿出一枚戒指當場求婚，即興到幾乎有點隨意。

她以或許可以創下紀錄的速度回答了「我願意」，關於計畫婚禮所產生的千頭萬緒與問題也以一樣的速度席捲而來。她正順利地在托雷多市（Toledo）擔任時尚商品採購，突然間，有無數要做決定的問題擺到了她的面前。正如她日後所述，她非常想和自己心愛的人結婚。但是，要解決她在托雷多市與他在洛杉磯的生活之間的問題，將會是個很複雜的難關。當時的她還沒有預料到，這會是個多麼複雜的問題。

就在一九八五─八六球季即將展開前，發生了一件看似無傷大雅的事，那就是強森有天來參加訓練時，臉上出現了些許水泡與破皮的現象。訓練師蓋瑞．維蒂看了一下，就馬上送他去看醫生。

診斷結果出爐得很快，而且也有些不尋常的部分。強森得了皮蛇，也就是帶狀皰疹，這種病症常見於兒時患過水痘的人。儘管當時並沒有太多人注意到這件事，但絕大多數的患者都是五十歲以上的人，而強森當時只有二十六歲。他錯過了湖人的球季開幕戰和其他幾場比賽，然後回來帶領球隊再次於開季打出強勁的表現。

然而，六年後，在強森宣布自己感染了ＨＩＶ病毒後，他罹患帶狀皰疹的事件成為了一個提前示警的訊號，引起了更多的關注。

「帶狀皰疹在感染愛滋病毒的患者之中也是很常見的症狀。」《紐約時報》在剛開始推測強森是何時感染病毒的報導中寫道。

「在一九八五年令強森缺席了幾場比賽的帶狀皰疹，可能也代表著愛滋病毒發作前的病症。」《新聞週刊》（Newsweek）當時報導。

在一九八五年秋天，大眾對於強森的性生活有多麼複雜且繁多一無所知，當然也不會知道他因為不愛戴保險套而讓自己暴露在感染性病的風險之中。因此，當時大家對他的帶狀皰疹沒有太大的興趣。反之，大家似乎都把注意力放在塞爾提克和湖人能不能重返總冠軍賽、再度開啟一場經典對決的話題上。畢竟，即使是最外行的球迷，也很清楚那個時代最偉大的兩支球隊的戰果。湖人在強森率領之下已經贏得了三座NBA總冠軍，而柏德領軍的塞爾提克則贏過兩次，而且雙方在兩度於總冠軍賽的交鋒之中各贏一次。

儘管兩隊在團隊成績上不分上下，但在個人方面，柏德顯然在大眾心中的排名更高。他正朝著連續三度獲得聯盟MVP獎的路上前進。強森身邊的人們都很清楚，他的表現和成功並沒有得到同等的認可，這令他有如芒刺在背。

可以確定的是，一九八五—八六球季會是強森用另一個表現出色的球季來糾正這個情況的機會。果然，在他回歸戰線後，兩支球隊都繼續打出強勢的成績。

在贏得一九八五年的總冠軍後，湖人隊揮棄了賈莫．威克斯，並拒絕執行包柏．麥卡杜的合約選項。這兩位球員都深受隊友的喜愛，但是，精準地組建球員名單，長年以來都是在體育圈維持一支王朝球隊挑戰之中不可或缺的一環。這點對湖人球團來說並不陌生，從NBA誕生起，明尼亞波利斯湖人就在喬治．麥肯和吉姆．波拉德率領之下，於一九四八年至一九五〇年代間贏得了五座冠軍。（如果加上一九四七年在以前的國家聯盟中奪下的冠軍，那就是六座。）

為了在麥卡杜離隊後強化前場的戰力，湖人管理層簽下了老牌悍將莫里斯．盧卡斯（Maurice Lucas），覺得他能為球隊注入一些強硬的元素。然而，他在效力球隊期間讓人銘記在心的，卻是製造出了球隊化學反應的問題，這也成為湖人陷入困境的因素之一。

「為了贏得一九八五年的冠軍，我們的球員投入了巨大的心力，」蓋瑞．維蒂回憶道，「突破塞爾提克這道難關，真的令人在精神上十分疲憊。隔年，我們需要被注入某些能量，但那股能量沒有到來。」

儘管如此，球隊仍在不斷前進，強森也全神貫注地面對眼前的挑戰。即使是像強森這樣擁有天賦十足的隊友，要將球隊維持在ＮＢＡ的頂端上屹立不搖，也是一項艱鉅的任務。事實上，強森還過著蠟燭兩頭燒的生活，一頭在場上，另一頭則是在場外。以馬後炮的角度來看，在不久之後會有衝突發生，也就不是一件奇怪的事了。與每一位準新娘相仿，「餅乾」．凱莉有許多問題與懸而未決的決定需要和她的未婚夫討論。在這段時間，她並沒有拿太多問題來煩強森，但他卻在冬天的某天打來了一通電話。

「這個婚我結不下去。」他說。

凱莉很驚訝他居然會打電話來解除婚約，因此在一九八六年一月湖人來到底特律與活塞交手的比賽，她親自去找他討論這件事。她去他的飯店房間，希望進一步談論這個問題，但她回憶，強森似乎連房間都不想讓她進去，只說了「我真的結不了這個婚」來打發她。

就這樣，他們的關係升溫得有多快，破滅得就有多快，讓凱莉被爆破的心只留下一陣乙醚、煙霧和碎片。她記得，自己唯一的解決方法，就是轉向從信仰尋求答案。

強森選擇在《自由新聞》於五月推出的一篇報導中揭露分手的消息。「現在不行，」他談到共結連理為什麼喊卡時說，「我要將職業生涯維持在巔峰，所以不行。」

《自由報》指出，強森隨後壓低聲音，補充說：「我還想享受生活的另一面。」

平心而論，強森一直向凱莉強調，籃球是他的最愛。後來人們才知道，為了把這份愛在比賽中發揮出來，也有要遵守的規則，其中之一就是比賽前不能發生性行為。儘管他很想，但他不希望有任何事情妨礙自己發揮最佳狀態。

當然，諷刺且令人感到悲哀的是，如果強森當時能夠正視自己生活方式的問題，並將注意力集中在「餅乾」．凱莉身上，或許可以擁有更長的ＮＢＡ職業生涯，甚至可能不會感染ＨＩＶ病毒。

然而，這場衝突只是強森與凱莉之間長期拉鋸戰的另一個回合。日後有些人們在審視這場拉鋸戰時，會認為這就算不是性成癮的典型症狀，在某種程度上也透露出他有成癮的現象。

畢竟，性成癮對於像強森這樣在蘭辛表現得像是個模範青少年的人物來說，似乎是一個難以理解的標籤。然而，各式各樣的性成癮在那個時代成為了一個大問題，因為它們悄然無聲地摧毀了無數的人們，就連幾位在美國呼風喚雨的人也難逃一劫。它們就像一群狼，緊緊地追隨著他們的偉大成就，貪婪地大口吞噬著這些深受成癮症所苦的可憐人，最後，他們大多被吞噬殆盡到幾乎面目全非的地步。

國際知名心理學家與正念專家喬治．蒙福德解釋，愛上一個不管是在哪方面上癮的成癮者，都會是個格外艱鉅的挑戰。在菲爾．傑克森於芝加哥公牛與湖人執教時，蒙福德也被他帶到了這兩支球隊。他自己在年輕時也曾染上毒癮，一直到毒癮差點毀掉他的人生後，才終於成功把它戒掉。

蒙福德在二〇二一年接受採訪時說明，與成癮者交往的困難之處在於「他們不在這段關係裡。你在關係中會過得很孤獨。在某種程度上，那些愛上成癮者的人也會對他們上癮。因為在成癮者投入於這段關係中的時候，他們往往會表現得非常真切，讓愛上他們的人們大多會被這種美好所迷惑。因為有這種潛在的可能性，會讓你幾乎無所不能忍受，只為了抓住他們投入的瞬間。」

蒙福德解釋，讓愛上成癮者的人更痛苦的是，成癮者極其擅於操縱人心。「他們知道該說什麼、該在什麼時候說以及該怎麼說。他們會讓你期待越高，最後摔得越重。」

強森或許在處理他哥哥賴瑞的毒品問題時，對這些問題有了一些瞭解。強森把賴瑞帶到洛杉磯，想幫助他克服這些問題，只是這些努力在日後沒有看到成效。不過，賴瑞最終會找到一股必要的巨大力量，幫助他擺脫困境，重拾自己在家庭與親友間的地位，並重新獲得他們的信任。

蒙福德說明，成癮者常常受到強烈的自戀和自我厭惡的情緒所支配。他補充，這就是為什麼與成癮者的關係往往變成一場拉鋸戰。

「他們就像想把水抓住一樣。」

「餅乾」．凱莉與其他有類似境遇的人相仿，在與強森的交往的過程中花了多年的時間在努力把水抓住。

根據後來的報導，強森的生活方式最終引起了湖人管理層的擔憂。據說湖人甚至聯繫了紐約的ＮＢＡ總部，針對處理強森的問題一事請求協助。不過球隊後來否認他們曾經為了強森的場外生活聯絡ＮＢＡ的事，而朗．羅森多年以來也不斷堅稱湖人未曾因為此事聯絡過ＮＢＡ。

後來被問到這個問題時，傑瑞．巴斯在一九九三年的一次訪談中表示，即使他們是朋友，他也沒想到要提醒強森要做保護措施的事。「魔術是一個成熟的男人了，」巴斯說明，「而且，我也沒想到他有這麼多『活動』。」

隨著一九八〇年代大眾對愛滋病日益恐懼，湖人隊訓練師蓋瑞．維蒂記得，他開始隨身攜帶並提供球員保險套。維蒂後來說，他曾特意問過強森有沒有採取適當的保護措施。

在一九九二年的一次訪談中，蓋瑞．維蒂記得強森回答：「是的，沒問題。」

維蒂承認，他知道強森在說謊，但他沒有當面戳破這位明星球員，所以一直為此耿耿於懷。「我覺得自己讓他失望了，」維蒂在一九九二年說，「我也對自己失望了。我沒有做到我該做的事。我應該不管怎麼樣，都要讓他警覺、明白問題的嚴重性。」

當然，如一九九三年出版的《湖人》一書中所述，不見得所有人都這麼覺得。「艾爾文的生活，他想怎麼過就怎麼過，」球隊裝備經理魯迪．加西杜納斯後來說道，「一旦他下定決心，就不會因為任何人而有所改變。」

強森的大胃口讓其他湖人球員和工作人員都對他的持久力感到讚嘆。他們都相信他絕對不可能犯錯。他可是魔術，是能在球場上創造奇蹟的男人。

在那段時間的一次訓練營中，幾位球員和工作人員討論了性與性病。強森不可避免地成為了他們的話題。（「我們總是討論魔術和他的瘋狂事蹟。」一名工作人員說明。）然後，這群人中的某人笑道：「該死，如果那傢伙沒事，那你肯定也不會有事。」

據說，語畢，眾人不禁哄堂大笑。

在某些方面，他似乎是個超人，強大到連性病也對他無可奈何。他不需要保險套。

這句話流傳了一陣子，並在接下來的幾個月裡成為湖人隊內部的笑話。

「如果他沒事，你就不會有事。」

同時，在呈現於大眾眼前的生活中，他彷彿成為了宇宙的主宰，能夠用奇妙的能力為崇拜他的人們帶來偉大的壯舉。然而，這種看似良好且正常的生活方式，卻包覆在過度危險的行為之中。

強森過度的自信心，如今正在將他導向一個欺騙自己的泥淖。

至於「魔術」強森的「癮」，他似乎深陷於自己名字本身的雙重含義之中，無法自拔。他對於性的沉迷就像是染上了古柯鹼的毒癮。這一切的美妙之處，像是對自己的自信、對無數美麗肉體的欣賞與迷戀，以及對自身影響力和掌控力的沉溺，讓他完全無法放手。

在某些圈子裡，強森自豪地為自己塑造了終極性愛運動員的形象，能夠隨心所欲地送「助攻」。

儘管如此，他還是能在一定的程度上把持住局面、堅守自己在比賽日不進行性行為的規則。直到比賽結束後，才會憑藉著好萊塢和他所處地位帶來的各種好處，大肆地沉浸在性慾中。在那一刻，他維持著自己強大的一面，但實際上這個自信是打腫臉充胖子的自我欺騙。直到日後，他才會明白，會有在公眾面前承認自己戲劇性地跌落神壇、無法回頭的一天，就是因為這些錯誤的選擇。

在那之前，與每一個游刃有餘的癮君子相仿，他總是能夠巧妙且偷偷摸摸地享受其中。日後許多人會知道，他甚至會邀請好幾位女性來看他比賽，並把她們安排在圍繞著球場、可以被他注意到的位子上。光是想到她們來到球場，而且是為了什麼而來的，就夠刺激他的腦內啡，讓他對於比賽後的行程充滿了期待。人們幾乎不會注意到這個情形，就算注意到了也無關緊要，因為他一直在微笑，也一直在贏球。

有一次，萊里的妻子、身為心理學家的克莉絲（Chris）曾試圖提醒凱莉，告訴她強森的生命中需要一個女人和一個家的歸屬。作為他的教練的妻子，她很可能聽說了一些事情。正如日後強森身邊的人所說，他們基本上都知道他的行徑，只是到後來才發現，他們根本不知道強森所染指的範圍和規模有多大。

或許被蒙在鼓裡最久的人就是凱莉本人，從他們剛開始在密西根州大一起生活的日子起，她就一直在處理這個問題。畢竟，強森是個極其特別的人，他不僅成就了偉大的事業，也具備許多偉大的特質，這讓她深愛著他。只是直到後來，人們才發現她到底有多愛他。這並不是人們最初認為的那種膚淺且是為了拿來炫耀的愛，而是一種無條件的愛。回過頭來看，在強森人生獲得的眾多恩賜中，伊爾麗莎．凱莉的愛不輸任何一項。艾爾文．強森的生命中會出現各種所謂的愛，而她的愛是最強大且最能救贖他的。即使強森三番兩次地顯得不在乎、不重視這份愛，她還是一次又一次地付出。正如她後來常常指出的那樣，當時她根本不知道他所觸及的對象有多廣、有多深，而且，即使後來得知了這些事，她還是幾乎無條件地付出。

喬治．安德魯斯觀察到，強森基本上是在凱莉身上追求母親的影子，這讓他陷入了另一場拉鋸戰之中。他要的是一名理想的女性，還是無論何時都能隨心所欲地滿足慾望的洪流。

「他總是說『餅乾』是他結婚的唯一人選。」安德魯斯回憶道。

然而，婚姻顯然只被他放在次要的位置。性肯定就像是強森擋不住的個人魅力一樣，成為一種用來衡量影響力的標準。萊里從很久以前就形容他是「吹笛人」，而一九八五年的總冠軍更是進一步強化了強森與崇拜他的人們之間的關係。他走到哪裡幾乎都會遇到粉絲，無論對方是誰，幾乎都會被他迷得神魂顛倒。而一旦他們與強森接觸過，他們似乎就想一而再、再而三地接近他，尤其是在湖人的比賽過後。

「每場比賽結束後，我們的球隊巴士後面都會有一群人、一排車隊跟著我們到機場，希望能一睹艾爾文的風采，或看看能不能得到一個簽名，」湖人主播斯圖．蘭茲（Stu Lantz）說明，「這真的很搞笑。我們會看著窗外那條車隊笑出來。這就是他對人們的影響力，而那些人並不全是女性。有時候是父親、他的妻子與兩個孩子組成的一家人，一起跟在巴士後頭。我們會把車開到機場的跑道閘門，因為我們會直接開到跑道上和我們的包機會合。閘門一關上，他們都會下車，跑到圍欄邊，希望能看到他。」

一九八六年春天，強森在南加州的一所高中進行反毒的演講，結果場面一發不可收拾，一大批少女和其他粉絲衝向強森，在人們的狂熱下，他被逼得退回車裡，而人群則聚集在車子周圍，場面一度十分混亂。強森也因此告訴司機不要開車，因為他擔心會有粉絲受傷。

坐在車裡的強森，衣服和臉上滿是唇印。

球隊訓練師維蒂記得當時強森穿著一件白色運動衫，他回來時，運動衫上沾滿了粉紅色的唇印。

「全是粉紅色的唇印，」六年後回想起這件事的維蒂依然覺得難以置信。

有時強森光憑個人魅力就能吸引到陪他作伴的女性，而這些伴侶並不全是陌生人。在這群尋求他青睞的人群中，還有他的固定炮友、備胎，這些女人在他的私生活中不斷地來來去去。

「他很有磁性，」曾在這段時間與強森約會的電視主播達娜・詹姆斯（Dana James）在一九九一年告訴《華盛頓郵報》。詹姆斯是在洛杉磯當地電視台的一個晨間節目主持人，她述說了在交往期間所見識到的強森魅力：「每個人都會被他吸引。任何一個被他接受、踏入他的私領域的人，他都會真誠相待。」

即使有人批評他毫無節制地在與女性交往的過程中玩弄對方，他還是能因為善良而受到讚揚，這顯示出這位核心人物是個多麼複雜的人。然而，追蹤報導過他的新聞記者們都知道這是真的。在職業運動員的世界中，許多人以對媒體無禮或冷漠聞名，但幾乎所有採訪過強森的人，都認為他從頭到尾都彬彬有禮且很有耐心。幾乎每一個接觸過他的人，都會對他的親和力感到讚嘆不已。

不過，有另一位在《華盛頓郵報》保證匿名的前提下才同意接受採訪的女性，回憶起她在一九八一年與強森的關係時表示「他並沒有很認真。」

「他喜歡權力，」這位前戀人說，「他總是要高高在上。我不是說他不尊重女性，但誰有辦法發自內心地尊重一個每天都出門和不同的女性上床的人呢？」

這位女性在被介紹給強森時是一名南加大的大學生，她說在與他交往後，很快就能「搞清楚狀況」，明白自己只是他眾多情人中的其中一個。她說，儘管如此，她在兩年後才決定不再與他見面。

強森後來估算，自己每年與三百到五百名女性發生性關係，這讓他的朋友和同事們都對他能在如此繁忙的行程中縝密地安排、規劃並和這麼多人發生關係感到驚訝不已。強森的自白隨即讓他的同事們不得不花很多時間和心力來向媒體解釋這一切的狀況。但在這些事情發生時，除了湖人隊內部少數的工作人員和球員外，幾乎沒有人知道他到底在做什麼。

「我剛加入這支球隊時，他的所作所為都讓我十分震驚，」後來成為強森另一位知心好友的裝備經理魯迪·加西杜納斯說，「但這就是艾爾文的生活方式，是一種常態。我開始瞭解艾爾文以及他的行事作風，是出於對女性的愛、對女性群體的熱愛。他就是這種人。而有了他這種身分地位時，會這麼受人矚目也就理所當然了，每個電影明星都會得到同樣的關注。」

看著遊走在女性之間的強森，讓在一九八五年左右加入球隊的加西杜納斯十分驚嘆。

「你只能搖搖頭，」加西杜納斯在一九九二年的一次採訪中說，「每個男人都希望能過那種生活，或夢想著至少能有一夜能體會到這個滋味。但對艾爾文來說，這就是他的日常。」

這些傳聞中的豔福確實會讓人質疑它的真實性。強森後來也吹噓過自己各式各樣的風流韻事。像是在公共場合和一名知名的電視新聞主播辦事。在電影院做愛。在電梯裡做愛。在公司會議室裡做愛。在數以千計的飯店房間裡做愛。基本上，只要是強森能找到的地方，他就能在那裡展現出戴歐尼修斯*般的力量，沉浸在性愛的慶典之中。

甚至還有傳言指出，強森曾在比賽結束後沒過多久，就與一名女子在論壇球場的某個小房間裡發生性關係，然後披上一件長袍，走出來接受賽後的媒體聯訪。幾位湖人的工作人員表示，這種偷偷享受魚水之歡的行為幾乎不可能在這裡發生。

但加西杜納斯並不這麼認為。「的確很難想像，」這位裝備經理說，「但艾爾文真的習慣於想做什麼、就做什麼。而且大家都愛他，愛到不管他做了什麼都不會是錯的。艾爾文做這些事時從來沒有真的想隱瞞的意思，他總是坦蕩蕩，這就是他的一部分，你必須學會接受。」

---

* 譯註：古希臘神話中的酒神，在古希臘文化中也是慾望的象徵。

喬．麥克唐納在二〇〇四年回憶道，在許多個夜晚，球員們離開球場時，都會有女性們在球員通道裡守候。「你走到通道的盡頭，就會看到那些女人把她們的電話號碼遞給球僮，或是魔術發現了他的菜。每個人都知道在重訓室裡發生了什麼事，也知道其他的狀況。那是完全不同的時代。這些女人實在是太誇張了。有來找巴斯的女人，也有只是想來湊熱鬧的女人。」

當然，引發這種現象的並不只是強森一人，遠非如此。美國文化相當瞭解這種公眾人物的吸引力。NBA的節奏和頻繁地飛往各地，使得運動員、教練，甚至是高層人員的行程都盡在大眾的掌握之中，這一點在湖人身上尤其顯著。

亞特蘭大老鷹的多明尼克．威金斯承認，這些年他遇過不少女人。「她們想要的是和運動員在一起的刺激感，」他在一九九一年對《運動畫刊》表示，「她們不想要安全的性行為。她們想要你的孩子，老兄，因為她們覺得如果有了你的孩子，她們的生活就會得到保障。這就是殘酷的現實，因為如果她們有自己的生活，就不會徘徊在飯店或是出現在體育館的後門等著勾搭球員。」

「我們甚至不需要刻意尋求什麼，」前鳳凰城太陽後衛凱文．強森對另一位記者說，「我們到達市中心後，女人們便會成群結隊地出現。她們會打電話到飯店，跟著球隊巴士。她們四處徘徊、等著逮到你的機會。」

這種反應在那個時代是出現在許多NBA球員身上的典型反應，洛琳．普爾曼（Lorin Pullman）在一九九二年的一次採訪中解釋。她曾在湖人隊的公關部門工作，後來成為賈霸的公關。「他們表現得好像這些女人對他們來說是個麻煩。但這種行為之所以會層出不窮，是男人的問題。」

許多女性將追求運動員或娛樂人物視為一種自我解放的表現。羅賓．鮑爾（Robin Power）自稱是強森的情人，並對記者E．珍．卡羅表示，與NBA球員交往是一種有趣的消遣。這個消遣等於湖人的方程式，也再次多虧有傑瑞．巴斯在。因為他創建了論壇俱樂部，就是為了讓名人們在比賽結束後留在論壇球場裡開派對，而不是去其他酒吧，或是把錢花到別的地方。

論壇俱樂部讓這位老闆有了個可以招待眾多名流的平台，這個俱樂部的吸引力與花花公子俱樂部不相上下。論壇俱樂部既能當作球場內聚餐的俱樂部，也能當作深夜熱門聚會場所，論壇俱樂部為這些目的創造了理想的空間。籃球界以前從未見過這樣的場所，或許將來也不會再有。一九八〇年代，這裡在湖人比賽前成為權貴人士召開晚宴的場所，巴斯可以在這裡實現為房地產吸引投資者的目標。而比賽結束後，充滿了活力和名人氣息的這裡就變成了單身貴族們最高級的酒吧。那個時期正值表演時刻的巔峰，湖人通常在整個賽季只會在主場輸四到五場，因此論壇俱樂部就會成為「勝利者」的聚集地。比賽結束後，兩隊球員都會穿上昂貴的西裝，在俱樂部裡閒晃。「走進那裡的球員，一進門就會被盯上，」後衛拜倫．史考特在一九九三年說明，「會有三、四或五個女孩鎖定他，然後就看他想選哪一個了。」

據說當時情慾流動的氛圍，濃郁到讓湖人球員的妻子和穩定交往中的女朋友感到有必要出現。「她們必須這麼做，才能確保這些女人知道她們的男人名草有主了。」洛琳．普爾曼在一九九三年解釋。

在洛杉磯之外的地方，飯店便提供了他們幽會的機會。「我們的巴士停在飯店前面時，就會看到大約六十個人在那裡等著，其中四十個是女人，」拜倫．史考特在一九九二年說明，「他們就像在追隨著一支搖滾樂隊四處巡迴一樣，真是太驚人了。」

同時，「作客他鄉」的情況據說也讓妻子和女友們的監督面臨巨大的難關。據說湖人在萊里執教時有一條「超重人員」的規則，禁止球員的家屬、妻子和女友隨隊進行客場之旅，因為她們會分散球員的注意力。萊里日後澄清，他的「超重人員」規定針對的對象並不是球員的妻子。然而，據說那些隨隊參加客場之旅的伴侶們的確會努力避免碰到教練們。

「我總覺得這種規定助長了性氾濫的行為，」洛琳．普爾曼說，「想讓你的妻子或女朋友陪伴你，難道有錯嗎？如果你的妻子就在樓上的房間裡，你就不會在酒吧或大廳裡四處拈花惹草了。」

湖人隊的球員們通常不需要主動到大廳拈花惹草。正如喬治．安德魯斯在強森剛展開職業生涯時所發現的，他在客場和強森討論生意時，他們的討論常常會被不斷積極找上門的女性打斷，因為她們似乎永遠不會放棄試圖接觸到強森的打算。

在這個充滿了爭強好勝的人們的競技之中，球員、教練甚至管理層人員也將場外的「得分」當作衡量地位的標準之一。早在很久以前，甚至魔術強森出現之前，性就已經是籃球比賽中的另一場比賽了，現在更已經在這項運動中是一種傳承下來的知識。

「我無法想像他們在休息室裡與彼此分享筆記的畫面，」洛琳．普爾曼說明，「『天啊，』我心想，『簡直就像他們還在上高中一樣。』」

「各種女人都會拜倒在他的魅力之下……不只是魔術，對許多男人來說，女人成為了另一場比賽項目，」強森的朋友帕梅拉．麥基告訴一位記者。「誰擁有的女人最多？誰擁有的女人最漂亮？」

對強森來說，「計分」似乎是一個額外的、複雜得難以想像的負擔，不過他還是樂於打電話給蘭辛的老朋友，宣佈自己剛剛與某位好萊塢明星上床的消息。

「計分沒有任何意義，」魯迪．加西杜納斯說，「因為總會有新的女人出現。試圖統計或追蹤她們都沒有意義。」

不過，強森後來告訴大家，自己在進行這些不純異性交遊時有個守則，就是他不會讓女人在自己的住處過夜，據說，這是為凱莉保留的榮耀，然而這份禮遇似乎在強森取消婚禮後就結束了，這讓這對情侶陷入了一段長期的疏遠關係。期間，凱莉與和一位來自芝加哥的男子交往。就這樣，她將自己從強森生活中那段不可解的方程式中抽離了，而強森則可以自由地面對一九八六年球季中的各種複雜局面，無須再怪罪她的存在令自己「分心」。

或許這對一九八六年的季後賽前兩輪來說，看起來也是個適合的方程式。湖人在首輪橫掃聖安東尼奧，然後在第二輪以四比二擊敗達拉斯，接著在分區冠軍賽中與火箭碰頭。在這個系列賽，湖人一開始就穩穩地在洛杉磯拿下了一場十二分之差的勝利，令《運動畫刊》等幾乎所有的美國體育媒體都預測，強森和他的隊友們將再度與柏德等人進行一場光芒四射的對決。

「火箭毫無機會。」這是《運動畫刊》在第一戰後為報導下的標題。

但就在塞爾提克以十一勝一負的戰績在東區季後賽中橫掃千軍時，湖人卻意外地連輸休士頓四場。最終拉爾夫．山普森用很勉強的姿勢投進了一記神奇的跳投，既終結了湖人，也震驚了在場的所有人。

「我們贏了第一場，本來還以為這個系列賽會是小菜一碟，」拜倫．史考特回憶道，「但他們迎頭趕上，接著在休士頓修理我們，我們再也沒能重整旗鼓。」

「休士頓打得很好，」蓋瑞．維蒂說，「而我們則打得像是在應付。」

隨後，CBS邀請強森擔任NBA總冠軍賽第二戰的球評，這更是在傷口上撒鹽。

首先，他抵達波士頓時，正好碰上柏德獲頒聯盟MVP獎，這是他連續第三度拿下這個獎項。「這個球季我因為受傷的關係，一開始打得不怎麼樣，」柏德在領獎時說，「然而一旦這些傷勢漸漸好轉，我在球季後半段便打得如魚得水、完全打出了自己的球風。我覺得只要我全力以赴，聯盟中就沒有人能守住我。」

聯盟中沒有人能守住我？這句話足以讓強森氣炸。然後，他還得坐在那裡當球評，看著休士頓在總冠軍賽的鎂光燈下打出掙扎的表現。

「他們不知道總冠軍代表著什麼，」強森接下來在談到火箭隊時表示。

他沒有說出口的是，這次擔任球評的工作，就像強森因傷在波士頓花園球場坐板凳的那場比賽，只能眼睜睜看著柏德在場上折磨著不能上場的他。這位波士頓的明星球員非常清楚他的宿敵正在轉播台上，因此又一次在他面前繳出了精彩表現。具體來說，是三十一分、八籃板、七助攻、四抄截和二阻攻。

在他們深沉的宿敵之情中，柏德和強森都很清楚，柏德正在朝第三座NBA總冠軍前進，但強森不得不坐在那裡當個觀眾。他們都心知肚明，這對強森而言無異於落井下石，就像是有人用手指戳了他的眼睛那樣痛。

《洛杉磯時報》的專欄作家史考特・歐斯特勒久經鍛鍊的觀察力並沒有漏掉這件事，他寫道：「對湖人球迷來說，在看著這場比賽的同時，還要看著魔術先生穿西裝、打領帶，坐在轉播台上，平視著塞爾提克的十五面冠軍錦旗，是多麼悲傷的畫面。」

夏季之中

這場失利只是痛苦的開始，湖人接下來只能坐在電視機前看著柏德和波士頓再次奪冠。傑瑞・巴斯特別不爽。休士頓的雙塔讓這位老闆覺得湖人需要更多身材高大的球員來對抗同一分區的哈金・歐拉朱萬（Hakeem Olajuwon）和拉爾夫・山普森，於是他出人意料地背著總經理傑瑞・威斯特（Jerry West）和達拉斯談了一筆引進馬克・阿奎爾和羅伊・塔普利（Roy Tarpley）的交易，這兩人都是查爾斯・塔克的客戶。

據說巴斯隨後通知了威斯特，告訴這位總經理交易已經談妥了。然而，據說威斯特以辭職相逼，表示若繼續進行這筆交易，他就會辭職。這令此事出現了轉機。*

威斯特認為，基於情緒所做的交易都是不明智的抉擇。塞爾提克當然希望巴斯會拆散這支球隊，然而，這位老闆的怒火最終平息了下來，而派特．萊里也開始尋找其他的答案。

但是這次交易的談判還是帶來了不少後果，包括強森與麥可．喬丹之間的關係再次遭受重創。這兩位明星球員之間的關係之所以會進一步惡化，主要是基於人們覺得強森和塔克是推動這筆交易的幕後黑手。在一次多年後的訪談中，朗．羅森否認了強森參與其中的說法，儘管跡象表明他知道有這件事。

「如果交易成真，魔術一定非常高興，因為他們倆是他的朋友。」喬治．安德魯斯在二〇二二年受訪時表示。此外，這筆交易也有籃球方面的理由。阿奎爾不僅是個得分火力強大的球員，也是個很有天分的傳球好手，塔普利則能夠打中鋒和大前鋒。而且，據說這兩名球員都非常不喜歡在達拉斯為脾氣暴躁的教練迪克．莫塔（Dick Motta）效力。

安德魯斯說，不難想像巴斯和強森討論過這筆交易，因為在一九八六年，「他們的關係情同父子。」

同時，喬丹在表達自己的看法時，一口咬定地認為強森在背後推動這筆交易。「我對他的這種作法沒有意見，」喬丹在一九八七年對《運動畫刊》的柯瑞．科克派翠克表示，「我只是覺得他不喜歡來自北卡大學的球員。」

一九八六年的休賽季與往常一樣忙碌，而在這時，一直在促成柏德與強森共同拍攝一個球鞋廣告的Converse，不知何故開始更加大力地在進行此事。

「儘管他們盡可能地保持以禮相待的關係，兩人依然是勢不兩立的宿敵，」喬治．安德魯斯在當時談到兩人之間的關係時表示，「當時的情況就是這樣。他們對彼此都不願退讓分毫。」

「這兩個傢伙真的有好幾年都沒怎麼說過話。」朗．羅森說明。

＊ 譯註：若談成，湖人將在這筆交易中付出詹姆斯．渥錫。

記者杰姬・麥克馬蘭透露，柏德深信強森永遠不會同意這件事，所以他堅持要在自己位於印第安納州的家裡拍攝這個廣告。令他驚訝的是，強森真的同意做出這個讓步。

這一切得以促成，是因為兩位球員都非常喜歡Converse的代表、向他們提出了這個構想的阿爾・哈登（Al Harden）。此外，在某種程度上，這種事起碼有一個前例，就是他們曾經在和一群代言Converse的球員一起拍過照。但現在，要他們拍一個只與彼此合作的商業廣告，這有可能實現嗎？

「他們都對此持保留態度，」安德魯斯回憶道，並補充，最終他們之所以同意，是因為他們都敬重阿爾・哈登。

安德魯斯記得，另一個有助於促成此事的一點，是兩人之間的競爭暫時處於平手狀態，因為他們都曾在總冠軍賽中擊敗過對方。「他們不是那種會一起出去參加派對的人，因為他們的個性完全不同。」

然而，在那個休賽季的兩場令人難忘的活動中，他們倆人開始建立起某種程度的關係，也開始互相欣賞對方。

首先，哈登和Converse安排了一次有點怪異、但既前衛且有幽默感的運動鞋廣告拍攝活動。廣告中，強森從好萊塢坐著豪華轎車來到柏德在鄉間的住所，而出來迎接的柏德則扯下自己的熱身褲，咬牙切齒地挑釁強森：「讓我看看你有什麼本事！」

強森起初對這次見面並沒有抱太高的期望，但柏德的母親喬治亞（Georgia）的溫暖與她準備的午餐卻令他大吃一驚。這一個特別的畫面後來被杰姬・麥克馬蘭寫進了她的著作《當時我們主宰全場》（*When the Game Was Ours*），這本書講述了柏德和強森之間的關係，後來百老匯還以此作為基礎進行了劇情腳本的創作。

那天，總是在與彼此一爭長短的兩人在柏德家的地下室聊了很多，包括他們對父親的敬愛之情。他們的父親都是退伍軍人，都是勤奮的愛家好男人。兩人都非常敬重自己的父親，唯一截然不同的，是柏德的父親在兒子十八歲時因自殺去世。

這次見面讓強森和柏德有了一段交心的時間，也是他們第一次真正地瞭解彼此。儘管當時的聯盟局勢顯示，他們之間還會有另一場決戰，而這場決戰也很可能決定誰能一輩子吹噓自己才是勝利者。

羅森在二〇一九年表示，在他們終於得到與彼此交談的契機時，他們發現了許多彼此的共通點。「直到今天，聽到他們互相對話時，仍然令人感到十分驚奇。我的意思是，他們之間有著誠心誠意的尊重和愛。說真的，我和賴瑞·柏德不太熟，但在他跟我分享他的成長過程時，我很能感同身受。我不確定為什麼，但在曾是三K黨聚集地的印第安納州長大的這個人，根本不在乎你是黑人還是白人。他曾講述過自己之所以會成為優秀籃球選手的理由。他曾在一家飯店工作，當時他常常和服務生一起打球，而那些服務生都是非裔美國人。」

日後的柏德表示，那段經歷對他學習籃球技術有很大的幫助。

隨後，在那年的八月，強森首次為聯合黑人學院基金會籌集資金而舉辦了「仲夏夜魔術」活動。儘管人們常常把這個活動記成始於一九八五年，但其實它是從一九八六年的夏天開始的。

「艾爾文開始為聯合黑人學院基金會舉辦活動的第一年，他希望賴瑞·柏德能來參加。」羅森回憶道。

「紅頭」奧拜克要求強森，如果想促成這件事，就要親自打電話給他，請求他同意柏德出賽，這是這位塞爾提克老闆玩的另一場心理戰。

「我記得賴瑞剛結婚，他來參加比賽時滿臉通紅，」羅森回憶道，「他們在保利體育館首次舉辦了比賽。那場比賽非常精彩。能和賴瑞一起打球，艾爾文比想像中還要興奮，賴瑞也一樣。他們都很尊重對方。」

首次舉辦的「仲夏夜魔術」成為偷走了籃球界所有風采的夢幻盛會，它所帶來的純粹樂趣比起ＮＢＡ

官方的明星賽有過之而無不及，以至於ＮＢＡ很快便採取行動，不讓強森舉辦的這項賽事在接下來幾年於電視上轉播。為什麼？因為事實明顯到可悲，強森自行舉辦的仲夏夜活動充滿了他的個人魅力，他既是主導者，又是明星球員，還是好萊塢的主持人，而聯盟的高層們無論有多大的預算、想出什麼活動，都無法讓明星賽與之媲美。這是強森的明星光環與聯盟執行力的對決。

上場比賽的球員們不停地秀出華麗的球技，像是背後傳球、不看人傳球以及由一群優秀球員們即興發揮所創造出的各種精彩動作。另外，比賽中也出現了各種令人啼笑皆非的灌籃失手，以及因為動作太大膽而發生的失誤，這些全都被熱愛趣味的球評齊克・赫恩一字一句地在《Prime Ticket》有線頻道*上為大家轉播出來了。

是的，這或許只是另一場無關勝敗的明星聚會活動，但融入了強森強烈自尊心、好勝心的這一刻，讓每個人都格外地在乎比賽的結果。他特地讓柏德與自己同隊，這為當晚的比賽帶來了不少亮點。在兩人互相傳出幾次不看人傳球，上演了氣勢萬鈞的灌籃（與一些張力十足的失誤）時，赫恩表示：「這就是為什麼大家會買票來看他和柏德，這就是為什麼他和柏德兩人一年就能賺三百萬。」

參加比賽的都是極具天賦的球員，其中一隊由傑瑞・威斯特執教，另一隊的教練則是開懷大笑著的比爾・羅素（Bill Russell）。而儘管他們在刻意安排下聯手作戰，強森和柏德也沒能贏得勝利，他們的藍隊以一百六十六比一百七十輸給了白隊。

不過不用擔心，他們不斷地在這場比賽中做出驚人之舉，例如強森先在防守端蓋掉了查爾斯・巴克利（Charles Barkley）的出手後，瞬間轉向、加速衝往前場，從左側一路衝往弧頂，隨後用一個背後不看人的地板傳球把球傳給右側的柏德，柏德立刻傳出了一記穿越眾人的長傳，讓從左側飛奔而來的赫伯・威廉斯完成雙手的反手灌籃。

片刻之後，強森只不過在右側邊線看到了柏德的金髮隨風搖曳，便馬上回禮了一記五十英呎的長傳給他。

彷彿這些演出還不足以滿足擠滿全場且瘋狂歡呼的球迷們，在做為主菜的對抗賽結束後，汗水還沒乾的強森就抓起麥克風，即興當起了灌籃大賽的評審，這也引起了另一場精彩絕倫的即興對決，多明尼克．威金斯與小個子史帕德．韋布（Spud Webb）都沒有做任何準備，就直接上場。

「三百六十度！」強森不停地對威金斯喊道，結果威金斯灌籃的氣勢很猛，卻沒有把球灌進去，讓現場觀眾爆出一陣惋惜聲。

「我們讓他再試一次，」強森立刻喊道，「我們有一整夜的時間！」

在轉播結束時，齊克．赫恩複述了一次最後的比數，然後補充說：「但這真的不重要。」

這的確不重要，兩隊在隔年得到了更誇張的比數。而這一年，強森也對喬丹遞出了橄欖枝，邀請他參加比賽。

《運動畫刊》報導，喬丹「硬生生地」回絕了這份邀約，暗示他仍然對自己在兩年前的明星賽中遭到冷凍的事耿耿於懷。

事實上，喬丹當時在休賽季的行程緊湊到令人咋舌，這些行程大多與他推陳出新的球鞋取得的成就有關，這也將一直令強森氣得牙癢癢。在喬丹的經紀人大衛．佛克第一次對他說出Air Jordan這個名詞時，喬

＊譯註：於一九八五年創立的頻道，傑瑞．巴斯與比爾．丹尼爾斯（Bill Daniels）是老闆。該電視台幾經轉手後，在二〇二一年被重新命名為《Bally Sports West》，不過母公司《鑽石體育》已於二〇二三年申請破產保護，相關的法律訴訟在二〇二四年仍持續進行中。

丹曾笑了出來。但過了不到三年，他已經在行銷市場中成為一個前所未有的勢力。

「一開始我以為這只是一時的流行，」喬丹在日後回憶著這一系列鞋款在市場中的反響時說。

喬丹同意參加「仲夏夜魔術」賽事時，已經是一九八八年的事了，而那時聯盟已經禁止了這場比賽的轉播。不過不用擔心，強森持續舉辦了這項活動整整二十年，為歷史悠久的黑人學院和大學募集了數百萬美元的款項，之後才將這項活動交給他人來主辦。

隨著他的年紀邁向三字頭，強森的魅力也預示著他的故事直到最後都會讓人看得入迷，就像一場風暴，充滿刺激，也充滿了危機。

第二十六章 保證

巴克・強森（Buck Johnson）知道他們在注視著他。他們已經考察過他的表現，然後又回來進行更多的考察。他已經從人們的口中得知了這件事。

在一九八六年的春天，巴克・強森是阿拉巴馬大學的大四前鋒，那時的大學籃球被視為相對豐沛的人才庫。在那個時代，有著職業前景的頂尖球員還得在大學打滿四年。而身為一名六呎七吋小前鋒的他，也在紅潮隊（Crimson Tide）的前場累積了不少成績。他的運動能力和球風的成熟度，讓他被看好有機會在六月首輪選秀的末段獲選。更好的是，巴克・強森聽說傑瑞・威斯特和湖人隊的球探團隊似乎已經準備好在還能選他的情況下，以第二十三順位選他。

湖人的板凳需要能在防守端提供支援並幫忙搶籃板的球員，而巴克・強森是個不錯的人選。

光是想到能與魔術並肩作戰，這位有望在選秀中受到青睞的球員便不禁對未來有了更多的期待。「我想像著自己為了接到魔術有如子彈般的傳球，而在球場兩翼盡全力地向前奔跑的畫面。」巴克・強森在二〇一九年的一次採訪中說道。

巴克・強森是魔術的球迷，因此他對於湖人在一九八六年的春天被休士頓擊敗，柏德再度拿下總冠軍的結果感到很失望，但他不知道這件事會為他的人生帶來什麼影響。火箭搶先一步，在湖人之前以第二十順位選走了他。

就這樣，原本即將在「魔術王國」佔有一席之地的巴克．強森，被火箭奪走了這個機會，然後墜入了地獄之中。身為火箭隊的一員，他將在接下來的幾年中承受這位偉大控衛的怒火。

畢竟這已經是一種既定模式了。在湖人於一九八一年輸給休士頓時，魔術以連續四年打進總冠軍賽，兩度贏得總冠軍的表現作為回應。

一九八六年再度敗給休士頓後，艾爾文．強森和湖人再次以四次總冠軍賽之旅與兩座總冠軍做出回應。為了達到這個目標，魔術和他的夥伴們付出了極大的努力，確保休士頓再也不會成為他們的絆腳石。在接下來的五個球季中，艾爾文．強森與這支球隊出戰火箭的戰績是二十四勝四敗。而在季後賽中，表演時刻兩度對上火箭的結果呢？都是橫掃。儘管火箭隊有名人堂中鋒哈金．歐拉朱萬坐鎮，艾爾文．強森和他的湖人隊也不讓休士頓在季後賽中越雷池一步。

更重要的是，正如巴克．強森所說明，火箭非常清楚湖人的控衛對他們懷有敵意，但他們幾乎對此無能為力。

「的確，我在休斯頓的那幾年，魔術把這件事當成私人恩怨，下定決心讓我們再也無法跨越湖人這一關，」巴克．強森回憶道，「不可能了。魔術被徹底激怒，他確保這件事不會再次發生。」

在職業生涯的那個階段，艾爾文．強森掌控比賽的能力到達了巔峰。正如派特．萊里在一九九六年所解釋，他在不斷研究這位明星球員的打法時，決定讓跑轟的能量集中在五分鐘內爆發出來。「你可以看到他是如何憑一己之力，憑著他的能量、他的身體、他的語言來掌控局面的。在他能全速前進的這五分鐘，他會啟動強力推進裝置，用盡所有能量。五分鐘過後，他會累到不行，但這個賭注是值得的，因為一定會有好事發生。球隊會開始跑動起來，其他球員也會打起精神……感受到他的能量。處於體系核心的他，會切入、撕裂防線、分球，而大夥則會賣力地奔跑。」雖然艾爾文．強森以熱愛跑轟著稱，但他令年輕的巴克．強森留下深刻印象的，是他在半場陣地戰中的重要武器，而很快地在球隊中找到定位的巴克・強森，成為了板凳上能夠專門對付他的防守球員。

「如果你想打半場陣地戰，他們也絕對能和你慢慢玩，」赫伯・威廉斯回憶著表演時刻的湖人，「對對手而言，感覺就像是要選一種毒藥吞下去。他們不僅有卡里姆，還有詹姆斯・渥錫。詹姆斯・渥錫一向是他們在強邊的第一選擇。如果你包夾他，球就會轉移到底角的拜倫手上，所以你接著得對付拜倫，因為他有跳投的能力。接著，你還得煩惱在低位等球的史上最偉大中鋒，沒人擋得住他的投籃。首先，他們會把球傳給詹姆斯，然後球開始轉移後，會再傳給低位的卡里姆。」

巴克・強森上場時，魔術強森似乎總會刻意把傳球目標鎖定在渥錫身上，連續傳三、四球，甚至五球給他，藉此讓巴克・強森陷入犯規麻煩，再讓他犯滿離場。這種心態最早可與魔術和查爾斯・塔克在操場打球時想出的策略相呼應。你想贏球？那麼就要製造對方犯規。

「魔術真是太聰明了。」巴克・強森說。

這種狀況突顯了一個關於魔術鮮為人知的事實。沒錯，在許多人眼中，談到史上最強的快攻發動者，第一個想到的就是他。但他在半場陣地戰中，也一樣能施展他的魔術，不論對手在防守端設計了什麼戰術來阻止他們，他總是能發現並執行必要的破解手段，將球傳給賈霸和球隊中的其他進攻點。

根據記者麥可・布萊德利（Michael Bradley）表示，強森的身材和機動性令他在擋拆戰術中格外地如魚得水。這是籃球中最古老的戰術，可以追溯至一九二〇年代在紐約市立學院（CCNY）執教，早期也曾是職業籃球選手的納特・霍爾曼（Nat Holman），在他於一九二六年推出的著作《科學籃球》（*Scientific Basketball*）中的「第八號執行戰術」（Execution Play No. 8）。一九四〇年代的湖人隊靠著吉姆・波拉德與喬治・麥肯執行的擋拆戰術發揮奇效，贏得了六座總冠軍。

強森後來也因在兩翼策動擋拆戰術、利用他的身材找到在弱邊有空檔的射手而受到讚譽。強森的創新促進了擋拆戰術的演進，它最終成為了主宰二十一世紀籃球界的進攻戰術。

至於一九八七年，大部分的業界人士認為，湖人在與塞爾提克之間連綿不斷的戰鬥中，能否取得上風的關鍵，依然取決於內線進攻和跑轟之間的平衡。不幸的是，在同年，一九八六年的選秀榜眼、馬里蘭大學的前鋒倫·拜亞斯（Len Bias），在被波士頓選中後不久便因吸食古柯鹼過量而去世，這一事件對湖人和塞爾提克之間的對決史詩產生了長遠的影響。

至於湖人隊，表演時刻的時代已進入第八個NBA球季，場上指揮官也已經年滿二十七歲。在這段時間裡，這支球隊基本上奠定了在大眾心中的地位，但他們在公眾的形象與實際情況之間仍然有著相當複雜的矛盾。

有趣的是，舉例來說，我們可以從平均得分方面，來看看表演時刻的湖人在NBA史上頂尖跑轟大隊中的排名。

在這份排名中，有許多高得分的球隊幾乎沒有在防守，而且從未建立過任何重要的成就。不過，這份排名中也有一些在偉大的球員率領之下奪得冠軍的偉大球隊。例如，在單季平均得分史上前五十高的紀錄中，有五個是由比爾·羅素領銜的波士頓塞爾提克在一九六〇年代所創下。這五個球季，他們平均得分高達一百一十八點七*至一百二十四點五之間，且在其中四季贏得總冠軍（由羅素領軍的這支球隊在十三個球季間贏得十一座冠軍）。

威爾特·張伯倫則有七季率隊攻下平均前五十高的得分，分別是三季在費城勇士、一季在舊金山勇士、兩季在費城七六人以及一九七二年在湖人留下的紀錄。而在效力七六人與湖人期間，他都曾在率隊創下高得分紀錄的同時贏得總冠軍。

值得一提的是，卡里姆·阿布都—賈霸也有兩次和球隊攻下名列史上前五十高的平均得分，不過這兩次不是他在表演時刻的湖人所留下的紀錄，而是在一九七〇與一九七一年的密爾瓦基公鹿。

從中可以看出，史上最會得分的跑轟球隊都有一個模式，都有一位偉大的中鋒坐鎮。羅素、威爾特、和卡里姆都是掌握防守籃板和阻攻的大師，他們能夠在擋下對手的進攻後，馬上把球送到優秀的後衛手上，讓他們發動快攻得分。而張伯倫和卡里姆也是比賽歷史上最偉大的得分手。

不意外的是，一九四〇和一九五〇年代沒有球隊上榜，尤其是一九五四年之前的球隊，當時的ＮＢＡ還沒有啟用二十四秒投籃時間限制的規則。

不過，值得注意的另一點是，在職業籃球史上前五十高得分中，有一半以上是由一九六〇年代的球隊所創，而且當時還沒有三分球。

一九七〇年代有八次上榜紀錄，但其中七次是在一九七九年引進三分球規則之前所締造（這代表歷史上前五十高的單季平均得分紀錄，有三十四次是在沒有三分球的情況下達成的）。此外，有八次來自一九八〇年代。

這份排名中只有兩支一九九〇年代的球隊，這很合理，主要是因為那個時代是以更具肢體對抗性的防守為主流，並被麥可·喬丹率領的芝加哥公牛宰制。這支球隊主打泰克斯·溫特的三角戰術，能發揮掌控節奏的效果。「有時候你跑得這麼匆忙，也只是跑過去被痛扁一頓而已。」儘管在三角戰術中還是能在「掌控之中」跑出非常有效率的快攻，溫特在談到三角戰術時仍舊發表了這番宣言。

二十一世紀的第一個十年，接連有俠客、科比·布萊恩和保羅·蓋索坐鎮的湖人隊，再一次用溫特的三

＊譯註：應為一九六二—六三球季的一百一十八點八分。

角戰術統治了球場。麥克．丹安東尼帶領鳳凰城太陽在那個十年執行著「七秒以內」進攻的準則，但並未留下史上前五十高的得分紀錄。不過，也因為當年吹起了這股風潮，才引領出所謂的「節奏與空間」時代，但現在二十一世紀的球隊也僅締造過三次躋身史上前五十高的平均得分紀錄，分別是二〇二〇、二〇二一年的密爾瓦基公鹿及二〇二一年的布魯克林籃網，後者的總教練史帝夫．奈許就是「七秒以內」太陽的主力明星控衛，還找來了丹安東尼擔任助理教練。*

儘管NBA修改了規則以限制防守，讓球隊加快比賽節奏並有更多的三分球投射，但他們的平均得分仍然無法接近一九六〇年代球隊的得分水準。

那麼在強森帶領之下的表演時刻跑轟大隊為何沒有上榜？他們當然是最華麗、最具娛樂性的球隊，但他們平均得分在表演時刻的時期介於一百一十點七到一百一十八點二分之間，而一百一十八．二分的最高紀錄則是他們在一九八四—八五球季所創。

為什麼他們沒能得到更多分數，答案在於他們是一支混合型球隊，儘管他們能用快攻打出絢爛的火花，但他們也會放慢節奏，讓卡里姆和魔術靠著半場陣地戰攻擊對手。強森掌控局面的能力的確過人，他能讓賈霸和詹姆斯．渥錫在他們需要球的時機與位置穩穩地拿到球。

隨著賈霸的年紀越來越大，他需要投入的精力與專注也就越來越多。他比強森年長十三歲，在一九八六—八七球季時，他就已經滿四十歲了。這位中鋒的退休之日似乎已經近在眼前，萊里也開始想把重責大任轉移到其他球員身上。他希望以強森為主，詹姆斯．渥錫為輔的組合作為進攻核心。於是，教練團開始構思他們該怎麼轉型。他們在那年秋天的訓練營中實踐了這些想法，但隨即遭遇了費解的狀況與挫折。

「那時的他已經覺得球隊掌握在自己的手中，」賈霸在一九九三年接受採訪時如是說，並暗示這個決定是強森在球隊教練和老闆之間施加了影響力而促成的。「我們在季後賽中輸給休士頓時，我被視為失敗的主因，而艾爾文則是問題的解答。我正在被排除在外。」

強森的朋友兼經紀人朗・羅森在二〇二〇年的採訪中則表達了不同的看法。

「想想看，在艾爾文取代卡里姆成為球隊的領袖時，他的肩膀上會扛著多大的壓力，」羅森說，「這真的是件大事，因為艾爾文尊敬卡里姆。這是個延續了三個月的大事件。艾爾文的心態是：『我希望這是正確的決定。』艾爾文很清楚有沒有扛下領袖重任的區別，他也對這個人懷有敬意。」

顯然，威斯特海下台的烏雲依然籠罩在球隊甚至整個聯盟之上。萊里對於是否要轉型也有過疑慮，他曾對助理教練比爾・伯特卡表示，或許他們應該捨棄這個逐步轉型的想法。

不，比爾・伯特卡回答，現在正是做出改變的時候了。

「這曾經是卡里姆的球隊，」強森在二〇〇四年回憶道，「他是那種能稱霸全場的球員，而我只須扮演好我的角色，一切都很順利。我不介意，但其他人總是對此議論紛紛，認為我無法像卡里姆那般主宰比賽。」

泰克斯・溫特曾目睹科比・布萊恩試圖與俠客・歐尼爾共存時的掙扎，他常常想，如果喬丹在剛開始打NBA時就有一位偉大中鋒搭檔，職業生涯軌跡會發生什麼變化？同樣的無解問題也可以套用在強森身上。如果他的整個職業生涯都能像一九八〇年總冠軍賽第六場一樣打球，會有什麼結果？

儘管球隊內部在一九八六年的秋天出現了一些自我意識的衝突，但在接下來的幾個月裡，球員們在新的

＊譯註：此書原文版於二〇二三年十月推出，上述數據應統計至二〇二二—二三球季。不過，二〇二二—二三球季的國王與勇士的平均得分都排得進前五十，因此在當時，二十一世紀就已經不只三次有球隊平均得分名列史上前五十的紀錄，且一九七一年公鹿的平均得分為一百一十八點四分，在二〇二二—二三球季打完時應為史上第五十二高。而在二〇二三—二四球季更有溜馬、塞爾提克、雷霆與公鹿攻下了足以排進史上前五十名的平均得分，故結算至該季，二〇二一年的籃網也已被擠出前五十名，平均得分仍在史上前五十名的一九七〇年代球隊剩七隊、無三分球時代的球隊剩三十一隊。

球隊架構中找到了舒適區。賈霸親自向萊里保證一切都會順利運作，而強森在球季中的表現也證明了這一點。他成為了奧斯卡・羅伯森之後第一位贏得聯盟MVP的後衛，他的得分飆升至職業生涯新高的平均二十三點九分，並以平均十二點二次助攻領先全聯盟。

當然，這並不是憑空完成的。帶領整個球隊依然是他的第一要務。卡里姆、渥錫、拜倫・史考特、庫柏以及新秀A. C.葛林（A. C. Green），這些球員都亟欲證明球隊有多強。他們有機會證明這支球隊是籃球歷史上最偉大的球隊之一，而正如赫伯・威廉斯指出，儘管被他們的跑轟戰術所展現出的華麗球風所掩蓋，但之所以能達成這些成就，其實靠的是他們潛藏在光環之下的出色防守。「很多時候，他們會讓拜倫去防守控衛，讓渥錫守二號位並讓魔術防守三號位。因此，魔術就會常常出現在籃下，這樣在籃板球彈框而出時，他就能搶到很多籃板球並馬上發動快攻。而卡里姆總是待在能蓋到對手投籃的區域。他們的身材也能把你撞得東倒西歪。他們有科特・蘭比斯、A. C.葛林、麥可・湯普森，這些球員都非常強硬，要在他們的禁區進進出出可不是件輕鬆的事情。」

二月十三日傳來了下一個振奮人心的消息，高層完成了交易，從聖安東尼奧得到了麥可・湯普森。據說柏德得知這個消息後痛心疾首地大呼，馬刺怎麼可以把湯普森白白送給湖人？身高六呎十吋的湯普森正好符合湖人的需求，他不只能勝任賈霸的替補，還能在大前鋒的位置上扛下穩定的出賽時間。更棒的是，他是一名出色的低位防守者，還在明尼蘇達大學和凱文・麥克海爾一起打球，因此湯普森比誰都更瞭解該如何防守波士頓的這位長臂前鋒。賈霸日後表示，這是威斯特為表演時刻所下過最聰明的一步棋，因為這讓他們再次成為總冠軍的有力競爭者。有了湯普森的加入，湖人隊在例行賽中取得六十五勝，是NBA的最佳戰績。

「我們在一九八七年打得勢如破竹，」訓練師蓋瑞・維蒂在五年後回憶道，「一切都幾乎像是小菜一碟。我們都在想：『下一個能打的在哪裡？』每天晚上我們都知道我們會贏。我們只要一直咬住比數就好了，然後球員們就能打開開關，一口氣讓比賽失去懸念。」

一九八六—八七賽季的塞爾提克有個目標，就是成為在比爾．羅素最後一次領軍奪冠的一九六九年後第一支二連霸的球隊。麥可．庫柏擋在了他們面前，他依然瘦弱，依然以古怪的自卑情結著稱，但在派特．萊里不斷的激勵下，庫柏早已證明他是表演時刻的防守支柱。一九八七年的球季，他終於得到了應有的認可，榮獲年度最佳防守球員獎。現在，比以往都更明顯，他把守住柏德當作自己的挑戰，花上好幾個小時在研究這位波士頓前鋒的影片上，甚至還帶著錄影帶去度假。

二〇二一年，人們開始討論庫柏是否夠格進入名人堂。只要是在那個時代經歷過這段回憶的隊友與球隊的工作人員，都肯定支持他被提名，而強森就是最大力支持的人之一。*

談到庫柏對柏德的影響，詹姆斯．渥錫在一九九三年分享自己的觀點時說：「賴瑞不會對庫柏說太多話，庫柏則是會立刻到他的面前打口水戰。大多時候，庫柏會先發制人，他在上場時會說：『今晚你什麼都別想得到，賴瑞。我不會讓你得到任何發揮的機會，抱歉。』然後比賽就這樣開始了。」

「我從來不覺得自己有動搖過賴瑞的內心，」庫柏在二〇〇四年說，「他也從未表現出自己到底有沒有被影響，這是我欣賞賴瑞的地方。有時候他的一些表現會讓我感到沮喪，但我不能讓他看透這一點，因為一旦你被挫折感侵蝕，你就知道這傢伙已經把你踩在腳下了。」

「我在這方面從庫柏身上學到了很多，因為他從不退讓，」詹姆斯．渥錫說，「就算你在他面前拿了五十五分，這也會是你拿得最艱辛的五十五分。庫柏和賴瑞在某方面有一樣的天賦，因為如果庫柏看到你還沒準備好或是你不夠拚，那就結束了，他會立刻把你鎖死。」

---

* 譯註：庫柏已於二〇二四年進入名人堂。

「我認為賴瑞會打擊到我的地方，是他強韌的精神力，」庫柏說，「就算他全場可能十六投一中，但你知道他在比賽中的某一個關鍵時刻就是有辦法把球投進籃框。一樣的防守力道，手都擋在他面前了，他還是能投進。而且他露出的表情，就好像他之前已經連續投進了六、七球。」

「他不只是針對柏德，」蓋瑞．維蒂回憶道，「庫柏對每個上場的球員都會講垃圾話。他只有一百七十五磅，輕得像空氣、像一根羽毛，但他誰都不怕。我們這一隊並不是一群壯漢，我們是一支主打技術的球隊。但每當場上發生了衝突，庫柏總是參戰的人之一。」

在進攻端，儘管他的年齡問題開始顯露出來，但在這支有著許多出色進攻終結點的球隊中，他也仍然是強森主要的空中接力搭檔之一。「我進入這個聯盟時，大家對我的主要印象是防守球員，」庫柏回憶道，「但我也喜歡奔跑、跳躍、扣籃。我想，人們也很期待看到這些表現。」

蓋瑞．維蒂還觀察到，在魔術身上逐步培養出堅強心智的過程中，庫柏扮演了重要的角色。「麥可．庫柏在很多方面上給予魔術不少鼓勵。」

在一個打完八十二場例行賽後，可能還要打大約二十場季後賽的聯盟，這種鼓勵對一支有著豪情壯志的球隊來說，有著難以衡量的價值。這個情形實在令球員有太多失去專注的可能性了，而維蒂表示，這正是近距離觀察湖人隊的化學反應時覺得有趣的地方。「魔術狀況不好的時候，庫柏會抓住他的球衣說：『加油，艾爾文！上吧，艾爾文！』他們真的能透過言語激勵彼此。卡里姆和魔術或許稱得上是在精神上引起共鳴，他們在同一個波長上，但很少和對方交談。庫柏和魔術則常常在場上對話，甚至會當面點出對方的問題。」

歲月流逝，隨著庫柏的年紀越來越大，雙腿的運動能力也隨之下滑，但他轉型成功，成為一個穩定的外線威脅。

有一點很少被人們提及，那就是庫柏通常對強森很順從，無論是在場上還是場下，都願意為了強森的命令而做出調整。

《運動畫刊》的記者傑克．麥卡倫（Jack McCallum）在一九八七年季後賽中第一次目睹了這個情形時十分震驚。「我記得當時在休息室裡，庫柏在說話，」麥卡倫在二〇一九年回憶道，「他用他特有的方式說個不停。不知何故，他們那天輸掉了比賽。這時，魔術說：『庫柏，閉嘴吧。』但庫柏還是繼續說。於是魔術轉過來，又對他說了一次：『庫柏，閉嘴吧。』這讓我很驚訝。我當時對魔術不太瞭解，那時的他在聯盟累積了七、八年的資歷。」

而同樣也是一名老將的庫柏照做了。

「魔術的命令居然有這麼大的效力，這讓我有點驚訝。」麥卡倫回憶道，「庫珀立刻閉嘴，就像個孩子一樣。他收拾好自己的包包後，他們就離開了休息室。」

麥卡倫注意到強森和柏德都有那種強硬的性格。「這跟柏德的行事作風很像，很像柏德對麥克海爾說：『閉上你他媽的嘴，我們要打球，安靜。』的感覺。」

大多時候，強森自己看起來也是閉不了嘴的人，在跟專欄作家與記者聊天時，對方幾乎只要負責站著聽。不過，一九八七年象徵著強森生涯中的一個轉捩點，付出了極大努力的他，在這一年漂亮地蛻變了。而在他努力的過程中，庫柏是給予他最多支援的首席副手，這也體現了他的另一項才能，也是他諸多才能中最重要的一個。庫柏擁有鋼鐵般的意志，這反映在他連續五百五十六場的出賽紀錄上，而這個連續紀錄之所以會終止，是因為他在一九八八年一月因為打架而被禁賽一場，這個結束方式也很符合他的形象。

這代表在那些年攻頂的過程中，魔術強森在每個晚上都知道他身邊有麥可．庫柏可以倚靠。強森之所以能在NBA展現主宰力這麼多年，這也是個重要的因素。

總而言之，強森與各個隊友建立的關係，造就了他們在一九八七年季後賽中橫掃千軍的戰力。底特律活塞的助理教練迪克・凡賽斯（Dick Versace）在偵查過湖人後，只能搖搖頭。「他們是宇宙級的球隊，」他說，「他們打得比我見過的任何一支球隊都來得好。」

這也能解釋強森為什麼終於在那年的五月成為聯盟MVP，終結了他長年以來的苦惱。「就像其他未達成的目標一樣，這令他感到非常沮喪，」朗・羅森在二〇一九年回憶時說道，「這麼多年以來，他都沒有拿過MVP。」

他曾分別在一九八〇與一九八二年兩度獲得總冠軍賽MVP，但年度MVP一直與他無緣。

羅森十分著迷於強森面對這些挫折的回應方式。「我認為最讓他困擾的一次，是在西雅圖發生的事，」羅森回憶道，那是湯姆・錢伯斯（Tom Chambers）在一九八七年的明星賽中獲選為MVP。「他很喜歡湯姆・錢伯斯，這是真的，但他有點驚訝。我想每個人都覺得得獎的人應該是他。不過，他也是真心地為他感到高興。他的心裡大概想著：『好吧，繼續奮鬥吧。』他有一套處理這種事情的方法。」

強森將他的第一座年度MVP獻給了老艾爾文。強森在七十八張第一名選票中獲得了六十五張，剛成為NBA史上第二位單季得到超過三千分球員的喬丹排名第二，而柏德則排第三。

「我要感謝賴瑞・柏德，因為他在這一年稍微失常了一點，我也想掐死麥可・喬丹，因為他給了我很大的壓力。」強森在頒獎典禮時開玩笑地說道。

他在球季中的表現，也在季後賽中重現。

強森在第一輪送出四十三次助攻，僅有六次失誤，幫助湖人以三比零橫掃丹佛。接著，金州以一比四在季後賽中被他們淘汰出局。西雅圖，他們在西區決賽的對手，被湖人以四比零擊倒，這代表他們在五月二十五日就殺出了西區，而塞爾提克和活塞則拚到了第七戰。面對一星期的休息時間，萊里在聖塔芭芭拉安排了一個迷你訓練營，以保持球員們的專注力。五月三十日星期六，他們一邊在早餐自助吧享用了草莓鬆餅，一邊看著塞爾提克踩過了活塞。

三天後，NBA總冠軍賽在六月二日星期二於論壇球場展開，許多名人也擠在觀眾的人群之中。諸如傑克・尼克遜、黛安・坎農（Dyan Cannon）等常客都來了，而且連布魯斯・威利（Bruce Willis）、唐・強生（Don Johnson）、琥碧・戈柏（Whoopi Goldberg）、約翰・馬克安諾（John McEnroe）、強尼・卡森（Johnny Carson）、亨利・溫克勒（Henry Winkler）等眾多名流也都受到吸引而來。他們的出現為萊里提供了一個方便的道具。早在東區冠軍賽結束後，媒體把負傷奮戰的塞爾提克描述為浴血好漢時，萊里便開始忿忿不平。萊里把這件事告訴球員，讓他們覺得自己受到了侮辱。萊里控訴，塞爾提克因為努力打球而受到尊重，湖人卻和他們的好萊塢粉絲被包裝成一群浮誇、空有天賦的怪咖，只不過是憑運氣取得了表演時刻這光鮮亮麗的成就，沒有太多的骨氣與中心思想。

儘管這支球隊在大多數的比賽之夜都很享受好萊塢名流為他們加油打氣的感覺，但萊里現在轉移策略，將這一點當成激勵球隊的負面要素。「一群擁有著浮誇魅力，只做表面功夫的懶人。」據說這位教練曾如此怒斥，「這是我帶過最努力、勤奮的球隊，但不管我們做了什麼，我們都被小看了……我們被當成沒有靈魂的人……但其實我們球隊大多數的人甚至還不是加州人。」

事實上，休息天數遠比教練任何的激勵話語重要得多。塞爾提克究竟會因為保持著比賽狀態而帶給湖人壓力，還是他們會因為連續打了兩輪的第七戰而疲憊不堪，結果馬上就會在大家開心地嚼舌根時顯現出來。「我看塞爾提克的狀態保持得不錯，」麥可・湯普森在第一場比賽後譏諷著，「只是節奏不太一樣而已。」

強森一上場就控制住了比賽的局面，攻下二十九分、十三助攻、八籃板且沒有失誤。儘管分數差距並沒有像「陣亡將士紀念日大屠殺」那麼驚人，但也已經足以稱作一場大勝了。強森現在已經在二十一場NBA總冠軍賽的比賽中送出十次以上的助攻，打破了包柏・庫西保持二十多年的紀錄。

接到強森傳來好幾球的詹姆斯．渥錫貢獻了三十三分和九籃板。湖人隊在前兩節比賽發動了三十五次快攻，並在上半場打完時取得二十一分的領先。隨後，他們稍稍穩住腳步，最終以一百二十六比一百一十三拿下勝利。

塞爾提克知道他們必須阻止強森這具熟悉的火車頭。他們在第二場比賽中努力朝著這個方向前進。儘管如此，強森還是送出了二十次助攻，這是他第二次在NBA總冠軍賽傳出二十次以上的助攻，緊追在他自己創下的二十一次助攻的總冠軍賽紀錄之後。而在這一場比賽中，麥可．庫柏正好在最完美的時間點火力全開。於是強森就一直把球餵給他。

波士頓在第二節一度只落後七分時，庫柏開始發功，藉由自己得分和助攻隊友幫助球隊攻下二十分。

「他真是個無價之寶，」賈霸說，「庫柏只用幾分鐘就能完全改變比賽的走向。」

比賽結束時，強森攻下二十二分並送出二十次助攻，而庫柏在三分線外七投六中，讓塞爾提克又度過了氣喘如牛的一天。

就連洛杉磯傳統的快慢平衡也在比賽中發揮了效果。賈霸以十四投十中的水準為球隊挹注二十三分。第二節，庫柏在自己飆分的同時也送出了八次助攻，追平了當時的總冠軍賽單節助攻紀錄。他的單場六記三分球，也寫下了季後賽紀錄新高。這些最終讓波士頓吞下一場一百二十二比一百四十一的大敗，也讓他們在季後賽中嘗到了客場六連敗的滋味。

波士頓全隊似乎也都被嚇呆了。

洛杉磯的報紙也趁著波士頓打出糟糕表現時打落水狗，稱塞爾提克是一支「綠色的狐群狗黨」。幸運的是，第三場比賽在波士頓花園球場舉行，塞爾提克修正了一些問題，以一百零九比一百零三贏得勝利。「我們的球隊沒有遜到被橫掃的程度。」柏德說的這句話，也透露出了他內心的憂慮。

為了把對手打得毫無翻身機會，強森已經發揮了全力。在這場失利的比賽中，他攻下三十二分外加十一籃板與九助攻，只有一次失誤。他已經打出了接近完美的表現。

接下來的第四戰，壓力稍稍轉移到了湖人這邊，這讓萊里的思緒被抹上一層陰影。在波士頓花園球場進行的一次閉門訓練中，萊里還要求清潔人員離開場館。「他可能覺得他們的掃把裡裝有攝影機。」花園球場的保全主管開玩笑地說。

同時，留宿於波士頓的湖人也一如往常地遇到了麻煩，他們被困在飯店房間裡，等待著有如噩夢的緩慢客房服務，還受到了火災警報鈴聲響起的驚嚇，他們待在波士頓時總是會遇到這種情況。第四場比賽的下半場一開始，波士頓一度取得十六分的領先，場上的局勢似乎再次惡化。

傑克．尼克遜當時靠關說得到了波士頓花園球場上層媒體區的座位，他常常遇到對他比出掐脖手勢的波士頓球迷，而這位著名演員則以知名的脫褲嘲諷動作回應對方的挑釁。朗．羅森在二〇二二年笑著回憶道：「我幫傑克．尼克遜拿到了門票，結果他在波士頓花園球場把屁股亮給大家看。」

隨著洛杉磯在比賽還剩三分半鐘時將對手的領先縮小到八分，尼克遜臉上的笑意便更深了。

這場比賽的經典結局就此展開，萊里在比賽還剩三十秒時喊了暫停，設計了一個掩護後讓賈霸出手的戰術。但強森告訴卡里姆，如果防守他的羅伯特．派瑞許想強行穿過掩護，那麼他就應該做個幫忙掩護的假動作後直接順勢進入籃下。

賈霸藉著掩護滑進禁區，球也傳到了他的手中。湖人以一百零四比一百零三領先。*

---

* 譯註：但實際上湖人並沒有在比賽還剩三十秒時喊暫停。在賈霸和魔術強森完成空中接力並為湖人取得領先後，塞爾提克才在比賽倒數二十九秒時請求暫停。https://www.youtube.com/watch?v=QQ4_2u6mVtw&t=5446s

柏德隨後回敬一記三分球，讓波士頓在比賽最後十二秒重拾一百零六比一百零四的領先。接下來的進攻機會，賈霸被犯規並走上罰球線。他罰進第一球，但沒罰進第二球。不過，麥克海爾在搶籃板球時把球撥出了界外，這給了強森在大場面下有所表現的機會。強森在弧頂左側接到邊線球後，停頓了一下，原本打算出手一記二十呎的跳投。不過在麥克海爾緊跟上來後，強森便決定從右側突破，進入弧頂位置，而柏德和派瑞許也幫忙圍堵，和麥克海爾一起伸出手臂。強森柔軟地投出了一記勾射，球差點被派瑞許碰到，但它高高飛起後空心入網。時間彷彿像永遠凍結在這一刻，而這一球也像一把匕首，刺進了花園球場一萬四千名狂熱球迷的心中。

在表演時刻的時代落幕後，湖人官方曾調查球迷在這個時代最喜歡的時刻。據包柏・施泰納所說，強森的這記勾射排名第一，甚至超過了他在一九八〇年總冠軍賽第六戰的經典之作。

許多業界人士認為勾射是他的新招，但強森在蘭辛的老朋友看到後，都知道這是他在年輕時常用的投籃方式。

「你看，大家都以為我不會得分，」強森在二〇〇四年回憶這一刻時說，「我說過：『你知道的，我只要繼續打下去，總有一天會有輪到我表演的時候。』」

在比賽還剩兩秒時，塞爾提克請求暫停。正如派特・萊里後來所回憶的那般，湖人很清楚丹尼斯・強森會把球傳給底角的柏德，「這是他們常用的戰術。」

萊里緊緊地注視著柏德，果然，他朝著邊線移動，推開了渥錫，直直地衝過萊里面前，兩人的距離近到萊里可以看到他的表情。

「他有好大的空檔。」萊里回憶道。

他有足夠的時間接球，轉身然後向後一躍，投出既是他的招牌且招招致命的三分球，就像他幾秒前也投進的那球一樣。

「我的心臟都快從喉嚨裡跳出來了，我看著球像箭一般直直地射過去，」萊里回憶道，「但彈道有點長。」球打到了籃框的後緣，同一時間，湖人的板凳席爆發一陣歡呼，柏德則面無表情地離開了球場。就在那短暫的一瞬間，他與萊里四目相接，眼神彷彿在說：「我不敢相信你們竟然給我這麼大的空檔。」

成功以一百零七比一百零六的比數從塞爾提克手中偷走了第四戰的勝利後，強森快樂地跑下球場。塞爾提克老闆「紅頭」奧拜克怒不可遏，追著資深裁判厄爾．史東（Earl Strom）到了場外，指責他的哨音把勝利奉送給了湖人。史東躲進裁判休息室，然後探出頭來對奧拜克說：「阿諾（Arnold，奧拜克名），你真是一如既往地『有品』。」

「人們總是說：『放輕鬆點，比賽結束了，過去的就過去了。』拜託，比賽才沒有什麼過去的就過去了咧。」奧拜克在一九八九年的一次採訪中說。

強森回到休息室，沉浸在彷彿永遠不會休止的喜悅之中。他把那一球稱為「我的小小天勾」。

「你料得到球隊可能會敗在天勾手上，」柏德說。「但你料不到投的人是魔術。」

「那一球向所有人證明了我的能力，」強森在二〇〇四年回憶道，「那一年我贏得了MVP。那一年派特對我說：『好，艾爾文，我要你接管比賽。』然後，就出現了這一球。」

那一刻讓比較他與柏德之間的天秤有了變動。

「在那之後，人們口中的評論從『賴瑞做得到這件事，但魔術做不到。』變成了『賴瑞和魔術平起平坐。』我一直在為了改變人們的想法而戰。」強森回憶道。

他再也無須為此而戰了。

第五戰本有可能成為系列賽的關門戰。出於這個原因，湖人隊工作人員提前準備了幾箱香檳以便慶祝。

但波士頓以一百二十三比一百零八贏得第二勝，讓系列賽得回到大陸的另一端繼續進行。

在論壇球場舉行的第六戰，塞爾提克在上半場打完時以五十六比五十一領先。強森在中場休息前只得到四分，但他在接下來的比賽中展現出精準的傳球，為隊友製造機會。渥錫拿下二十二分，賈霸貢獻三十二分、六籃板和四阻攻。麥可·湯普森也得到了十五分和九籃板。在這場比賽中，強森打破了包柏·庫西的總冠軍系列賽助攻紀錄，儘管他出手二十一次只投進七球，但十六分、十九助攻和八籃板的表現已足以為他贏得總冠軍賽MVP。最終湖人以一百零六比九十三獲勝，贏得這十年來的第四座總冠軍。

「魔術是一名很棒、很棒的籃球選手，」柏德在賽後承認，「是我見過最好的球員。」

最終，強森在球場上所做的一切得到了應有的認可，他把思緒轉向身邊那批出色的隊友身上。「這是一支超級球隊，是我效力過最強的球隊，」他說，「這支球隊很快、有投籃能力、會搶籃板，在內線也有充足的戰力，萬事俱備。我從來沒有在一支這麼無所不能的球隊打過球。我們以前總是要克服一些不足，但這支球隊什麼都有。」

「我覺得這是我對決過的最強對手。」柏德也認同。

兩人為了超越對方，將這項運動帶往了宏大的境界。

當時沒有人能清楚地認知到這一點，但這件事已經成為定局。在兩人競爭的過程中，美國職籃擺脫了困境，成為眾人矚目的焦點。在兩人剛進NBA時，聯盟中瀰漫著一股積累多時且不理性的恐懼。太多球隊在虧錢，人們擔心聯盟有太多黑人會讓大眾對聯盟失去興趣。在大衛·史騰於一九八四年接任聯盟總裁前，這種恐懼一直是聯盟所面對的挑戰之一。

當然，答案是，這根本從一開始就不是問題，但當時的大眾似乎需要在這方面受到某種程度的安撫，而這正是強森承擔的另一個重要角色，儘管這一點在當時並沒有明確地顯露出來。

艾爾文・強森扮演過眾多的重要角色，這也是其中之一。早在他還是個蘭辛的青少年時，就曾在平息白人與黑人對校車接送與種族融合的恐懼時成為一股助力。如今成為一名職業球員的他，再次面對了這種奇怪而微妙的處境，也再一次平息了白人大眾對種族融合的恐懼。最終，他的表現帶來了改變，而日後的門票銷量與電視收視率都將驗證這一點。

「我認為這是史騰一直很欣賞魔術的其中一個原因，」傑克・麥卡倫說，「我不知道他們有沒有直接談論過這件事，不知道史騰是否曾對他說過：『我需要你。我需要你的幫忙，讓更多人買票進場。』而這件事沒有人比魔術做得更好。」

沒有人能做到，麥卡倫補充，直到喬丹出現並以強森的影響作為基礎，才將這推往了新的高度。儘管無論那幾雙知名球鞋有沒有幫助，喬丹和他的球隊都花了七個球季才成熟到足以成為奪得冠軍的勝利者。

在那段過渡期間，強森，還有柏德，在這個聯盟中是舉足輕重的人物。他們都在ＮＢＡ的社會戲劇中扮演了極為重要的角色。

「我認為魔術比起任何人都更像是這一切的中心，」專欄作家兼籃球歷史專家艾力克斯・沃爾夫闡述自己的觀點，「因為他的個性，讓這些問題對他來說根本不是問題，真的很難有人會不喜歡他。」

無論是強森還是柏德都沒有花太多時間思考美國的種族問題，或他們在這之中是多麼重要的角色。他們都在忙著贏球。

「對魔術來說，他背負了更多一些的壓力，因為他總是要保持著樂觀開朗的狀態，」傑克・麥卡倫在二〇一九年分析，「你知道的，賴瑞做自己的時候，我們大多能夠接受。我們都能接受他喜怒無常、閉口不言、獨來獨往的時候，賴瑞就是這樣的人。但你知道，魔術背負著必須扮演魔術的壓力，不過我猜他也喜歡這種感覺。」

艾力克斯・沃爾夫在二〇二〇年指出，強森所經歷的時刻比人們認知中的要重要得多，也更具政治意義。「我認為他和卡里姆在當隊友時有過一些磨合的難關，但我認為，魔術憑藉著他的熱情、孩童般的真誠喜愛以及對球隊的激情令卡里姆折服，而卡里姆會是第一個承認此事的人。這就像是『好感時代』（Era of Good Feelings）的氛圍。*我知道這是美國歷史中的政治方面專有名詞。他想要贏得每個人的心，而在這方面上，他一直都很強。人們曾在談到比爾・柯林頓（Bill Clinton）時，認為他在走進一個有人對他持懷疑態度或是不喜歡他的房間時，會直奔對方，下定決心在那天晚上結束前贏得那個人的心。他不是每次都能成功，但我認為魔術在某種程度上也有這種直覺。這是一個很棒的故事。」

沃爾夫的觀察呼應了查爾斯・塔克當時在艾弗雷特高中對青少年時期強森的看法，那時的環境充滿了種族歧視的氛圍。塔克認為，強森並不在乎你喜不喜歡他，因為他無論如何，都有辦法讓你喜歡他。

「從來沒有人明確地說出魔術比賴瑞更出色，」麥卡倫回憶著堆疊出一九八七年那場大戰前的種種事件，「前一年我寫了一篇文章，指出柏德是史上最偉大的球員。隔年，我將這個頭銜給了魔術。他顯然已經超越了柏德，而湖人也顯然超越了塞爾提克，成為這個十年最偉大的球隊。」

麥卡倫說，在確立這一點的同時，強森也證明了另一個重要的事實，也就是他可能是史上最偉大的領袖。「我不確定有誰在擔任這個角色時比魔術更加如魚得水。」

喬丹後來也被認為是一位優秀的領導者，但主要是以灌輸恐懼的方式來帶領球隊。強森也並不是沒用過這種方法，但他使用得更為巧妙。

更重要的是，那個時代的美國文化，依然難以理解且盲目地抵制著黑人男性和每個人一樣都能成為領導者的概念，而強森在這個時代就已經無庸置疑地成為了一名優秀的球隊領導者。

「魔術在這方面是獨一無二的，他比我見過的任何人都更像一位領導者，」傑克・麥卡倫說，「我甚至不知道有誰看得到他的車尾燈。」

或許，從各方面來看，最難把心交給強森的人，就是柏德。柏德似乎總是對強森有所提防，正如麥卡倫所說明，他認為強森「是個好人，但也會從背後捅別人一刀。也許他會對魔術有這麼大的反感，我不確定，可能是因為魔術有著能受到媒體喜愛的能力。」

最終這些都不重要了，麥卡倫說，因為「那傢伙的天賦當時的確讓柏德為之嚮往。」

麥卡倫說，這也是強森之所以能夠在一九八七年擊敗柏德、征服籃球世界，並「在一九八七年成為真正的籃球之王」的部分原因。

然而，即使在那個偉大的時刻攀上了高峰，強森和他的球隊當下看起來還沒有做好穩居王座接受加冕的準備。過去一直有個每當湖人奪冠後，波士頓總會做好再次反擊準備的既定模式。

派特·萊里清楚這一點，也因此耿耿於懷，即使在休息室裡的湖人球員們慶祝著勝利的當下，他也在想著這個問題。這位教練一直在等待記者的提問，好讓他在這一刻點燃全員的動力。

終於，有人在賽後採訪時問了教練關於湖人是否能夠連霸的問題，而早就在等他們問這一題的萊里馬上直接回答：「我保證我們會連霸。」

記者、球員和工作人員全都停了下來。

這時，一群記者圍繞在教練身邊，當時在《紐約時報》任職負責報導聯盟新聞的羅伊·S·強森也是其中之一。「萊里顯然早有預謀，要在不告訴球員的情況下提前在他們心中播下這顆種子，」羅伊·強森在二○二一年回想著，「我們紛紛從派特·萊里身邊離開，跑去告訴魔術，派特剛剛保證明年會再次奪冠。」

---

* 譯註：美國總統詹姆士·門羅（James Monroe）在南北戰爭後努力淡化黨派分歧、期望促進國家團結的時期。

「他全身都泡在香檳裡，」這位記者描述著魔術當下的反應，「他站在休息室的正中間慶祝著，他很開心，一副如釋重負、把一切都發洩出來了的樣子。聽到這個消息後，他看著我們，驚訝地說：『什麼?!』」然後魔術大笑了起來。

要在職業籃球贏得冠軍的本質，就是承擔在漫長球季中不斷累積的巨大壓力，然後戰勝它、消除它。一名球員越是優秀，他的自尊心就越高。而他的自尊心越高，壓力就越大。對這些真正偉大的球員來說，得到總冠軍有個永遠不變的獎勵，就是他們能在夏天遠離壓力，在這段時間可以問心無愧地說自己已經發揮了潛能。

那是個球員們不希望花時間與心力去思考新一輪巨大壓力的時刻。

「我們在一九八七年贏得了總冠軍，然後派特馬上轉過身來，把所有的壓力再次壓到他們身上。」蓋瑞．維蒂在一九九二年回憶道。

「就在我們以為自己已經做了所有能做的事的時候，萊里卻做出了這種保證，」拜倫．史考特說明，「我覺得他瘋了。」

自從塞爾提克在一九六八年和一九六九年接連擊敗湖人完成二連霸以後，已經過了十九個球季。許多業界人士心中有個定論，就是這一壯舉在現代NBA中已經不可能達成。萊里拒絕接受這種說法。他相信，再次奪冠是一場意志的考驗，只要球隊建立堅毅的心靈，就有為獲得這番偉大成就而奮戰的本錢。他知道湖人是一支由精神層面堅強的人所組成的球隊。他們只缺一個能驅策他們邁向偉大的人，而那個人就是他。

也許萊里在做出這件事時就已經明白，他不只跨越了一條界線，而是跨越了許多界線。他跨越的其中一條界線，帶領他們走向了更多的榮耀。跨越的另一條，則將引向悲情。

第二十七章 漫長的告別

艾爾文和湯瑪斯都有一種讓人無法抗拒的笑容，總是能無情地擄獲崇拜他們的大眾。當然，艾爾文的笑容是母親賜予的禮物，幾乎能令他遇到的每一個人卸下心防。

「魔術是個內心充滿愛的人，不是一個好鬥者。」他們兩人多年的合作律師喬治．安德魯斯表示。而以「Zeke」這個愛稱遊走江湖的艾塞亞．湯瑪斯，就是那個好鬥者，雖然你得仔細觀察才能看出這一點。儘管他只有六呎一吋，卻有不屈的精神，讓他能在人高馬大的叢林中闖出一片天。沒錯，他是運球的王者，能做出花俏的動作，並有一手漂亮的投籃。但關鍵是這傢伙毫不畏懼，就算面對的是七呎長人也能穿梭自如，讓比賽按照他理想中的方式進行，而做這些事，對他來說輕鬆得就像是一件例行公事。

他就像是嬌小的大衛，肩負著打倒巨人歌利亞的艱鉅任務。這個任務，就是將底特律活塞從人們口中的笑話變成一支冠軍隊。

顯然，湯瑪斯是個勇氣十足的人，對於在一九八〇年代有著激烈身體對抗的ＮＢＡ，尤其是率領這支日後人稱「壞孩子」（Bad Boys）的球隊來說，這是不可或缺的要素。

對打球強硬的活塞而言，衝突的發生有如家常便飯，而在衝突之中，湯瑪斯從來不會退縮或忍讓。更何況，他身邊還有像是瑞克．馬洪（Rick Mahorn）、比爾．藍比爾與丹尼斯．羅德曼（Dennis Rodman）等副手，他們似乎真的很享受著在混戰中為他伸出援手的機會。

最重要的是，湯瑪斯顯然是籃球界中最工於心計的人，他不斷用他的魔力同時處理各種數據、因素和選項。

畢竟，他曾經在印第安納大學擔任鮑比．奈特教練麾下的場上指揮官，並在大二球季攜手締造奪得全國冠軍的結局。隨後，他精明地直接投入一九八一年的NBA選秀。

時間來到一九八七年，他已經在聯盟中打拚了六個年頭，在這段期間，他越是研究那位來自蘭辛的偉大球員，就對他越是崇敬。

「自從我進入聯盟以後，每一季的總冠軍賽我都看過，」湯瑪斯在一九八八年六月對底特律當地報刊著名專欄作家謝爾比．史特羅瑟（Shelby Strother）表示，「我觀察，並想學習我需要做什麼才能成為冠軍。」

與年輕的麥可．喬丹把強森的綽號當成車牌不同，湯瑪斯並不想要強森的綽號，而是渴望獲得他能稱霸球場的祕訣。為了得到這些機密，湯瑪斯花了數年時間追逐並追捧魔術，希望能吸收他的心態。

顯然，湯瑪斯也是一位知心好友。無論大小事，他總是陪在強森身邊，像是艾爾文同父異母的妹妹瑪莉（Mary）在一九八七年一月因癌症去世。在強森得知妹妹的死訊時，他詢問母親自己是否該在當晚出戰達拉斯的比賽中告假，但母親告訴他應該上場打球，因為看比賽能讓老艾爾文暫時忘記他的傷痛。比賽結束後，強森立即趕回蘭辛，安慰他的家人，並花了很長的時間在電話中和湯瑪斯傾訴自己的感受。他們之間就是有著如此密切的關係。

與受到強森影響的一批大學球員一樣，湯瑪斯從一開始就打定主意要找查爾斯．塔克和喬治．安德魯斯組成他的經紀人團隊。畢竟，這個組合有什麼不好呢？塔克和安德魯斯都為年輕球員提供了大量的實質建議，也從來沒有要從球員賺取的薪水中大撈一筆的意圖。那是個經紀人想從球員合約中拿到多少抽成就抽多少的時代，當時對此幾乎沒什麼限制。

然而，在關鍵的一九八七─八八球季開始時，強森不再讓安德魯斯和塔克擔任他的經紀人，改由朗・羅森和一批強大的顧問團隊取而代之。後來，有些人把這一發展視為強森與他在底特律的效仿者之間的鴻溝越來越大的原因之一。

這個經紀團隊幫助湯瑪斯獲得了許多他想要的東西，然而，對湯瑪斯來說，他與強森之間的關係早已不只是有同一個經紀團隊的層級。在塔克的陪同之下，他們常常一起度假、在夏天參加明星慈善賽和青少年籃球訓練營等活動，兩人間的關係已經昇華為兄弟之情。他們成為了職業籃球的第一個「鼠黨」（Rat Pack）*，在手機與社交媒體盛行的時代，這種關係早已司空見慣，但當時，在與彼此競爭的球員之間產生這種親密的情誼，是非比尋常的事。

這兩人也會積極地為社會議題發聲。一九八〇年代，在底特律充斥著槍械暴力與毒品問題時，湯瑪斯辦了一個活動來吸引人們對這些問題的關注。強森立刻對此伸出援手，此舉也顯示了塔克的影響。

然而，強森與湯瑪斯之間的關係也成為了一個值得研究的案例，讓人們瞭解這種關係在激烈競爭的商業環境中有什麼侷限。

在強森好不容易買下了他的豪宅時，湯瑪斯立刻獲得了一間房間。這是一間能夠俯瞰游泳池的臥室。為了在自己的地盤上做記號，他把自己最喜歡的衣架放在那裡的衣櫥。每次回到這裡時，他都會去看看衣架還在不在。看到它們還在時，他會露出那個人們熟悉的笑容，心中篤定地知道，這個漫長的人生棋局依然按照

* 譯註：最早用來形容在一九五〇年代以亨弗萊・鮑嘉（Humphrey Bogart）為首成為了好友的美國演員們。據說是因為他們聚會結束後回到鮑嘉的住處時，他的妻子脫口而出說他們像是一群該死的老鼠，或是因為他們的住處是荷爾貝山鼠群（Holmby Hills rat pack）而產生的詞彙。

自己所想的方式在進行。

然而，湯瑪斯並不只是透過這些拜訪與一同出遊的過程中，從這位朋友身上獲取知識。真正發揮效果的，是他在深夜中無數次與強森通過的電話。他會不斷地向強森詢問，為了贏得NBA總冠軍需要做哪些既多且雜的小事。在試著與強森欣賞多年的查克·戴利教練一起將處在低谷的活塞打造成強隊的過程中，面臨無數的選擇時，他也會詢問強森的看法。

強森曾有一段時間想為活塞效力，因此可以理解他為什麼會進行這些對話。他透過反覆地思考著活塞該做出什麼選擇和決定，來滿足自己的這個幻想。

兩位競爭者之間總會不可避免地談到，他們有一天可能會在總冠軍賽中正面交鋒。「這一直是我們多年來的夢想，在對決中賭上一切，」強森在一九八八年六月說，「現在，這成為了現實。我們面對面，賭上所有的籌碼與財富。」

平心而論，湯瑪斯崇拜的是贏家，也熱衷於研究他們。柏德、萊里、波士頓的K.C.瓊斯。他想在底特律複製他們的成就。只要是能偷學的，他都偷了。模仿他們的言行舉止很簡單，真正困難的是窺探他們的思維。強森是讓他能夠完全地接觸到這些層面的對象，畢竟，儘管他們的風格有很大的不同，但他們打的是同一個位置。

「我真恨自己教會了他，」後來強森發現自己養鼠為患時說，「這是我唯一的想法。我應該回到過去踢自己一腳。」

事實上，在看著他的朋友參加了這麼多次總冠軍賽後，湯瑪斯開始想，是不是就像自己想從強森身上偷學點東西一樣，強森也在提防自己。「艾爾文是我的朋友，是這個世界上最好的人之一，」他在一九八八年總冠軍賽前夕告訴謝爾比·史特羅瑟，「我們平常都很挺彼此。但他不會告訴我如何成為冠軍的祕密。這是一個他和賴瑞・柏德共享的祕密，而他們都不會告訴我是怎麼做到的。」

日後證明，湯瑪斯與活塞走過了一段漫長且充滿挫折的旅程，主要是因為柏德和塞爾提克的存在擋在他們的路上。一九八七年春天，湯瑪斯和壞孩子軍團幾乎要在波士頓擊敗塞爾提克了。在東區冠軍賽的第五場比賽，活塞隊在最後幾秒鐘時領先一分，他們要在塞爾提克進攻端那側的邊線發界外球。此時，湯瑪斯急忙地想從裁判傑斯・柯西手上要到球。

「你不需要暫停嗎？」柯西回憶自己問了湯瑪斯這個問題。

「把該死的球給我！」據說湯瑪斯如此喊道。

於是，裁判把球給了他。湯瑪斯把球傳進場內，結果眼睜睜地看著柏德把球抄走，然後傳給了高速跟進的塞爾提克隊友丹尼斯・強森，上籃得到了逆轉的兩分。就這樣，波士頓在時間只剩下最後一秒時取得一分的領先，這堪稱是美國職業籃球史上最令人驚嘆的回合之一。

柯西轉過頭來看著崩潰的湯瑪斯。

「現在你需要暫停了嗎？」裁判記得他這麼問。

在活塞最終輸掉第七場比賽後，底特律的丹尼斯・羅德曼在休息室裡沮喪地說：「他不是上帝。他不是NBA最好的球員，至少對我來說不是……他是白人。這就是為什麼他能拿到MVP。沒有人給魔術強森應有的認可。去年他的表現也是當之無愧。我不在乎，繼續把我的話記下去，去告訴他吧，反正你們也會寫在報紙上。」

記者們隨後找上湯瑪斯，問他同不同意羅德曼的說法。「我認為賴瑞是一位非常、非常好的籃球運動員，有著卓越的天賦，」他說，「但我得同意羅德曼的說法。如果他是黑人，他可能就只是另一個不錯的球員。」

這番言論立即引起了軒然大波，逼得湯瑪斯後來向《紐約時報》的艾拉・伯考（Ira Berkow）如此澄清：「我說的這些並不全是在針對賴瑞・柏德，而是針對人們對黑人一直有的刻板印象。在柏德打出一記好球時，人們會覺得這是他運用了思考並藉由努力訓練累積的成果。但如果是黑人打出好球，人們就不會這麼覺得了。在他們眼中，我們就只是會跑、會跳，也不會思考怎麼打球，就好像我們運著球從媽媽的子宮裡出來的。」

羅德曼和湯瑪斯這番脫口而出的不妥語論顯然對柏德不公平，卻指出了到了二十一世紀依然存在的悲哀事實，這個事實可以溯及美國種族主義殘酷且暴力的歷史。他們的言論與其說是針對柏德，不如說是針對美國文化的背景。這個背景就像宇宙中所有的黑暗物質一樣沉重。這麼多年來，在美國文化中一直有個現象，就是在幾乎各個領域中全面且徹底地貶低黑人的成就。

可悲的是，羅德曼和湯瑪斯只是隱晦地講出了那個真相。儘管他們在一場激烈的系列賽後，從休息室裡以不合時宜的方式拋出了這個議題，但這並不代表人們無情地貶低黑人所有成就的現象並非事實。而且很快就能明顯看出，無論以報導白人為主的NBA媒體還是聯盟主流的白人球迷，都不想聽到或思考這種想法。最終，這一事件表明，美國白人有多需要針對種族問題進行更大範圍的對話，但他們不僅沒有這麼做的能力，甚至連這麼做的意願都沒有。

「最重要的是，艾塞亞的言論並沒有造成我的困擾，」柏德當時說，「如果它們沒有造成我的困擾，就不應該是任何人的困擾。」

然而，隨著輿論的發展，湯瑪斯面臨著收回言論並向柏德道歉的嚴峻任務，還被迫取消了一場夏季籃球慈善活動。查爾斯・塔克通常絕對不會考慮取消這種活動，但這些言論已經造成了一場公關災難，沒有人在理性思考和追求真相。

即將與塞爾提克爭奪一九八七年總冠軍的湖人，很快就被問到是否認為柏德被高估了，而大多數人都給出了不會讓波士頓有機會大做文章的答案。他們一致表示不同意湯瑪斯的意見，只有強森拒絕發表任何評論，只說私下會與他的朋友湯瑪斯討論這件事。

事後回顧，這起事件被視為湯瑪斯與強森之間的關係隱約出現裂痕的初期跡象之一。畢竟，在柏德和強森成為朋友之前，湯瑪斯在那幾個球季一直是強森的知己。湯瑪斯後來說，他總是聽到強森在私底下說柏德的壞話，但現在，在湯瑪斯陷入公關災難且受人羞辱的時候，強森卻連一句公開的聲援都不肯說？

「我想我發現大家的立場是什麼了，也發現沒有多少人為我挺身而出，」湯瑪斯對《紐約時報》表示。

那年秋天，就在訓練營開始前，湯瑪斯失去了他的父親。周遭冷漠的反應，令這位底特律球星又被這件事傷得更深。「許多體育媒體界的人只因為賴瑞．柏德的事件，就覺得我不是特別討喜的球員。」

值得肯定的是，湯瑪斯在這些毀滅性的時刻中堅持了下來，並以比以往更強的決心投入了下一個球季。這正好遇上了派特．萊里大打心理戰，保證球隊將會贏得一九八八年總冠軍的時間點。就像兩列要進入同一條軌道的貨物列車，湖人和活塞突然發現兩隊正走向職業籃球史上最具張力的對決。這對底特律來說是件新鮮的體驗，但對湖人來說，在經歷了與波士頓高潮迭起的戰鬥後，這反而顯得歸於平淡。

推動力

在一九八七—八八球季，湖人隊的訓練師蓋瑞．維蒂已經累積了與派特．萊里密切合作好幾個球季的經驗，學會了與他越來越不輕易妥協的個性共處。然而，湖人隊的球員們還不確定他們能不能承受教練給予的壓力。幸運的是，強森是萊里最堅強的盟友，這讓整個局面得以穩定。儘管最終連強森的耐心都因為教練給出了再次奪冠的承諾而開始消磨了。

「他是在壓力下表現得特別好的人，」蓋瑞．維蒂談到萊里時說，「他以壓力為食。在他的身邊總是有壓力，一直都有壓力。」

這種壓力源自於他強烈的求勝慾望，只有強森的求勝心能與之匹敵。

「他們願意為此出賣他們的靈魂，也會出賣你的靈魂，不惜一切代價，」維蒂形容這位教練和控球後衛時表示，「派特會緊抓著目標不放、撕裂每一個對手，他會挖出你的眼睛。」

強森在展現出這種心態時，可能會包裝更多的外交手腕，但他和他的教練一樣，願意採取這種手段，而且還總是面露微笑。

在他做出了大膽的承諾之後，萊里對球隊每一處細節的要求開始提升到幾近瘋狂的程度。工作人員必須事事向他匯報，因為正如教練所堅持的信念，要做成一番大事，得先從小事著手。

「卡里姆開始在他背後說他是諾曼．貝茲（Norman Bates）*。」朗．羅森透露。

「如果有人一直要你拿出最好的表現，總是對你施加壓力，那麼他肯定會受人怨恨，」維蒂說明，「我尊敬派特，因為我們大多數人都不夠堅強，做不到這一點。我們沒有堅強到為了激發出他人的最佳狀態而去激怒他們。」

法蘭克．布里考斯基（Frank Brickowski）在一九八六年秋天來到湖人，他很快就瞭解了球隊的狀況。

「我從來沒有遇過這樣的情形，之前沒有，之後也不會有，」布里考斯基說，「萊里很強勢，但魔術和賈霸只會容忍他到一定的程度。在快要觸碰到底線的時候，他們就不會奉陪了。我加入球隊的第一天，他們剛打完背靠背的季前賽。我們圍成一圈坐下、準備開始練習時，萊里說我們解散前要進行兩個半小時的訓練。在我們快要爆發時，魔術站起來說：『好，一個半小時後我們就走人。』萊里說：『不，我說的是兩個半小時。』魔術說：『哦，我以為你說的是一個半小時，因為我們前兩天晚上都在打球，所以很累了。』全場一片死寂，然後萊里說：『好吧，如果我們做到這個和那個，我們一個半小時後就可以解散了。』」

強森總是一派輕鬆的樣子，但他也能瞬間變臉、擺出強硬的姿態。

後來在芝加哥公牛擔任球隊訓練師的奇普・謝佛（Chip Schaefer），曾在表演時刻的時代看過湖人在羅耀拉瑪麗蒙特大學（Loyola Marymount）的訓練。如果有個隊友沒有接好強森的傳球，強森馬上就會用激烈的言語責備他。找上門的速度之快、用詞之火爆，都令健壯的謝佛很驚訝。如果沒有強森牢牢地掌控球隊的心，那麼萊里再怎麼會打心理戰也毫無用處。

賈霸在一九八七—八八球季就滿四十一歲了，雖然他偶爾還是能在湖人有需要時挺身而出、扮演半場陣地戰的中樞，但他已經沒辦法再像以前一樣扛起那麼重的任務。大部分的重擔將落在強森與渥錫的肩上，板凳上的麥可・湯普森也得分擔一點。

毫無疑問，驅動著表演時刻的人是強森，但六呎九吋的前鋒渥錫是讓這些戰術能夠成功，令球隊的控球後衛備感欣喜的關鍵。在強森的打法中，一直需要有能接住他宛如雷射光傳球的專職進攻終結者。而在強森於艾弗雷特高中時期以來合作過的進攻終結者之中，渥錫是最厲害的。

「艾爾文能以令人難以置信的節奏將球推進到前場，」萊里曾說明，「但他需要一個比他自己還快的人，能夠快速地從兩翼突破並飛奔到前場。在NBA與詹姆斯相同體型的球員中，他是速度最快的。在扮演快攻終結者的方面上，他的創意、速度和假動作都是沒有人能比得上的。」

在比賽節奏稍微慢下來時，強森也喜歡尋找在低位的渥錫，因為這名前鋒在這個區域的進攻技巧也越來

＊ 譯註：電影《驚魂記》（Psycho）的主角，成長過程中深受母親的控制，是有雙重人格的精神病患者。

越沒有死角。事實上，渥錫就是有這麼厲害，厲害到底特律的丹尼斯．羅德曼把用來研究賴瑞．柏德的錄影帶時所投入的心力也拿來研究渥錫。這個球季是渥錫在職業生涯的巔峰，奠定了他「大賽詹姆斯」（“Big Game” James）的名聲。

其他湖人球員也站了出來。拜倫．史考特在一九八七年總冠軍賽期間，為了尋找他的投籃手感而打得十分掙扎，但他的信心在一九八七—八八球季達到了全新的高度。他在例行賽期間以平均二十一點七分成為湖人的隊內得分王，投籃命中率高達百分之五十二點七。

大前鋒葛林的作用也一樣重要。他的出手次數不多，但他的出手選擇很棒。他還擅長搶籃板和低位防守。此外，葛林的場外生活與強森形成了鮮明的對比，他走到哪裡都隨身帶著一本《聖經》，藉此抵禦源源不絕的女性所帶來的誘惑。在某個平行世界中，克莉絲汀．強森的兒子可能在母親的期望下成為了這種人，也就是像葛林一樣有著堅守信仰的信念。但強森的這種信念早在很久以前就受到了動搖，在他發現了自己的吸引力後，他的命運便已經註定。

同時，強森再次在球場上展示出穩定的精彩表現。他的精彩好球深受眾人喜愛，但也因為他總是能穩健地繳出好成績，讓他的貢獻被人們視為理所當然。如果有人需要提醒，那麼強森在球季中因腹股溝的傷勢缺席了十場比賽，而球隊的戰績在他缺席期間一瀉千里。

強森也從他的朋友湯瑪斯身上學到了一點慢節奏、單打的籃球觀念。「艾爾文在這方面也做得不錯，」萊里承認，「他會清空某一側，揮手要其他人離開。」

比賽節奏變慢，代表強森可以在場上待得更久。在他職業生涯的最後四個球季，他的平均出賽時間都超過了三十七分鐘，相較之下，他在之前幾個球季的出賽時間反而比較少。

「反正艾爾文本來就不想下場，」萊里在那個球季的某個夜晚中說明，「他說什麼，我就聽話照做。」

湖人隊在開季打出八勝零敗的成績，締造當時的隊史最佳開季戰績，但隨後的情況很快地演變成一場求生考驗。

「這個球季是訓練師的噩夢，」蓋瑞．維蒂回憶道，「每一場比賽我們都不知道有誰能上場。」

在全力以赴地打了八個球季後，強森的身體因此疼痛不已。他的背、膝蓋和腳踝每天都在對他抱怨。好幾年來，他一直公開表示，以他的球風來看，他不覺得自己能打十或十一個以上的球季。當時的他並沒有料到，這番話會用什麼方式應驗。

強森並不孤單。渥錫的膝蓋也在痛，拜倫．史考特則受髕骨肌腱發炎所苦，而庫柏則因為日漸增長的年紀和他無畏的打法而受了重傷。

「庫柏的腳踝在三月於休士頓的比賽中扭得很慘，」維蒂回憶道，「從那之後，他再也沒恢復成原本的他。這個傷勢拖慢了他的速度。在傷癒復出時，還被卡爾．馬龍（Karl Malone）推到了記者桌上，又弄傷了他的腳。在那之後，他還是場場出賽，但都是帶傷上陣。」

儘管如此，他們還是克服了這些起伏，在例行賽中以六十二勝二十敗的戰績奪得聯盟最佳戰績。「保證會奪冠，是派特做過最棒的事，」拜倫．史考特在球季接近尾聲時承認，「這讓我們的心裡有個底。我們得更努力訓練，變得更好。只有這樣，我們才能連霸。我們帶著要再次贏得桂冠的信念進入訓練營，我們現在也依然秉持著這份信念。」

強森和湖人在季後賽首輪以三比〇橫掃聖安東尼奧，但接下來，他們在連續三個系列賽中都拚到第七戰才分出勝負。在這之前，沒有任何一支球隊能在連續三輪都打到第七戰才勝出並贏得總冠軍。他們和猶他與卡爾．馬龍在系列賽打好打滿，接著又和達拉斯與馬克．阿奎爾廝殺了七場。

再一次，魔術強森與湖人重返最終決戰的舞台。

原版的流感之戰

在一九八八年的NBA總冠軍賽中，他們的對手是湯瑪斯和底特律活塞隊。在經歷六場比賽的對決後，這支球隊終於把年邁的塞爾提克拉下馬來。儘管壞孩子軍團的打法強硬，但許多業界人士認為湖人只需六場比賽就能終結系列賽，甚至用不到六場。

「我們就像是平民，」底特律後衛喬・杜馬斯（Joe Dumars）回憶著系列賽展開時的氣氛，「而他們當時則像是皇室。他們的舉手投足間的確散發出了一種充滿自信的氣氛，一種昂首闊步的樣子。」

六月七日，系列賽首戰在論壇球場展開，如二〇〇六年出版的《好戲上演》所述，那場比賽因強森和湯瑪斯在跳球前握手並親吻的場面引起了大轟動並舉世聞名。他們解釋說這是兄弟之愛的表現，但沒有人在NBA曾見過這麼驚奇的場面。

「如果你認識艾塞亞，如果你認識魔術，就知道那個吻沒什麼大不了的，」杜馬斯說，「他們正經歷一段艱難的時期，因為他們都想和同一個女孩跳舞，但只有一個人能成為她的舞伴。」

他的衣架或許還掛在那間被強森本人稱為「艾塞亞・湯瑪斯套房」的衣櫥裡，也就是強森那棟豪宅裡較深處的臥室。但這次，他沒辦法用這些衣架了。「我不會讓他住在這裡。」強森對謝爾比・史特羅瑟如此表示。而後者指出，強森在說這句話時，臉上並沒有任何笑意。

這不是一件輕鬆愉快的事。他們依然會在系列賽的每場比賽前親吻彼此，但兄弟情卻已蕩然無存。

回首當年，這場親吻事件及其所帶來的影響，成為了這兩位競爭者之間多年來的關係解體的開端。

自認是湯瑪斯朋友的前《底特律自由新聞》專欄作家查理・文森在二〇一九年表示，考量到兩人的體型差異，湯瑪斯對於強森居然在這個系列賽用充滿了肢體對抗的方式在防守他，感到很訝異。

當然，這主要是因為湯瑪斯和活塞隊顯然沒有要配合萊里的連霸計畫。憑藉他那刻意讓人抓狂的節奏和逼迫對手的球權轉移停滯下來的風格，底特律的亞德里安・丹特利（Adrian Dantley）頻頻在低位單打對手，在場上用十六投十四中、足以拖垮湖人節奏的表現，帶領活塞在論壇球場舉行的首戰以一百零五比九十三贏得了震驚世人的勝利。就這樣，風向變了，媒體的報導充斥著湖人看起來又老又累的評論。

「我們在贏下首戰後認為我們應該能贏下系列賽，」丹特利在一九八八年的夏天回憶道，「但他們的意志力接管了戰局。我們最擔心的是魔術，他在這個系列賽打出了很棒的表現。不過丹尼斯・羅德曼讓他打得有點辛苦，丹尼斯在守魔術時守得非常好。」

羅德曼的體型、速度和運動能力，讓這名湖人隊的控球後衛一刻都不能鬆懈。

更糟的是，強森在第二場比賽前染上了流感，這給了他一次打出「流感之戰」的機會，不過這場比賽的傳奇性、炒作程度從來沒有達到喬丹在一九九七年出戰猶他的流感之戰那麼高。與當時的喬丹不同，這場比賽還出現了虛弱的強森要在隊友攙扶之下才能離場的戲劇性場面。但紀錄顯示，咬牙堅持的強森在第二戰攻下二十三分。渥錫挹注了二十六分，史考特得到二十四分，湖人以一百零八比九十六的勝利在系列賽扳回一城。

「我認為艾爾文・強森毫無疑問地展現出什麼叫冠軍的心，」萊里在賽後說道，「他很虛弱，非常虛弱。但這就是我所說的，比賽的關鍵是心想事成。他希望自己能撐過去，而我們也撐過去了。」

接下來，比賽來到龐蒂亞克銀蛋球場進行，這是一座可以容納超過四萬人的美式足球場，隨著活塞隊經歷了數十年的掙扎終於打進總冠軍賽，他們也終於來到了這座球場。這裡對強森而言是主場，他一直很享受在這裡打給鄉親父老看的感覺。雖然他還是覺得自己有受到流感的影響，但就算這樣，還是可以從一些小地方看到他和湖人展現出的堅強決心。在大批球迷一面倒的鼓譟下，他們以九十九比八十六擊敗活塞，取得系列賽二比一的領先，並短暫地奪回了主場優勢。

活塞主要是在第三節遭受了重擊，湖人在這一節的投籃命中率高達百分之六十四，並以三十一比十四壓倒底特律，打破了原本只差一分的僵局。

仍在與流感對抗的強森雖然犯下四次失誤，但還是貢獻了十八分、十四助攻和六籃板，推動著湖人勇往直前。

在第四戰，強森再次憑藉著他的身型和力量殺進籃下，讓羅德曼從外到內都要緊跟著他並與他對抗。在他用盡了其他的手段卻招招碰壁時，這名底特律的前鋒想把強森撂倒，這讓強森非常生氣、抱怨連連。「魔術很強硬，因為他喜歡切入。」羅德曼賽後表示，「但我試著分散他的注意力，希望他沒辦法抬頭觀察球場並傳出那些精彩的好球。」

這個策略顯然令強森頗為惱怒，他一度以手肘擊倒了湯瑪斯。但這沒什麼影響。底特律以二十五分的差距擊敗湖人，將系列賽追成二比二平手。

下定決心反擊的洛杉磯，也做出了字面上意義的反擊，從第五戰一開始便頻頻用肢體碰撞恫嚇對手，一開賽就率先連得十二分。但這種打法很快就不管用了，還因為陷入了犯規麻煩而傷敵一千，自損八百。湖人似乎忘記了，他們最擅長的是搶籃板後發動跑轟戰術。「我們沒辦法掌握籃板球。」萊里抱怨。

活塞贏了，以一百零四比九十四的勝利在系列賽取得三比二的領先，並有可能把萊里的連霸美夢化為悲慘的回憶。但活塞要奪冠，就必須在論壇球場贏球。要做到這件事，得付出巨大且令人印象深刻的努力，而活塞有這個能力。他們在第六戰第三節剛開始時以四十八比五十六落後，然後湯瑪斯宛如進入了無我的境界，連得十六分，先是在切入禁區後得到了兩次罰球機會，然後又在搶到進攻籃板後投進一記五呎的拋投，接著又投進了四記跳投、一記擦板球，以及一次上籃得分。

然而，在第三節還剩三分鐘時，湯瑪斯踩到了麥可・庫柏的腳，讓他得靠他人攙扶才能離場。儘管腳踝扭得很嚴重，他還是在三十五秒後回到球場，繼續進攻。在這一節結束時，他十三投十一中，攻下二十五分，創下當時總冠軍賽單節得分紀錄，並帶領底特律以八十一比七十九領先。在這股氣勢的帶動下，活塞把領先維持到了最後關頭。在比賽還剩一分鐘時，他們以一百零二比九十九領先。

距離奪冠，實現艾塞亞・湯瑪斯的夢想，只差一分鐘。

按照NBA的慣例，為了準備慶祝，冠軍獎盃被搬進了活塞隊的休息室。工作人員把之前小心地收藏著的冰鎮香檳也搬了進來。底特律老闆比爾・戴維森（Bill Davidson）收到了一則訊息，表示CBS要他到休息室參加頒獎典禮。而在幾分鐘後，這一切都將成為幻影，成為一個或許在另一個平行宇宙中才有實現的落空夢想。戴維森甚至還沒摸到獎盃，這座獎盃就被搬出去了。

「一分鐘很長。」強森後來表示，「真的很長。只要投進兩球、守住兩球，你就領先了。」

湖人先靠著拜倫・史考特的十四呎跳投，在還剩五十二秒時把比數追近到一百零一比一百零二。隨後，湯瑪斯在十八呎處投籃失手。在倒數十四秒時，賈霸卡好位置，在底線使出天勾，而此時底特律的比爾・藍比爾被吹了犯規。這會令底特律的球迷在多年後依然為此事憤慨不已，就連萊里後來也承認這個吹判有討論的空間。卡里姆冷靜地罰進了兩球，為洛杉磯取得一百零三比一百零二的領先。不過，活塞隊仍然擁有球權，並有機會拿下勝利。在最後八秒時，喬・杜馬斯為底特律執行關鍵一擊，他在六呎處於空中拉桿後出手。球沒進，在一陣慌亂之中，籃板球從丹尼斯・羅德曼的手裡溜走，最後拜倫・史考特掌握住彈出來的球。

「我們煮熟了鴨子，卻讓牠們飛了。」亞德里安・丹特利嘆道。

強森再次繳出了十九助攻、二十二分的精湛表現，僅犯下兩次失誤。全隊的分數有百分之五十八是靠著他的得分或助攻所貢獻。

第七戰有個迫在眉睫的問題，那就是腳踝受到重傷的湯瑪斯會帶傷上陣嗎？「我會上場，就是這麼簡單。」他說。

在第六戰後，湯瑪斯開始打電話給強森和其他湖人球員，詢問是否可以使用他們的設施來治療腳踝。湯瑪斯後來聲稱，魔術身為他的朋友，卻沒有回過他電話，這進一步令兩人之間的裂痕越來越大。

「我從來沒有見過這種緊湊感和專注度，」喬．杜馬斯回憶著那場決定性的比賽時說，「場上的氣氛十分凝重，我說真的，凝重到讓人窒息。沒有人願意讓步，每個人都有每個人的立場，這是場很棒的比賽。」他在二〇〇四年笑著說道。

儘管在熱身時連走都走不穩，湯瑪斯還是在上半場攻下了十分，幫助活塞以五十二比四十七領先。但他感到自己的身體在中場休息時開始僵硬起來，不再聽他使喚。

同時，渥錫靠著強森的傳球在低位得分，幫助湖人在第四節取得了九十比七十五，看似無法超越的領先。面對大幅落後，活塞派上了能在防守上壓迫對手的組合反擊，開始蠶食湖人的領先。在比賽還剩三分五十二秒之際，底特律的約翰．薩利（John Salley）罰進了兩球，將比數追近到九十二比九十八，也讓湖人顯而易見地陷入了恐慌。在倒數一分十七秒，杜馬斯跳投命中，將比數追到一百比一百零二。

強森接著在羅德曼犯規後罰進一球，將比數擴大為一百零三比一百。底特律還有機會，但不擅投籃的羅德曼在剩三十九秒時不理智地選擇跳投出手。拜倫．史考特搶下籃板球後遭到犯規，被送上罰球線的他將領先擴大到一百零五比一百。隨後，杜馬斯上籃得分，渥錫罰進一球，然後藍比爾投進三分球，將湖人的領先在還剩六秒時縮小到一百零六比一百零五。葛林上籃得分，又將比數改寫為一百零八比一百零五。儘管活塞在還剩一秒時把球傳到中場、交到湯瑪斯手上，但還沒來得及投籃，他就在碰撞之中倒在了地上。

這是湖人在強森的九年職業生涯中拿下的第五座冠軍。

萊里只能長吁一口氣。「直到比賽結束前，這都像是一場噩夢。」他說，「我一直在想：『拜託不要讓這場比賽的結局也是一場噩夢。』我們是一支很棒的球隊，我們成功地堅持下來了。」

渥錫貢獻三十六分、十六籃板和十助攻，這是他職業生涯的第一次大三元。由於這場比賽以及此前在系列賽中的出色表現，他獲選為總冠軍賽ＭＶＰ。渥錫謙虛地說，他會投給強森一票。

終於，聯盟出現了另一支連霸的球隊，這也印證了萊里所用的心理戰術產生的效果。

「他幾乎在那一年把我們都榨乾了。」史考特在一九九二年表示。

拿下第五座冠軍的強森在球場上可能是個贏家，但這也是他輸掉友誼的開端。在這段悲傷的過程中，他與湯瑪斯的關係將在接下來的三年完全破裂，並在日後的數十年都無從修復。「在我們打進總冠軍賽時，我們倆的關係大大地變調了。」湯瑪斯在回味著一九九八年總冠軍賽時表示，「在我們沒有和湖人爭奪冠軍時，我們可以當朋友。但在我們開始成為對手時，我們的友誼就變了。我記得我兒子是在一九八八年ＮＢＡ總冠軍賽期間出生的，而魔術甚至連醫院都沒有來過。」

再次啟動

不知為什麼，強森似乎總是知道她的行蹤。「餅乾」·凱莉在芝加哥慶祝新年時回想起這件事。她當時和一位老朋友一起待在芝加哥，打算拜訪一直和她約會的好男人，和他一起迎接一九八八年。

她已經有兩年的時間和強森幾乎沒有任何聯繫，但突然間，他又出現了，用一通電話再次闖進她的生活。而她也再次任由他恣意行動。

「我想要回我的女人。」她記得他對她這麼說。

她聽著強森解釋自己已經跟之前的約會對象分手了。於是，凱莉當機立斷，通知了她的芝加哥情人她要離開這座城市，跳脫這段關係。事實上，她和強森一起想到的新構想令她興奮不已，她要搬到洛杉磯，擁有自己的住處，並準備瞧瞧自己到底能不能適應和超級巨星一起度過的生活。

至少當時凱莉覺得她有著這個使命。不過後來她會明白，她的使命應該是和一位「性成癮的超級巨星」一起過生活才對。

儘管如此，凱莉還是有預見到一些可能會有的挑戰，因為在他們開始討論未來可能會結婚時，她告訴他，她沒辦法住在現在的這棟豪宅裡，因為他在這裡留下了太多沒有她的回憶。

強森同意了，因此不久後他們就在比佛利山莊的比佛利公園區挑了一塊美麗的土地，開始著手建造一座面積達一萬兩千平方英尺的新豪宅。

不過，她要搬到西海岸還需要一點時間。她必須先辭掉在托雷多市的工作，接著尋找新的工作和住處。而且到達那裡後，她還需要適應新的生活節奏，因為她將與南加州最忙碌，財富日益增長的男人相伴。那一年，他需要簽一份新的保險，據說因此需要進行一系列的醫療檢測，包括ＨＩＶ反應是否為陽性。據傳，結果是陰性，但是在一九九一年，在他們要從健康檢查的紀錄中，找出他的確有做過這個檢查得到這個結果的證明時，曾出現一番手忙腳亂的情形。

一旦在洛杉磯定居後，凱莉很快發現自己可以在他輸球後發揮安慰的作用。而且，他輸的時候還不少。畢竟，在一九八八年奪冠後，立刻就產生了「三連霸」（three-peat）的壓力。這個詞彙據說是拜倫・史考特想到的*，在被總是往前看的萊里聽到後，也被他拿來當作湖人的目標，也就是在一九八八—八九球季獲得他們這三年的第三座冠軍。直到後來，湖人全員才知道，他們的教練已經將「三連霸」一詞註冊為商標了。

包含一篇《GQ》雜誌的封面故事在內，不勝枚舉的事例一再證明萊里在執教這支球隊的過程中發生了劇烈的變化，他太過膨脹的自負已經無法控制，變成了一位自以為了不起，認為一切的成就都是因為有他在的教練。

強森也清楚地看到了未來的發展，並在休賽季為了親自掌控大局而進行了額外的準備。畢竟，賈霸已經要滿四十二歲了，也將進入他的最後一個球季。強森知道，他要扛的責任比以往都重得多。

在如往常般休息了一段必要的時間後，他開始仔細研究一九八八年每一場比賽的錄影帶，尋找「他還有哪裡需要精進？」這個問題的答案。

答案的清單如下：他需要重塑自己的體態與體能。他需要改善百分之八十五的罰球命中率，這代表他每天要花好幾個小時在家中的健身房裡一次又一次地進行罰球訓練。另外，他還必須提升自己的外線火力。

首先，他戒掉了自己很喜歡吃的垃圾食物，改吃沙拉、蔬菜和水果。同時，他進行了更多的跑步訓練。無論身在何處，他都是能跑就跑。而大多時候，他會在海灘上進行相關訓練。

在炎炎夏日之中收到了萊里的信時†，信中的字句寫著強森早已知曉的情形。萊里寫道，如果強森想連續三季帶領球隊贏得總冠軍，就必須打出MVP等級的成績。

---

* 譯註：three-peat一詞是從連霸的單字repeat衍生出來的。
† 譯註：球隊內部曾有人透露，萊里每年八月都會寄給球員一封信，詳述這個球季的目標。

「我其實不知道那張小紙條到底有沒有任何的激勵效果，」這位教練日後表示，「但我覺得要扛起這支球隊，就需要他打出這種表現。」

在訓練營期間出現了第一個好兆頭，強森到場時，測量出來的體脂率只有百分之四，與前一年的百分之十三相比減少了很多。

即使這次教練沒有做出任何保證，訓練營也已經顯露出了另一次令人熟悉的發展，就是已經充滿了壓力。而且因為對勝利的渴望，以及夜復一夜的賈霸退休巡迴之旅，這些壓力將貫穿整個一九八八—八九球季。身為當時的NBA歷史得分王，這位冷漠的巨人在偉大的職業生涯即將結束時，變得越來越能接受球迷和媒體傳達給他的讚譽。

然而，這仍然會是常常讓賈霸感受到痛苦的一年。年齡顯然削弱了他的技術，他在許多夜晚中艱難作戰，這引發了大量的媒體質疑，是否他只是為了賺錢而打球。回顧起來，對於一支爭取三連霸的球隊而言，遭遇如此審視似乎有些奇怪。然而，這是事實。如果他沒有在前經紀人所做的不良投資中蒙受數百萬元的損失，他可能不必打那麼久的球。不過，儘管卡里姆在這個球季度過了幾個難熬的夜晚，但他還是能以如此高齡的身軀做出平均十分的重要貢獻。據說，他甚至曾和傑瑞．威斯特討論過臨時踩煞車、即刻宣布退休的可能性。然而，他的理智讓他留了下來，湖人也因此受益。

慶祝賈霸退休的巡演隨著湖人的腳步來到了每一座城市，人們紛紛為這位傳奇中鋒送上禮物與對他的致敬，令見狀的強森在某場比賽唱國歌前靠在蓋瑞．維蒂耳邊，輕聲說道：「想像一下輪到我退休時的他們會做什麼，會出現怎麼樣的場面吧。」

畢竟，賈霸一直是個情緒多變且難以親近的人，但強森自始至終都是人們的最愛。從這一點進行考量的話，不知道強森的退休巡演派對會有什麼樣的規模？

唯一的變數是他的大腿後肌受了傷，這使強森錯過了幾場比賽，包括在休士頓舉行的明星賽。儘管賈霸顯然打得很掙扎，NBA還是決定讓這位歷史得分王代替強森參加這項盛會。在一九八九年的春天，隨著日子一天天過去，這份希望也越來越強烈，他們都想讓賈霸能夠帶著一枚戒指離開。最終他們取得五十七勝二十五敗，再次拿下了西區的最佳戰績。然而，這還與六十三勝十九敗的活塞相比差了不少。底特律在球季開始前把丹特利送到達拉斯換回馬克．阿奎爾，這不僅為球隊擦出了一點火花，也讓湯瑪斯和他的芝加哥老友重逢，令查爾斯．塔克對此感到非常滿意。

儘管他不再是代表強森的經紀人了，也無法再對強森所做的決定造成任何影響，但塔克很快就明白，只要他出席某些活動，就能與強森面對面。他們已經是多年的朋友，不可能連講話的機會都沒有。果然，這些碰面的場合也成為了他們偶爾進行交流的契機，強森也還是能從中得到這位心理學家的獨門建議。

儘管強森與這位心理學家保持的距離越來越遠，但他們的友誼與愛會一直存在，因為塔克幾乎全程參與了強森在成長茁壯的過程中的每一件大小事。

至於湖人，在一九八九年的春天，他們有著可以在底特律贏球並證明自己毫無疑問是更強球隊的信心。事實上，回顧那個球季，有鑑於他們在季後賽打出了令人多麼振奮的表現，他們都認同這是他們打得最好的球季之一。日後，強森也十分肯定地說出這個看法，拜倫．史考特在二〇〇二年接受湖人隊節目主持人賴瑞．柏奈特的採訪時也這麼說。

「我們信心十足一派輕鬆，我們知道我們是籃球界最好的球隊。」史考特回憶道，「我們覺得這是屬於我們的輝煌時刻。我們打得非常好，一切都朝著看起來對我們有利的方向進行。」

柏奈特本人很快成為了一種象徵，代表著傑瑞．巴斯新的願景與野心。這位球隊老闆在《Prime Ticket》成為握有多數股權的老闆後，藉由這個頻道讓有線電視的觀眾收看湖人的比賽與其他頂級的加州體育賽事。

而柏奈特這位前ESPN主播，就成為了頻道的門面。巴斯在股票市場遇到的困境，轉化成了持續影響著他的房地產與體育帝國的問題，但這也反過來讓他把冠名權賣給了大西部銀行（Great Western Bank），使他在體育界成為了開發這種收入來源的先驅。即使在舉步維艱的狀態中前進，巴斯依然留心於局勢的變化，甚至還想買下達拉斯牛仔隊（Dallas Cowboys），只是沒有成功。

把話題拉回到湖人上，他們在一九八九年的季後賽中一路挺進，以十一勝零敗的戰績殺進NBA總冠軍賽，將波特蘭、西雅圖與鳳凰城等優秀球隊甩在後頭。

這一連串的季後賽勝利，代表萊里只要再贏一輪系列賽，就能成為聯盟季後賽歷史上近三十年來最成功的教練。同時，底特律在季後賽中一路連連晉級的表現也令人印象深刻。由於波士頓的賴瑞·柏德不斷深受背傷所苦，還在十一月進行了腳跟手術，讓他整個球季都只能待在場邊。結果，活塞輕鬆地在第一輪以三比零擊退塞爾提克。密爾瓦基公鹿在第二輪也感受到了一勝難求的絕望，被零比四橫掃。

在湖人扛下重任的強森獲得了生涯第二次的年度MVP，在媒體投票中，這是他近三季第二次的MVP投票分數超越喬丹。這是近八個球季投票結果差距最小的一次，強森獲得四十二又二分之一張第一名選票和六百六十四點五分，比獲得二十七又二分之一張第一名選票的喬丹多得了六十五點七分。

這件事成為了兩位偉大球員之間的對決即將升級的註腳。兩人不只要在球場上對決，更要在這個世代的球員與球迷們心中一較高下。一位在中國執教的美國教練在回顧這段時期時，曾寫了一封信給一名籃球專欄作家，感嘆自己一直努力地想方設法在鼓勵他的球員效仿強森，要一直抬著頭觀察球場上的局勢，但他們都只想模仿喬丹，低著頭朝著籃框衝鋒。

在俄亥俄州阿克倫（Akron），另一位年輕的教練法蘭克·華克（Frank Walker）也正密切地看著事態的發展。幾年後，他在開始執教勒布朗·詹姆斯這名天賦異稟的年輕球員時，會告訴他要把更多的心力放在研究強森上，而不是喬丹。要他把頭抬高，看清球場的動向，讓隊友變得更好。

這將成為帶給這兩位球員困擾的一個全球話題，以近期的角度來看，受到影響的是喬丹，因為大眾正在批評他沒辦法贏得總冠軍，是因為他沒辦法讓隊友變得更好。從長期的角度來看，受到波及的是強森，因為他的時代快要結束了，屆時他只能眼睜睜地看著喬丹以施展特技般充滿了活力的球風席捲全球。

「他在空中打球。我在地上打球。」在獲頒MVP獎盃的過程中，強森談到喬丹時講出了一番有遠見的發言，「我們是兩種不同類型的球員，但對我們的球隊有著相同的意義。」

強森說這是他在NBA打球的十個球季以來打得最好的一季。

他平均送出高居聯盟第二的十二點八次助攻，並攻下二十二點五分和七點九籃板，以百分之九十一點一的命中率成為本季的罰球命中率王，還投進了職業生涯新高的五十九記三分球。

萊里在分析這個問題時表示，聯盟應該考慮頒發兩個獎項。「若以例行賽中所做的表現而言，艾爾文是更值得獲得這個獎的人。」萊里說，「我敢說，如果有誰是從太空船走出來的外星人，那就是麥可・喬丹。這傢伙是職業籃球界中最傑出的球員。但最傑出並不一定等同於最有價值，而我認為這個獎項是艾爾文應得的。」

強森顯然同意這番話。他承認自己也投自己一票，然後重申這是個自己付出了一切的球季。「我在休賽季努力減脂並苦練罰球……所以我認為這次我會把這個獎留給自己。畢竟，跑步這件事，我得自己一圈又一圈地跑，沒人能代替我。」

只有一個舞台能夠徹底解決他和喬丹誰才更有價值的爭論，那就是總冠軍賽。他說，他希望很快能在那裡與喬丹相遇。「如果我們都打進總冠軍賽，NBA和球迷們都會為此瘋狂的，毫無疑問。這會是個打破收視紀錄的系列賽。」

這在一九八九年沒有實現，但喬丹和公牛隊確實對總冠軍賽造成了影響。他們在東區冠軍賽中贏了活塞兩場，然後才以二比四落敗。這代表湖人率先獲得晉級總冠軍賽的門票後，在等待活塞晉級前有了多餘的時間。因此，萊里把球員們帶去聖塔芭芭拉進行一個迷你訓練營，讓他們進行艱苦的訓練。人們很快就會知道這件事到底有多麼荒唐，尤其在考量強森已經在球季之中因為大腿後肌錯過了幾場比賽後，此事更是顯而易見的瘋狂行為。

「最讓我們沮喪的是，我們訓練得這麼辛苦。」拜倫・史考特在三年後說，「這就像又參加了一次訓練營。我們不覺得有這麼做的必要。」

「一九八九年的湖人是我見過最棒的球隊。」在南加州擔任多年體育專欄作家和媒體人的道格・克里寇利安在二〇〇四年表示，「他們在晉級總冠軍賽與底特律交鋒之前取得了十一勝零敗的戰果。處於巔峰狀態的魔術正蓄勢待發，奧蘭多・伍德瑞奇（Orlando Woolridge）打得很棒，他們陣中的麥可・湯普森也打得很棒，拜倫・史考特一整季也都打得很出色。這是支驚人的強隊。萊里不該把他們帶去聖塔芭芭拉。」

在來到底特律進行第一戰之前，此舉帶來的災難就會清楚地顯現出來。史考特的大腿後肌受傷了，他因此缺席了整個系列賽。也因為這樣，萊里執行的艱苦訓練成為了球員們心中的一個問題。

強森和湯瑪斯在比賽前重拾了他們親吻彼此的怪癖，但很快這成為了無關緊要的事情。在史考特缺席之下，湖人沒有人能幫忙限制住活塞的後衛，底特律在第一戰的尾聲取得九十七比七十九的領先，最終以一百零九比九十七獲勝。然而，湖人對第二場比賽早有準備，他們迅速做出反彈，在上半場打完時以六十二比五十六領先。

然而，局勢在第三節因發生了一場悲劇而遭到逆轉，在還剩四分鐘時，底特律的約翰・薩利賞了麥可・湯普森一記火鍋並隨即發動快攻。強森趕緊回防，結果因此傷了大腿後肌。當下就知道發生了什麼事的他，沮喪地在空中揮舞著拳頭。整整一年為了重塑身型並強化球技而做的努力，就這麼化為了泡影。

「我在第三節剛開始時感到了一陣刺痛，但我以為沒什麼大不了的。」他後來表示。

即便強森脫離戰線，麥可．湯普森還是領導湖人迎頭趕上。湖人隊在最後八秒以一百零四比一百零六落後時擁有球權，渥錫遭到犯規，被送上罰球線。他第一球失手後罰進第二球，因此湖人仍以一百零五比一百零六落後。湯瑪斯在比賽剩最後一秒時兩罰兩中，令湖人最終以一百零五比一百零八敗北。在系列賽落入零比二落後的洛杉磯突然失去了餘裕。現在，大家全都在猜強森到底能不能在第三戰登場？他努力嘗試，但在第一節帶領湖人以十一比八領先時便退場了。「我真的很想打，但我實在沒辦法打下去，」他在賽後表示，「我沒辦法做好該做的防守。」

失去了強森，湖人只能加倍努力，但還是無法阻止被橫掃的命運，讓一度充滿希望的球季徹底崩潰。

「我們以十一連勝進入底特律。」史考特告訴賴瑞．柏奈特，「我們本來可以創造歷史。」

事實上，他們已經創造了歷史。

在比賽的最後幾秒鐘，隨著勝負早已成為定局，萊里把在球隊中擔任隊長多年的卡里姆換了下來。強森上前迎接，慶祝他們成功建立並努力維持的合作關係走過了一段偉大的旅程。

在全場觀眾的掌聲中，這是個盛大且溫馨的一刻，就連活塞的全體球員也走上球場，面對著湖人的板凳區，和他們一起慶祝這一刻。

「卡里姆！卡里姆！卡里姆！」觀眾們一遍又一遍地讚頌著。

有些人認為，表演時刻的帷幕會隨著他的離去而落下。但也有人認為，是強森的打法和人格特質定義了這個時代。這並不重要。他們在攜手奮鬥的九個球季中已經完成了許多成就。與一九四〇、五〇年代的喬治．麥肯和吉姆．波拉德，以及二十世紀末、二十一世紀初的俠客．歐尼爾和科比．布萊恩這些其他偉大的湖人雙人組相仿，表演時刻的搭檔也有過衝突，但他們仍能主宰球場、留下偉大的風範。

儘管過程中發生過激怒彼此的事件，強森和賈霸也總是能為了團隊合作與勝利而找到一種方法來克服並放下它們。萊里指出，他們是自願這麼做的。不需要任何人的要求，他們就會以不大張旗鼓且幾乎是不著痕跡的方式做到這件事。

「這是一種態度。」萊里說，「這就是偉大球員的態度。」

一個時代的結束

強森的大腿後肌傷勢在八月已經痊癒了，他因此又能再次參加他的仲夏夜魔術賽事。在這次的比賽中，他也展現出他一貫的狡猾手段，確保麥可・喬丹和自己同一隊。強森將在那個月滿三十歲，儘管前一年重塑體態的努力並沒有帶來另一個總冠軍，但也為他做好了準備，讓他能迎接下一個十年的挑戰。

同時，湖人也開始重整他們的球隊陣容，他們在首輪選秀偷到了一個寶物，也就是塞爾維亞中鋒瓦萊德・迪瓦茲（Vlade Divac）。來到美國的他雖然英語能力有限，但卻有著流暢的打法。不久之後，這位和藹可親的年輕中鋒發現自己正承受著艾爾文如火一般嚴格的考驗。強森下定決心要加快他適應NBA的腳步，因此全心全意地在指導迪瓦茲，努力讓習慣在歐洲打球的他適應當時肢體碰撞激烈許多的NBA。

這個球季很快就會顯示出，失去像倫・拜亞斯這般的青年才俊對塞爾提克是多麼大的傷害。柏德很快就承認，現階段的湖人比他們強得多。也因此，強森和他的夥伴們再一次把焦點放在活塞上，把他們當作東區的假想敵。一月時，他們在底特律贏得的一場勝利，進一步燃起了湖人的希望。

儘管這個球季贏得了不少勝利，但在一場全美直播的比賽中贏得勝利後，萊里也直言不諱地指出，卡里姆不在的情況讓陣中許多核心球員們難以適應。

「他是我們的支柱，」這位教練說道，「他能讓我們的進攻上打得井井有條，也在休息室裡塑造球隊的紀律。只要有他在，我們隨時隨地都能感受到它的存在感。但現在，我們已經沒有這個支柱和安定感可以依靠了。」

為了填補這個空缺，強森開始更頻繁地進行半場陣地戰以及清空一側來單打的打法。在那個強制要「人盯人」防守的時代，單打戰術也是這個時代的特徵。隊友們會讓開，讓強森一對一。不過，真正需要努力調整的，其實是防守端。

這兩年在NBA總冠軍賽中面對活塞的經驗，讓萊里深深體會到他們的防守是用激烈的身體對抗來限制對手。畢竟，壞孩子軍團就是用極其凶狠的身體對抗壓制了天賦滿滿的喬丹。有誰會看不出來這種防守將成為聯盟的主流呢？

「我們在八〇年代從兩支不得不對抗的球隊身上吸收經驗，也就是八〇年代初期的費城與八〇年代中期的波士頓，」萊里說明，「現在，要向底特律學習了。底特律教會我如何讓一支球隊具備貨真價實的防守穩定度。他們是聯盟中防守最好的球隊，我們也在試著成為一支防守優秀並能以此為傲的球隊。」

強森承認，過去在活塞對湖人採取肢體對抗的打法時，他們會退縮。這必須有所改變。

萊里和強森以底特律的風格重新打造這支球隊。就連查克．戴利也對他們的轉型印象深刻，並告訴記者，看湖人的比賽就像在鏡子裡看自己的球隊在打球一樣。

然而，這是有代價的。

在揭露這些事情的那一天，語調中帶著傷感的萊里，似乎知道他無情地從後方逼著大家前進的作法已經造成了無法彌補的傷害，他已經令自己與球員之間的情誼消磨殆盡。

「這是我的瘋狂惹的禍。問題出在我身上。」他說。

並不是每個人都同意這個說法。一九九〇年一月，在被問及關於萊里的問題時，麥可．湯普森在分享自己的觀點時說：「他的執教方式沒有變過，大多時間，都讓魔術來決定這場表演要怎麼秀。在你手上有像魔術強森這樣的場上指揮官可用的時候，你該做的就是讓他接管戰局與表演的舞台。當然，萊里會根據我們的需求在比賽中提出自己的意見。」

至於萊里執教有什麼祕訣？「他非常博學，」湯普森說，「他知道球員們在想什麼、知道球員如何對待比賽。只要我們努力打球，他就讓我們在場上自由發揮。」

長年擔任記分員的約翰．瑞德克里夫對此也有同感，他觀察萊里執教多年，並很佩服他怎麼能找到各種方法來激勵不同個性的人們。

湯普森並不認同他的某些隊友越來越厭倦這位教練的說法，反之，他的話語中呈現的似乎是相反的觀點。

他說，他們的教練「更像是一個激勵者和安慰者」，然後承認萊里喊叫的頻率「比平常更高，希望透過這種方法激勵我們，讓我們保持動力。」

表演時刻的湖人有個底線，這是即使發生了衝突也要踩穩的立場。這個底線就是：「我們都想贏。」

三十歲的強森與萊里聯手作戰了將近十年，並不怎麼需要他的安慰。代表底特律在連續兩個球季的總冠軍賽與強森及其隊友交手的喬．杜馬斯，曾在那年春天對強森的動力與專注表示讚嘆。杜馬斯宣稱，強森並沒有把自己當成無所不知的球員，當時的他比以往都更努力地在精進自我。

在得知杜馬斯的看法後，強森回答，他別無選擇，只能繼續學習，因為比賽的變化太大了。的確如此，當時的教練們已經想出一種新的主要防守策略，這個策略改變了比賽，並在未來幾十年的籃球運動中引發一連串的巨大變化，顛覆籃球比賽的基礎。

「事情的發展真是令人驚訝，」強森在一九九〇年一月的一場深夜對談中表示，「因為防守一直在改變。以前打擋拆時，隊友幫你擋掉防守者後，對手不會設下重重陷阱等著你。現在，他們會了，你必須進行下一步的決策。現在打球變得很複雜，你必須確保隊友們都處在他們必須出現的位置上。」

如果說比賽中的變化有讓他更常做什麼事，那就是他更常回顧比賽的錄影帶、重溫自己在職業生涯中的重大時刻了。「坐下來好好比較當時的自己和現在的自己，是一件非常愉快的事，」他說，「你可以看到自己變成了一名什麼樣的球員。我變得越來越成熟也越來越厲害了。」

這種成熟讓他對自己所經歷過的一切心懷感激，就連曾經折磨過他的失敗也是如此。「每件事都讓我享受其中，」他談到爭奪總冠軍的經歷時說，「即使輸的是我們也一樣。能夠參加總冠軍賽本身就是一種享受。」

在他的前十個球季中，他已經帶領湖人打進八次總冠軍賽，幾乎就像是一座火車，把成功一季又一季地運送過來。「事情發生的節奏太快了，」他說，「下一次挑戰很快就會出現在你的眼前，然後還有一而再、再而三的挑戰在等著你，讓你根本沒辦法好好享受當下克服挑戰的這一刻。因為在我們好好享受或是理解這場比賽和這輪系列賽有什麼意義之前，我們就要準備下一個球季、追逐下一座冠軍。然後，我們又拿總冠軍了。所以我覺得自己從來沒有以一種真心樂在其中的方式享受過任何一趟奪冠之旅。」

儘管回顧自己的輝煌確實能讓他充電，激發他再一次在漫長球季的考驗中尋求另一座冠軍的渴望，但就算看了這麼多自己重要比賽的重播，也無法讓他完全沉浸在每一刻的情感之中。

「哦，是的，這會讓我充滿熱情，讓我做好準備。」他在談到看自己以前的比賽有什麼感受時表示。

由於他在場上要即時負責運作球隊的每一個細節，他所面臨的辛苦遠遠超過了他的隊友。然而，他對比賽的熱情也一樣遠超他人。

在二月於邁阿密舉行的明星賽，儘管東區明星隊以一百三十比一百一十三大勝西區明星隊，他還是再次獲選為MVP。他似乎對這個票選結果也很震驚，這還是他在職業生涯中第一次幾乎說不出話來。

更重要的是，在週末的慶祝活動，他租下了一家靈魂料理餐廳，邀請眾多的家庭成員來參加私人晚宴。在晚宴中，他拿出了一枚華麗的戒指再次向凱莉求婚。新的豪宅即將完工，空氣中也瀰漫著喜悅。

然而，就在幾個月後，他又要求她歸還戒指並再次提出分手，而此時的凱莉已經放棄了以前的生活，搬到了洛杉磯。因為遭到玩弄而感到憤怒的凱莉拒絕把戒指還給他，儘管隨後強森頻頻要求她返還戒指，她依然堅持著不願放棄這段關係的立場，但已與強森保持了一點距離。

他私人生活中的動盪顯然掩蓋了球場上的問題，湖人在七年來第一次於季後賽首輪首戰吞下敗仗便是透露出這些問題的初兆，而且還是輸給休士頓。不過，最終他們仍是以三比一淘汰了火箭。

傑瑞・威斯特一直認為職業籃球是以球員為主的比賽。教練要做的只是同時給予球員自由與規範，讓他們能在這之中發揮創造力。然而，威斯特整個球季都在處理大家的抱怨，指出萊里的鐵血意志扼殺了球隊的活力。

「到最後，他的說教都已經重複，甚至連他自己都講膩了。」拜倫・史考特在兩個球季後回憶道。

在場邊宣洩怒火、跺腳的萊里還是幫助球隊取得了聯盟最佳的六十三勝十九敗，但也僅止於此了。在沒有賈霸的第一個球季，這位教練下定決心要完成轉型。但隨著時間過去，加深的只有彼此之間的敵意，直到他們最終崩潰，被鳳凰城太陽在季後賽第二輪以四比一終結了他們的痛苦。這是一輪讓人看不下去的慘敗，也徹底地震撼了這支球隊。

強森再次獲選為年度MVP，但這一次頒獎時，他的球隊已經在季後賽遭到淘汰了。這次的投票也呈現出怪異和激烈的結果。費城的查爾斯．巴克利獲得的第一名選票比強森更多，得票數是三十八比二十七。然而，強森的總得分為六百三十六分，高於巴克利的六百一十四分。喬丹則以五百六十三分和二十一張第一名票排在第三。

強森把這個獎項獻給了吉姆和葛麗塔．達特夫婦。

「他們就像我的教父母。」他對記者們說。

頒獎典禮也籠罩在萊里於這支球隊前途未卜的陰霾之下。

被問及此事時，強森開玩笑表示：「你們沒聽說嗎？我剛剛被任命為球員兼教練。我們會把傑瑞（指威斯特）升為總裁，我會一人兼三職，同時擔任總經理、球員和教練。」

強森還告訴媒體，他打算只再打四年，這讓聽聞此事的傑瑞．威斯特說：「魔術，別在你的時候到了之前退休。」

隨後，威斯特打破了自己從不公開比較球員的規矩，補充說：「在我當球員的時期，我從來沒見過比魔術更厲害的球員或贏家。」

球隊在一九九〇年贏得的六十三勝還能讓強森感到些許滿意，但他們在季後賽所嘗到的苦澀滋味，代表著他們已經連續兩年受到了挫敗。

「我根本沒辦法看完整場比賽，」他在談到季後賽時說，「我們沒有投入其中，我對此感到憤怒和沮喪。所以我必須起身離席了。我還有好多還沒燃燒掉的精力。」

現在，人們的問題又全部集中在表演時刻的時代是否會走向終點。強森說：「我已經習慣被問這個問題了。過去五年來，人們一直在說我們的時代已經結束了。在卡里姆離開時，大家也說過一次，而我們今年贏了六十三勝。我們現在放眼於明年十月再次回到球場，向大家證明我們的實力。」

他們可能必須在沒有萊里的情況下來做到這件事，這樣的跡象看起來越來越明顯。

「在例行賽尾聲，大家都已經沒有動力了，」詹姆斯．渥錫日後表示，「從整個球隊的角度來看，休息室變得死氣沉沉。自從我加入湖人以來，這是第一次覺得打球只是一項例行公事。」

「那一年真的讓人看不下去。」一位著名但不具名的湖人隊工作人員回憶，「在那一年的尾聲，拜倫和詹姆斯甚至都不願意和那傢伙說話了。派特進來休息室問問題時，他們都不回應。這是他的個性造成的。然後，他終於離開了，此時，彷彿整個組織裡的每個人都在慶祝。」

在球季結束時，萊里曾告訴記者他有考慮離職。球隊工作人員認為教練是在尋求威斯特和傑瑞．巴斯的挽留，然而，兩人都沒有發表類似的言論。一名湖人的工作人員解釋，看到自己沒有獲得支持，萊里知道一切都結束了。

「派特．萊里是一名偉大的教練，但他已經耗盡了自己在洛杉磯的人氣，然後就被開除了，」報導球隊新聞多年的道格．克里寇利安在二〇〇四年述說著，「他不是自願離開的。不是傑瑞．威斯特要他走，是球員要他走。他們起身反抗他，說他們不想再和他一起打另一個球季。魔術去找了巴斯，然後派特就被炒了魷魚。他們給了他一點錢，然後跟他說再見。萊里後來去紐約賺了很多錢，現在則在邁阿密成為了大富翁。在NBA中，像他這種不斷嚴格鞭策著球員的教練，球員忍耐這麼多年已經是極限了。」

然而，萊里離開帶給人們的歡欣之中，也夾雜著一絲哀戚。一個時代結束了。在他們有時間反思之後，他的球員們會明白，有些特別的事物在他們的生命中留下了痕跡。在九個球季中，萊里對球員們哄騙、施壓，讓他們贏得了四次總冠軍並留下三次與總冠軍只差一步的成績。只是，此舉也令所有人用盡了全力。

「他是被傑瑞．巴斯開除的嗎？」朗．羅森在二〇一九年說，「是，他後來終於承認了。」

他接下來要去參加宣布他離職的新聞發表會，但在此之前，他先去了另一個地方。

「派特去了艾爾文的家，」羅森說，「他們在他家的門廊上一同落淚。這是在新聞發表會之前發生的事，所以你可以從中感受到兩人之間有著什麼樣的情分。雖然報導沒這麼寫，但他不是辭職，而是被開除的。所有的球員都已經受夠了派特，派特也受夠了他們。」

「我不是來NBA尋找生命意義的，好嗎？」萊里當時說，「但每次我站在球場上時，都給了我一種還活著的感覺。如果場上的競爭沒有辦法讓你感受到活力，那你就沒辦法體會籃球和體育的真正意義。競爭帶出了人們最好的一面，也帶出了最壞的一面。而在你置身其中時，會感受到沒有其他事物可以比擬的體驗。」

他在NBC當了一個球季的球評，而湖人則聘請了麥克．鄧里維來取代他。在一九九〇年，麥可．庫柏也離開了，他要求球隊揮棄他，讓他能去歐洲打球。同時，湯瑪斯與活塞打進總冠軍賽，並擊敗了波特蘭，締造二連霸。據說，看到了這件事的強森對此很不是滋味。

一九九〇年夏天，宣傳單位想到了一個好主意，就是在付費電視頻道上安排一場強森單挑喬丹的比賽。把畢生奉獻給單挑挑戰對手的喬丹很喜歡這個主意，而且這會提供參賽者豐厚的費用。但在當時的球員工會主席艾塞亞．湯瑪斯反對後，NBA駁回了這個提議。喬丹對於湯瑪斯的干涉大動肝火，指控這位底特律後衛是因為沒有人會想付錢看他打球而心生嫉妒。而湯瑪斯則沒有對喬丹的發言進行回應。

強森說他樂見其成，但他拒絕捲入兩人之間的糾紛。他說：「那是他們的事。」

不過，強森的確猜測過比賽的結果。演員傑克．尼克遜說，如果他要賭，會把錢賭在喬丹身上，因為喬丹是比賽中最強的單打球員。相較之下，強森則被認為是職業籃球中更全能、更講求團隊合作的球員。

但強森拒絕示弱。「我一輩子都在打一對一的比賽，」他說，「這可是我賺午餐錢的方法。」

在被問到他最厲害的單挑招式時，強森回答：「我沒有絕招。我的絕招就是贏，就這麼簡單。為了贏，我能做的事情我都做了。」

一九九〇年八月，喬丹同意再次參加強森的夏季慈善明星賽，但在活動當天，他在打高爾夫球時打了太多洞，令人擔心他會遲到。強森一開始還考慮過要不要讓活動晚一點開始，讓喬丹能及時在比賽開始前趕上，據說這激怒了湯瑪斯。朗．羅森派出了一輛車，讓他及時趕到現場，這顯然避免了一場麻煩。

這些事都幫助需要轉移注意力的強森找到瞭解決方法。人們已經預測湖人在即將到來的球季中可能會走向衰落，覺得他們可能會在西區排第六甚至第八。卡里姆和萊里都離開了，強森也老了，人們的確覺得，屬於表演時刻的時代已經走到終點。

PART III

跨越巨大的鴻溝

第二十八章　湖人警戒

在一九九〇年的夏末，隨著ＮＢＡ新球季的腳步越來越近，艾爾文．強森的生活也會在一個漩渦中陷得越來越深。在這個複雜的漩渦中，他一方面會做出卑劣行為，不僅在日後要努力地讓自己原諒自己，也讓幾乎每一個瞭解他、愛他的人們都感到震驚、厭惡與深深地失望。但另一方面，他那極其出色、充滿人性光輝的特質，也在捲入這個漩渦中的同一個瞬間綻放出光芒。這些特質將在他流傳後世的傳奇中成為核心價值，這些了不起的品格，也將溫暖並啟發幾乎每個認識他的人。

滿三十一歲的強森在許多同袍眼中仍然是最敬業的球員，並有著高人一等的智慧與球技。

這就是吉米．艾恩（Jimmy Eyen）眼中所見的強森，他在強森的職業生涯後期來到湖人擔任助理教練以及先遣球探。當時是他在ＮＢＡ工作的第二個球季，突然之間，他竟然要來「執教」魔術，真是讓人不知道會發生什麼事。

「艾爾文真的對我太好了，」艾恩在二〇一九年回憶道，「我不能要求更多了。他讓我很輕鬆地融入了這個體系。」

這對艾恩來說實在是喜聞樂見的現象，因為他正在盡其所能地融入表演時刻湖人這支如此強大的隊伍。

「與艾爾文相處的感覺，更像是我在諮詢他的意見。」艾恩說明，「我在湖人的主要任務，基本上是提供球探報告和為比賽做準備。我會去比賽現場偵查，然後隔天再回到球隊。每次我去參加投籃訓練時，魔術都非常投入。他就像教練團的一員一樣，會幫忙準備和觀察情況。他對於籃球，就像是一個求知若渴的學生。我在前一天晚上所偵查的比賽，他也一定都看了，我敢打包票。在我上工一段時間後，他會走到我身邊跟我聊天，然後他會說：『你昨天去鳳凰城看比賽？』我就回答：『對。』然後他又說：『噢，我也在電視上看了。』然後我們就會多聊一些內容，我們會討論要怎麼處理凱文．強森和湯姆．錢伯斯的擋拆，接著我們會對此進行演練。」

對於日後繼續在NBA當助理教練與球探的艾恩來說，和強森這種明星球員為了同一個目標一起努力的感覺非常有趣。「身為一名年輕教練，我要做的不只是把這份報告交出去，」他說，「我還要通過另一層的考驗，就是魔術要來看看我有沒有料。我必須把每件事都準備得很到位。因為他很配合我做的演練和工作，所以這也成為了我們之間的橋梁。」

艾恩回憶，不久後，他和強森開始會固定在準備每場比賽時，徵詢彼此的看法。「我想知道他看到了什麼，他也想知道我看到了什麼。」

在回顧這位朋友兼客戶的職業生涯時，朗．羅森在二〇二〇年提醒大家，不要被強森對性生活的痴迷所誤導。在強森的職業生涯中，無論是待在早期住的公寓還是後來的豪宅，他都常常獨自度過了許多研究比賽錄影帶的夜晚。與其他如鳳毛麟角般稀少的頂尖球員相仿，強森並沒有因為繁忙的行程而疏於對對手進行一絲不苟的研究。就像科比．布萊恩、丹尼斯．羅德曼或他的隊友麥可．庫柏，強森會在每場比賽前做大量的準備。在一個球季有八十二場比賽的聯盟中，場場都做這種準備是一件非常了不起的事。

對強森來說，這代表他在背後需要越來越多的精心準備，才能讓他在球場上無論何時都看起來那麼輕鬆。無論一支球隊有多常和另一個對手對決，NBA最優秀的教練團都會不斷地鑽研細節，尋找每一個能影響當晚比賽結果的細微優勢。

「他想知道對手會叫什麼戰術，」艾恩如此談論強森，「長年以來，對於優秀的防守者來說，知道對手的戰術都是很重要的關鍵，因為他們會在聽到對手下達的戰術後，辨別並預測對方要採取的行動。有一場比賽，對手可能是底特律，或其他球隊，他在賽前就問了我戰術的問題，我跟他說他們喜歡把球交給小前鋒切入或讓四個人拉開空間之類的戰術，然後他就說：『好。』於是，在比賽中，他們要執行這個戰術時，我喊出來，他也聽到了。在我們的交流之下，他最後抄到了對手的傳球並上籃得分。在他回防時，他用手指了一下我，我也對他比了個大姆指。對像我這樣的年輕教練來說，這種交流真的有很大的意義。」

艾恩在派特．萊里執教的最後一個球季加入湖人隊，並留在新湖人總教練麥克．鄧里維的教練團中。在與強森共事的那兩年，艾恩發現了他許多令人驚嘆的特點，他那藏都藏不住的巨大魅力，就是其中之一。

「因為我來自奧克蘭，所以在我加入湖人的第一年，每次我們去客場對戰勇士時，我的家人都會來探望我，」艾恩述說著，「打完比賽後，我的家人們會在休息室外面等我，然後我們就有機會在離開這裡之前聊聊。那時我來到湖人的時間還不久，我在外面和媽媽、哥哥、姊姊與他們的孩子在一起，然後，和魔術從休息室走出來，他們看到就開始說：『噢，魔術來了……魔術出來了！』我沒有說什麼，也沒有叫他過來，但他看到我和家人在一起，就主動走過來說：『吉姆，這一定是你的家人，你們兄弟倆長得真像。』然後他又說：『這位一定是你的母親。』接著就開始對我的母親自我介紹：『我是艾爾文．強森。』然後我的母親、大概五呎四吋的她就抬起頭看著他說：『魔術，我知道你是誰。』他開始大笑，臉上露出那個燦爛的微笑，站在那裡和我們聊了十五、二十分鐘。我媽本來就已經是他的頭號粉絲了，尤其是在那之後更是顯而易見地變得死忠無比。」

在這幾次定期來到勇士主場作客，以及球隊在他加入的第二季季後賽與他們交手的賽事中，艾恩得到了許多與家人相處的時光。「每次比賽結束後，我的家人都會在外面等候，」這名助理教練回憶道，「他出來看到我媽，都會給她一個大大的擁抱，這就是我對魔術最深刻的印象：他的個性，以及對我母親和家人的尊重。」

朗・羅森說明，從很多方面來看，他仍然是那個在艾弗雷特高中的青少年，仍然是一位跨越種族界限的親善大使，只是如今成為了成年人的他，變得更有意識地運用在這方面上的能力，在敏感的種族問題上更是格外用心。不過，在美國生活中，因種族而生的輕視與侮辱問題似乎層出不窮，強森也並非異於常人能不受影響。

然而，觀賞性的體育賽事，如ＮＢＡ，比種族問題複雜得多。它們經常發展出獨特的階級系統，比如像保羅・莫科斯基（Paul Mokeski）這種大個子，就可能辛勤地負責了十幾年較低階的工作，像是掩護、拚搶籃板、揮灑汗水與認分地扮演板凳球員，而從來沒有機會靠近過為上層階級保留的鎂光燈。

「顯然，身為一名球員，我從來沒有達到過他的水準，」莫科斯基在二〇一九年的一次訪談中回憶道，「我之所以能在ＮＢＡ打滾十二年，有一部份的原因是我知道我的本分，也知道怎麼幫助一支球隊獲勝。在ＮＢＡ中，有個高低有序的等級制度存在，一直都有。魔術強森顯然是個超級球星中的超級球星，但就像球迷們能與他產生共鳴一樣，其他像我這種只能在其他球隊當替補的球員，也會得到他的尊重，每次都會。」

「每一次都會，」莫科斯基重複說道，「甚至直到現在也是。我在去年秋天他們對上勇士的一場季前賽中看到了他，我兒子和我站在一起，他走過來擁抱我並說：『老莫，你好嗎？』J博士也是這樣的人，我很早就注意到這是很了不起的人品。在八〇年代，有一些高等級的人，對待其他像我這種的凡人時，簡直把我們當屎一樣。他們會說：『嘿，能在這個聯盟打球，你運氣真好。』是，我知道我運氣好，但魔術從來不會這麼對待我們。」

在強森的言行舉止中似乎很少出於算計的舉動，但他那自然而然、愛由心生的性格，卻在各個方面滲入了他過人的領袖魅力之中。一九九〇年秋天，老將東尼・布朗（Tony Brown）從自由市場加入了湖人。他後來當了教練很多年，但那時他還只是個在聯盟中隨處可見的浪人型替補球員。在那年的感恩節，他被困在一個陌生的城市，常常待在飯店裡的他，跟那裡的人也不熟。

「在感恩節那天，我無處可去，」布朗在二〇一九年的一次訪談中回憶道，「他邀請我去他家。顯然，我們是隊友，我也知道，但我和魔術並不熟。而他特意讓我有了個伴，還吃了一頓美好的感恩節大餐。我是芝加哥人，他知道我沒辦法和家人一起過節。這讓我很感動：一位非凡的巨星，一位在比佛利山莊豪宅中過著精彩人生的大富豪，居然會關心我。」

無論是把一生奉獻給NBA球隊休息室的裝備經理魯迪．加西杜納斯，還是行政助理瑪莉．盧．里貝奇，或是身邊各式各樣的人，強森都用一樣的態度在對待他們，靜靜地、友善地瞭解他們的生活、詢問他們的近況，讓每一個在他這段於洛杉磯度過的生活中來來去去的人，都能感受到他的舉動是真的在給予他們情感上的支持。大家都很驚訝他究竟是怎麼做到的，也因此默默地愛著他，因為這讓他們有一種獨特的感覺。無論他做了多少大事——而且他每晚都做了很多大事——他們都是這些成就的重要部分，他們對他來說很重要。

在這個運動越來越深陷於統計學家掌控之中的年代，他們致力於分解籃球場上每一個回合的動作，並找到一種從數學上測量的方法，進而計算出球員合約與代言費值幾百萬美金，甚至分析人文文化之於競技體育的價值。然而艾爾文．強森帶來了大量難以測量的事物，那就是一種無法衡量、令眾人齊心的力量。數百萬人最初之所以會喜歡上籃球，也是因為這種感覺。

「那次感恩節還有別的事值得一提，」東尼．布朗說，「我到他家時，我感覺受到了歡迎，覺得自己不像是一個陌生人。他讓我覺得就像是回到了家一樣。這次的活動就像是典型的節日聚會，我們一起打牌、吃了美食。那真是一段美妙的時光。我會永遠記得這件事。」

別誤會，強森的大方和同理心早已為人熟知，但在另一方面，也就是驅動一切的最重要層面，他都是全心地投入在職業球場上。這一點也體現在他為此持續不懈地付出的態度中。

東尼．布朗的職業生涯中幾乎都在嚴寒城市中度過，因此他很驚訝湖人當年安排了去夏威夷進行訓練營的行程。他從來沒去過這個島嶼天堂，因此這整個行程都讓他很驚訝。

「加入湖人讓我很興奮，」布朗在二〇一九年回憶起那次訓練營時承認，「我記得在第一次開會時，教練們討論了新球季的情況、目標等等。在麥克．鄧里維講完話後，他開放大家發言，問有沒有人有話想說。我永遠記得魔術率先起身，他說：『如果我們沒有贏得總冠軍，這個球季就失敗了。』最後，他是唯一一個發言的人。大家都無話可說。」

不久後，強森將會進入商場，經營一系列令人目不暇給的事業，包括連鎖影院、廣播電台、餐飲服務和各種承包業務，他甚至涉足了他熱愛的音樂和媒體。在這些充滿挑戰和困難的產業環境，他經營失敗過，也賠過錢，但最終在顧問的幫助下，他建立了一個小型帝國，也累積了一大筆財富。

簡而言之，在數十年的人生中會去很多地方拓展事業的艾爾文．強森，在他所到之處，都會帶著能深入到眾多員工和客戶生活的天賦，讓他們覺得自己對他和他的事業來說很重要。

和籃球一樣，商業界的生活也提供了各種統計數據來量化他的成就。強森對於這些數據也很敏銳，他認為這些數據就和他在球場上的每一次助攻一樣，如同純金般值得重視。然而，無論這些統計數據衡量的是什麼，最終都會回歸基本面，也就是強森在青少年時期與塔克的對抗中，以雷射般的直覺鎖定的真理。

那就是，最重要的是獲勝。在一件事中付出的巨大心力和持續不斷的努力，都是為了勝利。勝利所帶來的那份驕傲與成就感，能讓整個群體中的人們為此歡呼、擊掌並產生歸屬感。他用一次又一次的精彩好球激發出了人們各式各樣的喝采，這些喝采，被他稱之為「我的音樂」。他必須感受到人們因他起舞、慶祝，必須知道整個體育館都看到了他的表現並感受到那種氛圍。

那就是他最愛的「勝利時刻」。

一九九〇年秋天，在他的第十二個球季，他再次出發，尋找這種感覺。在這次的旅程中，他有了個新教練當他的旅伴。他剛結束自己的球員生涯，是個寡言但敢於指導強森該怎麼做的教練。被譽為湖人偉大守護者的傑瑞．威斯特在精心挑選下選中了麥克．鄧里維，他想要一個很懂籃球，清楚想在NBA贏球需要在過程中營造什麼氣氛，但也知道不該以自己為中心的人。

在威斯特的眼中，湖人在那一刻的成敗全都繫於強森身上。威斯特在自己偉大職業生涯的最後幾年，因為與傑克．肯特．庫克在金錢問題上惡鬥而無法心無旁騖。他願意付出任何代價，只求不會有任何令強森分心的事影響到他。畢竟，這位千載難逢的鬥士只剩下幾個珍貴的球季能夠盡其所能地爭取偉大的成就了。所以此刻不容橫生枝節，要把所有的心力集中在冠軍獎盃上。

三十七歲的鄧里維以一種實事求是的態度面對這個過程。這位球隊的新教練在球員生涯中曾與十二名以上名人堂球員並肩作戰，但他從來沒有遇過像一九九〇年的強森一樣的球員，有著如此旺盛的求勝意志與動力。尤其是湖人在季後賽中的慘敗，更讓他的心中燃燒著熊熊怒火。儘管如此，即使是在十年後的現在，NBA中幾乎每個人都還是很清楚保羅．威斯特海在和強森相處的過程中，最後留下了什麼結局。鄧里維這位菜鳥總教練很清楚這段歷史，而他也知道自己必須在與這支球隊剛開始建立關係時就傳達一個明確的訊息。

「我看著大夥，告訴他們，打出『表演時刻』的風格不再是不可或缺的一環了。」鄧里維在二〇一九年的一次訪談中回憶道。

鄧里維看到自己的發言沒有引起天翻地覆的反彈後繼續解釋。「你們變慢了，動作中顯示出老態，」他記得自己對他們這麼說，「我們必須在半場防守上做得更好。」

身為一名剛結束職業生涯的球員，他處理這件事的作法，就像是在與自己的隊友討論。他曾經為幾位樂於接受球員提出任何問題的教練打球，他也打算成為這種類型的教練，以進行思想上的交流為重。他之所以會得到這份工作，是要引進一些防守上的思維。就如同他在公鹿執教時一樣，他希望湖人在低位設置防守陷阱，以充沛的精力進行輪轉防守。這個策略帶來了一套不同的防守理念，需要一段時間才能讓球隊融會貫通。

起初，情況似乎還算順利。然而，球隊開季打出了一勝四敗的戰績，因此鄧里維發現，為了在局勢失控之前贏得幾場勝利，他不得不讓強森扛下吃重的出賽時間。「我可以告訴你，一名剛走馬上任的教練就要執教魔術強森的立場，」他說，「而且執教的還是上一季被鳳凰城淘汰並試著引進新的體系，且在開季打得跌跌撞撞的球隊。我承認，我或許讓他打太久了，在某些我們已經穩操勝券的比賽中，我不見得會把他換下來，因為我想確保我們的勝利。」

鄧里維打算以減少練習時間來補償他的明星領袖。

「嘿，艾爾文，等等的對抗訓練，你就別參加了，如何？」他記得自己當時對強森這麼說，而這位明星球員馬上回應：「如果我不參加，如果我沒有對每一件事都拿出全力以赴的態度，那這就給了其他人一個也不會為了你全力以赴的理由。我不會讓這種事情發生。」

「我和很多球員一起打過球，很多人會接受教練的這個提議，」鄧里維分享自己的見解，「但他完全沒這個打算。」

在表演時刻走入黃昏的時期，強森的隊友們開始感覺到這一切離終點越來越近，也讓他們思考著他是一個多麼特別的領袖。「艾爾文是那種會指名道姓地刺激你的人，」浪人球員賴瑞．祖魯（Larry Drew）回憶道，他曾被找來當強森的替補後衛，「他會在每次練習時訂下方針，一旦他訂下方針，大家就得在他的帶領下前進。如果你跟不上他的腳步，他就會讓你知道，而不會默默隱忍。這就是他如此成功的原因。每支球隊都會很希望陣中有這種球員。那真是不可思議。我在其他球隊打球時，也遇過一些我們覺得是領袖的球員，但是在我來到湖人時才見識到了真正的領袖風範。艾爾文從訓練營就開始帶領大家前進，他就是個要求完美的人。」

時間來到了一九九〇年，詹姆斯．渥錫也早已見證了許多類似的情況。

「他有著獨一無二的領袖魅力，」渥錫回憶，「他是個不怕得罪別人的人。有些人也做得到，但大多數人做不到。此外，艾爾文總是充滿活力。他在訓練時充滿活力，在巴士上也充滿活力，在休息室裡也很有活力，就連睡覺時也很有活力。他就是這樣的人。他不會讓你失望。他不會讓這支隊伍輸球。」

到了一九九〇年的秋天，強森已經在這裡累積了許多年資。他很清楚該怎麼帶領球隊走向勝利的道路，但他同時展現出了一種日後也出現在麥可．喬丹身上的特色。不管喬丹已經是一名多出色的球員了，只要你在訓練時成為了他的對手，他就會對你使出全力，比場上的每個人都更認真，就好像他還只是一個努力在爭取球隊中一席之地的菜鳥。

並不是所有隊友都喜歡強森的這種態度，尤其是他可能表現得有點像查爾斯．塔克的時候。像是東尼．史密斯（Tony Smith）這位出身於馬奎特大學，在選秀第二輪被選中後，於一九九〇年秋天加入球隊的新秀就是其中之一。

「在訓練中，他會一直作弊，」史密斯在二〇一九年的一次訪談中回憶道，「有時候會進行第二陣容與先發五虎交手的比賽。你知道的，籃球就是這樣。我們都是籃球選手，有時候，我們這些第二陣容的球員會打得特別好，好到可以修理先發球員，事實如此。但除非你把他打爆，否則你永遠沒辦法贏，因為在比賽接近結束時，他會作弊。由於練習賽犯規與否由自己說了算，所以他會喊犯規，而鄧里維絕對不會改判。所以，你不可能在比數接近的時候打贏他。我記得很清楚，有一次在比數很接近的時候，我在防守他，他想在低位背框單打我，從右側進攻。他用右手使出了一記小勾射，我已經看過這招不下百萬次了，所以我偷溜到他身後，賞了他一個火鍋，然後他就喊犯規了。每個人的表情都像在說：『蛤？你在開玩笑嗎？』而他只是揚起了嘴唇並走上罰球線，鄧里維和其他教練們沒有任何表示。於是我心裡就想：這麼打，怎麼可能打得贏他。」

史密斯說明，他求勝的執著，也表現在ＮＢＡ生活中看似打不完的紙牌遊戲中。「有一次我們在巴士上打牌，結果一打就打得不可收拾，這是場激烈的比賽，而他氣瘋了。賭注變得越來越高，高到瘋狂、失去控制的地步。我們玩的是一種叫『唐克』（Tonk）的玩法。通常，你玩一場唐克，都是賭五或十美金，對吧？我們坐車坐了很久，也玩了很久，就賭得越來越大。因為他一直在輸，而且他想贏想瘋了，所以賭注在快結束時已經提高到了一百、兩百美金。現在的場面已經完全失控了，我心想：拜託，我負擔不起這麼大的賭局。但重點是，我們一直在贏，你沒辦法突然收手不玩。」

問題是，史密斯贏的都是賭五元、十元的賭局，但現在強森提高了賭注，不只想把錢贏回來，還想成為最終的贏家。

如果說史密斯從中得到了什麼重要的教訓？那就是不管牌局看起來有多單純，都不要跟百萬富翁玩牌，尤其是那些想贏想瘋了的百萬富翁。不過，事情也有另一面。史密斯是專門幫強森跑腿的菜鳥，他負責每天早起去幫這位球星買報紙，然後在中午時去幫強森買午餐。強森每次都拿一百美金給他，要他去買二十美金的三明治，並跟他說可以把零錢留下。

三明治和找零跟勝負沒有關係，強森為人熟知的慷慨不會吝於為此敞開大門。

東尼．史密斯雖然沒有像強森那麼愛去夜店，但他的確跟強森一起在洛杉磯和到訪客場時去過幾次，這足以讓他見識到在天鵝絨幕後的ＶＩＰ區的奢華生活、看到粉絲和積極的女性把強森當成神一般膜拜。這些經歷都讓史密斯對於強森是怎麼在球隊中以那麼平易近人的態度與大家相處，感到相當驚奇。

在夏威夷的訓練營中，資深自由球員東尼・布朗（Tony Brown）也在和強森外出吃飯時目睹了類似的情景。他看到粉絲們在他們用餐時來到他們的桌前索取簽名，強森很有耐心地告訴他們，等吃完飯，就會滿足他們的要求。

布朗說，他們看起來都很願意等待。

正如塔克所說，他與母親一樣有耐心，這是繼承自母親的特質。而這一點，在強森面對新的教練與新的體系時，也明顯地顯現了出來。事實上，吉米・艾恩說，鄧里維針對萊里的體系只做了些微的調整，仍然會尋求發動跑轟的機會，只是他要確定在打半場陣地戰時也能打得有效率。

無論這支新版本的湖人隊做什麼，鄧里維都希望能把大部分的決策權交給強森。

不只是因為強森讓他的教練們顯得更好，他在職業生涯中的大部分時間也不斷在讓各級教練對他做出讓步。他們做出了明智的決定，讓他用他的思維來控制比賽，而不是和他爭論比賽應該由誰主導。有時，他必須費更多的力才能爭取到這些讓步，就像在密西根州大時那樣，但最終，結果都會和一九九〇—九一球季時一樣，他會讓教練願意放手。

奧斯卡

在一九九一年三月初，湖人隊正承受著不是一次、而是兩次長達十天的客場之旅考驗，鄧里維在聯盟中待了這麼多年，還沒看過有球隊在二十三天之內，有二十天要為了客場賽事進行遠征。

在這段遠征之旅中來到華盛頓的湖人，不僅正處於本季唯一一次三連敗的低迷之中，同時還得對抗傷病和疲憊。此時，強森正迅速逼近當時奧斯卡．羅伯森的NBA史上總助攻第一的紀錄，因此賽後有很多記者想跟他討論這個話題。

正好，一九九〇年讓女性記者進入男性運動員休息室的想法，又重新引起了人們的關注。這個措施在一九七〇年代中期起便有限度地開放。湖人已經有超過十年的時間成為了傑瑞．巴斯的男性魅力象徵。只有前鋒葛林是例外，他隨身攜帶《聖經》，藉此抵禦女性的追求。

在華盛頓的那天晚上，葛林在比賽後圍著毛巾站在休息室裡，此時，一名女記者來到了首都中心的客隊休息室。

「休息室裡來了位女士！」葛林大聲宣布。

「我閉上眼睛了。」記者很快地對他保證。

「我只是得讓我的隊友知道這件事。」葛林解釋。這一刻，同時突顯了在團隊的不斷變化的背景下，文化矛盾也在強森領軍的表演時刻之中日益增長。

隨著球季進行，這支湖人的防守越來越好了，但問題出在進攻上，由於先發中鋒山姆．帕金斯（**Sam Perkins**）在二月受傷，讓他在春天的大多時間都打得很掙扎。一有機會，湖人仍然會邁開步伐向前奔馳，但他們的節奏顯而易見地變慢了，這讓成為球隊半場陣地戰進攻主軸的強森，得更頻繁地進行背框單打。

儘管強森在這趟客場之旅中的老態格外明顯，但他還是欣然發送了五百張門票，給他的一家公司的員工和他們的家人。

「這非常值得，」他在談到這筆開支時說，「你必須給予他們回報。」

這份回報，讓他們看到了強森在沒上場時站在場邊指導年輕替補控衛東尼．史密斯的畫面。

「只不過是幫東尼進入狀況，」他賽後說明，「我這麼做是為了確定他能在這裡變成一個更好的球員。為了季後賽，我們需要讓他成長。我在幫他搞清楚一些細節，像是我們打得綁手綁腳時應該把球傳給誰。」強森指出，湖人在連續三次進攻中都沒有讓渥錫碰到球。「也許他不知道，但我有看到也能跟他解釋這種狀況。」

當晚的重點之一，是羅伯森在一九七四年創下後就一直沒人能挑戰的九千八百八十七次生涯助攻次數。這項紀錄和羅伯森的生涯抄截紀錄，都正在被強森迎頭趕上。

「我喜歡傳球，」他說，「這是我喜歡做的事。所以，如果我能在某項紀錄中留下我的名字，而這個紀錄是傳球，那我會很高興。目前還沒有人能超越他，因為他在得分、籃板與助攻的範疇是史上最偉大的全能球員。」

「他是我的技能寶庫，」強森談到綽號「大O」的羅伯森時說，「我一直很欣賞他的球技，也很欣賞他的為人。奧斯卡有自己的事業。他在場上和場下的表現，都令我十分景仰。」

強森當晚表示，羅伯森和朱利葉斯．厄文在打球與做人方面，都對他有著深遠的影響。

湖人隊記分員約翰．瑞德克里夫一直很愛看羅伯森與威斯特和他的隊友們交手的比賽。他觀察到：「奧斯卡比較深思熟慮，他會放慢比賽的節奏。」

瑞德克里夫表示，威斯特的節奏比較像強森。「傑瑞喜歡推進，喜歡在行進間出手。奧斯卡則喜歡站好位置後再出手。他會控制比賽的節奏，他知道自己在做什麼。」

瑞德克里夫認為強森和羅伯森在坐鎮指揮的表現上有異曲同工之妙。「奧斯卡在這方面的能力令人驚嘆。他就像個將軍掌控著整場比賽，其他的隊友們都切身體會過這一點。」

瑞德克里夫指出，羅伯森和威斯特都是在「控球後衛」這個術語被廣泛運用之前就展開了職業生涯。「奧斯卡是籃球比賽中第一個真正的控球後衛。」

直到一九七一年秋天，三十三歲的威斯特才接掌了湖人主控重任。

還要等六星期，也就是在四月中旬，強森才終於等到打破羅伯森助攻紀錄的機會。在一場作客出戰金州勇士隊的比賽中*，他在前十四分鐘就送出了十次助攻，並靠著一記傳給泰瑞．提葛（Terry Teagle）的高拋球達成了這項成就。

在這一刻之前，強森在比賽剛開始時已經打出了一些精彩好球。他送出了一記橫越四分之三球場，有如棒球員在外野以雷射肩直傳本壘的長傳，把球送到渥錫手上，讓他上籃得分。另外，他也用一個橫跨半場，傳給葛林的地板傳球完成了另一波快攻。

不過，當晚強森也留下了十一次失誤，報導指出，這是他職業生涯的最高紀錄。

「我從來沒有在比賽前這麼緊張過，」他在賽後表示，「自從我在聖地牙哥打第一場比賽時被熱身上衣絆倒後，我不覺得我有這麼緊張的時候。」

傑瑞．巴斯為強森訂製了一個特別的水晶獎盃，比賽暫停長達十一分鐘，讓傑瑞．威斯特頒獎給他。「看著一位偉大球員在每個夜晚為了勝利而踏上球場，是我人生中最激昂的時刻之一。」這位球隊的總經理表示。

強森從威斯特手中接過麥克風，感謝了「魔術製造者」，也就是他的父母。「我知道他們都在家裡看著我，」他說，「我知道爸爸坐在他最愛的座位上，他也是在那個位子上告訴我要怎麼打好籃球的。如果你有在聽，爸爸，我只想告訴你，我很愛你。」

後來被問到那一刻時，強森說：「你會想到每一個穿著各種上衣、打著赤膊在奔跑、打球，夢想著有一天能打進NBA的孩提時刻，但當時的我完全沒想到會有這一天……我想，我在這些時刻中都掉過淚。我在雪地裡剷雪時，我哭過。我和爸爸比半場投籃，被他用一種老派的立定投籃方式給打敗時，我也哭過。」

儘管跑吧，TMC

這個球季的表現讓他們取得五十八勝二十四敗、足以排在西區第二的成績，僅次於六十三勝的波特蘭。東尼．史密斯回憶道，自己見識到了強森在季後賽中的心臟會在關鍵時刻變得更強。「他會讓你相信自己不會輸。這會讓你不管走到哪裡，心裡都會覺得：『我們會贏得這場比賽。』」

在首輪橫掃休士頓後，湖人在第二輪迎戰了以「Run TMC」之名著稱的金州勇士。這個名字是出於行銷考量，而取材於當時在嘻哈界嶄露頭角的代表團體「Run-DMC」。強森在第一戰砍下二十一分、十籃板、十七助攻且零失誤的成績，帶領湖人以一百二十六比一百一十六取得勝利。十七次助攻，也寫下強森季後賽生涯中無失誤的單場最高助攻紀錄。在該系列賽，他繳出平均大三元的成績，攻下二十五點八分、十籃板和十二點八次助攻，失誤則為三點二次。

勇士在第二場比賽中以一百二十五比一百二十四的勝利扳平了系列賽，在這場比賽，強森攻下四十四分，締造個人季後賽生涯的最高紀錄。四十四分之中，有二十分是靠著他在罰球線上二十二罰二十中的表現所得到，這讓他成為NBA當時第五位靠罰球得到二十分以上的球員。

接下來，系列賽來到了奧克蘭。

「他們有Run TMC，對吧？」東尼．史密斯回憶道，「有提姆．哈德威（Tim Hardaway）、米奇．里奇蒙（Mitch Richmond）和克里斯．穆林（Chris Mullin）。魔術在熱身後，被他們激怒了。他們在季後賽進行了許多大張旗鼓的演出，還把Run-DMC找來主場表演。有時候，你會遇到有些球員會用一些刻意的行為來激勵

＊ 譯註：應為兩天前在主場迎戰達拉斯小牛的比賽。

球隊，或是假裝自己有著滿腔熱血。但他沒在假裝。他說：『這些混帳東西竟敢在我們面前慶祝，還在我們面前開了個音樂會。』我當時心想：哇，老兄，你認真了嗎？他確實很認真。而且也真的很生氣，因為他們竟然有膽子在我們面前辦演唱會。他讓每個人都激動起來了。這真是不可思議……我們把他們打得很慘。」

魔術麥克

克萊德・崔斯勒（Clyde Drexler）和波特蘭不久前才在球季中繳出六十三勝的成績，就在分區冠軍賽的六場比賽中被強森領軍的湖人淘汰。這支球隊在他的帶領之下再度打進了NBA總冠軍賽，這一次，等著他的是麥可・喬丹。公牛終於幹掉了湯瑪斯和活塞。

就這樣，在職業籃球界中掙扎了多年的芝加哥，終於等到了一場夢幻對決。麥可對魔術、公牛對湖人。公牛隊的票務經理喬・歐奈爾（Joe O'Neil）很快就發現這是一場噩夢，他得在芝加哥的老舊球場設法拿出足夠的門票，滿足所有人的需求，因為好萊塢和湖人要來了。

「當時距離總冠軍賽開始前只剩四天，我真的慌得六神無主，」歐奈爾回憶道，「我手上的票不夠。麥可要票，大家都要票。我記得當天晚上七點左右回到家，走進家門跟我的妻子說：『蘇珊（Susan），我覺得我無計可施了。我真的不知所措，感覺全世界都在追著我跑。畢竟這可是麥可對魔術，但我真的沒票了。』太太跟我說：『我看，不如你先去倒個垃圾？』於是，我就出門把垃圾給倒了。正當我把垃圾帶到街上時，對面的房子亮了起來，住在裡面的人跑了出來遞給我一張信用卡，然後說：『我真不想這麼麻煩你，喬，但你能幫我搞到兩張票嗎？』我回到家裡，跟我的太太說：『我只不過倒個垃圾，又收到了一份要兩張票的訂單。』」

隨著總冠軍賽的到來，來自萊尼高中（Laney High）的魔術麥克終於要和他的英雄正面對決了。這個對戰組合還有別的往事能讓喬丹回味，他還要和渥錫與山姆．帕金斯交手，他們倆和他都是北卡大學在一九八二年奪得NCAA冠軍的成員。

渥錫在出戰波特蘭的系列賽中扭傷了腳踝，這大大降低了他的活動能力。一些業內人士認為，渥錫的傷勢可能會葬送湖人從系列賽中勝出的機會。包括為NBC播報這場系列賽的派特．萊里在內的其他人，則預測湖人能靠著經驗獲得勝利。

這整件事的最大焦點在於，喬丹在贏得總冠軍之前經歷了多少掙扎。他是場上唯一的主角，無論被提醒了多少次，都似乎總是戒不掉把隊友們稱為「配角」的習慣。

「他很亢奮。噢，是的，他真的很激動，」那時代表公牛出戰這個系列賽的史考特．威廉斯（Scott Williams）回憶道，「喬丹已經贏得了好幾年的得分王了，但他還沒有贏得總冠軍。所以，人們都在批評他不是那種能夠成為最終贏家的球員。」

威廉斯也是北卡大學的校友，但他在洛杉磯長大，強森是他在學生時期的英雄。「我們這些孩子都把魔術當偶像，」他回憶，「他在關鍵時刻大心臟的表現，他那充滿感染力的微笑。他就像是個沉浸在樂趣中的大孩子。當時的魔術真的很強。」

在他的職業生涯中，強森已經面對過朱利葉斯．厄文的七六人、賴瑞．柏德的塞爾提克和艾塞亞．湯瑪斯的活塞這三支偉大的球隊。現在，隨著他的職業生涯接近尾聲，他要面對的對手，在日後的人們眼中或許是最強的對手，也就是有喬丹坐鎮的公牛。這一刻，許多球迷都希望強森的湖人能在出戰芝加哥時帶來偉大的表演時刻，然而，事情卻不會這麼發展。

儘管腳踝受傷限制了他的機動力，渥錫還是參加了第一場比賽。喬丹和公牛在比賽一開始表現得有點緊張，但仍然在上半場打完時取得了兩分領先。然而，下半場，湖人靠著山姆．帕金斯、瓦萊德．迪瓦茲和渥錫主導低位對抗芝加哥的跳投。這使得湖人的罰球數達到三十四次，而公牛隊則只有十八次。儘管如此，最後決定勝負的關鍵還是跳投。帕金斯投進了一記石破天驚的三分球，而終場前喬丹在十八英呎的跳投則彈出了籃框，讓洛杉磯以九十三比九十一在系列賽首戰贏得勝利。

「我們贏得了第一場比賽，我們覺得：嘿，我們能打敗這些傢伙。」拜倫・史考特回憶道。

喬丹在比賽中以二十四投十四中的表現攻下三十六分與十二助攻、八籃板、三抄截，然而儘管打出了這麼亮麗的成績，他的出手選擇和過多的單打仍然讓幾位隊友感到不滿。雖然球隊才剛失去了主場優勢，但菲爾・傑克森在賽後卻看起來鬆了一口氣。這位公牛教練已經明白，只要強森不在場上，洛杉磯就會陷入困境。他認為，強森必須扛下大量的出賽時間，對一位職業生涯即將結束的球員來說，這實在是個太大的負擔了。

正如二〇一四年出版的《麥可喬丹傳》所述，還發生了一件傑克森始料未及的發展。他在系列賽一開始安排身高六呎六吋的喬丹防守六呎九吋的強森。而在第二場比賽中，喬丹為了防守早早領到了兩次犯規。喬丹待在板凳上的同時，代表防守強森的任務將轉交給身高更高的史考提・皮朋（Scottie Pippen）。

當時人們普遍認為，二十五歲的皮朋在對付這位籃球界最狡猾且經驗豐富的對手時會感到棘手，但事實卻正好相反。有著一雙長臂的皮朋緊緊貼著強森，讓比賽的氣勢突然翻轉。在喬丹和皮朋的輪番防守之下，被影響的強森出手十三次僅投進四球，皮朋則拿下二十分、十助攻與五籃板，公牛也在第二戰中獲得一場大勝。

「的確如此。」菲爾・傑克森在一九九八年被問及改讓皮朋防守強森的策略是不是完全的意外之舉時回答。

「我們開始注意到藉由肢體接觸消耗他體能的成果，」皮朋高興地回憶道，「尤其是我能夠上前騷擾他，試圖把他從他們的進攻中抽離出來。他不像以往在面對某些球隊時打得那麼有效率，沒辦法靠著背框單打取得優勢，我看到了他的挫折。」

「部分原因是為了讓麥可休息，」前公牛助理教練強尼・巴赫（Johnny Bach）在二〇〇四年回憶時說道，「我們不想一直讓他防守魔術。把這項任務交給史考提後，我們突然發現人高手長的他令強森沒辦法從頭上把球傳出去。我們把這種從防守者頭上傳出去的傳球稱為『天使光環傳球』，他能無視比他矮的防守者，在他們的頭上想怎麼傳就怎麼傳。但是現在擋在他面前的是史考提，他實際上比他自稱的六呎七吋還要再高一點。史考提有一雙長臂與大手，而魔術則開始漸漸退化，他變老了，青春是不等人的。」

湖人讓公牛的投籃命中率超過百分之七十三的後果，就是吞下一場八十六比一百零七的慘敗。喬丹十八投十五中，拿下三十三分外加十三助攻、七籃板、二抄截與一阻攻。比數據更令人難忘的，是他在比賽還剩下快八分鐘時做出的「The Move」，他在弧頂接獲傳球後，在人群之中正面衝進籃下。他起跳時右手高舉著球並準備灌籃，遇到了防守者後，他在最後一刻把球換到左手，然後從籃框左側放進了一記擦板球，讓整座體育館響起了一陣歡呼。

真正打擊到湖人的是他們在外線防守上遇到的難題。芝加哥後衛約翰・派克森在場上八投八中。「派克森有失手過嗎？」賽後，山姆・帕金斯如此詢問。

或許最刺激到他們的問題，是喬丹在比賽中對湖人板凳區的嘲諷，他在投籃命中後會揮舞自己的雙臂，或是模仿搖晃和擲出骰子的動作。*湖人對此向聯盟官方提出了申訴，甚至連他的隊友也試圖制止他的行為。

* 譯註：一種在辯論或競技中表達自己已經獲勝的手勢。

即使輸了這場比賽，現在的狀況，湖人也沒什麼好不滿的。他們在芝加哥體育館取得了一勝一敗，接著要回到主場，在論壇球場連打三場，而他們在這裡打球的經驗遠勝過公牛。

公牛在準備第三場比賽的首要任務是看傑克森準備的錄影帶，影片中顯示了強森在防守派克森時會後退一步，讓防守陣式變成區域防守，令公牛的進攻陷入混亂。教練強調，喬丹必須注意這一點，並把球傳給有空檔的射手。在接下來的兩場比賽中，他會再三強調這個訊息。

喬丹盡心盡力地打出「魔術麥克」的風格，在系列賽平均送出超過十一次助攻。強森本人則送出了十二點四次助攻，並締造總冠軍戰在五戰打完的系列賽中最多的六十二次助攻紀錄。在第一場比賽，攻下十九分、十籃板、十一助攻，另有五次失誤的他寫下了個人在總冠軍賽的第七次大三元紀錄。

威廉斯在二〇二〇年說明，面對強森帶來的挑戰，公牛教練團決定開始對他的控球施加壓力，看看能產生什麼效果。「我們開始採用一種被我們稱為『湖人警戒』（Laker Red）的戰術。現在很多球隊都在用這個戰術，這是滿有趣的現象，但我們才是先驅。以前球隊的打球方式跟現在不一樣，以前的球隊會慢慢把球推進，得分比較低。但魔術和湖人總是想跑起來，畢竟他們是主打表演時刻的湖人。因此我們採取的其中一個策略，就是在球發進場內後，讓一個大個子跟著他。我們並不需要完全把他困住，只需要有人如影隨形地影響他，讓他感受到壓力。」

高大球員帶來的額外壓力，足以減緩強森的腳步，然後這名高個子球員就可以馬上回到防線之中。

「最終證明，皮朋是在那個系列賽的大多時間中扛起這個防守任務的高大球員，」威廉斯回憶道，「我們想在後場拖慢他的腳步，讓他在後場花更多的時間、耗費更多的體力。我們找出方法讓皮朋不斷地待在魔術面前，讓湖人的攻勢變慢，我記得這是個非常有效的策略。」

在東區冠軍賽中，公牛曾對活塞做過一點類似的實驗，但這個戰術在對付湖人時更加有效，因為渥錫正為腳踝的傷勢所苦。在強森承受著這種壓力的時候，擁有體型和持球技術的渥錫本應能發揮分擔壓力的效果。沒有他，讓強森開始打得越來越累，這正如公牛所願。

在洛杉磯舉行的第三場比賽中，讓皮朋防守強森的戰術在下半場對公牛隊造成了適得其反的效果，因為防守中鋒瓦萊德．迪瓦茲的人變成了喬丹，這讓他得分變得更輕鬆了，也讓湖人建立了十三分的領先。公牛在第三節結束時將領先縮小到六分，現在，輪到洛杉磯有麻煩了。強森受到長時間出賽影響的負面效果持續顯現出來（他在這個系列賽平均出賽四十五分鐘），渥錫的腳踝一直被憂心忡忡的湖人認為是比賽中的未爆彈，而它最終也會爆發。

公牛縮小了差距，喬丹在比賽還剩三點四秒時跳投命中，將比賽逼進延長賽。在延長賽中，連得八分的芝加哥以一百零四比九十六獲勝，取得了系列賽二比一的領先。喬丹非常高興，但也提醒大家，湖人擁有豐富的逆轉經驗。

然而結果證明，經驗似乎無法與公牛隊年輕的雙腿匹敵。在第四戰中，喬丹和他的隊友們把湖人的投籃命中率壓制到僅剩百分之三十七，讓他們在第二、三節一共僅得到三十分。尤其是帕金斯，他在低位打得更是苦不堪言，全場十五投僅一中。

同時，喬丹在他的第一個總冠軍系列賽中，又在另一個夜晚繳出了亮眼的成績，攻下二十八分、十三助攻、五籃板與二阻攻。

「我不敢相信會發生這種事。」強森在賽後對記者表示。

「從他們防守的方式來看，這並不讓人意外，」鄧里維在談到公牛的表現時說，「他們的運動能力很強，也很聰明。」

儘管強森在多年後回憶，他還是能在喬丹的防守下得分，並在個人的對抗中略勝一籌。但在那一刻，湖人窺見了自己的命運。在一九八〇年代，強森發現自己和柏德的球衣在銷售量上領先群雄時，他產生了打電話給聯盟總裁大衛・史騰的念頭，詢問他們會拿到多少支票。讓他不爽的是，史騰告訴他，他拿不到半毛的抽成，因為這些肖像權和版權已經歸為NBA球員協會所有。

強森說他非常不滿，不滿到自己成立了一家名為「魔術強森球衣」（Magic Johnson T's）的公司，這也成為第一家獲得授權、能夠銷售NBA商品的球員自營服裝公司。在喬丹跟強森講垃圾話，告訴他這個系列賽快要結束了的時候，強森反擊，喬丹打得再好也是在幫他賺錢。強森指了指喬丹穿著的球衣上的標籤，上面寫著「魔術強森球衣」。

即使強森說的這個故事是真的，他的球衣銷售額和喬丹所創造的球鞋和商品帝國相比也只是小巫見大巫。比較重要的是，強森必須在那一刻找到某種程度的優越感。

至於系列賽本身，喬丹和公牛正邁向原本不被看好能抵達的終點，但他們必須要有耐心。「我們以三比一領先，但第五戰還要等很久才會開打，要從星期天等到下星期三，」公牛隊裝備經理約翰・利格曼諾斯基（John Ligmanowski）回憶，「這三天彷彿成了永恆。在我們還沒有確定拿下冠軍之前，麥可就已經開始在巴士上問：『嘿，拿下世界冠軍的感覺如何啊？』他知道大局已定。這個感覺實在太棒了。我們真的迫不及待地想要結束這一切。」

公牛隊在論壇球場連贏三場，用一百零八比一百零一的勝利終結了系列賽。公牛的主播吉姆・德罕（Jim Durham）在二〇一一年回憶道，這一刻，主場球迷陷入了一片死寂。「我印象深刻的是公牛全員在場上手舞足蹈，而其他人就靜靜地坐在那邊看著他們。」

儘管對手使用了「湖人警戒」戰術，強森在第五場比賽還是送出了驚人的二十助攻，並得到十六分和十一籃板，留下個人在總冠軍賽中的第八次大三元紀錄。不過，這一點都沒辦法為他帶來一絲絲的安慰。

賽後，他找上喬丹，送上了祝賀。在系列賽剛開始時，他曾主動接觸這位聲勢逐漸攀升的芝加哥球星，告訴他，他們倆得摒棄一些愚蠢的矛盾。喬丹後來說，這一起事件是他們之間真正地萌生友誼的開端。「我看見他的眼中含著淚水，」強森述說起那個哨音響起的時刻，「我跟他說：『你證明了大家是錯的。你不僅在個人球技方面是個出色的選手，也是一位贏家。』」

難解的結

在強森於一九九〇年二月的邁阿密留下了那個美麗的訂婚時刻後，隨即在三月無情地想把戒指要回來，而且在接下來的幾個月裡，他會不斷地提出這個要求。在那之後，「餅乾」·凱莉藉由回歸自己的生活來設法維持她與他的關係。她花時間領略並瞭解這位超級英雄兼多年來的遠距離男友，在他索討戒指的態度慢慢緩和下來後，他們開始進入一個某種程度稱得上舒適的例行狀態。到了一九九一年春天，在他多年的職業籃球生涯中，他第一次做了這件難以想像的事，也就是邀請凱莉和其他球員的配偶和女友一起跟著湖人參加季後賽。

當然，他們必須待在有段距離的地方。雖然派特·萊里以及「超重人員」的規則已經不復存在，但身為一名籃球員，面對比賽，也要秉持著這種態度。不管你用「超重人員」還是別的名詞稱呼他們，在球季進入一翻兩瞪眼的時刻，不論是家人還是其他重要的人，都不該成為你分心的理由。

儘管她必須放棄工作才能進行季後賽所需的長時間旅行，也代表她會失去自己的獨立性，且必須相信強森這次終於是真的準備好要和她結婚了，凱莉還是覺得非常高興。強森的父母也很高興，因為這顯然也是他們第一次被邀請來參加季後賽之旅。

過去，在人們問到為什麼強森的父母都沒有來看過他的比賽時，很多人會說老艾爾文不喜歡旅行。這的確是事實，但有沒有被邀請也是個關鍵。在強森於一九九一年終於邀請他的父母來看比賽時，他們滿心歡喜地接受了他的邀約，這令克莉斯汀．強森和「餅乾」．凱莉都對這種情況欣喜若狂。畢竟，新的豪宅已經蓋好了，這對看似幸福的伴侶正懷抱著這次真的會結婚的想法攜手並進。

然而，現實的衝擊再次襲來，隨著與喬丹和公牛對決的系列賽落幕後，強森馬上開始籌措夏日狂歡的計畫，舉辦了一個邀請各個喜愛熱鬧的好友參加，不允許配偶或女友入場的盛大派對，這再次引起了那些女性伴侶們的憤怒。這次，她們對凱莉抱怨，並提醒她強森舉辦這種活動對她們而言有多不公平。她試圖為此做點什麼，結果又踢到了一次鐵板，還進一步讓強森再度打消了結婚的念頭。

強森堅決要舉辦這個派對，據說派對中主打的活動包括各種比基尼和濕身上衣競賽，而這些都還算是比較沒那麼開放的活動。凱莉回憶，她淚流滿面地懇求他不要辦這個派對。

「我就是要開趴，餅乾，而且這個婚不必結了。」她記得他這麼說完後就掛了電話。

他還計劃要在這個派對結束後不久，再次獨自前往巴哈馬度假，也難怪凱莉又被他對沉迷於享受人生的堅持擊垮了。

儘管如此，她還是繼續打電話給他，不斷地碎念有關派對的事。每通電話幾乎都以突然掛上電話後出現的嘟嘟聲收尾。儘管她苦苦哀求，他還是舉辦了盛大的單身派對，並在七月前往巴哈馬。

幾天後，他在從島上打來的第一通電話中說：「我覺得我可以結婚了。」

他告訴她，在季後賽與她一起共度的時光，讓他終於相信她可以成為自己生命中的一部分。她的朋友，甚至他的家人，都已經在這段關係進展到論及婚事的過程中看過了無數次的分分合合，頻繁到早已不只能用可笑來形容的程度。現在，在這段緊湊的肥皂劇中，又開啟了另一個篇章，強森再次把她拉回到自己的世界。

直到很久以後、在人們發現這顯然只是暴風雨即將到來前的前奏時，大多數記者與其他媒體工作者才注意到，他們從來沒有和強森談過凱莉的事。

「他總是公私分明，」史帝夫．史普林格在二〇一九年說明，「他不跟我們談這方面的事。這沒問題。我的意思是，他是個非常注重隱私的人。他的態度清楚地表明『餅乾』是他私生活中的一部分，他不會讓我們涉入這個領域。」

在強森隨心所欲地開了派對、度了假後，在八月打電話給凱莉，再次啟動了結婚計畫。她也很理所當然地用謹慎地態度對應。你確定？她這麼問。

「沒錯，」他說，「我想結婚。」

不只是結婚，而且是馬上結婚。這一次，她什麼都不用擔心了。他保證會處理好所有的細節，她只需要穿著婚紗出現在教堂就好了。看來，老艾爾文這次介入了，他告訴兒子，如果不和凱莉結婚，「將會是他一生中最大的錯誤。」

儘管如此，她的壓力指數還是直線上升，讓她失眠和體重下降。她是不是又會空歡喜一場？是不是又要再一次期望越高、失望越重？

「他們必須速戰速決，」強森的老友紐約尼克前鋒赫伯．威廉斯回憶道，「所以她沒有時間安排一場盛大的婚禮或其他活動。」

不過，她還是有談判和簽署婚前協議的時間，凱莉放棄了共享強森當時約一億美金財產的權利。把這些細節的苛刻程度擺到一邊，他們迅速地在蘭辛舉行了婚禮。

這一切都讓老朋友戴爾．比爾德驚訝不已。

「後來，我接到了一通電話，」比爾德在二〇一九年回憶道，「艾爾文說：『嘿，老弟，我希望你來參加我的婚禮，當我的伴郎。』」

「啥？」比爾德回應，「我？」

這位艾弗雷特高中的老隊友感到震驚，並在腦海中迅速地清點了強森的好兄弟們，他的死黨有像是艾塞亞．湯瑪斯和馬克．阿奎爾等NBA球星。在密西根州大時期，他也認識了葛瑞格．凱爾塞。

「我真的沒有想到，你懂嗎，會找我當他的伴郎，」比爾德回憶時說道，「我的意思是，他有很多好兄弟，或者其他的朋友。我真的很榮幸能當他的伴郎。」

在強森剛在洛杉磯展開職業生涯時，比爾德曾經去過他的公寓住了一星期，也為朋友大大不同的新生活感到讚嘆。

「我的意思是，在廣告牌和公車站上都有他的照片，上面寫著『歡迎來到魔術的世界』，他的名字出現在各式各樣的東西上，」比爾德笑著回憶道，「他好像覺得這一切都是理所當然的，你懂吧。他從來沒有說過『哇，嘿，老天，這真是瘋狂。』之類的話，他從來沒有過這種反應。他好像覺得這一切本來就應該要變成這樣，自己只是順勢而行。」

比爾德說，在強森的公寓住了一星期後，他們每年還是會打幾次電話聊天。「我知道，他很忙，我也不怎麼打擾他。隨著歲月流逝，我有我的事要忙，他也有他的事要忙。」

婚禮必須在九月舉行，因為強森要在十月去歐洲參加麥當勞邀請賽，然後再回來參加訓練營，然後又要展開瘋狂的季前賽行程。

在婚禮於九月十四日舉行的四天前，兩人結伴去了湯姆．詹米森（Tom Jamieson）醫師在蘭辛市的診所，進行婚前諮詢和檢視醫療文件，多年以來，強森要看診時都是找這位醫師。詹米森問他們想不想做血液檢查，這在當時的密西根州已經不是強制規定的檢查了，而且該州也還沒有訂定要進行愛滋病篩檢的要求。

「你們想做這些檢查嗎？」詹米森在二〇一九年的一次採訪中回憶自己這麼問。

「你們可以做，」醫師跟他們說，「但這不是必要的檢查。」

詹米森回憶：「魔術說：『很好啊，我們可以做，很好，也可以不做，都沒差。』」

日後，詹米森在法庭上被問及了有關強森在那年九月時是否已經知道自己的HIV反應是陽性的問題時，他當時提出的這些問題便成為了部分證詞。

「我的確因為這個問題被叫去作證，因為我和魔術見過面，」詹米森說，「他想證明自己不知情，而他的確不知道。」

詹米森日後自問，如果他們當時做了檢查，而強森發現自己的檢查結果是陽性，那又會怎麼樣呢？

「我在那些證詞中做了這些陳述：『他不可能知道。』」這位醫生回憶道，「如果他知道，他會告訴我：『不要做那些檢查。』如果他這麼說，就代表他早就知道了。」

他沒做檢查，而是在那個週末於蘭辛開了一場結婚派對。「在婚禮的那天早上，我們起床後就去了詹尼森體育館，」戴爾．比爾德回憶道，「我們打了好幾個小時的籃球。包括我、艾爾文、葛瑞格．凱爾塞、艾塞亞、馬克．阿奎爾等人，我們都去了詹尼森體育館。」

與過去十年相仿，他們這次也打了兩個小時的球，這群特別的朋友在當下並沒有注意到這次的小聚會有多麼特別，這會是他們最後一次像一群無憂無慮的朋友般聚在一起樂在當下了。然後，他們去吃午餐，接著回到飯店房間休息一下，就準備去參加五點在聯合傳教士浸信會教堂舉行的婚禮。

在那裡等待的凱莉滿懷著難以承受的焦慮，擔心強森會不會再次悔婚，把她留在聖壇上，讓她成為史上最傻的傻瓜。

在教堂內傳來他的確來到現場的消息時，她的擔憂才稍微減輕了一些。

「他的妻子對他來說是完美的另一半，」提姆．史陶德主播回憶道，「我還記得婚禮的經過。她在婚禮中告訴大家，在她確信他已經與少年時代所做過的荒唐事蹟告別之後，她才同意結婚。他不會再和女孩們約會、緊追著女孩們不放、過著他以往在洛杉磯所過的日子了。」

赫伯．威廉斯在一九九三年回憶道，凱莉的眼中流露出了顯而易見的喜悅與鬆了一口氣。「她是個很棒的女孩，頭腦很聰明，還有一份不錯的工作。我的意思是，她有很多其他的男人可以選，但不論發生了什麼事，她都一直待在他的身邊。」

在這場小型的婚禮中，由威廉斯、湯瑪斯與阿奎爾等人擔任伴郎。

大約有兩百七十五人參加了這場婚禮，其中包括了許多老朋友。葛麗塔．達特來了，還有讓青少年時期的強森在優質乳製品商店得到第一份工作的史坦．馬丁（Stan Martin）也來了。朗．羅森因為妻子剛生下了一個兒子而缺席，強森隔天就會飛回洛杉磯探望他的經紀人並看看羅森的孩子。

《時人》（*People*）雜誌在報導這場婚禮時指出，這次站在一邊的湯瑪斯沒有被強森親吻了，並把強森寫成「體育界最受歡迎的單身漢之一」。

凱莉的白色婚紗上有著亮眼的心形領口、寬鬆且拖在地上的裙襬，而她的伴娘們則穿著黑色天鵝絨禮服。強森則選擇了白色雙排釦西裝外套搭配黑色長褲的造型。這對夫妻以美麗且光采動人的姿態出現在眾人面前。新郎的父母在迎接這一刻時露出了平靜的微笑。他們自一九八五年八月的那一天起所累積的每一個情緒，都融入在這個微笑之中。

「我覺得他真的準備好了，你懂我的意思嗎？」戴爾．比爾德在談到老友時說，「我覺得他一點都不緊張，而且這整個過程都很棒。這是一場很棒的婚禮。那天早上下了雨，而在婚禮開始時，天氣非常炎熱。」

在說完了誓詞、唱完歌之後，婚禮派對的焦點轉移到了婚宴上，每張桌子上都擺放著紅邊的白百合，這些都是強森的姊妹們幫忙準備的。

「這場婚禮最神奇的地方可能是它終於成真了。」《時人》雜誌寫的這番話，顯示出這對新人在走過多麼漫長的旅程才終於到達了婚姻的殿堂。

「沒有要結婚了。不要再提這件事。」一九九〇年三月，強森在宣布訂婚的一個月後冷冷地說了這番話。如今，凱莉終於和她深愛的人結婚了。

注意到的人指出，她在那天離開教堂時佩戴了一枚有五克拉欖尖形切工的鑽石鑲嵌在白金戒指上的鑽戒。

「一切都進行得很順利。」戴爾·比爾德回憶道。

如果事情能一直這麼順利就好了，但事實並非如此。不過，如果說這段關係中有什麼是穩定不變的，那就是凱莉了，她簡直是為了忍受考驗而生，要在強烈的黑暗中堅持下去、耐心地等待，直到她能藉由時間的幫助讓事情往好的方向發展。強森在他宛如魔術的職業生涯中展現出了一股強大的力量，但時間會證明，凱莉展現出的力量足以與之匹敵，甚至更強。

第二十九章 「陽」性無疑，「陽」光無敵

他這麼多年來的生活就像是一場絢麗的演出，用一個接一個令人熱血沸騰的比賽之夜，建構了十二個驚心動魄的球季。這是洛杉磯人從未見過的景象，就連UCLA、由約翰．伍登執教的那支經典球隊也無法比擬。在一九九〇年，強森與他引領的表演時刻已在美國體壇造就了無與倫比的轟動。然而，這些閃閃發光的景象很快就會崩塌，就像用過的魔法粉末一樣，他的生活也將從雲端之上重回地球表面。突然間，人們都想知道發生了什麼事？何時發生的？以及，怎麼發生的？

這位基本上活在大眾目光之中卻非常注重隱私的人所給出來的答案，是試圖解釋那些無法解釋的事情。更糟的是，他的麻煩同時找上了門來，而其中一個最勁爆的爆料出現在幾個月後的一九九二年。他有一位蘭辛的老友對他提起了兩百萬美金的訴訟，控告他將HIV病毒傳染給她。這一消息最先是被傳奇體育記者法蘭克．德福（Frank Deford）在《新聞週刊》披露出來，隨後被全球的新聞機構大肆報導。

該女子在她提交的法律文件中被稱為「無名氏」，不過法官最後命令她使用能確認身分的真實姓名。她名叫薇茉．莫爾（Waymer Moore），是一位健康保健分析師，曾與強森在同一時期就讀於密西根州大。她的訴訟最終達成庭外和解，而關於他的感染過程，她提出了一個與強森和媒體一開始的報導完全不同的時間線。

在她採取法律行動的過程中，莫爾聲稱她在一九九一年七月底打電話給強森，把她的情況告訴他。她在

一個月前被診斷出感染了ＨＩＶ病毒，而自從與他在一九九〇年底發生性關係後，她就沒有再與其他男子做愛過。

莫爾聲稱強森表示會再聯絡她，卻從來沒有聯絡過。莫爾說她在一九九一年八月底，也就是在他舉行婚禮的兩星期前寫信給他，再次解釋了他將ＨＩＶ病毒傳染給她的情形。不過強森透過了律師否認曾收到過這封信。

然而，在她提交的文件中，莫爾聲稱她去了詹尼森體育館，也就是強森在九月十四日舉行婚禮前的星期四晚上打球的地方。她說強森支開其他球員後與她交談，並在談話中承認有收到這封信。

《新聞週刊》後來刊登了她在一九九一年八月寄給強森的信件細節。這封信是她在他於十一月宣布自己的ＨＩＶ檢測結果為陽性的八個星期前，也就是他舉行婚禮的兩個星期前寫的。

這封信以「親愛的艾爾文」開頭，並告誡他要「閱讀《申命記5：17》。上帝保佑。」

「我不知道底線何時會崩潰，」莫爾寫道，「所以我必須現在就做好準備。你知道的，就算是為了你，我也不能再保持沉默了，寶貝。」

她表示她染上病毒的唯一可能途徑就是強森。

當時，莫爾有一個四歲的女兒，並與一位前密西根州大的四分衛有過一段婚姻。她還透露，她早在一九八六年就開始接受ＨＩＶ檢測，而在一九九〇年六月檢測出陽性反應之前，她做了三次檢測的結果都是陰性。

「我有強迫症，會把全部的東西都記錄下來，」她寫著，「我曾經告訴過你，我不會把我的愛情攤在陽光下，這是一個無可否認的事實。」

強森的律師打出的法律策略是提出相反的說法，指出她可能和多名男子有過性關係。

而強森的律師團也確實承認他和薇茉．莫爾有過性行為，也就是她所主張的那一次。

「我的寶貝，」莫爾在信中寫著，「我祝你平安，並獻上我對你的愛。雖然你沒有勇氣面對我，但你要為此負責的一天很快就會到來。」

漫長的回家路

在他的婚禮結束兩星期後，湖人隊就在加州棕櫚泉舉辦了小型訓練營，揭開了新球季的序幕。當年三十二歲的強森伴隨著走樣的體態出現在訓練營，打算在球隊每日兩次的訓練中提升自己的體能。在這之後，湖人飛往波士頓，很快地和塞爾提克打完了兩場季前賽後，又飛往巴黎參加麥當勞公開賽這個國際錦標賽。

在法國，湖人隊幾乎走到哪裡都聽得到群眾高呼「抹—叔！抹—叔！」，這為他的人生與職業生涯帶來了無與倫比的肯定。若非他因為日益增長的焦慮所苦，這一切可能會令他更加振奮。這些焦慮源於他對未來的預感，他似乎已經預見麻煩將排山倒海而來。

是的，已經有一位前情人通知他ＨＩＶ檢測結果呈陽性反應。會不會還有其他人？

光是想到這一點，就足以令許多人陷入無法承受的痛苦中，但小艾爾文·「魔術」·強森是例外，他那種不屈不撓的性格讓他度過了許多難關，然而，現在回頭看來，他對這件事否認到底的反應，更像是一種徹底拒絕接受現實的態度。

他望著巴黎的人群，聽著他們呼喚自己的名字，站在那裡，感受著一切能令他本已無人能出其右的自信心更上一層樓的能量。如果這些能量能夠說話，會告訴他，他正處於人類世界中的頂峰，他能夠在那個領域中怡然自得地優游，就像是他也能在帶領湖人發動快攻時輕鬆地傳出那些神奇的好球。這種崇拜令強森確信自己確實夠格出現在洛杉磯的頂級俱樂部，和王子（Prince）或瑞克·詹姆斯（Rick James）這般的名人一樣在VIP區呼風喚雨。法國的粉絲就是活生生的案例，證明了強森也的確是一位搖滾巨星。

因此，儘管湖人在這場錦標賽的冠軍賽中，僅以些微的差距擊敗了西班牙的巴達洛納尤文圖特（Joventut Badalona）隊，他還是在那一個星期感受到了影響力高漲的感覺。雖然他在大學時代也曾來過歐洲參加比賽，後來偶爾也曾來到這裡打球，但此前從未有過如此熱烈的反響。

儘管他已經站上了職業生涯的巔峰，但在巔峰之上，他仍然站得搖搖晃晃、極不安穩。一方面，他在回首過去時能看到那些充滿驚奇與驚嘆的成就，另一方面，他也能在前方瞥見在深淵中閃爍的恐怖景象。

欣喜與恐懼結合的那一刻，也成為了他的命運。

這次的遠征也成為了美國隊新計畫的基礎，他們將不再派出業餘球員出征國際賽，這代表他們將派出NBA的職業球員來打巴塞隆納奧運。人們對強森寄予厚望，預計他將會成為那支日後被稱為夢幻隊的關鍵人物。而法國的人群們則讓他體會到前往異國的美妙感受。

在巴黎，「餅乾」．凱莉．強森用一個家庭驗孕套組測出自己懷孕了，這讓新婚不久的丈夫心中充滿了更多說不出口的焦慮。

不久之後，湖人就再次橫越了大西洋，準備迎接一個像是火車般迎面撲來的新現實。那時，不斷跨越時區的強森，已經開始顯現出他為了調整體態的疲態，而十四個小時的飛行航班也並未舒緩他的思緒。

他帶著倦容抵達洛杉磯，但幾乎沒什麼時間可以讓他休息。回到家後，湖人還要面對GTE挑戰賽（GTE Everything Pages Shootout），在兩場表演賽中，他們先是再次擊敗了波士頓，然後敗給了密爾瓦基公鹿。

在那之後，他們又按照行程飛往猶他州打了另一場比賽，接著在賽後的晚上前往英屬哥倫比亞省溫哥華（Vancouver, British Columbia），參加隔天晚上出戰西雅圖超音速的比賽。然後，他們還要為了在隔天早上的訓練飛回洛杉磯，他們要在羅耀拉瑪麗蒙特大學的體育館進行訓練，這是他們當時進行例行訓練時使用的設施。

這是個混亂到不行的行程，似乎完全沒有考慮到這支球隊中的球員們已經不年輕了。

「艾爾文真的不想和球隊一起四處奔波，」朗·羅森在二〇一九年回憶起那場在猶他州的比賽時說，「那是個漫長的訓練營。他想要請假一場。他們說不行，打個一節也好。」

於是，一向盡忠職守的他儘管心不甘，情不願，但還是去了。

「我在飛機上和魔術坐在一起，」齊克·赫恩在接受賴瑞·柏奈特的採訪時回憶道，「一如往常，我們一路上都在打牌。我們玩得很開心，笑聲不斷。到達鹽湖城時，他變得更有錢了，我也變得更窮了。我們到達飯店，去櫃檯拿鑰匙，魔術排在我前面。我永遠不會忘記。拿鑰匙給他的年輕女子對他說：『強森先生，有一通緊急的電話要找您。』」強森回到房間後，羅森告訴他，他得馬上回家。

「我當時完全沒想到發生了什麼事，」赫恩回憶道，「我拿到鑰匙後，轉身去搭電梯，正好遇到了從門口出來的魔術。我說：『你要去哪裡？』他說：『我得回洛杉磯了。』」

從那一刻起，可以說表演時刻的時代從各個角度來看都徹底結束了。

正如《湖人》（*The Lakers*）雜誌報導，在強森跟蓋瑞·維蒂說他要回家的時候，維蒂簡直不敢相信他聽到了什麼話。這位訓練師一開始懷疑強森可能安排了醫生開立證明，讓他能順理成章地在剩下的行程中輪休。但維蒂很快就想到，艾爾文不是會做這種事的人。

於是，這位訓練師聯絡隊醫麥可·梅爾曼（Michael Mellman），問他發生了什麼事。

「我現在沒辦法跟你多說什麼，」梅爾曼說，「艾爾文的體檢報告有些異常的狀況，他必須回家。」

由於聯盟薪資上限的規定，令球隊無法提高強森兩百五十萬美金的年薪，然而他的薪水已經被進入

ＮＢＡ的年輕晚輩超越了，他們的經紀人談判出來的合約在當時都有著超高水準的年薪，達到三百萬、四百萬甚至五百萬美金之譜。為了補償強森讓他平衡一點，直到球隊在薪資上限下騰出能提高他的薪水的空間，傑瑞．巴斯給了這位愛將一筆三百六十萬美金的低利率貸款。

要獲得這份貸款，強森必須保一份人壽險。為了保這個保險，他需要做一份嚴格的體檢。現在，體檢結果出來了。

與梅爾曼談過後，維蒂問強森發生了什麼事。

「蓋瑞，我不知道。」強森回答。

維蒂知道肯定有問題，身為訓練師，他必須隨時掌握每位球員的健康狀況，尤其是湖人隊的明星球員。這個神祕的事態讓他不禁開始胡思亂想。

就如一九九三年出版的《湖人：一段籃球之旅》所述，麥克．鄧里維也對強森的突然離去感到困惑。為了找出是什麼問題，教練打電話給球隊的助理總經理米奇．庫普恰克。

「麥克，」庫普恰克說，「我什麼都不知道。我只知道我接到了朗．羅森的電話，他說他嚇得要死。」

「米奇這麼跟我說時，我立刻就感到如坐針氈，」鄧里維在二〇一九年的一次採訪中回憶道，「我覺得可能是癌症或愛滋病。不知道為什麼，但這令我有一種晴天霹靂的感覺：砰，天啊。」

的確如此，平常羅森在處理強森職業生涯中發生的各種事時，總是能冷靜沉著地應對，但這次他卻被一種不祥的預感給嚇得慌了手腳。在強森預定抵達洛杉磯的兩小時前，這位經紀人坐在傑瑞．威斯特的辦公室裡，和這位總經理討論原因。羅森覺得這位朋友兼客戶可能得了癌症，畢竟，強森同父異母的妹妹瑪莉在五年前就是因癌症而去世的。

在猶他州的蓋瑞．維蒂猜想他是不是得了心臟病。像強森這樣的大個子球員都會擔心這個問題。然而，在聯盟征戰的這些年，強森的心臟一直很健康，也通過了許多壓力測試。這幾個小時，維蒂深陷於未知的恐懼。終於，在當晚於猶他州進行的比賽中，維蒂突然想到了答案。

「就好像有人拿大鐵鎚敲了我的頭一樣，」維蒂在一九九二年回憶道，「砰。他感染了ＨＩＶ病毒。」

他沒有完全確定。但維蒂一直在試圖把使用保險套的絕對必要性灌輸給強森。維蒂是訓練師，所以在他告訴強森要去治療某種疾病時，這位明星球員總是會忠於職務、遵從他的建議。只有這是例外。除了籃球之外，這是他在人生中最忙於投入的活動，儘管他有著長達十年的性病史，儘管他找了那麼多醫生開處方來治療這些性病，儘管一直有人在開「如果連他都沒病，你怎麼會有病」的玩笑，他還是沒有做好保護自己的措施。

同時，羅森和其他強森身邊的人也經歷了類似的過程，逐漸搞清楚眼前到底發生了什麼事。

「我接到醫生打來的電話說：『嘿，你必須把艾爾文帶回來。』」羅森在二〇一九年回憶道，「他上了飛機。我從來不會去機場接他，但我覺得這件事非常重要。所以，我去了機場接他，然後把他帶到醫生的診所。」

梅爾曼的診所位於瑟袞多（El Segundo），離機場很近。在開車前往的途中，根據強森妻子的回憶，他打了電話給她。

「我提早回家了，因為我有事要告訴妳，」她記得他對她這麼說，「我必須和妳談談，但我現在正要去看醫生，我回家再跟妳說發生了什麼事，餅乾，這件事在電話中講不清楚。」

恐懼湧上她的心頭。值得一提的是，這段對話是發生在與醫師會面之前，這表示強森可能已經知道等著他的會是什麼消息。

「怎麼了，你是得了愛滋病還是什麼病？」她問道。

她記得，他唯一能給的答案，是沉默。而一聽到問題就馬上如此臆測的人，並不只她一個，這也許說明了包括強森的妻子在內，他身邊的大多數人都早在答案公布之前就得到了這個結論，而且奇怪的是，在當時的美國文化中，HIV病毒，或是所謂的愛滋病，被視為一種大多是男同性戀或是雙性戀男性會得到的病。當然，事實上，靜脈注射藥癮者、妓女和不幸因輸血而受害的人也可能染上這個疾病。在非洲，這種疾病主要是透過異性戀的性行為在人群中擴散的。但在美國，不論是當時，還是接下來的幾十年，這都不會是該疾病的主要傳播方式。

當時，對強森的妻子來說，這是種似曾相識的情形，只是她還沒有完全明白問題的嚴重性，後來她坐在丈夫身旁，看著他在全國電視直播的採訪中談論自己的病情時，才會明白這到底有多誇張。現在，這一切將在瑟袞多進行的醫療諮詢中，戲劇性地揭開他生活中的另一面。

「我們走進醫生的辦公室，」羅森在二〇一九年說，「醫生說：『艾爾文，請你進來。』艾爾文轉頭對我說：『你也進來比較好，反正你還是要知道的。』醫生讓我們坐下。他打開抽屜，拿出一個聯邦快遞的包裹說：『艾爾文，你的HIV檢測結果是陽性。』那時，我不敢說我們對HIV病毒有多少瞭解，但是，你知道的，我當時覺得：『這判了他死刑。』」

羅森回憶，強森在得知這個消息時，並沒有哭泣，也沒有驚愕地呼天喊地。「他很專心地聽著自己的狀況，並問了問題，然後我們就離開了。」

齊克．赫恩在二〇〇二年回憶道：「那天，他準備從梅爾曼醫生的診所離開，在得知了這麼可怕的訊息後，他走出門口，看到了三個女大學生站在那裡等他，想要他的簽名。在這種壓力下，他還是停了下來為她們簽名，這就是魔術強森。」

在這種能把人壓垮的判決結果掙扎之下、在這所產生的黑暗之中徘徊的魔術強森。

「他決定要留一點時間給自己沉澱下來，然後再回家，」羅森回憶道，「他說：『我們去吃晚餐吧。』顯然還驚魂未定的我，和他一起去了聖塔莫尼卡的一家餐廳。這段開車的過程十分苦悶。在用餐時，過程也十分怪異，在這家小餐廳中，有個女生走到了我們的桌邊。『噢，魔術，我是你的大粉絲。』她拿出一張名片說，『嘿，我在為愛滋病募捐，你能捐點錢嗎？』在醫生剛告訴他得病的訊息後，只過了一個小時左右，他就遇到了這種事。」

在吃完聊完後，他們終於要面對沒辦法繼續拖延的現實了。羅森開車送強森回家，讓他把這件事告訴他懷孕的妻子。

「那段開車回家的路程，是我這一生中最漫長的路。」強森日後表示。

「把強森送回家後，」羅森回憶道，「我立刻去了傑瑞・威斯特的家，告訴他這件事。然後我在傑瑞・威斯特的家中打電話給傑瑞・巴斯。」

從這次經歷中，強森想出了一句話，他後來常常在想輕鬆一下時說那句話，只是沒多少人笑得出來：「我總是跟大家說，我覺得我遇過最困難的挑戰是與麥可・喬丹和賴瑞・柏德對抗，但事實上，回家跟我的妻子說我感染了HIV病毒才是。」他在二〇〇五年於電視上接受查理・羅斯（Charlie Rose）的採訪時說道。

顯然，這個時刻根本輕鬆不起來，「餅乾」的反應也是如此。

「通常你做錯事時，它不只會影響到你自己，還會影響你所愛和關心的每一個人，」他日後說明，「所以我要怎麼把這些話告訴從認識以來就一直相信我，一直是我最好朋友的她呢？這讓我度過了一段難以承受的時光。總之，我請她坐下，試著跟她說明結果顯示我真的感染了HIV病毒。她開始哭了起來，而接下來最大的問題是，我不知道她有沒有染病，或是我們的孩子有沒有染病，因為當時她的肚子裡正懷著我們的兒子E・J・。」

這個消息點燃了她對未出世的孩子與自己的生命都無比擔憂的恐懼。「餅乾」後來形容這段時期就像是她「自己一個人活在地獄」，她的情緒在深沉的麻木與試圖平息焦慮急劇上升的清醒時刻間反覆切換。

強森在那個晚上把這個消息告訴妻子後，就走進另一個房間坐下，打電話給每一個他聯絡得到的女性，警告他們自己染病的狀況。他承認，有很多人的名字根本記不起來了。而他從來沒有討論過，在他撥出一通又一通的電話、盡可能地把這個毀滅性的宣告傳達給每一個應該接收到這個訊息的人時，他從電話的另一端聽到了多少痛苦、憤怒和恐懼的聲音。這些悲慘的消息就像噴泉一樣不斷在噴湧而出，這些痛苦也肯定會隨之持續蔓延。

這一切都成為了巨大且多層面的打擊中的一部分，令遭受這番打擊的「餅乾」為它的廣度與強度大為吃驚。她後來回憶，那天晚上他建議她離開自己時，賞了他一記耳光。

「第二天早上，艾爾文和『餅乾』在早上六點來我家吃早餐，」朗・羅森回憶道，「那時餅乾剛懷了E・J・，那是個真情流露的時刻。」

羅森在二〇一九年時說道，在那個早上，這位朋友兼客戶和他討論了死亡。「那天早上，在我們散步了大約三小時的時間中，我們討論了包括生命、未來會怎麼樣的各種事。那時，人們都覺得他可能活不了多久了。我覺得這或許是我們必須全心支持彼此的時候。」

在很久之後，羅森透露，強森甚至在他們散步時還稍微談過自殺的事。

另一通非常難以撥出的電話，是早上要打回到蘭辛老家的電話。強森聰明地選擇在星期六早上打這通電話，因為他知道母親這個時候去教堂了。

接電話的是老艾爾文。

他的父親一直是他生命中最穩的靠山，在聽到這個消息並好好地思考了一番後，父親建議：「這不是世界末日，你搞得定它。」

說起來很好聽，但做起來很難，在克莉絲汀那天稍晚返家時，她發現丈夫以奇怪的姿勢倒在床上，滿臉空虛與迷茫的神情。

她後來跟《運動畫刊》的記者蓋瑞．史密斯（Gary Smith）說，她問丈夫是不是生病了，他沒有回答，所以她又問了一次。

「算是吧，」他最後回答，「我剛剛接到了艾爾文打的電話。他……他感染了HIV病毒。」

「那是我一生中最糟糕的時刻，」她後來告訴史帝夫．史普林格，「噢，我的老天。」

她的反應是坐回了車裡，開著車四處遊蕩，試著消化這個訊息意味著什麼，以及會在未來帶來什麼意義。

「我不知道自己要去哪裡，」她回憶那段孤獨的旅程時說，「我不知道該如何是好。」

她去探望了一位生病的朋友，這讓她稍微平靜了一點。最後，她決定要飛去洛杉磯鼓勵她的兒子。

「不要來，媽媽，」強森在電話中告訴她。「這是我必須自己面對的事。只要為我祈禱就好。」

多年以來，為人母的她一直追求自己的母親所賦予的信仰，現在她發現當下正是她要盡其所能地凝聚信念的時刻。

「一切操之於上帝的手中，」她最終決定，「是人都難逃一死。在命中注定的那一刻到來之前，他都死不了的。」

又一場流感之戰

前一天的晚上，湖人在猶他州的比賽中輸球後，全員登上了飛往加拿大的球隊專屬班機。大家都想知道他們的領袖出了什麼事。

維蒂告訴他們，他不知道。

隔天早上八點，一通電話打到了溫哥華，電話鈴聲在這位訓練師住的飯店房間響了起來。是梅爾曼醫生打來的。

「老麥，什麼都不必說了，」維蒂飛快地說著，「我已經想到了。艾爾文的ＨＩＶ檢測結果是陽性，對不對？」

「我就知道你想得出來，」這位醫生說，「艾爾文想讓你知道這件事。我們只跟少數幾個人說。沒有人會知道。這件事對大家保密。對教練保密，對球員也保密，絕對不會走漏風聲。艾爾文說他希望你能知道這件事，而且他想在早上的訓練開始前在羅耀拉大學和你見一面。」

翌日上午八點左右，維蒂和強森在羅耀拉大學空蕩蕩的休息室中見面了。他們一起哭了起來。一場在一九九二年進行的訪談中，維蒂在受訪時情緒十分激動，不時因為低聲啜泣而令採訪中斷。他對當時發生的事記憶猶新，講述著他和強森一同落淚的情景。那時的他們都覺得每一個得到愛滋病的人都死定了，沒有人能夠倖存。

「你會打敗這個病的，」他對強森說，「我會幫你。你會吃得好，睡得好，適度運動。我會幫助你保持健康。」

在這個充滿了壞消息的時期中，或許稱得上好消息的是，強森也許在相對較早的時間點發現了問題，這代表他可以透過服用藥物來減緩病毒的擴散。通常，人們都要等到愛滋病症狀出現時才知道自己得了病。沒有及早發現，病毒就會默默地侵蝕他的身體。儘管維蒂早就知道強森總有一天會得愛滋病，讓病魔逐漸佔據他的身體，但是人們已經知道能夠用適當的療程延緩疾病發作。有些人在被測出陽性後，卻活了十年都沒有出現症狀。不過，維蒂也知道這些案例是例外，遠非常態。

現在眼前更大的問題是要怎麼處理這則消息。強森需要時間與顧問、律師、醫生、家人討論。他需要時間來瞭解自己能做什麼選擇並接受現實。

「我們編出了他得到流感的鬼話。」維蒂回憶道。

媒體被告知強森將缺席幾次訓練和幾場比賽。這個謊言能為他們爭取到大約十天的時間來制定計畫。即使如此，強森還是讓羅森陷入了為難的處境，他必須回答記者針對他的病情提出的問題。在這段時間裡，強森去看了一場洛杉磯公羊隊的比賽並坐在場邊。一個生病、得了流感的人怎麼可能去看美式足球，而且看起來還看得很開心？這看在媒體眼中一點都不合理。

這種情況使得羅森打了電話給維蒂商討細節。「我必須向某人傾訴。」這位經紀人說。

他們也不願對媒體撒謊，但又覺得別無選擇。幾天之後，得了流感的說法開始站不住腳。於是羅森再次打電話給訓練師。「阿維，」他說，「我決定宣布艾爾文已經開始在控管下進行了輕度訓練。」

「這他媽是什麼意思？」維蒂憤怒地反問。

「我不知道，蓋瑞，」羅森回答，「我們能怎麼辦？我們得告訴他們一些事情。」

這些說法顯然不足以讓鄧里維安心。對這種奇怪的狀況感到憂心的總教練去找了米奇．庫普恰克。「這肯定有鬼，」他對這位助理總經理說，「情況太不對勁了。如果艾爾文得了癌症或愛滋病，而且你知情的話，最好讓我知道。在球季開始前只剩大概一個星期了，如果他不能打，我得開始有所準備。」

鄧里維得知，出現了一些非常糟糕的情況，會對球隊產生嚴重的影響。教練便為此開始迅速調整球隊的進攻策略，準備應對魔術不在的狀況。「有些球員搔著頭，不知道我在幹什麼。」他回憶道。

還好，球隊已經交易來了老將塞德爾．史瑞亞特（Sedale Threatt），他是一名可以打控衛的ＮＢＡ浪人。

令人驚訝的是，強森的朋友、家人和顧問，甚至是他應該都致電過的性伴侶們，都為他保守了這個祕密將近兩個星期。除了強森的家人，「餅乾」的家人也得知了這個讓人憤怒的消息。此外，醫生和幾位特定的顧問也知道。但在那個時候，這些人，包括強森自己，大多不怎麼理解這一切到底會造成什麼影響。在大多數時間，他和他身邊的人都認為ＨＩＶ檢測為陽性就等於他已經得了愛滋病。他們很快會瞭解兩者之間的差別，但在那一刻，他們還有很多問題需要釐清。

強森和「餅乾」的初步想法是對外保持沉默，這是他個人的健康問題。羅森很快就說服他這種作法不可行。

「無從得知怎麼做才是正確的，」羅森在幾個月後的訪問中回憶道，「但艾爾文很快就知道不可能保持沉默。我們知道這總有一天會曝光。」

「他一定要公開此事，因為他曾與成千上萬的女性發生過性關係，」維蒂一年後說，「就算只有一名女性因為他而感染了ＨＩＶ病毒，而有人與那個女性發生了性關係並間接感染了ＨＩＶ病毒，這也是艾爾文的責任，因為他知道自己有病卻沒有通知那個女人。他有道德和倫理上的責任。」

每想出一個道德上的考量，很快就會讓另一個考量噴湧而出。在沒有做好保護措施的這麼多年之後，他現在要採取措施，讓自己能受到法律的保護。

首先，他再次接受了檢測，來確定第一次檢測的結果是不是正確的，而且也讓「餅乾」接受了檢測。「我花了一星期的時間才知道結果，」強森回憶時說道，「所以，這一星期是我人生中最難受的一星期，我不僅要告訴她我的檢測結果，還要等著看她的檢測結果、看她是不是也感染了ＨＩＶ病毒。」

「在她和孩子都沒有感染病毒的消息傳回來時，你能體會吧，真的會想說：『哦，天啊！上帝保佑。』」她的陰性結果讓他的心情稍微平靜了一點。但有時症狀可能需要幾個月才會顯現出來，這代表「餅乾」

在那段時間裡幾乎一直擔心著自己和孩子的未來。

「他之前的生活中做過的任何一件事，都有可能是他感染HIV病毒的原因，」在蘭辛擔任主播、同時也是他的老友的提姆．史陶德在二〇一九年表示，「但同時，他有個支柱，就是妻子。她絕對是他的支柱。」

然而，她投入了顯然十分深沉的堅持，這似乎無法以「支柱」一詞完全涵蓋。「餅乾」．凱莉是一位聰明且有著敏銳直覺的女性，她早已痛苦地察覺到強森過著如此強欲的私生活必然會造成哪些連帶結果，她當然不知道他實際上過著怎麼樣的生活，但她顯然知道這種生活會有什麼因果。

「我們都忽略了一點，就是從來沒有讚美過他的妻子，」齊克．赫恩在數年後表示，「想想看，他走進來說『我有事情要告訴妳』的畫面。天啊，她堅持了下來。她一直在支持著他。她真是一名非常了不起的女性。」

一旦強森明白自己別無選擇、只能公開自己的情況，他的顧問團便開始籌劃新聞發表會。十一月七日星期四的早上，羅森開始在家裡打電話，通知與強森有著深厚淵源的人們，像是柏德、喬丹、萊里等人。在每通電話中，他都強調了一定要保密，每個人也都明白這一點。

那天早上，羅森接到了一名電台記者打來的電話，詢問關於強森健康狀況的謠言是否屬實。羅森要求他先等自己可以通知球隊強森的事會曝光後，再發表這則新聞。此時，球隊正在羅耀拉瑪麗蒙特大學進行訓練，而維蒂接到了傑瑞．威斯特打來的電話。

「蓋瑞，」威斯特說，「叫所有人離開體育館，讓他們上車。告訴他們回家換衣服，然後下午兩點回到論壇球場。我不管他們要做什麼，我不管他們今天有什麼行程。告訴他們，無論有什麼行程都要取消。現在就讓他們離開體育館。我們之中有人走漏了風聲，媒體正在趕來羅耀拉大學採訪他們。」

由於還沒有人通知球員們強森遇到了什麼狀況，因此這造成了一點麻煩。有幾位球員憑自己的力量想到是什麼事，但官方並沒有正式宣告任何消息，而且令人驚訝的是，大家在閒聊時也幾乎沒討論這件事。

這種突然變更計畫以及球隊管理層下達了怪異指示的情形，令球員們怨聲載道。

「嘿，聽著，」維蒂不耐煩地告訴他們，「不管你們今天本來要做什麼，取消就對了。我們今天有場記者會。相信我，這會改變你們的一生。」

離開之前，拜倫．史考特和詹姆斯．渥錫暫時停下了腳步，投了幾球罰球。「你覺得發生了什麼事？」渥錫問。

「我不知道，」史考特回答，「可能和艾爾文有關。」

他記得，自己停頓了一下，緊張地笑了笑說：「他可能得了愛滋病。」

然後他和渥錫互看了一眼。「不會吧，」渥錫說，「希望不會發生這種事。我向上帝祈禱，不要發生這種事。」

「我當時什麼都沒聽說，」史考特後來回憶道，「就只是有些端倪讓這些話脫口而出。我們和他一起去客場打過球，也看過那些女孩們，知道他做過什麼事。」

在回家的路上，史考特和其他幾名球員聽到中午的廣播報導強森得了愛滋病並將要退休的新聞。儘管如此，還是有兩、三名球員在來到論壇時仍不知道接下來會發生什麼事。「嗯，艾爾文本來是想親口告訴你們的，」維蒂說，「但既然其他人都知道了，你們還不知情的話就實在太荒謬了。艾爾文的ＨＩＶ檢測結果是陽性。這就是他最近沒和我們一起行動的原因。」

那天的事件，每一分鐘都在往更怪異的方向發展。

「這是我承受過最糟糕的情感之一，」裝備經理魯迪．加西杜納斯說，「因為我們覺得這是一種巨大的損失，因為這是一種惡名遠播、會危及生命的病……而艾爾文在記者會開始之前來找了我們，並把他的情況告訴我們，然後我們都和他共度了一段時間。」

強森首先私下與鄧里維見面，聲淚俱下地對教練說，他的職業生涯結束了，但事情會好起來，他會盡力克服這個處境。

接著，強森走進了休息室，走到他的隊友們面前。

「他進來時，」維蒂在一九九二年的一次訪談中說，「穿著一套藍色西裝與白襯衫，看起來非常體面且氣度不凡。我至今還能清楚地回想起那一刻我看到的畫面。你知道的，他告訴全隊自己感染了病毒：『我得了這個病毒。』你懂他是用什麼語氣在講這句話的吧，『我不能再打籃球了。』」

「休息室瀰漫著一股難以置信的氛圍，」鄧里維在二〇一九年回憶道。

強森再次語帶哽咽，他停頓了一下，然後開始講述他與老隊友渥錫、史考特和葛林一起經歷過的「戰爭」，以及這些「戰爭」對他們來說是一段多麼特別的過往。然後，他逐一走向十二名球員與教練、維蒂和加西杜納斯，停下來擁抱他們，並與每個人進行了一些私人的對話。

「聽到他親口證實這件事，就像有人伸手抓住我的心臟，然後把它硬生生地扯出來。」拜倫．史考特回憶道。

「大家都崩潰了，整個房間的人都痛哭失聲，」鄧里維說，「每個人都為艾爾文感到難過。我們都覺得某個人好像離開了我們，雖然他還在那裡。」

在情緒潰堤之餘，各種疑問也如潮水般湧入。HIV陽性是什麼意思？艾爾文得了愛滋病嗎？「我們真的不怎麼瞭解這種事，」加西杜納斯幾個月後說，「一旦有人被貼上了這個詞的標籤，或者提到某個你認識的人得了這種病，基本上人們就會覺得他們沒救了，不知道他們還是可以繼續過他們的生活，可以延長生命，可能過了好幾年都還平安無事。但只要有人一提到這個詞，大家就會聯想到死亡。這就是為什麼球隊裡每個人的心情都這麼沉重。所有與艾爾文相處過一段時間的人都無法接受這件事。這真的太悲慘了。」

樓上早已聚集了一大群媒體在等待強森，CNN和ESPN都準備為有線電視的觀眾們進行這場記者會的現場直播。

「艾爾文走進浴室洗了把臉，」維蒂回憶，「然後上樓，站在那些攝影機前，彷彿什麼事也沒發生。他才剛經歷了一場劇烈的情緒波動，現在就正面迎接著全世界的目光，簡直是有史以來最堅強的人。他做了他該做的事。」

在還沒出現在鏡頭前時，有人提醒強森，他沒有得愛滋病，只是被檢測出人類免疫缺乏病毒，也就是HIV檢測結果為陽性。

在二〇〇二年與賴瑞・柏奈特的對談中，齊克・赫恩回憶道：「我不覺得他有把話講清楚的可能，但他做到了，他說出了一些非常有價值的話。」

「午安，」不久之後，強森對全世界的觀眾說，「由於我感染了HIV病毒，我今天將不得不宣布退休，高掛湖人球衣。首先，我想澄清一點，我並沒有得愛滋病。我知道在座的各位之中有很多人想知道這一點。我有HIV病毒。我的太太沒事，她是陰性，所以她沒有問題。」

他也對自己的健康狀況做出了保證，他說：「我打算繼續活一段很長的時間，就像以前一樣繼續打擾你們，所以你們還會看到我的。我打算繼續留在湖人隊和聯盟裡，繼續過我的生活。我想現在我終於可以享受一些因球季和長時間的訓練而錯過的生活了。我會想念打球的時光。」

「我現在將成為HIV病毒的代言人。我希望讓人們，尤其是年輕人，明白他們應該進行安全的性行為。有時候你可能會有點天真，覺得這永遠不會發生在自己身上，覺得這只會發生在別人的身上。但它確實發生在我的身上了，而我會面對它。對我來說，生活還要繼續過，我會繼續當一個快樂的人……有時候我們以為只有同性戀才會得到這個病毒，或者覺得這不會發生在自己身上。如今我站在這裡告訴大家，任何人都可能得到這個病毒。即使是我，魔術強森，也會染上HIV病毒。」

「我當時就在現場，」史帝夫．史普林格回憶道，「這打擊實在太大了……在他說『我會戰勝它，我會回來』的時候，我對某人說：『對手可不是波士頓塞爾提克。他不會回來的。我們將不得不看著這個人在大庭廣眾之下死去。』這是我唯一一次參加過每個記者最後都哭著離開的記者會。傑瑞．巴斯在後台也倒在了卡里姆的懷中啜泣。這真是太令人心碎了。」

湖人的球員和工作人員看著這些詭異的現象發生，聽著滿座的記者們不斷提問，並在記者會結束時呆若木雞地坐在一起。

「他在微笑，」《洛杉磯時報》專欄作家麥克．道尼（Mike Downey）在提到強森時如此寫道，「他是唯一一個笑得出來的人。」

友人與其他人

那個十一月的深夜，喬．「豆豆糖」．布萊恩和他的家人正在歐洲熟睡著，突然電話鈴響響起，傳來了魔術強森可能活不了多久的消息。魔術是布萊恩的偶像，這代表他也是喬那個十三歲兒子的偶像。

這個消息震驚到布萊恩一家，讓他們在歐洲的生活就此劃下休止符並回到美國，在NBA生涯結束後，喬在歐洲打了八個球季。一位被他們仰望著的明星，如今，正面臨了危及性命的威脅。

「我當時只想搞清楚到底發生了什麼事，」他的兒子科比後來回憶道，「我哭了。我完全一頭霧水。我讀了幾本書，租了一部電影來看。當時只是個孩子的我，根本不知道該做什麼，只希望自己能以某種方式幫助他。那是段非常痛苦的時期。」

在得知這個消息後，年輕的科比有段時間都陷入了深深的悲痛之中，幾乎沒有辦法能讓他得到安慰。當然，在職業生涯中，強森影響了數百萬名年輕的仰慕者，但最重要的莫過於科比・布萊恩。在科比只有三歲時，他的父親喬曾對《費城論壇報》說：「我帶科比去看過湖人的比賽，並讓他認識球員。他是魔術強森的粉絲。」

他的兒子在童年時期花了很多時間研究NBA球星的影片，強森的影片更是重點研究對象。「我想看魔術，」科比在二〇〇〇年的一次訪談中回憶道，「他對比賽有著純粹的熱情。你看得出來，他就是愛打球。此外，他的快攻傳球也曾讓我為之瘋狂。」

強森和羅森也知道這個消息會對很多人造成類似的衝擊。在宣布此事前的幾個小時，他們急忙列出了一些需要事先知會的關鍵人物，以免讓他們和其他人一樣受到類似的打擊。

一九八九年，強森在為自己舉辦三十歲的生日派對時，邀請了五百位「最親密的朋友」。但兩年後，在決定要提前把這個壞消息通知給誰時，他毫不猶豫地大幅縮減了這份最親密好友的名單，只剩包括喬丹、派特・萊里、阿塞尼奧・霍爾（Arsenio Hall）、賴瑞・柏德、麥可・庫柏、賈霸、艾塞亞・湯瑪斯和科特・蘭比斯在內的少數幾人。強森請羅森負責打這些電話。

每個得知此事的人都毫無意外地大吃一驚。霍爾知道後，甚至還想取消當晚深夜脫口秀的錄影行程，但羅森勸他打消了這個念頭。

被聘為紐約尼克總教練的萊里，一開始還打算在當晚出戰奧蘭多魔術的比賽請假，然後搭飛機趕來洛杉磯，但羅森說這樣也來不及。於是，萊里和尼克在麥迪遜廣場花園開賽前為他進行了祈禱。

當時效力於鳳凰城太陽的科特・蘭比斯中斷了訓練，飛往洛杉磯參加記者會。賈霸則問羅森他能幫什麼忙。「何不來論壇球場支持艾爾文？」聽了經紀人的提議，他便來到現場，為強森打氣。

在一九九二年的訪談中回憶起這些往事時，賈霸表示，他觀察到強森在他們一起打球的那些時日中的變化。「一九七九年十月，那時的艾爾文還只是個對一切都充滿了好奇、擁有著特別天賦的孩子，」賈霸坦言，「他沒有任何隱藏的動機，他只想過得開心。他達成了目標。從往日時光變成現在的結局，這種轉變真是太悲慘了。我對自己感到憤怒，因為我覺得我應該以某種方式警告他。我什麼也沒做，或者說我什麼也做不了。他是一個非常堅定的人，總是以自己的方式過著自己的人生。」

然而，隨著這個消息傳開，強森已經不能再按照他想要的方式過生活了。經紀人朗．羅森很快就明白了這一點。面對宣佈此事後如洪水般隨之湧入的壓力，他毫無準備。這位經紀人回憶，他辦公室裡的兩台傳真機開始不斷噴出來自世界各地的訊息，這個情況持續了好幾天都沒有停止的跡象。

在宣布此事前，羅森曾打電話給聯盟總裁大衛．史騰求助。當時總裁正飛往猶他，但立刻改變了行程，前往洛杉磯參加記者會。這位經紀人和強森將面臨一場巨大的公關危機，史騰毫不猶豫地伸出援手。「他非常敏銳，」羅森後來談到這位總裁時說，「魔術罹患愛滋病是一場危機，如果處理不當，就可能會撕裂整個聯盟，他很清楚這一點。」

史騰著手處理這個問題的方式，與他在一九八四年接掌聯盟時處理藥物濫用問題的方式很像。「當時最大的問題不再是NBA本身與毒品了，」羅森說，「過於氾濫的性行為才是。」

這整場危機都是因為任性，以及不進行安全的性行為而引爆的。

在這場公關事件中，賈許．羅森菲爾德這位剛走馬上任的NBA國際公關總監，顯然是最適合的求助對象。羅森菲爾德曾是湖人的公關總監，也是羅森和強森的至交。他花了兩個星期的時間來幫羅森控制這場公關危機帶來的傷害。

在消息公布後的幾天內，約有十萬封信湧進湖人和羅森的辦公室，都是寫給強森的。來信的人有些是愛滋病患者，有些是認識愛滋病患者的人，還有一些是希望捐款給魔術強森基金會的人。這個募款的基金會是為了對抗這個疾病而倉促成立的。

在當天晚上，羅森還接到了其他球隊的球員緊急打來的電話。「當晚有十位知名NBA球員打電話來，」羅森說，「他們大多在問：『我該怎麼辦？我該怎麼進行檢測？』他們都嚇得要死。」

在當時的美國，人們認為愛滋病主要是出現在乏人問津的邊緣群體。當時的文化不僅仍充滿了種族主義和性別歧視，而且長期以來一直明顯地對同性戀抱持恐懼。一九九一年，向美國疾病管制與預防中心報告的四萬五千五百零六個新增愛滋病例中，大約百分之五十二跟男同性戀有關。十一月那個星期四的新聞快報引發了大量的人們猜測強森很可能也是屬於這個群體。

在他宣布自己染病後，《今日美國》籃球專欄作家彼德．韋西（Peter Vecsey）在一次電視訪談中被問到強森是不是同性戀的問題。韋西曾是美國陸軍特種部隊的一員，多年來以《紐約郵報》爆料最多、專寫內幕消息的專欄作家聞名，他回應說他不確定，因為他並沒有一直和強森待在一起。

羅森記得，他聽到了這段對話後，在那個星期六打電話給韋西要個說法——為何沒有幫強森說話。羅森說，他對對方指出，這麼多年以來，這位湖人球星已經把韋西當作朋友，總是花很多時間和他交談，並針對這位專欄作家為讀者撰寫的內幕報導提供了許多個人觀點，這些報導也因此被視為是不容錯過的內容。

你怎麼可以不為艾爾文出言辯護？羅森質問。「你明明知道他不是同性戀。」

這位經紀人回憶，韋西回應說他不能確定，並告訴羅森他多年來聽到一些關於人們常常看到強森出現在同性戀酒吧的風聲。

強森非常痛恨人們認為他是同性戀的這個說法。他和羅森知道他們應該要立刻行動，反擊宣告染病後引發的諸多揣測。強森首先想到的是在星期五晚上參加阿塞尼奧・霍爾主持、全國聯播的深夜脫口秀節目。除此之外，他還決定接受老友兼洛杉磯體育主播吉姆・希爾的訪問，並與和他合著《魔術的魔力》（Magic's Touch）一書的撰稿人羅伊・S・強森共同撰寫一篇文章，發表在《運動畫刊》上。

「我們知道，」羅森解釋，「透過找這些能讓艾爾文感到自在、會保護他的人幫忙，就能把這個消息傳出去了。」

在福斯電視網（Fox）開除了瓊・瑞佛斯（Joan Rivers）後，阿塞尼奧・霍爾在一九八八年接替了她的位置，進入了深夜脫口秀的圈子。他與魔術強森也因此在接下來的四年建立了深厚的友誼。當時，這只是個臨時的短期任務，霍爾想要繼續保住這份工作，就必須讓派拉蒙（Paramount）影業公司相信他自己能扛起一個節目。

由於影業公司老闆們打算在某天晚上來現場看他的節目，於是霍爾請強森來當他的臨時來賓。霍爾認為，此舉能向派拉蒙證明他有能力請來重量級名人。當晚的來賓還有小理察（Little Richard）和麥克・泰森（Mike Tyson），強森也帶著滿面的笑容出場，與大家擁抱和握手，這一切都為霍爾的主持之路開出一條康莊大道。

如今，隨著強森身邊的世界正在崩塌，他想上霍爾的節目為自己辯護，想要他回報那份恩情。他想在霍爾的節目上，解釋自己的處境。

羅森記得，霍爾一開始猶豫了，擔心強森出場會是一場災難。撇開強森不談，霍爾也不覺得身為主持人的自己能扛得住這種情緒壓力。霍爾甚至打了幾通電話，試圖說服強森和他的顧問團改變主意。然而，強森的心意已決。

與霍爾的擔憂相反，這次登場對強森和節目收視率來說都是一次成功。那晚，強森穿著奶油色雙排釦西裝外套走進《阿塞尼奧・霍爾秀》的舞台，全場觀眾起立鼓掌，熱烈的掌聲持續了兩分多鐘，接著轉變為一陣陣呼喊著「魔術！魔術！魔術！」的歡呼。在觀眾平靜下來後，霍爾並沒有直接問強森他是不是同性戀，而是簡單地提到了這個話題，強森隨即回應，自己「絕對不是同性戀，差得遠了」。全場觀眾聞言，再次報以熱烈掌聲。

強森呼籲世界各地的人們要進行安全性行為，這一呼籲受到了批評，因為強森並未指出性傳播疾病的最佳預防方法就是禁慾。強森很快就修改了他的訊息，加入了這個選項。

強森在霍爾秀的更衣室接受了吉姆．希爾的訪問，接著坐下來與羅伊．強森談論那篇刊登在《運動畫刊》上的文章。他在文章中寫道：「現在，我相信大部分的美國人都聽過我是同性戀的謠言了。」他寫道，「是時候忘掉這些謠傳了。有些人是在一九八八年和一九八九年的NBA總冠軍賽時開始散播這種傳言的，因為當時我在比賽前親吻了艾塞亞．湯瑪斯的臉頰，而這只是我們展示對彼此的友誼與對比賽的尊重。不過，事實上，我已經從很久以前就聽過這種說法了……。」

「我與每個和愛滋病對抗的人感同身受，無論他／她是哪種性向，但我從未進行過任何同性之間的性行為，從來沒有。」

他說，他並沒有像威爾特．張伯倫所自稱的那樣，和兩萬名女性上過床。而張伯倫自稱的經歷後來遭到了人們的質疑，被認為這主要是為了炒作他正在出版的書而誇大的數字。但這個故事為強森提供了一個機會，讓他可以把這些情況說成只是一種「單身漢的生活方式」。

「我確定我是因為與一名感染病毒的女性在沒有保護措施下進行性行為而被感染的，」他寫道，「問題是我無法確定具體的時間、地點或是哪位女性。這是一個數字的問題。在我結婚之前，我從來不缺女性伴侶……我承認，我在一九七九年來到洛杉磯後，我竭盡所能地迎接了女性的投懷送抱，只要在我能力範圍內，不管多少人來找我，我都會滿足她們，而這些過程中進行的大多是沒有保護措施的性行為。」

這場公關行動有著正反兩面很極端的結果。隨著羅森聽到強森代言合作夥伴們的反應時，這一點變得更加明顯。一開始，這位經紀人幾乎沒有時間考慮宣布此事會對財務造成什麼影響，也沒有考慮這對他當時每年約五百萬美金的代言費會有什麼影響。羅森本打算聯繫強森的每個合作公司中的重要人物，這些公司包括Converse、西班牙肉製品公司Campofrio、雀巢、百事可樂、斯伯丁、肯德基、老虎電子（Tiger Electronics）和維京電子（Virgin Electronics）。然而，由於消息提前走漏，羅森只來得及聯絡上述名單中的其中四家——百事可樂、Converse、斯伯丁和雀巢。

染病的消息宣布後，引發了外界對這些企業會不會開始與強森切割的猜測。無論是不是來得及聯絡的公司，所有的合作公司都打電話或寄來傳真表示支持，這讓羅森鬆了一口氣。但只過了幾天，雀巢便默默地取消一則已經製作好，也原定要播放的廣告。這算是一則基本款的廣告，強森在片中投籃，配上雀巢巧克力的標語：「它超好吃。」

「他們覺得當時不適合播出這則廣告，」羅森回憶道，「我們不同意，但他們確實有權變更計畫。」

Converse很快宣佈會支持強森，但這個訊息的意義不大。幾個月前，儘管這家球鞋與服裝公司每年還是要付給強森七位數的代言費，但已經不再將他列入公司的行銷計畫中了。尤其是看著喬丹的耐吉系列球鞋蒸蒸日上，更是讓強森的心情越想越沉重。強森甚至主動要為Converse拍廣告，儘管這並不會讓球鞋公司多付一毛錢，但該公司依然拒絕了。因此，他要求解除合約，但球鞋公司也拒絕了。Converse的母公司Interco於一九九一年申請了破產保護，因此出現了強森與排排站的債權人。他無法解除合約，因為破產法院認為他與Converse的合作是該球鞋公司最有價值的資產。儘管這家球鞋公司重拾了良好的信譽，也繼續把支票寄給強森了，但它仍欠他好幾筆未支付的款項。（正如羅森後來解釋的那樣，強森最終和這家球鞋公司弭平了所有歧見。不過，在那之後，強森再也沒有簽過任何一筆有實質意義的大型球鞋代言合約。他一度試圖推出自己的鞋款，但不久後，就將重心轉向了其他的商業領域。）

更糟的是，這份球鞋合約已經被改成一份長期合約，在一九九五年之前，他都被綁在這份Converse的合約上。對耐吉和Reebok等競爭對手來說，這也是個不錯的結果。耐吉和Reebok都對羅森表示過，如果沒辦法和強森合作，那麼他們更希望強森留在Converse，這樣就不會有人拿出他的名號來瓜分他們的市占率。

在宣布染病後，沒過幾天，就有保險套公司和一家製藥公司邀請強森來代言。但羅森和強森認為，接受這些代言合約，會令人覺得他們好像很急著利用自己的健康問題牟利。不過，強森很快就與出版界的巨頭蘭登書屋（Random House）簽下一份三本書、五百萬美金的合約，這代表在全世界被檢測出HIV陽性的一千一百萬人中，可能只有他能把自己染病的身分轉化為經濟收益。

消息公布後的幾天裡，強森與妻子及四對朋友夫婦躲到茂宜島上一間租來的海濱別墅。他的內心已經開始產生疑問。他做的決定是正確的嗎？他明明沒有任何不舒服的感覺。他的人生一直像童話故事般美好，現在卻突然發生了變化，將他的命運推往一個陌生的方向。他知道自己還沒準備要退休。他的個性也讓他閒不下來。

不久之後，又出現了別的事情使他分心。一些八卦小報已經跟著他來到了茂宜島。狗仔隊找到了在威斯汀酒店的泳池邊待了一段時間的他，這使他不得不離開此處再去別的地方。

蘭辛

查爾斯．塔克在接獲記者的聯絡時，他承認自己因為這件事而十分悲痛，但他立刻做出了一個正面的預測：「即使退無可退，英雄還是會繼續前進。他現在處在沒有退路的逆境，但他是一位英雄，他會繼續前進，並以其他方式幫助他人。」

強森的伴郎戴爾・比爾德並不是他提早告知染病的朋友之一。他會被忽略，似乎與他在那年十一月最害怕的諸多事項之一有關，那就是這個消息在蘭辛傳開後會有什麼反應。（多年之後，喬治・福克斯曾表示，強森會染病就是因為「和傑瑞・巴斯一起參加太多場冒險之旅了。」）

克莉絲汀・強森回憶道，她在那段時間中聽到了許多令她大吃一驚的言論，她很驚訝，人們竟然能如此殘忍。

另一方面，也有朋友如比爾德一樣善解人意，他在二〇一九年的一次訪談中分享，自己清楚地記得當時的情況。「你知道的，他打電話給了像是麥可・庫柏和派特・萊里之類的朋友，」比爾德說，「他打電話給那些他覺得應該馬上告知的對象。在把事情的經過告訴這些人後，他們就覺得：『好了，你們知道了吧，我已經知會過應該知道這件事的人了。』」

至於比爾德，他是從電視上得知這件事的。他很震驚，但他不想立刻打電話給強森，因為他覺得他的朋友此時肯定忙得人仰馬翻。比爾德等了幾天，本來還可能等更久，但媒體打來的電話蜂擁而至，他們紛紛要求他發表評論或邀請他上電視。

所有人都想從這位伴郎兼老友口中聽到關於強森的消息。

比爾德回憶道，最高的一筆報酬是《歐普拉秀》（Oprah Winfrey’s show）給的六十萬美金。「歐普拉的工作人員在那個星期五打電話給我，要我飛去芝加哥上節目。我還以為是個惡作劇。」

但製作單位早已為他安排好了航班。他補充，還有一家八卦小報開價十五萬美金。「我當時心想：不，我不能這麼做，不可以。」

出於好奇，他後來把所有的報價加起來，發現自己損失了數百萬美元，因此笑了出來。包括幾乎全密西根州的廣播電台和電視台在內，有許多新聞單位找上門來，但都沒有提供任何報酬。

在被轟炸了好幾天後，比爾德終於受不了了，於是他打給強森，聯絡到人在夏威夷的他。《國家詢問報》（*National Enquirer*）甚至想要比爾德飛到夏威夷，希望能在那裡逮到強森。

「媒體簡直瘋了，」他回憶當時的情況說道，「我打電話跟他說：『嘿，老兄，你知道嗎，這些八卦小報都在找我，甚至有人出價十五萬。』從《明星周刊》（*Star magazine*）、《國家詢問報》再到《芝加哥論壇報》和《紐約時報》，都在打電話給我。我甚至不知道他們怎麼拿到我的電話號碼的。所以我打電話給艾爾文，告訴他：『我沒有回應任何人。』他說：『好，你瞭解吧，如果他們繼續打電話，就說：對不起，無可奉告。』他說，這樣他們就會打退堂鼓了。只要我願意當個大嘴巴，知無不言，就可以賺到將近三百萬美金。」

面對媒體鋪天蓋地的關注，強森最後決定尋求他真正的避難所。「他回電給我，說他要回來待一段時間，回蘭辛避風頭，」比爾德說，「所以在他回來時，我和我們這群老友大多在他的老家看到了他。」

強森為他的父母建造了一座夢想中的家園，有七間臥室和一個環狀車道，這成為了他完美的避風港。比爾德不想在那裡逗留太久，但他確實想去看看，想盡自己最大的能力幫他的忙，但同時也要確保自己不會打擾到這位老朋友。

「我們只有聊聊，」他回憶道，「並不是說他去哪裡都不會有人說什麼，但他就是想回來，和家人待在一起，遠離鎂光燈，思考他接下來該做什麼、要做什麼，因為這實在是件大事。」

最重要的是，強森可以沉浸在家的溫暖之中，而不會覺得自己受到他人的批判。「他們這家人的緊密連結深深地紮根於這棟房子之中，」比爾德記得，「他們對彼此展現了真誠的愛，老兄，你懂吧，很多很多的愛。沒有人知道會發生什麼事，因為這一切在當時都是全新的未知領域。在第一次聽說這種病的時候，人們以為你感染了這種病毒後，隔天就會死。沒有人教給大家足夠的知識來瞭解得到這個病後會發生什麼事。但認識艾爾文的人都知道，他是個內心堅強、意志堅定的人，他會做好自己該做的事來克服這一切。」

至於媒體的所有關注，「這讓人覺得有點悲哀，因為我不覺得他們是真的關心這個人真正的感受以及正在經歷些什麼，」比爾德說，「他們只想著寫出報導。」

這段在蘭辛的時間的確有所助益。但強森仍無法放棄他不該就此退休的念頭。回到洛杉磯後，他又開始一些過往的例行公事，像是在湖人的比賽前早早到達論壇球場，穿上球衣與裝備，進行投籃的熱身訓練，引座員和提早進場的早鳥球迷們會在場邊為他打氣。接著，他會沖澡、換衣服，有時候甚至會和球隊成員們一起坐在板凳區。但那裡離球場太近了。他想重回賽場。坐在板凳上，他能夠聞到比賽的氣息，所以他退了幾步，回到觀眾席。

然而，他的醫生從一開始就希望他繼續運動。他已經開始服用AZT，這種藥物有助於減緩病毒的蔓延，醫生們也很想追蹤他的調整狀況。

他非常想念每天打球的感覺，因此他只好勉強到洛杉磯的體育俱樂部報隊來過個乾癮。他的醫生表示，病毒幾乎不可能藉由打籃球傳播。在俱樂部裡，他試著和平凡人以及少數的前大學球員一起打球來尋找滿足感。

不過，現在在球場兩翼的不是渥錫了，而是三十一歲的普通銀行行員。因此儘管強森傳出了價值連城的妙傳，結果也只會砸到他的臉。無論在哪裡打球，強森都不喜歡浪費一次助攻。但在俱樂部，他勉強自己微笑，畢竟這些人接納了他。他們卡位搶籃板並認真防守，沒有人害怕愛滋病。一旦他發現了這種氛圍，就能讓他全心投入，彷彿變回了孩子，重新回到曼恩街上的球場中。

然而，這一切最終只會激起他想打球的渴望。他想要上場比賽。他的離開來得太過突然。燈光、媒體、球迷、簽名、休息室、夥伴、球隊、旅行、目標，這一切在前一刻還是理所當然的存在，在下一刻就破滅了。他甚至還沒有為了最後一次比賽而榨出自己全部的熱愛。

他想再次上場打球，也許是全職。如果不是全職，也希望至少能用某種方式告別球場，或許像一九八九年的賈霸一樣，辦場告別巡演。

在俱樂部打了幾個星期的球後，強森決定找一群更會打的球員來打，這群球員大多是前職業球員和大學球員，能給他更多的挑戰。這群人包括麥克．鄧里維、賴瑞．祖魯與前雪城大學球星史蒂維．湯普森（Stevie Thompson）。他們成為了強森的非正式後援團，只要他能找到空的體育館，無論何時，這些人大多都會設法與他一起打球。早上七點，晚上十點，都不是問題，他們都希望能幫上忙。

這種更高水準的競爭進一步激發了強森的渴望。到了十二月底，強森幾乎每天都會打電話給羅森討論復出的可能性，但這位經紀人卻猶豫不前。強森也不斷在電話中和老艾爾文討論這件事。他的父親告訴他，如果你狀況很好，也想打球，那就回去打球吧。

一月初，強森打了電話給羅森。「就告訴他們，我下週要復出了，」他下達了這道命令，但羅森再次設法拖延時間。在宣布染病後不久，羅森曾飛往紐約，與史騰及助理蓋瑞．貝特曼、拉斯．格拉尼克等ＮＢＡ高層進行會談。羅森告訴他們艾爾文會想參加日後在奧蘭多舉辦的明星賽，畢竟他的名字有在全明星票選選票上，這會是個絕佳的告別秀。

史騰和他的同事們立刻同意了。他們說，這是個非常棒的主意，畢竟強森對聯盟的成功有著巨大的貢獻，沒有理由不讓他上場。

如果其他事情也能這麼簡單就好了。

那些和他很熟的人都目睹了強森是如何在轉瞬之間被迫與原本亮麗的生活告別。但他們不得不佩服強森。毫無疑問，強森在大眾面前坦承這件事，對自己造成了巨大的傷害，然而，他沒用多少時間就找到了新的知心好友，那就是在全球變得越來越多的愛滋病患者。

不可否認，在宣布自己染病後，成為這個群體的代表，令他有些不安。但是，一旦他適應了，便開始充分運用這個新身分。

在公布染病消息時，他曾宣布自己有成為「ＨＩＶ病毒代言人」的意願。他很快就發現，這個身分讓他就像是成為了某種地獄商會的領頭羊。值得稱讚的是，他努力學習瞭解這種疾病，並開始發揮他超大的影響力。其他患有愛滋病的名人大多選擇私下與病毒對抗，當然，這是他們的權利，但他卻以他一貫的積極態度來應對這個情況。

不久後，在他剛獲得這個新身分時，有人問他染上病毒後，是不是讓他的「日子變得很難過」。

「我不是那種會把日子過得很難過的人，」他回答，「每天醒來，我都很開心，準備好去做點什麼。如果你沒有調整好心態，才會因為病毒而度過糟糕的一天，所以我不會因此而低落。我不會去問：『為什麼是我？』我會繼續前進。事情發生了，我就面對它，但它不會讓我因此沒辦法好好過生活並享受人生。」

在他宣布此事後的幾天內，全國的愛滋病熱線都被尋求資訊和諮詢的電話打爆了。他的基金會收到的明信片和信件也把論壇球場的一個大儲藏室塞得滿滿的，一袋袋的信件堆到了天花板，要好幾隊的義工花上幾星期的時間才能把信拆完，過濾掉少部分飽含仇恨言論的信件，專心處理那些真的很擔心、想尋求協助以及支持者的來信。在這件事公布後的前兩個星期，強森基金會收到的自主捐款超過了五十萬美金。光是和強森幾乎沒什麼交集的ＮＢＡ球員的雷克斯‧查普曼（Rex Chapman）就捐了五萬美元，這些來自大眾的愛心讓強森深受鼓舞。

在他成名的這些年，他對於信仰的態度相對之下變得比較隨意，但隨著被診斷出染病，這樣的態度開始有了改變。現在，面對死亡，強森開始重新找回一些靈性的生活。由於職業籃球界在星期日進行比賽和訓練，他之前很少有時間上教堂，但隨著他突然退出球壇，他又有時間去了。他和妻子「餅乾」開始悄悄地在洛杉磯參加禮拜。

很快，強森開始把別人對他的評價當成自己的信念，覺得自己一定是被上帝選中來對抗這種疾病的。因此，強森開始兌現承諾加入對抗愛滋病抗爭的行動。除了設立魔術強森基金會為愛滋病研究募款，他還自己出版了一本名為《你能做什麼來避免得愛滋病》（*What You Can Do to Avoid AIDS*）的書。為了喚醒大眾對愛滋病的警覺心，他與阿塞尼奧・霍爾製作了一個名為《暫停》（*Time Out*）的影片在公立學校放映。他還與主播琳達・艾勒畢（**Linda Ellerbee**）合作，為兒童製作了一個廣受好評的愛滋病專題節目，在尼克兒童頻道播出（並得到了雀巢的贊助）。

強森宣稱，他特別希望自己能觸及「年輕人，因為我想確保我所經歷的事情不會發生在他們身上。」他還繼續做了其他慈善工作，包括支持黑人學院聯合基金、美國心臟協會和肌肉失養症協會。一九九二年二月，強森再次舉辦了他所贊助的肌肉失養症協會的年度晚宴。「反應非常熱烈，」該協會的包柏・吉爾（**Bob Gile**）說，「來的人比以往還要多。」

然而，強森很快發現，與其他慈善活動不同，他對愛滋病的投入超出了表面善意的範疇。宣布染病後不久，他同意加入總統喬治・布希（**George H. W. Bush**）的愛滋病委員會，並在一月中旬前往華盛頓參加個人第一次的委員會會議。他在那裡遇到了本身也患有此病的愛滋病社會運動人士狄瑞克・霍德爾（**Derek Hodel**）。霍德爾談到了強森為對抗愛滋病帶來的巨大力量，強森在一夜之間為這個議題吸引到的關注程度，是其他社運人士們努力十年都沒辦法獲得的。「強森先生，你已經藉由你的求生意志、戰勝這種疾病的意志，為愛滋病患者帶來了極大的希望，」霍德爾說，「你對於自身病情的控制與積極的態度，展現出巨大的勇氣。不幸的是，這些還不足以保證你能活下去。」

霍德爾的演講和他對布希政府在愛滋病研究方面的支持不足所做出的批評，深深觸動了強森。這次來到華盛頓評論這個非常複雜的議題，都讓他覺得很緊張。他不想搞砸，尤其是不想在前來報導這場會議的大批媒體面前搞砸。

當晚，回到飯店房間後，他打電話給在洛杉磯的羅森。他告訴他的經紀人，霍德爾的演講讓他大開眼界，第一次真正理解到人們在面對愛滋病時所產生的理解與承受的現實。光是從這段演講，他就學到了比他以前讀過的所有文獻都還要多的知識。

「這觸動了艾爾文的神經，」羅森說，「這是一場現實的反思。」

「他們準備了各式各樣的圖表，」強森說明，「他們展示了非裔美國人從十年前至今在每個數據中的變化，而在各種分類，不論是孩童、成人還是女性，我們在每項數據中都是最高的，而且這些數據都還在不斷地上升、上升再上升。我不得不坐下來深吸一口氣。」

雖然愛滋病讓他感受到不少震撼，但它也擴大了他的知名度。無論他走到哪裡，都能激起觀眾空前的熱情。「我以前走進任何地方都不需要有人陪同，」他說，「現在，我得帶著六個人才能穿過人群。這真是大不相同。」

不久後，強森開始限制自己公開露面的頻率。不知不覺間，他成為了這種疾病的代言人、守護神。隨著時間過去，他越來越不喜歡這個角色。他很難解釋為什麼，但有一點能確定，那就是他想要過原本的生活，而且他想活下去。

第三十章　暴風雨中的避風港

強森非常急切地想重回球場的懷抱，但在抱持著這個想法的同時，他也很快地有了更深層的領悟。在得知他將參加一九九二年二月中旬在奧蘭多舉辦的第四十二屆NBA明星賽時，並不是每個人都樂見其成。有人擔心會被感染，還有些人似乎已經受不了他不斷地佔據NBA的主要話題。

這當然也包括不得不在沒有強森的情況下繼續奮戰的湖人隊。當時，已經觀察湖人的觀眾與球迷群長達三十年的約翰．瑞德克里夫分享了自己的觀點。「球迷們被寵壞了，」在一九九二年剛進入冬季時，瑞德克里夫表示，「自從艾爾文來到這裡後，他們變得非常非常難以取悅。他們期待每次進攻都能出現精彩的表現。過去十年，他們享受到了這個滋味，也一次又一次地看到了球場上的視覺饗宴，但現在，我們沒辦法再打出這種場面了。」

撇開湖人隊的問題不談，有一點幾乎可以確定的，那就是這次不會上演另一場無聊的明星賽。魔術將前往神奇王國（Magic Kingdom），展開一場盛大的演出。這應該會是他的偉大終曲，一場向聯盟和球迷道別的告別秀。

這也是另一次能讓人們更加注重愛滋病的機會。這場比賽將在全球九十個國家進行直播，將有超過九百六十名記者親自來到現場採訪，這一切都是為了看到一名感染HIV病毒的運動員上場競技。就算只是短暫的一瞬間，全世界的愛滋病患者也能因此從陰影中走出來，並感受到自己也被社會再次接納的感覺。這場比賽中，有一位和他們一樣的人，正在世界的大舞台上打球。

不意外，由於對這種疾病的感染方式知之甚少，許多NBA球員並沒有做好接受與強森打球的心理準備。畢竟，籃球是一項在狹小的空間內進行近距離接觸的運動。正如人們常說的那樣，這是個會交換汗水的運動。球員們為了爭搶籃板和在地板上彈跳的球而刮傷、割傷，甚至撞得鼻青臉腫，都是家常便飯。

賽前一個月左右，克里夫蘭的後衛馬克・普萊斯（Mark Price）和波特蘭的前鋒傑羅姆・科西（Jerome Kersey）表達了他們對安全的擔憂。強森對此感到不滿，但他們並不是他的隊友或好友。更何況，在幾個月前，就連強森對自己的感染狀況也只是一知半解。

後來，連A.C.葛林和拜倫・史考特也告訴記者說，他們認為強森不應該參加明星賽。史考特表示，他擔心強森的健康。葛林則單純質疑，既然強森已經退休了，他怎麼還能獲得明星球員的榮譽。

「這讓我清楚地感受到：『好，你不再是這支球隊的一分子了。』」強森對記者表示，「在那之前，我還覺得自己是球隊的一員，但這件事讓我更確定自己退休了。」

這是他第一次開始理解到，其他愛滋病患者每天是怎麼被他人排擠的。

然而，在這個低潮時期，有一個舉動給了強森鼓勵。一月，在湖人於主場迎戰熱火的比賽前，強森穿著球衣在場上投籃時，邁阿密的中鋒羅尼・塞克利（Rony Seikaly）上前詢問能不能跟他一對一單挑。對強森來說，這就像回到了家鄉球場上的那些快樂的時刻。職業球員在熱身時小試身手，進行一對一時，這通常只會變成輪流投籃的呆板比賽。但塞克利顯然想讓比賽變得更有競爭性，他認真防守、拚搶籃板球，而強森其實和塞克利不熟。

「他上場後就直接和我開始打球，」強森談到塞克利時說，「其他人的心中都充滿了恐懼，但他完全沒在怕，我們就單純地打了一場球。」

NBA也沒有對這件事掉以輕心，為了支持強森的出場，他們對球員和媒體進行了一場大規模的資訊宣導。在接下來的幾個月，聯盟將制定有關球員流血的規則。如果比賽中有人被割傷或刮傷，比賽就會被暫停，該球員會先暫時離場，直到止血並包紮完畢後才能繼續上場。球隊訓練師會戴著乳膠手套來處理這些狀況。這個規則制定後，球員們只剩下一個疑問：如果和被感染的球員對抗這麼安全，那為什麼訓練師還要戴手套？

儘管一開始出現了這些疑慮，日後證明，在奧蘭多舉行的這場明星賽，在許多人眼中既轟動且成功。首先，NBA與迪士尼世界（Walt Disney World）合作，舉辦了一場熱鬧的派對。在全明星週末的星期五晚上，神奇王國開放給媒體和NBA的特別嘉賓。在這座主題樂園中，四處都是遊行樂隊、迪士尼卡通人物、免費的表演以及源源不絕的酒、海鮮和開胃菜。

在星期天晚上的比賽開始前，早上強森坐在休息室裡，靜靜地與一小群記者交談。在不停閃爍的閃光燈下，有人送給他一打玫瑰。

「你看起來像是剛在肯塔基德比（Kentucky Derby）*中獲勝。」一名記者打趣說道。

強森對圍繞在他身邊的媒體述說著這一天將會多麼美好，這將是全球愛滋病患者的勝利。「無論發生了什麼負面的事，我都會一直是個積極樂觀的人，」他說，「只要有家人和朋友支持你，就夠了。我必須為自己挺身而出，也必須為許多人站出來，無論他們患有什麼疾病、殘疾或是任何障礙，我要讓他們知道，他們還是可以繼續前進。」

* 譯註：自一八七五年起，每年於五月第一個禮拜六舉行的賽馬國際一級賽，是美國歷史最悠久的體育賽事之一。有「體育界最令人興奮的兩分鐘」的美稱。

看著強森從十一月起深陷泥淖的隊友詹姆斯．渥錫觀察到，在他的眾多優點之中，領袖魅力無疑是最強的一項。「他是一個非常勇敢的人。這不是他第一次遇到爭議。就我的觀察，他處理這起事件的方式，與他在五、六年前處理其他事情時的方式沒什麼不同。他努力說正確的話，做對的事，樂觀思考，不讓這些壁壘、難關成為他的阻礙，讓他沒辦法做想做的事。」

稍後，在比賽開始前，把一位年輕漂亮的褐髮女子帶在身邊的傑瑞．巴斯來到場邊，看著在場上熱身的強森。這位老闆的老友看到他後，微笑著走過來與他握手，並把長臂掛在他的肩膀上，緊緊摟住了他。

過去十二年裡，他們一起為許多座總冠軍慶祝過，也一起經歷過了低迷的時光，現在這一切都因為強森令人震驚的消息而告一段落。從某些方面來看，巴斯可能比任何人都更難以接受這件事。在強森被診斷出感染病毒後的兩個星期，巴斯每天都會打電話給羅森詢問強森的狀況，每次都會在談話中情緒崩潰並落淚。「告訴我，我能為艾爾文做什麼。」他對這位經紀人說。

羅森建議這位老闆，只要打電話給強森就好了。

但巴斯卻一直沒辦法做好心理準備。他說，他們必須當面聊。而在他們真的碰面時，巴斯卻再一次被悲傷淹沒。他向強森保證，儘管合約還沒有簽，球隊仍然會履行他那份新的超大合約，這是對強森這些年來以低於實際價值的薪資打球所表示出來的誠意。他們都知道，在這場明星賽中出場，對彼此來說有什麼意義。

如同他人生中許多重要的比賽，強森在賽前的夜晚都很緊張、睡不著覺、充滿了焦慮。這將是他所經歷過最重要的時刻之一。他已經將近四個月沒有打過職業水準的球賽，他不想在全世界面前出糗。

「放輕鬆，老兄，」詹姆斯．渥錫告訴他，「別擔心這個。如果你投了一記麵包球，就算觀眾噓你，你也只要和他們一起笑笑、玩得開心就好。」

放輕鬆，強森確實做到這一點，而奧蘭多體育館（Orlando Arena）也用滿滿的愛回應他，讓他沐浴在兩萬三千名觀眾對他的喜愛之中。在上場之前，他就已經開始感受到這一切了。

在麥可・波頓（Michael Bolton）唱完國歌時，強森眼中的淚水就已經在眼眶裡打轉。而以艾塞亞・湯瑪斯為首的東區明星隊球員打破了對手之間的隔閡，輪流上前擁抱他。

強森緊張地搓著手，帶領西區明星隊的先發球員上場跳球。以競賽的角度來看，大家很快就會發現這場比賽變成了一面倒的局面，但這也多出了很多垃圾時間，而這對他來說再好不過，因為此刻的氣氛正像是他年輕時非常享受的球場時光。

比賽結果，西區明星隊贏了，比數是一百五十三比一百一十三，但這個結果並不是真正的「魔術時刻」。在比賽還剩不到三分鐘時，強森先是在其他球員都讓開的球場上與湯瑪斯單挑。他守住湯瑪斯後，在進攻端命中了一記三分球，這令觀眾席響起了一陣歡呼。接著，在場上頻頻送出經典的不看人傳球的他，又找到機會把其中一球送到了鳳凰城太陽隊球員丹・馬爾利（Dan Majerle）手中，這也讓球迷十分興奮。最後，他和麥可・喬丹也進行了一次單挑對決。他先在防守端迅速地擋下對方的進攻，隨後在另一端再次命中一記三分球。隨著橘色皮球空心入網，球場也在這瞬間為之沸騰。

比賽還剩十四秒時，湯瑪斯咧嘴一笑，把球拿在手中。這場比賽的精彩結尾，必須是魔術留下的神奇註腳。儘管波特蘭的克萊德・崔斯勒也打得很棒，但憑著他的風采、魅力與二十五分和九籃板的成績，強森獲選為這場比賽的MVP。

「無論發生什麼事，我都會在我剩餘的人生中將這一刻視為珍寶，」強森說，「現在的我彷彿置身於夢中，完全不想醒來。」

明星賽結束後過了一星期，湖人隊在論壇球場舉行了另一場感人的儀式，高掛了他三十二號球衣。這兩場活動令原本就已經滿腦子想重返球場的他，對回歸的渴望被滋養得更加強烈。

然而，他的顧問和朋友們再次勸他不要這麼做，他也聽從了這個建議。於是，他在NBC改當球評。至於對打籃球的渴望，強森把它集中在即將到來的巴塞隆納奧運上，他已經獲准參加「夢幻隊」。

四月，洛杉磯因羅德尼·金（Rodney King）遭警方施暴案的判決結果*而引發暴動。火災、暴力與趁火打劫，令超過五十人死亡，並造成數十億美金的損失。暴力事件蔓延到論壇球場附近的幾個街區，幾名湖人球員和工作人員在體育館的辦公室裡看著電視，目睹了外面發生這起人心惶惶的事件。不知何故，在那年春天，儘管沒有強森，湖人還是在球季尾聲贏得了關鍵的一勝，奇蹟般地連續十六次晉級季後賽。這場暴動迫使球隊在與波特蘭交手的系列賽中將主場移到拉斯維加斯，在這輪賽事中，湖人以一比三落敗，也讓人們立刻把焦點轉向了一九九二—九三球季和一個大問題上：如果強森會參加奧運，那這是不是代表著他會試圖復出？

六月初，強森在NBC的季後賽轉播行程碰上「餅乾」的預產期，所以他們決定進行引產，讓強森能夠在分娩過程中提醒太太拉梅茲呼吸法的要訣。艾爾文·強森三世順利出生，眼神明亮的他經過HIV檢測後，結果顯示為陰性。

欣喜若狂、如釋重負的強森回到了繁忙的工作中。他與作家威廉·諾瓦克（William Novak）合著的自傳《我的人生》（*My Life*）正在加緊趕工。負責預先宣傳的強森參加了在安那罕（Anaheim）舉行的美國書商協會大會，與出版業界中購買力強大的主力買家們進行了交流。在一場歡迎會中，他在與一排祝賀他的人打招呼時，有一位手持飲料、四十三歲的女子拿出一雙女兒的芭蕾舞鞋請他簽名。他簽名後，這名女子顯然非常激動。

她對他道謝後，轉身走了幾步，便倒地身亡，因主動脈剝離而猝死。

強森嚇呆了。她是因為見到我太興奮而死的嗎？他問道。羅森向他保證情況並非如此。不過，強森還是寫了一封信給她的家人，表示哀悼。

我的生活還能再怪異一點嗎？他自問。

夢想中的球隊

艾爾文．強森在一九九二年參加奧運時，將面對著被問題團團包圍的處境。在巴塞隆納，無論他走到哪裡，人群都會用熟悉的歡呼方式「抹—叔！」來迎接他。為了避免人們與媒體彷彿永無止境般地提出與愛滋病有關的問題，他做出了一個回答。他在第一天就告訴媒體，他只會回答一次關於健康狀況的問題，此後就只談籃球。

然而，他感染的是個世界性的疾病。根據世界衛生組織的報告，非洲、印度、亞洲、歐洲和北美洲的人們都受到愛滋病傳播的威脅。而強森無疑是所有患者中最引人注目的一位。無論他走到哪裡，他們就都跟到哪。每當他上場打球，就好像他們也在場上與他同在。然而，他似乎在賦予愛滋病患者力量的同時，也在令他們被邊緣化。

眾多抱持著懷疑的人提出了許多問題，而這些問題，只有時間能給出答案。

「這是我們生命中最棒的時刻，」強森在二〇〇五年回憶道，並補充說，「我一直想和麥可與賴瑞一起打

---

* 譯註：一九九一年，酒駕且超速的羅德尼．金被洛杉磯警方追逐，被攔下後拒捕並襲警，遭到警方痛毆並以各種手段制服。但隔天CNN電視台播出的畫面，是附近民眾拍攝、刪減過包含金撲向警方且鏡頭搖晃的版本，直到三星期後才發現有刪減片段並補上，但其他電視台還是播放刪減後的影片。後來法院在一九九二年判決逮捕羅德尼．金的四名白人警察無罪，從而引發了洛杉磯暴動。

球，現在我終於得到這個機會了。對於一名控衛來說，這會是最完美的比賽和時刻。你往右邊看，看得到麥可；往左邊看，看得到賴瑞。你會不知道該傳給誰才好。我的意思是，這支球隊是最偉大的天賦集合體。派崔克・尤英（Patrick Ewing）、卡爾・馬龍、約翰・史塔克頓（John Stockton）、崔斯勒、巴克利，有這麼多優秀的球員。還有皮朋和大衛・羅賓森（David Robinson）……我們將讓世界知道為什麼我們是最強的。」

然而，在奧運開賽前的幾個月裡，能不能做出這個結論，其實充滿了疑問。這個問題始於到底能不能讓喬丹成為球隊中的一員。能讓他同意參賽，對美國隊本身而言就是一場巨大的勝利，因為這是經歷過多次的談判才獲得的成果。由於喬丹與艾塞亞・湯瑪斯之間積怨已久，因此他堅決表示，如果球隊名單中有湯瑪斯的名字，他就不會同意參賽。這是《運動畫刊》的傑克・麥卡倫爆的料，他從一位不具名的選拔委員會成員口中得知了這個消息。

麥卡倫報導，委員會決定不邀請湯瑪斯，因為擔心他可能會影響球隊的化學效應。報導指出，無論是奧運的教練查克・戴利，還是底特律總經理並身兼選拔委員會成員的傑克・麥克羅斯基，都沒有積極地為湯瑪斯出言爭取球隊中的一席之地。

因此，喬丹同意參賽，這支身穿紅、白、藍三色的球隊將會在全球各地受到熱烈的歡迎，世人認為令對手們像小學生一樣目瞪口呆地來要簽名；為他們的精湛球技而屏息的美國隊，將這項運動提升到了另一個層次。時間會證明，這場盛會對這項運動在全球的普及度有著極大的助益，但就比賽本身而言，最有對抗張力的比賽，卻是他們球隊內部的一場對抗賽。他們很快就搞定了其他的對手，並在比賽過程中做了許多為秀而秀的表演，將原本神聖的奧運變成了毫無意義、實力懸殊的比賽。喬丹早就知道事情會變成這樣，也對此毫不諱言。

「你看看我們的天賦，再看看我們的對手，就知道會上演一場大屠殺了。」他在賽事前的幾個月就曾這麼說過。

儘管是在美國只派出自願參賽的業餘球員時代，奧運中也常常出現一面倒的比賽。現在，在備受矚目中登場的美國職業球員，每人將獲得每場六十萬至八十萬美元的酬勞。負責支付這筆費用的美國奧運委員會私下聯絡了每位球員，請求他們將這筆酬勞捐出來回饋奧運事業。有些球員猶豫了一下，然後捐出了全部或部分的薪酬。而摩納哥的賭場，肯定也因為球隊在奧運前夕進行宣傳活動造訪當地而分到了一部分。

這段賭博的經歷始於球隊在加州拉霍亞（La Jolla）進行的訓練營，強森在多利松飯店（Torrey Pines hotel）套房裡打牌的故事，也成為了傳奇的一部分。一位目擊者回憶，每次喬丹往獎金池裡放錢時，強森都會揶揄他的「網球鞋」幫他賺了多少錢。他們或許已成為「朋友」，但強森顯然仍對喬丹與耐吉的大合約耿耿於懷，那是一份不斷把錢送上門的禮物。

很快地，據目擊者稱，有女性出現了，這也分散了玩牌的人們的注意力，讓這些夜間活動變成了一系列的派對之夜。

奧運讓NBA的頂尖球星們第一次有了真正能一起好好度過的機會，讓他們更加瞭解彼此。與世界上其他所有球迷一樣，強森也驚嘆於這支球隊怎能集結如此驚人的天賦——尤英、柏德、喬丹、皮朋、卡爾·馬龍、約翰·史塔克頓、崔斯勒、巴克利、大衛·羅賓森、克里斯·穆林，就連唯一的業餘球員克里斯蒂安·雷特納（Christian Laettner）也是。

「這就像是，」這支球隊的教練查克·戴利說，「把貓王和披頭四組成一支樂隊。」

美國隊在打了十四場比賽後奪得金牌，他們每場至少贏了三十二分。

這次明星球員們齊聚一堂，但在檯面下的主旋律，是喬丹和強森再次展開較量。強森似乎一心想證明自己仍是籃球場上最好的球員，完全無視他的湖人在一九九一年被打得心服口服。他和喬丹又因為此事吵了起來，然後在球隊前往巴塞隆納之前，停留於摩納哥時，用一場隊內對抗賽解決了這個問題。這場對抗賽不對媒體開放，但這場由強森與喬丹各率一組人馬交手的比賽，在傑克·麥卡倫為了紀念這件大事的二十週年所寫的著作《夢幻隊》中被詳細記載了下來。

強森的「藍隊」，由巴克利、穆林、羅賓森和雷特納組成，一開始就取得了大幅領先。在球賽進行的同時，喬丹和強森的舌戰也如火如荼地進行著。喬丹的球隊，有皮朋、馬龍、尤英和柏德，最終成功逆轉，擊敗了憤怒的強森。他在賽後更生氣了，因為據說喬丹用自己新廣告中的歌曲來嘲諷他。

「有時我會在夢中想像……如果我能像麥可一樣。」唱著歌的喬丹後來說，「這是我在籃球場上過得最開心的時光。」

「魔術麥克」再次征服了他年輕時的英雄。

雙方的鬥爭一開始變得十分激烈，但最終，就連強森也不得不承認自己的時代已經過去。多年後，他會笑著回憶，喬丹飛過大衛·羅賓森完成一記三百六十度灌籃時，技驚四座的畫面。灌進這球後，據說他宣稱魔術和柏德的時代已經結束，現在的時代輪到他來主宰。他們已經都當過了「老大」，現在輪到他了。

「我們都只能向他俯首稱臣。」三十年後回憶起此事的強森笑著說。

一九九二年八月八日，在另一場毫無懸念的比賽中，美國隊以一百一十七比八十五擊敗克羅埃西亞，奪得金牌。

「他們知道自己在和世界上最強的球員對抗，」戴利在賽後說，「他們回家後，終其一生都可以對孩子們說：『我曾經和麥可·喬丹、魔術強森和賴瑞·柏德打過球。』他們和我們的頂尖球員對抗的次數越多，他們就變得越有信心。」

強森站在頒獎台上，面帶著微笑向沸騰的人群鞠躬致意。這個想贏得一切的男人，現在擁有了他唯一沒有的獎盃。

然而，顯然並不是球隊中的每個人，都跟強森一樣沉浸在這種歡慶勝利的氣氛。麥卡倫報導，強森的對手、波特蘭的克萊德・崔斯勒顯然已經受夠了，不想再看到強森。多年後，崔斯勒在回憶起強森時，會用盡全力來模仿這位湖人隊的明星球員：「魔術總是說：『上吧，克萊德，來吧，克萊德，跟我來，跟上我的腳步。』然後發出一大堆噪音。但事實上，那時他已經打不動了。他連自己的影子都守不住。」

麥卡倫進一步報導，崔斯勒說，考量到強森被診斷出HIV陽性，「你得理解當時的情況。每個人都在為魔術離開的那一刻默默地倒數計時。他每次在場上奔跑的時候，大家都會為他感到難過，他因為人們總是在想他什麼時候會死而得到很多特別待遇。魔術似乎覺得：『這一切都是我應得的。』真是如此嗎？少來了，老兄，他的職業生涯已經走進末路了。」

強森的出現奪走了崔斯勒的明星賽MVP獎，也讓他在夢幻隊中的心態越來越消極與負面，就像湖人在那些年把波特蘭與整個西區壓著打，崔斯勒的鋒芒與職業生涯也因強森的存在而屢次受阻。

「如果我們都知道魔術能活這麼久，那麼那場比賽的MVP就是我了，魔術也可能不會入選夢幻隊。」崔斯勒告訴麥卡倫。

不過，崔斯勒否認自己有說過麥卡倫報導出的那些話，並發表聲明指出：「我已經聯絡了魔術，向他保證我沒有說過那些話，並向他和他的家人道歉，因為他們不得不為這些毫無根據的事情做出回應。」

「克萊德是個好人，」朗・羅森在二〇二二年表示，「他為了這件事打電話跟我道歉。他和艾爾文的關係相當不錯，兩人都喜歡對方。」

同時，隨著數十年過去，夢幻隊在推廣籃球一事中所發揮的效果變得越來越明顯。「這基本上算是讓籃球在全世界紮根了。」籃球歷史學家艾力克斯・沃爾夫在談到強森因參加了夢幻隊而帶來的影響時說。

沃爾夫表示，強森在一九八〇年NBA總冠軍賽中，以戲劇性的表現引入的無分位籃球，現在幾乎無處不在，而在接下來的幾十年中，這種打球方式的影響力只會越來越大。「它成為了全世界的基準。」

再來一次

奧運結束後，強森開始認真考慮在一九九二—九三球季重返NBA。由於牽扯到各種複雜的因素，他的這個決定拖了好幾個星期，其中最大的因素是他的家庭，其次是他的健康，以及為了回報他多年來相對於球員的成績所領的低薪而進行的新合約談判。

隨著做決定的時間從花了好幾個星期變成幾個月，傑瑞．威斯特溫和地催促他做出決定，並定期打電話給羅森詢問狀況。如果強森不回來，湖人隊就需要簽下一名主力後衛，而當時有著羅德．史崔克蘭（Rod Strickland）這名人選。

然而，事情還是一拖再拖。

一如往常，談合約是相對容易的部分。傑瑞．巴斯和強森從多年前就已經在以各種形式討論過這些問題。

在一九八〇年代，巴斯開始在論壇球場推廣職業拳擊賽。他和強森常常一起看比賽。「他很喜歡拳擊，」巴斯當時說，「我們會一起吃晚飯。我們常常一邊看拳擊、一邊聊著各種事。有一次，我告訴他，我會處理好這件事。他本來可以對自己的薪資水準大吐苦水，並因此惹出很多麻煩。但魔術強森太敬業了，不會做這種事。因為他以這麼尊重我的方式對待我，我也回報了他這份恩情。」

一九九一年的休賽季期間，強森曾收到一支西班牙職業球隊提出一季兩千萬的報價。一九九一年九月，羅森在巴斯的家再次與這位老闆會面並討論新合約。「我利用西班牙的報價作為籌碼。」他回憶道。

但他向巴斯要求的價碼遠超過兩千萬美金。「這是個很大的數字，」羅森笑著說，「傑瑞說：『這是個大數字，是一大筆錢，超出了我願意付給他的範圍。但我們會繼續討論。』」

巴斯和羅森是在一九九〇年於夏威夷的訓練營中初次開始討論新合約，但根據聯盟規定，這筆新合約要到一九九二年季後賽結束後才能進行實際的簽約行動。

在一九九一年十一月，這筆合約已初具雛形，只是因為HIV病毒的事件而被推遲。儘管心情低落，甚至低潮到幾乎與世隔絕，但巴斯還是告訴羅森：「聽著，我還是會給他這份合約。」

隨著強森正在考慮復出，這份合約不再只是在商言商。就像他當初給強森的第一份巨型合約，巴斯完全是基於情感在做這件事。事實上，這份新合約在商業角度上毫無道理，因為它讓湖人的薪資空間受限，讓傑瑞．威斯特在接下來的三個賽季裡要進行交易以及和其他球員談合約時都變得更困難了。

「傑瑞．巴斯完全沒有為艾爾文．強森這麼做的義務，但他就是這種人。」羅森談到他們最終談成的合約時說。

巴斯在一九九二年的一次採訪中表示，後來有些人質疑他的智慧。「但我不認為人們有看到魔術在處理自己的問題時的那一面。在他的職業生涯中，你從來不會看到他對自己的合約表達不滿。」巴斯說，有一段時間，強森得到了符合實力的薪水。「但隨著籃球合約的價碼突破了地球表面，魔術便被遠遠拋在後頭了。」

巴斯一直告訴強森，他會是球隊內部薪水最高的球員。但實際情況並非如此。強森從來沒有抱怨過，不過巴斯感覺得到他期待自己會做些什麼。

最後的答案，是一份一年一千四百六十萬美金的延長合約，令強森的保證收入達到一千九百六十萬美金，成為當時職業籃球歷史上最大的一年合約。為了在數字上取得共識，巴斯和羅森參考了湖人過去的薪資，確定強森到底被少付了多少薪水。「這是巴斯用來補償艾爾文多年貢獻的方式。」羅森說。

奧運結束後不久，球隊老闆和經紀人達成協議，並按照NBA規定通知了聯盟官方。唯一的問題是，強森還是不知道他到底想不想復出。羅森決定延後宣布這份新合約的時間，直到強森做出決定。

無論如何，強森都立足於不敗之地。如果他決定不打球，巴斯還是保證會把錢給他。

在他慢慢思考的同時，強森也進行著為了準備NBA球季所需的訓練。正如他所承諾，蓋瑞・維蒂負責讓他做好準備。每天早上的第一件事，維蒂、強森、拜倫・史考特和湖人隊的第二輪選秀球員杜安・庫柏（Duane Cooper）都會前往UCLA的體育館進行高水準的籃球比賽。多年以來，強森一直是這座球場上的王者，他負責組織和分配球隊成員，確保自己的勝利。「他掌控了一切，」維蒂說，「就像以前一樣。」

每天在UCLA做完訓練後，他們會前往World's Gym健身中心進行重訓。「他讓整個健身房活躍起來，」維蒂當時表示，「他會走到不認識的正在舉重的人身邊，激勵他們並幫他們打氣：『用力推！用力推！』他充滿了活力，非常開心。」

唯一讓人失望的是這個決定。「餅乾」和他大多數的顧問都不看好這個主意。你已經無須再證明什麼了，阿塞尼奧・霍爾告訴他。他的醫生們沒有提出關於繼續打球與否的意見，但他們建議，如果他真的要打，不要想打滿完整的八十二場比賽。強森要是照做，就會成為籃球史上第一代的「負載管理者」。

他打算在背靠背以及長途跋涉到客場的賽事中掛免戰牌，藉此避免任何削弱他免疫系統和加速愛滋病症狀出現的可能。按照賽程，強森希望能打六十場左右的比賽。

在波士頓的賴瑞・柏德也曾短暫考慮過成為一名兼職型球員，但最終回絕了這個提案。他表示，他不想用沒辦法全力以赴的方式對待比賽。於是，他宣佈退休。對強森來說，他也一樣要面對這個問題。

「每次艾爾文看賽程，他都會在某些事情上改變主意，」蓋瑞．維蒂說。「起初，他打算不參加背靠背的比賽。後來，改成了參加部分背靠背的比賽。他該去波士頓打客場的比賽嗎？紐約呢？他的醫生提醒他，要完全按照計畫進行會是件困難的事，他的許多行動將取決於他的健康狀況。」

儘管他還沒宣布復出，但他的復出意向在包括湖人新教練蘭迪．芬德（Randy Pfund）在內的許多人眼中已是昭然若揭。

「艾爾文不會對任何人透露太多，」傑瑞．威斯特說明，「他會憑自己的感覺做事。但如果你和他相處得夠久，你就會知道他在想什麼。」

在奧運執教過他的查克．戴利來洛杉磯出差時，聽說有一群職業球員正在這座城市間的各個球場打球，為了避免群眾聚集，他們很快就會離開，前往下一個球場。有人告訴戴利，如果他提早在某個公共球場守株待兔，就很可能看得到他們的比賽。戴利隔天早上九點就來了，正好看到在場上打球的強森。戴利看到他眼中有一團火，就知道不用再看下去了。強森會回來的。

「很多人都預料不到會發生什麼事，」魯迪．加西杜納斯說，「但很多人都知道艾爾文不能沒有籃球。」

「餅乾」也知道，最後也同意了。

「我回來了，」九月二十九日，在妻子與麥可．梅爾曼醫師的陪同下，他在論壇球場舉行的記者會中宣布此事。他說，上帝讓他來這裡打籃球，並承認起初他的醫生並不贊成。「但他們從未處理過像我這麼高大、這麼強壯的案例。我繼續訓練，做我該做的事，現在我可以回來打球了，所以我來了。」

一切又從在夏威夷的訓練營重新開始。艾爾文．強森，他是控球後衛、球隊領袖，更是魔術強森，他知道他想讓萬物如何運作。為了確保此事，他提前幾天和球隊管理層前往檀香山，巡視夏威夷大學（University of Hawaii）裡那座熟悉的體育館、運球看看球架上的球有沒有氣、提前進行投籃訓練，讓自己身處的宇宙中的所有事物調整到定位。

他充滿了活力。

然而，這個開端帶來的興奮與期待並沒有維持太久。第一個暗示著這個結局的線索，出自於《體育新聞》（*Sporting News*）的專欄作家戴夫．金德雷德（Dave Kindred），他敦促強森「說出他是怎麼感染愛滋病毒的所有真相……他說自己染病是因為不安全的異性性行為；數據顯示這個可能性極低。」

金德雷德寫道，如果強森隱瞞了他是因為同性戀性行為才感染病毒的事實，而他的謊言導致人們把研究經費投入到錯誤的領域，那麼這就是個「不道德的」謊言。

要不是洛杉磯的一家廣播電台報導了這篇專欄文章，朗．羅森很可能根本不會看到。

「是KMPC電台起的頭，」羅森當時說，「他們打電話給我。如果那個廣播電台沒有提出這件事，我們也不會覺得這件事有什麼好談的。」

很快，其他記者也打電話來了，這激怒了羅森，也使這場爭議開始醞釀。在接下來的季前賽中，這場爭議的能量會逐步蓄積。

金德雷德是一位經驗豐富且備受尊敬的體育記者，他的這篇專欄文章並不是基於任何關於強森是雙性戀的具體資訊而寫出來的，而是以美國的疾病統計數據做為基礎。金德雷德引用了一項研究，顯示男性透過不安全的異性性行為而感染病毒的機率約為五百分之一。

然而，若以全世界的範圍來看，愛滋病主要是一種異性戀疾病（全球數百萬患者中有百分之七十五是透過異性性行為而感染的）。在非洲、印度和亞洲，大約百分之九十八的感染者被認為是因為異性間的性行為而感染病毒。羅森認為金德雷德誤用了統計數據，沒有考慮全球的情況。公共衛生官員曾告訴強森和羅森，這在美國是一個重要的資訊，因為愛滋病在美國認為是男同性戀的問題，但這是錯誤的認知。

強森在夏威夷讀到了這篇傳真過來的專欄文章並非常憤怒。「重點是，如果他知道什麼內情的話，為什麼不說出來？」當天下午，他對一小群體育記者說，「為什麼他不像個男人一樣站出來、說出來？」

這篇《體育新聞》的報導出現後，也有其他的報導跟進此事，只過了幾天，《新聞日報》（*Newsday*）的NBA記者珍．賀伯德（Jan Hubbard）撰寫了一篇報導，指出一位知名NBA球員正在散布關於強森性向的謠言。

湖人公關總監約翰．布萊克（John Black）知道，一場風暴即將展開。「無論我們走到哪裡，」他說，「都會有人問一樣的問題，一遍又一遍。」

強森的狀態帶來的疑問，也增添了更多的不確定性。他會打哪幾場比賽？他會在哪些日子休息？如果他休息，這是不是代表他生病了？突然之間，每一件小事都需要解釋。

正如湖人官方所擔心的，季前賽每打一天，媒體對強森的興趣就膨脹一點。每到一個地方，都有新的問題需要解答。人們很快就會明白，唯一的解決方案顯然就是在每場季前賽前召開記者會，但強森很快就開始對此感到厭煩了。他渴望回到過去的美好時光，能在每場比賽前待在休息室安靜地度過。有時能閱讀球迷的來信，有時能思考比賽，有時能和隊友相處，甚至有時偶爾能和一、兩名記者聊聊天。對了，有時他還能吃他最愛的爆米花。然而，這一切都在爭議的漩渦中消失了。

取而代之的是在每個城市的記者會，都會有一群新的記者提出相同的問題。強森一直是個在媒體面前游刃有餘的人，但如今就連他都沒辦法怡然自得地待在閃光燈下。

十月十六日，在檀香山爆滿的布萊斯戴爾體育場（Neal Blaisdell Arena）舉行的第一場公開賽中，他邁出了重返球場的第一個重要腳步。強森出賽二十七分鐘，送出十四助攻、五分和四籃板，湖人則以一百二十四比一百一十二擊敗拓荒者。第二天晚上，兩隊再次交手，但強森沒有上場，而湖人輸了二十九分。不幸的是，這在季前賽中成為了某種模式。強森上場時，湖人就會贏；他沒上場時，湖人就會輸。然而，這些季前賽證明傑瑞·威斯特打造了一支人手充裕的球隊，有再贏得一座冠軍的能力。

「魔術回來之後，他們會變得非常強。」曾報導湖人賽事多年的記者米奇·邱特卡夫說。

湖人在十月二十日回到主場，參加他們一年一度於季前舉行的GTE挑戰賽，他們先在第一輪的比賽中與費城交手。比賽前，強森告訴一小群記者，有一位知名的NBA球員在聯盟內散布他是雙性戀者的謠言。強森表示他已經與這名球員當面對質兩次，而每次都被該球員否認。

當晚在球場上的強森再次繳出了維持狀態的成績：十四助攻、十二分和五籃板。他們以二十七分之差獲勝，唯一令人失望的是，只有一萬兩千六百名觀眾來到論壇球場觀看強森休息一年後正式回歸的比賽。儘管他幾乎對這五千個空位隻字未提，但球隊的工作人員感覺得到這讓他有些受傷。隔天晚上，他沒有上場，湖人也敗給了尼克。

兩天後，湖人隊南下至聖地亞哥出戰沙加緬度國王。他再次上場，這次送出了十三次助攻，湖人隊也再次以十六分之差獲勝。然而，他還是需要在場上做出調整。多年來，他一直靠著高大的身體去突破對手的防守縫隙。但現在，這些縫隙在他到達之前就已經封起來了。他的速度慢了一步。此外，他還忘記了一些其他的小細節，比如要在高大的防守者面前投籃的手感。過去，他通常能找到騙過他們的方法。現在，他的投籃都被他們蓋掉了。

湖人隊在聖地亞哥時，新聞報導已經判定，指控強森並沒有誠實地陳述自己進行怎麼樣的性行為的主要嫌疑人是艾塞亞·湯瑪斯。事實上，這些謠言本身在NBA的八卦圈裡已經是舊聞了。在強森首次宣布自己受到病毒感染後過了大約三個星期，蓋瑞·維蒂便接到另一名NBA球員的電話，他是前湖人隊員，他告訴維蒂，湯瑪斯曾打電話給這名球員的隊友，並跟他說強森是雙性戀。該前湖人球員打電話給維蒂來確認此事。

「我有點生氣，」維蒂說，「我告訴他：『你知道嗎，如果我聽到這樣的話，我絕對不會轉述。當然這不是真的，但就算真有其事，那又怎麼樣？』這個傢伙說：『但我只是覺得你應該知道有人說了這些話。』」

維蒂決定不把這通電話的內容告訴強森。首先，他並沒有實際聽到湯瑪斯對任何人說的任何事。其次，他不想讓他的朋友操更多的心。他覺得，強森很快就會知道這件事。後來在一九九一—九二球季中，維蒂與麥克．鄧里維一起吃晚餐時，才得知其他球隊的教練已經把這則八卦的細節告訴了鄧里維，鄧里維也已經轉告強森了。

就好像關於湯瑪斯的新聞還不夠似的，當天早上在聖地亞哥，媒體的關注再次升級，因為鳳凰城太陽的總裁傑瑞．柯蘭傑羅（Jerry Colangelo）對主播吉米．萊布利（Jim Lampley）表示強森不應該繼續打球，因為其他球員害怕被他傳染。柯蘭傑羅的言論成為了大新聞。他是聯盟中最有影響力的人物之一，而且他看起來堅決反對強森復出。

球隊管理層和強森都推測，這位太陽隊的高層擔心強森的回歸代表湖人將再次統治西區。柯蘭傑羅抱持著鳳凰城最終能贏得NBA總冠軍的希望，而在休賽季交易到前鋒查爾斯．巴克利。他們認為，強森威脅到了柯蘭傑羅的計畫，所以他發動了攻擊。

比起柯蘭傑羅的質疑，強森向一位球隊管理人員表示，艾塞亞．湯瑪斯更令他失望。強森透露他們已經不再親近了。

然而，赫伯．威廉斯把強森和湯瑪斯都當成好朋友，從在大學打籃球的時期，他就認識他們了。他在俄亥俄州大時，是個得分能力很強的大一新生，而強森則是密西根州大的大一明星。他們的球隊第一次在蘭辛交手時，強森在賽後走向威廉斯，提出要帶他參觀這座城市的邀約。當晚，他們遊覽了當地所有的熱門景點。「我們就一起去閒逛，」威廉斯說，「我讀過很多關於魔術的報導，也一直在想他是不是個自負的人，但他只是個普通、腳踏實地的人。」

這段友誼逐漸升溫，後來馬克·阿奎爾也和他們成為了朋友，然後比他們小兩歲的湯瑪斯也加入了這個小圈圈。很快，他們四個人成為了一個在休賽季期間一起找樂子的緊密團體。

找了喬治·安德魯斯和查爾斯·塔克擔任經紀人的他們同時進行著正事和娛樂，他們會帶著妻子或女友一起度假，也會參加彼此舉辦的訓練營和慈善比賽。尤其是強森和湯瑪斯的互動更為密切。「我見證過他們有多親密，也看著他們一起做了各式各樣的事，」威廉斯說，「當時，艾塞亞和未婚妻、如今的妻子琳恩（Lynn）正熱戀中，他想去看她時，艾爾文會陪他一起去。在艾塞亞和未婚妻外出約會時，艾爾文會待在飯店裡等他。他們在夏天時都待在一起。」

他們常常會在蘭辛相聚。「我們夏天時會去蘭辛的詹尼森體育館打球，」威廉斯回憶，「可能有大約五十個人想上場打球，觀眾席上則大概有四、五千人在看。每次都是我、他、馬克·阿奎爾和艾塞亞組一隊。我們打四對四，我們總是同隊，而且從來沒有輸過。」之後，他們會去塔克的家，在地下室裡喝冷飲放鬆，儘管他們年紀輕輕已經是百萬富翁，但此刻的他們卻試著像個平凡人一樣享受平凡的樂趣。晚上，他們會去當地的夜店，艾塞亞和強森身邊總是能引來一群人，而威廉斯和阿奎爾則避開閃光燈、躲在一旁，驚訝地看著朋友們怎麼能吸引到這麼多的關注。

「把這段關係傷得最重的最大原因，」威廉斯說，「就是總冠軍。一旦你贏得了冠軍，而且像艾爾文贏那麼多次，你就會變成一個超級大人物，身邊會有很多人為你做某些事。」

威廉斯說，在處理與朋友間的人際關係時，這些人通常不是適合的人選，因為很多話語常常會在傳來傳去間出現誤會。就威廉斯的看法，活塞在一九八九年擊敗湖人後，他們的情誼便開始變質了。顯然，強森不喜歡輸球，就算是輸給朋友也不行。而總是情緒激動的湯瑪斯，則沉浸在球隊的成就之中。「這就像是一種『你本來是老大，但現在輪到我來當老大，我不需要你了。』的感覺。」威廉斯說。

在活塞來到洛杉磯與湖人爭奪一九八九年的總冠軍時，湯瑪斯發現強森已經換了電話號碼。因此，他開車前往強森的家，突然拜訪並與他交談。他們談了大約十分鐘。強森的大腿後肌當時受了傷，而活塞正朝著冠軍高歌猛進，這對於既是球星且本來也是朋友的兩人來說是一個尷尬的情況。

他們最後一次真正以朋友身分進行的聚會，是在奧蘭多明星賽相見的時刻，當時赫伯．威廉斯看到他們在強森的房間裡有說有笑。強森邀請他們倆去參加一個朋友的派對，他們都去了。但現場人很多。威廉斯說，強森坐在一個私人區域，湯瑪斯也和他坐在那裡，似乎想和他閒聊。「但艾塞亞帶著他的妻子和母親一起來，我真的不知道他會不會想在那種環境多做停留。人們不停地擠來擠去，他們真的沒有機會交談。」

不久之後，湯瑪斯就離開了。

然後謠言就出現了。強森告訴一小群記者，他感到遺憾的原因，是他懷疑講這些閒話的球員曾經與他有很多社交上的往來，知道他不是雙性戀。他沒有指明是湯瑪斯。「那些人瞭解我，」他說，「我以前常常和他們一起玩。這讓我很火大。我不知道我該怎麼做。」

湯瑪斯否認自己是罪魁禍首。他私下告訴底特律的體育記者，他絕不可能散布關於強森的謠言，因為這些謠言也有講到他，並提到他們在一九八八年總冠軍賽跳球前親吻彼此的事。「我沒聽到艾塞亞有說什麼。」赫伯．威廉斯說。

「我只聽說，有人說在他們聽到艾爾文感染病毒的消息時，第一個閃過腦海的問題是：『他是同性戀嗎？他和艾塞亞的關係那麼親密，那艾塞亞呢？』所以艾塞亞就說：『我們沒親密到那種程度。』」

威廉斯認為湯瑪斯的否認不知為何被扭曲成了謠言。「這使他們的友誼分崩離析。就算他沒有說過這些話，一旦這些話出現在報紙上，就有一方應該打電話給對方。不是艾爾文應該打電話給他，就是艾塞亞應該打電話。他們應該把這件事講開，因為艾爾文心中的第一個念頭是：『老兄，這是我的朋友耶。我和艾塞亞比任何人都更親密。』要是他真的有說什麼，尤其是在這種需要有人支持你的時候，那真的很傷人。他們應該坐下來好好談談。」

最後，威廉斯在一九九三年的一次採訪中說：「某種程度上，他們身邊的人撕裂了他們的友誼，因為在他們之間剛開始出現矛盾時，他們沒有坐下來談談。這真是可惜。因為要找到一個好朋友很難，而要是你找到了一個好友，就不應該讓任何事情介入你們之間的情誼，尤其是那些瑣碎的小事，像是他或她說了什麼之類的。」

這個裂痕深刻到，當湯瑪斯和強森終於和解時，已經過了四分之一個世紀。

走在路上

隨著季前賽接近尾聲，強森在一場聖路易（St. Louis）的比賽中排休，與妻子和羅森一起飛往芝加哥，參加《歐普拉秀》的節目錄製，宣傳他的新書《我的人生》。然而，另一個檯面下的目的，是為了他的性向辯護，藉由宣傳新書而進行的巡迴活動看起來給了強森一個好機會，讓他可以詳談生活中數次邂逅的細節。這個策略很快就會被證明是一場災難，因為在幾次關鍵的訪談中，強森透露的細節遠超過書中揭露的內容。更糟糕的是，在他細數自己在場外過著怎麼樣的生活時，他的妻子就坐在旁邊，他說的話顯然令她覺得震驚與屈辱。

「他身邊的爭議太多了，摧毀了這位英雄，」蓋瑞．維蒂在一九九三年的一次採訪中說，「他開始在《歐普拉秀》上談論一次和六個女人發生關係之類的事情時，失去了很多人的支持。他覺得他必須談論這些關於六個女人的事情。他覺得他得為自己辯護，因為他不想讓別人覺得自己是同性戀。」

羅森回憶，強森在ABC的《黃金時間》（Primetime）直播節目中也聊過類似的細節。「他看起來很悲傷，」這位經紀人在一九九三年談到這位朋友暨客戶時說，「我真的為他感到難過。」

羅森和強森曾討論過要控制聊自己風流史的尺度，但強森有自己的主見。多年來，強森總是用隨興和輕率的態度在與媒體相處，這在他試圖解釋和描述自己的行為時變成了大問題。

「他說了很多，」羅森說，「我知道這會惹出很多麻煩。」

不久後，這位經紀人通知出版商蘭登書屋，強森不會繼續宣傳這本書了。這麼做沒辦法為他帶來最大的效益。

在等著錄製《歐普拉秀》的期間，羅森和強森讀到更多柯蘭傑羅對他復出的批評。柯蘭傑羅顯然在針對他。他的經紀人對這些言論感到憤怒，因此打電話給聯盟的副總裁拉斯．格拉尼克，請他介入。

然而，只要柯蘭傑羅想要，他就有權自由發表自己的意見。

「他們阻止不了他。」羅森說。

強森錯過了一場在聖路易的比賽，湖人首次在沒有他的情況下獲勝。他們在曼斐斯又贏了一場，這讓大家更有信心，認為球隊和強森正在逐漸找回狀態。接著，他們前往北卡羅萊納州教堂山，準備在萬聖節之夜迎接最後一場季前賽，與克里夫蘭騎士交鋒。

他在公開場合為了新書所做的這些宣傳，使得他無論走到籃球圈的哪裡，都會讓人們期待他談論自己感染病毒的事情和性生活。

一家當地報社的編輯保羅・恩斯林（Paul Ensslin）也很想對這位臉皮很厚的人提出問題。這個男人，魔術強森，不僅被驗出ＨＩＶ陽性反應，還在全國性的電視節目中公然吹噓自己的性生活。

在接受採訪時，這位編輯提出了許多問題。當然，主要的話題圍繞著愛滋病，強森說明，他不想討論這件事。「因為我的名人地位和作為榜樣的角色，我可以理解人們為什麼想討論這個問題。完全忽視它是不對的，但我試著不要讓它對我造成太多的影響。」

其中一個問題是強森為了表示抗議而辭去了在喬治・布希總統的愛滋病委員會中的職務，當時距離一九九二年總統大選只剩五天。恩斯林問，如果布希勝選，強森會給他什麼建議？

「我不是政治人物，我也沒有給總統建議的立場，」強森回答，「他現在有自己的安排，我們就看看星期二選舉後會發生什麼事。」

強森表示，他一直試圖在幫助人們認識愛滋病這方面當個好的代言人，編輯問到他和阿塞尼奧・霍爾一起拍攝的影片。這部由馬爾科姆—賈莫・華納（Malcolm-Jamal Warner）執導的影片受到了大眾的批評。洛杉磯聯合學區拒絕在學校內播放這部影片，因為影片內容令人反感，而且過於混亂與冗長。

「這一開始並不是為了在學校中播放而拍攝的影片，」強森說，「這是拍給孩子們在家裡和父母一起看的。如果有人看了後覺得震驚，那是因為愛滋病本身就是令人震撼的事。」

在持續大約十五分鐘的訪談中，強森說自己很健康，希望未來幾年繼續為湖人效力，並表示自己已經回應過有關他雙性戀傳聞的報導，不想再討論這個問題。

這位編輯最後問強森會不會怕死。

「為什麼要害怕？」強森轉過身說，「我活在當下，寶貝。」

當天晚上，他打電話給羅森，說他不想參加明天早上的訓練，那是比賽前一天的例行投籃訓練。

在他真的沒出現時，羅森接到了傑瑞．威斯特的電話。

「出了什麼事，」總經理說，「艾爾文沒有參加訓練。」

羅森向湖人的工作人員保證什麼問題都沒有。「他只是想休息一下，」他解釋，「他今天不想應付媒體。」

然而，這種情況很難避免。首先，強森和他的顧問們誤判了籃球界對他全職回歸會有反應。這項運動還沒有準備好面對愛滋病這個棘手又容易被誤解的問題。如果他沒有在試著重回球場的同時還出版並發行一本暢銷書，他也許能解決這件事。但把新書推廣和復出這兩件事加在一起，被證明是一場徹頭徹尾的災難。

在那天晚上的比賽前，強森必須參加一場由球員卡交易公司舉辦的歡迎會。他準時到達，並愉快地與賓客寒暄。但隨後，他又要面對另一場賽前記者會。大約二十四名左右的記者在史密斯中心（Smith Center）的媒體室等著他。

「你有預料到你的復出會引起這麼大的媒體關注度嗎？」有人問他。

「真的不知道，」他回答到一半，還打了一個大噴嚏打斷自己的發言，「抱歉。我已經和媒體打交道很久了。無論發生什麼事，我真的都不會感到驚訝。他們有工作要做，每個人都想聽故事。所以就這樣吧。我會處理的，沒問題。因為一旦你踏上球場，重點就是籃球了。我現在可以花時間應對媒體，而四十五分鐘後，我就會去做我熱愛的事。」

另一位記者問：「你已經贏得了奧運金牌、NBA冠軍和NCAA冠軍，你在籃球上還有什麼要達成的成就嗎?你現在所做的，是只為了打球，還是為了用行動做出與HIV病毒有關的聲明？」

「我的確是在用行動表示些什麼，但我也想贏得總冠軍，」他說，「我打籃球，不只是因為想打就打。我打球是為了贏，我一直都是為了勝利而上場打球。我只知道如何為勝利而戰。」

湖人的宣傳總監隨後便結束了這場記者會。

「他很沉著，」一位記者事後分享自己的觀點，語氣中有些驚訝。「非常鎮定。」

強森一開始就發生失誤且投籃頻頻落空，因此這對他而言並不是太過亮眼的夜晚。第一節打了一半左右，他嘗試背框單打克里夫蘭的克萊格．伊洛（Craig Ehlo），造成對方的犯規。

在走向罰球線時，強森先檢查了一隻手臂，然後又看了看另一隻手臂。蓋瑞．維蒂請站在湖人板凳區前的裁判艾德．洛許（**Ed Rush**）稍加注意。「艾德，你應該看看魔術的狀況，」維蒂告訴他，「我們球隊中有人覺得他身上有一個開放性傷口。」

洛許隨後中斷了罰球程序，檢查強森的手臂。被打斷的感覺顯然令強森感到不滿，他告訴洛許自己沒有受傷。這名裁判走回來告訴維蒂：「他沒事。」

過了一會兒，在一次暫停期間，維蒂決定親自檢查強森的右臂。「他坐下來，」這位訓練師回憶，「我有點多管閒事，把他的手臂翻過來。我看到一個小小的、不比指甲大的抓傷。我本來可以選擇裝沒看見，但只要有開放性傷口，就應該包紮起來。我從夾克口袋拿出一片四吋乘四吋的紗布，交給魔術。我說：『用紗布把你手臂上的汗擦掉。』我拿了一根棉花棒，噴了一點苯偶姻，這是一種黏性很強的黏著劑。我把它塗在他的手臂上，沒有用手指接觸傷口。是，我握住了他的手臂，但我從來沒有用手指碰到傷口的邊緣。我把它弄得比較黏稠，這樣就可以在上面貼一個繃帶。然後，他就回到場上繼續比賽。」

上半場比賽還剩下三分鐘左右時，維蒂決定要強森戴一個止汗帶，蓋在那塊透明小繃帶上，作為額外的保護。後來，職業安全與健康管理局指控維蒂在包紮時沒有戴乳膠手套，違反了安全規定。

「我不是忘了戴手套，」維蒂後來解釋，「是我選擇不戴。這是一個在可控情況下出現且沒有流血的傷口，傷口小到連裁判都沒看到。當時出現了很多球員對和魔術一起打球的正反意見，我覺得這是一個表態的大好機會。如果我戴了手套，就會對所有球員傳遞出一個混亂的訊息：『蓋瑞，你跟我們說和魔術強森一起打球沒問題，因為我們不會得到ＨＩＶ病毒。但現在你看到他有了這個指甲大、沒有流血的抓傷，就戴上了手套？如果我不會感染，那你戴手套幹嘛？你這是什麼意思？他流血在我身上沒關係，但流到你身上就有關係？』」

體育館裡的大多數人都沒有注意到這個抓傷的問題。湖人隊的主播沒有注意到，現場的記者也大多沒有注意到。在底線上的攝影師布萊德・伊斯貝爾（Brad Isbell）拍下了強森接受治療的照片，但除此之外，幾乎沒有人注意到這個問題。

正如朗・羅森後來解釋的，強森在奧運期間也曾被刮傷，在手指上有個小傷口被ＯＫ繃綁住了，當時也沒有人注意到。

在適當地包紮後，強森在這場於北卡羅萊納州進行的比賽繼續上陣，結果好壞參半。

他先是在把球傳給渥錫時發生了失誤。接著又在與山姆・帕金斯配合時浪費了一個機會。

「操。」強森低聲說道。

他似乎在球場上展示著一百種投籃失手的方法。

「天啊！」他在另一次出手沒進後憤怒地喊道。

在這場湖人落敗的比賽中，他打了二十八分鐘，出手十次僅命中一次。賽後，眾多記者詢問了各種籃球方面的問題。最後，有人提到了他的手臂。「你的手臂似乎有點擦傷，」一位記者說，「這有影響嗎？」

「沒有。沒——有——！」他回答，「每個人，任何人，不只是我，受到這種小刮傷，只要去處理一下，蹦！馬上就可以回來了。」

「沒什麼需要特別擔心的事？」記者問。

「沒有，」他說，「對所有人都來說都沒什麼好擔心的。不只是我不用擔心，整個聯盟裡的每個人都不用擔心。」

在又被問了幾個關於籃球的問題後，他被問道：「這個爭議是不是讓你的復出蒙上了一層陰影？」「不會，」他說，「你得記住一件事。人們都有自己的看法，所以就隨他們怎麼想吧。而一旦例行賽開始，那一切都無關緊要了。我今晚在這裡打球。蹦！我在星期五晚上就會到別的地方打球了，一旦比賽開始，這一切都會平息下來。現在每個記者都需要可以發揮的題材，畢竟現在是季前賽。」

「事實上，這發生在季前賽可能是好事。」一位記者指出。

「對，是好事，」強森說著，但語氣聽起來不太肯定。「但這種事本來就會發生。我在決定復出時就知道了，因為就連只是口頭提及復出的時候，人們就已經有自己的意見了。沒關係。你懂吧，我一向能過好自己的生活。我的生活中大部分是好事。百分之九十是好事，只有百分之十是不好的事。」

「你曾說，天降此大任於你，」另一位記者說，「對於復出這件事，你現在也是這麼想的嗎？覺得一個能力比你差、天賦比你少的人，沒辦法像你一樣做到這件事。」

「這很困難，」他承認，「首先，我是一個堅強的人。其次，我已經在經濟上有了保障。這兩點都很關鍵。如果這發生在其他人身上，就會是一個問題。最棒的是，我這兩棟房子都完全是屬於我的，沒有抵押貸款。所有進到我的口袋裡的東西都是我的。所以發生危機時，我不會驚慌地說：『噢，天哪，現在該怎麼辦？』我不會這樣。我只會繼續做我的生意。我高掛球衣後，我會穿上西裝投入別的事業。我每天都得穿西裝。這是唯一的不同。」

然後有人問他身為第一位感染ＨＩＶ病毒的ＮＢＡ球員，會對別人造成什麼影響。「影響也不過如此，就是那樣。我很高興是我。」他說完時笑了出來。「我就像一隻白老鼠，」他補充這句話時，聲音突然變得嚴肅起來，「我喜歡挑戰。這很有趣。沒有挑戰就沒有樂趣。而這是其中一項挑戰。」

然後他被問到異性戀者感染ＨＩＶ病毒的比例上升的問題。他說，同性戀社群已經向其成員傳達了保護自己的訊息。「現在我們只是被某種東西蒙蔽了雙眼。」

他表示，他的角色就是要對抗這個蒙蔽大眾的事物，而打籃球能幫他做到這件事。「看吧，我現在人在北卡羅萊納州。蹦！消息一下就傳開了。我在這裡。我在打球。我在和你們對話。蹦！這些話明天就會出現在報紙上。接下來，我會去費城，我會去克利夫蘭，會去芝加哥。懂這帶來的效果嗎？訊息會傳播得更遠。」

有人問，參加奧運是否有助於傳播了這個訊息？

「噢，天啊，」強森說，「整個論壇球場都在看這件事。這正是我想要的。我得到了整個論壇球場的注意。」

一段時間之後，球隊官方人員終於結束了這場記者會，媒體也從休息室中走了出來。他的大部分隊友們都安靜地穿好衣服，然後登上球隊巴士。

「我們教育了他們。」眼睛閃爍著光芒的他說道。

後來，又發生了一件讓他們吃驚的事。一名湖人的工作人員和球員們回憶著當時的情況，並想從記憶中尋找線索。他們記得，在回程途中於達拉斯機場短暫停留時，強森罕見地特意出面為粉絲簽名，而不是躲起來和隊友打牌。

你們先走吧，他邊說邊在每一張出現眼前的紙上簽名。過去，他簽名時總是試著不注意對方說了什麼，因為對話可能會拖得很久，他可能會覺得很有壓力。但這一天，他看著每一個人，看著每一雙純真的大眼睛。微笑著，聊著天，珍惜著這一刻。

「這真的很奇怪。」一名湖人隊的工作人員記得他這麼想。

那天晚上回家後，強森打電話給羅森，說他要退休了。再次退休。

「如果你是因為被刮傷而退休，那你就是個膽小鬼。」這位大吃一驚的經紀人說。

「不，不是這樣，」強森說，「這已經沒有樂趣可言。」

從小學時代，他就把歡樂帶進了體育館，但現在，這些歡樂已經離他而去。

他看得出來，自己的存在正在令比賽失焦，無論是記者會、爭議還是所有的麻煩。更糟的是，其他球隊的球員怕他，這代表他們可能不會和他全力拚搏。他告訴羅森，這是在傷害比賽。他最不想做的事，就是傷害這項運動。他說他不想讓患有HIV病毒的孩子們失望。他知道有多少孩子寫信告訴他，希望他能繼續上場比賽。只要他還在打球，他們就知道他們也可以打，因為其他孩子就沒有理由排擠他們。

「但我不能打了，」他再次告訴羅森，「毫無樂趣。」

星期天早上，他們在一家安靜的餐廳碰了面。他們剛坐下，一個坐在附近的男人就跟他們說：「魔術，我剛拿到季票。我真高興看到你復出了。」

高興得太早了，羅森心想。

羅森等了一整天，希望他改變主意，等到最後一刻，才打電話給傑瑞．巴斯，告訴他這個消息。

「他確定嗎？」巴斯馬上問，「他有好好談這件事了嗎？這或許只是他因為那次刮傷而產生的反應。」

羅森接著又打電話給NBA的一當家拉斯．格拉尼克，他告訴這位經紀人，回去和強森談談，勸他打消這個念頭。

羅森問強森最後一次，他是不是完全確定了。「我確定。」他說。

《紐約時報》在當天早上引述了猶他爵士隊卡爾．馬龍的發言，說他擔心和感染HIV病毒的人硬碰硬，這令有些人認為是馬龍的言論迫使強森做出退休的決定。

強森後來解釋，馬龍的意見只是讓他的決心更堅定了。

「很明顯，」他在透過羅森發表的聲明中說，「圍繞著我復出所產生的各種爭議，對籃球本身以及我和許多感染了ＨＩＶ病毒的人要怎麼和病毒共存的大議題都是一種傷害。經過深思熟慮，以及與『餅乾』和我的家人商量後，我決定我將永遠告別湖人，正式退休。」

強森忘記了在ＮＢＡ過的生活有多麼艱苦，蓋瑞·維蒂在十一個月後的一次採訪中說。「然後，訓練營在突然之間開始了，訓練營真的是會讓你想幹譙的行程。我們四處奔波，而他並沒有打得如想像中那麼好。……這個感覺就像：『反正感覺也沒這麼棒，而且最重要的是，這些傢伙也不想和我在一起。那我打這個球還有什麼意思？』然後，啪，他就不打了。」

史帝夫·史普林格多年以來堅稱強森提早結束職業生涯是一個嚴重的錯誤，他很健康，只有三十三歲，還有能力帶領湖人隊殺出西區、角逐總冠軍。當然，柯蘭傑羅反對強森復出的行動幫了他的太陽隊一個大忙。有了巴克利，他們在那個球季打進了ＮＢＡ總冠軍賽。

同時，記者法蘭克·德福認為，強森會被迫離開球場的主因，是薇茉·莫爾對他提出補償兩百萬美金的訴訟，該訴訟在他決定退休的幾天前被公諸於世。

一星期後，強森來到湖人隊在洛杉磯體育館（L.A. Sports Arena）進行的球季戰，並在賽前舉行了一場記者會。

「我當然想復出，」他說，「但我不會這麼做……今年我受到了不同的打擊。在參加了訓練營並瞭解我們球隊的帳面戰力後，我知道我們的處境比上個球季更艱辛。至於我能不能平靜地面對此事？可能要等球季開始後一、兩個月，知道自己已經退出了，才會平靜下來。」

「我永遠不會從大家的面前消失，」他保證，「我也不知道該怎麼銷聲匿跡。我愛我的生活。」

多年後，NBA總裁大衛．史騰在回顧當時迫使強森離開籃球的瘋狂和偏執說道：「那是一段瘋狂的時光，真的瘋狂。」

「這是我離開的原因，也是唯一的原因。」強森在很久、很久以後對《運動畫刊》的傑克．麥卡倫說，「在賴瑞、麥可和我的幫助下，這項運動重新打好了基礎，我不想毀掉它。我永遠不會因為某人而被迫離開，我不是這種人。但這些爭議正在傷害比賽。我選擇退出是正確的，但這真的很痛苦。」

他原本就已經十分強烈的動力，將會因為這份傷痛變得更加強大。他將帶著這股深藏於心中、熊熊燃燒的怒火，穿越茫茫前路。

第三十一章 漂泊者

在一九九二年年底再次突然離開湖人後，艾爾文．強森的人生將被視為一場混亂的掙扎。長久以來，他的人生軌跡是由球迷們每晚在球場上欣喜目睹的每個瞬間所構成，如今卻轉變成了他們無法看見的事物。

舉例來說，他的夢境。在那裡，瑞吉．查斯汀會時不時地來拜訪他。瑞吉，他的多年至交兼艾弗雷特高中隊友，在強森的青少年時期有著舉足輕重的重要性。在他需要被推動和鼓勵時，這位好友總是會推他一把。在強森知道自己有多厲害之前，查斯汀就已經看到他的優秀之處，並以幾乎是強迫的方式把他推往邁向偉大的道路上。現在，查斯汀從墓中甦醒，帶著他招牌的好鬥個性侵入了強森的夜晚，強森對《運動畫刊》的蓋瑞．史密斯透露，這令他從睡夢中驚醒過來。這些深夜中的靈光一閃，會讓強森從床上爬起來，抹除睡意，重新看起紀錄他輝煌時刻的錄影帶。這些年來，只要想激發出自己的信心，強森就會看這些錄影帶。這些時刻彷彿是一團烈焰，他會在一九七九年NCAA冠軍賽、一九八〇年NBA總冠軍賽第六戰或是其他時刻，看到自己最燦爛的笑容與喜悅點綴其中。重新看著這一切的強森，會看到自己攻擊著一個接一個的對手，掌控全局，贏得勝利。瑞吉的回歸幫助他看到自己現在在對抗病毒的戰鬥中，正處於另一個相似的處境，而他需要老朋友的戰鬥精神，真的需要。

「我的整個人生都是一場挑戰，」他後來在談到這場與HIV病毒的戰鬥時做出了這個結論，「而這只是另一場挑戰。我喜歡讓人感到震驚，超出他們的預期。他們說我太高，不適合打後衛。他們說我不會投籃。每次我都說：『好，我就是要秀給你看。』這也只不過是另一場挑戰罷了。」

隨後，悄悄地，在他充滿了荒謬、全新挑戰的新生活中，瑞吉的存在幾乎成為了影響這段生活的一個祕密要素。

正如後來的事實所示，強森的NBA職業生涯或許結束了，但他並沒有遠離籃球。在他長久以來的計畫中，其中一個部分，就是要踏入自己默默追求的商界生活。多年以來，幾乎到了每個有NBA球隊的城市，他都會安排與該領域有影響力的人士見面，不談籃球，而是談生意。強森一直是個積極學習的人，總是著眼於他在商業中的未來。然而，多年來，他一直在靠著打籃球維生，而這門生意他顯然做得非常好。現在，在他開始適應新的生活時，籃球又會再次出現在他的身邊。

一九九二年的夢幻隊基本上象徵著NBA在全世界遍地開花的起點，也是NBA這個品牌歷史上最成功的推廣活動之一。總裁大衛．史騰為了達成這個目標，在過去近十年間透過與媒體和行銷方面的合作，成功地推廣了NBA，讓它成為世界籃球的標竿。在大力宣傳了柏德、強森以及繼之而起的喬丹和其他球員的精彩影片，並炒作了各種話題後，NBA正受到前所未有的歡迎。

這代表有利可圖，而且是非常多。

一九九三年剛開始的幾個月，強森立即滿足了人們想看到更多美國籃球的迫切需求，他很快就成立了一支由近期退休的NBA球員組成的巡迴球隊。這支球隊在接下來的幾年將前往世界各地進行表演賽和巡迴賽，挑戰全球的職業球隊。

在這方面，強森新成立的巡迴明星隊接受了一項NBA球隊從未面臨過的挑戰——完美不敗。而強森創立的這支球隊，也為黑人巡迴球隊的悠久歷史多添一筆。歷史中出現過許多球隊，其中最著名的就是哈林籃球隊和復興五巨頭（Renaissance Big Five）*。他們從美國種族隔離時期就開始進行巡迴比賽。這些早期的巡迴球隊在把這項運動推向國際化之餘，也讓許多白人球迷有了第一次在美國看到黑人球員打球的機會。史上第一位控球魔法師馬奎斯．海恩斯（Marques Haynes）曾為哈林籃球隊效力，後來他在一場打了很久的官司中勝訴。是的，他居然打贏了官司，然後便獲得了持有並經營自己的巡迴球隊——哈林魔術師隊（Harlem Magicians）——的權利。

一九九三年，強森帶著這支自己的球隊出發，想再次傳播他的魔術。老朋友瑞吉．席亞斯也與強森同行，並親眼見證了這一切。

「我和魔術強森一起旅行，」席亞斯在二〇一九年回憶，「我們去了委內瑞拉，去了歐洲，到處都去了。」

澳洲、紐西蘭、亞洲、芬蘭、挪威……他們在一大串地方駐足。彷彿搞笑組合切奇和莊（Cheech and Chong）在一九七三年推出的歌曲標題，世界上出現了一股「籃球狂熱」（Basketball Jones），而魔術強森決心為觀眾帶來一場表演時刻的盛宴，多年來，他帶領了各種由不同成員組成的巡迴球隊四處征戰，都讓球迷大呼過癮。藉此，強森證明了自己不論是在球場上還是在經營球隊上都是一位大師。透過企業贊助和讓體育館座無虛席的人潮，強森每晚能獲得超過三十五萬美元的個人收入。正如《運動畫刊》後來所報導的，二十一世紀的頂尖球星也會用這種方法賺錢。

強森在將這麼多的利潤收入囊中，同時也不吝於提供球員們頂級的待遇。

「我永遠不會忘記，我們的旅行橫跨了整個大陸，」席亞斯說，「魔術租了三、四架里爾噴射機，載著我

---

* 譯註：正式名稱為紐約文藝復興隊（New York Renaissance），成立於一九二三年十月，是史上第一支全職業、全黑人球隊，在一九二三至一九四八年間留下二千五百八十八勝，五百二十九敗的戰績。

們飛往下一個目的地。這真是棒極了，太酷了。聽著，我們都是職業球員，但當時的我們不像現在的球員這麼有錢，可以自己租里爾噴射機。」

ＮＢＡ球員的收入在一九八〇年代開始有所成長，但對許多和強森一起去打巡迴賽的隊友來說，日後光是「平均水準」的職業球員就能獲得他們望塵莫及的巨大財富。

還有另一個很清楚的道理。強森知道，對他的球員們好一點，就能夠要求他們付出更多回報。「在一起旅行時，他所做的規劃以及對待我們的方式，真的令我們很驚訝，」席亞斯回憶道，「在練習時，我們都在進行著艱苦的訓練，我說的艱苦，是真的很辛苦。我們在訓練中總是全力以赴，如果你不訓練，就不能上場，甚至會被他踢出球隊。」

席亞斯說明，強森的本色在此時也一覽無遺。他不只想追求完美，更要求完美。「我記得很清楚，他跟我討論過要怎麼做才能讓這支球隊變成一支特別的球隊。他告訴我：『瑞吉，如果我們輸了，這支球隊就沒那麼耀眼了。如果我們成為一支不敗之師，這支巡迴球隊就成功了。如果我們輸了，我們為了讓這支球隊充滿吸引力所做的努力就會灰飛煙滅。』這段期間，我沒有每場比賽都和他並肩作戰，但在我和他們一起上場的時候，我們從沒輸過。」

不久後，強森就開始宣傳他的球隊取得了五十五勝零敗的戰績。記錄顯示，他們偶爾也有輸的時候，但這通常是在強森沒打的狀況下才輸的。但儘管這支球隊在這些年來前往了全球各地，輸球對他們來說也是很罕見的情形。

然而，對強森來說，這些長途跋涉的過程，似乎只會刺激他，讓他不斷思考自己在ＮＢＡ還錯過了什麼，如果還在ＮＢＡ打球的話會發生什麼事？「人們會跟著我們的巴士，」席亞斯回憶道，「就是有這麼瘋狂。每場比賽的票都賣個精光。基本上，我們就像一支巡迴各地的搖滾樂隊。」

另一個好處，是這支球隊滿足了強森一直以來對一些小事情的渴望。「球隊的氣氛實在好得不可思議，」席亞斯邊說邊笑，「當時我們超愛玩『唐克』。每次都很有趣，因為大家都會跟魔術賭牌，而魔術是不會輸的。不管做什麼，他都不喜歡輸，如果他開始輸了，他就會提高賭注，然後你就不得不向他借錢。最後，你還是會輸，你根本跟不上他的賭注。等你玩完了，你剛剛賺到的支票就會全部交到他的手上。」

強森的巡迴球隊陣容中有許多NBA球星和前湖人球員，如包柏・麥卡杜、麥可・庫柏、科特・蘭比斯和麥克・麥基，還有一些歷史上赫赫有名的偉大球員。根據籃球歷史學家兼職業籃球研究協會成員羅伯特・布萊德利（Robert Bradley）的研究，摩西・馬龍、拉爾夫・山普森、馬克・阿奎爾、亞歷克斯・英格利許（Alex English），以及許多浪人球員都加入過，一同享受其中的樂趣。

強森的巡迴球隊幾乎沒有引起美國媒體的關心，所以沒有多少NBA球迷發現他們帶來多少樂趣、獲得多少成功，更不用說他們頻繁踏上的旅程了。美國籃球迷們看不到他對於自己最新的HIV病毒感染狀況所做出的堅定回應，但他的隊友與最親近的同伴們都看在眼裡。

比賽再度開始

他在一九九三年迅速地開啟了自己的新生活，而這些征戰海外的比賽結果，最終證明了另一個遺憾且充滿諷刺的觀點。正如史普林格在二〇一九年所言，強森不該在一九九二年打完充滿了紛擾與失望的季前賽後從NBA退休。史普林格說，他應該繼續打球。時間會證明，從醫學上的角度來看，根本沒有不讓他繼續打球的理由。當時三十三歲的他還有很多東西可以貢獻給這項運動。這不只是強森的損失，更是整個籃球界的損失，更不用說湖人和他們的球迷了。再多打五、六個球季對他來說是輕輕鬆鬆，或許還能打得更久。然而，我們現在只能想像，如果他這麼做了，在這段時間可以完成什麼成就。

基本上，退休，等同於強森放棄了身為一名NBA明星能帶來的巨大影響力。儘管他後來試圖重新獲得這種力量，但日後證明，這就像是覆水難收，就算你想用手去接，水也會從併攏的手指間滑過。不幸的是，他因自負而大意，加上對HIV病毒及其影響不夠瞭解，使他失去了抓住這股力量的機會。

奇怪的是，他身上有HIV病毒的狀況，對看著他在球場上活力四射的外國球隊來說並不是問題，很快，顯然在NBA也有人十分樂見他的復出。在這些人中，有一位是他的老朋友派特・萊里，另一位，則是一位神祕的新朋友。接掌尼克總教練一職的萊里希望強森能加入他的球隊，這樣他們就能重現昔日的成功。強森向湖人確認這麼做是否可行，得到的回應是，不行。湖人擁有他的權利，就算他想回來打球，也必須以湖人球員的身分上場。

想像一下三十三歲或三十四歲的強森與派崔克・尤英在紐約聯手的畫面，這足以改變一九九〇年代的歷史。這個組合可能會在麥可・喬丹多次通往輝煌的高速公路上設下一道路障，或是一個大大的減速帶。這不僅留下很大的想像空間，也足以激發出尼克老球迷們的欣喜之情。考量到這支球隊在贏得一九七〇年和一九七三年的總冠軍後就一冠難求，支持球隊幾十年的他們，的確等得夠久了。同樣重要的是，若能在一九九〇年代為紐約贏得一座冠軍，將大大提升強森在職業生涯中的成就與地位。

放手讓強森和萊里與尤英再續前緣？傑瑞・巴斯雖然對強森一向大方，但不會大方到這種程度。

在這段期間，巴斯允許強森以一千萬美元相對低廉的價格購買湖人隊大約百分之四到五的股權，以此肯定他為球隊建立了巨大價值而做的一切。（當時，喬丹正為公牛隊的老闆們賺進數十億美金，但他從來沒有得到過這種購入芝加哥球隊經營權的機會。）

至於那個出現在強森生命中的神祕新朋友，就是亞特蘭大老鷹的總經理彼特・巴布科克（Pete Babcock），在一九九三年一月，儘管球隊當時勝多敗少，且包柏．魏斯（Bob Weiss）是一位優秀的教練，他還是開了第一槍，出面尋求聘請強森擔任老鷹總教練的可能性。巴布科克純粹認為他的球隊有能力做得更好，而強森或許能激發出這些潛力。雖然有人指出強森從來沒有執教過，但巴布科克也能拿強森在整個職業生涯中都是場上教練的論述反擊。

巴布科克記得，球隊對強森的這個興趣，立刻讓他感到受寵若驚。「我打電話給他的經紀人，跟他討論這個想法，後來他回電給我說：『有，他的確對這件事有點興趣。』我們當時是一支相當不錯的球隊，但我就是覺得我們的表現還能更上一層樓，所以我只是想找到一個方法，能讓我們朝下一個階段前進。」

巴布科克和老鷹總裁史坦．卡斯頓（Stan Kasten）飛往洛杉磯和強森討論這件事。「所有的跡象都顯示他願意一試。」巴布科克回憶道，「他的妻子在鼓勵他，他的經紀人也在慫恿他接受這個挑戰，所以我真的以為他會試試看。」

羅森記得，這兩位老鷹的代表在南加州罕見的滂沱大雨中來到他家開會討論，然而，他們的希望先是在雨中被潑了一盆冷水，然後又被強森的回答澆熄。

強森跟他們說不行，如果他要執教，那就要執教湖人。這很可能是在與傑瑞．巴斯討論後做出的決定。因為在一年之後，強森就在一九九四年春天接替蘭迪．芬德成為湖人隊的總教練，這也代表巴布科克認為下個世代的球員已經準備好接受強森執教的想法將受到考驗。

若要事後諸葛，純粹地從籃球本身的角度來看，或許在亞特蘭大有個全新的出發會更好。留在洛杉磯，強森便讓幾乎全新一代的湖人球員們籠罩在表演時刻鋪天蓋地的陰影之下。這支球隊在尼克．范艾克索（Nick Van Exel）的影響下，正在打造名為「湖人秀」（Lake Show）的新招牌。強森的強大存在感將給這年輕一代帶來巨大的壓力。

當時在《洛杉磯時報》負責報導該隊新聞的史考特・霍華德庫柏（Scott Howard-Cooper）回憶道，強森在面對媒體保持著一貫的開放態度。「在魔術當教練時，要和他聊天並不難。那時不像現在，沒有五個電視台派來的攝影機和一打網站的媒體人員圍在他身邊，所以你能和他聊各種不同的話題，他在言談中對自己充滿了信心，我覺得他當時真的認為自己的執教能獲得成功。」

霍華德庫柏回憶，在現場採訪的記者們後來想起強森作出重大預測的那一天，都忍不住笑了起來。「魔術看著我們，說了『我會帶你們打進總冠軍賽』或『我要帶你們奪冠』之類的話。」

儘管從他最後一個NBA球季到擔任教練之間只過了幾年，但在這段時間內，儘管技術革命在一九九四年的社會上還沒有展開全面的變革，但世界已經發生了翻天覆地的變化。

「我相信，他一定知道時代已經完全不一樣了，」霍華德庫柏回憶道，「重要的是，這個世界已經進入了新的時代，在NBA世界的球員已經變了，球員有了手機，每個人都有不同的目標、每個人都有著重於不同方向的心思。在魔術打球的時代，根本沒有球員玩手機的問題。於是，在他開始當教練時，他發現球隊內部的環境已經完全是不同的世界。然後，隨著球隊開始吞下敗仗，讓他煩得一個頭兩個大，那真是一段非常奇特的時期。」

呼叫器

儘管他的執教生涯是段奇特的時期，還是為湖人隊的歷史留下了一些經典時刻。當時，三十四歲的丹尼・薛伊斯（Danny Schayes）來到球隊擔任瓦萊德・迪瓦茲的替補。身為名人堂球員多爾夫・薛伊斯（Dolph Schayes）之子，在聯盟中打了十幾年球的他，對NBA文化瞭若指掌。在強森接過教鞭時，湖人的戰績是二十九勝三十八敗，剛打出了一波七勝二敗的高潮。

「我們距離季後賽的門檻大概只有五場勝差，我們並沒有擺爛，也不是扶不上牆的爛泥，」薛伊斯回憶著一九九四年的春天，「但他們決定讓魔術來執教。當時他們想著：『如果我們能乘勝追擊打進季後賽，就能為明年帶來一些動力。』諷刺的是，強森當時還有一些已經安排好的活動，所以沒辦法馬上接管球隊。他有著必須去密西根州大的體育宴會擔任主講者之類的行程。所以，擔任助理教練多年的比爾・伯特卡執教了幾場比賽。然後，魔術來了，你可以想像得到當時人們的興奮是多麼誇張。」

湖人於三月二十七日星期日迎戰密爾瓦基公鹿的比賽，是強森擔任總教練的第一戰。「我記得我們在為處女秀準備進行投籃訓練時，」薛伊斯回憶道，「擔任公關人員的約翰・布萊克在投籃訓練結束後走到半場，開始談論怎麼安排攝影機的位置並拍攝一些輔助畫面，然後魔術就說：『你們他媽的在搞什麼？我們正在訓練。』他全心地投入於這份工作。然後，到了要比賽時，我們幾乎沒辦法進行熱身。場上擠滿了媒體，他們都在拍攝魔術走上場的畫面。我們在輪流上籃熱身時，甚至都沒有排隊的空間了，整個球場都被媒體擠得水泄不通。」

裁判唐・維登在二〇一九年的採訪中回憶著那場比賽：「我確定，那是他擔任教練贏得的第一場勝利。那天我本來應該吹他一次技術犯規的，因為他那天對待我的態度有點失控，但那是我的錯，所以我只好忍下來讓比賽繼續進行。我不記得具體情況了，但我記得他喊得很大聲。我家裡還有一張我跑到邊線，場邊的他很激動的照片。他揮舞著手臂，我在被打到前的最後一刻看到了，所以才能躲開，沒有和他撞在一起。不然那就尷尬了，因為我知道我有一球沒吹到。我只能吞下去，然後說：『好吧，魔術，這次就算了。』另外，這是他執教的第一場比賽。實在難以在第一場比賽就給他難看。」

朗・羅森回憶，在初嘗勝利滋味後，湖人在休息室裡開了香檳慶祝，這時，強森把他叫進了辦公室並告訴他：「讓我擺脫這份差事。」

「艾爾文真的不想做這個工作。」羅森在二〇二三年回憶時說道。

他的經紀人說，強森之所以會接下這份工作，唯一的原因是「因為傑瑞來找我。」

「我需要你幫個忙，」那年春天，這位老闆表示，「我要艾爾文來執教這支球隊。」

然而，過不了多久，一九九二年季前賽的那股氣氛再次出現了。他的巡迴明星隊或許在處理HIV病毒的狀況時沒碰到什麼問題，但事後證明，這個情況不能拿來與NBA一概而論。「總是會有些怪事發生，讓整個球隊籠罩在一種馬戲團般的氛圍中。」史考特・霍華德庫柏說道，接著補充自己想起了他接下教鞭後沒多久的一場客場比賽，反映出「整個狀況有多麼怪異。」在賽後記者會中，魔術必須回應付兩種截然不同的問題。先回答完《洛杉磯時報》的提問後，突然有某個人拋出了一個醫療問題。接著在《洛杉磯每日新聞》問完問題後，又輪到《新英格蘭醫學期刊》（*The New England Journal of Medicine*）舉手發問。這傢伙前一秒還在回答第三節發生失誤的問題，下一秒就得回答他為了治療HIV病毒而接受雞尾酒療法所使用的藥物劑量。這真的是史上最奇特的現象。」

儘管有這些讓人分心的事情，強森依然以五勝一敗開啟執教生涯，隨著湖人越來越有機會打進季後賽，他的信心也隨之飆升。

「我們拿下了幾場比賽，讓我們重新回到了競爭季後賽席次的行列，」薛伊斯回憶道，「我們接下來要在鳳凰城打一場關鍵戰役，如果我們贏了，就能更靠近季後賽一步，我們當時落後一、兩場勝差。但我們被鳳凰城痛宰了一頓，我們慘敗給對手三十分。*實在太丟臉了，丹・馬爾利為了在傷口上撒鹽，最後在罰球時還用左手投籃。這很慘，真的太慘了。」

強森當時還不知道，他的球隊會用一長串的連敗來結束這個球季與他的執教生涯。有幾則報導指出，他開始在某些時候和幾個坐冷板凳的球員與助理教練組隊，在訓練時挑戰先發五虎。他不只是擊敗了他們，更似乎在每次持球前都對防守者預告了自己的得分方式，還照做並真的把球投進。此舉不僅羞辱了他們，更暴露了他們的無力。

「我喜歡和魔術一起打球的感覺，」薛伊斯說，「我是個在大多時候都在無球跑動的人，對吧？和他一起打球會打得很開心。有時候，他會和我們一起練球。我們會進行老將對抗年輕人的比賽。當時的他大概三十四、三十五歲，我們會打出許多精彩的表現，這感覺很棒。我幫他擋完人，一個轉身的瞬間，球就傳到了我的面前。砰！球就出現了。他真的是他媽的厲害。」

至少這個工作證明了他還能打。

「我們有這個問題，」薛伊斯回憶道，「我們有一批三十五歲以上的球員，我們是一群老頑固，都有著鬥士的心態，用彷彿沒有明天的態度在奮戰。但那些有著明天的球員，卻只是在敷衍了事，他們只是在空等球季結束而已。」

強森在打電話給戴爾．比爾德時，抱怨球員沒有把重心放在贏球上，以及輸球後居然在專機上還顯得一派輕鬆。

薛伊斯說，強森的回應方式是採取了嚴厲的措施。「魔術覺得很難堪與惱怒。所以他說：『好吧，明天早上練球。七點，我們在論壇球場見，如果你遲到，就會被裁掉。』於是我們飛回來後，隔天早上七點出現在球場，我們在休息室裡先被傑瑞．威斯特罵了一頓，然後魔術的火氣也上來了，他環顧四周的大夥後說：

＊　譯註：在打這場比賽前，金塊以三十七勝三十八敗暫居第八種子，湖人的戰績則是三十三勝四十二敗，落後的勝差應為四場。而在湖人以八十八比一百一十七敗給太陽，加上金塊也在同一天戰勝馬刺後，兩隊之間被拉開到了五場勝差。

『你們是不是覺得自己在湖人打球很屌，可以玩得很開心，和婊子上床，參加派對。很好，你們知道嗎？他們才不在乎你是誰。你會有這種待遇，只是因為你是湖人球員。看我說得準不準？明年，這些婊子就在別人的床上了。』他就這樣罵個不停。我也是個老派的球員，懂吧？所以我覺得他說得很對，很享受看著魔術狂罵的感覺，而且不得不說他講得口沫橫飛，實在是好精彩的大場面。」

不過，薛伊斯回憶道，強森並不是只會咆哮，他鞭策大家的技巧遠遠不只如此。「這應該是他最瘋狂的故事之一。籃球在他執教時變得不一樣了，已經從他打球的時候演化成了不同的風格，就像現在的球賽也和九〇年代的比賽相比有了很大的變化，而那時的他還沒有參透改變之中的眉角。他對籃球的見解和球員們的看法南轅北轍，這把他逼瘋了。有一天，我們在羅耀拉瑪麗蒙特大學練球，我們剛被修理了一頓，而且處於漫長的連敗狀態中。他受夠了，球員們也都很沮喪。那天外面的天氣很好，在我們要開始練球時，他說：『好，我們去外面。』於是，我們都走到外面，不知道他想幹什麼，不知道他是要我們跑步還是做什麼訓練。嗯，我們坐下後，他說：『深呼吸，深呼吸。』我們都在想，他到底在說什麼鬼？他又繼續說：『別停，不要停，深呼吸。』所以我們就坐在那邊，開始吸氣、吐氣。他接著說：『讚，加州的空氣聞起來真棒，對不對？』我們心想：『嗯，當然，但也就只是空氣而已。』隨後，魔術說：『好，對於你們之中的某些人來說，這可能是你們在加州吸到的最後一口氣了。』此時，我們開始面面相覷，心裡想著：『這下靠北了。』這就是魔術執教展現出來的另一面，而這一面的他依然在乎競爭與勝利。」

呼叫器和手機帶來了新的文化，這讓強森面對了球員們越來越難以專心打球的現象，使他制定了嚴格的使用規定，以免影響練習和球員會議。薛伊斯在二〇一九年的受訪時回憶，隨著輸球的場次不斷增加，球隊的氣氛越來越凝重，並在某天早上練球時達到了臨界點。

「魔術正在討論球員們的態度問題，還沒講完，就有人的呼叫器在會議之中突然響起。當時的時間是早上七點十五分，而且可能還是星期天，竟然就有人打來了。魔術立刻暫停了他的發言，開始像一隻尋找著獵物的獵犬般四處張望：哪來的？聲音從哪來的？我們在一間小休息室裡，呼叫器的聲音聽起來很悶，聽起來像是從運動背包之類的東西裡傳出來的。他沒辦法鎖定方位，同時那個呼叫器也響個不停，這個場面真的很滑稽，我快笑死了。因為我沒那麼潮，沒有呼叫器，所以我可以靜靜地看這場好戲，這實在太有趣了。突然，我們看到瓦萊德把手伸進口袋裡，想把那台該死的呼叫器關掉，但他找不到正確的按鈕。最後，魔術鎖定了他，直直地朝瓦萊德走去並說：『瓦萊德，是你的呼叫器在響嗎？』瓦萊德說：『是。』魔術接著說：『拿來給我瞧瞧。』於是，瓦萊德交出了呼叫器，魔術拿到後，就用力地把它砸到黑板上，把呼叫器摔成了碎片。可憐的瓦萊德看得眼珠子都凸出來了，一副難以置信、目瞪口呆的樣子。魔術接著說：『這正是我在講的狗屎狀況。你們太在乎這些呼叫器或有的沒的了。』我在一旁咬著嘴唇、憋住不笑，因為這實在好笑到爆。」

「下一場主場比賽，我們在休息室裡時，」薛伊斯說，「魔術和蓋瑞．維蒂待在一起，就是那個在湖人待了好多年的訓練師，魔術把瓦萊德和呼叫器的故事告訴他，然後狂笑不止：『你真該看看瓦萊德當時的表情。噢，我的天。』我們全都笑到不行。值得一提的是，瓦萊德的妻子正在待產，她好像懷孕九個月了。不知道她那時候是不是要準備分娩了，但狀況看起來已經很接近了。這就是為什麼呼叫器會在早上七點十五分嗶嗶作響。」

這個球季最終以十連敗劃下句點。強森執教了十六場比賽，最終的成績是五勝十一敗。《洛杉磯雜誌》後來用「草草結束」一詞來描述這段執教過程。

「顯然，在球季後段接手球隊，尤其是那樣的球季，對任何人來說都是一個挑戰，」史考特．霍華德庫柏回憶道，「但都沒有人說：『讓我們給他一整個球季的時間，看看結果會怎樣。』出現的聲音都是：『好吧，我們試過了。這是個壞主意。下一個。』」

「我愛魔術，」薛伊斯說。「我覺得他很棒。我喜歡他執教的表現。他執教時所傳達的訊息和我一樣——如果我也是教練的話。他是一個滿腦子只想著勝利的人。但他確實知道怎麼享受生活，也就是世人熟知的那個『魔術』形象。但他都是在完成工作之後才開始享受。如果你贏了，你就能享受成果。如果輸了，當然就沒有這種好康了。」

「他不想當教練。」羅森說道。

隨著時間過去，很明顯可以看出，他與許多人的情誼在ＨＩＶ診斷結果和他試圖從中恢復健康的整個過程中受到了打擊。人們對於病情的議論先是影響到了他與艾塞亞．湯瑪斯等至親好友的感情，接著擴散到了他與整個聯盟中其他人的關係。有段時間，羅森和強森一度強力地調查是誰背叛了他們，想找出是誰在他的背後散布有關性向的謠言。

即使是那些沒有議論他的人，也常常可以看到他們與他之間的距離變得不一樣了。「你看得出來，有些人似乎想離他遠一點，」羅森說明，「不像以前一樣，會做一些擊掌之類的互動了。」

然而，這段經歷也讓強森看到了那些加入他巡迴球隊的球員、還願意待在他的身邊的人，也看到了像是彼特．巴布科克這種願意在這樣特別的時候對他遞出橄欖枝的人。強森之前和這位亞特蘭大高層並沒有很熟，但巴布科克在他離開球場後主動找上門來表示想要聘請他的舉動，對強森來說意義重大。「我們當時還不是朋友。」巴布科克回憶道。

「我們之前是有聊過幾次。但在談過執教的事情之後，每次他到亞特蘭大談生意或做別的事情時，就會打電話找我看比賽，坐在我旁邊一起聊籃球。在那之後，我們就變成朋友了。」

回歸

專欄作家蓋瑞．史密斯在為《運動畫刊》撰寫一篇報導時發現，很難想像，在強森辭去教練一職後，原本就已經忙得如一陣風般的生活還能變得更忙碌。舉例來說，他會起個大早，開著豪華轎車前往洛杉磯運動俱樂部做重訓，這讓「餅乾」覺得他簡直已經失心瘋，因為他把自己練到了宛如卡通人物般壯碩的二百五十五磅重，他的臥推成績從一百磅出頭增加到了超過三百磅。

「他真的瘋了！」在丈夫為了更寬厚的身軀而購買更合身的新衣服時，「餅乾」這麼說了不只一次。

「我變得太大了。」強森後來承認。

「你會發現這傢伙把他的生活步調過成了像是在帶領湖人發動快攻。」蓋瑞．史密斯分析。

據史密斯所知，強森的早晨是以天剛亮時喝著草本茶並閱讀商業和體育新聞展開的，接著，在去進行重訓的途中，他會打幾通電話處理商業事務，然後做幾百次的仰臥起坐和其他健身動作，隨後來到運動俱樂部的體育館進行激烈的投籃訓練（他會在地板上標記十個點，要在每個點上投十五球，接著與他的訓練夥伴進行全力投入的投籃比賽）。接著，他又得開著豪華轎車並打更多通電話，從商業上的構想到湖人高層對於球員去留的看法，他都要一一確認。隨之而來的是一連串的會議、簡報，以及與他的愛滋病基金會，和他的事業重心——以驚人速度成長著的魔術強森企業有關的各種聯繫。

接下來在他的每日行程中，還可能會為了他的巡迴球隊賽事而安排兩個小時的訓練，結束後再匆匆趕回家小睡片刻，和「餅乾」、艾爾文三世（Earvin III）以及領養的女嬰艾麗莎（Elisa）共度美好時光。接著，他又會回到熟悉的老地方，也就是UCLA的體育館去打更多的鬥牛比賽。在那裡，頂尖球員們將齊聚一堂，挑戰大了一號的新版強森，他在對手進球後，會展示自己持球從這端攻向另一端的驚人技術。在全速衝刺後，他還會在籃下用華麗的動作大顯身手，令面對他的對手們頻頻追問：「老兄，你怎麼不繼續在NBA打球了？」

即使是在每年搭遊艇環繞地中海度假期間，他也無法擺脫自己的好勝天性。他會把舉重器材和跑步機帶上遊艇，繼續按照計畫進行訓練。只有在遊艇每到一個港口，一群人圍過來高喊著他的名字時，他才會稍微放鬆一下。而在其餘時間，他則將那些無法壓抑的求勝慾望發洩在男女混合的牌局中，不斷地追求下一次的勝利、尋求下一個誇耀勝利的機會，將本應平靜的夜晚變成了展現出他對於勝利無比飢渴的舞台。

他的這一面，也會在洛杉磯的比賽之夜中流露出來。他坐在離湖人板凳區不遠處，這個位置讓他可以直接對場上的球員喊話。他就像個怪獸家長，無視教練的指揮調度，直接給予場上的球員指令與鼓勵。「他會坐在場邊，坐在離我們越近越好的地方，」當時擔任湖人助理教練的麥可．庫柏日後說道，「我甚至看得到他臉上的焦慮和緊張。」

這些時刻應該早就足以為強森的下一次失敗帶來充分的警示效果，但卻沒有起作用。這些匯聚起來的風暴成為了一個雙重困境，在一九九五年夏天深深地刺傷了他。這一切始於他下午在UCLA打的比賽。當時，聯盟和球員工會陷入了雙方不合的勞資糾紛，這代表持有球隊少數股份的強森，發現自己不能在夏天的比賽中和NBA球員有太多的接觸。但很快，NBA球員和一大批崇拜者還是找到了他，這讓他感到更加煩惱。

接著，發生了喬丹在那年夏天來好萊塢拍攝《怪物奇兵》（*Space Jam*）事件。電影公司的高層為了讓喬丹在緊湊的拍攝行程中還有空鬥牛而蓋了一座籃球場，讓許多NBA球員慕名而來，留下了許多經典的賽事，這件事在當時傳遍了各地。而這種高水準的較量正是強森極度渴望的比賽，但他身為球隊的小股東不能參加，直到勞資糾紛解決之後，強森才終於在喬丹夏日行程的最後一天踏上了這座特別的球場。

那一晚，蓋瑞．史密斯看到強森以由守轉攻、發動快攻的打法主宰了球場，有些人說，這根本沒有人擋得住，這讓人們更加疑惑，為什麼他沒有留在NBA打球？

事實證明，強森也深深地為一樣地問題苦惱著。為此，他向湖人球團中最具影響力的盟友之一，也就是他的老友賴瑞．祖魯求助。當時的總教練是戴爾．哈里斯，他正著手於從這幾個球季間的低迷氣氛中扭轉乾坤，而祖魯在他的教練團中擔任助理教練。

隨著一九九五—九六球季的進行，祖魯開始透露出強森想以球員身分回歸球隊的意願。這位助理教練建議尼克．范艾克索和艾迪．瓊斯（Eddie Jones）打電話給強森以示歡迎。

「祖魯教練一直在說魔術考慮復出的事，他知道球員們也希望他回歸球場。」范艾克索在二〇一九年的一次採訪中回憶，「但沒有人和強森談過這件事，也沒有人公開表達過什麼意見。」

「好，我們會打電話給他。」范艾克索告訴祖魯。

「我和艾迪．瓊斯打給他，談了復出的事。」范艾克索說，「我們大概講了一個小時的電話，跟他說，我們非常希望他復出，我們需要他，我們需要他的領袖氣質，他能做到很多事。他竟然在電話裡哭了出來。我覺得他不知道我們對他復出這件事有什麼看法，我們馬上就鼓勵他說：『來吧，老哥，我們也想贏，我們也想像你一樣掛上冠軍旗幟。』」

這在當時看起來的確是個不錯的主意。

一年前，喬丹在離開NBA打了將近兩個球季的棒球後宣布復出，引起了全球的轟動。誰說強森不可以？在一九九六年一月底、還剩四十場比賽要打時，他宣布復出也引起了不小的轟動，雖然盛況不及喬丹的「我回來了」，但還是一件籃壇大事。

「如果我是球隊老闆，我就會和我的妻子以及四十個朋友，一起坐在空中包廂裡慶祝這一刻。」麥可．

庫柏談到他的老友時說。

儘管強森一開始對復出有些不安，然而，庫柏補充，強森自己顯然也感受到了球隊對此的支持。觀眾也感受到了。在他當晚復出出戰勇士的比賽中，球團印出「歡迎回來，魔術」的標語，發給了每個來到現場的觀眾。不過，體態壯碩讓熱身衣顯得異常緊繃的強森並沒有以先發球員之姿閃亮登場，而是從板凳出發。他上場時很快就展現他能鞏固防守籃板的能力，但他沒有像往常一樣持球推進，而是恪守本分把球傳給控球後衛，讓范艾克索或其他後衛來組織戰術。他遵循教練戴爾．哈里斯的指示，藏起了他著名的直覺。而對於觀察球賽多年的業內人士們來說，這就像是聽到兩列火車在調車場裡慢慢地撞在一起時，發出了很大的金屬摩擦聲。

歷史會證明戴爾．哈里斯是一位好教練，但正如史考特．霍華德庫柏回憶時所說，他是出了名的「薄臉皮」。「魔術是個個性大剌剌的人，而戴爾非常在意別人的看法，這真的是個不適合的組合。」

儘管如此，強森還是能找到掌控球權並把球傳到適合的隊友手中的方法。在復出的第一場比賽，他貢獻了八籃板，並得到十九分、十助攻，論壇球場的觀眾們也因此能慶祝一場大勝。

不過，新魔術強森時代的第二場比賽，就要面對殘酷的現實，因為喬丹和狀態火熱的公牛要來踢館了。「這座城市重新被注入了活力。」在週五晚上這場熱門賽事擔任場邊記者的雪莉．米勒（Cheryl Miller）在比賽轉播中如此表示。米勒告訴觀眾，由於近年來發生了羅德尼．金的警察施暴事件以及因此發生的暴動，再加上O. J.辛普森（O. J. Simpson）謀殺案的審判等事件，洛杉磯「最近沒什麼能笑得出來的事情。」

然而，隨著強森回歸的重大新聞發布，這座城市開始出現像要開派對的氣氛。在他回歸球場的第一場比賽，觀眾們也因此熱烈地歡呼並擊掌，但這次面對由喬丹領軍的公牛，就是完全不同的情況了。在這場全國直播的比賽中，公牛帶著四十勝三敗的驚人戰績來到洛杉磯。他們將在那個球季創下七十二勝十敗的紀錄，讓喬丹拿下第四座ＮＢＡ總冠軍。

「我知道他覺得上次復出時並沒有以自己想要的方式離開球場，」這位芝加哥球星在談到強森的ＨＩＶ問題時表示，「他一直想回到這裡。」

憑藉著二百五十五磅的壯碩身形，強森扮演了替補大前鋒的角色，並向觀眾展示了他的勾射，甚至是三分球的進攻技巧。

然而，在大部分的時間裡，強森都被芝加哥的丹尼斯．羅德曼徹底壓制住了。賽後，他對記者說：「誰在乎他罹患的是ＨＩＶ病毒、痲瘮還是癌症，無論如何，我都會照樣撞他。只要是有種的人都會這麼做。」羅德曼建議，強森應該回去打控球後衛。

強森自己也這麼想，但他甚至連球隊的替補控衛都不是，這也暴露了他的復出之所以失敗的原因。他回到球場之後，幾乎沒辦法掌控大局，失去了過往身為傳奇球員的風采。

「要期待他扭轉乾坤，實在是太勉強了，」該季為《洛杉磯時報》撰寫報導的史考特．霍華德庫柏回憶道，「可以理解為什麼人們對他寄予厚望，因為球隊已經陷入掙扎太久了。他們急切地想抓住任何一根救命稻草。魔術就是個提醒人們往日有多麼美好的存在，而現在『魔術回來了！』所以，人們覺得美好時光一定也會回來。」

這場比賽給了喬丹和強森一個值得慶祝的特別時刻，兩位球壇上的巨人在比賽後一同出現在大批媒體面前的講台上，共用著同一支麥克風。

「能再次和麥可一起打球的感覺真是令人興奮。」比賽開始前幾個小時就已經在論壇球場裡等著比賽開始的強森說道。

「我打算再打幾年，」喬丹說，「我也希望他能繼續待在這裡。我不希望這一切以這樣的方式結束，因為我們都希望還能再打一場更精彩的比賽。」

《紐約時報》的哈維・阿拉頓（Harvey Araton）指出，喬丹在發表這番言論時，露出了一種在講垃圾話的微笑，這令強森搶過了麥克風。

「你們懂吧，他整個夏天都要拿這件事來取笑我了。」他說。

結果，強森有了更大的遺憾。隨著球季進行，減重十五磅的他參與湖人最後四十場例行賽中的三十二場，而球隊也因此有了一場美麗的誤會。強森有出賽時，湖人取得了二十二勝十敗的表現，並以五十三勝二十九敗的戰績在西區名列第四種子。

「在魔術加入湖人之前，他們每一百次進攻，攻下一百零九分左右，」《The Ringer》網站的專欄作家謝伊・塞拉諾（Shea Serrano）在回顧那個球季時觀察到，「這個成績連前十名都擠不進去。在強森復出之後，他們每一百次進攻，平均能攻下一百一十五分上下，這是足以令他們排名聯盟前三的表現。」

塞拉諾指出，當時在進攻端比他們更有效率的球隊，只有喬丹的公牛和俠客・歐尼爾的奧蘭多魔術。儘管如此，這個球季很快就陷入了一場奇怪的戲劇性風暴。

首先，由於強森的存在限制了塞德瑞克・塞巴洛斯（Cedric Ceballos）的打法，球隊的化學效應看起來好像在難以釐清的狀況中瓦解了。這一變故也導致了這位湖人隊內得分王與共同隊長，在未告知教練團與管理層的情況下就神祕地不告而別，於離隊期間錯過了兩場比賽與兩次訓練，這讓他失去了自己在這支球隊的領袖地位，並在該季結束後遭到交易。

「能讓魔術覺得有共鳴的隊友很少，」史考特・霍華德庫柏回憶著這支球隊的化學效應問題時說，「更重要的是，這些球員聽過魔術的大名，卻沒那麼在乎他過往的成就。他們不會在他面前低頭，也不會給他太多尊重。他們不想再聽像是『我們當時在波士頓花園，派特・萊里跟卡里姆說過『我們必須這麼做』這句話。』之類的往事。」

「這些球員不吃這一套，也不在乎什麼『表演時刻』。」霍華德庫珀解釋，並補充說，強森已經有在努力避免這種提當年勇的情況。「我不認為他有被困在往日的輝煌中而沒辦法向前看，我覺得他會談到這些，是因為實在有太多的球迷或媒體會問他這些事了，而且他顯然是這段歷史中的人物。不過，也許有一、兩次，隊友的茫然眼神提醒了他。我認為他一直很注意，不讓自己成為那種活在過去的人，但當時的湖人球員太過於鐵了心要開創自己的時代，也就是『湖人秀』，所以任何與前幾代的湖人有關的事物，他們都會提不起興趣、不屑一顧。」

強森的存在也讓球隊中散發著老歌的氛圍，這也無助於緩解這個現象。「他總是在唱那些老歌，我們就會想說：不是吧，我們不想聽。」范艾克索在二〇一九年一邊笑、一邊回味著往事說道。

在例行賽接近尾聲時，范艾克索和裁判榮恩．蓋瑞特森（Ron Garretson）發生了激烈的爭執，這位湖人後衛衝撞裁判，結果被禁賽七場，並受到了強森的公開譴責。沒想到在幾場比賽後，強森自己也和一名裁判發生了衝突，並被禁賽兩場。

據說，強森對自己被禁賽的結果非常自責，還哭著對隊友道歉。然而從這些失控事件中爆發出來的挫折感，只是預示著風雨欲來的信號。

人們原本希望季後賽首輪能夠扭轉球隊的紛亂局面，當時第四種子的湖人將與第五種子由哈金．歐拉朱萬領軍的火箭交手。儘管這支二連霸的衛冕軍在該季的大部分時間中都飽受傷病困擾，但他們在球季尾聲找回了健康狀態。

在系列賽開始時，強森和范艾克索雙雙解禁。范艾克索在首戰擔任先發控衛，但他一開始的出手全部落空。強森則從板凳出發，而在上半場的五次出手中也只投進一球。

不過，湖人在第四節依然握有四分領先，只是在接下來悲慘的八分鐘，一分未得的他們被火箭打出一波十三比零的攻勢，並讓對手在論壇球場拿下第一戰的勝利。替補上陣的強森攻下二十分與十三籃板，但只送出三次助攻。賽後，憤怒的他甚至考慮要當場退出球隊、拂袖而去。這一刻也讓人想起十五年前他對保羅・威斯特海萌生的失落情緒。

「有時候我真希望自己能回去打控球後衛，因為在打大前鋒時，沒辦法把比賽的局勢看得那麼清楚，」他抱怨，「在打控衛位置時，我可以告訴你當下發生了什麼事，還有兩分鐘後會發生什麼事，我能告訴你誰的手感會發燙、誰會需要球權，因為你是這場秀的主導者。但擔任前鋒的話，我就看不到，也感覺不到了。……能夠控制的空間變小了，整個比賽的局勢也不一樣了。」

「情勢在季後賽變得更糟了，」史考特・霍華德庫柏回憶道，「從許多方面來看，他和戴爾・哈里斯的個性都不是合拍的組合，這問題開始浮現出來了。在季後賽中期，強森開始對教練的調度提出質疑，戴爾也用非常嘲諷的方式在回應他：『好喔，繼續講啊，他來當教練好了。』或是『我猜他無所不知。』戴爾，你也知道，他一被批評就沒辦法冷靜應對，但他當然也明白，魔術就是有一種擴音器般的力量，能讓人小題大作。」

在四月二十七日的第二戰中，歐拉朱萬難得地陷入犯規麻煩，而強森砍下二十六分，帶領湖人以一百零四比九十四獲勝。然而，強森在休士頓舉行的第三戰與第四戰都表現得欲振乏力，湖人的化學效應也完全變調，讓火箭拿下了這個五戰三勝制系列賽的勝利。

「在決定勝利時刻屬於誰的高峰會中，歐拉朱萬拿著籃球，魔術強森則拿著戰術板。」《紐約時報》的湯姆・弗蘭德（Tom Friend）寫道。

強森本季打了三十二場比賽，平均十四點六分、六點九助攻和五點七籃板。

現在，焦點馬上轉向了強森的未來，因為他將在七月一日成為自由球員。被問到這個問題時，強森把自己的挫折感宣洩出來。「如果湖人表示，嘿，控球後衛這個位置是專屬於尼克．范艾克索的，連替補的位置都不給我，那麼，我也會展現成年人的風範。」他告訴記者們，「我就會說：『謝謝你，這段過程很美好。』我知道有其他球隊想要我，所以我會去別的地方。」

他也抱怨了隊友：「他們會因為一些小事情而被自負束縛住，像是誰來負責投籃、他們得了多少分。」他也承認再次退休是另一個選項：「如果我真的受夠了，如果我覺得力不從心了，如果我覺得：『天啊，我以為我可以做好這件事，但我做不到。』也或許我不想為此再做出任何犧牲，我就會優雅地退出。這不是什麼壞事。」

這番話讓人覺得他好像沒怎麼思考自己再過幾個月就要過三十七歲生日的事，因此記者們都希望他能給出更多解釋。

「聽著，」他對他們說。「我知道家在哪裡，我知道我想待在哪裡。我不是說我會突然離開，但我想贏，我想要再嘗一次冠軍滋味的機會。我希望這個機會能在這裡實現。我會仔細看看什麼是最好的選擇。我希望是洛杉磯，我也覺得我的心在洛杉磯。我現在所在的地方，就是我的家。」

幾天後，開了一次球隊會議，讓強森的態度開始軟化。「我還不知道我會怎麼做，」他說，「截至今天，我還是想在明年繼續打球。我不能就這麼離開，我不想就這麼結束。這不是我的風格，我不是為了這種結果才復出的。」

大約一星期後，強森透過經紀人朗．羅森發表了一份準備好的聲明，宣布退休。「我對自己重返NBA的旅程感到心滿意足，儘管我希望我們能在季後賽中走得更遠，」強森說，「但現在我準備放下了。是時候往前看了。我將以我自己想要的方式離開，這是我在一九九二年復出時沒有做到的。」

「我們想要一個對魔術強森而言最好的結果，」傑瑞．巴斯在自己準備的聲明中表示，「我們支持他重返球場，也支持他再次退休。儘管他和我們都對球隊在季後賽的結果感到失望，但艾爾文與包含我在內的全世界球迷們建立起來的特殊連結，直到現在都仍在持續，而這一定也讓過去這個球季對他而言是個有所回報的球季。」

傑瑞．威斯特則在做出回應的同時，回憶起久遠的過往：「自從他在十七年前加入這支球隊以來，艾爾文．強森就一直是我們生命中特別的一部分。雖然今天是個悲傷的日子，但我們也早就知道這個時刻終究會有到來的一天，而比起為此感到難過，我寧願回憶他為這支球隊和我們的球迷帶來的每一個美好時刻。」

在強森退休後不久，他的助攻紀錄就被約翰．史塔克頓打破了。在職業生涯中的九百零六場例行賽，強森平均得到十九點五分、七點二籃板、十一點二次助攻，並因此獲得大約四千萬美金的薪水。對那些痴迷於數據的人來說，強森的職業生涯累計數據或許並沒有值得大肆吹捧之處。然而，他在數據榜上獨佔鰲頭的平均助攻，才是衡量他真正實力的標準，也說明了他對比賽的掌控能力。強森的職業生涯在例行賽中平均送出十一點一九次助攻，除了他之外，在漫長的美國職業籃球歷史中，包括NBA與ABA，平均助攻數達到兩位數的球員只有史塔克頓（十點五一次）而已。

然而，季後賽的數據，才是強森讓其他NBA或ABA的控衛們與自己有如天壤之別的地方。在季後賽中，強森平均送出令人瞠目結舌的十二點三五次助攻。

史塔克頓，是除了強森之外唯一一位季後賽平均助攻達到兩位數的球員，但以十一次助攻位居第二與強森有段落差。

艾略特．「數據先生」．凱爾伯（Elliott "Mr. Stats" Kalb）在二〇〇四年看到了三分球不只在數據方面有了壓倒性的重要地位，也改變了這項運動的審美觀時，分析強森驚人的傳球技術為他在表演時刻率領的球隊獲得了許多無人阻擋的上籃機會，這也讓他們得到大量分數。

「看著魔術、詹姆斯．渥錫和麥可．庫柏在場上來回奔跑真的更有趣。」他說。

然而強森在職業生涯中的三分球數據顯示，他可以輕鬆地適應現代的籃球比賽。他在前七個球季只投進二十二記三分球，但在一九九〇年，他就投進了一百零六球。

顯然，無論比賽如何演變，強森都有辦法破解並功成名就。對那些親眼看過他打球的人，或甚至那些曾與他一同在球場上奔馳的人來說，他為這項運動所帶來的價值是無法量化的。對許多人來說，看到他的選手生命以這種方式結束，實在令人難以接受。

「對我們來說這並不是完全出乎意料的事，」戴爾．哈里斯談到他的退休宣言時說，「我們知道這種事態是其中一種可能的發展。但顯然，看到史上最偉大的球員之一決定不打球了，還是很令我們難過。我不覺得他是因為特定因素的影響而做出了這個決定，他純粹就是心碎了。」

各式各樣的競技運動都存在著一個現實，那就是無論你是在哪項運動中追逐你的目標，它終究會在某個令人絕望的時刻使你心碎，讓你總是對它難以忘懷，就像是一段無法挽回的戀情一樣。你對比賽付出得越多，它就會讓你的心摔得越重。而艾爾文．「魔術」．強森對比賽投入了大量、深沉與雋永的愛，而這項運動也以許多絢麗而奇妙的方式回報了他。他從來不是一個輕易放棄的人，但他終於放棄了。最終，儘管不是一下子就碎個徹底，但他的那顆雄心終究還是走到了破碎的結局。

第三十二章　傳訊者

強森打球的方式總是充滿了喜悅和驚喜，讓他在比賽中展現的球技看起來比實際上簡單得多。在那場生命中的毀滅性大地震下努力地生存下來，也是一樣的情況。與其沉浸於自怨自艾，他選擇把這個疾病當成賴瑞·柏德，也就是當成一個需要征服的頭號強敵。而強森這一輩子在面對這種挑戰時，總是能甘之如飴。「我不怕死，」他說，「我不擔心。其他人都在為我流淚，但我從來沒有因為HIV病毒而哭過。我會戰勝它。」

這句話當時聽起來很美好，但在強森於那年十一月宣布自己染病後，只過了幾天，搖滾巨星佛萊迪·墨裘瑞（Freddie Mercury）就因愛滋病去世，這個消息也把強森身邊的人都嚇呆了。

「在一九九一年，這等同於判了死刑，」朗·羅森在二〇一九年說，「而這就是他帶來的改變，這可能就是他輩子做過最重要的事。他公開面對這件事，無懼於承認：『嘿，我犯了個錯。』這拯救了人們的生命。他改變了這個世界，這比他在球場上做的一切都更有意義。」《運動畫刊》的傑克·麥卡倫在二〇〇一年強森宣布感染HIV病毒十週年時拜訪了他，發現當時四十二歲的這個男人還在洛杉磯的街頭球場上激烈地拚搏，只是現在已經沒有人會對血液或汗水大驚小怪，沒有人提出禁止感染HIV病毒的孩子上學的瘋狂要求。這個世界的大多數人已經逐漸接受了這種神祕的病毒，儘管當時仍每年有大約一萬五千名美國人被它奪去生命，但已經比一九九一年的四萬人少多了。

這種情況帶來了一個好處，而這只有在從日後回頭看時才看得清楚。如果每個人都覺得你不久後必死無疑，那對你的期望就會迅速下降。事實證明，這種期望下降對強森很有幫助，因為儘管強森努力重建人生的努力令人欽佩，卻時常有一下做這個、一下做那個，而且都做不了多久的情形。因此，大眾有時候會覺得他看起來是一個可悲甚至近乎可笑的失敗者，但這與事實大相逕庭。

但是，他因「性成癮」讓很多人心碎。通常只要種下這個因，就很難得到童話般美好結局的善果，這對強森來說也不例外。證據就是，很多八卦小報的頭條新聞和在好萊塢流傳的傳聞，暗示他可能又沉淪在一樣的錯誤之中。

然而，人生就像一幅馬賽克，由許多片段拼貼而成。儘管在旁人眼中，強森的旅程有某些片段看起來既無章法又不連貫，但事實上，他不僅展開了ＮＢＡ生涯，更在這段生涯中取得了驚人的成就。

對他的許多粉絲來說，強森的故事本身，就是他努力過程產生的諸多謎團中最大的一個。為什麼ＨＩＶ病毒殺害了全球數百萬渴望著和強森一樣活下去的人，他卻能在感染這個病毒後好好地活了下來？在二〇〇一年，這些以強森為首和病毒共存的倖存者們，被歸類到一個神祕的類別，人稱「長期無惡化者」（long-term nonprogressors）。

「某種程度上，」傑瑞．巴斯最終在二〇〇三年宣稱，「他似乎已經決定把自己當成沒有生這個病的人。」

多年來，強森與病毒的抗爭似乎反映著他在球場上的表現。不停地移動、不斷推進比賽、試著打出好球，看看自己的能量和行動能在情勢的變化中發揮什麼效果。

因此，年年令人驚訝的他，總是在某種程度上保有著「魔術」的風采，這最終令專欄作家傑西．卡茲（Jesse Katz）在《洛杉磯雜誌》上思考他的本質：「我們也知道，魔術一詞的定義是虛假的。它建立在欺騙、祕密地操控著我們的五感之上。我們並沒有多相信魔術，而是相信它有能夠迷惑我們的力量。」

在人生的這個階段，強森雙親在多年前之所以會對他的綽號有所顧慮的原因終於清晰地顯現出來了。然而，這個稱號依然是他的招牌，也是他的本質。

「如果，」傑西．卡茲問，「魔術強森僅有『艾爾文』這個面向，那麼，他還能在無論是球場上、董事會、媒體面前甚至私生活的諸多領域中成為這麼了不起的人物嗎？」

一九九二年，在他身邊的人中，有誰能大膽預測他和「餅乾」會繼續走下去，享有一段長久且成功的婚姻？有誰猜得到他們會領養一個美麗的女兒？猜得到強森會成為一個與HIV病毒共存的全球象徵？猜得到他和「餅乾」會有孫子？猜得到一開始難以接受和自己同名同姓的兒子是同性戀的強森，後來開始學會接納並願意接受事實？有誰猜得到在他忙碌如一陣旋風的生活中，他曾經為了追求「自我滿足」而嘗試成為一名深夜脫口秀主持人，但最終成為了一場在大眾面前公開出醜的大失敗；但他依然能夠從各種錯誤和失敗中走出來，於二〇一三年成功地在洛杉磯道奇所有權人之中扮演面向大眾的代言人？猜得到他會在接下來的幾十年中大幅開拓並拓展他的商業版圖，一直全心全意地投身於他在青少年時期便開始心嚮往之的商業世界，並簡直就像打牌一般精準地大膽冒險，在巧妙的時機捨棄其他事物？猜得到他在二〇一八年會在湖人隊的管理層身居要職，並利用這個職位吸引勒布朗．詹姆斯加入球隊（然而他很快就會在二〇一九年因與球隊管理層發生令人摸不著頭緒的爭執而辭職）？猜得到他會在一場電視特別節目中與艾塞亞．湯瑪斯含淚和解？猜得到他會和「餅乾」在二〇一九年一同慶祝他們六十歲生日，並邀請數百位朋友參加一趟奢華的歐洲度假之旅，一起搭遊艇、享用美食，並欣賞高水準的現場音樂演出？猜得到他居然能從一場巨大的災難中活出多采多姿的富裕人生？據《Money.com》和其他眾多的資料來源估算，他的資產從他在籃球生涯結束時的一億美元左右持續增加，在二〇二〇年時，已超過了六億美金。

的確，這麼出人意表且不可思議的故事，究竟是怎麼成真的？

最重要的是，關於他能保持良好健康狀況的謎團有許多答案，有些相當樸實無華，其他的答案，則顯然有些詩情畫意。

如果要將這一切濃縮成一個詞，那麼這個詞很可能是「愛」，尤其是強森對自己無邊無際的愛，以及來自家人的愛，特別是他妻子的愛。

日後證明，維繫這一切的黏著劑，是他將生活中的負面因素轉化為正面的意志力。這股力量強大無比，而他的妻子為了將他從災難中拯救出來的鋼鐵決心，讓這股力量更加堅毅。「餅乾」凱莉．強森的行動儘管並不完美，卻是一種罕見的美，這一點，正如同他們共同經歷的人生。

「她是個聖人，」朗．羅森在二〇一九年說。「這就是她，我常常跟她開玩笑，說她是個聖人。」

包括幾位記者在內，許多瞭解內情的人都對「餅乾」能在丈夫讓她經歷了這麼多風風雨雨後，仍然對她的丈夫懷有如此深厚的感情驚嘆不已。

《運動畫刊》的蓋瑞．史密斯在一篇為強森撰寫的報導中深入探討了這對夫妻之間深厚的情感聯繫，並發現這源於他們的信仰。對「餅乾」來說，信仰一直是在人格之中長期運作的一部分，而對強森而言，這則是多年來似乎沉睡了許久，而在最近被重新喚醒的區塊。

歷史悠久的五旬節派（Pentecostal）大型教會，西部天使基督神的教會（West Angeles Church of God in Christ），將成為這份信仰的重心。據《洛杉磯雜誌》所述，這是一個「屬於洛杉磯上流黑人的大教堂」，擁有超過兩萬四千名成員。

根據強森的推論，上帝為了這場對抗可怕傳染病的大戰，選擇了他擔任重要的傳訊者。

「他是被選中的人。」「餅乾」對蓋瑞．史密斯說。

史密斯認為，接受了這個角色，反過來也讓強森能放下過往行徑讓他產生的罪惡感，讓他能向前看，專注於上帝親自賦予他要他努力完成的使命。

「上帝說：『我希望你來當傳訊者。』」強森說明，「他以前就一直在試著傳遞這個訊息了，但包括我自己在內，沒有人聽進去。當時，大家都對這個疾病閉口不談，直到我得了這個病，便有所改變，現在，這是大家可以公開討論的話題了。」

的確，這可以公開討論了。有些業內人士聽到了強森自稱為傳訊者的說法，可能會不禁翻個白眼，但他所處的處境，確實能讓他把這個議題推到大眾面前，並讓它成為重點話題。他會用自己的方式來做這些事，同時仔細地注意著自己的健康狀況，用每一天都在面對某種困難防守一般的態度積極進攻。

零點

除了妻子和家人對他歷久彌新的愛之外，在強森需要有人雪中送炭的時期，傑瑞．巴斯的存在，也有著無論怎麼強調都不為過的重要性。強森感染病毒的消息傳出來時，令這位球隊老闆深受打擊，而他的身體狀況也隨著年紀增長而逐漸衰弱。法庭記錄顯示，巴斯這位傳奇人物的性欲在他六十幾歲時大幅衰退，但他還是會把一些年輕漂亮的女性留在身邊，並支付薪水給她們，以維持自己花花公子的形象。不過，對於強森而言，他在意的不是表面功夫，而巴斯的行動就像鏗鏘有力的話語，讓強森清楚地明白到自己與這位老闆之間的關係有多麼緊密。

「在我宣佈感染ＨＩＶ病毒時，我感受到他真的是我生命中如父親般的存在，」強森在二〇一三年悼念巴斯時說，「我們一起哭了好幾個小時，他不知道我居然在二十二年後還能活著站在這裡，當時他覺得自己要失去一個兒子、一個收養的兒子了。他拿起電話開始打給各大醫院，確保我能得到最好的醫療照護和最頂尖的醫生。」

事實上，在強森戰勝疾病的過程中，醫療照護的確發揮了足以左右戰局的作用。「我們找到了最好的醫生，」朗．羅森回憶道，「我們找到了紐約的何大一醫師（Dr. David Ho），他可能是最頂尖的醫生，他為艾爾文安排了一套療程，艾爾文也一步接一步地堅持下來。而它發揮了效果。」

何大一醫師有多厲害？他因開發出蛋白酶抑制劑的貢獻，被《時代雜誌》評選為一九九六年的年度風雲人物。

活下去的希望會隨著強森每多活一年而逐年增加，然而諷刺的是，這也在為薇茱．莫爾於一九九二年控告他的時間點背書。這一切，都要論及「零點」（Time Zero）的概念。

「最大的未知數，是我們所謂的『零點』，也就是他感染的時間點，」何醫師在一九九六年解釋，「如果零點是在他檢測出陽性反應前的幾個月，那麼目前看到的情形就不是什麼意外狀況。有許多ＨＩＶ病毒患者在感染的前四年都沒有出現任何症狀；愛滋病從感染到發病的平均時間大約是十年。然而，如果零點是十五年前，那麼我們現在在他身上看到的狀況就實在是非同小可。」

當然，強森不僅活了下來，還活得很健康，這表明他的零點的確是不久前的事，與他在一九九一年被診斷出陽性反應的時間點相當接近。他在接下來的幾十年，都在過著從行程一看就知道有多忙碌的生活。

「艾爾文一直在向前走，」羅森在三十年後憶當年時說道，「他從來沒有放鬆過。」

就這樣，靠著上帝、科學，以及他妻子、家人和傑瑞．巴斯給了他無盡的愛，強森繼續向前邁進。

「他常常打電話給我說：『你還好嗎？有吃藥嗎？有做你該做的事嗎？』」強森回想著巴斯時說，「在那時，我便知道這個人不只是因為我為他贏得冠軍、能傳出不看人傳球才愛我，關心我的。這就是傑瑞．巴斯。他關心他所有的球員，不僅僅關心我們在球場上的表現，也關心我們在場外的生活，從一個男人、一個人的角度在關心我們。」

更重要的是，強森常常提到巴斯花時間教他如何透過數據深入瞭解一門生意，這對於一個樂於學習、充滿熱情的學生來說，能得到莫大的裨益。

回首往事，見不得人好的人可能會說，強森投入了各式各樣的商業活動，這種做生意的方式就和他多年來與多得數不清的伴侶所發生的性生活一樣混亂。但更重要的是，這代表他成長為一個為了新的目標而前進的成熟男人。事實上，這使得他的人生歷程、個性和那個綽號都自然而然地發展到了最完整的階段，就連他在迅速地讓自己成為一個品牌的過程中也是如此。他成功地在各行各業推出與開創了魔術強森品牌的產品與事業，這一切之所以能夠誕生，似乎都源於他超乎常人的活力和能量。而他之所以能激發出這些動力，除了賺錢的目的，也是為了幫助多年來在美國被剝奪了機會的黑人群體。

後來，提姆．史陶德主播談到，過去他在蘭辛的老朋友們都十分驚嘆於他們熟知的強森是做了什麼而成為一個成熟、成功的商業人士。有人認為他肯定只是個掛名的花瓶。是，強森的舉止和風度讓他獲得了超乎想像的收入，但即使如此，也沒辦法解釋他的商業版圖是怎麼成長得如此之大。朗．羅森說明，沒錯，強森在他的商業生涯中得到了巨大的奧援，他擁有一個非凡的團隊。畢竟，他是一個企業的高階主管，而這個職位本來就會得到許許多多聰明人的支持。除了傑瑞．巴斯之外，還有各種合作夥伴和專家會來協助他，像是強大的經紀人麥可．奧維茨（Michael Ovitz）和持有湖人季票數十年的喬．史密斯（Joe Smith）。

「我從來沒有遇過像他這樣的人，可能以後也不會，」曾在音樂界打滾多年的喬．史密斯對記者傑西．卡茲說，「他身上有許多矛盾的特質，但這正是他的本性。他是個奇人，他的使命就是成為魔術強森。」除了多年來受到傑瑞．巴斯的指引，以及於NBA打球期間，在自己的每一個所到之處都在學習商業知識之外，強森也在長年擔任他的財務經理的沃倫．葛蘭特（Warren Grant）指點之下獲得了許多寶貴經驗。葛蘭特有來自各界的高知名度客戶，比如雷．李歐塔（Ray Liotta）和雪兒（Cher）。但葛蘭特說，沒有人像強森那麼細心在看開支費用報告和財務報表。

「我們在某次交流中談到，」瑞吉．席亞斯在二〇一九年回憶道，「我們討論了從體育界進入商業界的轉變，兩者之間有關與相似之處，以及為什麼大家喜歡聘請前運動員，因為他們懂得團隊合作，懂得努力工作，瞭解公平競爭的意義。他對我說了一句讓我覺得真的很棒的話：『瑞吉，我還是一個控球後衛；我只是改在董事會裡當控球後衛而已。』換句話說，對他而言，一切都沒有改變。他只是在用另一種方式傳出不看人傳球或是以另一種方式帶領他的團隊。」

他的合作夥伴以及在努力跟上他的步伐、來來去去的私人助理們，會從一大早便頻繁地接到這些不看人傳球。隨著歲月流逝，他每一天似乎都越來越早就開始工作了。在七層樓高位於比佛利山莊的魔術強森企業，他常常坐在辦公桌前，從那裡把球快速地傳給他大約三十五名員工中的任何一人。這還只是他的投資公司。二〇〇三年，他向全國公共廣播電台（NPR）誇耀自己擁有和控制的公司旗下有超過兩萬名員工，而這個數字後來還會不斷成長。

《洛杉磯雜誌》曾揭露，總部辦公室的三十五名員工偶爾會戲稱公司是「魔術強森奴隸船」。作為控球後衛，正如瑞吉．席亞斯所述，強森總是驅使推動著身邊的人。

「我就像昆塔（Kunta），」* 強森開發公司的總裁肯．隆巴德（Ken Lombard）開玩笑地對傑西．卡茲說，「我是在艾爾文還是個籃球員時認識他的，所以我以為他是個好人。」

---

* 譯註：指昆塔．金德（Kunta Kinte），亞歷克斯．哈利（Alex Haley）於一九七六年出版的《根》（Roots: The Saga of an American Family）之中的主角，出生於甘比亞的他被奴隸販子抓走並賣到了美國。

隆巴德回憶道，魔術這個控衛在他們第一次開會時，就為接下來的發展定下了方向。「艾爾文靠過來對我說：『小子，如果你搞砸了我的錢，我就搞死你。』這是真實故事。這就是艾爾文成為商人的樣貌。」

「任何覺得魔術只是靠個性而成功的人，都不懂經商到底是怎麼回事，」傑瑞．巴斯曾說，「很多著名的運動員會開一家以自己的名字命名的餐廳。但這跟擁有一個商業帝國比起來，完全是兩碼子事。」

身為一名控球後衛，他知道怎麼用恐懼來統治人們，但關鍵的部分，像是願景和獨到的構想，都得由他一手策劃。他是個高年級小學生時，常常會在下午待在蘭辛的電影院裡一邊吃他最愛的爆米花，一邊沉浸在電影的奇妙和樂趣中，這是他吸收新知的重要來源，也是為他孕育出商業頭腦的起點。基本上，強森萌生出的這個想法就像是另一種不看人傳球，而他這個人生中的第一個大計畫，出自於他觀察到少數族群的社區裡並沒有電影院。他認為，如果這些社區有電影院的話，這些電影院就能開發出繁榮的商圈。

他日後把這個想法告訴了星巴克的董事長兼CEO霍華．舒茲（Howard Schultz），當時的星巴克並沒有對外開放加盟，然而因為強森的構想，舒茲對他打開了加盟的選項。不久後，魔術強森品牌就在少數族群的社區中開設了四十幾家咖啡店，這個數字將在後來成長到超過一百家。

然而，真正提升了強森商業能力的是他在一九九三年左右提出的電影院計畫，這使他與彼德．古柏建立了更密切的聯繫，而古柏在接下來的幾年裡將成為他的重要商業合作夥伴。

「他打電話約我見面，」古柏在二〇二三年的一次採訪中回憶道，「當時，我是勞氏影城（Lowe's Theaters）的董事長，這是美國乃至全球最大的電影院集團之一。這家公司是索尼（Sony）的一部分，我也是該公司的董事長。我們當時在世界各地開設了這些擁有二十個影廳的大型綜合電影院，從曼哈頓、舊金山到芝加哥，甚至連德國都有。」

強森與這位索尼的董事長在社交場合上稍有往來，所以他和肯．隆巴德這位朗．羅森口中在強森開發公司效率驚人的總裁成功安排了一次會議。這次的陳述不僅在強森的人生中成為了特別的一刻，兩名黑人男子向全球媒體界最有影響力的其中一人提出商業計畫，也在美國商業史上留下了特別的一頁。

「他們走進辦公室，然後坐下，」古柏說，「我不知道他們要來跟我談什麼，真的是一頭霧水。他們進來後說：『我們知道你正在世界各地蓋電影院。我們也知道，擁有一群願意看電影、願意去看電影、喜歡去電影院看電影的觀眾對你來說很重要。』」

強森問：「如果我告訴你，有個地方的人們都想看電影想得要命，這裡的觀眾就是喜歡看電影，只要有空就會去看，而這個地方卻沒有好的電影院，你會覺得怎麼樣？」

「有個地方，」古柏記得強森說，「電影院又舊，又不是很完善，可能就像加勒比海地區那樣，那裡的電影院就像十分老舊的穀倉，連基本水準的投影設備都沒有，儘管觀眾想來看電影，也沒辦法獲得好的觀影體驗。如果我告訴你，如果有個地方的居民都愛看電影，連這種電影院都還是會一直去，那這裡是不是很適合蓋新的電影院呢？」

「我準備好了，老兄，」古柏回應，就像是看到了魚餌的魚一般，「有個地方有喜歡去電影院看電影的觀眾卻沒有好的電影院？我們就是想去這種地方。」

「嗯，從這裡過去只要十五分鐘就能到，」強森對這位索尼董事長說道，「就在鮑德溫山莊（Baldwin Hills）。在美國，還有其他三十幾個地方也有類似的狀況，這些非裔美籍社區完全被忽視了——電影院品質不佳、投影設備和螢幕都很破舊不堪、服務也差。」

鮑德溫山莊是位於南洛杉磯的一個社區，長久以來有「黑人的比佛利山莊」之稱。

「我不禁驚呼：『哇。』」古柏回憶道，「魔術開始向我展示相關的數據和數字。這一切都讓人震驚，而且完全屬實，這是一個被整個業界完全忽略的地方。」

儘管當時電影院產業正處於全面擴張的模式，卻沒有在黑人社區蓋電影院的計畫。「我們上了車去鮑德溫山莊，看到那家電影院……他們給我們看的報告，令我們驚訝不已。我們讓其他人，也就是同個集團的人來看這個報告時……他們也一樣覺得很驚訝。」

「我說：『成交。我們會和貴公司簽約，這樣就可以在全美符合這個標準的地方進行此事。』我的意思是，這是用膝蓋想都可以做的決定。他的展示技巧非常高明，巧妙地指出：『如果你在這裡就已經有一群觀眾在坐著痴痴等待看電影的機會，那為什麼還要跑去南斯拉夫？』我們當時正在尋找適合開疆闢土的地方，而它就在這裡、就在我們的面前。但我們狹隘的目光、偏見，我指的不是狹義的歧視，而是廣義上的偏見，讓我們看不到它。它就在我們的面前。於是，我們就與他們簽約，與他們的公司魔術強森影城（Magic Johnson Theaters）簽訂了一份完整的合約。」

強森將在一九九五年的夏天贏得一場大勝利，他的第一家魔術強森影城在南洛杉磯離當年洛杉磯暴亂爆發處不遠的地方正式開幕，這棟影城也不斷地在人們口中被稱為「洛杉磯中南部最先進、有十二個影廳的電影院」。而強森的電影院很快就擠進了產業中收入最高的行列，大獲成功的他們不僅受到了許多讚譽，也得到了索尼公司提供的資金，讓他們在底特律、休士頓、紐約和華盛頓特區等少數族群社區開設姊妹影院，這一切都得歸功於他的遠見。這次手到擒來的成功讓強森開啟了新的人生，在這個階段，他將靠「不看人的構想」來打天下，而不是不看人傳球。

「他從試試交易的水溫到成為一個企業的創業領導者，」彼德．古柏說，「他從設計、執行、推廣到成功。他經歷了每個有想法的創業者必須走過的每一步，才有這種掌控大局的能力。他就是老大。」

「那天晚上我出來時，渾身都是口紅印，」強森在和《運動畫刊》的蓋瑞．史密斯談起洛杉磯中南部第一家電影院開幕的那一晚，「人們對我說：『我在這個社區住了四十年，從來沒看過這種事。』他們的太太們哭著感謝我為她們創造了工作機會，改變了她們丈夫的生活。我也哭了，這是我人生中最快樂的一天。我覺得上帝引領著我、告訴我：『這就是我要你做的事。』這和我在球場上獲得的愛是不一樣的愛，這種愛與勝負無關，而是永恆不變的。」

當然，這不是永恆的。過了一段時日，強森會賣掉了他的電影院和星巴克，轉向投資更有利可圖的商業活動。但當時，這的確感覺像是永久不變的。更重要的是，這對商界傳遞了一個明確的訊息，而且這個訊息將在同年稍晚的《等待夢醒時分》（*Waiting to Exhale*）上映時得到強化。這部電影上映時，讓電影院外排了八條大概有美式足球場那麼長的人龍，大家都想走進強森開的電影院。

「這改變了許多公司對這個市場的看法，」古柏說，「他瞭解這個市場，瞭解在這個市場中看電影的客群，瞭解這個市場的娛樂需求。他明白黑人、非裔美國人對一個商業活動的認同……代表著什麼意義。他利用了這個機會為這個社群、為他自己以及這門生意本身帶來了極大的利益。」

電影院的成功，成為了強森在追求實現美國夢的人生中的一個重大因素。

「我認為這對他來說是個跨出第一步的經驗，」古柏說，「因為他發現了這個商機，產生了把握這個機會的構想，知道如何讓人買帳，知道如何講述這個故事，知道對誰講述，推銷給誰，並與他建立了深厚人際關係資本的人們接洽。他利用了這些優勢，然後用勤勞的雙腳、三吋不爛之舌與心和錢包實現了它。他真的用了他手上所有的牌來實現這個目標。他有著非裔美國社區的背景以及在商業社群的資歷，而他知道這對他來說會是個無比重要的關鍵。」事實上，強森的財富似乎正在全面成長，《運動畫刊》不久後估計他在湖人持有的百分之四點五股權有著高達兩億美元的價值。這可能估得有點高，但他在湖人持股的價值將隨著時間繼續增長，多年後，他賣掉了這些股份，並成為買下道奇隊的團隊代表人物。

強森邁向獲得道奇隊所有權的曲折之路始於一九九〇年代末，當時古柏找他加入一個長期計畫，要在小聯盟創立一支球隊——代頓龍隊（Dayton Dragons）。

「我們決定要在一個位處鏽帶*，主要由非裔美國人居住的城市蓋一座球場，」古柏回憶道，「我們知道，在這個市場中，他會是個非常好的合作夥伴。這段旅程漫長、艱苦而且充滿不確定性，因為從頭開始興建體育館和接手現有球場並運作相關業務是完全不同的事。而且我們還要在一個完全衰落與破敗的鏽帶市場蓋一座沒有球隊、還沒證明有受眾的球場……我們後來決定，要在代頓這座遭受嚴重打擊的城市蓋一座A聯盟球隊的體育館。」

古柏解釋，挑戰和風險比預期中更大，但強森依然堅定不移，並又一次扮演了關鍵人物。

「他投入了精力、資金和時間，還有他的名聲。我們蓋了球場，然後在開幕那天，魔術同意飛來代頓在開幕戰擔任開球嘉賓，而我們都屏氣凝神地等待會獲得多少迴響。當時的每個人都不確定會發生什麼事，但從事後看來，結果當然是大獲成功。代頓龍成為在小聯盟棒球中成功的代名詞，並且連年打破了各項記錄，至今依然如此。」

隨後，他們又攜手合作，在德州弗里斯科（Frisco）成立另一支小聯盟球隊。之後，古柏邀請強森幫忙創立洛杉磯FC（Los Angeles Football Club），這是洛杉磯的第二支足球隊。「他投入了金錢和時間，」古柏談到這次的足球事業時說，「他站了出來，並為成功做出了很大的貢獻。」

這一切引領強森在二〇一二年參與組建收購道奇隊的團隊時扮演了關鍵的角色。這次輪到了強森來邀請擁有道奇隊附屬小聯盟球隊的古柏。

「魔術帶馬克・沃特（Mark Walter）來我家，說服我和他們一起買下道奇隊。」古柏說。

神祕的是，在古柏後來加入收購金州勇士的團隊，而該團隊希望找一位籃球專家來合作時，強森卻拒絕加入。

於是，這個成為新勇士隊老闆的團隊轉而找來傑瑞．威斯特。古柏從不知道強森為什麼拒絕這個邀約的具體原因，但他猜測這可能與強森對湖人的忠誠有關。

「重點是，」古柏說，「魔術總是願意參與提供附加價值並傾聽。儘管他非常聰明，但他仍然樂於接受指導。這是他如此成功的部分原因。」

他拒絕加入勇士隊收購團隊的另一個原因，或許是因為他已經轉而全職投入到他的商業事業中，將他巨大的精力灌注到他能找到的每一個角落和縫隙，有時候，他可能一個月有十五、二十天，甚至二十五天要出差，只為了尋找下一個能讓他到達、觸及並感受人們所需的機會。為了讓一切事務朝著正確的方向前進，他什麼都會做。

就在強森與古柏持續拓展他們能並肩作戰的領域的同時，他也和霍華．舒茲與星巴克展開了合作，這有點像是與舒茲談了個交換條件，因為舒茲想要進入NBA的世界，並考慮要成為球隊老闆的想法。「魔術當時將舒茲介紹給大家。」《TrueHoop》的亨利．阿博特（Henry Abbott）在二〇一九年的一次採訪中說明。

在這段期間，強森還參與了試圖將NFL帶回洛杉磯的計畫，只是此事沒有成功。他還組了一個團隊，收購WNBA的洛杉磯火花隊。

隨之而來的是他進軍了電子競技，這也讓他在二〇二二年表示，他從來沒想過自己有一天會『每年付一百萬美元給一個人』來參加電競比賽。這在在顯示出強森願意跨越每一道界線、踏進每一個出現在眼前的商業領域。

接下來，還有包含房貸公司、銀行、保險公司在內等更多的商業合作機會在等著他，而他做的這一切，

---

* 譯註：指自一九八〇年代後工業衰退的地區。

都是為了幫助非裔美籍人士，因為他們長期以來被剝奪和限制了參與購屋和其他累積財富的機會。

在他最成功的投資中，最值得一提的是他在二〇〇八年收購了SodexoMagic，這是他的餐飲服務承包公司，以及在二〇一五年，他成為EquiTrust人壽保險公司的控股股東，該公司正在穩穩地成長為一家資產達到兩百三十億美元的企業。

他把全部的精力投入在商業生活之中，令「餅乾」懷念起他還在打球的日子。是，他那時候也有踏上旅途前往他處的必要，但在他成為商務人士後，當時的行程跟現在的行程完全不能比，現在的他幾乎把每分每秒都塞得滿滿的。

是的，他仍然會在某些夜晚中醒來、從內心世界的平靜夢境中驚醒，起身再次從頭複習那些精彩時刻的影片，從這些美好的夢想中再次擠出他能獲取的所有能量。這是真的嗎？真的曾經發生過這些事嗎？他是不是真的用他的喜悅、微笑以及他對自己獨特的天賦堅定不移的信念征服了世界？

他的商業生活似乎不像他所說的是個企業，更像是在大力探索著能讓他發揮天賦的各個領域。在投入於商場的這些過程中，帶給人們無比的喜悅，依然是他在攻城掠地時備受倚重的武器。而在繁忙之餘，他還是有時間和新朋友與老朋友們相處。密西根州大的教練湯姆．伊佐也會進入他廣大的朋友圈，他接替了賈德．希斯科特的位子，掌管著強森熱愛的斯巴達人隊。對他而言，蘭辛籃球的一切都是神聖的存在。

「每次他來這裡時，都非常關注我們的球員，」伊佐在二〇一九年談到強森時說，「你不會相信的，這個人每場比賽都一定會看。他認識我們球隊中的每個人，能叫得出每個人的名字。每年都有一批新的球員加入，但對他來說，有差嗎？根本只是小菜一碟。他常常來看我們的比賽。在他的職業生涯中，他幾乎沒有錯過我們的NCAA比賽。自從他有了自己的飛機後，他常常會飛回來，並在蘭辛接他的父親。」

這些年來，強森、老艾爾文和他的哥哥賴瑞都沉浸在跟著伊佐領軍的球隊展開冒險的喜悅。強森會沉醉於大學季後賽的氣氛，也會開開心心地坐在飯店大廳為密西根州大的忠實球迷們簽名。到了體育館呢？就會有更多人請他簽名。

「我看過去，就會看到人們在他的前面大排長龍，」伊佐在二〇一九年笑著說，「對手球隊的球員也會去找他簽名。他就是個這麼有活力與親和力的人。」

無論斯巴達人隊在何處斬獲了榮光，那個地方必定有強森的身影。二〇〇〇年，他在印第安納看著密西根州大擊敗佛羅里達大學奪得全國冠軍。後來，他也在底特律看著他們擊敗了康乃狄克大學（University of Connecticut）*。二〇一九年，他們在華盛頓特區爆冷擊敗排名第一的杜克大學和錫安·威廉森（Zion Williamson）時，他也在現場。

伊佐回憶道，那場對杜克贏得的大勝利格外特別。「艾爾文非常激動，老兄。聽了他的賽前演說，就連我都想上場打球了。」

多年來，大蘭辛地區一直瀰漫著這股魔術帶來的氛圍，也深深地融入了社區的骨髓，讓人們記得這是個特別的地方。這幾年的感恩節，人們聚集在葛瑞格·伊頓的某家店裡舉行聚會時，整個空間都會滿溢著這種曾與他共同經歷過偉大時刻的激動心情。

「每個人看到他都很開心，」昔日時常開導他的喬爾·佛格森在二〇一九年回憶道，「每年感恩節，他都會回家。大家會到葛瑞格的店裡一起打牌。能和從小一起在蘭辛長大的人們共度此刻，真的是個很重要的事。這裡沒有人會擺架子，每個人都純粹是為了享受樂趣而來，沒有任何的階級之分，大家都是平等的。而他也營造了這樣的氣氛，沒有人自以為高人一等。在這裡的人們都是他的朋友，他就像當年一起在操場玩樂

---

* 譯註：在二〇〇九年，密西根州大擊敗康乃狄克大學後打進冠軍賽。

或在學校投籃時一樣的方式對待他們。會有很多人來，擠得人山人海，大概會有數百人出現。大家都玩得很開心。每個人都在期待過完感恩節後的那一天。」

蘭辛總是能讓他做回原本的自己，也就是那個在努力地朝成為明日之星的未來邁進，挺起胸膛、扛下只有他才辦得到的重任的自己。

發表演說、擁抱客戶和員工、簽名、舉辦派對、傳遞那份名為愛且繼承於母親的罕見天賦，每一個瞬間，都像流水一樣從強森流向他周遭的世界。

二〇一九年，在他和「餅乾」的六十歲生日即將到來時，他顯然花了很多時間為這個特別時刻策劃每一個細節。這不是普通的生日。不，不是，完全不是。這是一個曾被認為必死無疑的人做出的宣言，他靠著妻子的愛一直活到了現在。這場無比奢華的盛宴在南歐舉行，準備得萬無一失的他，花了數百萬美金來招待數百名親朋好友、歡慶他們的人生。

「難以置信，」他年輕時的另一位商業導師葛瑞格．伊頓說，「我做過大大小小的事，參加過各種派對，但這次……連沒帶保鑣的億萬富翁也來了。他派賓士來接你。我得說，這是我見過最精彩的場面。A-Rod和他的女朋友來了，史派克．李（Spike Lee）也來了，搞笑大師塞德瑞克（Cedric the Entertainer）、艾塞亞．湯瑪斯、史帝夫．史密斯（Steve Smith）、頂尖棒球選手戴夫．溫菲爾德（Dave Winfield）、葛瑞格．馬西斯（Greg Mathis）都來了。這是個會讓人驚呼連誰也來了的盛會，每個到場的人都是有頭有臉的人。我們在那裡待了五天，而他和『餅乾』大概從四十年前開始就常常來這裡了。他們租的這艘遊艇，一星期的租金超過一百萬美元。他還在海灘上辦了一個派對，喝著價值十萬美元的香檳。」

「他們為『餅乾』和魔術蓋出了一個巨大的沙雕，上面寫著『生日快樂』。他們在卡布里島（Capri）有一座可以俯瞰大海的城堡。他把它包下來，並在山邊搭了一個舞台，讓樂隊在那裡演出。然後，他們還安排了一群表演者在山中飛舞、從天而降，他把聚光燈照在她們身上，並在這些赤身裸體的女孩們身上塗了金色的顏料，要她們為客人送上飲料。我得說，這真是不可思議，我猜這場派對大概花了他六、七百萬美元。」

朗・羅森同意，這是一場令人震撼的盛會。「他們辦了一場驚人的六十歲生日派對。我在蒙地卡羅（Monte Carlo）和派特・萊里以及大家聚在一起時，每個人都在說：『看看這傢伙和妻子的成就，因為兩人的同心協力，才會有這一天。』我不知道總共有多少人參加這場盛會，在蒙地卡羅時，有大概四、五百人出現。他舉辦了一場盛大的表演，你知道的，他希望每個人都能玩得開心。他花了很多錢，但每一刻他都樂在其中。」

回家

如果有一個時刻能把艾爾文・強森的人生軌跡完整地展現出來，那應該就是他在二〇二二年三月前往位處格林斯伯勒（Greensboro）的北卡羅萊納農工州立大學（North Carolina A&T University）發表演講的那次。這所學校是全美最大、歷史最悠久的黑人大專院校之一。

他在這所學校的哈里森禮堂（Harrison Auditorium）對觀眾們說，這裡離他母親大部分的家人和祖先們所居住的塔伯羅鎮不遠，他年輕時也在那裡待過一段時間。「我每年夏天都來這裡幫我的姑姑、阿姨和叔叔、伯伯摘花生。」他回憶道，「那時候也很熱。」

在他發言時，強森展現出高大、極具分量的形象，儘管他的身材當然不再像打球時那麼結實，但穿著精心裁製的西裝下依舊逼人的氣勢，還是給人留下了深刻的印象。

望著一排排年輕人充滿希望的臉孔，他露出燦爛的笑容，只是他馬上犯了一個小口誤，告訴大家自己很高興能來到北卡「農工」州大（North Carolina AT&T）。

他沒有匆匆帶過這個錯誤，而是突然停頓，驚訝地揚起眉毛，宣稱自己剛剛「失誤」了，然後和大家一起開懷大笑。

這不是他當晚唯一一次的自白。他談論自己在商場取得的諸多成就時，也公開地談到了自己的錯誤。例如，他說自己剛開始投入零售事業時就遇到了瓶頸。他說：「我犯了一個錯誤，只買我自己喜歡的東西。永遠不要讓你的生意只繞著你自己轉。」

接下來，他開始發表了一場扣人心弦的演說。在他繁忙的行程中，發表這類演講已經是他為了在全國各地推廣自己的投資事業而進行的例行公事。這一切的目的是宣揚他在商業、市場與自由企業制度的理念，以及它們對他、對下一代、甚至對整個黑人社區的重要性。

他說，自己的公司光是存在本身就能「提升少數族群社區的房產價值」。「如果這些公司是別人的，就會有大量的資金從社區流失。」

隨後，他一一細數自己驚人的成就，從魔術強森企業到SodexoMagic，再到成功獲得翻修大型機場基礎設施合約的另一家公司。

「我們現在在全國聘用了大約三萬名的非裔美國人，」他說，「我為此感到驕傲。如果我的品牌犯了錯，做錯了事，就會讓我晚上睡不著覺。我這一輩子都在為其他少數族群打開大門，讓他們有機會成功……『餅乾』和我已經把一萬名少數族裔的學生送進了大學，我們也引以為傲。讓美國黑人也能抬頭挺胸，是我一直以來在做的事。」

他說，低收入社區有著欠缺足夠的科技設備的問題，他和「餅乾」一直致力於解決它。「我們在全國建立了二十個科技中心，蓋在紐約、芝加哥、亞特蘭大……」

另一個他著手處理的，是這些社區也缺乏無線網路和寬頻網路的問題。他透過與「全美各個城市的牧師」合作，實現了許多目標。

他說，在演講結束後，他將立刻飛往紐奧良，簽一份大合約，這將創造更多的就業機會。

「過去，我在追著合約跑，」他如此談論著自己早期的商業生涯，但他接著說，他用努力累積起來的成果帶來了改變。「現在，是合約追著我跑。」

他說，在他剛開始創業的過程中，他遇到過來自貸款機構和潛在商業夥伴的阻力，因為他們往往只把他當成運動員看待。所以，他投資的企業中包含了專門服務「少數族裔社群」的金融機構，也就不奇怪了。

這一小時的演講都發自他的真心，幾乎全部的內容他都講得十分流暢、充滿激情而且簡明扼要，用最完美的節奏傳遞了所有的訊息。

「我以一名前籃球員的身分站在這裡，」他對觀眾說，「但我的夢想不只是打NBA而已，我的夢想是打NBA，並且，成為一名商人。」

他跟他們說了兩位蘭辛的黑人商人的故事，說他們是他的榜樣，對他產生了強而有力的深遠影響。

「這兩個人改變了我的人生。」他說，並說明了自己當年是怎麼在晚上打掃他們的辦公室，怎麼溜進他們的辦公室，調整辦公椅、把腳放在桌上，夢想著自己有一天也能成為一個大人物。

他在演講中點出了很多事實與數據，例如，他指出現在非裔美國人的消費力已經達到一點八兆美金的水準。

對於有意創業的未來式有色人種企業家來說，問題在於「我們要創業，就需要用到別人的錢。」他說，這就是為什麼他投入了這麼多的努力在為下一代打通資金來源。他說明，在美國的城市地區，一直很缺住房與零售設施，並回憶自己曾在一個少數族群的社區用兩千兩百萬美金買下了一個購物中心。

「你瘋了。」購物中心的前老闆在完成交易時告訴他。

後來，他說，他以四千八百萬美金的價格把這個購物中心賣掉了。

在演講結束後的問答環節中，有個學生問他有沒有被歧視過，並問他是怎麼克服的。

「當然，我曾經被人輕視過。但這就是過程中的一部分。」他回答。

「現在，我坐在這裡，擁有一家市值兩百三十億美元的公司。」他補充，並指出在他世世代代的祖先寫下了如史詩般的奮鬥後，這個成果對這段奮鬥史而言是個勝利的時刻。

「我以身為美國黑人為榮。」

再次成為湖人

二〇二二年，強森在行程表上安排的另一件大事，讓人想起了青少年時期的魔術。他用打電話給一批人，再請他們打給更多認識的人幫忙找人的方式，或者用其他類似的方法，聯絡到他在艾弗雷特高中的每一個不論地位高低的隊友，鼓勵他們參加一場夏季聯賽的比賽。

這一次，強森的大計畫是要讓每一個表演時刻的隊友在九月時到夏威夷團聚。強森先找了派特・萊里，他馬上就點頭答應。兩人一起負責了全部的開銷，讓每一個隊員展開一趟為期六天、重溫往日情懷的天堂之旅。他們甚至還讓小氣出了名的湖人也出了一點錢來贊助這趟旅行。

強森打電話找到了每一位昔日的隊友，並親自邀請他們。他甚至找到了住在加拿大的麥克・斯姆瑞克（Mike Smrek），連查克・內維特（Chuck Nevitt）也被他找到了。在幾十年後接到強森打來的電話，讓每個人都吃了一驚。

「對艾爾文來說，邊緣人和明星球員一樣重要，」朗．羅森說道，並補充沒有別的球隊能像這樣，達成這麼多人到齊的重逢場面。「舉例來說，想把公牛隊的成員聚在一起就是不可能的任務。他們在最後一個球季就已經支離破碎了。」

參加聚會的湖人球員們站了起來，回憶那些感人的往日時光，其中最有渲染力的，莫過於史賓賽．海伍德的回憶。他早已擺脫了當年因吸食古柯鹼而讓他在一九八〇年總冠軍系列賽中被開除的困境，康復的他，如今已成為了名人堂球員，並在籃球界建立起良好的聲譽。海伍德談到自己對於那段低潮時期的遺憾，這是他在最近妻子過世之後產生的想法。

據羅森指出，大家都給了他滿滿的愛。

萊里再次展現了他剪輯影片的魔力，製作了一段匯集那個時代每一個精彩畫面的精華影片，其中也包括了一九八〇年總冠軍賽的經典回顧。

「看著這些人觀賞那一年的精華影片，這感覺真的很棒，」羅森說，「他們都在大喊大叫，就好像這一切都是今天才剛發生的事。每個人都像像孩子一樣在嘶吼著。」

影片中的主角是艾爾文．強森，那個當年咧嘴一笑的年輕菜鳥，如今已是成功的六十幾歲頂尖人士。然而，看著他們贏得的一切，也讓人不禁想起他們失去的事物。從許多方面來看，強森宣布自己感染了HIV病毒，掩蓋了他以這麼多如魔術般的方式取得的偉大成就。「那真的很糟糕，很令人難過，」談到強森的T細胞數量驟降而陷入險境，他的形象與聲譽也一落千丈時，羅森如此說道。

「我的悲傷與日俱增，」當提到強森一直以來散發著那種特別的光芒已經沒以前那麼強烈的時候，羅森承認，「他愛他的工作，愛他的粉絲，愛他的隊友。」

是的，強森超級精彩的人生，讓包含戴爾．比爾德在內的老朋友們不禁用更宏觀的方式重新審視這段過往。二〇一九年，有人問比爾德怎麼看強森這段漫長的人生之旅，以及這段旅程顯露出他哪些特別的人格特質時，比爾德回答：「那可多了，老兄，但你也知道，答案就是他的個性、對人們的愛，他就是喜歡看到別人快樂。」

比爾德以自己與強森的關係為例說明此事。在多年的球員與教練生涯後，比爾德來到了洛杉磯，強森幫他在湖人找到了一份工作，讓他在他們的發展聯盟球隊執教了好幾年。那是段非常愉快的時光，但因為比爾德想念在蘭辛的女兒，最後他決定回歸故里。

「他為我做了很多人們看不到的事情。」比爾德說明。

比爾德回憶，自己的決定令強森失望了，強森也一直在提醒他這件事。

「我已經聽他講這些話講好幾年了，」比爾德說，「但我們之間的羈絆一直都很穩固，就算我們有段時間沒見了，但要是我明天就能見到他，我們也能馬上找回默契。我們的默契從來沒有斷過，我想這就是他吸引我的地方，因為有時候我也會好奇他怎麼有辦法做到這一點。你懂吧，我是真的好奇，你看，他要忙這些商業投資、四處奔波的旅途、響個不停的電話、開不完的會和各種他必須出席的工作，我真的不知道他怎麼做到的。」

比爾德一字一句地說，光是這一切的規模，在這之中所經歷過的勝利和慶祝、試煉與磨難、難以置信的高峰和難以體會的低谷，這些人生歷練帶來的華麗成就與宏偉魔力，光是用想的，就足以震撼人心。

「『哇。』回首過去這一切，我只能留下這個讚嘆了。」

「這是他應得的，」彼德·古柏在談到魔術強森時以這番話作為總結，「他天生就受到幸運之星的眷顧，但他憑自己的力量獲得了這一切。說更明白一點，這是他打拚得來的成果。這完完全全是他應得的成就。我一直知道，和這樣的人在一起，也會感染到好運。它確實影響了我。我看到了他為人處事的方式、待人接物的言行舉止，這些都讓我理解到了他的價值，對我來說也是一種啟發。」

然而，儘管這個故事已經如此宏大，卻遠遠不只是他的故事。這也是菲瑞比、班・詹金斯、老艾塞亞・波特以及那位特別的女士瑪莉・黛拉・詹金斯・波特、克莉斯汀和老艾爾文的故事。

他們最終都被一項運動賽事神奇地連結在一起，被那個年輕時就知道最重要的是攜手並進的高個子男孩連結在一起。你要做的，就是一定要張開眼睛、雙手做好準備、抬起頭、不准躲開、盡你所能地眼觀四面、做你所能做的事，融入這股巨大的潮流，聆聽、並完全感受他所謂的「我的音樂」帶來的鼓動。點個頭，碰個拳，如果可以，就微笑吧。讓它自然而然地演奏。讓它盡情演奏、盡情揮灑。

致謝

「艾爾文想再考慮考慮。」

我詢問魔術強森是否願意合作，撰寫以他的人生為主題的一本書時，這是他的朋友兼經紀人朗．羅森的回答。

「這不會花他太多時間，」我對羅森說，「這會是一個主要由他身邊的人以及他多年來遇到的所有人們來講述的故事。」

羅森說明，艾爾文要花點時間才能做出決定。

的確是花了點時間，過了兩個月，羅森才在二〇一九年初聯絡我，表示艾爾文願意合作。

就這樣，我開始採訪那些見證了強森崛起的眾人，尤其是從他在密西根州蘭辛市長大成人的童年時期就認識他的人們，關於這段時期的報導少之又少。

在採訪眾多見證強森職業生涯的人士的過程中，我的朋友、資深ＮＢＡ記者吉瑞．沃爾菲爾幫了我很大的忙。他的幫助對我而言無比珍貴，讓我能夠克服巨大的挑戰，從這些與強森相遇的人們眼中撰寫他偉大的人生。沃爾菲爾自己對ＮＢＡ的眾多人物進行過三十幾次採訪，他為這個故事帶來了許多我從未想像過的角度。

在讓我有機會能從他們的視角來窺探強森的人之中，高中教練喬治．法克斯和派特．霍蘭德都同意接受我數十次的採訪，談論他們與艾爾文．強森這個了不起的少年相處的經歷。他的朋友與主要顧問查爾斯．塔克，以及他職業生涯前八個球季的個人律師暨經紀人喬治．安德魯斯也是如此。

塔克對強森家族的愛以及他參與了許多重要時刻，為這個案子打開了許多扇窗。安德魯斯的幽默感、律師視角以及對強森做出的大力貢獻，也同樣如此。加上羅森的賣力投入，讓我得到了三位多年來充滿熱情地在強森身邊提出建議的顧問們給予的支援，讓我能更明白這位主角有多麼非凡。

強森的導師葛瑞格．伊頓和喬爾．佛格森在談到他們與強森及其家人之間的關係時，都帶給了我許多靈光一閃的回憶。

我時常捫心自問，我工作中的真正樂趣是什麼。是這些年來的採訪和研究，帶來了這些和特別的人們談論他們回憶的特別時光，進而創造出書頁上的故事中特別的瞬間。

為了寫這本書，我訪談了和強森的母親克莉絲汀是同輩的珊卓拉．瓊斯．金恩數次。來自北卡羅萊納州的她，十分生動地傳達出，身為一名黑人青少年，在一九四〇和五〇年代的南方文化中會有什麼感受。金恩女士是一名職涯教育家和傳教士，也是籃球教練的妻子和黑人農夫之女。她的觀點不僅為這本書提供了值得反思的視角，也讓我自己學到了很多東西。

我與已故的馬修．普羅菲特談了好多次，我從他那裡也一樣獲得了難以用言語形容有多麼寶貴的資訊。他讓一九三〇與四〇年代、強森的父親老艾爾文生活過的密西西比州的風俗民情變得栩栩如生。他也讓我深入地瞭解到，蘭辛市的學區在一九七〇年代時為了消除種族隔離採取過哪些行動。普羅菲特大方地與我分享了許多私下採訪的事蹟，讓我接觸到一位我覺得很棒的人。

和喬治・法克斯的兩個孩子米希與蓋瑞對話也很愉快，他們也貢獻了許多關於少年時期的艾爾文過著怎麼樣的生活的特別回憶。他的高中隊友戴爾・比爾德、布魯斯・菲爾茲和里昂・史托克斯則讓我收集了許多捕捉到年輕的艾爾文甜蜜與火爆並存的時刻。

大學隊友榮恩・查爾斯、傑・文森和葛瑞格・凱爾塞也讓我們看到了強森成為一名大學明星球員時，和教練賈德・希斯科特的關係，在這方面也要感謝查爾斯・塔克、喬治・法克斯、派特・霍蘭德和比爾・達菲。我的老朋友以及和我合著了五本書的比利・派克，也詳實地談到了一九七〇年代籃球界中的智者們，在解析強森的天賦時遇到的重重困難。我也要好好感謝桑尼・瓦卡羅，他不只是我的朋友，也是籃球界的指標性人物，他以自己的方式帶給這項運動深遠的影響。

傑克・「大鵝」・吉文斯讓我看到了強森在一九七八年出戰肯塔基大學的分區決賽中，打出一場宛如災難的表現時的過程。

很多記者為這本書貢獻良多，他們分享了自己與強森和巴斯等人相處的回憶，這些沒有在報紙或廣播中分享的「花絮」，紛紛展現出強森的真實天性。

感謝來自密西根州的弗雷德・史塔布利、米克・麥凱布（Mick McCabe）、提姆・史陶德和查理・文森在他們的採訪中對我的大力支持，也很感謝來自費城的偉大籃球專欄作家迪克・魏斯。

一如往常，我要感謝心理學家、正念大師、我的摯友喬治・蒙福德，以及我們的共同好友、已故的泰克斯・溫特。

在洛杉磯的故事，這些人們對我提供了筆墨難以形容的幫助，史帝夫・史普林格、史考特・霍華德庫柏、賴瑞・柏奈特（他漫長且優秀的廣播員生涯不知為何時常被忽視）與已故的米奇・邱特卡夫，他毫無保留地和我分享幾十年來報導湖人隊的心路歷程。

多虧珍妮・巴斯同意進行四次不同主題的採訪，本書才能講述湖人在那個時代的內幕故事。另外，還有其他數十名隊友、朋友、對手和媒體人士分享了他們對艾爾文・強森的看法。這些人包括羅伊・英加伯西特、羅森、吉姆・瓊恩斯、保羅・威斯特海、魯迪・加西杜納斯、派特・威廉斯、萊昂內爾・霍林斯、東尼・布朗、麥克・鄧里維、吉米・艾恩、史考特・威廉斯、尼克・范艾克索、葛瑞格・佛斯特、丹尼・薛伊斯、瑞吉・席亞斯、東尼・史密斯、桑尼・瓦卡羅和榮恩・卡特。

在過去三十年間，我寫過許多關於湖人隊和NBA的書籍，期間累積了大量的個人採訪資料，這幫助了我對這支球隊的認知和理解奠定了基礎，並在這本書中發揮了重要的作用。採訪過的人有魔術強森、克莉斯汀・強森、傑瑞・威斯特、卡里姆・阿布都—賈霸、齊克・赫恩、傑瑞・巴斯、傑克・肯特・庫克、比爾・夏曼、「紅頭」奧拜克、包柏・施泰納、艾塞亞・湯瑪斯、喬・杜馬斯、保羅・威斯特海、派特・萊里、詹姆斯・渥錫、拜倫・史考特、麥可・庫柏、蓋瑞・維蒂、約翰・瑞德克里夫、赫伯・威廉斯、瑪莉・盧・里貝奇、賈許・羅森菲爾德、盧・阿德勒、凱文・麥克海爾、傑瑞・西斯廷等人。

至於強森的參與，直到二〇一九年底我第一次為此去洛杉磯採訪他時（過去幾十年來，我曾在其他時候為了湖人相關的其他書籍採訪過他幾次。），才知道強森並沒有那麼確定要不要合作。

強森偶爾透過羅森回應我的問題，這五年來，我們一直是以這種方式進行合作。

坦白說，仔細想想，這並不奇怪。強森是個主導者，這一生都是如此。這也是他偉大本質的精髓所在。他在籃球界中就找到了許多方法展現出驚人的主導力，甚至在他還是個青少年的時候，就已經展現出這方面的能耐了。

合著一本他無法完全掌握主導權的傳記，就像他在打鬥牛時不能自己喊犯規，打一場無法發揮全力的比賽。

這些事讓我想起，一九九二年，在我告訴他我採訪了他的母親，她說自己偶遇了他小學時期的老師時，強森表示：「她不該把我的祕密告訴你。」

平心而論，喜歡成為一本他人撰寫的傳記主角的名人並不多，因為那是以別人的個人視角來敘述他們的人生。畢竟，強森已經出版過兩本有關他的人生與職業生涯的親述自傳，而且還在製作一齣關於他的人生的紀錄片影集。

要他配合一本他人撰寫的書，放棄他的故事主導權？這是不可能的。然而，朗．羅森信守承諾，仍然參與這個項目，並讓我採訪了他幾十次，用很多時間深入地思考了一些特別是關於強森在洛杉磯生活的重要問題。

除了吉瑞．沃爾菲爾進行了三十幾次採訪的巨大努力，我還要感謝許多人的大量貢獻。首先，我要感謝我的妻子凱倫，她花了數不清的時間幫我整理採訪的錄音檔、閱讀手稿以及很多其他的事。四十八年來，她一直是我和我們三個孩子珍娜（Jenna）、亨利（Henry）、摩根（Morgan）以及三個孫子連恩（Liam）、艾登（Aiden）和芙蕾雅（Freya）生命中的太陽。

然後我還要感謝我的編輯，青瓷圖書（Celadon Books）的萊恩．多赫蒂（Ryan Doherty），他投入了很多心力、對我有很大的信心，幫助這個龐大的工程走向了出版的路。非常、非常感謝你，萊恩，謝謝你對這本書的耐心、勤奮、信念和奉獻，並為此勤奮地工作，但最重要的是，感謝你在製作這本書時從許多面向上給了我挑戰。也要感謝他的助理編輯塞西莉．范．伯倫—費里德曼（Cecily van Buren-Freedman），她讓許多事情都邁向了正軌。

特別值得一提的是校對編輯弗雷德．查斯（Fred Chase）、製作編輯傑若米．品克（Jeremy Pink）和製作經理文森．史坦利（Vincent Stanley）的堅持與優異的表現。

如果我沒有提到青瓷圖書的整個團隊，那就是我的失職，包括發行人黛布・富特（Deb Futter）、前發行人傑米・拉布（Jamie Raab）、副發行人瑞秋・周（Rachel Chou）、封面創意總監安・拓米（Anne Twomey）、封面設計師艾琳・凱希爾（Erin Cahill），以及市場行銷和公關團隊：詹妮佛・傑克森（Jennifer Jackson）、傑米・諾文（Jaime Noven）、里貝卡・里奇（Rebecca Ritchey）和珊卓拉・莫爾（Sandra Moore）。

原本的首席廣告公關是安娜・貝爾・辛登朗（Anna Belle Hindenlang），該團隊還包括了公關總監克莉斯汀・麥基蒂希恩（Christine Mykityshyn）和廣告公關莉莎・布艾爾（Liza Buell）。

我還要感謝艾莉莎・M・里夫林（Elisa M. Rivlin）仔細地審閱了這篇手稿在法律方面是否有問題。

我的好朋友賴瑞・柏奈特從封存已久的廣播檔案深處挖出了與齊克・赫恩進行的精彩採訪。

負責整理強森職業生涯數據，尤其是整理了強森在季後賽與總冠軍賽數據的李徐（Xu Li，音譯），也是不可或缺的人。

靠著我多年經紀人兼摯友的理查德・卡納（Richard Kaner）在籃球界無遠弗屆的人脈，才可能訪問到這麼多的關鍵人物。

南卡羅萊納州查爾斯頓縣（Charleston County）公共圖書館的雷蒙・麥克林（Ramon Maclin）和一輩子都投入於籃球界中的老友大衛，索羅門（David Solomon）都在竭盡全力地尋找研究資料的相關線索。

我還要感謝為人熟知的莫・霍華德（Mo Howard）、少將塞德瑞克・溫斯（Cedric Wins），以及老友荷黑・里貝羅（Jorge Ribeiro）、包柏・本寧格（Bob Benninger）、丹・史密斯（Dan Smith）、尼爾・賽吉比爾（Neil Sagebiel）和我女兒摩根讀了部分的手稿。

也一樣要感謝職業籃球界其中一位最令人印象深刻的優秀溝通者、波士頓塞爾提克的媒體關係大師傑夫・崔斯（Jeff Twiss），以及在芝加哥公牛也把有意義的工作做得無人能出其右的提姆・哈倫（Tim Hallam），還有多年來在亞特蘭大老鷹也同樣擔任這個重要職務、堪稱傳奇人物的亞瑟・崔奇（Arthur Triche），以及另一位優秀的籃球公關人員，曾在活塞隊任職已故的馬特・多貝克（Matt Dobek）。這份名單當然也不能漏掉湖人的前公關主管約翰・布萊克。我的職業生涯能走到這裡，他們和許多其他大人物的指引，都是很重要的一環。在我們所愛的這項運動中，他們都是真正的聖徒和守護者。

入魂 32

出神入化

魔術強森傳

Magic: The Life of Earvin "Magic" Johnson

作者　羅倫・拉森比（Roland Lazenby）
譯者　李祖明

堡壘文化有限公司

總編輯　簡欣彥
副總編輯　簡伯儒
責任編輯　簡伯儒
行銷企劃　游佳霓、黃怡婷
封面設計　萬勝安
內頁構成　李秀菊

出版　堡壘文化有限公司
發行　遠足文化事業股份有限公司（讀書共和國出版集團）
地址　231新北市新店區民權路108-3號8樓
電話　02-22181417
傳真　02-22188057
Email　service@bookrep.com.tw
郵撥帳號　19504465遠足文化事業股份有限公司
客服專線　0800-221-029
網址　http://www.bookrep.com.tw
法律顧問　華洋法律事務所　蘇文生律師
印製　韋懋實業有限公司
初版1刷　2024年12月
定價　新臺幣880元
ISBN　978-626-7506-36-3

國家圖書館出版品預行編目（CIP）資料

出神入化：魔術強森傳／羅倫・拉森比（Roland Lazenby）著；李祖明譯. -- 初版. -- 新北市：堡壘文化有限公司出版：遠足文化事業股份有限公司發行, 2024.12
面；　公分. --（入魂；32）
譯自：Magic
ISBN 978-626-7506-36-3（平裝）

1.CST: 強森(Johnson, Earvin, 1959-)　2.CST: 運動員
3.CST: 職業籃球　4.CST: 傳記

785.28　　113016632